Sous la direction de
Denis LABOURET
Agrégé de Lettres classiques
Docteur ès Lettres

MÉTHODES ET PRATIQUES

2de / 1re

Séries générales et technologiques

FRANÇAIS

Guilhem **LABOURET**
Ancien élève de l'ENS
Agrégé de Lettres modernes
Université Paris-Sorbonne

Agnès **LANDES**
Ancienne élève de l'ENS
Agrégée de Lettres classiques
Docteur ès Lettres
Lycée Blomet, Paris

Sylvie **ROZÉ**
Ancienne élève de l'ENS
Agrégée de Lettres modernes
École Alsacienne, Paris

Anne-Laure **SÉVENO-GHENO**
Agrégée de Lettres modernes
Docteur ès Lettres
Collège international P. et M. Curie, Le Pecq

BORDAS

Édition : Géraldine Nallet, Karine Le Forestier
Correction : Gérard Tassi, Sergine Greley
Iconographie : Laure Bacchetta
Couverture : Yats
Coordination artistique : Pierre Taillemite
Maquette intérieure : Marie-Christine Carini
Mise en page : Pictorus-Pascale Jambe
Compogravure : Soft Office
Fabrication : Jean-Philippe Dore

I.S.B.N. 2-04-729877-6

AVANT-PROPOS

Les nouveaux programmes du français au lycée et les nouvelles modalités de l'épreuve anticipée du baccalauréat forment un dispositif qui est désormais bien connu. « Objets d'étude », « corpus de textes », « écriture d'invention » font maintenant partie du vocabulaire familier de la classe. Le moment est donc venu de proposer un **manuel complet** qui tienne compte de l'**expérience** acquise et de la **cohérence** d'ensemble de ces orientations.

Cet ouvrage, qui couvre tous les aspects de la discipline, met l'accent d'une part sur une **approche méthodique** des notions et savoir-faire à acquérir en seconde et première, d'autre part sur une **pratique systématique** des exercices de langue, d'analyse littéraire, de lecture et d'écriture destinés à assurer la maîtrise de l'expression et l'acquisition d'une culture personnelle tout en préparant aux différentes épreuves de l'examen.

L'ouvrage comprend **quarante et un chapitres**, suffisamment autonomes pour être abordés dans un ordre très libre, en fonction des besoins de la classe, mais regroupés selon une progression qui épouse la logique du programme :

- une première partie rappelle des notions de base concernant la **langue** et le **discours** ;
- la deuxième partie propose des repères et des outils pour l'analyse de l'**image** ;
- sont ensuite présentés les principaux **registres** de tout discours, qui ne doivent pas être conçus comme des catégories prédéterminées mais comme des notions à *construire*, à éprouver et à redéfinir à la lumière des textes – conformément à l'esprit des programmes ;
- la quatrième partie aborde plus particulièrement les textes littéraires pour s'intéresser aux relations entre les **textes** et leurs **contextes**, c'est-à-dire aux « alentours » du texte : genèse ou « avant-texte », réécritures ou « intertexte », contexte des conditions de publication et de l'histoire littéraire et culturelle ;
- un cinquième ensemble approfondit l'approche de la littérature en posant la question des **genres et formes littéraires**, que les programmes invitent à comprendre non comme des « étiquettes » fixées une fois pour toutes, mais comme des principes de classement dont il faut savoir apprécier l'évolution et interroger la pertinence ;
- la sixième partie enfin, axée exclusivement sur la préparation à l'**écrit** et à l'**oral du bac**, s'ouvre sur un chapitre consacré à l'analyse du corpus, première étape commune aux trois sujets d'écriture.

Tous les **objets d'étude** des classes de seconde et première sont donc traités, dans un ordre méthodique qui respecte la cohérence des savoirs littéraires – et non selon une séparation entre les deux niveaux d'étude qui aurait abouti à un éclatement des repères disciplinaires.

L'ordre de **chaque chapitre** est précisé dans le tableau de la double page suivante : d'abord des textes pour faire **découvrir** le sens et l'intérêt de la notion abordée ; puis un exposé structuré des **savoirs essentiels** ; enfin une large gamme d'exercices hiérarchisés par niveaux de difficulté. Ces exercices sont classés en **trois étapes** : *Étape 1* pour des exercices d'application simple, directement accessibles à la suite de la leçon, sur des textes courts et faciles ; *Étape 2* pour des travaux invitant à pousser plus loin l'analyse, à combiner plusieurs questions, à amorcer une interprétation ; *Étape 3* pour des démarches plus synthétiques, des réponses parfois intégralement rédigées, une interprétation de textes plus denses ou plus longs. Cette dernière étape débouche sur un exercice de préparation à l'un des trois sujets d'écriture du bac.

Dans les chapitres portant sur les objets d'étude de première et les épreuves du bac, on trouvera en outre sur une double page un **corpus type bac** accompagné de sujets d'écriture. Des **fiches-méthodes** (à l'intérieur de certains chapitres), des fiches de **savoir-faire** transversaux (en fin de partie), un **lexique** et des **index** (en fin de manuel) fournissent enfin des outils complémentaires au service d'un travail autonome.

Par la diversité des pratiques de lecture et d'écriture proposées, par la grande variété des textes – le plus souvent littéraires – et des images sur lesquels portent les exercices, par la structuration rigoureuse de la préparation à l'examen, cet ouvrage entend à la fois répondre le plus efficacement possible aux exigences du programme et permettre l'accès du plus grand nombre aux richesses inépuisables de la littérature.

Denis Labouret

LES PAGES-

L'ouverture du chapitre

Introduction à la notion et présentation des textes

Questions sur le texte pour cerner son enjeu et sa singularité dans le cadre de la notion ou de l'objet d'étude abordé

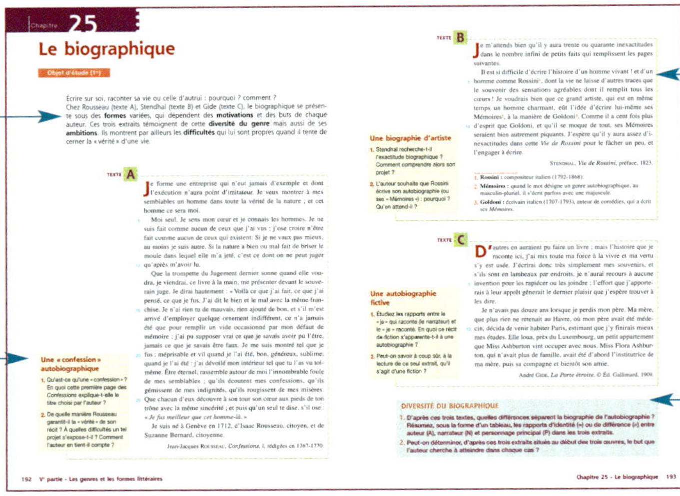

Textes littéraires (parfois accompagnés d'un document iconographique) pour découvrir le sens et l'intérêt de la notion abordée

Questions de synthèse portant sur l'ensemble des textes et documents

L'essentiel sur…

Définition de la notion et annonce de la problématique

Informations en marge sur 2 ou 3 points précis de la leçon

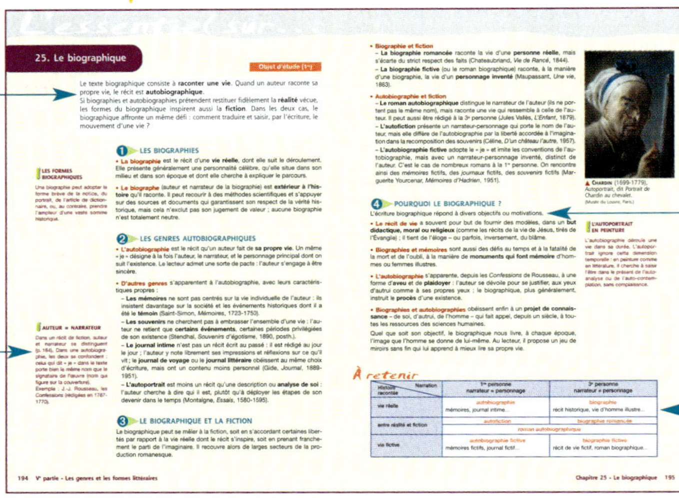

Développement de la leçon, structurée en plusieurs parties. Précision des savoirs nécessaires à l'analyse des textes

Tableau ou schéma pour illustrer la leçon

Fiches

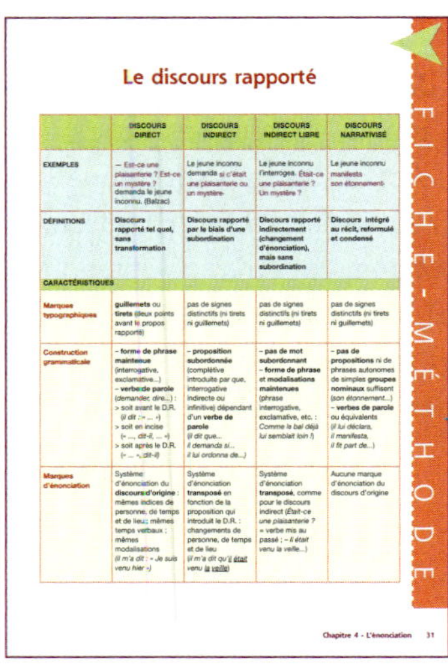

Fiches synthétiques de méthodologie et de savoir-faire

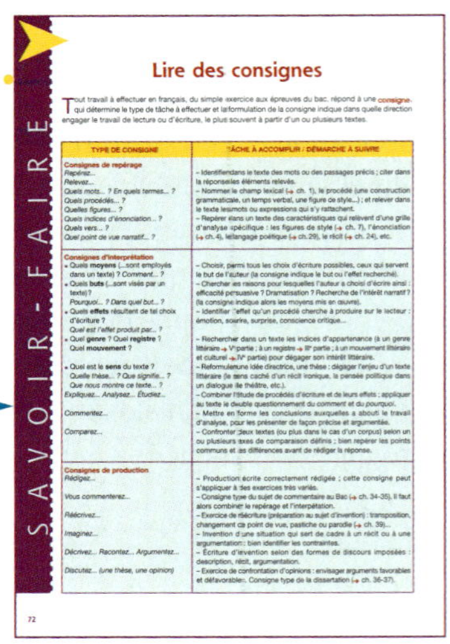

TYPES DU MANUEL

Exercices

Des consignes claires pour les élèves

Une numérotation des exercices en continu

3 étapes progressives (par ordre de difficulté croissante)

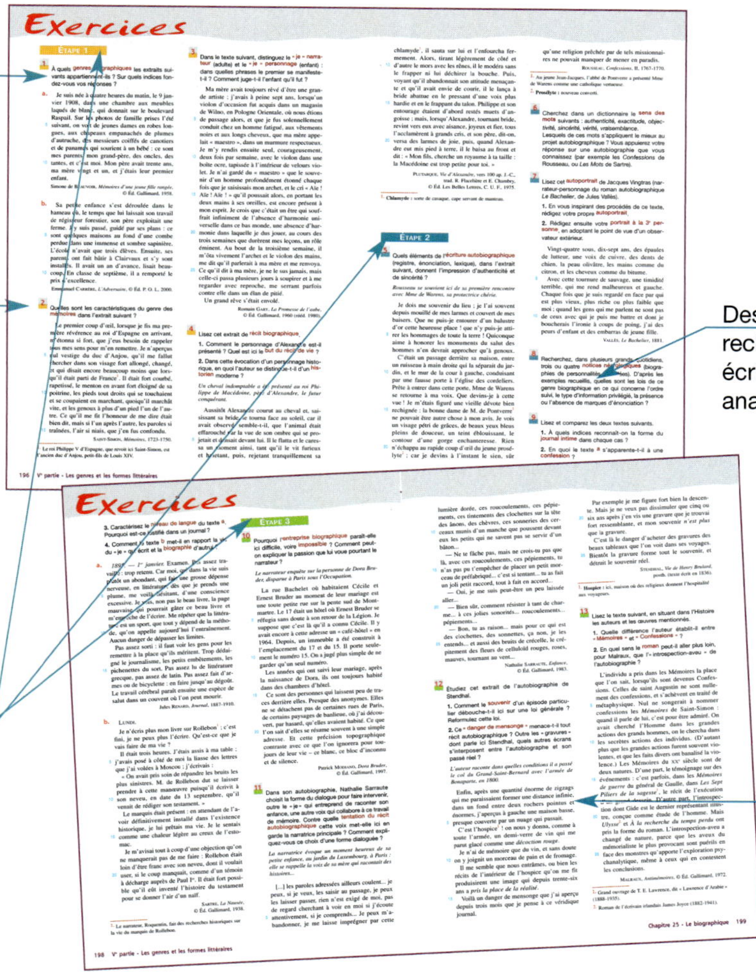

Des exercices variés : recherche documentaire, écriture d'invention, analyse de texte...

De nombreux textes littéraires (accompagnés parfois de documents iconographiques)

Corpus BAC

Rappel de l'objet d'étude et présentation des textes du corpus

Introduction contextuelle de l'extrait

Extraits de textes littéraires calibrés type bac (parfois avec document iconographique)

Question(s) sur les textes

3 sujets d'écriture :
- commentaire
- dissertation
- invention

SOMMAIRE

IVe PARTIE
Les textes et leurs contextes

Ve PARTIE
Les genres et les formes littéraires

SOMMAIRE

I

De la langue au discours

Chapitre 1

Le mot

Les mots ont une **histoire**. Leur sens peut se modifier avec le temps. Le dictionnaire enregistre ces variations ; à travers les exemples, il éclaire les **différents sens d'un mot** (texte A). Mais au-delà de leur sens reconnu, admis par tous, que donne le dictionnaire, les mots permettent l'**expression personnelle** des idées et des sentiments ; ils ont un riche **pouvoir de suggestion**, en particulier dans les textes littéraires (texte B).

TEXTE A

2. **BLANC** [blɑ̃] n. m. — 1080 ; → 1. blanc.
[I] **1.** Couleur blanche. *Un blanc immaculé, éclatant, mat, laiteux.* ⇒ **blancheur.** *Un blanc écru* (comme celui de la laine naturelle), *ivoire.* ⇒ **crème.** *Linge d'un blanc douteux. Blanc cassé*. Le blanc réfléchit la lumière.* ◊ ABSOLT Vêtements blancs. *Porter du blanc, être vêtu de blanc. Se marier en blanc.* — LOC. *Les hommes en blanc* : les chirurgiens. **2.** Matière colorante. ◊ Peinture blanche, badigeon blanc. *Blanc de zinc* : oxyde de zinc. *Blanc d'argent, de plomb.* ⇒ **céruse.** *Blanc de chaux. Blanc d'Espagne* (ou *de Meudon*) : carbonate de calcium naturel. ◊ VX Poudre blanche pour se farder. « *Tout le monde sut qu'il mettait du blanc* » (Rousseau). [...]

Les sens d'un mot

1. Comment cet article est-il composé ? À quoi correspondent les deux sous-parties ?
2. Parmi les sens du mot indiqués, lequel a pratiquement disparu aujourd'hui ? Quelle indication vous le montre ?

TEXTE B

Dans un grand magasin parisien, sous le Second Empire, le public ébloui découvre l'exposition du blanc.

Mais la nef centrale surtout chantait le blanc trempé de flammes : les bouillonnés de mousseline blanche autour des colonnes, les basins et les piqués[1] blancs qui drapaient les escaliers, les couvertures blanches accrochées comme des bannières, les guipures[2] et les dentelles blanches volant dans l'air, ouvraient un firmament du rêve, une trouée sur la blancheur éblouissante d'un paradis, où l'on célébrait les noces de la reine inconnue. La tente du hall des soieries en était l'alcôve géante, avec ses rideaux blancs, ses gazes blanches, ses tulles blancs, dont l'éclat défendait contre les regards la nudité blanche de l'épousée. Il n'y avait plus que cet aveuglement, un blanc de lumière où tous les blancs se fondaient, une poussière d'étoiles neigeant dans la clarté blanche.

Émile ZOLA, *Au Bonheur des Dames*, 1883.

1. **Basin** et **piqué :** variétés de tissus.
2. **Guipure :** sorte de dentelle.

Les pouvoirs et les effets du mot

1. À quelles images le mot *blanc* est-il ici associé ? Que symbolise ici la blancheur ?
2. Dans un contexte différent, le même mot pourrait-il prendre une valeur négative ? Donnez quelques exemples.

1. Le mot

Les mots ordonnent notre vision du monde. Chaque langue, avec le lexique qui lui est propre, propose un **découpage de la réalité** différent. Et chaque locuteur, en s'appropriant les mots de sa langue, structure son propre **rapport au monde**. L'**histoire** des mots détermine ses **significations**. Mais un mot n'est jamais isolé : il ne prend sens qu'en rapport avec d'autres mots.

1 L'HISTOIRE DES MOTS

• La formation des mots

Beaucoup de mots se forment par dérivation ou par composition.

– **La dérivation** consiste à former des mots à partir d'autres mots, au moyen de suffixes et de préfixes.

⇒ Les **préfixes** se placent au début des mots, sans les faire changer de catégorie grammaticale : ***micro****film*, ***outre****mer*, ***ex****porter.*

⇒ Les **suffixes** s'ajoutent à la fin des mots dont ils peuvent modifier la forme : *étroit***esse**, *blanch***âtre**, *agréable***ment**.

– **La composition** consiste à créer de nouveaux mots à l'aide de mots qui ont déjà une existence indépendante. Elle produit des **mots composés** (réunis ou non par un trait d'union) : *une chaise longue ; un timbre-poste ; un portefeuille ; une machine à coudre*. Dans la **langue scientifique**, les mots composés associent souvent des mots latins ou grecs : *calorifère* provient des mots latins *calor*, « chaleur », et *ferre*, « porter ».

• L'évolution des mots

– **L'étymologie** est l'origine du mot. En français, langue romane issue du **latin**, la grande majorité des mots proviennent du latin populaire (parlé en Gaule à la suite de la conquête romaine). D'autres viennent du **grec**, du **gaulois** et des **langues germaniques**, des **langues vivantes** des pays voisins (espagnol, anglais, italien, arabe...) et des **langues régionales** (breton, occitan...). Aujourd'hui, le développement de l'anglais comme langue internationale encourage le « franglais ».

– **Les archaïsmes** sont des mots **anciens**, que l'on emploie alors qu'ils ne sont plus en usage. Leur utilisation correspond à une intention particulière (effet poétique, comique, etc.).

– **Les néologismes** sont des mots entrés récemment dans la langue, qui correspondent généralement à des besoins nouveaux (*internaute, monospace*). Ce sont aussi des termes forgés par des écrivains (le *pianocktail* de Boris Vian).

2 LE SENS DES MOTS

• La polysémie

– Un mot a généralement plusieurs sens : il est polysémique. L'ensemble des sens d'un mot constitue son **champ sémantique**. C'est alors le contexte qui permet de déterminer le sens du mot. On distingue :

⇒ le sens **littéral** (*un coup de bâton*) et le sens **figuré** (*un coup de soleil*) ;

⇒ le sens **concret** (*un mur droit*) et le sens **abstrait** (*un homme droit*).

LE SIGNIFIANT ET LE SIGNIFIÉ

• Le mot, ou **signe**, est composé d'un signifiant (sa forme sonore ou écrite) et d'un signifié (son sens).
• On dit que le signe est **arbitraire**, c'est-à-dire qu'il n'y a aucun rapport naturel entre les lettres ou les sonorités d'un mot et son sens : le mot « feu » ne brûle pas, il n'imite pas la réalité du feu.
• Une exception cependant : le cas des **onomatopées** (qui miment les sons qu'elles signifient).

RESSEMBLANCES SONORES

- Les **homonymes** se prononcent de la même façon, mais ont un sens différent : *ver/ vert/ vers/ verre*.
- Les **paronymes** sont des mots différents dont les sonorités se ressemblent : *dénouement/ dénuement*.

– Le sens des mots évolue **au cours de l'histoire** : il peut s'affaiblir, se déplacer, se modifier : ainsi, *étonner*, au XVIIe siècle, c'est « provoquer une violente émotion ».

- **Synonymes et antonymes**

– Les **synonymes** ont un sens identique ou proche. Ils peuvent être remplacés l'un par l'autre dans un même contexte : *construire* est synonyme de *bâtir, édifier*. Cependant, le choix des mots n'est pas indifférent : deux mots apparemment synonymes peuvent marquer des intensités (*pâle/blême*), des niveaux de langue (*cheval/destrier*) ou des jugements (*mince/maigre*) différents.

– Les **antonymes** sont des mots de sens opposé : *construire* est antonyme de *détruire*.

- **Dénotation et connotation**

– Les mots possèdent des **significations** (ou sens) communément admises et répertoriées dans le dictionnaire : ce sont les **sens dénotés**. Mais ils ont aussi des **sens connotés**, liés à leur contexte, qui tiennent à leur valeur appréciative ou dépréciative, à leur dimension symbolique.

– Les connotations sont en partie **subjectives** : elles dépendent des valeurs personnelles et de la sensibilité du locuteur. Cependant, elles possèdent aussi une dimension **culturelle**. Ainsi, le mot *palmier* dénote une essence d'arbre ; dans notre culture, il connote l'exotisme, les vacances, la paresse ; mais les connotations seront différentes pour l'habitant d'un pays tropical.

– Les connotations dépendent souvent aussi de l'**époque**, du contexte historique, social et politique : selon les contextes, le mot *rouge* peut évoquer tantôt le sang et la violence, tantôt l'espérance révolutionnaire.

3 LES CHAMPS LEXICAUX

- **Le champ lexical** est un ensemble de mots qui renvoient à une même réalité. Le champ lexical de la tristesse, par exemple, est composé de noms (*affliction, chagrin, larmes...*), de verbes (*pleurer, s'affliger, s'attrister...*), d'adjectifs (*désolé, mélancolique...*) et d'adverbes (*tristement, amèrement...*).

- **L'étude littéraire** d'un texte s'appuie sur l'analyse des champs lexicaux, qui permet de repérer les thèmes principaux, les enjeux et le registre du texte. Plusieurs champs lexicaux peuvent se combiner : ils s'organisent en **réseaux** qui donnent au texte sa cohérence.

1 — 1 — 1

Bergère *ô tour Eiffel* *le troupeau* *des ponts* *bêle ce matin* (Apollinaire)

2 — 2

1. Champ lexical de la vie pastorale
2. Champ lexical de la ville (Paris)

La métaphore poétique relie ici ces deux champs lexicaux. Elle personnifie la tour Eiffel (2), dont la silhouette élancée évoque celle d'une bergère veillant sur ses moutons (1).

Le bon usage du dictionnaire

Le dictionnaire est un ouvrage indispensable d'**information**, à consulter souvent. Il est nécessaire de travailler toujours avec un dictionnaire à portée de main.

CHOISIR LE BON DICTIONNAIRE

OBJET DE LA RECHERCHE	TYPE DE DICTIONNAIRE
Le sens ou la forme d'un mot son orthographe son étymologie son champ sémantique ses synonymes et antonymes...	**Dictionnaire de langue** (par exemple *Le Petit Robert* de langue française) dictionnaire étymologique dictionnaire des synonymes dictionnaire de l'argot...
Un vocabulaire spécialisé Vocabulaire technique ou scientifique Géographie : noms de lieu... Philosophie, psychologie...	**Dictionnaire spécialisé** encyclopédie (en volume ou sur cédérom), atlas... dictionnaire de philosophie, de psychologie...
Des informations sur la littérature Vie et œuvre d'un auteur Mouvements littéraires et culturels	**Dictionnaire de littérature** dictionnaire des auteurs, des œuvres... histoire de l'art et/ou de la littérature...

SAVOIR LIRE L'ARTICLE D'UN DICTIONNAIRE DE LANGUE

Les informations de base	– l'orthographe – la prononciation, grâce à l'écriture phonétique (entre crochets) – la catégorie grammaticale et le genre du mot (par ex. : « n. m. » = nom masculin) – la date d'apparition du mot en français, souvent accompagnée de son étymologie
Une ou plusieurs définitions	– les sens différents d'un même mot (plusieurs sous-parties numérotées) – indications de synonymes et d'antonymes – précisions concernant le niveau de langue (familier...) ou la période d'emploi du mot (ancien...)
Des exemples	– l'emploi du mot dans un contexte qui en précise le sens – citations d'auteurs, exemples tirés du langage courant – locutions et expressions

RECONNAÎTRE LES PRINCIPALES ABRÉVIATIONS

ANC.	ancien
ANT. (ou CONTR.)	antonyme, mot de sens contraire
ARG.	argotique
CF.	« comparez », à rapprocher de
COUR.	courant
ETYM.	étymologie
EX.	exemple
FAM.	familier
IBID.	« ibidem » (dans le même livre)
INTERJ.	interjection
INTR.	intransitif
LOC.	locution

MOD.	moderne
N.	nom
P. P.	participe passé
PEJ.	péjoratif
POP.	populaire
PROV.	proverbe, proverbial
REM.	remarque
SC.	scientifique
SYN.	synonyme
TR.	transitif
V.	verbe ; ou : vers (devant une date)
VULG.	vulgaire

FICHE-MÉTHODE

Exercices

Étape 1

1 Donnez un **synonyme**, un **antonyme** et un **paronyme** pour chacun des mots suivants.

liberté – mouvement – ressemblance – vacuité

2 Précisez l'**étymologie** des mots suivants, en vous aidant au besoin d'un dictionnaire.

anthropophage – courage – école – omniscient – poésie – sandwich – théâtre – vasistas – violent

3 Recherchez trois **synonymes** pour chacun des mots suivants, et classez-les du sens le plus neutre au sens le plus fort par ordre d'intensité :

amour – critiquer – honte – remarquable

4 Identifiez les **champs lexicaux** suivants, en repérant dans chaque série le **mot intrus** qu'il convient d'écarter.

a. gaiement – comique – s'égailler – rire – égayer
b. étrier – goélette – haras – volte – alezan
c. exhaler – relent – sentir – exilé – effluves
d. masque – théorème – regarder – fascinant – scène – applaudir
e. autel – nef – aratoire – oratoire – chœur

5 Employez chacun de ces verbes dans deux phrases où ils possèdent un **signifié différent** :

disposer – différer – convenir – intriguer – postuler

6 En utilisant les outils d'analyse de la leçon, expliquez le fonctionnement des **jeux de mots** suivants :

a.

BÉLISE

Veux-tu toute ta vie offenser la grammaire ?

MARTINE

Qui parle d'offenser grand-mère ni grand-père ?
(Molière)

b. Je me rejette dans le livre que j'avais caché entre ma chemise et ma peau, et je le dévore – avec un peu de thon. (Vallès)

c. Le soir tombait. Il tombait bien d'ailleurs. (Pierre Dac)

7 Rédigez un compte rendu de film, dans lequel vous développerez en une dizaine de lignes le **champ lexical** du comique.

8 Lisez l'extrait suivant.

1. Quels sont les deux principaux **champs lexicaux** ? Relevez les mots qui les constituent.

2. Comment ces champs lexicaux sont-ils **mis en relation** ? Que révèlent-ils du personnage ?

Tout d'un coup, sur le sable de l'allée, tardive, alentie[1] et luxuriante comme la plus belle fleur et qui ne s'ouvrirait qu'à midi, Mme Swann apparaissait, épanouissant autour d'elle une toilette toujours différente mais que je me rappelle surtout mauve ; puis elle hissait et déployait sur un long pédoncule, au moment de sa plus complète irradiation, le pavillon de soie d'une large ombrelle de la même nuance que l'effeuillaison des pétales de sa robe.

PROUST, *À l'ombre des jeunes filles en fleurs*, 1918.

1. **Alentie :** ralentie.

Étape 2

9 Comment le poète joue-t-il ici sur les **préfixes** ? Selon quel principe les couples de verbes *pense/dépense, vis/dévie, meurs/demeure* sont-ils formés ?

LES PRÉFIXES

A mesure que je vois
j'oublie j'oublie
j'oublie tout ce que je vois.

A mesure que je pense
je dépense je dépense !

A mesure que je vis
je dévie je dévie !

Mais à mesure que je meurs
je demeure je demeure.

Jean TARDIEU, *Monsieur Monsieur*,
recueilli dans *Le Fleuve caché*, © Éd. Gallimard, 1939.

10 Cherchez le **sens ancien** des mots suivants. Puis comparez-le avec leur **sens actuel**.

amant – charme – déplorable – ennui – gloire

11 Analysez les mots en gras de l'extrait suivant.

1. Quelles sont leurs différentes **connotations dans le contexte** de ces vers ?

2. Choisissez un de ces mots et dites quelles **autres connotations** il peut prendre.

J'irai **là-bas** où l'arbre et l'homme, pleins de sève,
Se pâment longuement sous l'ardeur des climats ;
Fortes tresses, soyez la **houle** qui m'enlève !
Tu contiens, mer d'ébène, un éblouissant rêve
De **voiles**, de rameurs, de flammes et de mâts.

BAUDELAIRE, *Les Fleurs du mal*, 1857.

12 Lisez le texte suivant.

1. Repérez les deux principaux **champs lexicaux** en relevant tous les mots qui leur appartiennent.

2. Quelle **signification d'ensemble** et quel **registre** dominant pouvez-vous en déduire ?

Je vous envoie un bouquet que ma main
Vient de trier de ces fleurs épanies[1] ;
Qui ne les eût à ce vespre[2] cueillies,
Chutes à terre elles fussent demain.

Cela vous soit un exemple certain
Que vos beautés, bien qu'elles soient fleuries,
En peu de temps cherront[3] toutes flétries,
Et comme fleurs, périront tout soudain.

Le temps s'en va, le temps s'en va, ma Dame,
Las ! le temps non, mais nous nous en allons,
Et tôt serons étendus sous la lame[4] ;

Et des amours desquelles nous parlons,
Quand serons morts, n'en sera plus nouvelle ;
Pour ce[5] aimez-moi, cependant qu'êtes belle.

RONSARD, *Continuation des Amours*, 1555.

1. **Épanies :** épanouies.
2. **Ce vespre :** ce soir.
3. **Cherront :** tomberont.
4. **Lame :** pierre tombale.
5. **Prononcer :** *Pour c'aimez-moi...*

ÉTAPE 3

13 Étudiez le texte suivant.

1. Expliquez la **métaphore filée** : quels champs lexicaux met-elle en rapport ?

2. Pourquoi les dictionnaires peuvent-ils être comparés à des « cimetières » (v. 9-10) ? Que nous dit ce texte sur l'**histoire des mots** ?

LA CHAIR CHAUDE DES MOTS

Prends ces mots dans tes mains et sens leurs pieds agiles
Et sens leur cœur qui bat comme celui du chien
Caresse donc leur poil pour qu'ils restent tranquilles
Mets-les sur tes genoux pour qu'ils ne disent rien

Une niche de sons devenus inutiles
Abrite des rongeurs l'ordre académicien
Rustiques on les dit mais les mots sont fragiles
Et leur mort bien souvent de trop s'essouffler vient

Alors on les dispose en de grands cimetières
Que les esprits fripons nomment des dictionnaires
Et les penseurs chagrins des alphadécédets

Mais à quoi bon pleurer sur des faits si primaires
Si simples éloquents connus élémentaires
Prends ces mots dans tes mains et vois comme ils sont faits

QUENEAU, *Sonnets*, recueilli dans *Le Chien à la Mandoline*, © Éd. Gallimard, 1954.

14 Cherchez la définition de deux mots de ce texte appartenant au même champ lexical. Précisez la **nuance de sens** qui les distingue et indiquez leur **étymologie**.

DEUIL ET MÉLANCOLIE DES MOTS PERDUS

Qu'est-ce qui les a chassés du discours quotidien, où ils marquaient pourtant le besoin de la nuance, de la différence, et, au physique comme au moral, l'inépuisable variété des phénomènes humains ? Où sont partis le débonnaire, l'affable, le bonhomme ou le bonasse, l'atrabilaire ou le chafouin ? Où le chenapan, le papelard, le doucereux ? Le salace, le graveleux, le salé ont complètement succombé au porno ; l'acrimonieux et le sarcastique s'abolissent dans l'agressif ; le piquant cède la place à l'intéressant tandis que la charmeuse ou la sorcière, la sainte-nitouche ou la virago, et combien d'autres mots, si propres à diversifier choses et gens, tombent dans le néant créé en hâte par notre rage de nivellement (comme si de tout fourrer dans la grisaille de l'uniforme avançait le règne de l'égalité). Ces mots nuancés qui fixaient rangs et qualités en laissant jouer toutes les tonalités subtiles des sensations et des sentiments, on ne les rencontre plus guère que dans nos dictionnaires et nos anthologies.

Marthe ROBERT, *La Vérité littéraire*, © Éd. Grasset, 1981.

VERS LA DISSERTATION

1. Expliquez le **titre** du texte de Marthe ROBERT (exercice n° 14), en lien avec sa thèse. Quel argument principal avance-t-elle ?

2. Rédigez un paragraphe où vous développerez cette thèse de Marthe ROBERT en vous appuyant sur d'autres arguments et d'autres exemples.

Chapitre 2

La phrase

Énoncer une phrase, c'est choisir des mots et les ordonner pour **construire un sens** et **produire certains effets**. La phrase peut ainsi porter les **émotions** les plus variées, par la qualité musicale de son rythme (texte A) ou par une écriture aussi expressive que la parole (texte B).

TEXTE A

Un personnage montre comment la calomnie se répand.

D'abord un bruit léger, rasant le sol comme hirondelle avant l'orage, *pianissimo* murmure et file, et sème en courant le trait empoisonné. Telle bouche le recueille, et *piano*, *piano*, vous le glisse en l'oreille adroitement. Le mal est fait ; il germe, il rampe, il chemine, et *rinforzando*[1] de bouche en bouche il va le diable, puis tout à coup, ne sais comment, vous voyez calomnie se dresser, siffler, s'enfler, grandir à vue d'œil. Elle s'élance, étend son vol, tourbillonne, enveloppe, arrache, entraîne, éclate et tonne, et devient, grâce au Ciel, un cri général, un *crescendo* public, un *chorus*[2] universel de haine et de proscription. Qui diable y résisterait ?

BEAUMARCHAIS, *Le Barbier de Séville*, II, 8, 1775.

1. **Rinforzando :** avec une sonorité « renforcée », accentuée.
2. **Chorus :** chœur, concert.

Longueur des phrases et effets rythmiques

1. En vous appuyant sur la ponctuation, délimitez et dénombrez les différentes phrases du texte.
2. Comment l'avant-dernière phrase du texte (l. 7-10) est-elle construite ? En quoi cette construction met-elle en valeur son sens ?

TEXTE B

Tu les crois malades ?... Ça gémit... ça rote... ça titube... ça pustule... Tu veux vider ta salle d'attente ? Instantanément ? même de ceux qui s'en étranglent à se ramoner les glaviots ?... Propose un coup de cinéma !... un apéro gratuit en face ! tu vas voir combien qu'il t'en reste... S'ils viennent te relancer, c'est d'abord parce qu'ils s'emmerdent. T'en vois pas un la veille des fêtes... Aux malheureux, retiens mon avis, c'est l'occupation qui manque, c'est pas la santé...

Louis-Ferdinand CÉLINE, *Mort à crédit*, © Éd. Gallimard, 1936.

Phrases morcelées : une parole intense

1. Analysez la ponctuation : quelle est ici la valeur des points de suspension ? Les phrases sont-elles nettement délimitées ? Pourquoi ?
2. Repérez les phrases interrogatives et exclamatives. Quel effet produisent-elles ?

2. La phrase

La phrase constitue une **unité de sens et de rythme**. Elle organise et lie les mots de façon à produire un énoncé complet. À l'oral, elle est marquée par une certaine intonation. À l'écrit, elle commence par une majuscule et se termine par une ponctuation forte.
Connaître la **nature grammaticale** de la phrase, c'est à la fois en maîtriser l'usage et mieux en apprécier toutes les **possibilités stylistiques**.

1 LA STRUCTURE DE LA PHRASE

• Phrase verbale et phrase non-verbale

– La plupart des phrases sont **verbales**, organisées autour d'un **verbe** qui en constitue le noyau ; ce verbe est accompagné d'un sujet, et éventuellement d'un ou de plusieurs compléments : *Nous organisons une fête ce soir*.

– Les phrases **non-verbales** sont centrées sur un **nom**, un **adjectif** ou un **adverbe**. Plus brèves, elles sont aussi plus intenses : *Une fête ? Magnifique ! Immédiatement !*

• Phrase simple et phrase complexe

– **La phrase simple** comporte une seule proposition.

– **La phrase complexe** comporte plusieurs propositions : soit des propositions **indépendantes**, soit une proposition **principale** dont dépendent une ou plusieurs propositions **subordonnées**.

2 LES RELATIONS ENTRE LES PROPOSITIONS

• La juxtaposition

Les propositions simplement **juxtaposées** se succèdent sans aucun mot subordonnant ou coordonnant : *Je le vis, je rougis, je pâlis à sa vue* (Racine). L'absence de mot de liaison (**asyndète**) produit certains effets stylistiques : phrases plus proches de l'oral, effet de rapidité ou d'intensité.

• La coordination

Les propositions **coordonnées** sont reliées entre elles par des **conjonctions de coordination** (*mais, ou, et, donc, or, ni, car*) ou des **adverbes de liaison** (*puis, aussi, toutefois, cependant...*) : *Je le vis, puis je rougis*.

• La subordination

Les propositions subordonnées (**relatives, circonstancielles, complétives, interrogatives indirectes**) sont reliées à la principale par des **mots subordonnants** (conjonctions de subordination ; pronoms relatifs ; pronoms, adjectifs ou adverbes interrogatifs) : *Quand il se présenta, je rougis*.

3 LES DIFFÉRENTS TYPES DE PHRASES

• Toute phrase appartient obligatoirement à l'un de ces **quatre types** :

– **La phrase déclarative** énonce un fait (vrai ou faux, supposé ou nié).

– **La phrase interrogative** pose une question. Elle se caractérise par une intonation montante à l'oral, et un point d'interrogation à l'écrit.

LES INTERROGATIONS ORATOIRES

• Ce sont de **fausses questions**, car la réponse, implicite, est évidente. Elles expriment un **renforcement** de l'affirmation : *Mais où sont les neiges d'antan ?* (Villon) = Elles ont bel et bien disparu.

• L'interrogation oratoire permet de traduire des **sentiments forts** : indignation, colère, regret... Elle sert à mettre en valeur une idée. Elle est particulièrement présente dans les registres lyrique et épique, mais elle peut aussi être teintée d'ironie.

– **La phrase exclamative** exprime un sentiment ou une émotion. Elle se caractérise par l'intonation fortement accentuée à l'oral et un point d'exclamation à l'écrit.

– **La phrase impérative** ou injonctive exprime l'ordre ou la défense. (Une phrase peut être à la fois impérative et exclamative.)

• Des **formes facultatives** peuvent se combiner avec ces quatre types :

– la forme **négative,** qu'il s'agisse d'une négation totale (qui porte sur l'ensemble de la phrase) ou partielle (qui ne porte que sur un élément de la phrase) ;

– la forme **emphatique**, qui met en relief un élément de la phrase grâce à divers procédés (ordre des mots, ou présentatif : *C'est lui que j'ai vu*) ;

– la forme **passive**, qui met en valeur l'objet ou la personne qui subit l'action : *L'enfant est bercé par sa mère*.

4 LE RYTHME DE LA PHRASE

• **L'intonation** de la phrase déclarative comporte une phase ascendante, la **protase**, qui correspond à la montée de la voix, et une phase descendante, l'**apodose**, où la voix retombe.

• **La prose littéraire** exploite la composition des phrases pour obtenir différents **effets rythmiques**, en répartissant dans un ordre calculé les **temps forts** de la phrase (ceux que l'on prononce avec un **accent** d'intensité). Cet accent est placé sur la dernière syllabe du mot (ou l'avant-dernière syllabe, quand le mot se termine par un *e* muet) ou d'un groupe de mots formant une unité grammaticale.

J'aimai la gloire comme une femme, comme un premier amour. (Chateaubriand)

• **La période** est une phrase particulièrement longue dans laquelle les effets de **rythme**, de **symétrie** ou d'**asymétrie** sont systématiquement exploités. Par l'harmonie de ses cadences, la période se prête au style oratoire (discours, sermons, plaidoiries...), et en général au style soutenu (registres épique, lyrique et tragique).

• **Le rythme** d'un texte découle de la longueur des phrases successives, et de la longueur relative des groupes dans la phrase. Pour commenter le rythme, il faut mettre en relation le **rythme** et le **sens** du texte : un rythme très régulier peut suggérer tantôt l'immobilité et l'ennui, tantôt la paix et l'harmonie. On remarque en particulier les rythmes suivants :

– **le rythme binaire** (deux groupes de longueur équivalente) :

L'un venait de la Bastille, l'autre du Jardin des Plantes. (Flaubert)

– **le rythme ternaire** (trois groupes de longueur équivalente) :

Je n'ai plus rien à apprendre, j'ai marché plus vite qu'un autre, et j'ai fait le tour de ma vie. (Chateaubriand)

– **le rythme croissant** (membres de phrase de plus en plus longs) :

Ô rage ! Ô désespoir ! Ô vieillesse ennemie ! (Corneille)

LA PROSE D'ART

• Héritière de la rhétorique antique, la prose d'art est au service de l'**éloquence oratoire**, dont le but est de séduire l'oreille par le **rythme** des phrases autant que de convaincre par les arguments.

• Elle relève à l'origine de l'**éloquence judiciaire et politique**, et caractérise au XVIIe siècle l'**éloquence religieuse** (Bossuet).

La ponctuation

La ponctuation **structure l'énoncé écrit**. Traduisant le **rythme** des phrases, elle délimite les groupes de mots dont elle souligne la **fonction syntaxique**. Elle est partie prenante du sens d'un texte.

SIGNES	FONCTION	EXEMPLES
Le point (.)	– Il indique la clôture de la phrase et correspond à une pause forte. – Il est toujours suivi d'une majuscule. – Il peut marquer l'abréviation d'un mot.	• *L'auteur et le personnage ne font qu'un. On voit donc que ce texte est autobiographique.* • *G. Flaubert, O.N.U.*
Le point d'interrogation (?)	– Il marque la clôture d'une phrase interrogative (interrogation directe). – Il est généralement suivi d'une majuscule.	• *Qui ? Ah bon ? Ce texte est-il épique ?* (mais : *Je me demande si ce texte est épique.*)
Le point d'exclamation (!)	– Il exprime l'injonction, l'émotion, l'intensité dans l'intonation. – S'il clôt une phrase exclamative, il est suivi d'une majuscule. – S'il s'insère dans la phrase, il est suivi d'une minuscule.	• *Sortez ! Quel film superbe !* • *Comme tu y vas !* • *Ah ! arrête !*
Le point-virgule (;)	– Il sépare des propositions qui pourraient logiquement être des phrases, mais marque une pause moins forte qu'un point.	• *Anne est passée hier ; elle a oublié son parapluie.*
La virgule (,)	– Elle correspond à une faible pause à l'oral. – Elle détache certains groupes syntaxiques (compléments circonstanciels, appositions), permettant de lever ainsi des ambiguïtés. – Elle sépare les termes juxtaposés.	• Comparer : *Nous vîmes, Pierre et moi...* et : *Nous vîmes Pierre, et moi...*
Les deux-points (:)	– Ils impliquent une relation logique entre l'élément qui les suit et celui qui les précède : ⇒ cause (avec le sens de *car*) ⇒ conséquence (avec le sens de *donc*) – Ils annoncent une explication. – Ils introduisent un énoncé rapporté au discours direct (suivis des guillemets).	• *Le silence se fait : le conférencier vient d'entrer.* • *Le conférencier entre : le silence se fait.* • *Voici ce que je préfère : le bœuf.* • *Voltaire a dit : « ... »*
Les points de suspension (...)	– Ils signalent qu'un énoncé n'est pas achevé : ⇒ soit parce qu'il a été interrompu ; ⇒ soit parce qu'on laisse imaginer la suite. – À la fin d'une phrase, ils marquent un silence.	• *Je ne sais pas si...* • *La nuit était sinistre...*
Les guillemets (« »)	– Ils isolent un terme que le locuteur cite tel qu'il a été dit, ou ne reprend pas à son compte. – Ils introduisent le discours direct.	• *D'après lui, tout ceci vient de mon « arrogance ».* • *J'ai dit : « Levez-vous immédiatement. »*
Les parenthèses (( ))	– Elles encadrent dans la phrase un élément isolé, présenté généralement comme secondaire. – Elles peuvent aussi introduire une explication ou un commentaire.	• *Le chien (il était affamé) se jeta sur sa proie.* • *Vigoureux (il s'est entraîné cet été), il a toute chance de gagner.*
Le tiret (–)	– Il peut introduire le discours direct à la place des guillemets. – Deux tirets encadrent un élément isolé de la phrase (comme des parenthèses).	• *J'ai dit : – Levez-vous immédiatement.* • *Vigoureux – il s'est entraîné cet été –, il a toute chance de gagner.*

FICHE-MÉTHODE

Exercices

Étape 1

1 Transformez chacun de ces couples de phrases simples en une **phrase complexe**, en utilisant d'abord la **coordination**, puis la **subordination**.

a. Il vient de partir. Il était fort pressé.

b. J'adore faire du sport. Je ne suis pas très vigoureux.

c. Pierre est arrivé au stade. Le match venait de commencer.

d. Nous avons tout préparé. Nous pourrons partir à l'heure.

2 Mettez les phrases suivantes à la **forme emphatique**, en utilisant deux tournures possibles.

a. Le chef de l'État a voulu cette élection.

b. Ce spectacle est extrêmement violent.

c. Jean a déjà rencontré ce garçon.

d. L'intérêt de ce texte réside surtout dans la combinaison de ces deux registres.

3 **Inventez** quatre slogans publicitaires :

1. d'abord composés uniquement de **phrases nominales** :
Exemple : *Le plaisir d'un teint frais, naturel, éclatant : Teint compact crème Universel SPF 15.*

2. puis en les réécrivant sous la forme de **phrases verbales** :
Exemple : *Avec Teint compact crème Universel SPF 15, découvrez le plaisir d'un teint frais, naturel, éclatant.*

4 Lisez cet extrait.

1. Identifiez les **interrogations oratoires** en les distinguant des interrogations véritables.

2. Dégagez la signification des interrogations oratoires en les remplaçant par des **phrases déclaratives** de même sens.

Dans cette prosopopée (discours fictif attribué à un personnage célèbre), Rousseau donne la parole à Fabricius, un héros de l'ancienne Rome.

Ô Fabricius ! qu'eût pensé votre grande âme, si pour votre malheur rappelé à la vie, vous eussiez vu la face pompeuse de cette Rome sauvée par votre bras et que votre nom respectable avait plus illustrée que toutes ses conquêtes ? « Dieux ! eussiez-vous dit, que sont devenus ces toits de chaume et ces foyers rustiques qu'habitaient jadis la modération et la vertu ? Quelle splendeur funeste a succédé à la simplicité romaine ? Quel est ce langage étranger ? Quelles sont ces mœurs efféminées ? Que signifient ces statues, ces tableaux, ces édifices ? Insensés, qu'avez-vous fait ? »

Rousseau, *Discours sur les sciences et les arts*, 1750.

5 Racontez une rencontre insolite dans les rues d'une grande ville :

1. dans un paragraphe de **style oral** (phrases courtes, juxtaposition, vocabulaire courant) ;

2. dans un paragraphe de **style soutenu** (phrases longues, subordination, vocabulaire recherché).

Étape 2

6 Observez les phrases du texte suivant.

1. Classez les phrases et les propositions selon leur **structure**.

2. Caractérisez le **rythme** des phrases. Quel est l'effet produit ?

Figaro. — Adieu, mon petit Chérubin. Tu vas mener un train de vie bien différent, mon enfant : dame ! tu ne rôderas plus tout le jour au quartier des femmes : plus d'échaudés[1], de goûtés à la crème ; plus de main chaude[2] ou de colin-maillard. De bons soldats, morbleu ! basanés, mal vêtus ; un grand fusil bien lourd ; tourne à droite, tourne à gauche, en avant, marche à la gloire ; et ne va pas broncher en chemin, à moins qu'un bon coup de feu…

Beaumarchais, *Le Mariage de Figaro*, I, 10, 1784.

1. **Échaudés :** gâteaux.
2. **Main chaude :** jeu d'enfants.

7 Lisez l'extrait suivant.

1. Caractérisez la phrase, en analysant la **syntaxe** et la **ponctuation**.

2. Réécrivez ce texte en adoptant une syntaxe et une ponctuation **correctes**. Quel effet de la phrase initiale disparaît alors ?

La tante de Bébert évoque son neveu disparu.

Elle essayait de me faire rappeler de toutes les gentilles qualités qu'il avait eues Bébert et qu'elle en faisait comme un étalage avec bien de la peine parce qu'il ne fallait rien oublier de ses qualités à Bébert et qu'elle recommençait, et puis quand tout y était bien et qu'elle m'avait bien raconté toutes les circonstances de son élevage au biberon, elle retrouvait encore une petite qualité à Bébert qu'il fallait tout de même mettre à côté des autres, alors elle reprenait toute l'histoire par le commencement et cependant elle en oubliait quand même et elle était forcée finalement de pleurnicher un peu, d'impuissance.

CÉLINE, *Voyage au bout de la nuit*,
© Éd. Gallimard, 1932.

8 Observez les phrases du texte suivant.

1. Classez-les en fonction de leur **type**.

2. Caractérisez leur **rythme**.

3. En quoi ce style des phrases contribue-t-il au **registre** du texte ?

Ayez pitié de l'état où je suis. Si vous m'aimez, respectez-le ; ne me revoyez plus : que mon exemple vous serve à détruire un amour qui ne peut avoir que des suites funestes pour moi. Envisagez les malheurs qui seraient inséparables de notre commerce : la perte de ma réputation, celle de l'estime de mon mari : peut-être pis encore.

CRÉBILLON FILS, *Lettres de la marquise de M*** au comte de R****, Lettre XIV, 1732.

Le narrateur rêve de voyages merveilleux avec une femme imaginaire.

Il serait trop long de raconter les beaux voyages que je faisais avec ma fleur d'amour ; comment main en main nous visitions les ruines célèbres, Venise, Rome, Athènes, Jérusalem, Memphis, Carthage ; comment nous franchissions les mers ; comment nous demandions le bonheur aux palmiers d'Otahiti[1], aux bosquets embaumés d'Amboine[1] et de Tidor[1] ; comment, au sommet de l'Himalaya nous allions réveiller l'aurore ; comment nous descendions les fleuves saints dont les vagues épandues entourent les pagodes aux boules d'or ; comment nous dormions aux rives du Gange, tandis que le bengali, perché sur le mât d'une nacelle de bambou, chantait sa barcarolle[2] indienne.

CHATEAUBRIAND,
Mémoires d'outre-tombe,
I, 3, 12, 1850 (posthume).

1. Noms de lieux exotiques, choisis pour le charme de leurs sonorités.

2. **Barcarolle :** chanson des gondoliers vénitiens.

ÉTAPE 3

9 Étudiez la phrase suivante.

1. Étudiez les **effets de reprise** : quelles idées et quels sentiments sont ainsi mis en valeur ?

2. Étudiez le rythme de la phrase en délimitant la **protase** et l'**apodose**. Pourquoi peut-on parler d'une phrase oratoire ?

Rousseau cherche à se disculper de l'accusation de misanthropie.

Moi qui ne cherche que la solitude et la paix, moi dont le souverain bien consiste dans la paresse et l'oisiveté, moi dont l'indolence et les maux me laissent à peine le temps de pourvoir à ma subsistance, à quel propos, à quoi bon m'irais-je plonger dans les agitations du crime, et m'embarquer dans l'éternel manège des scélérats ?

ROUSSEAU, *Lettre à Diderot*, 1758.

10 Lisez le texte suivant.

1. Comment la **composition** de la phrase traduit-elle la rêverie ?

2. Analysez le **rythme** de la phrase : en quoi contribue-t-il au **registre** du texte ?

VERS LE COMMENTAIRE

1. Analysez la **forme**, le **type** et le **rythme** des phrases suivantes.

2. Rédigez un paragraphe dans lequel vous analyserez le rapport entre cette **composition des phrases** et le **sens du texte**.

La pression de l'ombre agit en sens inverse sur les différentes espèces d'âmes. L'homme devant la nuit se reconnaît incomplet. Il voit l'obscurité et sent l'infirmité. Le ciel noir, c'est l'homme aveugle. L'homme, face à face avec la nuit, s'abat, s'agenouille, se prosterne, se couche à plat ventre, rampe vers un trou, ou se cherche des ailes. Presque toujours, il veut fuir cette présence informe de l'Inconnu. Il se demande ce que c'est ; il tremble, il se courbe, il ignore ; parfois aussi, il veut y aller.

Aller où ?

Là.

HUGO, *Les Travailleurs de la mer*, 1866.

Chapitre **3**

Le verbe

Le verbe est le **noyau** de la phrase verbale, dont il assure l'unité et la dynamique : il lie entre eux les éléments qui la constituent (groupes nominaux, adverbes...). Lui-même n'a pas de fonction propre, mais il donne à ces autres éléments certaines fonctions (sujet, complément, attribut...).
Il est caractérisé par sa **conjugaison** : ses variations en **mode**, **temps**, **personne** et **nombre** permettent toutes sortes de nuances et de modulations, notamment dans un récit au passé comme cet extrait de Stendhal.

TEXTE

En bateau sur le lac de Côme...

Il y eut une tempête où l'on courut des dangers ; quoiqu'on eût infiniment peu d'argent, on paya généreusement les deux bateliers pour qu'ils ne dissent rien au marquis, qui déjà témoignait beaucoup d'humeur de ce qu'on emmenait ses deux filles. On rencontra une seconde tempête ; elles sont terribles et imprévues sur ce beau lac : des rafales de vent sortent à l'improviste de deux gorges de montagne placées dans des directions opposées et luttent sur les eaux. La comtesse voulut débarquer au milieu de l'ouragan et des coups de tonnerre ; elle prétendait que, placée sur un rocher isolé au milieu du lac, et grand comme une petite chambre, elle aurait un spectacle singulier ; elle se verrait assiégée de toutes parts par des vagues furieuses ; mais, en sautant de la barque, elle tomba dans l'eau. Fabrice se jeta après elle pour la sauver, et tous deux furent entraînés assez loin. Sans doute il n'est pas beau de se noyer, mais l'ennui, tout étonné, était banni du château féodal.

STENDHAL, *La Chartreuse de Parme*, I, 2, 1839.

L'emploi des modes et des temps

1. Quel temps de l'indicatif domine dans ce passage ? Pourquoi ?
2. Quels verbes de ce texte sont au conditionnel ? Quelle valeur cette forme a-t-elle ici ?
3. Relevez les verbes employés au présent de l'indicatif. À quel moment se rapportent-ils ?
4. Comment le contraste entre les temps du passé et le présent contribue-t-il à l'intérêt du récit ?

3. Le verbe

Le système verbal français comporte des **voix**, des **modes** et des **temps**. Il permet ainsi de situer toute action à la fois dans sa **chronologie** et dans ses **modalités**. Les temps de l'indicatif, outre leur **valeur temporelle** (action dans le passé, le présent ou le futur), informent sur la manière dont se déroule l'action — action durable ou ponctuelle, accomplie ou inaccomplie : on parle alors d'**aspect**.

1 LES VOIX ET LES TOURNURES

• Voix active et voix passive

– **Voix active :** l'action est envisagée du point de vue de son **déroulement** et de l'auteur de l'action. ⇒ *Le vent chasse les feuilles.*

– **Voix passive :** l'action est envisagée du point de vue de son **résultat** et de l'objet qui subit l'action. ⇒ *Les feuilles sont chassées par le vent.*

• La tournure pronominale

Conjugués avec un pronom réfléchi, les verbes pronominaux peuvent être :

– de **sens réfléchi :** le sujet exerce une action sur lui-même. ⇒ *Il se coiffe* ;

– de **sens réciproque :** il y a interaction. ⇒ *Ils se sont bien battus* ;

– **essentiellement pronominaux :** ils n'existent qu'à la forme pronominale. ⇒ *Ils se sont aperçus de leur oubli* ;

– de **sens passif :** le sujet subit l'action. ⇒ *La mer s'est retirée.*

• La tournure impersonnelle

Le verbe se conjugue seulement à la **3e personne du singulier**.

– Verbes qui n'existent qu'à la tournure impersonnelle : *Il pleut.*

– Verbes qui possèdent une tournure impersonnelle parmi d'autres emplois : *Il manque trois élèves.*

2 LES MODES PERSONNELS ET IMPERSONNELS

Les modes traduisent la **manière dont on envisage l'action** exprimée par le verbe. On distingue en français **sept modes** : quatre modes personnels et trois modes impersonnels.

• Les modes personnels (conjugués à différentes personnes)

– **L'indicatif** présente l'action dans sa **réalité** (passée, présente ou future) : *Il vient demain.*

– **Le subjonctif** présente l'action comme **éventuelle**, susceptible de se réaliser ou non. Il exprime notamment le souhait ou l'ordre : *Qu'il vienne demain.*

– **Le conditionnel** est le mode de l'**imaginaire** (action considérée comme possible, ou irréelle : *Moi, je serais d'Artagnan*). Il exprime aussi la **condition** et l'hypothèse : *Si tu l'invitais, il viendrait.* Il peut enfin servir à **atténuer** une affirmation, exprimant l'incertitude (*Il y aurait trente disparus*) ou la politesse (*J'aimerais vous rencontrer*).

– **L'impératif** est le mode de l'**ordre**, de l'exhortation : *Viens demain.*

LES MODES DANS LES SUBORDONNÉES

Indépendamment de leur **valeur modale** habituelle, les modes peuvent être **imposés** par le contexte ou par la construction.

• **Le subjonctif** est obligatoire après des verbes exprimant la volonté, le doute, l'ordre, le sentiment : *Je veux qu'il* ***vienne****. Je me réjouis qu'il* ***soit*** *là.*

• **Le conditionnel**, après une proposition principale au passé, exprime le futur dans la subordonnée. Il a alors une **valeur temporelle**, celle d'un futur du passé : *Il disait qu'il* ***viendrait****.*

LA CONCORDANCE DES TEMPS

Lorsque la proposition principale est au passé, la concordance des temps impose un changement des temps verbaux de la subordonnée, sur le modèle suivant :

Je sais qu'il gèle.
⇒ Je savais qu'il gelait.

Je sais qu'il gela (ou qu'il a gelé).
⇒ Je savais qu'il avait gelé.

Je sais qu'il gèlera.
⇒ Je savais qu'il gèlerait.

• **Les modes impersonnels** (non conjugués aux différentes personnes)

– **L'infinitif** exprime seulement le sens du verbe. C'est la forme nominale du verbe : *Chanter me plaît.*

– **Le participe et le gérondif** présentent l'action comme circonstance d'une autre action : *Il chante en travaillant.*

3 LES TEMPS DE L'INDICATIF

• **Le présent**

– Il exprime généralement des actions qui se déroulent au moment où l'on parle (**présent d'énonciation**). ⇒ *Je t'affirme qu'il viendra.*

– Il présente souvent l'action dans sa **durée** et dans son **inachèvement** (aspect inaccompli). ⇒ *Dans le pré, des enfants jouent.*

– Le présent de **vérité générale**, atemporel, est le temps des proverbes, des définitions, du discours scientifique. ⇒ *Un triangle est une figure à trois côtés.*

– Dans un récit au passé, le présent peut correspondre à une **intrusion du narrateur**, qui exprime son point de vue. ⇒ *L'inconnu lança les dés. Une salle de jeu* ***est*** *la scène d'un drame…*

– Quant au **présent de narration** (ou présent historique), il vise à rendre l'action plus vivante, et crée un effet de rupture par rapport au passé dominant. ⇒ *Il arrivait en courant, et le voilà qui tombe.*

– Le présent peut enfin traduire le **passé proche** ou le **futur proche** : *Tu le manques de peu, il part à l'instant.*

• **Le futur simple** exprime des actions non encore réalisées, situées dans l'**avenir**. Il peut exprimer une **supposition** (*Il se perdra encore, c'est sûr !*) ou une **recommandation** (*Tu tâcheras de rester calme*).

• **L'imparfait**, temps du passé, présente l'action dans sa **durée**, dans son **inachèvement** (aspect inaccompli). Il exprime donc l'**arrière-plan** de l'action. On l'utilise généralement dans les **descriptions**. Il peut enfin exprimer les **actions qui se répètent** (aspect itératif).

• **Le passé simple** présente l'action comme **achevée dans le passé** (aspect accompli).

– C'est le temps du **récit historique** coupé de l'énonciation (→ ch. 4) : il correspond à des actions ponctuelles, délimitées dans le temps, quelle que soit leur durée. En opposition avec l'imparfait, il exprime l'**événement**, le **premier plan** de l'action : *La forêt était silencieuse, quand un cerf* ***brama****.*

– Aujourd'hui, le passé simple tend à être remplacé, dans la **langue orale**, par le passé composé ou le présent. En principe, le passé simple et le passé composé ne peuvent coexister, sauf changement de système d'énonciation.

• **Les temps composés** marquent tous un aspect accompli

– **Le passé composé** exprime une **action passée et achevée**, mais en rapport avec l'énonciation actuelle. Ses effets se prolongent dans le présent : *Nous* ***avons construit*** *cette maison.*

– **Le plus-que-parfait** est aussi un temps de l'**action achevée dans le passé**. En relation avec l'imparfait ou le passé simple, il exprime l'antériorité dans le passé : *Il* ***avait fini*** *son repas, quand j'entrai.*

– **Le passé antérieur** exprime une **action achevée** dans le passé, envisagée dans sa **ponctualité**. En relation avec le passé simple, il exprime aussi l'antériorité : *À peine l'****eut****-il* ***rencontrée*** *qu'il l'aima.*

– **Le futur antérieur** exprime une **action achevée dans le futur**, antérieure à une autre action future : *Quand vous* ***aurez fini****, vous reviendrez.*

Les règles d'accord

FICHE-MÉTHODE

1 L'ACCORD DU VERBE AVEC LE SUJET

Le verbe s'accorde **en nombre** et en personne avec le sujet.

- Sujet placé **après le verbe** :
L'accord se fait normalement : *Il faut étudier comment se comport**ent** les personnages.*

- Sujet formé de **plusieurs noms** au singulier :
L'accord se fait au pluriel : *Où **sont allées** Céline et Julie ?*

- Sujet composé de **plusieurs personnes différentes** :
– Si l'un des sujets est le pronom ***moi***, le verbe se met à la 1ère personne du pluriel : *Pierre et moi partir**ons** à la mer.*
– Si l'un des sujets est le pronom ***toi***, le verbe se met à la 2e personne du pluriel : *Pierre et toi partir**ez** à la mer.*

- **Singulier ou pluriel ?** Quelques cas...
– Après *peu, la plupart, assez, combien, beaucoup*, le verbe se met au **pluriel** : *La plupart ont cru à son succès.*
– Après deux sujets coordonnés par *ni* ou *ou* :
⇒ Le verbe se met au **singulier** si l'idée exprimée ne concerne qu'un des deux sujets : *Son frère ou son père t'a-t-il parlé ?*
⇒ Le verbe se met au **pluriel** si l'idée concerne les deux sujets : *Ni la France ni la Belgique ne gagneront la médaille d'or.*

- Avec un **pronom** comme sujet :
– Après le **pronom relatif** *qui*, le verbe s'accorde en genre, en nombre et en personne avec **l'antécédent** : *C'est **moi** qui **viendrai** ; les barques qui **sont** pass**ées**...*
– Lorsque le sujet grammatical est un **pronom personnel** différent du sujet réel, l'accord se fait avec lui : ***Il** manqu**e** trois personnes.*
– Lorsque le sujet grammatical est un **pronom démonstratif**, l'accord se fait de préférence avec le sujet réel lorsque celui-ci est à la troisième personne : *C'étai**ent** des histoires anciennes.*

2 L'ACCORD DU PARTICIPE PASSÉ

- **Le participe passé conjugué avec l'auxiliaire *être*** s'accorde en genre et en nombre avec le sujet : *Ces œuvres sont admirées. Elles ont été admirées.*

- **Le participe passé conjugué avec l'auxiliaire *avoir*** ne s'accorde jamais avec le sujet : *Ils ont lu ces livres.*
– Il s'accorde en genre et en nombre avec le COD lorsque celui-ci est placé avant le verbe : *Les **livres** qu'ils **ont lus** sont passionnants.*
– Il est invariable :
⇒ lorsque le COD est placé **après le verbe** : *Ils **ont lu** des livres passionnants.*
⇒ lorsque le verbe n'admet pas de COD : *Je leur ai **parlé**. – Elles nous ont **plu**.*

- **Le participe passé des verbes pronominaux :**
– Verbes pronominaux de **sens réfléchi ou réciproque** :
⇒ Le participe passé s'accorde avec le pronom COD, si celui-ci est placé avant le verbe :
*Elles **se** sont **lavées**. – Ils **se** sont **retrouvés**.*
⇒ Le participe passé reste invariable si le pronom réfléchi est COI ou COS, et non COD :
*Ils **se** sont **raconté** des souvenirs communs. – Ces mouvements littéraires **se** sont **succédé**.*
– Verbes **essentiellement pronominaux** et pronominaux de **sens passif** :
Le participe passé s'accorde toujours avec le sujet du verbe : *Les enfants **se** sont **ennuyés**. – La piscine **s'**est **remplie** rapidement.*

3 L'ACCORD DE L'ADJECTIF QUALIFICATIF AVEC LE NOM

L'adjectif qualificatif s'accorde **en genre et en nombre** avec le nom auquel il se rapporte.

- L'adjectif est au **masculin pluriel** quand l'un des noms au moins est masculin :
*Une jupe, une veste et un chapeau **verts**.*
- Les adjectifs employés comme **adverbes** restent invariables : *Ils chantent **fort**.*
- Les **adjectifs composés** s'accordent quand ils sont formés de deux adjectifs : *une voix douce-amère*. Ils restent invariables si l'un des deux éléments est une préposition, un adverbe ou une abréviation : *Des signes avant-coureurs ; les langues anglo-saxonnes.*
- Les **adjectifs de couleur** s'accordent comme tout adjectif qualificatif, sauf s'ils sont issus d'un nom ou s'ils sont accompagnés d'un autre adjectif : *Des tissus verts ; des tissus marron ; des tissus vert foncé.*

Exercices

Étape 1

1 Observez les verbes du texte suivant.

1. Relevez ceux qui sont conjugués à un mode impersonnel.

2. Relevez les passés simples et les imparfaits et précisez leurs valeurs.

Au bout de quelques instants, il m'appliqua de si vigoureux coups de cravache que je cessai de pleurer, et que, me rentrant en moi-même comme une tortue sous son écaille, je fis le voyage sans oser respirer. C'était un grand vieillard, osseux et louche. Je crois encore le voir tel qu'il était alors. Cette soirée a laissé en moi d'ineffaçables traces. C'était la réalisation soudaine de toutes les terreurs que ma mère m'avait inspirées en me parlant de son exécrable beau-père et de ses brigands de fils. La lune, je m'en souviens, éclairait de temps à autre au travers du branchage serré de la forêt.

George Sand, *Mauprat*, 1837.

2 Mettez les phrases suivantes au passé, en appliquant la règle de la concordance des temps.

Ils disent qu'ils arriveront bientôt. – Les cigognes arrivent déjà, signe que nous aurons un bel été. – Quand le moteur se met en marche, il fait tant de bruit que l'on ne s'entend plus. – Je sais qu'il a oublié son parapluie en partant. – Je crois qu'il fera beau demain. – Je crois qu'il a accepté de venir.

3 Transposez cette notice biographique du présent au passé.

Jules Supervielle naît à Montevideo en 1884, de parents français. Il est orphelin à huit mois. Il traverse une grave crise d'identité lorsque son oncle, qui l'élève en Uruguay, lui révèle cette situation. Il vient à Paris, obtient sa licence d'espagnol et publie des recueils de poésie. Pendant la guerre, il vit en Uruguay où il collabore aux revues de la France libre.

4 Construisez six phrases qui emploieront au conditionnel les verbes suivants :

partir – démissionner – transformer – comprendre – décider – suspendre

Ces phrases illustreront les différentes valeurs du conditionnel : expression de l'imaginaire, expression de la condition, expression d'une affirmation atténuée.

5 Lisez l'extrait suivant.

1. Relevez les passés composés. Quelle est leur valeur ?

2. Dans le premier paragraphe, remplacez les passés composés par des passés simples. Quel effet disparaît alors ?

Après le goûter, Maixent nous a fait entrer dans le salon, où il avait mis des chaises en rang, comme chez Clotaire quand son papa nous a fait le guignol ; et Maixent s'est mis derrière une table, et sur la table il y avait la boîte de magie. Maixent a ouvert la boîte ; c'était plein de choses là-dedans, et il a pris une baguette, et un gros dé.

— Vous voyez ce dé, a dit Maixent. À part qu'il est très gros, il est comme tous les dés…

— Non, a dit Geoffroy, il est creux, et à l'intérieur il y a un autre dé.

Maixent a ouvert la bouche et il a regardé Geoffroy.

Goscinny, *Le Petit Nicolas et ses copains*,

Étape 2

6 Dans les phrases suivantes, précisez les emplois du conditionnel.

1. Distinguez les conditionnels à valeur modale des conditionnels à valeur temporelle (futur du passé).

2. Dans le premier cas, précisez de quelle valeur modale il s'agit (voir exercice 4).

Je pense qu'il devrait venir. – Tu croyais qu'il viendrait. – Qui aurait cru qu'il en viendrait là ? – On dirait qu'il est arrivé. – On demande quelqu'un qui aurait une place libre. – Plus organisée, sa vie serait plus facile. – Voudriez-vous un peu de pain ? – Je serais le roi, tu serais la reine.

7 Précisez les valeurs du subjonctif dans les phrases suivantes : souhait, ordre, prière, supposition ou éventualité.

Pourvu que la mer ne soit pas trop forte ! – Il n'a pas plu aujourd'hui, que je sache. – Que je ne les voie plus avant ce soir ! – Que tout le monde se taise ! – Dieu vous bénisse. – Qu'ils approchent, et nous les recevrons. – Dussé-je y aller à pied, j'irai. – Qu'il fasse beau ou non, nous ferons cette excursion.

8 Dans les phrases suivantes, précisez les emplois du **subjonctif**.

1. Distinguez les subjonctifs à **valeur modale** et ceux dont l'emploi est **imposé** par la construction grammaticale.

2. Dans le premier cas, précisez de **quelle valeur modale** il s'agit.

J'exige que vous partiez à l'instant. – Bien qu'il fasse beau, je n'ai pas envie de me baigner. – Avant qu'il ne vienne, préviens-moi. – Pourvu que l'eau soit chaude ! – Je doute que vous acceptiez ma proposition. – Qu'elle se dépêche, nous partons ! – J'attendrai jusqu'à ce qu'elle soit arrivée. – Qu'il vienne ou non, nous irons au théâtre.

ÉTAPE 3

9 Observez les **temps verbaux** employés dans l'extrait suivant.

1. Justifiez les emplois de l'**imparfait** dans le premier paragraphe.

2. Relevez les verbes au **passé composé** et justifiez leur emploi.

3. Relevez les verbes au **présent** de l'indicatif. Précisez pour chacun d'eux la valeur du présent.

4. Quels temps alternent dans le dernier paragraphe ? Que signifie cette **alternance** ?

Cet écueil est célèbre. Il a fait toutes les mauvaises actions que peut faire un rocher. C'était un des plus redoutables assassins de la mer. Il attendait en traître les navires dans la nuit. Il a élargi les cimetières de Torteval et de la Rocquaine.

En 1862 on a placé sur cet écueil un phare.

Aujourd'hui l'écueil des Hanois éclaire la navigation qu'il fourvoyait ; le guet-apens a un flambeau à la main. On cherche à l'horizon comme un protecteur et un guide ce rocher qu'on fuyait comme un malfaiteur. Les Hanois rassurent ces vastes espaces nocturnes qu'ils effrayaient. C'est quelque chose comme le brigand devenu gendarme.

HUGO, *Les Travailleurs de la mer*, 1866.

10 Lisez et étudiez le texte suivant.

1. Relevez les verbes au **présent** de l'indicatif et analysez les différentes **valeurs** du présent.

2. Analysez la deuxième phrase (l. 2-5) : comment est-elle construite ? Justifiez les différents **temps** qu'elle comporte.

Tu ne te doutes pas, mon ami, de ce que c'est que Venise. Elle n'avait pas quitté le deuil qu'elle endosse avec l'hiver, quand tu as vu ces vieux piliers de marbre grec, dont tu comparais la couleur et la forme à celle des ossements desséchés. À présent le printemps a soufflé sur tout cela comme une poussière d'émeraude. Le pied de ces palais, où les huîtres se collaient dans la mousse croupie, se couvre d'une mousse vert tendre, et les gondoles coulent entre deux tapis de cette belle verdure veloutée, où le bruit de l'eau vient s'amortir languissamment avec l'écume du sillage. Tous les balcons se couvrent de vases de fleurs, et les fleurs de Venise, nées dans une glaise tiède, écloses dans un air humide, ont une fraîcheur, une richesse de tissu et une langueur d'attitudes qui les font ressembler aux femmes de ce climat, dont la beauté est éphémère et éclatante comme la leur.

George SAND, *Lettres d'un voyageur*, 1835.

VERS LE COMMENTAIRE

Analysez les différentes valeurs des modes et des temps dans le poème suivant, en un paragraphe précis et argumenté.

Alors que plus Amour nourrissait mon ardeur,
M'assurant de jouir de ma longue espérance,
À l'heure que j'avais en lui plus d'assurance,
La Mort a moissonné mon bien en sa verdeur.

J'espérais par soupirs, par peine et par langueur,
Adoucir son orgueil : las ! je meurs quand j'y pense,
Mais en lieu d'en jouir, pour toute récompense,
Un cercueil tient enclos mon espoir et mon cœur.

Je suis bien malheureux, puisqu'elle vive et morte
Ne me donne repos, et que de jour en jour
Je sens par son trépas une douleur plus forte.

Comme elle je devrais reposer à mon tour.
Toutefois je ne vois par quel chemin je sorte,
Tant la Mort me rempêtre[1] au labyrinth d'amour.

RONSARD, *Le Second Livre des Amours*, II, 1578.

1 **Rempêtrer :** égarer de nouveau.

Chapitre 4

L'énonciation

Qui parle ? À qui ? Où et quand ? Tout **énoncé** (un texte, une parole prononcée…) résulte d'un **acte d'énonciation** : quelqu'un s'exprime à un endroit et à un moment donnés. Le texte écrit peut garder des traces de ces conditions de production, mais pas toujours. Car le **locuteur** peut **affirmer sa présence** dans son énoncé à des degrés divers, et même choisir de **s'effacer** complètement. C'est ce que montrent ces deux textes.

TEXTE A

L'énonciation dans une lettre

1. Quels mots, dans cette lettre, ne se comprennent que par rapport à la situation dans laquelle elle a été écrite ?
2. Quels effets Flaubert cherche-t-il à produire chez sa destinataire et amante, malgré la distance ?

Je ne pourrai t'écrire demain, chère bien-aimée, ni peut-être après-demain mais vendredi au plus tard (je tâcherai que ce soit jeudi) tu recevras de moi une longue lettre. Nous[1] partons demain matin (je ferai en sorte que ce ne soit qu'après l'arrivée du facteur), pour un petit voyage à 9 lieues d'ici d'où nous ne reviendrons que mercredi dans la nuit […]. Je penserai à toi pendant ce voyage. Je te regretterai.

Gustave FLAUBERT, *Lettre à Louise Colet*, 24 août 1846.

1. Flaubert et son ami Maxime Du Camp.

TEXTE B

L'énoncé des maximes

1. Quels choix grammaticaux (temps verbaux, pronoms…) créent l'impression d'objectivité ?
2. Ces maximes sont-elles pour autant dépourvues de toute opinion personnelle de la part du locuteur ?

175. — La constance en amour est une inconstance perpétuelle qui fait que notre cœur s'attache successivement à toutes les qualités de la personne que nous aimons, donnant tantôt la préférence à l'une, tantôt à l'autre ; de sorte que cette constance n'est qu'une inconstance arrêtée et renfermée dans un même sujet.

176. — Il y a deux sortes de constance en amour : l'une vient de ce que l'on trouve sans cesse dans la personne que l'on aime de nouveaux sujets d'aimer, et l'autre vient de ce que l'on se fait un honneur d'être constant.

LA ROCHEFOUCAULD, *Maximes*, 1664.

ÉNONCIATION VISIBLE OU ÉNONCIATION MASQUÉE ?

Quel rapport pouvez-vous établir entre le mode d'énonciation adopté (énonciation visible ou masquée) et le but recherché par le locuteur dans chacun de ces textes ?

4. L'énonciation

L'**énonciation** est l'acte de production d'un message, l'**énoncé**. Le **locuteur** s'adresse à un **destinataire** dans une **situation** donnée, et l'énoncé peut garder des traces, des **indices** de cette situation d'énonciation qui l'a vu naître.
Selon le degré d'implication du locuteur, qui peut se manifester plus ou moins dans son propos, on distingue **deux types d'énoncés**. Ou bien l'énoncé est **ancré** dans la situation d'énonciation, ou bien il en est **coupé**. Cette différence est capitale pour la compréhension des enjeux et des buts de tout texte, et en particulier des textes littéraires.

1 L'ÉNONCÉ ANCRÉ DANS LA SITUATION D'ÉNONCIATION

Quand le locuteur laisse apparaître sa présence, l'énoncé est dit **ancré** dans la situation d'énonciation : il comporte des **indices d'énonciation**, c'est-à-dire des mots ou expressions qui renvoient aux circonstances dans lesquelles il a été produit.

• **Les indices personnels** sont les marques de la 1re et de la 2e personne, les pronoms personnels et les possessifs qui désignent le locuteur et son destinataire ; ils ne se comprennent pas en dehors de la situation d'énonciation : ***je*** (locuteur) s'adresse à ***tu*** (destinataire).

• **Les indices spatio-temporels** renvoient à la place occupée par le locuteur au moment où il parle ou écrit.

- Les **indices spatiaux** situent un lieu par rapport à la position du locuteur (*ici, devant moi…*). De même, les démonstratifs (*ce, ceci…*) et les présentatifs (*voici/voilà*) désignent des objets ou des personnes en rapport avec le lieu de l'énonciation.
- Les **indices temporels** situent un moment par rapport à l'instant de l'énonciation (*hier, dans deux heures, il y a une semaine…*).

• **Les indices de jugement** (ou **modalisateurs**) signalent une prise de position du locuteur par rapport à son énoncé. Ils peuvent exprimer :

- ses **certitudes** ou ses **doutes** : verbes *devoir* et *pouvoir* employés comme auxiliaires, divers autres verbes (*paraître, sembler, penser, trouver, croire, douter*), adverbes (*peut-être, certainement, sans doute*), adjectifs (*possible, vrai, probable, vraisemblable, sûr, douteux*), emploi du conditionnel qui modère une affirmation (*je dirais que…*), interrogatives ;
- la **volonté** ou la **nécessité** : verbes *devoir* et *falloir* employés comme auxiliaires, autres verbes (*vouloir, refuser, admettre*), adjectifs (*nécessaire, permis, interdit*), emploi de l'impératif ou du subjonctif de souhait (*puisse, fasse*) ;
- un **jugement valorisant ou dévalorisant**, favorable ou défavorable : lexique appréciatif (*bon/mauvais, beau/laid…*), adverbes de jugement (*heureusement, hélas*), suffixes péjoratifs (*-ard, -asse, -âtre*) ou intensifs (*-issime*).

• **Les indices syntaxiques** sont des constructions grammaticales qui supposent une situation d'énonciation concrète : ainsi, les **phrases exclamatives** et **interrogatives**, parce qu'elles expriment l'émotion du locuteur ou qu'elles s'adressent à un destinataire, trahissent la présence du locuteur dans son énoncé.

LES TEMPS DE L'ÉNONCIATION

Certains temps verbaux peuvent jouer le rôle d'indices d'énonciation :
- le **présent** de l'indicatif peut décrire une action coïncidant avec l'instant de l'énonciation : *Aujourd'hui que je t'**écris** cette lettre…* ;
- le **passé composé** ou l'**imparfait** correspondent à un événement antérieur au moment de l'énonciation : *Je t'**ai écrit** le mois dernier* ;
- le **futur**, enfin, correspond à un événement postérieur : *Je t'**écrirai** dans huit jours pour t'en informer.*

Les autres temps verbaux situent les actions les unes par rapport aux autres, et non par rapport au moment de l'énonciation.

2 L'ÉNONCÉ COUPÉ DE LA SITUATION D'ÉNONCIATION

• L'énoncé est dit **coupé** de la situation d'énonciation lorsque les faits sont présentés sans référence à la situation d'énonciation : **le locuteur s'efface** volontairement, il n'y a **pas d'indices d'énonciation**.

• Ces textes ont en revanche pour **caractéristiques** :

– l'emploi massif de la **3e personne** ;

– un repérage spatio-temporel qui s'effectue par référence au **contexte de l'énoncé** (et non par rapport au moment de l'énonciation) : *la veille, non loin de là, l'année suivante...* Le repérage peut aussi s'effectuer de manière absolue, par rapport à la géographie ou à l'Histoire : *en France, sous la Révolution* ;

– l'**absence d'indices de jugement**, en raison de l'effacement du locuteur ;

– l'emploi, dans un texte au passé, du **passé simple** au détriment du passé composé : l'action est isolée dans un passé sans rapport avec l'instant de l'énonciation. Les faits passés semblent alors se raconter d'eux-mêmes.

3 L'ÉNONCIATION DANS LES GENRES LITTÉRAIRES

• **Les énoncés ancrés dans la situation d'énonciation** se rencontrent surtout dans les textes suivants :

– les propos rapportés au discours direct des personnages de **roman** (ou d'autres genres narratifs), ainsi que les **commentaires du narrateur** quand celui-ci intervient au cours de son récit pour livrer une opinion ou communiquer un savoir (romans, nouvelles, autobiographies, fables...) ;

– les paroles des personnages de **théâtre** : dialogues et monologues ;

– la **poésie lyrique**, qui met en scène l'expression du *moi* ;

– les **genres argumentatifs** qui énoncent un point de vue personnel : essais, manifestes, préfaces ;

– l'**écriture épistolaire**.

Ce type d'énoncé est riche en indices d'énonciation. On l'appelle parfois simplement **discours**.

• **Les énoncés coupés de la situation d'énonciation** se rencontrent surtout dans les textes suivants :

– les formes du **récit** qui rapportent des **faits passés** sans les relier à la situation d'énonciation : textes de fiction à la 3e personne (romans, contes, fables, épopées), biographies, récits historiques ;

– les **énoncés de vérité générale** au présent, les **textes informatifs** ou explicatifs, les **textes argumentatifs** qui cherchent à paraître objectifs (→ *Maximes* de La Rochefoucauld).

DISCOURS ET RÉCIT

• Dans l'analyse du texte narratif, il est fréquent de distinguer le **discours** (énoncé ancré, avec indices d'énonciation) et le **récit** (énoncé coupé, sans indices d'énonciation).

• Cependant, un même texte peut **mêler** ou faire alterner **le discours et le récit** : un roman à la 3e personne contient des dialogues au discours direct ; une fable passe de l'histoire (récit) au commentaire (discours) ; l'auteur d'une lettre (discours) peut se mettre à raconter une histoire (récit) ; etc.

Le discours rapporté

	DISCOURS DIRECT	DISCOURS INDIRECT	DISCOURS INDIRECT LIBRE	DISCOURS NARRATIVISÉ
EXEMPLES	– Est-ce une plaisanterie ? Est-ce un mystère ? demanda le jeune inconnu. (Balzac)	Le jeune inconnu demanda si c'était une plaisanterie ou un mystère.	Le jeune inconnu l'interrogea. Était-ce une plaisanterie ? Un mystère ?	Le jeune inconnu manifesta son étonnement.
DÉFINITIONS	**Discours rapporté tel quel, sans transformation**	**Discours rapporté par le biais d'une subordination**	**Discours rapporté indirectement (changement d'énonciation), mais sans subordination**	**Discours intégré au récit, reformulé et condensé**
CARACTÉRISTIQUES				
Marques typographiques	**guillemets** ou **tirets** (deux points avant le propos rapporté)	pas de signes distinctifs (ni tirets ni guillemets)	pas de signes distinctifs (ni tirets ni guillemets)	pas de signes distinctifs (ni tirets ni guillemets)
Construction grammaticale	– **forme de phrase maintenue** (interrogative, exclamative...) – **verbe de parole** (*demander, dire...*) : ⇒ soit avant le D.R. (*il dit : « ... »*) ⇒ soit en incise (*« ..., dit-il, ... »*) ⇒ soit après le D.R. (*« ... », dit-il*)	– **proposition subordonnée** (complétive introduite par *que*, interrogative indirecte ou infinitive) dépendant d'un **verbe de parole** (*il dit que... il demanda si... il lui ordonna de...*)	– **pas de mot subordonnant** – **forme de phrase** et **modalisations maintenues** (phrase interrogative, exclamative, etc. : *Comme le bal déjà lui semblait loin !*)	– **pas de propositions** ni de phrases autonomes de simples **groupes nominaux** suffisent (*son étonnement...*) – **verbes de parole** ou équivalents (*il lui déclara, il manifesta, il fit part de...*)
Marques d'énonciation	Système d'énonciation du **discours d'origine** : mêmes indices de personne, de temps et de lieu ; mêmes temps verbaux ; mêmes modalisations (*il m'a dit : « Je suis venu hier »*)	Système d'énonciation **transposé** en fonction de la proposition qui introduit le D.R. : changements de personne, de temps et de lieu (*il m'a dit qu'il était venu la veille*)	Système d'énonciation **transposé**, comme pour le discours indirect (*Était-ce une plaisanterie ?* = verbe mis au passé ; *– Il était venu la veille...*)	Aucune marque d'énonciation du discours d'origine

FICHE-MÉTHODE

Exercices

Étape 1

1 Relevez dans les énoncés suivants les **indices personnels et spatio-temporels** de l'énonciation.

a. Le 4 septembre prochain, j'aurai atteint ma soixante-dix-huitième année : il est bien temps que je quitte un monde qui me quitte et que je ne regrette pas. (Chateaubriand)

b. Je commence mon journal ce matin en imaginant que le tien est commencé, que dans peu de jours je vivrai au fond de ta belle vallée. (Balzac)

c. Aujourd'hui, maman est morte. Ou peut-être hier, je ne sais pas. (Camus)

d. Si cette nuit, quand nous serons au milieu de la mer, nous entendons le son d'une cloche, le navire est perdu. (Hugo)

e. Maintenant que vous voilà dans nos contrées, vous viendrez, j'espère, de temps à autre, nous demander à dîner ? (Flaubert)

2 Parmi les énoncés suivants, lesquels comportent un verbe au présent exprimant la simultanéité avec l'**instant de l'énonciation** ?

a. Paris est la capitale de la France.

b. Je vous remercie de votre attention.

c. L'amour est enfant de bohême.

d. Tu aimes, tu es adorée. (Balzac)

e. Qui veut voyager loin ménage sa monture.

f. En 1186, Philippe Auguste n'est pas vieux. (Georges Duby)

3 Parmi les **indications spatiales** suivantes, quelles sont celles qui situent les événements :

1. par rapport au lieu de l'énonciation (énoncés ancrés) ?

2. par rapport à des lieux indiqués dans le contexte ou à des repères géographiques absolus (énoncés coupés) ?

à trois kilomètres – à côté – sur l'île d'Elbe – non loin d'ici – ci-dessous – à gauche – au sud de Paris – à ma droite – dans le Midi – un peu plus à l'ouest

4 Parmi les **indications temporelles** suivantes, quelles sont celles qui situent les événements :

1. par rapport au moment de l'énonciation (énoncés ancrés) ?

2. par rapport à d'autres événements évoqués dans le contexte ou à des repères historiques (énoncés coupés) ?

en 1789 – il y a trois jours – trois jours plus tard – le 10 mai 1981 – le 10 mai – depuis les dernières élections – la semaine suivante – en ce temps-là – l'avant-veille – après-demain

5 Distinguez en deux colonnes, parmi les adjectifs suivants :

1. ceux qui qualifient de manière **neutre** (du type : jaune, médical…) ;

2. ceux qui expriment un **jugement** de la part du locuteur (du type : désagréable, surprenant…) :

rectangulaire – repoussant – célibataire – appétissant – drôle – aquatique – soucieux – amical – médiocre – finlandais

6 Dans les énoncés suivants, relevez les différents **indices de jugement** du locuteur et **indices syntaxiques** de l'énonciation.
Vous indiquerez dans chaque cas l'appréciation qu'ils apportent (nécessité, doute, volonté…) et la classe grammaticale à laquelle ils appartiennent (adjectifs, adverbes, auxiliaires, types de phrases…).

a. Il est surprenant que ce jeune abbé ait été oublié. (Montesquieu)

b. Je suis effrayée de la fièvre. Je crois que le quinquina ôtera bientôt celle du Roi ; nous en prions Dieu. Je vous remercie de votre sel végétal, je m'en servirai. Vous êtes trop bonne et trop appliquée à votre pauvre maman. Elles ne sont point accoutumées, les mamans, à ces aimables douceurs. Je doute aussi que jamais on ait aimé sa fille de la manière dont je vous aime. (Mme de Sévigné)

c. Je veux lire de vos nouvelles ; mais il n'en viendra point, je me le dis ; j'en suis convaincu ; avec cela j'en attends toujours. (Diderot)

d. Il faut vous fuir, Mademoiselle, je le sens bien : j'aurais dû beaucoup moins attendre, ou plutôt il fallait ne vous voir jamais. Mais que faire aujourd'hui ? Comment m'y prendre ? Vous m'avez promis de l'amitié ; voyez mes perplexités et conseillez-moi. (Rousseau)

e. Je ne t'écoute plus. Va-t'en, monstre exécrable ;
Va, laisse-moi le soin de mon sort déplorable.
Puisse le juste ciel dignement te payer.
(Racine)

Étape 2

7 Identifiez le **type d'énonciation** (énoncé ancré ou coupé) dont relève le texte suivant. Quels en sont les indices ?

La place du Carrousel avait un aspect tranquille. L'hôtel de Nantes s'y dressait toujours solitairement ; et les maisons par derrière, le dôme du Louvre en face, la longue galerie de bois à droite et le vague terrain qui ondulait jusqu'aux baraques des étalagistes, étaient comme noyés dans la couleur grise de l'air, où de lointains murmures semblaient se confondre avec la brume, – tandis qu'à l'autre bout de la place, un jour cru, tombant par un écartement des nuages sur la façade des Tuileries, découpait en blancheur toutes ses fenêtres. Il y avait près de l'Arc de Triomphe un cheval mort, étendu. Derrière les grilles, des groupes de cinq à six personnes causaient. Les portes du château étaient ouvertes ; les domestiques sur le seuil laissaient entrer.

FLAUBERT, *L'Éducation sentimentale*, 1869.

8 Les énoncés suivants présentent différentes **marques de jugement** de la part du locuteur. Relevez ces indices et classez-les selon leur catégorie grammaticale (adverbes, auxiliaires, tours impersonnels, propositions incises…).

a. Puisse la certitude d'être adorée porter quelque consolation dans votre âme ! (Laclos)

b. N'est-ce pas horrible à penser et à dire ? Il me semble qu'il y a des trésors d'affection dans cet homme. (Balzac)

c. Pour poser les bonnes questions, peut-être fallait-il déjà connaître les bonnes réponses. (Jorge Semprun)

d. Ah ! si je l'avais rencontrée plus tôt, Molly, quand il était encore temps de prendre une route au lieu d'une autre ! (Céline)

e. Qu'une dernière guerre soit nécessaire, hélas ! je ne suis, certes, pas de ceux qui le nient. (Hugo)

f. Je voudrais bannir les pompes funèbres : il faut pleurer les hommes à leur naissance, et non pas à leur mort. (Montesquieu)

9 Dans les textes suivants, distinguez les **indices temporels de l'énonciation** et les indications temporelles qui sont sans rapport avec la situation d'énonciation.

a. Je m'embarque demain sur un vaisseau dont je brave avec joie toutes les incommodités, pourvu qu'il me porte vers des déserts et des steppes. […] Ma voiture est déjà sur le paquebot : c'est, disent les Russes, un des plus beaux bateaux à vapeur du monde. On l'appelle le *Nicolas Ier*. Ce même vaisseau a brûlé l'année dernière, pendant une traversée de Pétersbourg à Travemünde : on l'a refait, et depuis cette restauration, il en est à son deuxième voyage.

Marquis de CUSTINE, *La Russie en 1839*, 1843.

b. Ma carrière s'est jouée un dimanche de l'automne 1934, à 9 heures du matin, sur un coup de téléphone. C'était Célestin Bouglé, alors directeur de l'École normale supérieure ; il m'accordait depuis quelques années une bienveillance un peu lointaine et réticente : d'abord parce que je n'étais pas un ancien normalien, ensuite et surtout parce que, même si je l'avais été, je n'appartenais pas à son écurie pour laquelle il manifestait des sentiments très exclusifs. Sans doute n'avait-il pas pu faire un meilleur choix, car il me demanda abruptement : « Avez-vous toujours le désir de faire de l'ethnographie ? — Certes ! — Alors, posez votre candidature comme professeur de sociologie à l'Université de São Paulo. Les faubourgs sont remplis d'Indiens, vous leur consacrerez vos week-ends. Mais il faut que vous donniez votre réponse définitive à Georges Dumas avant midi. »

Claude LÉVI-STRAUSS, *Tristes tropiques*,
© Éd. Plon, 1955.

Étape 3

10 Délimitez dans les textes suivants la part respective des **énoncés ancrés** dans l'énonciation et de ceux qui en sont **coupés**. Quelles sont, pour chaque texte, les raisons de cette alternance ?

a. *Usbek à Rhédi, à Venise.*

Je vois ici des gens qui disputent sans fin sur la religion ; mais il me semble qu'ils combattent en même temps à qui l'observera le moins.

Non seulement ils ne sont pas meilleurs chrétiens, mais même meilleurs citoyens, et c'est ce qui me touche : car, dans quelque religion qu'on vive, l'observation des lois, l'amour pour les hommes, la piété envers les parents, sont toujours les premiers actes de religion.

En effet, le premier objet d'un homme religieux ne doit-il pas être de plaire à la Divinité, qui a établi la religion qu'il professe ? Mais le moyen le plus sûr pour y parvenir est sans doute d'observer les règles de la société et les devoirs de l'humanité ; car, en quelque religion qu'on vive, dès qu'on en suppose une, il faut bien que l'on suppose aussi que Dieu aime les hommes, puisqu'il établit une religion pour les rendre heureux ; que s'il aime les hommes, on est assuré de lui plaire en les aimant aussi, c'est-à-dire en exerçant envers eux tous les devoirs de la charité et de l'humanité, et en ne violant point les lois sous lesquelles ils vivent.

MONTESQUIEU, *Lettres persanes*, lettre XLVI, 1721.

b. LE LIÈVRE ET LA TORTUE

Rien ne sert de courir ; il faut partir à point :
Le Lièvre et la Tortue en sont un témoignage.
« Gageons, dit celle-ci, que vous n'atteindrez point
Sitôt que moi ce but. — Sitôt ? Êtes-vous sage ?
Repartit l'animal léger :
Ma commère, il faut vous purger
Avec quatre grains d'ellébore.
— Sage ou non, je parie encore. »
Ainsi fut fait ; et de tous deux
On mit près du but les enjeux :
Savoir quoi, ce n'est pas l'affaire,
Ni de quel juge l'on convint.
Notre lièvre n'avait que quatre pas à faire,
J'entends de ceux qu'il fait lorsque, prêt d'être atteint,
Il s'éloigne des chiens, les renvoie aux calendes[1],
Et leur fait arpenter les landes.
Ayant, dis-je, du temps de reste pour brouter,
Pour dormir et pour écouter
D'où vient le vent, il laisse la Tortue
Aller son train de sénateur.
Elle part, elle s'évertue,
Elle se hâte avec lenteur.
Lui cependant méprise une telle victoire,
Tient la gageure à peu de gloire,
Croit qu'il y va de son honneur
De partir tard. Il broute, il se repose,
Il s'amuse à toute autre chose
Qu'à la gageure. À la fin, quand il vit
Que l'autre touchait presque au bout de la carrière,
Il partit comme un trait ; mais les élans qu'il fit
Furent vains : la Tortue arriva la première.
« Eh bien ! lui cria-t-elle, avais-je pas raison ?
De quoi vous sert votre vitesse ?
Moi l'emporter ! et que serait-ce
Si vous portiez une maison ? »

LA FONTAINE, *Fables*, VI, 10, 1668.

1. **Renvoyer aux calendes :** fixer un rendez-vous qui ne sera pas tenu.

11 Ces trois textes présentent une description organisée du paysage.

1. Identifiez le système d'énonciation utilisé dans chaque cas (énoncé ancré ou énoncé coupé) en vous appuyant sur des indices significatifs.

2. Réécrivez le texte a à la première personne, en faisant apparaître des indices d'énonciation et de jugement.

3. Qu'y a-t-il de commun, dans les caractéristiques du moment et du lieu de l'énonciation, entre les textes b et c ? Quelle image de l'écrivain et quelle fonction de l'écriture se dessinent dans chacun de ces textes ?

a. Le GR®[1] descend en lacets jusqu'au fond du vallon qu'il suit vers l'Ouest, au milieu d'une végétation méditerranéenne. On retrouve les cultures : suivre alors une petite route (sur 2 km environ) bordée de vignes et de vergers de cerisiers et d'abricotiers.

Tourner à gauche (Sud) pour passer un petit pont et parvenir [aux Alazards].

Traverser le hameau : près de deux fontaines le GR® 4 tourne à gauche (Est). Le chemin devient un sentier qui amorce une montée assez raide en direction des escarpements de Trempe. Avant ceux-ci, le sentier vire à droite (Sud-Ouest) pour atteindre un plateau herbeux planté de pins où se dresse, sur son rocher, la chapelle Sainte-Sidoine (745 m). Le GR® passe au pied de la chapelle ; suivre le chemin forestier sur environ 2 km pour atteindre le plateau du Sueil (730 m).

Topo-guide des sentiers de randonnée,
La Haute Provence par les Gorges du Verdon,

1. **GR® :** sentier de Grande Randonnée®.

b. LA PLUIE

Par les deux fenêtres qui sont en face de moi, les deux fenêtres qui sont à ma gauche et les deux fenêtres qui sont à ma droite, je vois, j'entends d'une oreille et de l'autre tomber immensément la pluie. Je pense qu'il est un quart d'heure après midi : autour de moi, tout est lumière et eau. Je porte ma plume à l'encrier, et, jouissant de la sécurité de mon emprisonnement, intérieur, aquatique, tel qu'un insecte dans le milieu d'une bulle d'air, j'écris ce poëme.

Paul CLAUDEL, *Connaissance de l'Est*,

c. Car, voilà ce que j'ai fait : la pièce où je travaille a deux fenêtres. Il vaudrait mieux que je dise : la pièce où je me tiens pendant que j'invente a deux fenêtres : une en face de ma table (sud), une à ma droite (ouest). La fenêtre qui est en face de ma table contient une petite maison moderne, dite *villa*, à toit de tuiles marseillaises plates, donc rouge terne, que le soleil n'irisera jamais ; débordant l'angle de cette *villa* qui me tourne le dos, le feuillage d'un tilleul (au moment où j'écris, jaune d'or) ; mêlés au feuillage du tilleul, le feuillage (pourpre maintenant) d'un gros cerisier, celui d'un mûrier (ocre vert), celui d'un if (noir) et, dominant le tout, la carcasse d'un orme (sans une feuille actuellement et tout en fer forgé) ; à droite, des arbres, un champ divisé en quatre petits jardins faits au point de croix avec la laine vert chou des choux, la soie d'or rouge d'une petite plantation de pêchers, le fil bleu pâle des artichauts ; tout ça sur fond de bure. Plus loin, et montant jusqu'au milieu de la fenêtre, la vallée de la Durance dont je parlais tout à l'heure à propos des bois de bouleaux qui couvrent le fleuve, et le plateau de Valensole qui, maintenant, à cette heure de la matinée, et tout satiné de plein soleil, imite la mer montant à l'horizon. Voilà donc ce que contient la fenêtre en face de ma table.

GIONO, *Noé*, © Éd. Gallimard, 1961.

VERS L'ÉCRITURE D'INVENTION

À partir de l'étude des **indices d'énonciation**, analysez le traitement des événements dans les textes suivants.

1. Quel est l'effet produit par la présence ou l'absence d'**indices de jugement** ?

2. Quel lien établissez-vous, pour chaque texte, entre le **type d'énonciation** choisi et le genre de l'ouvrage ?

3. À partir de l'événement ou de la période historique de votre choix, vous rédigerez à votre tour un paragraphe coupé de la situation d'énonciation à la manière d'un **article de dictionnaire**, puis vous en donnerez une interprétation dans un **énoncé ancré** dans la situation d'énonciation.

a. SAINT-BARTHÉLEMY (la). Nom donné au massacre des protestants qui se déroula à Paris, sous le règne de Charles IX, dans la nuit du 23 au 24 août 1572, et en province dans les jours suivants. La Saint-Barthélemy eut pour origine le retournement complet de situation qui suivit la paix de Saint-Germain (1570), laquelle avait été particulièrement favorable aux protestants. [...] Charles IX consentit au massacre. La populace parisienne, qui était déjà dans un état d'excitation extrême, fut alertée par le tocsin de Saint-Germain-l'Auxerrois. Le massacre fit plus de trois mille victimes [...], et l'on tua les protestants jusque dans le Louvre. Charles IX réussit à sauver son beau-frère, Henri de Navarre[1], et Condé. Les tueries se poursuivirent dans les provinces jusque dans les premiers jours d'octobre.

Le parti protestant était en partie décapité, mais ses éléments les plus durs purent se réfugier dans l'Ouest, près de La Rochelle, et dans le Midi.

Michel MOURRE,
Dictionnaire encyclopédique d'histoire,
© Éd. Larousse-Bordas, 1996.

1. Le futur Henri IV.

b. La Saint-Barthélemy fut un grand crime, même pour le temps ; mais, je le répète, un massacre au seizième siècle n'est point le même crime qu'un massacre au dix-neuvième. Ajoutons que la plus grande partie de la nation y prit part, de fait ou d'assentiment : elle s'arma pour courir sus aux huguenots[1], qu'elle considérait comme des étrangers et des ennemis. [...]

Il n'appartient pas à un faiseur de contes comme moi de donner dans ce volume le précis des événements historiques de l'année 1572 ; mais, puisque j'ai parlé de la Saint-Barthélemy, je ne puis m'empêcher de présenter ici quelques idées qui me sont venues à l'esprit en lisant cette sanglante page de notre histoire.

A-t-on bien compris les causes qui ont amené ce massacre ? A-t-il été longuement médité, ou bien est-il le résultat d'une détermination soudaine ou même du hasard ?

À toutes ces questions, aucun historien ne me donne de réponse satisfaisante. [...]

Pour moi, je suis fermement convaincu que le massacre n'a pas été prémédité. [...] Tout me paraît prouver que ce grand massacre n'est point la suite d'une conjuration d'un roi contre une partie de son peuple. La Saint-Barthélemy me semble l'effet d'une insurrection populaire qui ne pouvait être prévue, et qui fut improvisée.

Prosper MÉRIMÉE,
Chronique du règne de Charles IX (roman),
préface de 1829.

1. Autre nom des protestants.

Chapitre 5

Les niveaux de langue

On ne s'exprime pas de la même façon selon les circonstances, le destinataire ou le but recherché. La langue employée peut être ici d'un niveau soutenu, là d'un niveau plus familier : c'est la **diversité des usages**. Ainsi, un dialogue de la vie quotidienne (texte A) et un discours politique officiel (texte B) font appel à des **niveaux de langue** différents.

TEXTE A

En voiture dans Paris...

— [...] Le truc qu'on vient de voir, c'était pas le Panthéon bien sûr, c'était la gare de Lyon.

— Peut-être, dit Gabriel avec désinvolture, mais maintenant c'est du passé, n'en parlons plus, tandis que ça, petite[1], regarde-moi ça si c'est chouette comme architecture, c'est les Invalides...

— T'es tombé sur la tête, dit Charles, ça n'a rien à voir avec les Invalides.

— Eh bien, dit Gabriel, si c'est pas les Invalides, apprends-nous cexé.

Raymond Queneau, *Zazie dans le métro*, © Éd. Gallimard, 1959.

1. Gabriel s'adresse ici à sa nièce, Zazie.

Une situation de dialogue

Quels éléments donnent l'impression d'un dialogue parlé fidèlement reproduit (syntaxe, vocabulaire, orthographe) ?

TEXTE B

Messieurs, parmi les journées de février, journées qu'on ne peut comparer à rien dans l'histoire, il y eut un jour admirable, ce fut celui où cette voix souveraine du peuple qui, à travers les rumeurs confuses de la place publique, dictait les décrets du gouvernement provisoire, prononça cette grande parole : « La peine de mort est abolie en matière politique. »

Victor Hugo, *Actes et paroles*,
Discours du 5 avril 1850 à l'Assemblée législative.

Un discours officiel

D'après la construction de la phrase, quel est le niveau de langue choisi ? Quel effet l'auteur cherche-t-il à produire par ce choix ?

NIVEAUX DE LANGUE ET SITUATIONS D'ÉNONCIATION

Identifiez, dans chacun des textes A et B, les circonstances dans lesquelles la communication a lieu. Quel lien pouvez-vous établir entre le niveau de langue choisi et cette situation d'énonciation ?

5. Les niveaux de langue

La langue se diversifie en **niveaux** (familier, courant, soutenu) selon les **usages**, à l'écrit comme à l'oral. La manière de s'exprimer dépend en effet de la **provenance** géographique, sociale ou culturelle du **locuteur** et du **destinataire**, et du type de relation qui s'établit entre eux. Elle dépend aussi des variations de la langue dans l'**Histoire**.
En identifiant ces différents niveaux de langue, on apprécie mieux les effets recherchés dans les textes et les richesses de la **langue littéraire**.

1 L'ORAL ET L'ÉCRIT

Le **code oral** et le **code écrit** diffèrent à la fois par leurs stratégies d'énonciation et leurs systèmes grammaticaux.

• **Deux stratégies d'énonciation**

– **À l'oral**, le destinataire est physiquement présent. Le locuteur s'adapte à sa personnalité, à ses réactions. Le code oral dépasse largement le cadre de la langue : les intonations, les gestes, les mimiques sont des **signes non linguistiques** qui servent également à communiquer.

– **À l'écrit**, le destinataire est éloigné, dans l'espace et dans le temps. Pour communiquer l'information, l'énoncé doit être plus précis. Alors que l'énoncé oral est **immédiat** et construit **en situation**, le texte écrit est le résultat **différé** d'une réflexion et d'une construction **hors situation** ; il présente donc un aspect « fini », achevé.

• **Deux systèmes grammaticaux**

– **À l'oral**, le destinataire assiste comme « en direct » au processus de production du discours. L'énoncé oral prend donc beaucoup de libertés avec la syntaxe, et présente des caractéristiques grammaticales liées à ses conditions d'énonciation : répétitions, reprises, faux départs, ruptures de construction, phrases inachevées, etc.

– **À l'écrit**, l'usage correct de la grammaire est généralement respecté. La **phrase complexe** est plus fréquente (propositions subordonnées et coordonnées). La **ponctuation** et l'**orthographe** assurent la cohérence et la lisibilité de l'énoncé.

MÉLANGES DE L'ORAL ET DE L'ÉCRIT

Énoncés écrits et énoncés oraux sont souvent liés.
• Les **discours officiels** sont des productions orales dont la forme respecte les règles de l'écrit.
• Inversement, certaines **productions écrites** intègrent des caractéristiques de l'oral (dialogues écrits, lettres familières...).
• Dans les textes littéraires (théâtre, roman), l'oral qui est transcrit est **stylisé**, mis en forme pour les besoins de l'écrit.

2 LA DIVERSITÉ DES USAGES

La langue est sensible aux facteurs de différenciation qui traversent une société. Elle reflète les diversités liées à l'origine géographique, au niveau social et au milieu culturel du locuteur.

• **L'origine géographique :** d'une région à l'autre, les **dialectes** sont les variétés géographiques d'accent, d'intonation, de vocabulaire et de syntaxe. Ils tendent à s'effacer aujourd'hui au profit d'un français standard : la langue telle qu'elle est enseignée à l'école. Cependant, les œuvres littéraires ne se privent pas de jouer sur un effet de « couleur locale », à travers les paroles de certains personnages. Les pays **francophones** offrent par ailleurs des exemples de **variétés de français** (Québec, Antilles, Afrique...).

L'ARGOT, LES ARGOTS

• Le mot « argot » désigne d'abord l'ancien **argot des voleurs**, introduit par Victor Hugo dans la littérature et qui a laissé des traces dans la langue (*abasourdir, cambrioleur, polisson...*).
• Plus généralement, un argot est un **langage particulier** propre à une corporation ou à une profession (argot militaire, argot des maçons...).
• On parle enfin souvent d'argot pour désigner par extension un **vocabulaire non conventionnel**, familier, qui s'éloigne des normes.

• **L'origine socio-culturelle :** à côté du français standard considéré comme la norme (c'est-à-dire, depuis le XVIIe siècle, le français des classes aisées et cultivées parisiennes), existent de nombreux usages qui s'écartent de la norme mais reflètent ainsi le caractère varié et vivant de la langue dans tous les milieux sociaux. C'est le cas des **usages « populaires »** de la langue, restitués en littérature depuis les paysans de Molière jusqu'aux ouvriers de Zola ou aux personnages de San-Antonio.

3 LA LANGUE DANS L'HISTOIRE

• **Du latin au français**

– La langue française provient principalement du **latin**, qui s'est imposé dès le Ier siècle. Au Ve siècle, l'invasion de populations germaniques, dont les **Francs**, fait évoluer la langue : **langue d'oïl** au nord, **langue d'oc** au sud.

– Malgré la résistance du latin, la langue qui va devenir le français se développe. Le **parler de Paris** l'emporte peu à peu, grâce à l'extension du domaine royal. La langue de l'Île-de-France devient celle de tout un pays, au détriment des autres langues locales.

• **L'affirmation du français**

– Sous François Ier, avec l'ordonnance de Villers-Cotterêts (1539), le français remplace le latin comme **langue de l'administration**. En 1549, Du Bellay publie sa *Défense et illustration de la langue française*, qui promeut le français comme **langue littéraire nationale**.

– Le XVIIe siècle fait de la langue française un instrument politique de la **centralisation** du royaume, avec la fondation de l'Académie française (1634). Mais les **patois** ont la vie dure dans les campagnes, jusqu'à ce que la Révolution et la généralisation de l'enseignement primaire assurent la prédominance du français au XIXe siècle.

• **Le français aujourd'hui**

– Le français continue à évoluer au XXe siècle, en particulier sous l'influence grandissante des médias. Les différences de prononciation et de syntaxe s'atténuent au profit d'un **français standard**.

– La langue reste néanmoins **en mouvement** : elle connaît toujours des créations dans le vocabulaire, la grammaire ou la prononciation. Elle emprunte des mots à l'anglais, mais trouve souvent ses ressources en elle-même (*croissanterie, baladeur...*).

4 LES NIVEAUX DE LANGUE DANS LES TEXTES

On distingue **trois niveaux de langue : soutenu, courant, familier** (→ tableau). Le niveau de langue choisi dans un texte est toujours révélateur du projet de son auteur, et lié au **genre** et au **registre** adoptés :

– langue soutenue pour peindre la grandeur des passions dans une **tragédie** classique ;

– langue courante pour représenter l'humanité ordinaire dans un **roman** ;

– langue familière pour rendre plus véhémente la dénonciation polémique dans un **pamphlet**.

• La littérature exploite largement la palette des niveaux de langue à des fins multiples. Les écrivains mettent en scène tous les **types sociaux**, et prêtent une **langue familière** ou populaire à certains personnages par souci d'authenticité : Molière, dans ses comédies, fait entendre le parler paysan autant que la langue raffinée des « précieuses » ; les romanciers du XIXe siècle créent un effet d'**illusion réaliste** en reproduisant par les niveaux de langue la diversité des milieux qu'ils décrivent (Balzac, Maupassant, Zola...) ; Hugo fait parler l'**argot** à certains de ses personnages bien avant le roman policier du XXe siècle...

• D'autres écrivains, soit par jeu (Apollinaire, Queneau), soit par ironie ou provocation (Céline, Prévert), présentent de subtils **mélanges de niveaux de langue** dans un même texte. Ils cherchent parfois à transposer à l'écrit les particularités de l'**oral**, pour mieux traduire la vie réelle de la langue. Ces choix stylistiques renouvellent l'écriture littéraire.

	Les niveaux de langue		
	familier	**courant**	**soutenu**
Lexique	pauvre ou imagé ; tournures populaires ; vocabulaire parfois argotique	usuel, neutre, compréhensible par tous	précis et riche ; rare et recherché ; nombreuses figures de style
Syntaxe	juxtapositions, coordinations ; phrases emphatiques, exclamatives et interrogatives ; négation sans *ne* ; absence d'inversion ; grande souplesse vis-à-vis des règles grammaticales	présence de phrases complexes ; constructions correctes, conformes aux règles, mais sans recherche	phrases complexes étendues ; subordination ; inversions ; négation avec *ne* ; respect rigoureux des règles grammaticales
Formes verbales	présent, futur et passé composé de l'indicatif	temps simples et composés ; passé simple absent	ensemble des temps et des modes ; passé simple ; concordance des temps avec le subjonctif
Exemples	*Ce que vous lui avez fait, là, ça l'a vraiment choqué.*	*Il a été choqué par la manière dont vous l'avez traité.*	*Il s'est offusqué de votre conduite à son égard.*

Exercices

ÉTAPE 1

1 Les énoncés suivants, écrits dans une langue littéraire soutenue, correspondent à un **état ancien** de la langue.

1. À quels **indices** le voyez-vous ?

2. Réécrivez ces énoncés selon l'**usage courant** d'aujourd'hui.

a. Je reviendrai dans peu conter de point en point Mes aventures à mon frère. (La Fontaine)
b. Ce que j'ai fait, Abner, j'ai cru le devoir faire. (Racine)
c. Je reçus d'elle des marques d'amour, au moment même qu'elle expirait. (Abbé Prévost)
d. On lui a souvent ouï parler de ces temps avec amertume, jusque-là qu'il racontait qu'on le trouva un soir tombé dans le jardin du Palais-Royal à Paris. (Saint-Simon)

2 Identifiez le **niveau de langue** (familier, courant, soutenu) de chacun des mots suivants. Puis proposez pour chacun d'eux un synonyme dans les deux autres niveaux de langue.

bouquin – suranné – voiture – terminer – se taire – môme – s'exécuter – larmoyer – avoir peur – rouspéter – antipathique – avoir marre

3 Insérez chacun des mots de l'exercice 2 dans une **phrase** du même niveau de langue.

4 Employez chacun de ces mots ou expressions **familiers** dans une phrase d'un **niveau de langue courant**.

a. Il assure !
b. Tu m'étonnes !
c. Ça craint !
d. Ça va faire mal !
e. Il est grave !

5 Quelles sont les **caractéristiques de l'oralité** dans l'extrait suivant ?

J'lui ai dit : Ginette, faut pas m'parler
  D'politique
On va finir par s'engueuler
  C'est classique
Comment veux-tu que j'sois d'accord
  Avec toi
J'ai d'jà du mal à être d'accord
  Avec moi

Renaud, « Socialiste »,
Putain de camion, 1988.

ÉTAPE 2

6 Étudiez cette vignette de bande dessinée.

1. Caractérisez le discours des personnages du point de vue du **lexique** et de la **syntaxe**.

2. Réécrivez ce dialogue dans une **langue courante**.

▲ Tardi et Vautrin, *Le Cri du peuple*, © Éd. Casterman, 2001.

7 Dans *Exercices de style*, Raymond Queneau raconte quatre-vingt-dix-neuf fois la même anecdote selon des styles et niveaux de langue différents.

1. Caractérisez les deux versions suivantes du point de vue du **lexique** et de la **syntaxe**. De quels niveaux de langue respectifs ces « styles » offrent-ils la caricature ?

2. Imaginez à votre tour un événement que vous raconterez dans les mêmes **styles**.

a. Vulgaire

L'était un peu plus dmidi quand j'ai pu monter dans l'esse[1]. Jmonte donc, jpaye ma place comme de bien entendu et voilàtipas qu'alors jremarque un zozo l'air pied, avec un cou qu'on aurait dit un télescope et une sorte de ficelle autour du galurin. Je lregarde passeque jlui trouve l'air pied quand le voilàtipas qu'ismet à interpeller son voisin. [...]

1. L'autobus de la ligne « S ».

b. Précieux

C'était aux alentours d'un juillet de midi. Le soleil dans toute sa fleur régnait sur l'horizon aux multiples tétines. L'asphalte palpitait doucement, exhalant cette tendre odeur goudronneuse qui donne aux cancéreux des idées à la fois puériles et corrosives sur l'origine de leur mal. Un autobus à la livrée verte et blanche, blasonné d'un énigmatique S, vint recueillir du côté du parc Monceau un petit lot favorisé de candidats voyageurs aux moites confins de la dissolution sudoripare. [...]

QUENEAU, extraits de « Vulgaire » et de « Précieux », in *Exercices de style*, © Éd. Gallimard, 1947.

ÉTAPE 3

8 Identifiez le **niveau de langue des personnages** dans les textes suivants. Qu'apprend-on, par ce niveau de langue, sur l'**identité des locuteurs** ?

a. PIERROT. — Vois-tu, Charlotte, il faut, comme dit l'autre, que je débonde mon cœur. Je t'aime, tu le sais bian, et je sommes pour être mariés ensemble ; mais marquenne, je ne suis point satisfait de toi.

CHARLOTTE. — Quement ? qu'est-ce que c'est donc qu'iglia ?

PIERROT. — Iglia que tu me chagraignes l'esprit, franchement.

CHARLOTTE. — Et quement donc ?

PIERROT. — Testiguienne, tu ne m'aimes point.

CHARLOTTE. — Ah ! ah ! n'est que ça ?

PIERROT. — Oui, ce n'est que ça, et c'est bian assez.

MOLIÈRE, *Dom Juan*, II, 1, 1665.

b. CATHOS. — [...] Venir en visite amoureuse avec une jambe tout unie, un chapeau désarmé de plumes, une tête irrégulière en cheveux, et un habit qui souffre une indigence de rubans !... mon Dieu ! quels amants sont-ce là ! Quelle frugalité d'ajustement et quelle sécheresse de conversation ! On n'y dure point, on n'y tient pas. J'ai remarqué encore que leurs rabats ne sont pas de la bonne faiseuse, et qu'il s'en faut de plus d'un demi-pied que leurs hauts-de-chausse ne soient assez larges.

GORGIBUS. — Je pense qu'elles sont folles toutes deux, et je ne puis rien comprendre à ce baragouin.

MOLIÈRE, *Les Précieuses ridicules*, sc. 4, 1659.

VERS LE COMMENTAIRE

Dans le passage suivant, le narrateur éclaire le lecteur sur l'**argot** des bagnes et des prisons.

1. Quelles **particularités** et quels **effets** reconnaît-il à cette langue ?

2. Quelle **justification** pouvez-vous alors donner à l'emploi de cette langue dans une **œuvre littéraire** ?

3. Rédigez un paragraphe où vous analyserez les **procédés expressifs** par lesquels l'auteur met en relief la « vivacité » de l'argot.

Chaque mot de ce langage est une image brutale, ingénieuse ou terrible. Une culotte est une *montante* ; n'expliquons pas ceci. En argot on ne dort pas, *on pionce*. Remarquez avec quelle énergie ce verbe exprime le sommeil particulier à la bête traquée, fatiguée, défiante, appelée Voleur, et qui, dès qu'elle est en sûreté, tombe et roule dans les abîmes d'un sommeil profond et nécessaire sous les puissantes ailes du Soupçon planant toujours sur elle. Affreux sommeil, semblable à celui de l'animal sauvage qui dort, qui ronfle, et dont néanmoins les oreilles veillent doublées de prudence !

Tout est farouche dans cet idiome. Les syllabes qui commencent ou qui finissent, les mots sont âpres et étonnent singulièrement. Une femme est une *largue*. Et quelle poésie ! la paille est *la plume de Beauce*. Le mot minuit est rendu par cette périphrase : *douze plombes crossent !* Ça ne donne-t-il pas le frisson ? *Rincer une cabriole*, veut dire dévaliser une chambre. Qu'est-ce que l'expression se coucher, comparée à se *piausser*, revêtir une autre peau. Quelle vivacité d'images ! *Jouer des dominos*, signifie manger ; comment mangent les gens poursuivis ?

L'argot va toujours, d'ailleurs ! il suit la civilisation, il la talonne, il s'enrichit d'expressions nouvelles à chaque nouvelle invention. La pomme de terre, créée et mise au jour par Louis XVI et Parmentier, est aussitôt saluée par l'argot d'*orange à cochons*. On invente les billets de banque, le bagne les appelle des *fafiots garatés*, du nom de Garat, le caissier qui les signe. Fafiot ! n'entendez-vous pas le bruissement du papier de soie ?

BALZAC, *Splendeurs et misères des courtisanes*, 1839-1847.

Chapitre 6

Les liens logiques

Tout texte établit des **articulations**, des **liens** entre les propositions, les phrases, les paragraphes. C'est par ces liens qu'une pensée **progresse** et assure sa **cohérence**. Les principaux liens logiques mettent en évidence des rapports de **cause**, de **conséquence** ou d'**opposition**.

TEXTE **A**

La coutume ne doit être suivie que parce qu'elle est coutume, et non parce qu'elle est raisonnable ou juste, mais le peuple la suit par cette seule raison qu'il la croit juste. Sinon il ne la suivrait plus quoiqu'elle fût coutume, car on ne veut être assujetti qu'à la raison ou à la justice.

PASCAL, *Pensées*, 1670 (posthume).

À la recherche des raisons

1. Quel lien logique relie la première proposition principale à ses deux subordonnées ? Quels mots ou expressions expriment le même rapport logique dans la suite du texte (l. 3-5) ?
2. Dans la deuxième phrase, quelle est l'idée défendue (la thèse) ? Quel est l'argument qui la justifie ?

TEXTE **B**

Je conviendrai sans peine que la paix publique est un grand bien ; mais je ne veux pas oublier cependant que c'est à travers le bon ordre que tous les peuples sont arrivés à la tyrannie. Il ne s'ensuit pas assurément que les peuples doivent mépriser la paix publique ; mais il ne faut pas qu'elle leur suffise. Une nation qui ne demande à son gouvernement que le maintien de l'ordre est déjà esclave au fond du cœur ; elle est esclave de son bien-être, et l'homme qui doit l'enchaîner peut paraître.

Alexis de TOCQUEVILLE, *De la démocratie en Amérique*, II, 1840.

Une progression nuancée

1. Quel mot de liaison relie les deux moments successifs du raisonnement dans chacune des deux premières phrases ? De quel rapport logique s'agit-il ?
2. Pourquoi l'auteur ne juge-t-il pas la « paix civile » suffisante ? Dans quelle phrase en donne-t-il la raison ? Quel rapport logique relie cette phrase au reste du texte ?

6. Les liens logiques

Les différentes composantes d'un texte argumentatif (idées, thèses, arguments, exemples) sont **organisées, liées** les unes aux autres : c'est ce qui fait l'unité de sens du texte. Elles s'articulent grâce à des liens qui établissent entre elles des **relations logiques**. Ces liens peuvent soit être signalés par des **outils explicites** (appelés aussi **connecteurs**), soit rester **implicites**.

1 L'ADJONCTION ET LA DISJONCTION

L'adjonction consiste à **ajouter**, la disjonction à **séparer**.

• **La relation d'adjonction** ajoute un argument ou un exemple nouveau aux précédents. **Les liens logiques** explicites peuvent être :

– des **outils grammaticaux** : conjonctions et adverbes de coordination qui lient des éléments (*et, ni, de plus, ainsi que, en outre, aussi, par ailleurs*), qui établissent une gradation (*d'abord... ensuite... enfin*), ou qui élargissent le propos (*et même, voire...*) ; termes en corrélation (*d'une part... d'autre part, non seulement... mais encore...*) ;

– des **outils lexicaux** (mots qui expriment une **relation logique** par leur sens) : adjectifs (*autre, premier... deuxième*), verbes (*s'ajoute à cela...*)...

• **La relation de disjonction** sépare deux éléments (deux cas, deux possibilités). Elle propose une alternative : *soit... soit... ; ou bien... ou bien... ; tantôt... tantôt...*

DES RELATIONS D'ADJONCTION UTILES

• Pour **introduire un exemple** à l'appui d'un argument, on fait appel à des formules du type : *par exemple, c'est ainsi que...*

• Pour **introduire une reformulation** du propos qui vient d'être tenu, on emploie : *c'est-à-dire, plus exactement, du moins...*

• Pour **achever une argumentation** en la résumant, on peut utiliser : *en somme, pour conclure, finalement...*

2 LA CAUSE ET L'HYPOTHÈSE

La cause correspond à l'**explication**, à l'**origine** d'une thèse ou d'un fait. L'hypothèse correspond à la **condition**, à la **supposition** sur laquelle repose une thèse ou un fait.

• **La relation de cause** articule une proposition et un argument qui la justifie ou la prouve :

– par des **outils grammaticaux** : conjonction de coordination (*car*), adverbe (*en effet*), conjonction de subordination (*parce que, puisque, sous prétexte que, comme...*), préposition (*à cause de, à force de...*) ; choix de construction : apposition, subordonnée relative, subordonnée participiale, gérondif (*en* + participe présent) ;

– par des **outils lexicaux** : verbes (*Y provient, résulte... de X*), noms (*la cause, l'explication, le motif de Y est X*).

• **La relation d'hypothèse** fait dépendre une proposition ou une thèse (Y) d'une condition (X) : *si X, alors Y*. Elle s'exprime au moyen des **outils grammaticaux** suivants : préposition ou locution prépositive (*avec, en cas de, sauf, à condition de...*) ; conjonction de subordination (*si, au cas où, à supposer que...*) ; subordonnée participiale, gérondif ou apposition à valeur hypothétique ; mode conditionnel du verbe principal.

3 LA CONSÉQUENCE ET LE BUT

La conséquence indique l'**effet**, le résultat logique. Le but indique la **finalité**, l'objectif visé.

• **La relation de conséquence**, à l'inverse de la relation de cause, met l'accent sur la thèse ou l'idée qui résulte de l'argument. Elle peut être signalée explicitement :

– par des **outils grammaticaux** : conjonction de coordination (*donc*), adverbe (*c'est pourquoi, par conséquent, alors, aussi*), conjonction de subordination (*de sorte que, si bien que, tellement, si... que*) ;

– par des **outils lexicaux** : verbe (*X entraîne, prouve, implique... Y ; il s'ensuit que...*), noms (*X a pour conséquence, résultat, effet...*). Si la conséquence vient en conclusion du raisonnement, elle peut être renforcée par : *en définitive, finalement, ainsi...*

• **La relation de but** fait apparaître la thèse comme l'objectif de l'argument (ou le résultat comme le but de l'action). Elle s'exprime au moyen des **outils grammaticaux** suivants : préposition ou locution prépositive (*afin de, pour, en vue de, de peur de*), conjonction de subordination (*afin que, pour que, de peur que*).

DES MOTS-OUTILS POLYVALENTS

Certains mots-outils peuvent voir leur **valeur logique** varier selon le contexte : *et* et *aussi* peuvent marquer une simple adjonction, mais aussi une conséquence ; *ainsi* peut introduire un exemple ou une conséquence...

4 L'OPPOSITION

La relation d'opposition consiste à réfuter ou mettre en doute un argument, à introduire une objection, à apporter un contre-argument. Les liens logiques peuvent être :

– des **outils grammaticaux** : conjonction de coordination (*mais, or*), adverbe (*au contraire, en revanche, par contre*), conjonction de subordination (*alors que, tandis que*) ;

– des **outils lexicaux** : verbes *contester, objecter, s'opposer à...*

LA CONCESSION

C'est un procédé par lequel on donne d'abord raison à la thèse adverse, pour mieux la rejeter ensuite par un **lien logique d'opposition**.

• **1er temps : *Certes...***
⇒ **Mouvement concessif** : on concède un argument qui ne va pas dans le sens de ce qu'on soutient, à l'aide d'outils grammaticaux (conj. de sub. : *bien que, quoique...* ; adverbes : *certes, sans doute...* ; prépositions : *malgré...*) ou lexicaux (*j'admets que, s'il est vrai...*).

• **2e temps : *Mais....***
⇒ **Renversement argumentatif** : on oppose à ce qui vient d'être concédé un argument plus fort, qui va dans le sens de ce que l'on soutient, à l'aide d'outils grammaticaux (*mais, cependant, toutefois, en réalité...*) ou lexicaux (*il n'empêche, il n'en reste pas moins que...*).

5 LA COMPARAISON

La relation de comparaison rapproche deux idées ou deux faits au moyen d'un rapport d'analogie : *Comme X, de même Y...* Elle s'exprime au moyen d'**outils grammaticaux** : *comme, tel, plus que, moins que, ainsi que, de la même façon que, de même que... de même, aussi... que, autant... que.*

LES LIENS LOGIQUES IMPLICITES

Il arrive que le rapport logique entre deux idées ou deux propositions ne soit pas exprimé par un lien explicite (outil grammatical ou lexical). Une simple **juxtaposition** suffit, sans autre lien qu'un signe de **ponctuation** (par exemple, deux points). C'est le **sens** de l'énoncé qui fait percevoir un lien logique.

Il est heureux : il aime et est aimé. = *Il est heureux,* ***car...***
⇒ relation de cause

Il aime et est aimé : il est heureux. = *Il aime et est aimé,* ***donc...***
⇒ relation de conséquence

Il aime ; il n'est pas aimé. = *Il aime,* ***mais...***
⇒ relation d'opposition

Les mots de liaison

RELATION LOGIQUE	PRÉPOSITION (ou locution prépositive) + groupe nominal ou infinitif	COORDONNANT (conjonction de coordination, adverbe ou locution adverbiale)	SUBORDONNANT (conjonction ou locution conjonctive de subordination) + proposition subordonnée
ADJONCTION, DISJONTION	*outre, en plus de, avec*	*et, ni, aussi, également, de plus, en outre, ainsi, par ailleurs, d'ailleurs, d'une part... d'autre part, et même, voire, non seulement... mais encore, ou, ou bien, tantôt... tantôt*	*de même que... de même..., tandis que*
CAUSE	*par, en raison de, du fait de, à cause de, sous prétexte de, à force de, étant donné, grâce à, faute de*	*car, en effet, effectivement*	*comme, parce que, étant donné que, du fait que, sous prétexte que* (cause mise en doute), *d'autant que, d'autant plus que, puisque* (cause présentée comme allant de soi)
CONSÉQUENCE	*au point de, jusqu'à*	*donc, aussi* (en tête de phrase), *c'est pourquoi, par conséquent, ainsi, alors, par suite*	*de sorte que, si bien que, tellement... que, si...que, de manière que*
CONDITION, HYPOTHÈSE	*en cas de, avec, à condition de, à moins de, exception faite de, sauf, sinon*		*si, selon que, excepté si, sauf si, à condition que, pourvu que, en admettant que, à supposer que, à moins que, si tant est que, soit que... soit que, au cas où*
BUT	*pour, afin de, en vue de, dans l'intention de, de peur de*		*pour que, afin que, de sorte que, de peur que*
OPPOSITION, CONCESSION	*malgré, en dépit de*	*mais, or, au contraire, en revanche, pourtant, cependant, toutefois, néanmoins, en fait*	*alors que, tandis que, bien que, quoique, même si*
COMPARAISON	*comme, pareillement à*	*de même, ainsi, pareillement, également*	*comme, ainsi que, de même que, aussi... que, autant... que, plus que, moins que*

FICHE-MÉTHODE

Exercices

ÉTAPE 1

1 Classez les énoncés suivants en fonction de la **relation logique** qu'ils expriment (adjonction, cause, conséquence ou opposition).

a. Étant plus connu dans son pays que dans un autre, il pourrait plus facilement y trouver des partis avantageux. (Flaubert)
b. Atala me fit un manteau avec la seconde écorce du frêne, car j'étais presque nu. (Chateaubriand)
c. Je défendrai avec confiance la cause de l'humanité devant les sages qui m'y invitent, et je ne serai pas mécontent de moi-même si je me rends digne de mon sujet et de mes juges. (Rousseau)
d. Ces maux sont grands, sans doute, mais ils sont passagers, tandis que les biens qui naissent avec eux demeurent. (Tocqueville)
e. Je plie, et ne romps pas. (La Fontaine)

2 Ces énoncés présentent plusieurs modes d'expression de la **concession**. Vous repérerez, pour chacun d'eux, d'une part le mouvement concessif, d'autre part le renversement argumentatif.

a. Certes, les civilisations sont mortelles dans leurs floraisons les plus précieuses ; certes, elles brillent, puis elles s'éteignent, pour refleurir sous d'autres formes. Mais ces ruptures sont plus rares, plus espacées qu'on ne le pense. (Fernand Braudel)
b. Maintenant le bac est remplacé par un pont suspendu de la plus grande hardiesse : l'on sait que je ne suis pas très grand admirateur des inventions modernes, mais c'est réellement un ouvrage digne de l'Égypte et de Rome par ses dimensions colossales et son aspect grandiose. (Th. Gautier)
c. Quoique Ovide, Virgile, Horace, soient nés pendant que la république subsistait encore, leurs écrits portent le caractère de l'influence monarchique. (Madame de Staël)

3 Les phrases suivantes expriment une relation de **cause**.

1. Identifiez les **outils** qui expriment cette relation logique.

2. Transformez ces phrases de manière à exprimer une relation de **conséquence**, sans en changer le sens. Vous aurez soin de varier les tournures possibles.

a. Tous coururent au devant de leurs fers croyant assurer leur liberté ; car avec assez de raison pour sentir les avantages d'un établissement politique, ils n'avaient pas assez d'expérience pour en prévoir les dangers. (Rousseau)
b. Le roi Charles X avait créé pour l'enfant issu de ce mariage, le marquisat de Surgis-le-Duc, le marquisat de Surgis existant déjà dans la famille. (Proust)
c. Je n'ai point voulu approfondir l'affaire parce qu'elle n'en vaut pas la peine et que j'ai des choses à écrire qui sont bien d'une autre conséquence. (Scarron)

ÉTAPE 2

4 Les liens logiques peuvent être explicites ou implicites.

1. Repérez la **relation logique implicite** entre les propositions juxtaposées des énoncés suivants.

2. Rendez-la **explicite** en utilisant pour chaque énoncé un outil grammatical de votre choix.

a. La justice sans la force est impuissante, la force sans la justice est tyrannique. (Pascal)
b. François Ier envoyait à Raphaël cent mille écus dans un bassin d'or sans rien lui demander : le peintre répondait par *La Transfiguration*, un des quelques tableaux peints en entier par lui, que la cour de Rome ne voulut pas livrer. (Balzac)
c. Le vermisseau imperceptible qui s'agite dans la fange, s'achemine peut-être à l'état de grand animal ; l'animal énorme, qui nous épouvante par sa grandeur, s'achemine peut-être à l'état de vermisseau. (Diderot)

5 « **Ainsi** » et « **aussi** » peuvent, selon le contexte, marquer des liens logiques différents (conséquence, concession, comparaison, adjonction). Quel est leur rôle dans les énoncés suivants ?

a. Il est **aussi** dangereux d'encourir sa faveur que de mériter sa disgrâce. (Chateaubriand)
b. Le courant des affaires devant toujours s'expédier, il surnage une certaine quantité de commis indispensables quoique congéables à merci et qui veulent rester en place. La bureaucratie, pouvoir gigantesque mis en mouvement par des nains, est née **ainsi**. (Balzac)
c. Quel est l'homme, **aussi** médiocre qu'on le juge, qui ne se rendra maître de la géométrie, s'il va par ordre et s'il ne se rebute point ? (Alain)
d. L'éléphant est le plus sage de tous les animaux, le seul qui se souvienne de ses vies antérieures ; **aussi** se tient-il longtemps tranquille, méditant à leur sujet. (Texte bouddhique cité par Malraux)

6 Étudiez la construction du texte suivant

1. Où et comment s'expriment l'**opposition** et la **conséquence** ?

2. Quel est le rôle de l'**hypothèse** dans le raisonnement ?

3. **Construisez** sur le même modèle, sur un sujet contemporain de votre choix, une **argumentation** qui suivra le même schéma en reprenant les mots suivants : (1) *D'autres l'ont déjà dit : le... est...* (2) *Mais si... alors il ne... que...* (3) *Il faut donc que le... soit...*

D'autres, ce nous semble, l'ont déjà dit : le drame est un miroir où se réfléchit la nature. Mais si ce miroir est un miroir ordinaire, une surface plane et unie, il ne renverra des objets qu'une image terne et sans relief, fidèle, mais décolorée ; on sait ce que la couleur et la lumière perdent à la réflexion simple. Il faut donc que le drame soit un miroir de concentration qui, loin de les affaiblir, ramasse et condense les rayons colorants, qui fasse d'une lueur une lumière, d'une lumière une flamme. Alors seulement le drame est avoué de l'art.

HUGO, Préface de *Cromwell*, 1827.

ÉTAPE 3

7 Rétablissez les **liens logiques** qui ont été omis dans ce texte de Bossuet. Vous utiliserez les **outils grammaticaux** suivants : *donc, or, c'est pourquoi, car.*

C'est trop se laisser surprendre aux vaines descriptions des peintres et des poètes, que de croire la vie et la mort autant dissemblables que les uns et les autres nous les figurent. Il leur faut donner les mêmes traits. [...] les hommes se trompent lorsque, trouvant leur conversion si pénible pendant la vie, ils s'imaginent que la mort aplanira ces difficultés, se persuadant peut-être qu'il leur sera plus aisé de se changer, lorsque la nature altérée touchera de près à son changement dernier et irrémédiable. [...] ils devraient penser, au contraire, que la mort n'a pas un être distinct qui la sépare de la vie ; mais qu'elle n'est autre chose, sinon une vie qui s'achève. [...], qui ne sait, Chrétiens, qu'à la conclusion de la pièce, on n'introduit pas d'autres personnages que ceux qui ont paru dans les autres scènes ; et que les eaux d'un torrent, lorsqu'elles se perdent, ne sont pas d'une autre nature que lorsqu'elles coulent ?

C'est [...] cet enchaînement qu'il nous faut aujourd'hui comprendre.

BOSSUET, *Sermon du mauvais riche*, 1662.

8 Au théâtre, les relations logiques jouent un grand rôle dans l'**articulation des répliques** entre les personnages. Repérez les **liens logiques** et analysez l'usage particulier qu'en fait l'auteur dans le dialogue suivant.

Mme SMITH. — Le yaourt est excellent pour l'estomac, les reins, l'appendicite et l'apothéose. C'est ce que m'a dit le docteur Mackenzie-King qui soigne les enfants de nos voisins, les Johns. C'est un bon médecin. On peut avoir confiance en lui. Il ne recommande jamais d'autres médicaments que ceux dont il a fait l'expérience sur lui-même. Avant de faire opérer Parker, c'est lui d'abord qui s'est fait opérer du foie, sans être aucunement malade.

M. SMITH. — Mais alors comment se fait-il que le docteur s'en soit tiré et que Parker en soit mort ?

Mme SMITH. — Parce que l'opération a réussi chez le docteur et n'a pas réussi chez Parker.

M. SMITH. — Alors Mackenzie n'est pas un bon docteur. L'opération aurait dû réussir chez tous les deux ou alors tous les deux auraient dû succomber.

Mme SMITH. — Pourquoi ?

M. SMITH. — Un médecin consciencieux doit mourir avec le malade s'ils ne peuvent guérir ensemble. Le commandant d'un bateau périt avec le bateau, dans les vagues. Il ne lui survit pas.

Mme SMITH. — On ne peut comparer un malade à un bateau.

M. SMITH. — Pourquoi pas ? Le bateau a aussi ses maladies ; d'ailleurs ton docteur est aussi sain qu'un vaisseau ; voilà pourquoi encore il devait périr en même temps que le malade comme le docteur et son bateau.

IONESCO, *La Cantatrice chauve*, I, 1,
© Éd. Gallimard, 1950.

VERS LA DISSERTATION

Choisissez l'un des thèmes suivants. Vous rédigerez deux paragraphes soutenant *ou* critiquant la thèse proposée : l'un fera appel à des **relations logiques explicites** ; l'autre développera le même argument avec des **relations logiques implicites**.

a. L'art ne sert à rien.
b. Le monde moderne est celui de la communication entre les hommes.
c. Le roman est le genre littéraire le plus complet.

Chapitre 7

Les figures de style

Pour **mettre en valeur** une idée ou un fait raconté, pour **émouvoir** ou **persuader** le destinataire, il existe toutes sortes de moyens d'expression. Ces procédés qui servent notamment à insister, à répéter, à opposer et à comparer, ce sont les **figures de style**. Les deux extraits suivants témoignent du pouvoir et de la variété de ces figures, mises au service d'**émotions** différentes chez un même personnage.

TEXTE A

(Amoureux de Doña Sol, Hernani est un proscrit, contraint à vivre caché.)

DOÑA SOL

Hernani !

HERNANI, *amèrement.*

Que je suis heureux que le duc sorte !
Comme un larron qui tremble et qui force une porte,
Vite, j'entre, et vous vois, et dérobe au vieillard
Une heure de vos chants et de votre regard,
Et je suis bien heureux, et sans doute on m'envie
De lui voler une heure, et lui me prend ma vie !

Victor HUGO, *Hernani*, acte I, scène 2, 1830.

Des figures de style pour dire l'amour

À qui Hernani se compare-t-il ? Quels verbes développent cette comparaison ? Quel effet le héros cherche-t-il ainsi à produire sur la femme qu'il aime ?

TEXTE B

DON RUY GOMEZ, *revenant et montrant Hernani.*

Qu'est ce seigneur ?

DON CARLOS

Il part. C'est quelqu'un de ma suite.

Il sortent avec les valets et les flambeaux, le duc précédant le roi, une cire à la main.

HERNANI, *seul.*

Oui, de ta suite, ô roi ! de ta suite ! – j'en suis.
Nuit et jour, en effet, pas à pas, je te suis !
Un poignard à la main, l'œil fixé sur ta trace,
Je vais ! Ma race en moi poursuit en toi ta race !

Victor HUGO, *Hernani*, acte I, scènes 3-4, 1830.

Des figures de style pour suggérer la mort

Repérez les répétitions de mots ou groupes de mots et les parallélismes de construction. Quelles informations livrent-ils sur les rapports qui lient Hernani au roi ? Quelle émotion traduisent-ils ?

DES FIGURES QUI FONT SENS

Dans les textes A et B, qu'est-ce que les figures de style ajoutent aux informations contenues dans ces scènes ? Quel élément nouveau apportent-elles ?

7. Les figures de style

On appelle **figures de style** (ou figures de rhétorique) les procédés d'expression qui s'éloignent de l'usage habituel de la langue pour toucher, séduire ou convaincre le destinataire d'un discours ou le lecteur d'un texte. On les rencontre aussi bien dans la langue de tous les jours que dans l'écriture littéraire. Elles se répartissent en quatre grandes catégories, selon leur mode de fonctionnement.

1 LES FIGURES D'INSISTANCE

Elles servent à **souligner** l'idée portée par un mot ou un groupe de mots en la mettant en valeur par rapport au reste de l'énoncé.

• **La répétition** consiste à reprendre, sans apporter de modification, le même mot ou groupe de mots, parfois un groupe de phrases entier. C'est en particulier le cas des refrains, dans les poésies ou les chansons.

– **L'anaphore** est la répétition d'un même mot ou groupe de mots en tête de phrase, de proposition ou de vers :

Te voici à Marseille au milieu des pastèques
Te voici à Coblence à l'hôtel du Géant
Te voici à Rome assis sous un néflier du Japon (Apollinaire)

• **Le parallélisme** consiste à reprendre la même construction rythmique ou syntaxique en deux endroits d'un même énoncé pour mettre en valeur leur correspondance ou leur rapport étroit :

Je suis la plaie et le couteau !
Je suis le soufflet et la joue ! (Baudelaire)

– Le **chiasme** est un parallélisme qui dispose ses termes de manière croisée, selon le schéma AB/BA :

Que de soucis flottants ! que de confus nuages (Corneille)
nom / adjectif — adjectif / nom

• **L'accumulation** consiste à ajouter des termes de même nature et même fonction. Elle semble pouvoir se poursuivre indéfiniment :

On lui fit un beau cheval de bois qu'il faisait parader, sauter, voltiger, ruer et danser en même temps, aller au pas, au trot, à l'entrepas, au galop, à l'amble, au trot allongé, au trot anglais, au pas de hongre, au pas de chameau ou d'onagre. (Rabelais)

– La **gradation** est une accumulation de termes d'intensité croissante (ou décroissante) :

La prostitution, l'adultère, l'inceste,
Le vol, l'assassinat, et tout ce qu'on déteste,
C'est l'exemple qu'à suivre offrent vos immortels. (Corneille)

• **L'hyperbole** désigne l'ensemble des procédés d'exagération. L'expression en dit alors plus que le contenu de sens réel :

Je suis mort, au lieu de : *Je suis fatigué.*

Par ses effets d'amplification et son vocabulaire intensif, elle contribue souvent au **registre épique**, et se rencontre dans le drame romantique :

Ô Dieu ! pourquoi ce seul mot : « À ce soir », fait-il pénétrer jusque dans mes os cette joie brûlante comme un fer rouge ? (Musset)

Il existe aussi un **emploi ironique ou comique** de l'hyperbole :

Vive le Père Ubu ! c'est le plus noble des souverains ! (Jarry)

C'est pour éviter les ennuis que le peuple acclame ici un tyran qui sème la terreur dans son pays (décalage ironique).

2 LES FIGURES D'OPPOSITION

Elles consistent à réunir dans une même phrase ou une même expression des **termes opposés par le sens**.

• **L'antithèse** oppose deux éléments au moyen d'une construction symétrique :

Un mort s'en allait tristement
S'emparer de son dernier gîte ;
Un curé s'en allait gaiement
Enterrer ce mort au plus vite. (La Fontaine)

• **L'oxymore** (nom masculin) établit une relation de contradiction entre deux termes juxtaposés ou coordonnés. L'effet recherché est avant tout poétique :

Cette obscure clarté qui tombe des étoiles (Corneille)

3 LES FIGURES DE SUBSTITUTION

Elles consistent à **remplacer** le mot ou l'idée que l'on souhaite énoncer par un autre mot ou une autre expression qui ajoute une **nuance de sens** et témoigne d'un point de vue plus personnel.

• **L'euphémisme** substitue à une expression une forme plus adoucie et nuancée, dans le but d'atténuer ou de masquer la réalité :

Il n'est plus, au lieu de : *Il est mort.*

• **La litote**, contrairement à l'euphémisme, atténue l'expression pour renforcer le sens. Il s'agit de dire moins pour faire entendre davantage :

Il n'est pas peu embarrassé, au lieu de : *Il est très embarrassé.*

• **L'antiphrase** consiste à sous-entendre le contraire de ce qui est affirmé. C'est la figure privilégiée de l'**ironie**. Pour inciter Mariane à réagir et à refuser son mariage arrangé avec Tartuffe, la servante Dorine lui dit ainsi :

Vous vivrez trop contente avec un tel mari. (Molière)

L'IMPORTANCE DU CONTEXTE

On ne peut pas comprendre le sens d'une figure sans la placer dans son contexte. C'est particulièrement vrai pour les **hyperboles** à **valeur ironique** ou les **antiphrases**.
⇒ Dans *L'Avare*, quand Valère parle à Élise de *l'honnête homme de père* que le Ciel lui a donné, c'est pour mieux se moquer de l'avarice d'Harpagon, bien connue du spectateur dès les premières scènes de la pièce.

4 LES FIGURES D'ÉQUIVALENCE

Elles consistent à **rapprocher deux termes** ou expressions en établissant entre eux une **équivalence de sens**. Soit ces deux éléments sont mentionnés ensemble dans l'énoncé, soit un seul des deux est présent.

• **La comparaison** met en relation deux termes ayant un point commun (le point de comparaison) à l'aide d'outils comparatifs (*comme, tel, ainsi que...*). Elle produit ainsi des analogies :

Et quand il a fui – tel qu'un écureuil –
Son rire tremble encore à chaque feuille (Rimbaud)

➢ comparé : *il*
➢ comparant : *un écureuil*
➢ outil comparatif : *tel que*
➢ point de comparaison : *la rapidité*

• **La métaphore** est une transposition de sens qui permet de rapprocher deux éléments par simple relation d'analogie, sans outil comparatif.

– La métaphore est **explicite** lorsque les termes rapprochés sont mentionnés tous les deux :

Sa jeunesse n'a-t-elle pas été l'aurore d'un soleil levant ? (Musset)
➢ comparé : *sa jeunesse*
➢ comparant : *l'aurore d'un soleil levant*
➢ ellipse de l'outil comparatif

– Elle est **implicite** lorsque seul le comparant est exprimé :
Tout l'or des nuits... (Apollinaire)
➢ ellipse du comparé (il s'agit des étoiles)
➢ comparant : *l'or*
➢ ellipse de l'outil comparatif

– Lorsqu'une métaphore se développe au fil d'un texte, on parle de **métaphore filée**. Le comparant se présente alors sous la forme de plusieurs mots appartenant au même champ lexical métaphorique :

Le seul <u>flot</u> qui te berce est le bras maternel,
Et tes jours passeront sans crainte des <u>naufrages</u>
Depuis le sein natal jusqu'au <u>port</u> éternel. (Vigny)

– La **personnification** est une métaphore qui confère des caractéristiques humaines à une entité abstraite, à un objet ou à un élément naturel :
La République nous appelle ! (*Chant du Départ*)

– La **prosopopée** est une personnification qui va jusqu'à prêter la parole à une entité abstraite, à des êtres inanimés ou à des disparus :
Et la rivière dit : « Je ne veux rien savoir,
Je coule pour moi seule et j'ignore les hommes. » (Supervielle)

– L'**allégorie** présente une entité abstraite sous une forme concrète :
Par exemple, ce « monstre » qui nous hante...
C'est l'Ennui ! — l'œil chargé d'un pleur involontaire,
Il rêve d'échafauds en fumant son houka. (Baudelaire)

• **La métonymie** se fonde sur une relation logique (de contiguïté, d'appartenance, d'origine...) entre un objet désigné et le mot employé pour le remplacer. On peut ainsi désigner :

– le contenu par le contenant : *boire un verre* ;

– l'activité par le lieu où elle est exercée : *Bruxelles a décidé...* (au lieu de : *la Commission européenne a décidé...*) ;

– l'objet par sa marque, sa cause ou son origine : *un Picasso, du bordeaux.*

• **La synecdoque** est une variété de métonymie qui repose sur un rapport d'inclusion entre le terme désigné et celui qui le désigne :

Une voile, au lieu de : *Un navire.*

Le mot *voile* désigne le navire tout en conservant son propre signifié de *voile* (puisque la voile fait partie du navire). Dans la métonymie au contraire, le mot employé perd son signifié d'origine (*du bordeaux* ne désigne plus la ville, mais uniquement le vin).

• **La périphrase** remplace un mot par une expression de sens équivalent composée de plusieurs éléments.

Le pays du Soleil levant, au lieu de : *Le Japon.*

Exercices

Étape 1

1 Identifiez dans les énoncés suivants ces **figures de style** : personnification, antithèse, comparaison, anaphore, métonymie, hyperbole.

a. Moscou a rappelé son ambassadeur en Iran.

b. Par sa victoire d'étape triomphale au terme d'une ascension héroïque, ce coureur cycliste est entré dans la légende.

c. Voici le pharmacien aux boules vertes et rouges,
Voici le cordonnier des pauvres pauvres gens,
Voici la mercière aussi grise qu'un songe
(Francis Jammes)

d. Tout hier, le soleil a boudé dans ses brumes,
Le vent jusqu'au matin n'a pas décoléré
(Jules Laforgue)

e. Le cierge qui brûlait auprès de M. Peirotte, de l'autre côté de la rue, saignait dans l'ombre comme une blessure ouverte. (Zola)

f. Ô beaux yeux bruns, ô regards détournés,
Ô chauds soupirs, ô larmes épandues,
Ô noires nuits vainement attendues,
Ô jours luisants vainement retournés
(Louise Labé)

2 Quelles **figures d'insistance** sont employées dans les énoncés suivants ?
Parallélisme, chiasme, répétition, hyperbole, gradation, accumulation.

a. L'orgue est certes le plus grand, le plus audacieux, le plus magnifique de tous les instruments créés par le génie humain. (Balzac)

b. Quand on offre, prenant ; donnant, quand on demande. (Germain Nouveau)

c. Va, néglige mes pleurs, cours et te précipite,
Au-delà de la mort que les dieux m'ont prédite.
(Corneille)

d. Plus bas que moi, toujours plus bas que moi se trouve l'eau. (Francis Ponge)

e. Je hais les testaments et je hais les tombeaux. (Baudelaire)

f. Indomptable taureau, dragon impétueux (Racine)

3 Identifiez les **figures d'équivalence** (comparaisons et métaphores) dans les énoncés suivants.

1. **Classez-les** en deux colonnes.

2. Indiquez, pour chacune d'elles, le **comparé**, le **comparant** et le **point de comparaison**.

a. Mais la chevelure est une rivière tiède,
Où noyer sans frissons l'âme qui nous obsède
Et trouver ce Néant que tu ne connais pas.
(Mallarmé)

b. Un homme sans défauts est une montagne sans crevasses. Il ne m'intéresse pas. (René Char)

c. Soleil cou coupé (Apollinaire)

d. Les maisons, les routes, les avenues, sont fugitives, hélas, comme les années. (Proust)

e. Nous nous entendrons parfaitement, Mr. Fogg et moi ! Un homme casanier et régulier ! Une véritable mécanique ! Eh bien, je ne suis pas fâché de servir une mécanique ! (Jules Verne)

f. La philosophie est un vaste jardin qui s'étend sur toute la terre. (Maupassant)

g. Grands bois, vous m'effrayez comme des cathédrales ;
Vous hurlez comme l'orgue ; et dans nos cœurs maudits,
Chambres d'éternel deuil où vibrent de vieux râles,
Répondent les échos de vos *De profundis*.
(Baudelaire)

4 Proposez une **métaphore** et une **comparaison** pour chacun des couples de mots suivants. Vous inventerez chaque fois deux phrases.

rivière/chevelure ; cœur/oiseau ; Napoléon/aigle ; avenue/océan ; tristesse/automne.

5 Substituez à chacun des mots suivants deux **périphrases**, l'une valorisante et l'autre dévalorisante.

Exemple : l'automobile
a/ le moyen de transport familial si rapide et si pratique ;
b/ le véhicule bruyant et polluant.

l'avenir – les vacances – Paris – le lion – les livres

6 Inventez quatre phrases contenant une **métonymie** fondée sur l'un des rapports logiques suivants :

– l'instrument pour l'agent qui l'utilise ;
– le concret pour l'abstrait ;
– le contenant pour le contenu ;
– le lieu pour ce qui se fait dans ce lieu.

7 Dans les énoncés suivants, une relation de **métonymie** unit l'objet désigné et le mot employé pour le remplacer.

1. Précisez dans chaque cas la nature de cette **relation logique**.

2. Rétablissez le **terme absent** et indiquez l'effet ainsi produit.

a. Parmi nos rudes compagnons,
Proscrits, dont le bourreau sait d'avance les noms,
Gens dont jamais le fer ni le cœur ne s'émousse,
Ayant tous quelque sang à venger qui les pousse
(Hugo)

b. Le wagon dort. La tête du gardien tombe parfois sur le canon du fusil. Il la relève dans un sursaut et la tourne furtivement vers nous, puis regarde l'entrebâillement de la porte. Mais la largeur est toujours la même. Tout le monde est là. (Robert Antelme)

c. J'ai trouvé cet exemple dans le Robert.

d. Les instructions de Rome étaient formelles : respecter autant que possible les croyances et les coutumes indigènes. (Roger Caillois)

ÉTAPE 2

8 Lisez les slogans publicitaires suivants.

1. Identifiez les **figures de style** qu'ils contiennent. Pourquoi sont-elles efficaces ?

2. Selon vous, pour quelles raisons la **publicité** recourt-elle aux figures de style ?

a. Crédit Agricole, l'imagination dans le bon sens.
b. TV5, le centre du monde est partout.
c. Sud Radio, écoutez pour voir !

9 Les figures de style se rencontrent non seulement dans les textes mais aussi dans les **images** : affiches publicitaires, gravures ou tableaux, vitraux ou dessins... Elles se repèrent dans les choix de couleurs, de cadrage, de graphisme ou de composition.
Quelles figures pouvez-vous identifier dans les documents suivants ? Quel est l'effet recherché dans chaque cas ?

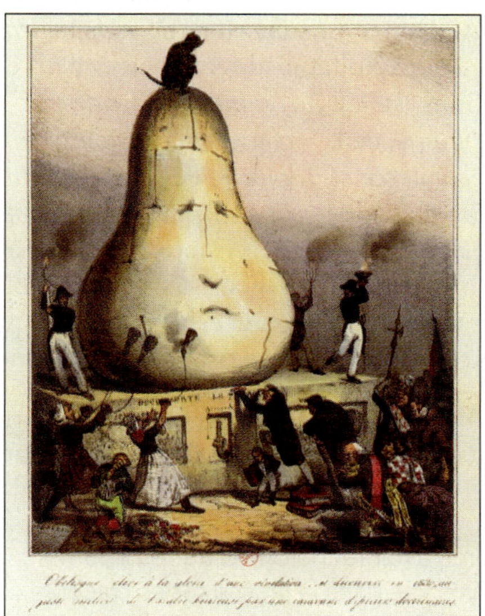

▲ **a.** Caricature contre Louis-Philippe parue dans « Le Charivari » du 13 mars 1833.
(Bibliothèque nationale de France, Paris.)

▲ **b.** Le Douanier Rousseau (1844-1910), *La Guerre ou la chevauchée de la discorde*, 1894.
(Musée d'Orsay, Paris.)

10 Repérez les **métaphores filées** dans les textes suivants. Quels effets produisent-elles ? Tenez compte chaque fois du genre du texte : argumentatif d'une part (« dictionnaire »), narratif d'autre part (roman).

a. Comment le raisonnement peut-il gouverner l'enthousiasme ? C'est qu'un poète dessine d'abord l'ordonnance de son tableau ; la raison alors tient le crayon. Mais veut-il animer ses personnages et leur donner le caractère des passions, alors l'imagination s'échauffe, l'enthousiasme agit ; c'est un coursier qui s'emporte dans sa carrière ; mais la carrière est régulièrement tracée.

Voltaire, *Dictionnaire philosophique*, article « Enthousiasme », 1765.

b. Je poursuivais jusque sur le talus qui, derrière la haie, montait en pente raide vers les champs, quelque coquelicot perdu, quelques bluets restés paresseusement en arrière, qui le décoraient çà et là de leurs fleurs comme la bordure d'une tapisserie où apparaît clairsemé le motif agreste qui triomphera sur le panneau ; rares encore, espacés comme les maisons isolées qui annoncent déjà l'approche d'un village, ils m'annonçaient l'immense étendue où déferlent les blés, où moutonnent les nuages, et la vue d'un seul coquelicot hissant au bout de son cordage et faisant cingler au vent sa flamme rouge, au-dessus de sa bouée graisseuse et noire, me faisait battre le cœur, comme au voyageur qui aperçoit sur une terre basse une première barque échouée que répare un calfat, et s'écrie, avant de l'avoir encore vue : « La Mer ! »

Proust, *Du côté de chez Swann*, 1913.

Exercices

11 Dans un texte, une figure peut avoir différentes fonctions : poétique, argumentative, polémique... Identifiez les figures suivantes. Quelle est leur **fonction** ?

a. Ce fut comme une apparition :
Elle était assise, au milieu du banc, toute seule ou du moins il ne distingua personne, dans l'éblouissement que lui envoyèrent ses yeux. (Flaubert)

b. — Détective... c'est donc un métier qui existe !?
— Ouais, ouais... comme Dame pipi ou lampiste ou Maréchal des logis ou bedeau ou trapéziste ou tricoteuse à domicile... (Léo Malet)

c. Et enfin je me rappelle ce mendiant à la tête de cannibale, la touffe sauvage de la chevelure hérissée comme un buisson noir, qui, dressant droit un genou sec, gisait à plat sous le petit jour. (Claudel)

d. Il ment comme un arracheur de dents.

e. Le bateau disait au feu : « tu brilles » (Desnos)

f. Déjà la nuit en son parc amassait
Un grand troupeau d'étoiles vagabondes,
Et pour entrer aux cavernes profondes,
Fuyant le jour, ses noirs chevaux chassait
[...] (Du Bellay)

g. La course à pied est aux autres sports ce que la géométrie est aux autres sciences. (Giraudoux)

h. Semblable aux rosses sur qui les coups de fouet n'ont plus de prise, rien ne le faisait tressaillir ; les sourds gémissements des joueurs qui sortaient ruinés, leurs muettes imprécations, leurs regards hébétés le trouvaient toujours insensible. C'était le Jeu incarné. (Balzac)

ÉTAPE 3

12 La **métaphore** ou la **comparaison** peuvent être comprises immédiatement ou au contraire demander une **interprétation**. Quel sens pouvez-vous donner aux figures d'équivalence (métaphore, comparaison) suivantes ?

a. Le temps émondera peu à peu mon visage,
Comme un cheval sans fin dans un labour aigri. (Char)

b. La terre est bleue comme une orange (Eluard)

c. Le fleuve
[...] Voici l'une des grandes veines ouvrières du monde, l'un des troncs de distribution de la vie, je sens marcher sous moi le plasma qui travaille et qui détruit, qui charrie et qui façonne. (Claudel)

d. Mon paysage est un bien grand bonheur
Et mon visage un limpide univers (Eluard)

13 Relevez les **oxymores** dans le texte suivant. Pourquoi peut-on dire que les expressions en italique du troisième paragraphe sont des oxymores ? Quel est le point de vue de l'auteur ?

Ça ne tourne plus rond du côté de l'oxymoron. Cette figure de style qui combine les contraires était l'apanage des poètes (voir la *Négresse blanche* d'Arthur H ou le « mutisme assourdissant » de Camus) et c'était bien comme ça. Et puis, patatras ! La politique s'en est saisie et les oxymorons sont devenus le dernier outil de propagande à la mode, l'accessoire indispensable du parfait petit discoureur, aux côtés des euphémismes (non-entendants, dommages collatéraux...) et autres expressions consensuelles (transparence, traçabilité, etc.).

Car telle est bien la fonction de l'oxymoron contemporain : désinformer en rendant l'antinomie, naguère percutante, la plus inoffensive possible. Dernier avatar, la fameuse « *croissance zéro* », superbe formule d'évitement pour ne pas parler de stagnation ou de décroissance ! Non moins admirable, cet oxymoron conçu par des stratèges américains inspirés : la « *guerre zéro mort* », plus connue sous le label de « *guerre propre* », avec « *frappes chirurgicales* » et « *armes non létales* » (sic !).

Et si on se mettait à voir des oxymorons partout ? Que penser alors du « *développement durable* » (l'exploitation des ressources peut-elle être infinie ?), de la « *mondialisation à visage humain* », de la « *consommation citoyenne* », du « *commerce solidaire* », des « *fonds éthiques* » voire du « *social-libéralisme* » ? Beaux projets, idéaux illusoires ou oxymorons destinés à rendre la barbarie plus douce ? Car c'est là où ça se corse : à force de baigner dans le politiquement correct, tout finit par passer pour un oxymoron...

Weronika ZARACHOWICZ,
« *Le silence fracassant du langage* »,
© *Télérama* n° 2806, semaine du 25 octobre 2003.

14 Après avoir recherché d'autres **euphémismes** et **oxymores** dans la presse ou les discours contemporains, vous montrerez dans un paragraphe argumenté, en vous appuyant sur le texte ci-dessus (exercice 13), en quoi les figures de style peuvent être un facteur de « **désinformation** ».

15 Étudiez ce texte en analysant le rôle joué par les figures de style.

1. Identifiez les principales figures.

2. De quelle façon contribuent-elles au registre et à la visée du texte ?

L'abbé Dubois était un petit homme maigre, effilé, chafouin, à perruque blonde, à mine de fouine, à physionomie d'esprit, qui était en plein ce qu'un mauvais français appelle un sacre[1], mais qui ne se peut guère exprimer autrement. Tous les vices combattaient en lui à qui en demeurerait le maître. Ils y faisaient un bruit et un combat continuel entre eux. L'avarice, la débauche, l'ambition étaient ses dieux. La perfidie, la flatterie, les servages ses moyens ; l'impiété parfaite son repos, et l'opinion que la probité et l'honnêteté sont des chimères dont on se pare, et qui n'ont de réalité dans personne, son principe, en conséquence duquel tous moyens lui étaient bons. Il excellait en basses intrigues, il en vivait, il ne pouvait s'en passer, mais toujours avec un but où toutes ses démarches tendaient, avec une patience qui n'avait de terme que le succès ou la démonstration réitérée de n'y pouvoir arriver à moins que, cheminant ainsi dans la profondeur et les ténèbres, il ne vît jour à mieux en ouvrant un autre boyau. Il passait ainsi sa vie dans les sapes. Le mensonge le plus hardi lui était tourné en nature avec un air simple, droit, sincère, souvent honteux. Il aurait parlé avec grâce et facilité, si le dessein de pénétrer les autres en parlant, et la crainte de s'avancer plus qu'il ne voulait, ne l'avait accoutumé à un bégaiement factice qui le déparait, et qui, redoublé quand il fut arrivé à se mêler de choses importantes, devint insupportable et quelquefois inintelligible.

SAINT-SIMON, *Mémoires*, 1739-1749.

1. **Sacre :** sorte de faucon.

VERS LE COMMENTAIRE

Analysez le texte suivant.

1. Relevez les comparaisons et identifiez les mots-outils qui les signalent.

2. Repérez les différentes métaphores et étudiez leur fonctionnement.

3. Rédigez une partie de commentaire qui s'appuiera sur les figures de style pour analyser la dynamique de la description dans cette page.

À l'autre bout, le grand vaisseau de Saint-Eustache était tout doré dans la poussière du soleil, comme une immense châsse. Et, au milieu de la cohue, du fond du carrefour, une armée de balayeurs s'avançait, sur une ligne, à coups réguliers de balai ; tandis que des boueux jetaient les ordures à la fourche dans des tombereaux qui s'arrêtaient, tous les vingt pas, avec des bruits de vaisselles cassées. Mais Florent n'avait d'attention que pour la grande charcuterie ouverte et flambante au soleil levant.

Elle faisait presque le coin de la rue Pirouette. Elle était une joie pour le regard. Elle riait, toute claire, avec des pointes de couleurs vives qui chantaient au milieu de la blancheur de ses marbres. L'enseigne, où le nom de QUENUGRADELLE luisait en grosses lettres d'or, dans un encadrement de branches et de feuilles, dessiné sur un fond tendre, était faite d'une peinture recouverte d'une glace. Les deux panneaux latéraux de la devanture, également peints et sous verre, représentaient de petits amours joufflus, jouant au milieu de hures, de côtelettes de porc, de guirlandes de saucisses ; et ces natures mortes, ornées d'enroulements et de rosaces, avaient une telle tendresse d'aquarelle, que les viandes crues y prenaient des tons roses de confitures. Puis, dans ce cadre aimable, l'étalage montait. Il était posé sur un lit de fines rognures de papier bleu ; par endroits, des feuilles de fougère, délicatement rangées, changeaient certaines assiettes en bouquets entourés de verdure. C'était un monde de bonnes choses, de choses fondantes, de choses grasses. D'abord, tout en bas, contre la glace, il y avait une rangée de pots de rillettes, entremêlés de pots de moutarde. Les jambonneaux désossés venaient au-dessus, avec leur bonne figure ronde, jaune de chapelure, leur manche terminé par un pompon vert. Ensuite arrivaient les grands plats : les langues fourrées de Strasbourg, rouges et vernies, saignantes à côté de la pâleur des saucisses et des pieds de cochon ; les boudins noirs, roulés comme des couleuvres bonnes filles ; les andouilles, empilées deux à deux, crevant de santé ; les saucissons, pareils à des échines de chantre, dans leurs chapes d'argent ; les pâtés, tout chauds, portant les petits drapeaux de leurs étiquettes – les gros jambons, les grosses pièces de veau et de porc, glacées, et dont la gelée avait des limpidités de sucre candi...

ZOLA, *Le Ventre de Paris*, 1873.

Chapitre 8

Les formes de discours

Le discours — ou l'**énoncé**, au sens le plus large — peut prendre différentes formes, qui dépendent de sa visée : **raconter**, **décrire**, **informer** ou **argumenter**. Quelles sont ainsi les formes et les fonctions des deux extraits suivants ?

TEXTE A

Un enchaînement d'actions

Relevez les repères temporels et analysez le sens des verbes choisis. Quelle est l'impression produite par ces actions successives ?

Après quinze jours d'une marche précipitée, nous entrâmes dans la chaîne des monts Allégany, et nous atteignîmes une des branches du Tenase, fleuve qui se jette dans l'Ohio. Aidé des conseils d'Atala, je bâtis un canot, que j'enduisis de gomme de prunier, après en avoir recousu les écorces avec des racines de sapin. Ensuite je m'embarquai avec Atala, et nous nous abandonnâmes au cours du fleuve.

François-René de CHATEAUBRIAND, *Atala*, 1801.

TEXTE B

Une organisation de l'espace

Relevez les repères spatiaux et analysez le mouvement suivi par le regard. Quel est selon vous l'objectif de ce texte ?

La pièce servait à la fois de boutique, d'atelier et de salle à manger ; le parquet en bois était sale, on voyait un peu partout des traces jaunes ou noires de crachats, laissés par les clients, et l'on devinait qu'il n'était pas lavé tous les jours. Les vêtements terminés étaient accrochés sur des cintres, suspendus par une longue corde qui traversait la pièce en son milieu. Il y avait aussi des rouleaux de tissu et des vêtements pliés, entassés dans les coins, assaillis par une armée de fourmis. Le désordre, un manque de souci esthétique et une totale décontraction régnaient dans ce lieu.

Dai SIJIE, *Balzac et la petite tailleuse chinoise*, © Éd. Gallimard, 2000.

DEUX FORMES DE DISCOURS

Quelles différences constatez-vous entre les textes A et B en ce qui concerne les temps verbaux, les sujets des verbes et l'écoulement du temps de l'action ? Comment expliquez-vous ces différences ?

8. Les formes de discours

De façon générale, on appelle **discours** toute activité de langage. Selon ses objectifs, le discours se présente sous quatre formes principales : le discours **narratif**, le discours **descriptif**, le discours **informatif** (ou explicatif) et le discours **argumentatif**. Ces catégories apportent une aide précieuse à la lecture des **textes**, dont elles permettent d'apprécier la **composition** et l'**originalité**.

1 LE DISCOURS NARRATIF

Le **discours narratif**, ou **récit**, présente l'enchaînement de faits ou d'événements dans le temps.

- **Les indices du récit**
  - **Temps verbaux :** le passé simple prédomine dans le récit au passé ; on peut aussi rencontrer le présent ou le passé composé, plus rarement l'imparfait (temps de l'arrière-plan, de la « toile de fond »).
  - **Repères temporels :** ils structurent le déroulement de l'action (*alors, puis, après..., plus tard...*).
  - **Unité d'action :** les événements s'enchaînent les uns aux autres selon une logique cohérente ; des **personnages** sont moteurs de l'action.
- **Les modalités du récit** (→ fiche méthode p. 187)
  - L'histoire est **racontée** par un **narrateur**, qui peut être lui-même un personnage de l'histoire ou être totalement extérieur à cette histoire.
  - Le narrateur adopte un **point de vue** qui peut être celui d'un personnage ou qui peut correspondre à un savoir supérieur (point de vue « omniscient »).
  - Il organise la narration selon l'**ordre** et le **rythme** qu'il souhaite : retours en arrière, accélération ou ralentissement du récit...
- **Les fonctions du récit**
  - Le discours narratif a parfois une **fonction informative**, quand il rapporte des faits réels (récit historique, biographie, reportage, fait divers).
  - Il a une **fonction argumentative** quand il illustre une thèse, un enseignement moral ou philosophique (apologue, fable, parabole).
  - Il a une **fonction esthétique** quand il donne la priorité au charme de la fiction (roman, nouvelle, épopée).
  - Il a enfin une **fonction symbolique** quand il est porteur d'un sens profond ou d'une vérité cachée (mythe, conte, légende, récit poétique).

LOCUTEUR ET NARRATEUR

- Le **locuteur** désigne, de façon générale, « celui qui parle » ou « celui qui écrit », celui qui produit un énoncé, et qui peut parfois manifester sa présence dans l'énoncé par des **indices d'énonciation** (→ ch. 4).
- Le **narrateur** est plus particulièrement le locuteur du discours **narratif** ; il est « celui qui raconte », et qui peut parfois manifester sa présence dans la conduite de sa narration.
- Par extension, comme la **description** alterne souvent avec la narration, on parle aussi de narrateur pour « celui qui décrit ».

2 LE DISCOURS DESCRIPTIF

Le **discours descriptif**, ou **description**, donne à voir une personne, un lieu ou un objet, dont il présente les caractéristiques dans l'espace.

- **Les indices de la description**
  - Les **temps verbaux** privilégiés sont l'**imparfait** dans un contexte passé ou le **présent** atemporel de vérité générale.
  - Les **verbes d'état** l'emportent sur les verbes d'action.

– Des **repères spatiaux** permettent de localiser les éléments décrits.

– Le **lexique** fait appel à de nombreux noms ou adjectifs qui **caractérisent** la personne, le lieu ou l'objet décrit.

• Les modalités de la description

La description s'organise selon le **regard** et la **place** du narrateur : elle paraît **objective** si le narrateur est omniscient ; elle est **subjective** si elle est donnée à travers le regard d'un personnage.

• Les fonctions de la description

Pourquoi décrire ? La description peut avoir :

– une **fonction réaliste** : elle garantit la vraisemblance d'un décor ;
– une **fonction narrative** : elle joue un rôle dans un récit ;
– une **fonction argumentative** quand elle véhicule un jugement de valeur ;
– une **fonction esthétique** quand elle est développée pour sa beauté propre.

3 LE DISCOURS INFORMATIF OU EXPLICATIF

Le **discours informatif** vise à communiquer un savoir. Il est **explicatif** s'il cherche à faire comprendre une idée.

• Les indices du discours informatif ou explicatif

– L'absence de **marques de jugement** de la part du locuteur : prédominance de la 3e personne et du présent de vérité générale.

– De nombreux **liens logiques** soulignant la cause, la **conséquence** ou l'enchaînement chronologique des faits.

– Un **lexique** plus ou moins spécialisé selon le destinataire ; des définitions, des reformulations, des répétitions...

• Les modalités du discours informatif ou explicatif

– Le **discours informatif** vise à exposer des faits, des données, en les classant et en les synthétisant. Cette présentation est perçue comme objective.

– Le **discours explicatif** adopte des enchaînements logiques qui se rapprochent du discours argumentatif (cause, conséquence...).

• Les fonctions du discours informatif ou explicatif

La fonction de ces formes de discours est surtout **didactique**. Mais leur apparente objectivité masque souvent une **fonction argumentative**.

4 LE DISCOURS ARGUMENTATIF

Le **discours argumentatif** vise à convaincre ou à persuader le destinataire (→ ch. 9) pour l'amener à partager le point de vue du locuteur.

• Les indices de l'argumentation

– Des **indices d'énonciation** et des **indices de jugement** (si le locuteur choisit de se manifester).

– Des **articulations logiques** qui organisent le raisonnement.

– L'emploi de certaines **figures de style**, selon la stratégie adoptée.

• Les modalités de l'argumentation

Le discours argumentatif s'organise en **arguments**, parfois illustrés par des **exemples** : arguments logiques, arguments par analogie, etc. (→ ch. 9).

• Les fonctions de l'argumentation

L'argumentation sert à exposer, **étayer une thèse**, à réfuter, **discuter une thèse opposée**.

PLUSIEURS FORMES DE DISCOURS DANS UN MÊME TEXTE

• Il est rare qu'un **texte** soit uniquement narratif, ou descriptif, ou argumentatif... Le plus souvent, un texte **mêle** des passages de formes différentes. On parle alors de **séquences** narratives, descriptives, etc.

• Une page de roman peut ainsi combiner un **portrait** de personnage (séquence descriptive), le **récit** de plusieurs actions (séquence narrative) et un **commentaire** du narrateur qui énonce un jugement (séquence argumentative).

Les fonctions du langage

LE SCHÉMA DE LA COMMUNICATION

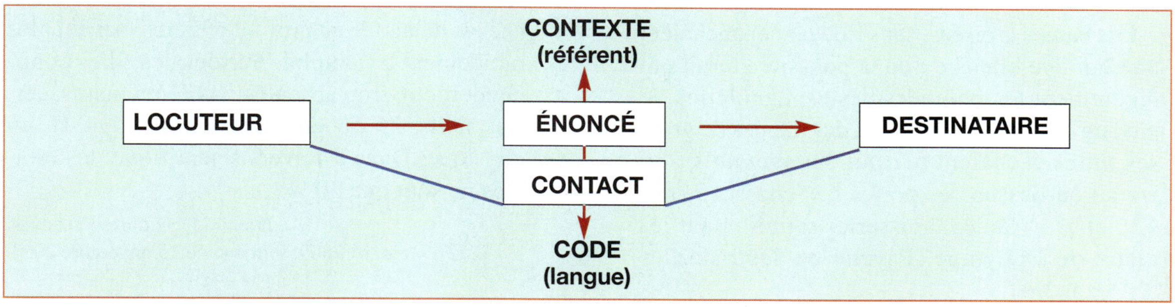

- Le **locuteur** produit un **énoncé**, adressé à un **destinataire**.
- Cet énoncé s'inscrit dans un **contexte** donné (moment, lieu...) : le référent, ce dont on parle.
- Pour que la communication s'accomplisse, il faut que le **contact** s'établisse entre locuteur et destinataire, et qu'ils partagent un même **code**.
- Chacune des six **fonctions du langage** consiste à mettre l'accent sur l'un de ces **six pôles**.
- Ces six fonctions se mêlent en général dans un même énoncé, mais il est utile de repérer la **fonction dominante** (référentielle dans une description réaliste, expressive dans un poème lyrique, etc.).

FONCTIONS DU LANGAGE	PÔLES DE LA COMMUNICATION	DÉFINITIONS	CARACTÉRISTIQUES
FONCTION EXPRESSIVE	**locuteur**	Le locuteur exprime ses sentiments et manifeste sa présence dans son énoncé.	Interjections (*ouf !*), phrases exclamatives, marques de la 1re personne.
FONCTION INJONCTIVE	**destinataire**	Le locuteur prend en compte le destinataire : il l'interpelle et cherche à agir sur lui.	Invocations ou apostrophes, verbes à l'impératif, phrases interrrogatives, marques de la 2e personne.
FONCTION RÉFÉRENTIELLE	**contexte**	L'énoncé renvoie au contexte ; il porte sur un contenu et donne des informations ; il évoque des référents du monde réel ou imaginaire : êtres, objets, lieux...	Repères spatiaux et temporels, champs lexicaux « référentiels » (la ville, la nature, le corps...), phrases déclaratives, énoncé coupé de l'énonciation, marques de la 3e personne.
FONCTION PHATIQUE	**contact**	Le locuteur cherche à établir ou à maintenir le contact avec son destinataire.	Formules sans contenu informatif, interjections ou expressions qui visent à attirer ou à retenir l'attention (*allô, n'est-ce pas, eh bien...*).
FONCTION MÉTALINGUISTIQUE	**code**	L'énoncé explique le code qu'il utilise, définit ou précise les termes employés.	Définitions, reformulations, synonymes ou périphrases explicitant le sens des mots.
FONCTION POÉTIQUE	**énoncé**	L'énoncé est mis en valeur pour lui-même (aspect matériel, graphique et sonore).	Effets de rythme et sonores (allitérations, assonances), figures de style et mise en page.

Exercices

Étape 1

1 Les textes suivants sont-ils **narratifs** ou **descriptifs** ? À quels indices les reconnaissez-vous ?

a. Les hautes croisées, sans rideaux, épanchaient une lumière blanche ; de la poussière ternissait légèrement les poignées des espagnolettes, le pied de cuivre des consoles ; des nappes de grosses toiles cachaient partout des fauteuils ; on voyait au-dessus des portes des chasses Louis XV, et çà et là des tapisseries représentant les dieux de l'Olympe, Psyché ou les batailles d'Alexandre.

FLAUBERT, *L'Éducation sentimentale*, 1869.

b. Arrivé sur le trottoir il cligna des yeux dans la lumière, s'attarda à regarder autour de lui, ne vit pas Lol V. Stein, sa veste qu'il portait d'une main sur l'épaule, il la ramena vers lui dans un mouvement du bras, il la lança légèrement en l'air, puis il l'enfila, prenant encore son temps.

DURAS, *Le Ravissement de Lol V. Stein*, © Éd. Gallimard, 1964.

c. Le poil de chameau au col relevé, le vieux Borsalino au large bord rabattu gaillardement sur l'œil droit, les cheveux soigneusement teints pour laisser du beau gris aux tempes avaient trente ans de plus que mes souvenirs : Bugatti, Delage et, au cinéma, Gina Manès et Jean Murat. Le nez était conséquent, méphistophélique, couvant de superbes narines.

GARY, *Clair de femme*, © Éd. Gallimard, 1977.

2 Les textes suivants sont-ils **informatifs** ou **argumentatifs** ? À quels indices les reconnaissez-vous ?

a. Par ailleurs, on a choisi le souvenir de la rafle du Vél' d'Hiv' pour ne jamais oublier les persécutions menées par Vichy. Or ce choix, s'il a sans conteste une forte valeur symbolique, laisse dans l'ombre le fait que cette rafle fut certes perpétrée par la police française, mais dans le cadre de la politique de collaboration, et qu'elle fut exigée par l'occupant nazi. Il n'est que de manière très imparfaite un « lieu de mémoire » de l'antisémitisme français autochtone qui, lui, est beaucoup mieux symbolisé par la date du 3 octobre, celle du premier Statut des juifs, promulgué en 1940 sans pression allemande et plus discriminatoire que les ordonnances concernant les juifs édictées quelques jours auparavant par les nazis.

Eric CONAN et Henry ROUSSO, *Vichy, un passé qui ne passe pas*, © Librairie Arthème Fayard, 1994.

b. Si le pourcentage d'élèves en terminale S a augmenté de 10 % en dix ans, la régression est inquiétante dans les universités : moins 24 % dans les disciplines scientifiques en général (hors IUT), moins 50 % en physique-chimie. La recherche est délaissée au profit de filières menant plus rapidement à l'emploi. Surtout, les filles continuent d'être trop absentes : 44 % en maths, certes, mais 25 % en informatique, 14 % en physique. Dans l'univers scientifique, les femmes ne sont que 30 %.

Dominique-Louise PÉLEGRIN, © *Télérama*, n° 2809, semaine du 15 novembre 2003.

3 Quelles sont les **fonctions des textes narratifs** suivants ?

a. On frappa doucement à la porte. Manon me donna un baiser ; et s'échappant de mes bras, elle entra rapidement dans le cabinet, qu'elle ferma aussitôt sur elle. Je me figurai qu'étant un peu en désordre, elle voulait se cacher aux yeux des étrangers qui avaient frappé. J'allai leur ouvrir moi-même. À peine avais-je ouvert, que je me vis saisir par trois hommes, que je reconnus pour les laquais de mon père. Ils ne me firent point de violence ; mais deux d'entre eux m'ayant pris par les bras, le troisième visita mes poches, dont il tira un petit couteau, qui était le seul fer que j'eusse sur moi.

Abbé PRÉVOST, *Histoire du chevalier des Grieux et de Manon Lescaut*, 1731.

b. Un jour, maigre et sentant un royal appétit,
Un singe d'une peau de tigre se vêtit.
Le tigre avait été méchant ; lui, fut atroce.
Il avait endossé le droit d'être féroce.
Il se mit à grincer des dents, criant : Je suis
Le vainqueur des halliers, le roi sombre des nuits !
Il s'embusqua, brigand des bois, dans les épines ;
Il entassa l'horreur, le meurtre, les rapines,
Égorgea les passants, dévasta la forêt,
Fit tout ce qu'avait fait la peau qui le couvrait.
Il vivait dans un antre, entouré de carnage.
Chacun, voyant la peau, croyait au personnage.
Il s'écriait, poussant d'affreux rugissements :
Regardez, ma caverne est pleine d'ossements ;
Devant moi tout recule et frémit, tout émigre,
Tout tremble ; admirez-moi, voyez, je suis un tigre !
Les bêtes l'admiraient, et fuyaient à grands pas.
Un belluaire[1] vint, le saisit dans ses bras,
Déchira cette peau comme on déchire un linge,
Mit à nu ce vainqueur, et dit : Tu n'es qu'un singe !

HUGO, *Châtiments*, 1853.

1. **Belluaire :** dompteur de bêtes féroces.

4 Identifiez la forme de discours qui prédomine dans le texte suivant.

1. Quels en sont les **indices** ?

2. Quelle est sa **fonction** ici ?

Le jardin d'Été est le Luxembourg des Pétersbourgeois ; il est taillé carrément, bordé d'un côté par la Fontanka ; de l'autre, par un fossé.

Intérieur comme extérieur, tout y est tiré au cordeau.

Ce serait une assez triste promenade, si Catherine[1] n'avait eu l'idée de faire apporter là, pour recréer les promeneurs, les statues et les bustes qu'après le partage de la Pologne, elle prit aux jardins publics de Varsovie.

Je n'ai rien vu de plus grotesque que toute cette collection de dieux, de déesses et de nymphes de marbre avec leurs airs pompadour, leurs cheveux en racine droite et leurs bouches en cœur. Il y a, entre autres, une Luxure qui fait de l'œil, une Aurore qui sourit, et un Saturne qui mange ses enfants, lesquels valent que l'on fasse pour eux trois fois le voyage [...].

Alexandre DUMAS, *Voyage en Russie*, 1858.

1. L'impératrice Catherine II.

5 Repérez les **formes de discours** qui se succèdent dans cette fin de fable.

La cigogne se venge ici du renard, qui lui avait proposé une assiette dans laquelle son bec n'avait rien pu attraper.

À l'heure dite, il courut au logis
De la Cigogne son hôtesse ;
Loua très fort la politesse ;
Trouva le dîner cuit à point :
Bon appétit surtout ; renards n'en manquent point.
Il se réjouissait à l'odeur de la viande
Mise en menus morceaux, et qu'il croyait friande.
On servit, pour l'embarrasser,
En un vase à long col et d'étroite embouchure.
Le bec de la Cigogne y pouvait bien passer ;
Mais le museau du sire était d'autre mesure.
Il lui fallut à jeun retourner au logis,
Honteux comme un renard qu'une poule aurait pris,
Serrant la queue, et portant bas l'oreille.

Trompeurs, c'est pour vous que j'écris :
Attendez-vous à la pareille.

LA FONTAINE, « Le Renard et la Cigogne », *Fables*, I, 18, 1668.

ÉTAPE 2

6 Repérez les **séquences narratives** et les **séquences descriptives** qui se mêlent dans les textes suivants, et montrez comment elles s'enchaînent.

a. Madeleine et la mère marchaient côte à côte, sans dire un mot. Les deux hommes les rejoignirent.

On arrivait au village, un petit village en bordure sur la route, formé de dix maisons de chaque côté, maisons de bourg et masures de fermes, les unes en briques, les autres en argile, celles-ci coiffées de chaume et celles-là d'ardoises. Le café du père Duroy : *À la Belle-Vue*, une bicoque composée d'un rez-de-chaussée et d'un grenier, se trouvait à l'entrée du pays, à gauche. Une branche de pin, accrochée sur la porte, indiquait, à la mode ancienne, que les gens altérés pouvaient entrer.

MAUPASSANT, *Bel-Ami*, 1885.

b. Un jour, je fus convoqué par mon marchand de dessins, et, au lieu d'approcher, dès mon entrée en sa boutique, ce carton que l'on suspend, céleste avoine, aux naseaux des notaires ou des boursiers qui ont dételé une heure pour chasser les Pillement[1], il me poussa vers trois dessins posés à plat sur un tréteau, ainsi qu'on pousse un enfant, sur une montagne suisse, vers la table protégée de verre qui explique le paysage et indique les cimes. C'étaient trois dessins en effet qui expliquaient à peu près tout ce qui se trouve d'élevé et de lumineux aux environs de l'âme... Il n'est jamais hors de propos de décrire un dessin de Poussin, – c'étaient trois Poussins.

Jean GIRAUDOUX, *Siegfried et le Limousin*, 1922,
© Éd. Grasset, 1959.

1. **Jean Pillement** (1728-1808) **:** peintre et dessinateur.

7 Les descriptions suivantes sont-elles **objectives** ou **subjectives** ?

1. Par quels **indices** le point de vue de l'observateur est-il révélé ?

2. Quels sont les **effets** ainsi recherchés ?

a. Il faut aborder Bruges par la flânerie en se laissant aller, les sens en éveil, aux hasards de la découverte : la vision d'une maisonnette aux rideaux de dentelle, d'un pignon baroque ouvragé, le trottinement furtif d'une bonne sœur sur le pavé mouillé, les notes cristallines d'un carillon lointain... autant de moments magiques qui composeront la partition de votre séjour brugeois.

Guide Bleu Évasion, *Bruges et le Pays flamand*,
A. Poncelet, © Hachette-Livre (Hachette Tourisme), 2004.

b. C'est pour cela qu'il avait choisi Bruges, Bruges, d'où la mer s'était retirée, comme un grand bonheur aussi.

Ç'avait été déjà un phénomène de ressemblance, et parce que sa pensée serait à l'unisson avec la plus grande des Villes Grises.

Mélancolie de ce gris des rues de Bruges où tous les jours ont l'air de la Toussaint ! Ce gris comme fait avec le blanc des coiffes de religieuses et le noir des soutanes de prêtres, d'un passage incessant ici et contagieux. Mystère de ce gris, d'un demi-deuil éternel !

Car partout les façades, au long des rues, se nuancent à l'infini : les unes sont d'un badigeon vert pâle ou de briques fanées rejointoyées de blanc ; mais, tout à côté, d'autres sont noires, fusains sévères, eaux-fortes brûlées dont les encres y remédient, compensent les tons voisins un peu clairs ; et, de l'ensemble, c'est quand même du gris qui émane, flotte, se propage au fil des murs alignés comme des quais.

Georges RODENBACH, *Bruges-la-Morte*, 1892.

8 Observez cette vue de Bruges. **Décrivez** ce que vous voyez en prenant appui sur les textes de l'exercice 7 :

1. d'abord selon une **description objective**, en utilisant une formulation précise et rigoureuse, fidèle aux détails observés ;

2. ensuite selon une **description subjective**, qui s'intégrera dans un contexte de votre invention (personnages, récit, etc.).

▲ Vue de la ville de Bruges.

9 Repérez dans le texte suivant les **séquences informatives** et les **séquences argumentatives**. Comment se répartissent-elles ? En quoi les faits renforcent-ils la thèse ?

Depuis quelque temps, le nombre d'élèves choisissant l'allemand est en baisse, notamment en LV1 (première langue vivante), ce qui traduit peut-être un manque d'information, certainement un manque de volonté politique, et aussi un penchant compréhensible pour le moindre effort, tout relatif par ailleurs. Il est temps de réagir. L'économie française a besoin de germanistes.

Pour les Français, aujourd'hui, l'Allemagne n'est ni le pays du rêve américain, ni sexy comme Cuba, ni exotique comme Calcutta. On s'imagine plus facilement sur une plage espagnole que sur la côte baltique. L'image de l'Allemagne en France souffre de stéréotypes surannés et d'une méconnaissance quasi-totale de ce grand voisin. Les préjugés les plus répandus étant que l'allemand serait dur et laid. Pour preuve, on cite pêle-mêle « la grammaire » et le *Achtung* et autre *Ausweis* du soldat allemand des films de guerre. Mais comment réduire une langue à un mot hurlé par la caricature d'un caporal ? Les clichés ont la vie dure. […]

Or, la France et l'Allemagne sont mutuellement leurs premiers clients, fournisseurs et partenaires. Les chiffres du commerce extérieur sont clairs. Pour la France, les pays germanophones tiennent la première place en volume des exportations et des importations, avant les pays anglophones, dans un volume comparable. L'importance économique des autres domaines linguistiques vient très loin derrière, celle des pays hispanophones n'est rien d'autre qu'un mythe.

Alban AZAÏS, « L'allemand, langue de l'avenir »,
© *Libération*, 2 novembre 2001.

ÉTAPE 3

10 Analysez le texte suivant.

1. Relevez les éléments qui confèrent à la description une **fonction esthétique**.

2. Par quels aspects la description est-elle **subjective** ? Repérez les indices d'un **point de vue** particulier sur le paysage.

C'était une lande où la lumière et la chaleur pesaient avec encore plus de poids. On pouvait même voir tout le ciel de craie d'une blancheur totale. L'horizon était un serpentement lointain de collines légèrement bleutées. Le côté vers lequel se dirigeait Angelo était occupé par le corps gris d'une longue montagne très haute quoique mamelonnée et de forme ronde. Le pays qui l'en séparait encore était hérissé de hauts rochers semblables à des voiles latines à peine un peu teintées de verts, portant sur leurs tranchants des villages en nids de guêpes. Les talus qui épaulaient ces rochers et d'où ils sortaient presque nus étaient recouverts de forêts brunes de chênes et de châtaigniers. De petites vallées dont on pouvait voir les caps et les golfes coulaient à leur pied, blondes, ou plus blanches encore que le ciel. Tout était tremblant et déformé de lumière intense et de chaleur huileuse. Des poussières, des fumées ou des brouillards que la terre exhalait sous les coups du soleil commençaient à s'élever çà et là, d'éteules[1] où la moisson était déjà raclée, de petits champs de foin couleur de flammes et même des forêts où l'on sentait que la chaleur était en train de cuire les dernières herbes fraîches.

Le chemin ne se décidait pas à redescendre et courait sur la crête de la colline, d'ailleurs très large, presque un plateau ondulé et qui s'enracinait de droite et de gauche dans les dévalements en pente douce des collines plus hautes.

Jean GIONO, *Le Hussard sur le toit*,

1. **Éteules :** chaumes restés sur place après la moisson.

11 Transformez le texte de type informatif suivant en texte de type argumentatif. Vous y développerez votre point de vue en ajoutant librement vos commentaires.

Globalement, les Français ont un peu moins allumé leur poste cette saison, et l'ont écouté moins longtemps : 171 minutes, contre 180 en avril-juin 2003 et 181 en septembre-octobre 2002. Du côté des radios, on évoque une actualité nationale « *un peu molle* », une météo radieuse et une vague de mesures qui a commencé plus tôt que d'habitude. Or, la radio est le média par excellence des gens actifs, et le week-end voit d'ailleurs l'ensemble des indicateurs baisser. L'audience de la radio en général passe de 84,1% des Français à la rentrée 2002 à 83,7% cet automne.

VERS LE COMMENTAIRE

Étudiez le texte suivant.

1. En vous appuyant sur les temps des verbes, repérez les parts respectives de la narration et de la description.

2. Quelles sont les fonctions de ce discours narratif et descriptif ?

3. Rédigez une partie de commentaire dans laquelle vous analyserez l'intérêt dramatique produit par cette combinaison de la narration et de la description.

Théramène annonce à Thésée la mort de son fils, Hippolyte, consécutive à sa malédiction paternelle.

À peine nous sortions des portes de Trézène,
Il était sur son char. Ses gardes affligés
Imitaient son silence, autour de lui rangés ;
Il suivait tout pensif le chemin de Mycènes ;
Sa main sur ses chevaux laissait flotter les rênes ;
Ses superbes coursiers, qu'on voyait autrefois
Pleins d'une ardeur si noble obéir à sa voix,
L'œil morne maintenant et la tête baissée,
Semblaient se conformer à sa triste pensée.
Un effroyable cri, sorti du fond des flots,
Des airs en ce moment a troublé le repos ;
Et du sein de la terre, une voix formidable
Répond en gémissant à ce cri redoutable.
Jusqu'au fond de nos cœurs notre sang s'est glacé ;
Des coursiers attentifs le crin s'est hérissé.
Cependant, sur le dos de la plaine liquide,
S'élève à gros bouillons une montagne humide ;
L'onde approche, se brise, et vomit à nos yeux,
Parmi des flots d'écume, un monstre furieux.
Son front large est armé de cornes menaçantes ;
Tout son corps est couvert d'écailles jaunissantes ;
Indomptable taureau, dragon impétueux,
Sa croupe se recourbe en replis tortueux.
Ses longs mugissements font trembler le rivage.
Le ciel avec horreur voit ce monstre sauvage,
La terre s'en émeut, l'air en est infecté ;
Le flot qui l'apporta recule épouvanté.
Tout fuit ; et sans s'armer d'un courage inutile,
Dans le temple voisin chacun cherche un asile.
Hippolyte lui seul, digne fils d'un héros,
Arrête ses coursiers, saisit ses javelots,
Pousse au monstre, et d'un dard lancé d'une main sûre,
Il lui fait dans le flanc une large blessure.

RACINE, *Phèdre*, V, 6, 1677.

Chapitre 9

L'argumentation : démontrer, convaincre, persuader

Objet d'étude (2nde)

Argumenter, c'est agir par les mots pour **faire partager des idées**. Cela suppose à la fois que le **raisonnement** soit construit et que le locuteur sache toucher le **destinataire**. Comment combiner alors la **logique** et l'**émotion** ? Les textes A et B témoignent de deux **stratégies argumentatives** différentes.

TEXTE A

À quoi bon les Arts, s'ils n'étaient que le redoublement et la contre-épreuve de l'existence ? Eh ! bon Dieu, nous ne voyons que trop autour de nous la triste et désenchanteresse réalité [...] ; laissez-nous rêver que parfois ont paru des hommes plus forts et plus grands, qui furent des bons et des méchants plus résolus ; cela fait du bien. Si la pâleur de votre VRAI nous poursuit dans l'Art, nous fermerons ensemble le théâtre et le livre pour ne pas le rencontrer deux fois.

Alfred de Vigny, *Réflexions sur la vérité dans l'art*, 1827.

Un engagement personnel

1. L'auteur se fait une certaine idée de l'Art : laquelle ? Comment cherche-t-il à y faire adhérer son lecteur ?
2. Repérez les indices de l'énonciation. Pourquoi l'auteur s'implique-t-il autant ?

TEXTE B

Le réaliste, s'il est un artiste, cherchera, non pas à nous montrer la photographie banale de la vie, mais à nous en donner la vision plus complète, plus saisissante, plus probante que la réalité même.

Raconter tout serait impossible, car il faudrait alors un volume au moins par journée, pour énumérer les multitudes d'incidents insignifiants qui emplissent notre existence.

Un choix s'impose donc, – ce qui est une première atteinte à la théorie de toute la vérité.

Guy de Maupassant, « Le Roman », préface de *Pierre et Jean*, 1888.

Un raisonnement articulé

1. Quelle idée l'auteur veut-il nous faire partager ? À quelle « théorie » s'oppose-t-il ?
2. Relevez et analysez les liens logiques. Quels moyens Maupassant utilise-t-il pour convaincre ? Vous semblent-ils efficaces ?

LANGAGE DU CŒUR ET LANGAGE DE LA RAISON

Les textes A et B cherchent tous deux à faire partager une thèse, mais par des voies différentes. Dégagez les principales différences.

9. L'argumentation : démontrer, convaincre, persuader

Objet d'étude (2nde)

L'argumentation utilise les moyens rhétoriques et linguistiques qui permettent de **soutenir** une thèse que l'on défend ou d'**attaquer** une thèse que l'on conteste. Ces moyens sont des **arguments**, dont l'organisation vise à **convaincre** ou **persuader** le destinataire. Le locuteur, cherchant à faire partager son point de vue, peut faire varier ses **stratégies**.

1 DÉMONTRER OU ARGUMENTER ?

L'argumentation ne se confond pas avec la démonstration. Elles se distinguent l'une de l'autre par un rapport différent à la **vérité** et par une position différente du **locuteur** dans son énoncé.

• **Démontrer**, c'est partir d'une vérité admise par tous pour mener logiquement à la **vérité** de la conclusion. La démonstration s'appuie sur des preuves et sur la cohérence des enchaînements : elle ne dépend pas des personnes et de leurs opinions. Comme dans les textes scientifiques, elle cherche à établir une vérité objective, universellement reconnue, **sans engagement subjectif du locuteur**.

• **Argumenter**, c'est soutenir une thèse (une idée, une affirmation) en se situant dans le domaine des **opinions** et non des preuves. Il s'agit alors de prendre position et d'énoncer des jugements (politiques, sociaux, artistiques...) sur des sujets ouverts à la discussion et à la confrontation d'opinions. Le **locuteur**, tout en s'appuyant sur des **arguments**, tend alors à affirmer sa présence personnelle pour justifier son point de vue.

2 LES ARGUMENTS

On appelle **argument** toute proposition utilisée pour soutenir ou réfuter une thèse. Il existe plusieurs types d'arguments :

• **L'argument logique** repose sur l'enchaînement logique de deux propositions. Le locuteur part souvent d'une cause établie pour en tirer des conséquences logiques :

Le nombre croissant d'automobiles en ville aggrave la pollution ;
par conséquent il faut améliorer d'urgence les transports en commun.

• **L'argument par analogie** consiste à rapprocher la thèse défendue d'un exemple concret :

La musique a besoin de solfège, comme la parole a besoin de grammaire. (E. Orsenna)

• **L'argument d'expérience** est fondé sur l'observation et l'analyse des faits ; le locuteur tire ses conclusions de l'expérience qu'il a vécue :

Les gens généreux font de mauvais commerçants. (Balzac)

• **L'argument d'autorité** convoque une citation connue, les propos d'une personne qui fait référence, un proverbe ou un dicton populaire, pour renforcer l'argumentation. Ce type d'argument suppose que le destinataire partage le domaine de référence du locuteur :

Il faut que le poète traite son sujet selon le vraisemblable et le nécessaire ; Aristote le dit, et tous ses interprètes répètent les mêmes paroles. (Corneille)

• **L'argument *ad hominem*** vise la personne même de l'adversaire : c'est un argument d'autorité renversé, qui consiste à réfuter la thèse de l'adversaire en la rattachant au discrédit personnel de celui qui l'énonce ou de ceux qui la soutiennent. On le rencontre surtout dans le discours polémique :

Rousseau a abandonné ses enfants, donc sa philosophie morale et politique n'a pas de valeur (disaient certains de ses détracteurs).

3 L'ARTICULATION DES ARGUMENTS

• **L'ordre de l'argumentation** est variable mais apporte un sens différent selon les choix du locuteur :

– La thèse peut être énoncée **au début** ou **à la fin** de l'argumentation. Dans le premier cas, elle a valeur d'affirmation forte ; dans le second, elle se présente comme la **conclusion logique** d'un raisonnement.

– La succession des arguments peut se faire selon un ordre **chronologique**, selon leur **nature** (arguments logiques, arguments d'autorité, etc.) ou selon leurs champs de **référence** (arguments historiques, puis littéraires, etc.).

– L'**exemple** peut servir de simple illustration et vient alors **étayer** (c'est-à-dire soutenir) une thèse. Mais il peut aussi servir d'argument à lui seul : c'est le cas des fables et des apologues dans lesquels le récit-exemple représente l'argument essentiel qui conduit à la morale finale.

• **Les liens logiques** (ou **connecteurs**) effectuent l'articulation des arguments entre eux (→ ch. 6). Ils mettent en évidence les relations logiques qui fondent et organisent le raisonnement :

– relation de **succession**, d'**adjonction** (*et, en outre...*) ou de **disjonction** (*soit... soit...*) ;
– relation de **cause** (*car...*) ou de **conséquence** (*donc...*) ;
– relation de **concession** (*certes, sans doute... mais*) ;
– relation d'**opposition** (*cependant, or...*).

4 LES TYPES DE RAISONNEMENTS

On distingue six grands types de raisonnements, en fonction de l'ordre ou de l'organisation des arguments.

• **Le raisonnement par déduction** (ou **déductif**) part de propositions générales pour en déduire une conséquence particulière.

• **Le raisonnement par induction** (ou **inductif**) suit la démarche inverse : le locuteur part de faits particuliers pour arriver à une vérité générale.

• **Le raisonnement par analogie** met en relation l'objet du discours avec une autre réalité ou une autre situation.

• **Le raisonnement concessif** semble donner raison dans un premier temps à une thèse qui est renversée dans un second temps.

• **Le raisonnement par l'absurde** montre l'absurdité des conséquences de la thèse adverse. Ce raisonnement est l'un des traits caractéristiques du discours polémique.

• **Le raisonnement de mauvaise foi** s'appuie sur de faux arguments, des prétextes, qui tentent de masquer la faiblesse de l'argumentation.

LE SYLLOGISME

Le **syllogisme** est un raisonnement par **déduction** particulier qui part de deux propositions générales admises comme vraies (les prémisses) pour aboutir à une conclusion particulière.
Exemple :
– *Les hommes sont mortels* (prémisse 1)
– *(or) Socrate est un homme* (prémisse 2)
– *(donc) Socrate est mortel* (conclusion)

5 LES STRATÉGIES ARGUMENTATIVES

Un texte argumentatif vise un **objectif** et cherche à toucher un **destinataire**. Selon qu'il cherche à **convaincre** ou à **persuader** (deux manières d'argumenter), le locuteur met en place une stratégie argumentative : il fait appel à un type d'énonciation et à des procédés rhétoriques choisis en fonction du but à atteindre.

• Convaincre ou persuader ?

– **Convaincre**, c'est faire appel à la raison du destinataire pour obtenir son **adhésion réfléchie** ; les arguments reposent principalement sur la logique, le savoir et la cohérence du raisonnement.

– **Persuader**, c'est faire appel à la sensibilité du destinataire, à son cœur plus qu'à sa raison, pour obtenir son **adhésion affective** ; le locuteur recourt aux images, aux figures, à l'implicite, pour faire partager sa thèse par le charme, l'émotion ou les sentiments.

• Des choix d'énonciation

– Le locuteur peut **s'impliquer** fortement dans son texte, notamment quand il cherche à **persuader**. Dans ce cas, sa présence est manifestée par les indices d'énonciation (1re et 2e personnes), les modalisations et les marques de jugement (→ ch. 4).

– Il peut au contraire choisir de **se replier** derrière une argumentation apparemment impersonnelle, pour donner l'impression d'une plus grande objectivité, notamment quand il cherche à **convaincre**.

– Le **destinataire** est pris en compte et intégré dans l'argumentation, soit par l'intermédiaire des marques de la 2e personne et de la fonction injonctive du langage (→ fiche-méthode, p. 59), soit par le choix d'un registre, d'un niveau de langue et d'un domaine de valeurs qui lui sont adaptés.

• Des procédés rhétoriques

Divers procédés rhétoriques servent à convaincre ou à persuader, et permettent d'ancrer un texte dans un **registre** donné (polémique, satirique, pathétique, didactique...) :

– le **rythme** de la phrase : binaire, il insiste sur les oppositions entre les thèses confrontées ; ternaire, il marque une amplification qui met en valeur la thèse ;

– l'**expressivité** due aux phrases exclamatives et interrogatives ;

– les **figures de style**, nombreuses dans le texte argumentatif (→ ch. 7) : métaphores et comparaisons (raisonnement par analogie), figures d'opposition (antithèses) ou d'insistance (parallélismes, répétitions, anaphores, hyperboles...) donnent du poids à la thèse défendue ;

– l'**ironie** permet au locuteur de dire le contraire de ce qu'il pense pour montrer le ridicule de l'opinion adverse ;

– l'**implicite** crée une plus grande connivence entre le locuteur et son destinataire : l'argumentation repose alors sur des valeurs ou des principes partagés, qui n'ont pas besoin d'être mentionnés.

Exercices

Étape 1

1 Les extraits suivants cherchent-ils à **convaincre** ou à **persuader** ? À quels indices le voyez-vous ?

a. Vos photos ne perdront plus la tête. Coolpix 2100 : assistance au cadrage.

Publicité Nikon, 2003.

b. Le flux d'investissements sera d'autant plus important vers les pays du Maghreb qu'ils auront intensifié leurs échanges entre eux et su faire jouer pleinement les complémentarités.

Jacques Chirac, discours, 2003.

c. Il n'y a point encore de liberté si la puissance de juger n'est pas séparée de la puissance législative et de l'exécutrice. Si elle était jointe à la puissance législative, le pouvoir sur la vie et la liberté des citoyens serait arbitraire : car le juge serait législateur. Si elle était jointe à la puissance exécutrice, le juge pourrait avoir la force d'un oppresseur.

Montesquieu, *L'Esprit des lois*, 1748.

d. Je ne sais s'il y a lieu de répondre ici aux objections puériles de ceux qui, supputant les conquêtes possibles du surréalisme dans le domaine poétique où il a commencé par s'exercer, s'inquiètent de lui voir prendre parti dans la querelle sociale et prétendent qu'il a tout à y perdre.

André Breton,
Second Manifeste du surréalisme, 1930,
© Pauvert département des Éd. Fayard, 2000.

2 Identifiez les **types d'arguments** utilisés dans les extraits suivants.

a. Et n'avez-vous jamais vu un chien rencontrant un os à moelle ? C'est, comme le dit Platon au livre II de *La République*, la bête la plus philosophe du monde. [...] À l'instar de ce chien, il convient que vous soyez sagaces pour humer, sentir et apprécier ces beaux livres de haute graisse, légers à la poursuite et hardis à l'attaque, puis il vous faut, par une lecture attentive et de fréquentes méditations, rompre l'os et sucer la substantifique moelle [...].

Rabelais, prologue de *Gargantua*, 1535,
in *Œuvres Complètes* (version modernisée de G. Demerson,
© Éd. du Seuil, 1973).

b. Dom Juan *(à Sganarelle)*. — La belle chose de vouloir se piquer d'un faux honneur d'être fidèle, de s'ensevelir pour toujours dans une passion, et d'être mort dès sa jeunesse à toutes les autres beautés qui nous peuvent frapper les yeux ! Non, non : la constance n'est bonne que pour des ridicules ; toutes les belles ont droit de nous charmer, et l'avantage d'être rencontrée la première ne doit point dérober aux autres les justes prétentions qu'elles ont toutes sur nos cœurs. Pour moi, la beauté me ravit partout où je la trouve, et je cède facilement à cette douce violence dont elle nous entraîne.

Molière, *Dom Juan*, I, 2, 1665.

3 Repérez dans le texte suivant la **thèse soutenue** et la **thèse rejetée**. Quelle conclusion l'auteur tire-t-il de cette confrontation ?

La liberté de choisir ses amis et le droit de les laisser tomber selon son gré font partie de nos conceptions occidentales. Nous pourrions marquer un temps d'arrêt et nous demander si cette liberté de faire et de défaire des amitiés vaut tellement mieux que des relations obligatoires. Nous nous imaginons, avec notre obsession du « sentiment » et du « libre arbitre », que nous pouvons faire l'amour, nous marier et former des amitiés parce que nous le voulons, parce que nous avons trouvé « la seule fille au monde » ou le meilleur copain qui existe de ce côté-ci du globe. Toutefois, même dans notre société composée d'individus uniques et indépendants, qui tournoient sur eux-mêmes dans un isolement majestueux, des mariages arrangés d'avance et des amitiés prédéterminées nous apporteraient peut-être ce modèle de vie plus satisfaisant que nous recherchons tous. N'est-ce pas une chose étrange que de se fier à des sentiments qui vont et viennent ou d'attendre le moment magique où le « véritable ami », l' « être unique », apparaîtra sur la scène ? Je pense que nous avons construit notre propre mythe, un monde plein d'espoir, d'occasions à saisir et d'initiatives personnelles, et que nous nous montrons incapables d'en profiter.

Robert Brain, *Amis et amants*, © Éd. Stock 1980.

4 Rédigez un **paragraphe argumenté** dans lequel vous soutiendrez par des **arguments** de types divers la thèse opposée à celle de Robert Brain (exercice 3).

ÉTAPE 2

5 Observez l'affiche suivante. Quel est le **destinataire** visé ? Quels sont ses **procédés de persuasion**, dans le texte et dans l'image ?

▲ Publicité « Nouvelles Frontières ».

6 Étudiez le texte suivant.

1. Repérez la **thèse soutenue** et la **thèse combattue** par l'auteur.

2. L'auteur cherche-t-il à **convaincre** ou à **persuader** ? Justifiez votre réponse à partir des arguments choisis et du raisonnement suivi.

[...] c'est faute d'avoir suffisamment distingué les idées, et remarqué combien ces peuples étaient déjà loin du premier état de nature, que plusieurs se sont hâtés de conclure que l'homme est naturellement cruel et qu'il a besoin de police pour l'adoucir, tandis que rien n'est si doux que lui dans son état primitif, lorsque placé par la nature à des distances égales de la stupidité des brutes et des lumières funestes de l'homme civil, et borné également par l'instinct et par la raison à se garantir du mal qui le menace, il est retenu par la pitié naturelle de faire lui-même du mal à personne, sans y être porté par rien, même après en avoir reçu. Car, selon l'axiome du sage Locke, *il ne saurait y avoir d'injure, où il n'y a point de propriété.*

ROUSSEAU, *Discours sur l'origine et les fondements de l'inégalité parmi les hommes*, 1755.

7 Rédigez un paragraphe dans lequel vous argumenterez, en vous appuyant sur divers **exemples**, pour soutenir la thèse suivante : « La démocratie n'est vivante que si les citoyens y participent. »

8 Lisez le texte suivant.

1. Quelle est la **thèse** de l'auteur ?

2. Repérez et analysez les **liens logiques**. Comment l'argumentation progresse-t-elle ?

Depuis la découverte de l'imprimerie il est devenu aussi impossible d'arrêter, pour la masse des hommes, la diffusion de la lumière intellectuelle, que celle de la lumière physique. L'unique effet des prohibitions légales est, d'une part, d'obliger les écrivains à modifier, non pas le fond des idées, mais les formes de l'expression, et ils n'en sont que mieux entendus, parce qu'on leur prête une attention plus curieuse et plus vive ; et, d'une autre part, à substituer à la circulation publique des écrits une circulation clandestine presque toujours bien autrement active. Plus les peines sont sévères, moins elles peuvent, hors des cas très rares, être appliquées rigoureusement, et plus sont grands les bénéfices de la contrebande littéraire. Le despotisme a donc à lutter contre le courage des convictions fortes et contre la cupidité mercantile, aidées l'une et l'autre de la faveur qui s'attache constamment aux opinions persécutées.

LAMENNAIS, *De la servitude volontaire*, préface, 1835.

9 Étudiez le texte suivant.

1. Quelle est la **thèse** défendue par l'auteur ? Sur quel(s) **argument(s)** se fonde-t-elle ?

2. Relevez les éléments du lexique s'appliquant à la « grosse caisse ». En quoi consiste l'**ironie** ? Quelle est sa fonction ?

Enfin, pour terminer par un éloge, je ferai à l'auteur de la nouvelle partition un compliment que les compositeurs modernes nous mettent rarement dans le cas de leur adresser : *Il n'y a pas de grosse caisse.* Cet exécrable et brutal instrument est aujourd'hui tellement à la mode, qu'on ne sait en vérité quel parti prendre pour lui échapper. À l'Opéra, à moins d'une représentation du *Rossignol*[1], *avec son solo de flûtttt-te,* et ses chœurs de *villll-lageois*, vous ne pouvez éviter les coups de tampon. *Robert ?*... grosse caisse ; *la Muette ?*... grosse caisse ; *le Philtre ?*... grosse caisse ; *le Comte Ory ?*... grosse caisse ; *Guillaume Tell ?*... grosse caisse, le second acte excepté ; c'est sans doute un oubli, il faudra en ajouter, car cet acte est le plus beau de la pièce et je ne vois pas pourquoi il serait moins *richement instrumenté* que les autres. Au Théâtre-Italien, vous pensez peut-être... non, non, *Semiramide*, grosse caisse ; *Donna del Lago*, grosse caisse ; *Gazza ladra, Anna Bolena*, grosse caisse, grosse caisse. *Le Barbier* et *Don Juan* sont à peu près les deux seules pièces du répertoire où vous pouvez être à l'abri des coups de tampon.

BERLIOZ, *Le Rénovateur*, 19 janvier 1834.

1. Titre d'opéra, comme tous les autres titres en italique.

10 Étudiez l'argumentation développée dans le texte suivant.

1. Comment est-elle construite (place de la thèse, ordre des arguments et des exemples) ?

2. L'auteur cherche-t-il à convaincre ou à persuader ? Son argumentation vous semble-t-elle efficace ? Pourquoi ?

Le commerce équitable constitue une des voies pour une régulation du commerce mondial devenue indispensable. Un commerce juste pour chacun. Pour le producteur, qu'il soit salarié ou paysan, c'est l'assurance de construire sa vie et celle de sa famille dans la dignité, parce qu'il vit de son travail et non d'assistance. C'est pouvoir se nourrir correctement, avoir accès à l'eau potable, à l'électricité, disposer d'un toit décent, pouvoir se soigner, permettre que ses enfants soient scolarisés, préserver son environnement. C'est être fier de ce qu'il offre à sa famille par son travail. C'est retrouver sa dignité au plus profond de son être. Le commerce équitable, c'est également assurer que cette évolution positive se poursuive dans le temps en favorisant le renforcement des organisations de paysans ou de salariés. Cette consolidation des organisations de producteurs est la clef d'un développement durable : progressivement, ils sortent d'une relation de dépendance et de soumission vis-à-vis des pouvoirs locaux et peuvent construire leurs propres choix collectifs : développer les programmes sociaux et environnementaux répondant aux réels besoins de la population et mettre en œuvre des programmes économiques autonomes afin de créer une réelle dynamique locale, voire régionale.

Pour le consommateur, le commerce équitable, c'est l'assurance d'avoir un produit de qualité et une traçabilité du produit : on sait d'où il vient, qui l'a produit. C'est construire un lien avec le producteur qui a donné de son temps et de son énergie pour offrir le meilleur de ce qu'il peut donner. C'est aussi participer à sa manière, d'une façon concrète, pragmatique et directe, à la lutte contre la pauvreté. C'est sortir de l'impuissance. En un mot : agir.

Pour les commerçants (importateurs, fabricants ou distributeurs) impliqués dans le commerce équitable, il s'agit, avant tout de commerce. Si certains sont réellement motivés par la démarche, par l'appui apporté à ces milliers de familles, cela ne peut être en aucun cas le seul moteur de leur implication. Pour être viable, le commerce équitable doit être rentable. Les acteurs économiques doivent y trouver leur compte. Les clients doivent être au rendez-vous.

Victor FERREIRA, *Le Pari du commerce équitable*, préface, © Éd. d'Organisation, 2003.

ÉTAPE 3

11 Préparez le commentaire du texte suivant.

1. Relevez les arguments de Cinna en faveur d'une conjuration contre Auguste. De quel type d'arguments s'agit-il ? Cherche-t-il à convaincre ou à persuader les conjurés ?

2. Comment Cinna rapporte-t-il son propre discours ? Quel effet cherche-t-il à produire sur Émilie ?

Cinna rapporte à son amante Émilie, qui voue à l'empereur Auguste une haine personnelle, le discours qu'il a tenu aux conjurés qui sont prêts à les suivre dans l'exécution du « tyran ».

CINNA

« Amis, leur ai-je dit, voici le jour heureux
Qui doit conclure enfin nos desseins généreux :
Le Ciel entre nos mains a mis le sort de Rome,
Et son salut dépend de la perte d'un homme,
Si l'on doit le nom d'homme à qui n'a rien d'humain,
À ce tigre altéré de tout le sang romain.
Combien pour le répandre a-t-il formé de brigues !
Combien de fois changé de partis et de ligues,
Tantôt ami d'Antoine, et tantôt ennemi,

Et jamais insolent ni cruel à demi ! »
Là, par un long récit de toutes les misères
Que durant notre enfance ont enduré nos pères[1],
Renouvelant leur haine avec leur souvenir,
Je redouble en leurs cœurs l'ardeur de le punir.
Je leur fais des tableaux de ces tristes batailles
Où Rome par ses mains déchirait ses entrailles,
Où l'aigle abattait l'aigle, et de chaque côté
Nos légions s'armaient contre leur liberté ;
Où les meilleurs soldats et les chefs les plus braves
Mettaient toute leur gloire à devenir esclaves ;
Où, pour mieux assurer la honte de leurs fers,
Tous voulaient à leur chaîne attacher l'univers ;
Et l'exécrable honneur de lui donner un maître
Faisant aimer à tous l'infâme nom de traître,
Romains contre Romains, parents contre parents,
Combattaient seulement pour le choix des tyrans.

CORNEILLE, *Cinna*, acte I, scène 3, 1641.

1. Au XVIIe siècle, le participe passé ne s'accorde pas avec le complément d'objet dans un tel cas.

12 Lisez le texte suivant.

1. Quel **type d'argument** Hugo critique-t-il ici ? Comment s'en justifie-t-il ?

2. Rédigez un paragraphe dans lequel vous défendrez la pertinence de ce type d'argument.

Un dernier mot. On a pu remarquer que dans cette course un peu longue à travers tant de questions diverses, l'auteur s'est généralement abstenu d'étayer son opinion personnelle sur des textes, des citations, des autorités. Ce n'est pas cependant qu'elles lui eussent fait faute. — « Si le poète établit des choses impossibles selon les règles de son art, il commet une faute sans contredit ; mais elle cesse d'être faute, lorsque par ce moyen il arrive à la fin qu'il s'est proposée ; car il a trouvé ce qu'il cherchait. » — « Ils prennent pour galimatias tout ce que la faiblesse de leurs lumières ne leur permet pas de comprendre. Ils traitent surtout de ridicules ces endroits merveilleux où le poète, afin de mieux entrer dans la raison, sort, s'il faut parler ainsi, de la raison même. Ce précepte effectivement, qui donne pour règles de ne point garder quelquefois de règles, est un mystère de l'art qu'il n'est pas aisé de faire entendre à des hommes sans aucun goût… et qu'une espèce de bizarrerie d'esprit rend insensibles à ce qui frappe ordinairement les hommes. » — Qui dit cela ? c'est Aristote. Qui dit ceci ? c'est Boileau. On voit à ce seul échantillon que l'auteur de ce drame aurait pu comme un autre se cuirasser de noms propres et se réfugier derrière des réputations. Mais il a voulu laisser ce mode d'argumentation à ceux qui le croient invincible, universel et souverain. Quant à lui, il préfère des raisons à des autorités ; il a toujours mieux aimé des armes que des armoiries.

HUGO, préface de *Cromwell*, 1827.

VERS L'ÉCRITURE D'INVENTION

Lisez le texte suivant.

1. Dans quel **genre** l'auteur s'engage-t-il ici ? Comment le définit-il ?

2. Rédigez un texte dans lequel vous ferez l'**éloge** d'un autre genre argumentatif (→ ch. 30, 31 ou 32). En fonction de ce genre, vous choisirez le registre, le lexique et le type d'énonciation appropriés.

Et le pamphlet ?

Je n'y pensais plus, et puis c'est facile à faire !

Tout le monde peut la parler, cette langue agressive, et il suffit d'un filet de vinaigre dans l'écritoire pour faire mordre l'encre sur le papier ! Coups de cravache en l'air, coups d'épée dans l'eau.

Cette petite guerre contre les hommes avec la langue et l'épingle amuse une heure. Mais après ? Ce sont les choses, non les hommes, qu'il faut atteindre ; il ne faut pas frapper au visage, mais au cœur.

Il est certains préjugés qui ont pris rang d'opinions, des ridicules qui ont des évangiles, tyrannies admises glorifiées comme des conquêtes, toutes hérissées d'épines sous leurs lauriers, auxquelles on ne peut toucher sans se couper les mains, dont les maximes hypocrites vous entrent dans le dos comme un coup de poignard.

Sans nous perdre dans les nuages, ni découper des statues dans les brouillards, regardons tout simplement autour de nous. Attaquons par le rire ou les larmes ! c'est le bon moyen, croyez-moi.

Je demande à avoir le champ libre. Dans le domaine de la pensée, personne n'a le droit de dire à la mienne : Tu n'iras pas plus loin ! Il faut laisser ses ailes à l'intelligence humaine, lui passer toutes ses fantaisies, rejeter ses idées, mais accepter ses audaces ; – ou alors juger du haut du Vatican, courber la tête, accepter le fardeau du ciel !

Jules VALLÈS, *Lettre de Junius*, 1861.

Lire des consignes

Tout travail à effectuer en français, du simple exercice aux épreuves du bac, répond à une **consigne**, qui détermine le type de tâche à effectuer et indique dans quelle direction engager le travail de lecture ou d'écriture, le plus souvent à partir d'un ou plusieurs textes.

TYPE DE CONSIGNE	TÂCHE À ACCOMPLIR / DÉMARCHE À SUIVRE
Consignes de repérage	
Repérez... *Relevez...*	– Identifier dans le texte des mots ou des passages précis ; citer dans la réponse les éléments relevés.
Quels mots... ? En quels termes... ? *Quels procédés... ?*	– Nommer le champ lexical (→ ch. 1), le procédé (une construction grammaticale, un temps verbal, une figure de style...) ; et relever dans le texte les mots ou expressions qui s'y rattachent.
Quelles figures... ? Quels indices d'énonciation... ? Quels vers... ? *Quel point de vue narratif... ?*	– Repérer dans un texte des caractéristiques qui relèvent d'une grille d'analyse spécifique : les figures de style (→ ch. 7), l'énonciation (→ ch. 4), le langage poétique (→ ch. 29), le récit (→ ch. 24), etc.
Consignes d'interprétation	
• Quels **moyens** (...sont employés dans un texte) ? *Comment... ?*	– Choisir, parmi tous les choix d'écriture possibles, ceux qui servent le but de l'auteur (la consigne indique le but ou l'effet recherché).
• Quels **buts** (...sont visés par un texte) ? *Pourquoi... ? Dans quel but... ?*	– Chercher les raisons pour lesquelles l'auteur a choisi d'écrire ainsi : efficacité persuasive ? Dramatisation ? Recherche de l'intérêt narratif ? (la consigne indique alors les moyens mis en œuvre).
• Quels **effets** résultent de tel choix d'écriture ? *Quel est l'effet produit par... ?*	– Identifier l'effet qu'un procédé cherche à produire sur le lecteur : émotion, sourire, surprise, conscience critique...
• Quel **genre** ? Quel **registre** ? Quel **mouvement** ?	– Rechercher dans un texte les indices d'appartenance (à un genre littéraire → V^e partie ; à un registre → IIIe partie ; à un mouvement littéraire et culturel → IVe partie) pour dégager son intérêt littéraire.
• Quel est le **sens** du texte ? *Quelle thèse... ? Que signifie... ?* *Que nous montre ce texte... ?*	– Reformuler une idée directrice, une thèse ; dégager l'enjeu d'un texte littéraire (le sens caché d'un récit ironique, la pensée politique dans un dialogue de théâtre, etc.).
Expliquez... Analysez... Étudiez...	– Combiner l'étude de procédés d'écriture et de leurs effets ; appliquer au texte le double questionnement du *comment* et du *pourquoi*.
Commentez...	– Mettre en forme les conclusions auxquelles a abouti le travail d'analyse, pour les présenter de façon précise et argumentée.
Comparez...	– Confronter deux textes (ou plus dans le cas d'un corpus) selon un ou plusieurs axes de comparaison définis ; bien repérer les points communs et les différences avant de rédiger la réponse.
Consignes de production	
Rédigez...	– Production écrite correctement rédigée ; cette consigne peut s'appliquer à des exercices très variés.
Vous commenterez...	– Consigne-type du sujet de commentaire au Bac (→ ch. 34-35). Il faut alors combiner le repérage et l'interpétation.
Réécrivez...	– Exercice de réécriture (préparation au sujet d'invention) : transposition, changement de point de vue, pastiche ou parodie (→ ch. 39)...
Imaginez...	– Invention d'une situation qui sert de cadre à un récit ou à une argumentation : bien identifier les contraintes.
Décrivez... Racontez... Argumentez...	– Écriture d'invention selon des formes de discours imposées : description, récit, argumentation.
Discutez... (une thèse, une opinion)	– Exercice de confrontation d'opinions : envisager arguments favorables et défavorables. Consigne-type de la dissertation (→ ch. 36-37).

II

L'image

Chapitre 10

L'image fixe

Même si elle consiste souvent à **représenter**, l'image n'est jamais une simple copie. C'est ce que montrent ces documents dont Picasso est l'auteur ou le sujet. Différents par leurs **matériaux**, leurs **techniques** ou leurs **fonctions**, ils ont pourtant des traits communs qui autorisent à les regrouper sous le même terme d'**image fixe**.

DOCUMENT A

▲ Pablo Picasso (1881-1973),
Portrait cubiste d'Apollinaire, crayon, encre de Chine et lavis, 1913.

Le sujet de l'image

1. Quel est le sujet de ce tableau ? Peut-on le comprendre sans avoir lu son titre ?
2. En quoi la composition de ce « portrait » s'éloigne-t-elle d'un portrait classique ?
3. À l'aide des références qui accompagnent cette reproduction, dites quelle technique a été employée ici par le peintre.

DOCUMENT B

▲ Gyula Halasz (1899-1984) dit Brassaï, photographie de Picasso devant *Femme assise*.

L'image dans l'image

1. Cette photo est-elle un instantané ou résulte-t-elle d'une mise en scène ? Sur quels éléments vous appuyez-vous pour répondre ?
2. Par quels aspects cette photo ressemble-t-elle à un tableau ? Observez en particulier son sujet, son cadrage et ses contrastes.

DOCUMENT C

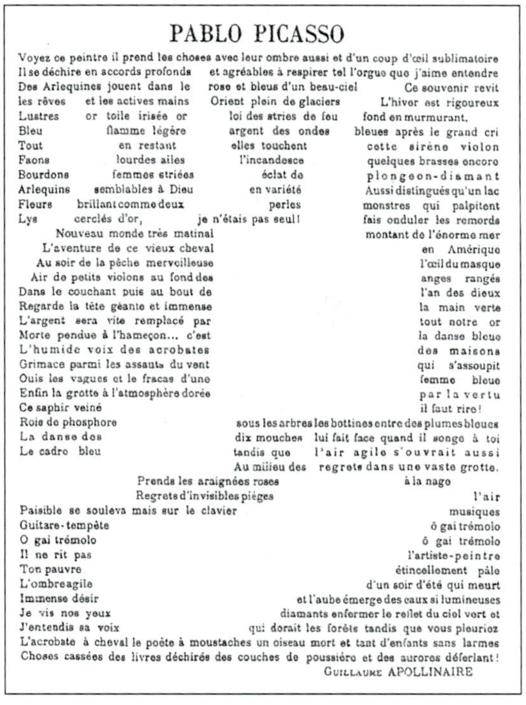

PABLO PICASSO

Voyez ce peintre il prend les choses avec leur ombre aussi et d'un coup d'œil sublimatoire
Il se déchire en accords profonds et agréables à respirer tel l'orgue que j'aime entendre
Des Arlequines jouent dans le rose et bleus d'un beau-ciel Ce souvenir revit
les rêves et les actives mains Orient plein de glaciers L'hiver est rigoureux
Lustres or toile irisée or loi des stries de feu fond en murmurant.
Bleu flamme légère argent des ondes bleues après le grand cri
Tout en restant elles touchent cette sirène violon
Faons lourdes ailes l'incandesce quelques brasses encore
Bourdons femmes striées éclat de plongeon-diamant
Arlequins semblables à Dieu en variété Aussi distingués qu'un lac
Fleurs brillant comme deux perles monstres qui palpitent
Lys cerclés d'or, je n'étais pas seul ! fais onduler les remords
Nouveau monde très matinal montant de l'énorme mer
L'aventure de ce vieux cheval en Amérique
Au soir de la pêche merveilleuse l'œil du masque
Air de petits violons au fond des anges rangés
Dans le couchant puis au bout de l'an des dieux
Regarde la tête géante et immense la main verte
L'argent sera vite remplacé par tout notre or
Morte pendue à l'hameçon... c'est la danse bleue
L'humide voix des acrobates des maisons
Grimace parmi les assauts du vent qui s'assoupit
Ouis les vagues et le fracas d'une femme bleue
Enfin la grotte à l'atmosphère dorée par la vertu
Ce saphir veiné il faut rire !
Rois de phosphore sous les arbres les bottines entre des plumes bleues
La danse des dix mouches lui fait face quand il songe à toi
Le cadre bleu tandis que l'air agile s'ouvrait aussi
Au milieu des regrets dans une vaste grotte.
Prends les araignées roses à la nage
Regrets d'invisibles pièges l'air
Paisible se souleva mais sur le clavier musiques
Guitare-tempête ô gai trémolo
O gai trémolo ô gai trémolo
Il ne rit pas l'artiste-peintre
Ton pauvre étincellement pâle
L'ombre agile d'un soir d'été qui meurt
Immense désir et l'aube émerge des eaux si lumineuses
Je vis nos yeux diamants enfermer le reflet du ciel vert et
J'entendis sa voix qui dorait les forêts tandis que vous pleuriez
L'acrobate à cheval le poète à moustaches un oiseau mort et tant d'enfants sans larmes
Choses cassées des livres déchirés des couches de poussière et des aurores déferlant !

Guillaume Apollinaire

▲ « Pablo Picasso », calligramme de Guillaume Apollinaire in Picasso/Apollinaire, Correspondance, © Éd. Gallimard.

Des mots en image

1. Dans quelle mesure ce texte illustre-t-il les rapports entre la littérature et la peinture ?
2. Comment la forme adoptée met-elle le texte en valeur ? Quelle relation originale crée-t-elle entre les mots ?

LES LANGAGES DE L'IMAGE

1. Quels types d'images fixes peut-on identifier à travers ces trois documents ? Selon quels critères peut-on les distinguer ?
2. À quoi servent de telles images ? Que cherchent-elles à exprimer ? Ont-elles une fonction commune ? Laquelle ?

10. L'image fixe

L'image **fixe** se distingue de l'image filmique (cinéma, télévision). Elle est la **représentation d'une réalité** qu'elle recompose selon ses propres lois. Elle se présente aussi comme un **objet matériel**, fabriqué et utilisé, acheté et vendu, exposé et collectionné. Elle est enfin un **langage visuel**, un moyen d'expression.

1 LES TYPES D'IMAGES FIXES

• Des techniques différentes

– **La fabrication de l'image :** différente pour un dessin, une photo, une toile peinte à l'huile, un collage, un vitrail, une tapisserie…

– **La reproduction de l'image :** différente selon qu'il s'agit d'une copie de tableau, d'une gravure, d'une lithographie, d'une image numérisée…

• Des usages différents

– **Les usages institutionnels** (photos d'identité, timbres), **sociaux** (cartes postales, photos de famille) et **commerciaux** (affiches, prospectus, encarts publicitaires) confèrent à l'image un rôle pratique dans la vie quotidienne.

– **Les usages techniques et scientifiques** (dessins industriels, imagerie médicale), **religieux** (icônes, retables, vitraux) ou **politiques** (affiches électorales, dessins de presse) ont pour but d'enseigner ou de persuader.

– **Les usages culturels** de l'image la mettent au service de l'**information** (photos de presse) ou de l'**art** (gravure, peinture) en l'associant souvent aux **textes** (bande dessinée, illustrations d'œuvres littéraires).

2 LES FONCTIONS DE L'IMAGE

• La fonction référentielle

L'image présente ou **représente un objet**, une réalité, un événement. Elle apporte des **informations** en illustrant une situation ou un savoir. Elle clarifie une **explication** en la rendant plus concrète (schémas, croquis, plans).

• La fonction argumentative

L'image **communique un message**. Elle peut servir à **persuader**, à **critiquer**, à faire réfléchir ou agir. Dans le **domaine publicitaire**, l'image a pour but d'inciter à la consommation.

• La fonction esthétique

L'image vise à **plaire**, elle suscite l'émotion ou le rêve par son **intérêt narratif** ou ses **qualités formelles**.

3 LA CONSTRUCTION DE L'IMAGE

Les images sont composées en vue d'obtenir certains **effets**.

• Le cadrage

– L'image se construit dans des **limites** qui déterminent l'**échelle** de ce qui est représenté (vaste panorama ou objet en gros plan...).

– L'effet de **profondeur** est assuré par la disposition des personnages ou des objets (du premier plan à l'arrière-plan) qui crée la **perspective**.

LE TEXTE ET L'IMAGE

• Le texte au service de l'image: Le texte nomme (**titre** de tableau), explique (**légende** d'une carte), analyse (**critique** d'art).

• L'image au service du texte : L'image **illustre** le texte. Elle peut alors orienter l'interprétation, exercer un rôle soit purement **décoratif** soit **argumentatif**.

• Le texte lié à l'image : L'image et le texte peuvent être **interdépendants** : illustration et slogan dans l'affiche publicitaire, dessin et bulles dans une bande dessinée...

• Le texte comme image : La typographie ou la mise en page du texte peuvent être recherchées, les lettres coloriées ou **calligraphiées**. La poésie use de cette qualité plastique de l'écriture avec le **calligramme**.

• **Les lignes**

Les images sont construites à partir de **lignes de force** :

– **les verticales**, les **obliques** et les **diagonales** créent un mouvement d'ascension, une impression de dynamisme ;

– **les horizontales** élargissent l'espace ;

– **les courbes** suggèrent le mouvement (désordre, harmonie...).

• **Les couleurs**

Des **effets d'harmonie** sont produits par des dégradés ou des associations de couleurs complémentaires ; des **effets de contraste** sont créés par l'utilisation de couleurs différentes ou par les jeux de lumière.

• **Les points forts**

Ce sont des taches claires ou foncées qui contrastent avec la dominante chromatique, ou bien des éléments situés à l'intersection des lignes de force : ils attirent le **regard** et orientent l'**interprétation**.

LES GENRES PICTURAUX

Très tôt, les peintures ont été classées par **genres** selon leur **sujet**. On distingue ainsi la **peinture d'histoire**, le **portrait**, le **paysage**, la **nature morte** et la **scène de genre**.

4 L'ANALYSE DE L'IMAGE

• **L'image comme représentation**

L'image a un **sens dénoté** : c'est ce qu'elle **montre**. On observera de près ce qui est représenté : **personnages** (nombre, sexe, âge, vêtements, regards, activité, statut social, identité éventuelle ?), **objets** (nature, place, nombre ?), **décor** (réel ou imaginaire, intérieur ou extérieur, précis ou flou ?).

• **L'image comme communication**

Analyser l'image, c'est aussi repérer sa **source** et sa **destination** : qui l'a commandée, qui l'a réalisée, qui la diffuse, et pour qui ? Elle dépend souvent d'intérêts idéologiques, économiques ou politiques qu'il faut identifier. Elle s'inscrit dans un **contexte culturel** et dans un **genre** qu'il est utile de reconnaître.

• **L'image comme signification**

– On s'intéressera aux **procédés rhétoriques** de l'image (antithèse, hyperbole...) et aux **relations intertextuelles** qu'elle entretient (éléments parodiques ; allusions culturelles ou littéraires) pour déterminer son **registre** (pathétique, comique, didactique, etc.).

– Il faut enfin repérer les **connotations** de l'image pour **interpréter** ses significations. Les **couleurs** ont souvent un sens symbolique ; la **composition** transmet des **valeurs** et un **point de vue**.

▲ Pierre PATEL (1605-1676), *Paysage avec colonnade et berger ramenant son troupeau de chèvres.*
(Museum of Fine Arts, The James Philip Gray Collection, Springfield, Massachusetts.)

◀ Nicolas DE STAËL (1914-1955), *Paysage méditerranéen*, 1953.
(Collection Thyssen-Bornemisza, Madrid.)

TRADITIONS ET RUPTURES EN PEINTURE

• **La tradition** imposait :
– la représentation **figurative** ;
– la primauté des **sujets** « **nobles** » et **moraux** ;
– la restitution des volumes par le **modelé** ;
– les lois de **perspective**.

• **La peinture moderne**, à partir du XIXe siècle, a choisi :
– des thèmes **communs** ou **triviaux** ;
– l'**expression libre** de l'artiste ;
– le **refus de la perspective** et du modelé ;
– l'**abstraction** et le **mélange** des techniques.

Exercices

1 Observez le document ci-dessous.

1. À quel **type d'image** appartient-il, d'après sa technique et sa fonction ? Sur quels aspects de l'image fondez-vous votre réponse ?

2. Analysez le rapport entre **le texte et l'image** : le texte est-il indispensable ? Pourquoi ?

▲ Dessin de Denis PESSIN.

2 Observez cette photographie.

1. Que voyez-vous ? Qu'en pensez-vous ? Résumez le **sens dénoté** et le **sens connoté** de l'image.

2. Écrivez une **légende** correspondant à votre interprétation de cette photographie. D'autre interprétations vous paraissent-elles possibles ?

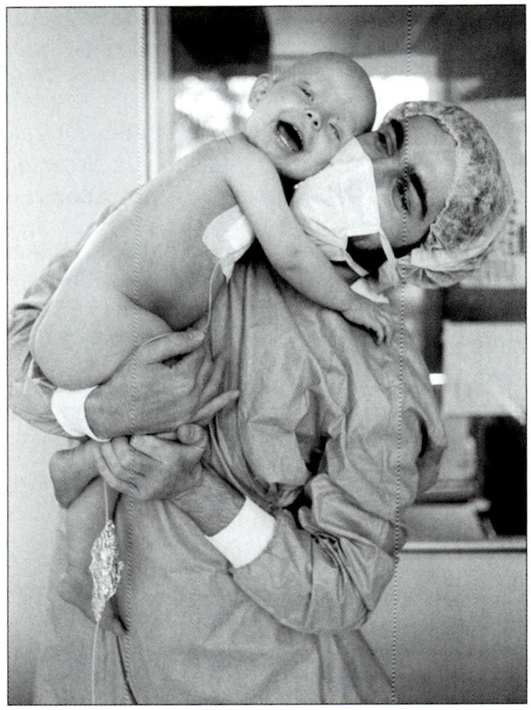

▲ Jean-Louis COURTINAT, sans titre, 1992.

3 Étudiez cet extrait de bande dessinée.

1. Classez les différentes **composantes du texte**, d'après leur relation au dessin et au personnage.

2. Comment la continuité est-elle assurée d'une image à l'autre : par le **dessin** ? par le **texte** ?

▲ MEZIÈRES et CHRISTIN, extrait de l'album *Métro Châtelet direction Cassiopée*, collection « Valérian agent spatio-temporel », © Éd. Dargaud, 1980.

4 Étudiez le sujet et la composition de ces deux tableaux.

1. Que **représentent**-ils ? À quels événements historiques font-ils référence ?

2. Comment sont-ils **composés** ? Étudiez les couleurs et les lignes de force.

3. Quelles impressions majeures s'en dégagent ? Quel est le **registre** de chaque tableau ?

▲ **a.** Pablo Picasso (1881-1973), *Guernica*, 1937.
(Museo nacional Centro de Arte Reina Sofia, Madrid.)

▲ **b.** Pablo Picasso, *La Joie de vivre*, 1946.
(Musée Picasso, Antibes.)

5 Comparez ces deux tableaux.

1. Décrivez ce qui est représenté sur ces deux toiles, du **premier plan** à l'**arrière-plan**.

2. En quoi le tableau de Miró est-il **parodique** ? Expliquez son **titre**.

3. Lequel des deux tableaux préférez-vous ? Pourquoi ? Présentez vos **arguments**.

▲ **a.** Hendrik Maertensz Sorgh (1611-1670), *Le Joueur de luth*, 1661.
(Rijksmuseum, Amsterdam.)

▲ **b.** Joan Miró (1893-1983), *Intérieur hollandais I*, 1928.
(The Museum of Art, New York.)

Exercices

6 Observez le tableau ci-dessous.

1. D'après son **titre** et son **sujet**, dans quel **contexte** historique et culturel ce tableau a-t-il été réalisé ? À quel genre appartient-il ?

2. Quelle est la fonction des **objets** représentés ? et de l'anamorphose (image transformée) du premier plan ?

▲ Hans Holbein le Jeune (1497-1543), *Double Portrait de Jean de Dinteville, envoyé de François Ier à Londres, et de son confident Georges de Selve*, dit « *Les Ambassadeurs* », 1533. (National Gallery, Londres.)

8 Examinez cette photo.

1. D'après la légende, dans quel contexte a-t-elle été prise ? Quelles hypothèses peut-on formuler sur son **auteur** ? sur sa **production** et sa **diffusion** ?

2. Quelles sont ses **fonctions** ? Quel(s) **registre(s)** pouvez-vous identifier ?

▲ Stuart Franklin, étudiant chinois arrêtant une colonne de chars (Pékin, place Tien' anmen), printemps 1989.

7 Analysez cette image.

1. À l'aide de la légende, déterminez son **référent**, son **contexte** et son mode de **diffusion**.

2. On donne à ce cliché le titre de « La Pietà du Kosovo ». Précisez ce qu'on appelle une ***pietà*** : comment s'explique ce **rapprochement** ?

3. En étudiant la composition et les connotations de la photo, dites à quel **registre** elle appartient.

4. Comment se combinent ici les **fonctions** référentielle, argumentative et esthétique de l'image ?

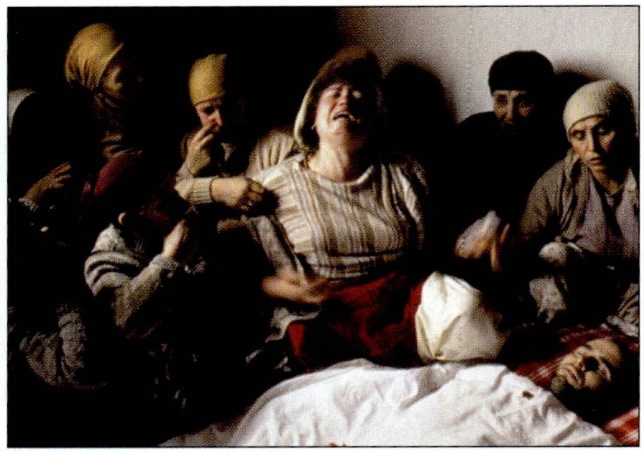

▲ George Mérillon, *Veillée funèbre au Kosovo*, 29 janvier 1990.

9 La carte postale ci-dessous annonce la semaine de la publicité.

1. Montrez qu'elle fonctionne par **citation** et **détournement** de la photo de presse ci-contre (exercice 8).

2. A-t-elle une seule **fonction** ? En quoi est-elle paradoxale ? À quels sentiments et à quelles réflexions conduit-elle ?

▲ La semaine de la publicité du 5 au 8 novembre 2002. (Musée de la Publicité.)

10 Confrontez le texte et le tableau suivants.

1. Décor, objets, vêtements, attitudes humaines : quelle **signification** chacun de ces éléments revêt-il dans le tableau ?

2. Quels éléments du **texte** biblique (**b**) retrouve-t-on sur le tableau ? Quelles sont les différences ?

3. Montrez en quoi la **composition** du tableau (cadrage, couleurs, lignes) participe à la **dramatisation** de la scène.

a.

▲ Nicolas Poussin (1594-1665), *Le Massacre des Saints Innocents*, 1628-29. (Musée Condé, Chantilly.)

b. *Des mages sont venus d'Orient, guidés par une étoile qui annonce la naissance du « Messie », considéré comme le « roi des Juifs » attendu. Le roi Hérode, qui craint qu'un tel événement ne nuise à son pouvoir, leur a demandé de venir lui indiquer qui était l'enfant quand il l'auraient trouvé. Or les mages ne se plieront pas à cet ordre…*

Puis, divinement avertis en songe de ne pas retourner auprès d'Hérode, ils[1] se retirèrent dans leur pays par un autre chemin.

Après leur départ, voici que l'Ange du Seigneur apparaît en songe à Joseph et lui dit : « Lève-toi, prends avec toi l'enfant et sa mère, et fuis en Égypte ; restes-y jusqu'à nouvel ordre, car Hérode va rechercher l'enfant pour le faire périr. » Joseph se leva, prit avec lui l'enfant et sa mère, de nuit, et se retira en Égypte. [...]

Alors Hérode, se voyant joué par les mages, entra dans une grande fureur et envoya tuer, dans Bethléem et tout son territoire, tous les enfants jusqu'à deux ans, d'après l'époque qu'il s'était fait préciser par les mages. Alors s'accomplit ce qui avait été dit par le prophète Jérémie :

Une voix dans Rama s'est fait entendre,
des pleurs et une longue plainte :
c'est Rachel qui pleure ses enfants et ne veut
pas être consolée, parce qu'ils ne sont plus.

Nouveau Testament, Évangile selon saint Matthieu, II, 12-18. Traduction œcuménique de la Bible, © Éd. du Cerf & Les Bergers et les Mages, 1972.

1. Les mages, qui viennent de rendre hommage à l'enfant Jésus.

VERS LE COMMENTAIRE

Préparez le commentaire du poème suivant.

1. Relevez les passages descriptifs qui font **référence** à la toile de Poussin (exercice 10). S'agit-il d'une description exhaustive du tableau ? Pourquoi ?

2. En quoi ce poème s'éloigne-t-il du **texte** biblique (exercice 10) ? Comment change-t-il notre regard sur le **tableau** ? Inversement, pourquoi la connaissance du tableau aide-t-elle à mieux apprécier le poème ?

Massacre

Il y a toujours quelque part un enfant nu
avec sur sa gorge le pied de l'assassin,
qui lève la dague ou le fusil, selon l'époque et la
saison, mais les visages sont les mêmes :
l'innocence, la peur et la mère à genoux,
dépoitraillée, avec pourtant sur sa robe
de beaux plis, qui tente de freiner la brute. En vain,
car ce monceau de muscles a des ordres, et d'une
main, par les cheveux, repousse la furie, tandis que
l'autre va frapper. Plus loin rôde une folle en toge
bleue pressant contre son sein un menu corps
dont le bras pend. Le nez tendu, on croirait
qu'elle supplie le ciel, qui certes n'en a pas souci :
un ciel très ordinaire avec ses nuages un peu sales
et ses trous bleus qui en ont vu bien d'autres.
Colonnes et frontons disent une cité
noble, prospère : ici marchaient les sages,
là-bas on vénérait les dieux ; des livres, des statues
naquirent sous l'ombrage ; des voix aimées disaient
l'ordre profond, la beauté la plus sûre La paix du jour
régnait sur les jardins. Pourtant dans la fissure
veillait la sale graine, dont aujourd'hui grouillent
et se boursouflent les fleurs de sang. Tout est brouillé,
souillé par cette main cruelle. Au centre de la douleur, la
mère, son visage, la bouche déchirée par l'immense cri.

(D'après Poussin)

Jean Joubert, *Cinquante Toiles pour un espace blanc*, © Éd. Grasset, 1982.

Chapitre 11

L'image filmique

Un film déroule des **images successives**, dont on ne remarque souvent que le résultat. Or cette image filmique est le produit d'un **travail**, qui détermine les **effets** qu'elle produit sur le spectateur.
Comment aboutit-on à l'image filmique ? Découvrons les **étapes de cette élaboration** à travers le scénario, le story-board et des photogrammes du film *Le Pianiste* de Roman Polanski (2002).

TEXTE A

C'est le 15 novembre que les portes du ghetto se sont refermées sur nous. Ce soir-là, j'avais un rendez-vous tout au bout de la rue Sienna, presque à la hauteur de Zelazna. Il bruinait mais le temps restait inhabituellement clément pour la saison. Des silhouettes portant leur brassard blanc s'agitaient dans la pénombre. On aurait dit des animaux qui se retrouvent soudain en cage et qui errent en tous sens, ne s'étant pas encore habitués à leur captivité. Les femmes se lamentaient, les enfants criaient de peur, perchés sur des tas de draps et de couvertures qui s'imprégnaient de pluie et de la saleté du trottoir. C'étaient des familles juives qui avaient été conduites de force dans le ghetto à la dernière minute et qui se retrouvaient là, sans abri. Un demi-million de personnes étaient soudain à la recherche d'un toit dans une partie déjà surpeuplée de la capitale, qui pouvait accueillir difficilement plus de cent mille habitants.

Au bout de la rue obscure, j'ai aperçu une palissade en bois toute neuve dans la lumière des projecteurs : c'était la porte du ghetto. Derrière elle vivaient des êtres libres de leurs mouvements, qui disposaient chacun d'un espace décent. Ils résidaient à Varsovie, eux aussi. Mais désormais plus un Juif ne serait autorisé à passer par là.

À un moment, j'ai senti qu'on m'attrapait par la main. C'était un ami de mon père, musicien lui aussi et qui avait le même caractère enjoué.

« Alors, que penses-tu de ça, hein ? m'a-t-il demandé avec un petit rire nerveux, englobant d'un même mouvement circulaire du bras les groupes de réfugiés, les façades sales et trempées de pluie, les murs du ghetto et la porte que j'avais contemplée de loin.

— Ce que j'en pense ? Qu'ils veulent notre mort à tous... »

Wladyslaw Szpilman, *Le Pianiste : l'extraordinaire destin d'un musicien juif dans le ghetto de Varsovie 1939-1945*, trad. Bernard Cohen, © Éd. Robert Laffont, 2001.

Du récit au scénario

Quels éléments du récit de l'arrivée dans le ghetto (A) le scénario (B) reprend-il ?

TEXTE **B**

▲ *Le Pianiste*, film de Roman POLANSKI, 2002.

Rue de Varsovie menant au ghetto, ext. jour

147. Plan large. Sous le regard passif de quelques passants arrêtés sur les trottoirs, de nombreuses familles juives, valises dans les mains, marchent en silence de trois quarts face caméra vers le ghetto sur l'asphalte mouillé de la chaussée. Le bruit de leurs pas est très pesant. En surimpression, la mention indiquant la date : « 31 octobre 1940 » en lettres capitales blanches, apparaît un instant en fondu. Au milieu du cortège s'avance une charrette tirée par un cheval.

148. Plan très serré sur Dorota, debout de profil sur le trottoir. Elle assiste en silence et avec émotion à la procession qui se déroule devant elle, hors cadre à gauche.

149. Plan moyen à plan américain. La charrette s'étant approchée, on reconnaît alors Wladek marchant à côté du véhicule qui transporte quelques meubles [...].

150. idem **148.** [...] WLADEK (*s'approchant, off*). — Dorota !...

151. Plan américain à plan serré. Panoramique suivi droite-gauche sur Wladek qui, abandonnant un moment le cortège, vient rejoindre Dorota.

WLADEK (*s'arrêtant devant elle, de trois quarts dos caméra*). — Bonjour.

DOROTA (*abattue*). — Je ne voulais pas venir. Je ne voulais pas voir tout ça mais... je n'ai pas pu me retenir.

152. Plan très serré en contrechamp. Wladek se tient debout de trois quarts face caméra devant Dorota, en amorce de dos au premier plan à gauche. À l'arrière-plan, le cortège continue d'avancer.

WLADEK (*heureux de la retrouver*). — Comment allez-vous ?

DOROTA. — Bien.

WLADEK. — Bon.

DOROTA (*se reprenant*). — Non, pas vraiment...

153. Contrechamp. Plan très serré sur elle debout de trois quarts face caméra devant Wladek en amorce de dos à droite du cadre.

DOROTA. — Ils ont arrêté mon cousin... Jurek dit qu'il le relâcheront. (*Jetant des regards vers le cortège qui passe devant elle, hors cadre en contrechamp*) C'est scandaleux.

WLADEK (*cherchant à la rassurer*). — Ça ne va pas durer, rassurez-vous.

DOROTA (*se forçant à sourire*). — C'est ce que j'ai dit. C'est tellement... C'est trop absurde. (*Elle regarde longuement Wladek dans les yeux.*)

Roman POLANSKI et Ronald HARTWOOD, *Le Pianiste*, scénario (plans 147-153), © *L'Avant-scène Cinéma*, n° 520, mars 2003.

L'écrit avant l'image

1. Quelles indications le scénariste a-t-il ajoutées au récit des actions et aux paroles des personnages ? À qui sont-elles destinées ? Classez-les selon leurs destinataires.
2. Quelles différences remarquez-vous, entre le texte original (A) et la transposition filmique (B), en ce qui concerne les dialogues et les personnages ? Comment peut-on les interpréter ?

DOCUMENT **C**

▲ Photogramme du film *Le Pianiste* (Émilia Fox et Adrien Brody dans les rôles de Dorota et Wladek).

De l'écrit à l'image

1. À quel passage précis du scénario (B) ce plan correspond-t-il ? Que cherche-t-il à mettre en valeur par son cadrage ?
2. Comparez ce plan 153 au précédent (p. 83) Pourquoi ces différents cadrages ?

DOCUMENT **D**

Plan **147**. La famille Szpilman est contrainte de déménager dans le petit ghetto.

Plan **153**. Wladek rencontre Dorota sur le chemin.

▲ Plans du story-board de Maxime Rebière, n°s 147 et 153.

Du dessin au film

D'après ces deux images, quelle est la fonction d'un « story-board » ?

DU SCÉNARIO AU FILM

1. Dans quel ordre chronologique les documents B, C et D ont-ils logiquement été réalisés ? Pourquoi ?
2. Par quels procédés, du scénario (B) au choix des images (C et D), le réalisateur cherche-t-il à présenter à la fois le drame historique et l'histoire individuelle ?

11. L'image filmique

L'image filmique, à la différence de l'image fixe, introduit un **mouvement**, une **durée**, et le plus souvent des **sons**. Elle peut donc restituer la réalité de façon plus **vivante**, mais n'en est pas davantage la simple transcription.
Œuvre construite, qui agit sur notre **regard** parce qu'elle provient d'un autre regard, l'image filmique est le résultat de **choix d'écriture**. Elle mobilise des **procédés visuels** et **sonores** qui déterminent ses **effets** sur le spectateur.

1 LE TRAVAIL D'ÉCRITURE

• Les étapes de l'écriture

Le film est d'abord écrit sous une forme résumée, le **synopsis**, puis détaillé et **dialogué** : c'est le **scénario**. Souvent, un « **story-board** » est alors dessiné : il transpose en images les plans du film à venir. Le contenu du scénario peut encore être modifié lors du **tournage** et même au **montage**.

• Les sources du scénario

Le scénario peut être soit une **création originale**, soit un récit inspiré d'un **fait réel**, soit l'adaptation d'une **œuvre littéraire**. Dans ce dernier cas, le scénariste sélectionne dans l'œuvre d'origine ce qu'il veut montrer : il remanie ou transforme le récit afin de transposer l'écrit en images. Dès cette étape, le film s'inscrit dans un **genre cinématographique**.

• Les composantes du scénario

– Il est **découpé** en plans et en séquences : chaque plan (ou prise de vue) s'inscrit dans une séquence (unité de narration délimitée par un changement de lieu, d'action ou de temps).

– Le scénario précise au début de chaque **séquence** le décor, les costumes, le moment de la journée, l'éclairage.

– Chaque **plan** indique l'action, les dialogues, les effets sonores, le cadrage et les mouvements de caméra.

LES GENRES CINÉMATOGRAPHIQUES

• Un genre regroupe des films possédant des **caractéristiques communes** familières aux spectateurs : situations, personnages, décor, thématique.

• On distingue notamment le film d'aventures, le western, le film policier, la comédie musicale, le mélodrame, le film historique, le drame social, le film d'horreur ou de science-fiction…

▲ *Les Liaisons dangereuses* de Roger Vadim, 1959.

▲ *Valmont* de Milos Forman, 1989.

2 LA CONSTRUCTION DE L'IMAGE

• L'angle de prise de vue

– La caméra peut adopter le **point de vue** d'un personnage et montrer ce qu'il est censé percevoir (**caméra subjective**), ou au contraire mettre le spectateur dans une position de témoin extérieur (**caméra objective**).

– Le cinéaste peut **placer la caméra** au même niveau que son sujet (**visée horizontale**), ou plus haut que lui (**plongée**), ou plus bas (**contre-plongée**) : chaque choix technique correspond à la recherche de certains effets.

• L'échelle des plans

On parle également de « plans » pour désigner les différentes **façons de cadrer**, selon la position de l'objectif à plus ou moins grande **distance** du sujet. Plus la caméra est proche, plus le plan est resserré.

CADRAGE	CE QUE L'ON VOIT	FONCTIONS
Plan d'ensemble ou de demi-ensemble	Paysage sans personnages distincts	Installer le cadre spatio-temporel, présenter des mouvements de foule
Plan moyen	Personnage(s) en pied	Montrer des scènes ou des dialogues de groupe (plan « narratif »)
Plan rapproché 1. américain 2. « rapproché taille », « rapproché poitrine »	1. Personnage à mi-cuisse 2. Personnage au niveau de la taille ou de la poitrine	Mettre en valeur les gestes du personnage, saisir ses réactions (plan « psychologique »)
Gros plan, très gros plan (ou insert)	Visage, objet ou partie du corps	Suggérer les émotions et les pensées du personnage, indiquer un détail utile (indice) ou symbolique

• **Champ, hors-champ, contrechamp**

– Le **champ** désigne l'image visible sur l'écran, le **hors-champ** ce que regarde ou écoute un personnage mais hors du cadre de l'image.

– Dans un dialogue, on pratique souvent l'alternance **champ/contrechamp** : l'image passe d'un personnage vu à celui qu'il voit en vis-à-vis.

• **Les mouvements de caméra**

Le cadrage peut rester le même, **en plan fixe**, ou se modifier au cours d'une prise de vue. On distingue ainsi :

– le **panoramique** (horizontal ou vertical) : la caméra pivote sur son pied ;

– le **travelling** : la caméra se déplace ; le travelling latéral permet de suivre les personnages ; le travelling avant ou arrière permet soit de resserrer le champ pour attirer l'attention sur un point précis, soit de découvrir peu à peu le décor en élargissant le champ ;

– le **zoom** (travelling optique) : l'impression de rapprochement ou d'éloignement est produite par l'objectif.

3 L'ART DU MONTAGE

• **La construction du récit filmique**

– Une fois les séquences filmées, elles sont sélectionnées, mises en **ordre** pour constituer un **récit cohérent**, conforme au scénario.

– Le montage crée un **rythme**, en fixant la durée des **plans** et en déterminant leur distribution dans les **séquences**.

• **L'enchaînement des plans**

– Le **montage « cut »** permet de passer directement d'un plan à l'autre, en assurant la continuité des plans par des **raccords** (liés au regard, au son, au geste ou au mouvement).

– Les ruptures sont atténuées par des procédés de **ponctuation visuelle** : **fondu enchaîné** (substitution progressive d'une image à une autre) ou **fondu au noir** (l'image s'obscurcit pour laisser place à la suivante).

• **La relation son/image**

– Le **son** est appelé « **in** » lorsque sa source est visible à l'écran, **hors-champ** lorsque sa source appartient à la scène mais n'est pas visible à l'écran, « **off** » lorsqu'il provient d'une source extérieure à la scène.

– Le **montage** crée des rapports de complémentarité, de contraste ou de redondance entre éléments visuels et sonores.

MONTAGE ET CONSTRUCTION NARRATIVE

Le réalisateur peut combiner quatre types de montages :

– **chronologique** (l'action suit un déroulement linéaire) ;

– **alterné** (plusieurs actions se déroulent en même temps dans des lieux différents) ;

– **par retour en arrière**, ou « flash-back » (l'action est interrompue par des images du passé) ;

– **symbolique** (un plan est suivi d'un autre plan qui entretient avec lui un rapport métaphorique, et non logique ou chronologique).

1 Identifiez et analysez l'**angle de prise de vue** dans les deux photogrammes (images extraites du film) ci-dessous. Quels sont les **effets** recherchés ?

▲ **a.** *Blade Runner* de Ridley Scott, 1982.

▲ **b.** *Le Nom de la rose*, de Jean-Jacques Annaud, 1986.

2 **1.** Observez ces quatre photogrammes. À quels **genres cinématographiques** ces films appartiennent-ils ? Sur quels éléments fondez-vous vos réponses ?

2. D'après l'**échelle des plans**, précisez quels plans sont utilisés dans le cadrage de ces images. Comment s'explique, dans chaque cas, le choix du réalisateur ?

▲ **a.** *Le Voyage de Chihiro* de Hayao Miyazaki, 2001.

▲ **c.** *L'Homme des hautes plaines* de Clint Eastwood, 1973.

▲ **b.** *Hello Dolly* de Gene Kelly, 1969.

▲ **d.** *Star Wars Episode II* de George Lucas, 2002.

Exercices

3 Étudiez ces deux plans successifs.

1. Quels sont les détails qui permettent leur raccord au montage ?

2. Quel est le point de vue adopté du plan 1 au plan 2 ? Comment le réalisateur a-t-il joué sur le noir et blanc pour créer l'atmosphère ?

3. Si vous étiez réalisateur, quelle bande-son choisiriez-vous d'adopter ici ? Distinguez son « in », hors-champ et « off ».

▲ **a.** Janet Leigh sous la douche dans *Psychose* d'Alfred Hitchcock, 1960.

▲ **b.** *Psychose* d'Alfred Hitchcock, 1960.

4 Comparez ces deux affiches de films.

1. Que sait-on dans chaque cas de la source du scénario du film présenté ?

2. Quel genre de film ces affiches annoncent-elles respectivement ?

3. Par quels moyens cherchent-elles à persuader, à séduire, à intriguer ? En quoi la présentation du visage des acteurs est-elle originale ?

▲ **a.** *Titanic* de James Cameron, 1997.

▲ **b.** *Stupeur et Tremblements* d'Alain Corneau, 2003.

5 Comparez ces images de films inspirés de la nouvelle *Carmen* de Mérimée (1845).

1. À quel genre chacun de ces films appartient-il ? Observez notamment l'attitude des personnages, leur expression, les costumes, les décors et le choix des couleurs.

2. En quoi chaque film, d'après ces photogrammes, constitue-t-il une interprétation personnelle du mythe de Carmen ?

▲ **a.** *Carmen* de Charlie CHAPLIN, 1915.

▲ **b.** *Carmen Jones* d'Otto PREMINGER, 1954.

▲ **c.** *Carmen* de Francesco ROSI, 1984.

6 Voici le scénario d'une partie de séquence.

1. Vous semble-t-il destiné davantage aux acteurs ou aux techniciens ? Pourquoi ?

2. Classez les indications de cadrage qu'il propose : angle de prise de vue, type de plan, mouvement de caméra.

3. Relevez les indications concernant le son. Classez-les selon qu'elles désignent des sons « in » ou « off ». Quel est leur rôle ?

4. Quels aspects du décor et des personnages ces choix techniques mettent-ils en valeur ?

66 – Contrechamp en plan serré de profil, sur les jambes de la jeune fille, et les chaussures de bal sur le bastingage. Derrière elles se distingue maintenant la voiture noire.

67 – Insert sur la cheminée du bac d'où s'échappe une épaisse fumée noire. La cloche du départ carillonne.

68 – Un homme tire les chaînes d'amarrage, en plan taille de dos, en contre-plongée.

69 – Dans un plan large, cette fois fixe, sur le ponton. Le bac se détache lentement et prend son départ sur le fleuve. Le vacarme de la machine à vapeur s'affaiblit peu à peu.

70 – Les eaux du fleuve aux teintes de boue limoneuse disparaissent à nouveau dans le ciel à l'horizon. Un plan d'ensemble de la baie occulte les deux rives, pour se bercer au ras des flots. Les algues et branchages, une part de la végétation que charrie le fleuve flotte à la surface. Au loin le bac et son panache de fumée se fondent dans la brume.

Voix off – C'est donc la traversée d'un bras du Mékong sur le bac qui est entre Vinhlong et Sadec dans la grande plaine de boue et de riz du sud de la Cochinchine, celle des Oiseaux.

71 – La jeune fille est accoudée au bastingage, en plan taille, de profil droit, en contre-plongée. Elle regarde vers l'arrière, vers ce qu'elle laisse derrière elle semble-t-il, tandis que la pancarte du car indique, dans sa moitié visible, « Saigon » au-dessus d'elle.

72 – Un contrechamp dans la direction de son regard rappelle cependant la présence de la limousine noire (en plan large de face), au milieu des paniers de légumes et de riz.

Jean-Jacques ANNAUD, découpage de *L'Amant* (plans 66 à 72) © *L'Avant-Scène Cinéma*, n° 500, mars 2001.

Exercices

7 Choisissez une scène célèbre de première rencontre dans un roman de votre choix (par exemple la princesse de Clèves et le duc de Nemours dans le roman de Mme de Lafayette, ou Julien Sorel et Mme de Rênal dans *Le Rouge et le Noir* de Stendhal), et transformez-la en séquence filmique. Votre texte sera présenté sous forme de scénario détaillé.

8 Lisez le texte suivant.

1. Quels sont les deux types d'adaptation que distingue l'auteur ? Expliquez cette différence.

2. À partir d'un exemple que vous connaissez, dites comment vous concevez vous-même le rapport entre un roman et son adaptation cinématographique.

Les plus célèbres adaptateurs français sont Jean Aurenche et Pierre Bost dont chaque travail cinématographique aboutit à une réussite commerciale ; leur crime est simplement de transformer les romans adaptés en pièces de théâtre par le jeu adroit des situations « équivalentes », du resserrement de la construction dramatique et de la simplification abusive. Je m'étonne qu'aucun directeur de théâtre n'ait pressenti qu'il pouvait faire fortune en confiant à Aurenche et Bost l'adaptation de tout spectacle monté sur scène, pièces étrangères ou françaises, romans classiques ou modernes, n'importe quoi, exprimable par le seul dialogue.

Le cinéma est autre chose : mise en scène.

Le seul type d'adaptation valable est l'adaptation de metteur en scène, c'est-à-dire basée sur la reconversion en termes de mise en scène d'idées littéraires.

François TRUFFAUT,
« L'adaptation littéraire au cinéma »,
Le Plaisir des yeux, © Cahiers du cinéma, 1987.

VERS L'ÉCRITURE D'INVENTION

Comparez ces deux articles de critique cinématographique sur un même film.

1. Comment chacun d'eux juge-t-il l'adaptation du roman au cinéma ? En quels termes précis ? Au moyen de quels arguments ?

2. Comment chaque critique, pour convaincre et persuader, montre-t-il sa compétence ? Par son savoir ? Par son écriture ?

3. En vous aidant des notions étudiées dans ce chapitre, rédigez une critique argumentée d'un film que vous avez apprécié, ou qui au contraire vous a déçu(e). Vous étudierez notamment le scénario, la mise en scène, le rythme et l'ordre des séquences, le jeu des acteurs et les choix de cadrage. Vous donnerez un titre à votre texte, et chercherez à lui donner du relief par des effets de style frappants.

a. LIAISONS SANS COMPLEXE

Stephen Frears a lu Laclos comme un ouvrage de pure délectation psychologique auquel il convenait de chercher des équivalences visuelles. À la différence de ses prédécesseurs en trahison laclosienne (Vailland-Vadim, 1960), il n'a pas songé à établir un parallèle trop voyant entre les vices et les vertus de la société de la fin du XVIIIe et ceux de notre fin de siècle. Il a conservé le mobilier d'origine comme auraient pu le faire un librettiste et un metteur en scène d'opéra (parfois ses *Liaisons* sont comme une *Manon* musclée, une *Adrienne Lecouvreur* ombrageuse). Quant au travail de simplification dont il avait besoin, il l'a trouvé chez Christopher Hampton, professionnel du théâtre et du scénario qui ne craint pas de passer d'Ibsen à Graham Greene en flânant dans les forêts de l'opérette viennoise, mais qui connaît bien son métier. Indéniablement, son histoire réduit le chef-d'œuvre épistolaire à son ossature dramatique, et finit par ne plus s'intéresser qu'aux enjeux de l'association Valmont-Merteuil qui apparaissent comme une série d'épreuves imposées à un amant soumis par une maîtresse despotique. […] Il y chemine sans complexes, sans être paralysé par le respect sacré de la chose écrite. Pourquoi le lui reprocher, puisqu'on s'amuse autant que lui ?

Michel PÉREZ,
© *Le Nouvel Observateur*, mars 1989.

b. LIAISONS VASEUSES

Avec les *Liaisons dangereuses*, Stephen Frears quitte les banlieues britishs du désir pour les salons français du libertinage. Continuité et reportage sur la passion ? Au contact de Laclos, passé au rouleau compresseur d'une production américaine, son propos s'est mignardisé dans un unanimisme taillé pour le Bicentenaire.

Gérard LEFORT,
© *Libération*, mars 1989.

III

Les registres

Chapitre 12

Le fantastique

Le registre fantastique correspond au sentiment de **trouble** qu'éveillent des **phénomènes étranges** au cœur d'un **univers familier**. Des événements surviennent, que la raison ne peut expliquer ; et pourtant, le récit les présente comme **vraisemblables**, ce qui rend l'énigme d'autant plus **inquiétante**, comme dans ce texte de Maupassant.

TEXTE

Le narrateur rentre chez lui après une sortie nocturne.

J'entrai. Mon feu brûlait encore et éclairait même un peu l'appartement. Je pris une bougie pour aller l'allumer au foyer, lorsqu'en jetant les yeux devant moi, j'aperçus quelqu'un assis dans mon fauteuil, et qui se chauffait les pieds en me tournant le dos.

Je n'eus pas peur, oh ! non, pas le moins du monde. Une supposition très vraisemblable me traversa l'esprit ; celle qu'un de mes amis était venu pour me voir. La concierge, prévenue par moi à ma sortie, avait dit que j'allais rentrer, avait prêté sa clef. Et toutes les circonstances de mon retour, en une seconde, me revinrent à la pensée : le cordon tiré tout de suite, ma porte seulement poussée.

Mon ami, dont je ne voyais que les cheveux, s'était endormi devant mon feu en m'attendant, et je m'avançai pour le réveiller. Je le voyais parfaitement, un de ses bras pendant à droite ; ses pieds étaient croisés l'un sur l'autre ; sa tête, penchée un peu sur le côté gauche du fauteuil, indiquait bien le sommeil. Je me demandais : « Qui est-ce ? » On y voyait peu d'ailleurs dans la pièce. J'avançai la main pour lui toucher l'épaule !...

Je rencontrai le bois du siège ! Il n'y avait plus personne. Le fauteuil était vide !

Quel sursaut, miséricorde !

Je reculai d'abord comme si un danger terrible eût apparu devant moi.

Puis je me retournai, sentant quelqu'un derrière mon dos ; puis, aussitôt, un impérieux besoin de revoir le fauteuil me fit pivoter encore une fois. Et je demeurai debout, haletant d'épouvante, tellement éperdu que je n'avais plus une pensée, prêt à tomber.

Guy de Maufassant, « Lui ? », *Les Sœurs Rondoli*, 1884.

DU NORMAL À L'ANORMAL

1. Par quels aspects le décor est-il familier ?
2. Relevez les observations qui concernent l'éclairage. Quel est leur effet ?
3. Comment la narration s'efforce-t-elle d'atténuer le caractère insolite de l'événement ?
4. Que s'est-il passé finalement ? Quelle explication le lecteur peut-il donner de cet épisode ?

12. Le fantastique

Le registre fantastique consiste à brouiller les frontières entre explications rationnelles et interprétations surnaturelles des faits. Il présente des événements **insolites** qui **transgressent** les lois du monde naturel et de la logique ordinaire.
D'abord lié au merveilleux, le fantastique s'en démarque progressivement. Il se développe au XIXe siècle dans les **genres narratifs**, en particulier dans la nouvelle.

1 QU'EST-CE QUE LE FANTASTIQUE ?

• Entre le naturel et le surnaturel

Le fantastique situe dans le monde familier des événements inquiétants et inexplicables. Ces faits sont-ils réels, imaginaires, surnaturels ? Différentes **hypothèses** sont proposées, mais c'est généralement le **doute** qui l'emporte. Le fantastique joue sur cette **hésitation** pour créer chez le lecteur un sentiment de **malaise** et de **peur**.

• Le conditionnement du lecteur

Le lecteur **adhère** à l'univers fantastique sous l'effet d'une mise en scène soignée. La description met en place un **cadre spatio-temporel réaliste**, qui cautionne des lieux propices à l'irruption de l'**extraordinaire** : sombres demeures, décors nocturnes, bruits suspects créant un **climat de mystère**.

• Une atmosphère dramatique

Signes menaçants, meurtres, possessions diaboliques, symptômes de folie suscitent chez les personnages incompréhension, **angoisse et terreur**. La progression de l'énigme crée un effet de **suspense**. Parfois mêlé au registre tragique, le fantastique peut aussi intégrer l'humour noir, l'ironie ou le comique de la parodie.

• Les thèmes fantastiques

Le fantastique laisse une large place au **monstrueux** sous toutes ses formes : vampires, spectres, monstres… Tous les **dérèglements des lois naturelles** alimentent le fantastique : la monstruosité morale y côtoie celle du corps.

2 L'ÉCRITURE DU FANTASTIQUE

Le registre fantastique illustre les **pouvoirs de l'écrivain**, qui dépasse le monde réel par la puissance de son imagination. Celui-ci délègue souvent la parole à un **conteur**.

• Le rôle du narrateur est essentiel : le fantastique suppose le **point de vue** d'une conscience, un **témoignage** personnel qui accrédite les événements. Le narrateur peut être :
- **un narrateur témoin** extérieur au drame : il constate et analyse alors les réactions des personnages confrontés aux événements perturbateurs ;
- **un narrateur personnage**, personnellement impliqué dans le drame : tantôt aveugle, tantôt lucide, il déchiffre partiellement l'énigme.

Dans les deux cas, il **communique au lecteur** ses doutes, ses peurs et ses hypothèses.

▲ Gravure extraite du livre de Mary SHELLEY, *Frankenstein*, 1817.

• Une écriture de l'ambiguïté

Le narrateur utilise des termes et procédés qui traduisent l'**incertitude** :
- adverbes modalisateurs : *peut-être, sans doute...* ;
- verbes exprimant le doute : *il semblait, je crus voir...* ;
- modes de l'éventuel : conditionnel, subjonctif ;
- phrases interrogatives ou exclamatives, marquant le doute ou la surprise.

• Des récits courts

Le conte et la nouvelle sont les genres privilégiés du fantastique. La forme brève favorise la rapidité et la **concentration** ; elle permet de maintenir la tension tout au long du récit, rythmé par des **interrogations successives**.

3 LA DIVERSITÉ DU FANTASTIQUE

Au sens large, le fantastique désigne tout ce qui, par l'imaginaire, transgresse les lois du monde réel. Il inclut alors le merveilleux, l'étrange et l'onirique.

• Le merveilleux repose sur l'**acceptation du surnaturel**.
- Dans l'Antiquité gréco-latine, le **merveilleux païen** crée un monde peuplé de dieux et d'êtres surnaturels qui exercent leurs pouvoirs magiques.
- **Le merveilleux chrétien** introduit dans la littérature des apparitions et des miracles, mais aussi les **thèmes diaboliques** : créatures infernales, pactes avec le diable...
- Le registre **féerique** invente aussi ses monstres : **contes et légendes** multiplient les créatures surnaturelles, fées et magiciens, lutins et loups-garous...

• L'étrange, au contraire, dissipe le surnaturel au profit d'une **explication logique** : les phénomènes d'abord perçus comme incompréhensibles finissent par se soumettre à une interprétation rationnelle.

• Le registre onirique perçoit le monde à travers des **visions** comparables à celles du **rêve**. Les êtres et les choses subissent des transformations. L'**inconscient** fournit un riche matériau d'images, que les poètes (romantiques et surréalistes notamment) ont cherché à mettre en forme par l'écriture.

LA SCIENCE-FICTION

• Elle se développe à la fin du XIXe siècle, au moment où les **sciences** et les **techniques** déploient tous leurs pouvoirs.
• Elle rompt avec le réel en **anticipant** sur des phénomènes inédits. Jules Verne célèbre ainsi dans ses romans la toute-puissance de l'**homme moderne**.
• Mais d'autres auteurs, plus pessimistes, montrent plutôt les **catastrophes** qui guettent dans le futur une humanité coupée de la nature.

4 LA SIGNIFICATION DU FANTASTIQUE

La littérature fantastique se développe en France surtout à partir de 1830. Elle exprime les **questions** et les **peurs** partagées par toute une société à une époque donnée.

• Une interrogation religieuse

Dans des sociétés laïcisées, le religieux revient sous une forme littéraire. De nombreux récits fantastiques ouvrent sur une **explication surnaturelle** : les manifestations de l'au-delà posent la question de la **vie après la mort**.

• Une interrogation psychologique

Le narrateur a-t-il été l'objet d'une illusion, d'un cauchemar ou d'une hallucination ? Les récits fantastiques ouvrent sur les profondeurs du psychisme humain : la **folie** est au cœur des textes de Maupassant et Villiers de l'Isle-Adam.

• Une critique de la science

La littérature fantastique, qui se développe en même temps que la science moderne, exprime les **limites** de celle-ci et souligne la persistance de l'inconnu au cœur du réel. Au XXe siècle, les **pouvoirs** considérables de la **technique moderne** inspirent de nombreux scénarios fantastiques.

LE FANTASTIQUE AU CINÉMA

• Le cinéma exploite largement la veine fantastique. L'image filmique donne une **crédibilité** aux imaginations les plus délirantes, grâce aux trucages et effets spéciaux. Spectacle total, le cinéma est capable de conditionner efficacement le spectateur.

• Le cinéma réalise l'**adaptation** de récits fantastiques ou de science-fiction : le *Frankenstein* de Mary Shelley a ainsi donné naissance à une riche tradition. Mais il développe aussi un **fantastique propre** : films d'anticipation, films d'horreur...

Étape 1

1 Lisez cet extrait de nouvelle.

1. Quels éléments contribuent au fantastique dans la **description du lieu** ?

2. En vous aidant des champs lexicaux, repérez les sentiments successifs du **narrateur**.

Le narrateur se retrouve immobilisé mystérieusement sur sa barque, en pleine nuit.

Cependant, la rivière s'était peu à peu couverte d'un brouillard blanc très épais qui rampait sur l'eau fort bas, de sorte que, en me dressant debout, je ne voyais plus le fleuve, ni mes pieds, ni mon bateau, mais j'apercevais seulement les pointes des roseaux, puis, plus loin, la plaine toute pâle de la lumière de la lune, avec de grandes taches noires qui montaient dans le ciel, formées par des groupes de peupliers d'Italie. J'étais comme enseveli jusqu'à la ceinture dans une nappe de coton d'une blancheur singulière, et il me venait des imaginations fantastiques. Je me figurais qu'on essayait de monter dans ma barque que je ne pouvais plus distinguer, et que la rivière, cachée par ce brouillard opaque, devait être pleine d'êtres étranges qui nageaient autour de moi. J'éprouvais un malaise horrible, j'avais les tempes serrées, mon cœur battait à m'étouffer ; et, perdant la tête, je pensai à me sauver à la nage ; puis aussitôt cette idée me fit frissonner d'épouvante. Je me vis, perdu, allant à l'aventure dans cette brume épaisse, me débattant au milieu des herbes et des roseaux que je ne pourrais éviter, râlant de peur, ne voyant pas la berge, ne retrouvant plus mon bateau, et il me semblait que je me sentirais tiré par les pieds tout au fond de cette eau noire.

Maupassant, « Sur l'Eau », in *La Maison Tellier*, 1881.

2 Au matin, le narrateur découvre en tirant sur son ancre la chose qui l'empêchait d'avancer. Racontez la scène en restant dans le **registre fantastique** du texte de l'exercice 1.

3 Par quels éléments (lexique, adverbes, liens logiques...) la description suivante annonce-t-elle un **récit fantastique** ?

On vient de découvrir une statue de Vénus.

La tête, petite comme celle de presque toutes les statues grecques, était légèrement inclinée en avant. Quant à la figure, jamais je ne parviendrai à exprimer son caractère étrange, et dont le type ne se rapprochait de celui d'aucune statue antique dont il me souvienne. Ce n'était point cette beauté calme et sévère des sculpteurs grecs, qui, par système, donnaient à tous les traits une majestueuse immobilité. Ici, au contraire, j'observais avec surprise l'intention marquée de l'artiste de rendre la malice arrivant jusqu'à la méchanceté. Tous les traits étaient contractés légèrement : les yeux un peu obliques, la bouche relevée des coins, les narines quelque peu gonflées. Dédain, ironie, cruauté, se lisaient sur ce visage d'une incroyable beauté cependant. En vérité, plus on regardait cette admirable statue, et plus on éprouvait le sentiment pénible qu'une si merveilleuse beauté pût s'allier à l'absence de toute sensibilité.

Mérimée, *La Vénus d'Ille*, 1837.

4 Lisez ce passage, situé dans la même nouvelle, un peu après le texte précédent (exercice 3).

1. Quelles sont les deux **explications** possibles qui s'opposent ici ? Le lecteur peut-il choisir ?

2. Par quels procédés le récit suscite-t-il un **climat fantastique** ?

Alphonse, un jeune homme qui doit se marier, a négligemment passé sa bague au doigt de la statue.

—Vous savez bien, mon anneau ? poursuivit-il après un silence.

— Eh bien ! on l'a pris ?

— Non.

— En ce cas, vous l'avez ?

— Non... je... je ne puis l'ôter du doigt de cette diable de Vénus.

— Bon ! vous n'avez pas tiré assez fort.

— Si fait... Mais la Vénus... elle a serré le doigt.

Il me regardait fixement d'un air hagard, s'appuyant à l'espagnolette pour ne pas tomber.

— Quel conte ! lui dis-je. Vous avez trop enfoncé l'anneau. Demain vous l'aurez avec des tenailles. Mais prenez garde de gâter la statue.

— Non, vous dis-je. Le doigt de la Vénus est retiré, reployé ; elle serre la main, m'entendez-vous ?... C'est ma femme, apparemment, puisque je lui ai donné mon anneau... Elle ne veut plus le rendre.

J'éprouvai un frisson subit, et j'eus un instant la chair de poule. Puis, un grand soupir qu'il fit m'envoya une bouffée de vin, et toute émotion disparut.

Le misérable, pensai-je, est complètement ivre.

Mérimée, *La Vénus d'Ille*, 1837.

Exercices

Étape 2

5 Voici le début d'un récit fantastique.

1. Quel **type de phrase** prédomine ici ? Quel effet en résulte-t-il ?

2. Caractérisez l'**attitude des personnages** devant l'annonce du mystère : quels **types de lecteurs** représentent-ils ?

En 1812, trois officiers et un muletier sont contraints de se réfugier dans le château de Ghismondo, qui jouit d'une sinistre réputation.

— Qu'est-ce donc, dit Sergy, que ce château de fatale renommée qui inspire à ces bonnes gens une terreur si sincère et si profonde ? Un rendez-vous de revenants, peut-être ?

— Et peut-être, lui répondis-je tout bas, un repaire de voleurs ; car le peuple n'a jamais conçu de superstition de ce genre qui ne fût fondée sur quelque motif légitime de crainte. Mais à nous trois, nous avons trois épées, trois paires d'excellents pistolets, des munitions pour recharger ; et, outre son couteau de chasse, l'*arriero*[1] est certainement muni, suivant l'usage, d'un bon ganivet[2] de Valence.

— Qui ne sait ce que c'est que le château de Ghismondo ? murmura Estevan d'une voix déjà émue. Si ces illustres seigneurs sont curieux de l'apprendre, je suis en état de les satisfaire, car feu mon père y est entré. C'était un brave, celui-là ! Dieu lui pardonne d'avoir un peu trop aimé à boire !

— Il n'y a pas de mal, interrompit Boutraix. Que diable vit donc ton père au château de Ghismondo ?

— Raconte-nous cette histoire, reprit Sergy, qui aurait donné la partie de plaisir la plus raffinée pour un conte fantastique.

— Aussi bien, après cela, répliqua le muletier, leurs seigneuries seront libres de retourner, si elles le jugent à propos.

Charles Nodier, *Inès de Las Sierras*, 1837.

1. ***L'arriero* :** le muletier.
2. **Ganivet :** petit couteau catalan.

6 Dans le texte suivant, à **quel(s) autre(s) registre(s)** le fantastique est-il associé ? Sur quels indices vous fondez-vous ?

Dutilleul, petit fonctionnaire, a le pouvoir de passer à travers les murs, mais il ne s'en est guère servi jusqu'à ce jour...

Un jour, le sous-chef fit irruption dans le réduit en brandissant une lettre et il se mit à beugler :

— Recommencez-moi ce torchon ! Recommencez-moi cet innommable torchon qui déshonore mon service !

Dutilleul voulut protester, mais M. Lécuyer, la voix tonnante, le traita de cancrelat routinier et, avant de partir, froissant la lettre qu'il avait en main, la lui jeta au visage. Dutilleul était modeste, mais fier. Demeuré seul dans son réduit, il fit un peu de température et, soudain, se sentit en proie à l'inspiration. Quittant son siège, il entra dans le mur qui séparait son bureau de celui du sous-chef, mais il y entra avec prudence, de telle sorte que la tête seule émergeât de l'autre côté. M. Lécuyer, assis à sa table de travail, d'une plume encore nerveuse déplaçait une virgule dans le texte d'un employé, soumis à son approbation, lorsqu'il entendit tousser dans son bureau. Levant les yeux, il découvrit avec un effarement indicible la tête de Dutilleul, collée au mur à la façon d'un trophée de chasse. Et cette tête était vivante. À travers le lorgnon à chaînette, elle dardait sur lui un regard de haine. Bien mieux, la tête se mit à parler.

— Monsieur, dit-elle, vous êtes un voyou, un butor et un galopin.

Marcel Aymé, « Le passe-muraille » in *Le Passe-Muraille*, © Éd. Gallimard, 1943.

7 Choisissez un **film fantastique** que vous connaissez, et faites une fiche indiquant :

- le titre, la date, le nom du réalisateur ;
- les procédés du fantastique (décors, types de personnages ou de situations, techniques audio-visuelles) ;
- la nature de l'énigme et/ou de l'enquête, la présence ou l'absence d'une résolution finale.

Étape 3

8 Lisez le texte suivant.

1. De quelle **variété du fantastique** s'agit-il ? Quels en sont les indices ?

2. Quelles sont les **caractéristiques** de cette vision ? Quel sens symbolique revêt-elle ?

Le narrateur raconte un rêve.

La dame que je suivais, développant sa taille élancée dans un mouvement qui faisait miroiter les plis de sa robe en taffetas changeant, entoura gracieusement de son bras nu une longue tige de rose trémière, puis elle se mit à grandir sous un clair rayon de lumière, de telle sorte que peu à peu le jardin prenait sa forme, et les parterres et les arbres devenaient les rosaces et les festons[1] de ses vêtements ; tandis que sa figure et ses bras imprimaient leurs contours aux nuages pourprés du ciel. Je la perdais ainsi de vue à mesure qu'elle se transfigurait, car elle semblait s'évanouir dans sa propre grandeur. « Oh ! ne fuis pas ! m'écriai-je... car la nature meurt avec toi ! »

Gérard de NERVAL, *Aurélia*, 1855.

1. **Festons :** points de broderie.

9 Le texte suivant est bâti sur un **contraste entre différents registres** : lesquels ? Quels en sont les indices ?

[...] Il tira de sa poche une main d'écorché ; cette main était affreuse, noire, sèche, très longue et comme crispée, les muscles, d'une force extraordinaire, étaient retenus à l'intérieur et à l'extérieur par une lanière de peau parcheminée, les ongles jaunes, étroits, étaient restés au bout des doigts ; tout cela sentait le scélérat d'une lieue. « Figurez-vous, dit mon ami, qu'on vendait l'autre jour les défroques d'un vieux sorcier bien connu dans toute la contrée ; il allait au sabbat tous les samedis sur un manche à balai, pratiquait la magie blanche et noire, donnait aux vaches du lait bleu et leur faisait porter la queue comme celle du compagnon de saint Antoine[1]. Toujours est-il que ce vieux gredin avait une grande affection pour cette main, qui, disait-il, était celle d'un célèbre criminel supplicié en 1736, pour avoir jeté, la tête la première, dans un puits sa femme légitime, ce quoi faisant je trouve qu'il n'avait pas tort, puis pendu au clocher de l'église le curé qui l'avait marié. Après ce double exploit, il était allé courir le monde et dans sa carrière aussi courte que bien remplie, il avait détroussé douze voyageurs, enfumé une vingtaine de moines dans leur couvent et fait un sérail d'un monastère de religieuses. — Mais que vas-tu faire de cette horreur ? nous écriâmes-nous. — Eh parbleu, j'en ferai mon bouton de sonnette pour effrayer mes créanciers. [...] »

MAUPASSANT, *La Main d'écorché*, 1875.

1. Le cochon, animal associé à saint Antoine par la légende.

10 Le narrateur de *La Main d'écorché* (exercice n° 9) a emporté chez lui cette main effrayante, et l'a suspendue au-dessus de son lit. **Imaginez** deux versions de la suite :

1. L'une mettra l'accent sur le **fantastique**.

2. L'autre traitera le fantastique sur le mode parodique et aura recours au **registre comique**.

VERS LE COMMENTAIRE

Préparez le commentaire du texte suivant.

1. Étudiez le **fantastique du lieu** : de quelles transformations la maison est-elle l'objet ?

2. Caractérisez l'**état psychique du narrateur** : en quoi contribue-t-il au fantastique ?

3. Rédigez une **partie de commentaire** où vous analyserez le rapport entre le fantastique du lieu et le regard du narrateur.

Le narrateur s'approche de la maison campagnarde de son ami, l'abbé Maucombe.

Après quelques instants, comme le soir commençait à fraîchir, je revins au sentiment de la réalité. Je me levai très vite et je repris le marteau de la porte en regardant la maison riante.

Mais, à peine eus-je de nouveau jeté sur elle un regard distrait, que je fus forcé de m'arrêter encore, me demandant, cette fois, si je n'étais pas le jouet d'une hallucination.

Était-ce bien la maison que j'avais vue tout à l'heure ? Quelle ancienneté me dénonçaient, *maintenant*, les longues lézardes, entre les feuilles pâles ? – Cette bâtisse avait un air étranger ; les carreaux illuminés par les rayons d'agonie du soir brûlaient d'une lueur intense ; le portail hospitalier m'invitait avec ses trois marches ; mais, en concentrant mon attention sur ces dalles grises, je vis qu'elles venaient d'être polies, que des traces de lettres creusées y restaient encore, et je vis bien qu'elles provenaient du cimetière voisin, – dont les croix noires m'apparaissaient, à présent, de côté, à une centaine de pas. Et la maison me sembla changée à donner le frisson, et les échos du lugubre coup du marteau, que je laissai retomber, dans mon saisissement, retentirent, dans l'intérieur de cette demeure, comme les vibrations d'un glas.

Ces sortes de *vues*, étant plutôt morales que physiques, s'effacent avec rapidité. Oui, j'étais, à n'en pas douter une seconde, la victime de cet abattement intellectuel que j'ai signalé. Très empressé de voir un visage qui m'aidât, par son humanité, à en dissiper le souvenir, je poussai le loquet sans attendre davantage.

VILLIERS de L'ISLE-ADAM, *L'Intersigne*, 1867.

Chapitre 13

L'épique

Le registre épique propose une **transfiguration de la réalité** : il donne aux êtres et aux événements une dimension qui les dépasse. Le **souffle épique**, qui se rencontre chaque fois qu'est exaltée l'**aventure exceptionnelle** d'un individu ou d'une communauté, se retrouve en particulier dans la littérature, comme dans ce texte de Victor Hugo.

TEXTE

Ô soldats de l'an deux[1] ! ô guerres ! épopées !
Contre les rois tirant ensemble leurs épées,
Prussiens, Autrichiens,
Contre toutes les Tyrs et toutes les Sodomes,
Contre le czar[2] du nord, contre ce chasseur d'hommes
Suivi de tous ses chiens,

Contre toute l'Europe avec ses capitaines,
Avec ses fantassins couvrant au loin les plaines,
Avec ses cavaliers,
Tout entière debout comme une hydre[3] vivante,
Ils chantaient, ils allaient, l'âme sans épouvante
Et les pieds sans souliers !

Au levant, au couchant, partout, au sud, au pôle,
Avec de vieux fusils sonnant sur leur épaule,
Passant torrents et monts,
Sans repos, sans sommeil, coudes percés, sans vivres,
Ils allaient, fiers, joyeux, et soufflant dans des cuivres,
Ainsi que des démons !

La Liberté sublime emplissait leurs pensées.
Flottes prises d'assaut, frontières effacées
Sous leur pas souverain,
Ô France, tous les jours, c'était quelque prodige,
Chocs, rencontres, combats ; et Joubert sur l'Adige,
Et Marceau[4] sur le Rhin !
[…]

Victor HUGO, *Châtiments*, II, VII, 1853.

1. En 1793, soldats français de la Révolution partis défendre la nation menacée par la coalition des monarchies européennes.
2. **Czar :** tsar, empereur de Russie.
3. **Hydre :** monstre de la mythologie grecque.
4. **Joubert** et **Marceau :** généraux républicains.

LE SOUFFLE DE LA LÉGENDE

1. Quelles différences opposent les soldats français à leurs ennemis ? Comment le poète souligne-t-il le contraste ?
2. Quelles vertus Hugo célèbre-t-il ici ? En quoi sont-elles héroïques ?
3. Quelles comparaisons contribuent à transformer l'Histoire en légende ?

13. L'épique

Le registre épique repose sur une **amplification de la réalité**. Il donne aux héros une **dimension surhumaine** et aux actions une **grandeur extraordinaire**. Comme il recourt volontiers au merveilleux, il s'oppose au **registre réaliste**, qui cherche une représentation fidèle du réel. Cependant, le réalisme est l'héritier de l'épique, auquel il emprunte certaines caractéristiques.

1 QU'EST-CE QUE LE REGISTRE ÉPIQUE ?

Il se manifeste d'abord dans le genre ancien de l'**épopée**, long poème narratif qui chante les prouesses de **héros fondateurs** ou **conquérants**. Mais le registre épique déborde largement l'épopée : on le trouve dans tout récit qui exalte les exploits de héros exceptionnels, dans le roman et la bande dessinée comme au cinéma.

• Le héros épique

– C'est un personnage fortement individualisé. **Élu par les dieux**, par le destin ou par une communauté, il est doté de **qualités guerrières** : bravoure, énergie, aptitude au commandement. Il possède aussi des **vertus morales** : générosité, sens du sacrifice.

– Héros **actif**, porté par une exigence de **grandeur**, il pèse sur l'ordre du monde. Héros **sauveur**, il paie parfois la victoire de sa propre vie. Héros **exemplaire**, il incarne un groupe humain auquel il sert de modèle.

– Son **rayonnement** personnel le désigne à l'admiration de tous. Un ami fidèle ou un groupe de compagnons l'assiste et le met en valeur (par exemple, les chevaliers des romans de chevalerie).

• Le combat épique

– Le héros épique accomplit des **prouesses** et traverse des **épreuves** qui lui permettent de manifester ses qualités. Il est appelé à se dépasser en combattant toutes sortes d'adversaires : ennemis humains, éléments naturels déchaînés, monstres...

– Les dieux le soutiennent en mettant à son service des armes ou des **attributs magiques** qui lui permettent d'affronter l'ennemi.

• Les valeurs épiques

– Le héros épique s'appuie sur une certitude intérieure : étranger aux tourments de la conscience, il agit en fonction de **valeurs claires**, qui ne présentent pas d'ambiguïté.

– À l'origine, le héros évolue dans un **monde mythique** où agissent les dieux : il participe à l'affrontement du Bien contre le Mal. Dans la littérature moderne, ces entités mythiques sont transposées dans le domaine politique, social ou moral : le héros combat pour la Liberté, la Révolution, la Justice...

• Les thèmes épiques

– La **guerre**, lieu d'accomplissement des valeurs héroïques, est un thème privilégié du registre épique.

– L'épique s'exprime aujourd'hui dans la célébration des **grandes conquêtes**

▲ Affiche du film de Peter Jackson, *Le Seigneur des anneaux*, 2001.

L'ÉPOPÉE HOMÉRIQUE

On attribue au poète grec Homère (IXe s. av. J.-C.) la paternité de l'épopée, long poème en vers destiné à être récité avec un accompagnement musical. L'*Iliade* raconte l'affrontement entre les Grecs et les Troyens à la suite de l'enlèvement d'Hélène. L'*Odyssée* est centrée sur le retour d'Ulysse à Ithaque, au terme d'aventures périlleuses autant que merveilleuses.

de l'humanité : le travail qui transforme le monde, la conquête de l'espace, les exploits de grands savants ou de grands sportifs...

– L'épique exalte enfin la splendeur ou la monstruosité de la **nature** : immensité de l'océan, beauté sublime des montagnes, violence des éléments...

2 L'ÉCRITURE ÉPIQUE

Les procédés épiques ont pour but d'**amplifier** la réalité.

• La syntaxe

Toutes les ressources de la phrase sont mobilisées pour créer le **souffle épique** : effets de reprise, phrases exclamatives, tournures emphatiques, apostrophes, interrogations rhétoriques. Le **rythme** de la période, longue phrase aux cadences étudiées, donne une impression de **grandeur** et de **puissance**.

• Le lexique

Il est fortement évaluatif : **laudatif** ou **péjoratif**, selon que l'on traite du héros ou de ses adversaires. Les champs lexicaux de la **valeur**, de la **prouesse**, de la **gloire** accompagnent le **vocabulaire moral** (Bien/Mal).

• Les figures de style

– Les **images** : comparaisons et métaphores permettent de créer l'**amplification épique**, en donnant au héros une dimension surhumaine ; elles ont souvent une **valeur symbolique**.

– Les **figures d'amplification et d'insistance** dominent : hyperboles, anaphores, gradations.

L'ÉPIQUE AU CINÉMA

Le cinéma se prête au registre épique, grâce aux possibilités de l'image filmique.

– Le western célèbre l'aventure héroïque de l'Ouest américain.

– Les films d'aventures et les films policiers présentent des héros invincibles et des exploits exceptionnels.

– Le cinéma de science-fiction propose des combats grandioses entre des êtres humains et des créatures venues d'autres mondes.

– Les fresques historiques montrent de grandes actions collectives.

3 DE L'ÉPIQUE AU RÉALISME

• Le roman réaliste, « épopée dégradée »

Dans le monde moderne, **le roman prend la place de l'épopée**. La quête initiatique du héros est remplacée par l'**initiation amoureuse** ou **sociale** de l'individu. Ainsi, on retrouve dans le roman européen les grands mythes épiques, mais **désacralisés** : la Nature, la Société, l'Argent ont pris la place des entités divines qui peuplaient l'univers épique.

• La représentation du réel

– Le **registre réaliste** refuse l'idéalisation ; il veut montrer **toutes les réalités sociales**, même les plus triviales. Il laisse toute sa place au quotidien : aventures amoureuses, voyages, argent, ascension sociale...

– Le réalisme s'intéresse à des **êtres banals**, voire médiocres. D'origines très diverses, ancrés dans leur **milieu familial et professionnel**, les personnages permettent la représentation de la société.

– La **peinture des sentiments** évite l'artificiel et l'excessif. Le **corps** est présent dans sa réalité biologique.

– La **description** est l'instrument privilégié de cette **représentation** de la réalité. Cependant, elle n'en donne pas une simple imitation : pour donner l'illusion de la vie, elle doit choisir dans le foisonnement de la réalité les éléments les plus **significatifs**.

• L'épique dans le réalisme

Même dans le registre réaliste, la réalité est **transfigurée par l'imagination**. Loin de décrire le monde de façon neutre et plate, les écrivains réalistes recourent volontiers à un imaginaire du merveilleux ou du monstrueux : on retrouve des procédés d'amplification épique dans des romans de Balzac ou de Zola.

ÉTAPE 1

1 Dans cet extrait de l'*Odyssée*, en quoi Ulysse a-t-il les caractéristiques d'un **héros épique** ?

Ulysse, protégé par la déesse Athéna, a abordé chez Alkinoos, le roi des Phéaciens.

[...] Pallas Athéna s'en allait par la ville, sous les traits d'un héraut du sage Alkinoos. Elle arrêtait chacun et lui donnait l'avis :

ATHÉNA. — Par ici, conseillers et doges phéaciens ! allez à l'agora[1] ! vous verrez l'étranger que vient de recevoir le sage Alkinoos : il a roulé les mers ! il est beau comme un dieu !

Ce discours excitant le zèle en tous les cœurs, la foule en un instant avait empli les sièges ; dans les deux agoras, on se pressait pour admirer le sage Ulysse : Athéna lui versait sur la tête et le buste une grâce céleste et le faisait paraître et plus grand et plus fort, pour conquérir le cœur de tous les Phéaciens et gagner leur respect, leur crainte et la victoire aux différents concours, lorsque ces Phéaciens provoqueraient Ulysse.

HOMÈRE, *Odyssée*, VIII, IXe s. av. J.-C.

1. **Agora :** place publique, où se réunit l'assemblée.

2 Classez les mots qui relèvent du registre épique dans le texte suivant (adjectifs, noms, verbes). Quels **champs lexicaux** pouvez-vous identifier ?

Le comte Roland affronte les Sarrasins.

Margariz[1] est un très vaillant chevalier, et beau, et fort, et agile, et léger. Il éperonne son cheval et va frapper Olivier. Il lui brise son écu sous la boucle d'or pur et lui porte un coup de lance le long des côtes. Dieu garde Olivier : son corps n'a pas été touché. La hampe se brise, il n'est pas renversé. Margariz va plus loin, sans encombre, il sonne sa trompe pour rallier les siens.

La bataille est merveilleuse et générale. Le comte Roland ne se ménage pas. Il frappe de sa lance tant que la hampe lui dure, mais quinze coups l'ont brisée et détruite. Il tire alors Durendal, sa bonne épée, toute nue ; il pique son cheval et va frapper Chernuble ; il lui rompt le heaume où luisent des escarboucles, il lui tranche la coiffe et la chevelure, il lui tranche la face et les yeux, et son blanc haubert dont la maille est très fine, et tout le corps jusqu'à l'enfourchure.

La Chanson de Roland, vers l'an 1100.

1. **Margariz** est un chevalier sarrasin, comme **Chernuble** un peu plus bas.

3 Dans cet article de la **presse sportive** (qui rend compte d'un match de rugby), quels éléments introduisent le registre épique ?

En étouffant l'Irlande en un peu moins de cinquante minutes, l'équipe de France a démontré qu'elle était l'équipe qui possédait le meilleur compromis vitesse-puissance de la compétition. Dimanche, en demi-finale, elle va défier l'Angleterre auréolée d'un nouveau statut.

L'équipe de France est entrée en action, souveraine, impavide, étouffante, elle aussi, et les cris des plus fameux braillards d'Érin[1] se sont tus. Il fallait une démonstration de force à l'équipe de France et le sort a voulu que l'Irlande de Keith Wood, l'Irlande de la bravoure et de la folie, en fasse les frais. Il fallait frapper les imaginations et affirmer sa confiance à une semaine d'affronter la puissante Angleterre et tout ce que Melbourne comptait hier de maillots verts en a encore le cœur retourné.

© *L'Équipe*, 10 novembre 2003.

1. **Érin :** nom poétique de l'Irlande.

4 Racontez à votre tour, dans le **registre épique**, un combat sportif acharné. Vous utiliserez les procédés d'écriture propres à ce registre.

ÉTAPE 2

5 Lisez le texte suivant.

1. D'après la nature de l'action accomplie, en quoi cette aventure aérienne revêt-elle ici un **caractère épique** ?

2. Quels **procédés syntaxiques** contribuent à ce registre épique ?

Dans les mois d'avril et de mai, Mermoz maîtrisa la Cordillère[1]. Il avait enfin reçu de France un appareil qui pouvait s'élever jusqu'à 6 000 mètres : le Potez 25. Il ne s'agissait plus de louvoyer, de ruser avec la montagne. Il pouvait l'attaquer de front, aller droit, aller vite.

Chaque semaine, de Mendoza à Santiago, et de Santiago à Mendoza, il accomplit par la vallée du Transandin la fabuleuse croisière. Je l'ai faite une fois. J'ai vu à l'aller et au retour le spectacle indicible qui tant de fois s'est présenté à Mermoz, et le Christ des Andes et le cône verti-

Exercices

gineux de l'Aconcagua et les guanacos[2] sautant de rocs en rocs, et la muraille qui coupe le souffle à travers laquelle Mermoz se glissa porté par une colonne d'air ; et cette chevauchée de neiges et de glaces et cette fureur, pétrifiée dans un éternel assaut.

Joseph KESSEL, *Mermoz*, © Éd. Gallimard, 1938.

1. Les hautes montagnes des Andes, en Amérique du Sud.
2. **Guanacos :** lamas à l'état sauvage.

6 Étudiez cet extrait de pièce de théâtre.

1. Montrez comment les **métaphores et comparaisons** suggèrent le caractère prodigieux de l'entreprise.

2. Quels éléments permettent de dire que l'usage du registre épique est **parodique** ? Quelle image l'auteur donne-t-il de son personnage ?

Le vice-roi des Indes a réussi à faire déplacer des vaisseaux, à travers le continent américain, de l'océan Pacifique à l'Atlantique.

J'ai réussi ! Cette grande machine que mon esprit par-dessus les montagnes avait conçue, ça a marché !

Cette chose que tous les esprits raisonnables refusaient avec fureur, elle vit, elle marche ! Tout ce grand corps de cordes, de poulies et de contrepoids, cela grince d'une rive à l'autre dans sa triomphale absurdité ! Les Grecs et les Romains n'ont jamais vu rien de pareil !

Que parle-t-on dans les classes d'Annibal et de ses éléphants ? Moi, à la tête de douze vaisseaux, j'ai gravi les monts et des volées de perroquets se sont mélangées à mes cordages ! J'ai ouvert sous mon étrave une houle de montagnes et de forêts !

Et cent mille hommes sous la terre couchés de l'un et l'autre côté de ce chemin que j'ai établi témoignent que grâce à moi ils n'ont pas vécu en vain.

Paul CLAUDEL, *Le Soulier de satin*, III, 11, 1924, © Éd. Gallimard, 1929.

7 Rédigez un article de critique de cinéma portant sur **un film de caractère épique** de votre choix. Vous analyserez et apprécierez en particulier les traits du registre épique :

– dans la nature des héros et dans les valeurs qui les animent ;
– dans la représentation des combats ;
– dans la présence ou l'évocation de forces surnaturelles.

ÉTAPE 3

8 Comparez ces deux **descriptions romanesques**.

1. Étudiez les **procédés réalistes** qui leur sont communs.

2. Lequel de ces textes mêle l'**épique** au **réalisme** ? De quelle façon ?

a. *Emma Bovary va visiter sa fille, en garde chez une nourrice à la campagne.*

Ils reconnurent la maison à un vieux noyer qui l'ombrageait. Basse et couverte de tuiles brunes, elle avait en dehors, sous la lucarne de son grenier, un chapelet d'oignons suspendu. Des bourrées[1], debout contre la clôture d'épines, entouraient un carré de laitues, quelques pieds de lavande et des pois à fleurs montés sur des rames. De l'eau sale coulait en s'éparpillant sur l'herbe, et il y avait tout autour plusieurs guenilles indistinctes, des bas de tricot, une camisole d'indienne[2] rouge, et un grand drap de toile épaisse étalé en long sur la haie. Au bruit de la barrière, la nourrice parut, tenant sur son bras un enfant qui tétait. Elle tirait de l'autre main un pauvre marmot chétif, couvert de scrofules[3] au visage, le fils d'un bonnetier de Rouen, que ses parents trop occupés de leur négoce laissaient à la campagne.

FLAUBERT, *Madame Bovary*, 1857.

1. **Bourrées :** fagots de menues branches.
2. **Indienne :** toile de coton.
3. **Scrofules :** lésions de la peau.

b. *Au grand magasin du Bonheur des Dames, la journée de vente a été particulièrement réussie.*

À l'intérieur, sous le flamboiement des becs de gaz, qui, brûlant dans le crépuscule, avaient éclairé les secousses suprêmes de la vente, c'était comme un champ de bataille encore chaud du massacre des tissus. Les vendeurs, harassés de fatigue, campaient parmi la débâcle de leurs casiers et de leurs comptoirs, que paraissait avoir saccagés le souffle furieux d'un ouragan. On longeait avec peine les galeries du rez-de-chaussée, obstruées par la débandade des chaises ; il fallait enjamber, à la ganterie, une barricade de cartons, entassés autour de Mignot ; aux lainages, on ne passait plus du tout, Liénard sommeillait au-dessus d'une mer de pièces, où des piles restées debout, à moitié détruites, semblaient des maisons dont un fleuve débordé charrie les ruines ; et, plus loin, le blanc avait neigé à terre, on butait contre des banquises de serviettes, on marchait sur les flocons légers des mouchoirs. Mêmes ravages en haut, dans les rayons de l'entresol : les fourrures jonchaient les parquets, les confections s'amoncelaient comme des capotes de soldats mis hors de combat [...].

ZOLA, *Au Bonheur des Dames*, 1883.

9 Analysez ce récit de combat entre un homme et un animal.

1. Par quels aspects la **situation** a-t-elle une dimension épique ? À quels **mythes** connus fait-elle penser ?

2. Étudiez les caractéristiques de l'**écriture épique** : figures de style, procédés syntaxiques suggérant la violence du combat.

Le héros du roman, Saint-Jean, armé d'une simple serpe, affronte un taureau très agressif, le Doré. Il réussit à enfourcher l'animal et à le blesser.

Saint-Jean serrait le collier.

« Ne lâche plus. »

Traîné dans l'herbe. Repris pied. Frappé. Et encore traîné dans l'herbe.

« Ne lâche plus. »

Il ne voyait que cette encolure que le sang noircissait. La corne lui frappait l'épaule comme une branche. Il serra le collier des deux mains. Il essaya d'enjamber ce dos bondissant. Il sentit le collier sous son pied nu. Il enfonça son pied sous le collier. Il était maintenant suspendu au Doré. Il se tenait mieux. Par un pied et par une main, comme accroché à un arbre. Il commença à frapper solidement comme s'il avait voulu abattre cette énorme branche de peau et de chair dont les cornes battaient son épaule. Sa main glissait sur le cuir gluant. Le Doré tournait sur lui-même. Saint-Jean entendait des crachements de vagues, puis des cris d'hommes et de femmes qui retentissaient contre un mur. Il faisait voler des écouens[1] de chair. Le manche de la serpe brûlait comme une braise. Le sang tombait en paquets sur son visage. Il s'essuya les yeux contre son bras. Il frappait de toutes ses forces. Enfin, à un coup il sentit que c'était le dernier. Il dégagea son pied. Il lâcha le collier, il sauta en arrière.

Nu. Debout. Crispé du poing à la mâchoire, une longue douleur en travers de lui comme un pal de fer, couvert de sang.

GIONO, *Batailles dans la montagne*, © Éd. Gallimard, 1937.

1. **Écouens :** copeaux.

VERS LE COMMENTAIRE

Analysez la dimension épique du texte suivant.

1. Montrez que le bélier acquiert une **signification symbolique**, et précisez sa nature.

2. Quelles **valeurs politiques et morales** des assaillants se révèlent dans cet épisode ?

3. Rédigez un **paragraphe de commentaire** consacré aux procédés d'amplification épique.

Pendant la guerre d'Espagne, les républicains attaquent une caserne tenue par les franquistes.

— Un autre bélier !

Un madrier énorme avançait en effet comme un monstre géométrique, porté par cinquante hommes parallèles, penchés en avant comme des haleurs, avec ou sans col, mais tous un fusil sur le dos. Il traversa les décombres de la chaussée, les plâtras et les morceaux de grille, frappa la porte comme un gong énorme, et recula. Bien qu'elle fût pleine de cris, de détonations et de fumée, la caserne vibrait derrière sa haute porte de toute sa sonorité de couvent. Trois de ceux qui portaient le madrier tombèrent sous le tir des fascistes. Jaime remplaça l'un d'eux. Au moment où tout le bélier repartait, un grand syndicaliste aux sourcils épais prit sa tête à deux mains comme pour se boucher les oreilles, et s'affala sur le madrier en marche, bras pendant d'un côté, jambes de l'autre. La plupart des porteurs ne l'avaient pas vu ; et le bélier continua sa course lente et lourde, l'homme toujours plié en deux sur le bois. Pour Jaime, qui avait vingt-six ans, le Front populaire, c'était cette fraternité dans la vie et dans la mort. Des organisations ouvrières, dans lesquelles il mettait d'autant plus d'espoir qu'il n'en mettait aucun dans ceux qui depuis plusieurs siècles gouvernaient son pays, il connaissait surtout ces « militants de base » anonymes et mis à toutes les sauces, qui étaient le dévouement même de l'Espagne ; dans ce grand soleil et sous les balles des phalangistes, poussant cette énorme poutre qui portait vers les vantaux leur compagnon mort, il combattait dans la plénitude de son cœur.

MALRAUX, *L'Espoir*, © Éd. Gallimard, 1937.

Chapitre 14

Le registre lyrique

Le registre lyrique fait entendre une voix qui livre des **émotions**. Il est par excellence le registre du discours amoureux : l'**intensité** du lyrisme, qui donne à l'expression un rayonnement particulier, permet de communiquer la douceur ou la véhémence des sentiments, notamment dans les textes poétiques.

TEXTE

L'Amour qui n'est pas un mot
(extrait)

Ô forte et douce comme un vin
Pareille au soleil des fenêtres
Tu me rends la caresse d'être
Tu me rends la soif et la faim
De vivre encore et de connaître
Notre histoire jusqu'à la fin

C'est miracle que d'être ensemble
Que la lumière sur ta joue
Qu'autour de toi le vent se joue
Toujours si je te vois je tremble
Comme à son premier rendez-vous
Un jeune homme qui me ressemble

M'habituer m'habituer
Si je ne le puis qu'on m'en blâme
Peut-on s'habituer aux flammes
Elles vous ont avant tué
Ah crevez-moi les yeux de l'âme
S'ils s'habituaient aux nuées

Pour la première fois ta bouche
Pour la première fois ta voix
D'une aile à la cime des bois
L'arbre frémit jusqu'à la souche
C'est toujours la première fois
Quand ta robe en passant me touche

Louis Aragon, *Le Roman inachevé*,
© Éd. Gallimard, 1956.

DISCOURS AMOUREUX ET DIALOGUE FICTIF

1. D'après ces quatre strophes, comment comprenez-vous le titre du poème ?
2. Comment le poème imite-t-il la forme d'un dialogue ?
3. Quels procédés propres au langage poétique traduisent l'émotion du locuteur ?

14. Le registre lyrique

Le registre lyrique est par excellence le registre de l'**affectivité**. Centré sur l'**expression individuelle** des sentiments, il recourt aux **ressources mélodiques du langage** : en prose comme en vers, le langage lyrique cherche à rejoindre le chant.
Même s'il a des liens privilégiés avec la **poésie**, le registre lyrique traverse **tous les genres et tous les arts**.

1 QU'EST-CE QUE LE LYRISME ?

• Un registre de l'affectivité

Caractérisé par une forte implication du Moi dans le discours, le registre lyrique est le langage de la **sensibilité**. Le ton est tantôt celui de la **passion**, exalté et véhément, tantôt celui de la **confidence**, méditatif et contemplatif.

• L'expression du Moi

– Le lyrisme accorde la première place à la **subjectivité du locuteur** : c'est un ***je* omniprésent** qui évoque les joies et les souffrances de sa vie personnelle. La **fonction expressive** du langage joue un rôle essentiel.

– Dans un texte poétique, le *je* s'identifie le plus souvent à la **personne du poète**. Mais le discours lyrique ne se réduit jamais à un témoignage autobiographique : il atteint souvent une **valeur universelle** (→ ch. 29).

• L'invocation d'un destinataire

Le lyrisme requiert aussi la **fonction injonctive** du langage :

– tantôt le locuteur se prend lui-même comme destinataire : il s'adresse à **son âme** ou à **son cœur**, comme par un dédoublement du Moi ;

– tantôt il interpelle **l'être aimé**, dans un **dialogue fictif** ;

– tantôt il confie ses souffrances ou ses joies au **lecteur**, ou prend l'**humanité** à témoin de son destin, ou s'adresse à **Dieu** comme dans une prière.

• Les thèmes lyriques

Ce sont les thèmes les plus variés qui touchent la **sensibilité individuelle** :

– **la vie amoureuse**, avec les beautés et les tourments de la passion ;

– la fuite du **temps**, les échecs de l'existence, la mort et ses arrachements ;

– l'amour de la **patrie**, la nostalgie du pays natal ou l'**espérance** politique ;

– la beauté sublime de la **nature**, ou le sentiment **religieux**.

▲ Caspar David FRIEDRICH (1774-1840), *Deux hommes contemplant la lune*. (Dresde, Staatliche Kunstsammlungen.)

2 DIVERSITÉ DU LYRISME

Si le lyrisme prédomine dans la poésie expressive et subjective, on en rencontre aussi des **variantes**.

• Le lyrisme impersonnel

Il arrive que le *je* soit absent, mais que le texte baigne dans une **tonalité affective**. Ainsi, le **lyrisme cosmique** célèbre la splendeur du monde, sans nécessairement mettre en scène l'individualité du locuteur.

LE REGISTRE ÉLÉGIAQUE

C'est une variété du registre lyrique, dont on le distingue quelquefois. Il se caractérise par une tonalité **tendre** et **plaintive** et par une écriture de la **nostalgie** et du **regret**. Les textes élégiaques sont marqués par une douce **mélancolie**, qui ne va pas cependant jusqu'au désespoir.

• **Le lyrisme oratoire**

Dans certains textes argumentatifs, des **moments** lyriques viennent introduire une dimension affective qui donne plus d'**intensité** et d'**éclat** à l'expression. La **prédication religieuse** et l'**éloquence politique** résonnent d'élans lyriques (sermons, discours, harangues).

3 L'ÉCRITURE LYRIQUE

• **La syntaxe**

– Le registre lyrique appelle surtout des constructions qui donnent à la phrase l'allure d'un **élan** et d'une **envolée**. Le rythme de la phrase exprime ainsi les **mouvements de l'âme**.

– Le temps dominant est le **présent** de l'indicatif (temps de la subjectivité heureuse ou malheureuse au moment où elle s'exprime). Les **temps du passé** traduisent soit le regret et la mélancolie, soit une remémoration heureuse.

• **L'énonciation**

– Le discours lyrique est ancré dans la **situation d'énonciation** et en porte les marques (indices personnels, indices spatio-temporels, modalisations).

– Les **figures de style** et types de phrases traduisent l'émotion du locuteur : interpellation, apostrophe, hyperbole, interrogation rhétorique, exclamation.

• **Le lexique**

Les champs lexicaux les plus fréquents sont ceux qui concernent la psychologie et l'affectivité (amour, joie, tristesse...).

4 LE LYRISME DANS L'HISTOIRE

• **Le lyrisme antique**

– Les premiers textes lyriques de la littérature occidentale sont des poèmes chantés qui datent du VIIe siècle av. J.-C. Dans la mythologie grecque, **Orphée, l'initiateur de la poésie**, chante en s'accompagnant d'une lyre.

– Le lyrisme pour les Grecs se définit par cette **relation privilégiée entre parole et musique**. Il correspond à l'origine à un **genre** précis, l'**ode**, distincte à la fois de la poésie dramatique (le théâtre) et de la poésie épique.

• **Au Moyen Âge**

– Les poèmes des troubadours étaient chantés avec un accompagnement musical. Dès le XIe siècle, la **poésie courtoise** crée des chansons d'amour qui affinent le **lyrisme amoureux** : l'amour devient une **quête spirituelle**.

– Au XVe siècle, la poésie lyrique évolue vers une **tonalité plus intimiste** et s'adapte à des formes sophistiquées, comme la ballade et le rondeau.Cette tendance se confirme dans la poésie des XVIe et XVIIe siècles.

• **Le tournant romantique**

– Au XIXe siècle, l'individualisme romantique favorise l'essor du lyrisme, en libérant l'épanchement des **sentiments** et en assouplissant les contraintes des genres. Les poètes expriment leurs émotions sur un ton nouveau.

– Le registre lyrique colore alors **tous les genres** : chez Chateaubriand, il transfigure la **prose autobiographique** ; dans le **drame** romantique, il se mêle au grotesque ; chez Michelet, il poétise le **récit historique**...

– Le lyrisme se répand enfin dans d'**autres arts**, et surtout la musique : l'**opéra** est appelé « art lyrique ». Au XXe siècle, la **chanson** et le **cinéma** accueillent aussi le registre lyrique.

Étape 1

1 À quels **indices** (thème principal, relation locuteur-destinataire) reconnaissez-vous le **registre lyrique** dans cet extrait de roman épistolaire ?

Ô ma Julie, disais-je avec attendrissement, que ne puis-je couler mes jours avec toi dans ces lieux ignorés, heureux de notre bonheur et non du regard des hommes ! Que ne puis-je ici rassembler toute mon âme en toi seule, et devenir à mon tour l'univers pour toi ! Charmes adorés, vous jouiriez alors des hommages qui vous sont dus ! Délices de l'amour, c'est alors que nos cœurs vous savoureraient sans cesse !

ROUSSEAU, *Julie ou la Nouvelle Héloïse*, 1761.

2 Lisez ce début de poème.

1. Quels en sont les principaux **thèmes lyriques** ?

2. Quel **type de phrase** prédomine ? Quels sentiments sont ainsi soulignés ?

Ô mes lettres d'amour, de vertu, de jeunesse,
C'est donc vous ! Je m'enivre encore à votre ivresse ;
Je vous lis à genoux.
Souffrez que pour un jour je reprenne votre âge !
Laissez-moi me cacher, moi, l'heureux et le sage,
Pour pleurer avec vous !

J'avais donc dix-huit ans ! j'étais donc plein de songes !
L'espérance en chantant me berçait de mensonges.
Un astre m'avait lui !
J'étais un dieu pour toi qu'en mon cœur seul je nomme !
J'étais donc cet enfant, hélas ! devant qui l'homme
Rougit presque aujourd'hui !

Ô temps de rêverie, et de force, et de grâce !
Attendre tous les soirs une robe qui passe !
Baiser un gant jeté !
Vouloir tout de la vie, amour, puissance et gloire !
Être pur, être fier, être sublime, et croire
À toute pureté !

[...]

HUGO, *Les Feuilles d'automne*, XIV, 1831.

3 Lisez le sonnet suivant.

1. D'après les indices de l'énonciation, quelle est la **situation du locuteur** ?

2. Quels **thèmes lyriques** sont mis en valeur par les oppositions développées dans les deux tercets ?

Heureux qui, comme Ulysse, a fait un beau voyage,
Ou comme celui-là qui conquit la toison[1],
Et puis est retourné, plein d'usage et raison,
Vivre entre ses parents le reste de son âge !

Quand reverrai-je, hélas, de mon petit village
Fumer la cheminée, et en quelle saison
Reverrai-je le clos de ma pauvre maison,
Qui m'est une province, et beaucoup davantage ?

Plus me plaît le séjour qu'ont bâti mes aïeux
Que des palais romains le front audacieux,
Plus que le marbre dur me plaît l'ardoise fine,

Plus mon Loire gaulois que le Tibre latin,
Plus mon petit Liré[2] que le mont Palatin,
Et plus que l'air marin la douceur angevine.

DU BELLAY, *Les Regrets*, XXXI, 1558.

1. Jason, chef des Argonautes, qui partit conquérir la Toison d'or avant de rentrer chez lui, en Grèce.
2. **Liré :** village natal de Du Bellay.

4 Rédigez un **texte lyrique en prose** d'une page qui utilisera :
- le **champ lexical** de la nostalgie ;
- l'**énonciation** à la première personne ;
- des phrases **interrogatives** et **exclamatives**.

Étape 2

5 Étudiez la **situation d'énonciation** dans cette « chanson ». Quelle est l'originalité de la relation entre les trois personnes : *je, vous, elle* ? Quels sentiments sont ainsi mis en valeur ?

CHANSON

Que me conseillez-vous, mon cœur ?
Irai-je par devers la belle
Lui dire la peine mortelle
Que souffrez pour elle en douleur ?

Pour votre bien et son honneur
C'est droit que votre conseil cèle[1].
Que me conseillez-vous, mon cœur,
Irai-je par devers la belle ?

Si pleine la sais de douceur
Que trouverai merci en elle,
Tôt en aurez bonne nouvelle.
J'y vais, n'est-ce pour le meilleur ?
Que me conseillez-vous mon cœur ?

Charles d'ORLÉANS, *Chansons*, 1509.

1. **Celer :** cacher.

Exercices

6 Repérez les **caractéristiques de l'écriture lyrique** dans le texte suivant, en observant en particulier la **ponctuation**.

On discernait bien les navires, de cet endroit-là, les venues, les rencontres du port… C'était comme un vrai jeu magique… sur l'eau à remuer de tous les reflets… tous les hublots qui passent, qui viennent, qui scintillent encore… Le chemin de fer qui brûle, qui tremblote, qui incendie par le travers les arches minuscules… Nora, elle jouait toujours son piano en nous attendant… Elle laissait la fenêtre ouverte… On l'entendait bien de notre cachette… Elle chantait même un petit peu… à mi-voix… Elle s'accompagnait… Elle chantait pas fort du tout… C'était en somme un murmure… une petite romance… Je me souviens encore de l'air… J'ai jamais su les paroles… La voix s'élevait tout doucement, elle ondoyait dans la vallée… Elle revenait sur nous… L'atmosphère au-dessus du fleuve, ça résonne, ça amplifie… C'était comme de l'oiseau sa voix, ça battait des ailes, c'était partout dans la nuit, des petits échos…

CÉLINE, *Mort à crédit*, © Éd. Gallimard, 1936.

7 Étudiez cet extrait de sermon.

1. Quels sont les **destinataires** successifs de l'orateur ? Pourquoi ces choix ?

2. Observez le **rythme des phrases** : comment donne-t-il de l'élan à ce morceau d'éloquence ?

Ha ! qu'il est bien vrai, ô Seigneur, que vos pensées ne sont pas les pensées des hommes, et que vos voies ne sont pas nos voies[1] ! Ô vanité et grandeur humaine, triomphe d'un jour, superbe néant, que tu parais peu à ma vue, quand je te regarde par cet endroit. Ouvrons les yeux à cette lumière ; laissons, laissons réjouir le monde, et ne lui envions pas sa prospérité. Elle passe, et le monde passe ; elle fleurit avec quelque honneur dans la confusion de ce siècle. Viendra le temps du discernement : « Vous la dissiperez, ô Seigneur, comme un songe de ceux qui s'éveillent [...]. »[2]

BOSSUET, *Sermon sur la Providence*, 1656.

1. Citation de l'*Ancien Testament* (Isaïe, LV, 8).
2. Citation d'un psaume (LXXIII, 20).

ÉTAPE 3

8 Relevez et analysez les **temps** et les **modes** des verbes dans le texte suivant. Quels sentiments opposés mettent-ils en valeur ? En quoi sont-ils au service du lyrisme ?

Le vieil Indien Chactas raconte à René l'idylle qu'il a connue autrefois avec Atala, et les conditions dans lesquelles ils avaient été recueillis, elle et lui, dans une communauté d'Indiens convertis au christianisme, avant la mort d'Atala.

« Ah ! René, je ne murmure point contre la Providence, mais j'avoue que je ne me rappelle jamais cette société évangélique sans éprouver l'amertume des regrets. Qu'une hutte, avec Atala sur ces bords, eût rendu ma vie heureuse ! Là finissaient toutes mes courses ; là, avec une épouse, inconnu des hommes, cachant mon bonheur au fond des forêts, j'aurais passé comme ces fleuves, qui n'ont pas même un nom dans le désert. Au lieu de cette paix que j'osais alors me promettre, dans quel trouble n'ai-je point coulé mes jours ! Jouet continuel de la fortune, brisé sur tous les rivages, longtemps exilé de mon pays, et n'y trouvant, à mon retour, qu'une cabane et des amis dans la tombe, telle devait être la destinée de Chactas. »

CHATEAUBRIAND, *Atala*, 1801.

9 Lisez l'extrait suivant, tiré d'un long poème.

1. Analysez la **métaphore filée** de la guerre.

2. Que sait-on du **locuteur** ? du **destinataire** ? Caractérisez ce type d'énonciation.

3. Pourquoi peut-on parler de **lyrisme cosmique** ? Quelles en sont ici les caractéristiques ?

Le Chœur fait l'éloge de l'immensité marine.

Car ton plaisir est dans la masse et dans la propension divine, mais ton délice est à la pointe du récif, dans la fréquence de l'éclair et la fréquentation du glaive. Et l'on t'a vue, Mer de violence, et de mer ivre, parmi tes grandes roses de bitume et tes coulées de naphtes[1] lumineuses, rouler aux bouches de ta nuit, comme des meules saintes marquées de l'hexagramme[2] impur, les lourdes pierres lavées d'or de tes tortues géantes,

Et toi-même mouvante dans tes agencements d'écaille et tes vastes mortaises[3], Mer incessante sous l'armure et Mer puissance très agile – ô massive, ô totale – luisante et courbe sur ta masse, et comme tuméfiée d'orgueil, et toute martelée du haut ressac de ta faune de guerre, toi Mer de lourde fondation et Mer, levée du plus grand Ordre – ô triomphe, ô cumul – du même flux portée ! t'enfler et te hausser au comble de ton or comme l'ancile[4] tutélaire sur sa dalle de bronze…

SAINT-JOHN PERSE, extrait de « Chœur », in *Amers*, © Éd. Gallimard, 1957.

1. **Naphte :** pétrole brut.
2. **Hexagramme :** figure à six côtés.
3. **Mortaise :** en menuiserie, entaille destinée à l'ajustement.
4. **Ancile :** chez les Romains, bouclier sacré.

10 Rédigez l'**éloge** d'un élément naturel (mer, ciel, montagne…) en utilisant les procédés du registre lyrique.

11 Étudiez ce « cantique » prononcé par un personnage de théâtre.

1. Relevez les **marques de l'affectivité** (syntaxe, types de phrases, fonction expressive).

2. Quelle est la métaphore filée qui traverse cet extrait ? Montrez qu'elle contribue à son **lyrisme cosmique**.

Mesa, seul dans la jungle, sait qu'il va mourir.

CANTIQUE DE MESA

Me voici dans ma chapelle ardente[1] !

Et de toutes parts, à droite, à gauche, je vois la forêt des flambeaux qui m'entoure !

Non point de cires allumées, mais de puissants astres, pareils à de grandes vierges flamboyantes

Devant la face de Dieu, telles que dans les saintes peintures on voit Marie qui se récuse !

Et moi, l'homme, l'Intelligent,

Me voici couché sur la Terre, prêt à mourir, comme sur un catafalque[2] solennel,

Au plus profond de l'univers et dans le milieu même de cette bulle d'étoiles et de l'essaim et du culte.

Je vois l'immense clergé de la Nuit avec ses Évêques et ses Patriarches.

Et j'ai au-dessus de moi le Pôle et à mes côtés la tranche, et l'Équateur des animaux fourmillants de l'étendue,

Cela que l'on appelle Voie lactée, pareil à une forte ceinture !

Salut, mes sœurs ! aucune de vous, brillantes !

Ne supporte l'esprit, mais seule au centre de tout, la Terre

A germé son homme, et vous, comme un million de blanches brebis,

Vous tournez la tête vers elle qui est comme le Pasteur et comme le Messie des Mondes !

Paul CLAUDEL, *Partage de midi*, III, 1906, © Éd. Gallimard, 1949.

1. **Chapelle ardente :** chapelle illuminée pour une veillée funèbre.
2. **Catafalque :** estrade destinée à recevoir un cercueil.

VERS LE COMMENTAIRE

1. Quels sont les deux principaux **thèmes lyriques** du poème ? Comment sont-ils mis en relation ?

2. Étudiez l'**image** du fleuve qui coule : que représente-t-elle ? Quelles sont ses fonctions ?

3. Étudiez les effets de l'**absence de ponctuation**. Peut-on repérer des phrases interrogatives ou exclamatives ? Dans quels vers ?

4. Rédigez un paragraphe où vous montrerez en quoi ce poème relève du **registre élégiaque**.

LE PONT MIRABEAU

Sous le pont Mirabeau coule la Seine
Et nos amours
Faut-il qu'il m'en souvienne
La joie venait toujours après la peine

Vienne la nuit sonne l'heure
6 Les jours s'en vont je demeure

Les mains dans les mains restons face à face
Tandis que sous
Le pont de nos bras passe
Des éternels regards l'onde si lasse

Vienne la nuit sonne l'heure
12 Les jours s'en vont je demeure

L'amour s'en va comme cette eau courante
L'amour s'en va
Comme la vie est lente
Et comme l'Espérance est violente

Vienne la nuit sonne l'heure
18 Les jours s'en vont je demeure

Passent les jours et passent les semaines
Ni temps passé
Ni les amours reviennent
Sous le pont Mirabeau coule la Seine

Vienne la nuit sonne l'heure
24 Les jours s'en vont je demeure

APOLLINAIRE, *Alcools*, © Éd. Gallimard, 1913.

Chapitre 15

Le tragique et le pathétique

Les registres tragique et pathétique ont en commun l'**intensité des émotions** liées au malheur humain. Mais alors que le **pathétique** insiste sur l'**expression de la souffrance** qui suscite la compassion, le **tragique** met l'accent sur les **forces** écrasantes ou les **conflits** insolubles qui enferment l'homme dans son **destin**. Comment les deux textes suivants traduisent-ils ces différences ?

TEXTE A

À la suite d'un quiproquo, Cœlio a été tué à la place de son ami Octave.

OCTAVE. — Son tombeau m'appartient ; c'est moi qu'ils ont étendu dans cette sombre allée ; c'est pour moi qu'ils avaient aiguisé leurs épées ; c'est moi qu'ils ont tué !... Adieu la gaieté de ma jeunesse, l'insouciante folie, la vie libre et joyeuse au pied du Vésuve ! Adieu les bruyants repas, les causeries du soir, les sérénades sous les balcons dorés ! Adieu, Naples et ses femmes, les mascarades à la lueur des torches, les longs soupers à l'ombre des forêts ! Adieu l'amour et l'amitié ! – Ma place est vide sur la terre.

Alfred de MUSSET, *Les Caprices de Marianne*, II, 20, 1833.

Les mots du désespoir

1. Quelle attitude du personnage ce passage met-il en valeur ?
2. À quoi Octave renonce-t-il ? En quel sens la mort de son ami est-elle aussi la sienne ?

TEXTE B

Manon a été condamnée à la déportation. Son amant, le chevalier des Grieux, réussit à rejoindre la charrette des condamnées.

Je quittai mon cheval pour m'asseoir auprès d'elle. Elle était si languissante et si affaiblie qu'elle fut longtemps sans pouvoir se servir de sa langue ni remuer ses mains. Je les mouillais pendant ce temps-là de mes pleurs, et, ne pouvant proférer moi-même une seule parole, nous étions l'un et l'autre dans une des plus tristes situations dont il y ait jamais eu d'exemple.

PRÉVOST, *Manon Lescaut*, 1731.

Le langage des larmes

Comment l'émotion des personnages s'exprime-t-elle ?

REGISTRES DE LA DOULEUR

1. Dans lequel de ces deux textes la manifestation extérieure des sentiments est-elle la plus apparente ? Justifiez votre choix.
2. Quel personnage des textes A et B exprime le plus nettement le poids de la fatalité ? En quels termes ?

15. Le tragique et le pathétique

Le tragique et le pathétique expriment la **souffrance** d'êtres confrontés à des **situations extrêmes**. Ils usent tous deux d'un **langage expressif** propre à traduire et à faire partager des sentiments intenses.
Mais si le **pathétique** éveille la **compassion** en insistant sur les manifestations de l'émotion, le **tragique** se distingue par l'importance qu'il accorde aux **puissances supérieures** qui accablent l'homme en niant sa liberté.

1 QU'EST-CE QUE LE TRAGIQUE ET LE PATHÉTIQUE ?

• **Le registre tragique**

– **Les émotions tragiques** sont la **pitié**, l'**effroi,** devant la cruauté du sort, ainsi que l'**admiration** devant la grandeur du héros qui lutte contre le malheur.

– **Le rôle du destin** est déterminant : les héros tragiques sont condamnés par une **fatalité** impitoyable. Qu'ils soient coupables ou non, ils sont frappés par la justice ou la **vengeance des dieux**. Parfois, c'est le **silence de Dieu** qui suscite leur désespoir.

– **Les thèmes tragiques** sont la souffrance, la mort, la solitude, la faute. Mais l'intensité de la souffrance physique ou morale ne suffit pas : il faut aussi que le héros ait une **conscience** aiguë du mal qui l'accable.

– **Le héros tragique** connaît sa souffrance et son impuissance, qui entraînent sa **révolte**. Confronté à des **épreuves** insurmontables, il ne peut trouver d'issue malgré l'énergie qu'il déploie. Il fait l'expérience de l'**échec** dans la négation de sa liberté, dans l'anéantissement de ses espérances et finalement dans la **mort**.

• **Le registre pathétique**

– **L'expression de la souffrance** est prédominante. Le pathétique se caractérise par une grande **sensibilité** : la **compassion** se nuance d'**attendrissement**.

– **L'émotion** propre au pathétique naît devant un être faible, incapable de lutter contre le malheur et qui subit passivement son sort. Elle a une dimension **affective**, sans la puissance **métaphysique** des passions tragiques.

2 L'ÉCRITURE DU TRAGIQUE ET DU PATHÉTIQUE

• **Tragique et pathétique** s'expriment traditionnellement à travers une **écriture de l'émotion** : ils requièrent des procédés qui contribuent à l'**expressivité** du discours et qui correspondent à un **style orné** dans la langue classique.

– **La syntaxe** multiplie les tournures complexes : longues périodes, tournures exclamatives, interrogations rhétoriques, effets de reprise.

– **L'énonciation** met en valeur l'expression de la douleur par l'interpellation, par l'imprécation (qui voue autrui à la ruine et au malheur), par la supplication (qui implore), par la lamentation (qui exprime un violent regret).

– **Le lexique** est doté d'une forte charge affective : les champs lexicaux du malheur, de la souffrance et de la mort prédominent.

– **Les figures de style** privilégiées sont les figures d'**insistance** : hyperboles, accumulations, gradations, anaphores. L'émotion suscite aussi une langue riche en **images** : métaphores et comparaisons permettent d'exprimer la violence des sentiments.

• **L'écriture moderne du tragique et du pathétique** tend à rejeter toute emphase.

– Elle recourt à une **expression sobre**, jugée plus propre à exprimer l'authenticité de la souffrance.

– Dans la presse, dans les récits contemporains, ces registres s'expriment à travers une **écriture dépouillée**, qui laisse parler les faits et élimine tout ornement superflu.

– **La syntaxe** se déconstruit pour laisser la place à l'**expression brute des sentiments** : phrases simples, propositions juxtaposées. L'**asyndète** (absence de liaison) tend à remplacer la coordination et la subordination.

3 LE TRAGIQUE DANS LA LITTÉRATURE

Les thèmes tragiques ont évolué dans l'histoire de la littérature, en fonction des **genres** et des **mouvements**.

• **Le tragique des passions**

– **Le théâtre** et le **roman** représentent souvent les passions humaines dans leur déchaînement. Les héros sont victimes de la **violence** de leurs propres **sentiments**, qui les prive de liberté et les entraîne à des choix destructeurs. Dramaturges et romanciers soulignent l'**engrenage fatal des passions** : ambition, amour, jalousie, haine, vengeance...

– **Les écrivains romantiques**, en particulier, mettent en scène des **héros désespérés**, que leur souffrance accule au suicide, et qui vivent le déchirement d'une conscience éprise d'**absolu** confrontée à un monde de compromission et de médiocrité.

• **Tragique et société au XIXe siècle**

– Les romanciers du XIXe siècle sont sensibles aux **mécanismes impitoyables de la société**. Balzac (dans *La Comédie humaine*) et Hugo (dans *Les Misérables*) montrent comment les individus peuvent être broyés par les lois d'une fatalité sociale qui ne leur laisse aucune chance.

– Dans les romans de Zola, les **déterminismes de l'hérédité et du milieu** s'imposent aux individus. Privés de liberté morale, ceux-ci se trouvent soumis à une **fatalité** comparable à celle des héros tragiques.

• **Tragique et modernité au XXe siècle**

– **Le tragique de l'Histoire** : le XXe siècle est marqué par des événements d'une barbarie guerrière et politique sans précédent : guerres mondiales, totalitarismes, génocides... Romans, pièces de théâtre et essais s'interrogent douloureusement sur cette violence. Les romans de Céline montrent un individu ballotté par des forces qui le dépassent ; ceux de Malraux évoquent le sacrifice finalement inutile de combattants héroïques.

– **Le tragique de l'absurde** : l'athéisme contemporain laisse l'homme abandonné de Dieu, face à une **crise métaphysique**. Les hommes cherchent vainement à donner une signification à leur existence. La littérature de l'absurde (Camus, Beckett, Ionesco) montre le **tragique d'une condition humaine** privée de sens.

GENRE TRAGIQUE ET REGISTRE TRAGIQUE

• La **tragédie** antique et classique (d'Eschyle à Racine) offre l'expression la plus pure du registre tragique (→ chapitre 27).

• Mais le **registre tragique** déborde largement le genre théâtral : il se retrouve dans le **roman**, l'**essai**, la **poésie**, ou dans d'**autres arts** (opéra, cinéma...).

• Et les tragédies comportent d'**autres registres** que le tragique : le pathétique, l'épique, le lyrique, le délibératif...

ÉTAPE 1

1 Quelles caractéristiques du pathétique pouvez-vous identifier dans ce texte ?

Candide, épouvanté, interdit, éperdu, tout sanglant, tout palpitant, se disait à lui-même : « Si c'est ici le meilleur des mondes possibles, que sont donc les autres ? Passe encore si je n'étais que fessé, je l'ai été chez les Bulgares ; mais, ô mon cher Pangloss ! le plus grand des philosophes, faut-il vous avoir vu pendre, sans que je sache pourquoi ? Ô mon cher anabaptiste[1] ! le meilleur des hommes, faut-il que vous ayez été noyé dans le port ! ô mademoiselle Cunégonde ! la perle des filles, faut-il qu'on vous ait fendu le ventre ! »

VOLTAIRE, *Candide*, 1759.

1. **Anabaptiste :** membre d'une secte protestante.

2 Quel est le registre dominant dans le texte suivant ? Justifiez votre réponse en vous appuyant sur les principaux champs lexicaux.

Tout ce qui m'est extérieur m'est étranger désormais. Je n'ai plus en ce monde ni prochain, ni semblables, ni frères. Je suis sur la terre comme dans une planète étrangère où je serais tombé de celle que j'habitais. Si je reconnais autour de moi quelque chose, ce ne sont que des objets affligeants et déchirants pour mon cœur, et je ne peux jeter les yeux sur ce qui me touche et m'entoure sans y trouver toujours quelque sujet de dédain qui m'indigne, ou de douleur qui m'afflige.

ROUSSEAU, *Les Rêveries du promeneur solitaire*, I, 1782 (posth.).

3 Lisez cet extrait de tirade théâtrale.

1. Relevez les mots qui appartiennent au champ lexical de la fatalité. Quel est le registre dominant du texte ?

2. Phèdre se sent-elle innocente ou coupable ? Pourquoi ?

Phèdre avoue à son beau-fils son amour incestueux.

J'aime. Ne pense pas qu'au moment que je t'aime,
Innocente à mes yeux, je m'approuve moi-même,
Ni que du fol amour qui trouble ma raison
Ma lâche complaisance ait nourri le poison.
Objet infortuné des vengeances célestes,
Je m'abhorre encor plus que tu ne me détestes.
Les dieux m'en sont témoins, ces dieux qui dans mon flanc
Ont allumé le feu fatal à tout mon sang[1],
Ces dieux qui se sont fait une gloire cruelle
De séduire le cœur d'une faible mortelle.

RACINE, *Phèdre*, II, 5, 1677.

1. Vénus a inspiré à Phèdre une passion mortelle.

ÉTAPE 2

4 Étudiez les métaphores dans le texte suivant. Comment renforcent-elles l'expression de la souffrance morale du docteur ?

Le docteur Rieux assiste à l'agonie de son ami Tarrou, atteint de la peste.

Cette forme humaine qui lui avait été si proche, percée maintenant de coups d'épieu, brûlée par un mal surhumain, tordue par tous les vents haineux du ciel, s'immergeait à ses yeux dans les eaux de la peste, et il ne pouvait rien contre ce naufrage. Il devait rester sur le rivage, les mains vides et le cœur tordu, sans armes et sans recours, une fois de plus, contre ce désastre.

CAMUS, *La Peste*, © Éd. Gallimard, 1947.

5 Rédigez un article accompagnant cette image (reportage, éditorial ou lettre ouverte). Vous utiliserez le registre pathétique.

▲ Réfugié kurde, 2003.

6 En quoi le personnage est-il ici un héros tragique, par sa situation et par son discours ?

Lorenzo, pour gagner la confiance du tyran Alexandre de Médicis et le tuer, est devenu son compagnon de débauche. Il révèle son secret au vieux Philippe Strozzi.

LORENZO. — Tu me demandes pourquoi je tue Alexandre ? Veux-tu donc que je m'empoisonne, ou que je saute dans l'Arno[1] ? Veux-tu donc que je sois un spectre, et qu'en frappant sur ce squelette… (*Il frappe sa poitrine.*) il n'en sorte aucun son ? Si je suis l'ombre de moi-même, veux-tu donc que je rompe le seul fil qui rattache aujourd'hui mon cœur à quelques fibres de mon cœur d'autrefois ? Songes-tu que ce meurtre, c'est tout ce qui me reste de ma vertu ? Songes-tu que je glisse depuis deux ans sur un rocher taillé à pic, et que ce meurtre est le seul brin d'herbe où j'ai pu cramponner mes ongles ? Crois-tu donc que je n'aie plus d'orgueil, parce que je n'ai plus de honte, et veux-tu que je laisse mourir en silence l'énigme de ma vie ? Oui, cela est certain, si je pouvais revenir à la vertu, si mon apprentissage du vice pouvait s'évanouir, j'épargnerais peut-être ce conducteur de bœufs[2] — mais j'aime le vin, le jeu et les filles, comprends-tu cela ?

MUSSET, *Lorenzaccio*, III, 3, 1834.

1. **L'Arno :** fleuve qui traverse Florence.
2. **Ce conducteur de bœufs :** il s'agit d'Alexandre.

ÉTAPE 3

7 Étudiez cet extrait des *Pensées*. Pourquoi peut-on parler d'une **vision tragique** de la condition humaine ? Repérez les différents éléments caractéristiques du tragique.

En voyant l'aveuglement et la misère de l'homme, en regardant tout l'univers muet et l'homme sans lumière abandonné à lui-même et comme égaré dans ce recoin de l'univers sans savoir qui l'y a mis, ce qu'il y est venu faire, ce qu'il deviendra en mourant, incapable de toute connaissance, j'entre en effroi comme un homme qu'on aurait porté endormi dans une île déserte et effroyable et qui s'éveillerait sans connaître et sans moyen d'en sortir. Et sur cela j'admire comment on n'entre point en désespoir d'un si misérable état. Je vois d'autres personnes auprès de moi d'une semblable nature, je leur demande s'ils sont mieux instruits que moi. Ils me disent que non. Et sur cela ces misérables égarés, ayant regardé autour d'eux et ayant vu quelques objets plaisants, s'y sont donnés et s'y sont attachés.

PASCAL, *Pensées*, 1670 (posth.).

8 Choisissez parmi les films d'aventures que vous avez vus un **épisode tragique**.
Après avoir présenté brièvement la situation et les personnages, vous raconterez la scène dans un récit au passé à la 3e personne, en utilisant le **registre tragique**.

9 De quelles forces le personnage est-il ici l'esclave ? En quel sens peut-on parler d'une **passion tragique** ?

Thérèse Raquin est devenue la maîtresse de Laurent. Celui-ci, par amour pour elle, va assassiner son mari.

Il y avait quinze jours que Laurent ne pouvait approcher de Thérèse. Alors il sentit combien cette femme lui était devenue nécessaire ; l'habitude de la volupté lui avait créé des appétits nouveaux, d'une exigence aiguë. Il n'éprouvait plus aucun malaise dans les embrassements de sa maîtresse, il quêtait ces embrassements avec une obstination d'animal affamé. Une passion de sang avait couvé dans ses muscles ; maintenant qu'on lui retirait son amante, cette passion éclatait avec une violence aveugle ; il aimait à la rage. Tout semblait inconscient dans cette florissante nature de brute ; il obéissait à des instincts, il se laissait conduire par les volontés de son organisme. Il aurait ri aux éclats, un an auparavant, si on lui avait dit qu'il serait l'esclave d'une femme, au point de compromettre ses tranquillités. Le sourd travail des désirs s'était opéré en lui, à son insu, et avait fini par le jeter, pieds et poings liés, aux caresses fauves de Thérèse.

ZOLA, *Thérèse Raquin*, 1867.

10 Comparez ces deux textes, extraits d'une pièce de théâtre (**a**) et d'un scénario de cinéma (**b**).

1. Comment chaque auteur rend-il sensible l'**ampleur du désastre**, avec les moyens propres à son genre (théâtre ou cinéma) ?

2. Quelles sont dans ces deux textes les caractéristiques d'un **tragique du XXe siècle** ?

a. *L'auteur évoque un monde dévasté par la guerre.*

PREMIER CHŒUR

Des années plus tard, une poussière blanche comme la chevelure des vieillards se déposa sur toute chose
Le monde ressemblait à un dessin au crayon sur un papier blanc
Des heures après les explosions je passai sur un pont
La soif causée par les feux était si intense que même ceux qui se noyaient demandaient de l'eau
Les gens s'enfuyaient dans toutes les directions passant d'un enfer à un autre

Je crus que les explosions avaient projeté sur le pont d'étranges créatures marines dont les ancêtres il y a longtemps s'étaient retirés sous l'océan
(Vous voyez combien j'étais troublé)
Ces créatures silhouettes de poisson aux pieds en forme de nageoire se tenaient debout rivées au sol et ondulaient
Des algues vertes pendaient de leur tête de morse
S'il existe des zoos en enfer c'est là qu'on les aurait montrés
Alors je vis que c'était des hommes dont la peau pendait en lanières enchevêtrées
Je leur dis de mourir
On ne pouvait pas les aider et comme tout touchait à sa fin souffrir était sans objet

Edward Bond, *Pièces de guerre*, texte français de M. Vittoz, © Éd. L'Arche, 1994.

b. *Les images du film sont décrites en italiques. Les personnages se sont rencontrés à Hiroshima, une dizaine d'années après l'explosion atomique.*

Nuage atomique.
Atomium qui tourne.
Des gens dans des rues marchent sous la pluie.
Pêcheurs atteints par la radio-activité.
Un poisson non comestible.
Des milliers de poissons non comestibles enterrés.

Elle

Les femmes risquent d'accoucher d'enfants mal venus, de monstres, mais ça continue.

Les hommes risquent d'être frappés de stérilité mais ça continue.

La pluie fait peur.

Des pluies de cendres sur les eaux du Pacifique.

Les eaux du Pacifique tuent.

Des pêcheurs du Pacifique sont morts.

La nourriture fait peur.

On jette la nourriture d'une ville entière.

On enterre la nourriture de villes entières.

Une ville entière se met en colère.

Des villes entières se mettent en colère.

Actualités : des manifestations.

Duras, *Hiroshima mon amour*, © Éd. Gallimard, 1960.

VERS LE COMMENTAIRE

1. Étudiez les notations de temps : quelle chronologie permettent-elles de restituer ?

2. Comment le désastre personnel est-il relié à un désastre historique, universel ?

3. Rédigez un paragraphe où vous montrerez comment la forme épistolaire renforce l'expression tragique des sentiments.

Le récit s'ouvre sur trois lettres écrites au narrateur par son père, dont celle-ci. Les parents du narrateur sont tous deux des rescapés des ghettos et des camps nazis.

Cher fils,

Ta mère est malade et je désespère[1]. Incurable, disent les médecins. Elle ne se relèvera plus. J'imagine l'épouse de Job[2] sans Job et c'est ta mère que je vois : éteinte jusque dans son âme.

Avec toi, elle jouait encore ces dernières semaines ; elle ne jouera plus.

Depuis quand est-elle ainsi, morte parmi les vivants, se croyant morte parmi les morts ?

Difficile à établir, répondent les spécialistes. Moi je sais : depuis longtemps. Depuis le ghetto, je veux dire : depuis cette nuit-là, au ghetto, depuis la nuit de la rupture. Ce mot nous convient, mon fils : rupture entre les êtres, les mots, les instants.

Rien ne collait : voilà ce que nous pensions dans le ghetto. Les calculs étaient tous faux. Les prévisions, les illusions, les assurances : une erreur cosmique s'était glissée dans les interstices de la pensée et de la vie.

Cette nuit-là, dans un arrachement primitif, ta mère a rompu avec nous tous, et avec elle-même.

Nous ne nous en sommes aperçus que plus tard.

Maintenant.

Est-elle du moins plus proche de toi ?

Ton père.

Elie Wiesel, *Le Cinquième Fils*, © Éd. Grasset, 1983.

1. Elle a sombré dans la folie, à la suite des traumatismes vécus pendant la guerre.

2. Dans la Bible, Job est le type de l'homme juste que Dieu soumet à des épreuves insupportables.

Chapitre 16

Le comique

Qu'est-ce qui **suscite le rire ou le sourire** dans un texte ou dans une situation donnée ? Le registre comique consiste surtout à percevoir et à exploiter toutes sortes de **ruptures**, de **décalages**, d'**écarts** par rapport aux normes et usages courants. Ces écarts renouvellent notre vision de la réalité sur un mode **critique, ludique ou poétique**, comme on le voit dans ce texte de Giraudoux.

TEXTE

Isabelle, une institutrice non-conformiste, a adopté une pédagogie très libre ; elle fait la classe en plein air. Survient l'Inspecteur, accompagné de quelques habitants du village...

L'INSPECTEUR. — Entrez, les élèves... (*Elles rient.*) Pourquoi rient-elles ainsi ?

ISABELLE. — C'est que vous dites : entrez, et qu'il n'y a pas de porte, Monsieur l'Inspecteur.

L'INSPECTEUR. — Cette pédagogie de grand air est stupide... Le vocabulaire des Inspecteurs y perd la moitié de sa force... (*Chuchotements.*) Silence, là-bas... La première qui bavarde balaiera la classe, le champ, veux-je dire, la campagne... (*Rires...*) Mademoiselle, vos élèves sont insupportables !

LE MAIRE. — Elles sont très gentilles, Monsieur l'Inspecteur, regardez-les.

L'INSPECTEUR. — Elles n'ont pas à être gentilles. Avec leur gentillesse, il n'en est pas une qui ne prétende avoir sa manière spéciale de sourire ou de cligner. J'entends que l'ensemble des élèves montre au maître le même visage sévère et uniforme qu'un jeu de dominos.

LE DROGUISTE. — Vous n'y arriverez pas, Monsieur l'Inspecteur.

L'INSPECTEUR. — Et pourquoi?

LE DROGUISTE. — Parce qu'elles sont gaies.

L'INSPECTEUR. — Elles n'ont pas à être gaies. Vous avez au programme le certificat d'études et non le fou rire.

Jean GIRAUDOUX, *Intermezzo*, © Éd. Grasset, 1933.

DÉCALAGES COMIQUES

1. Pourquoi l'attitude de l'Inspecteur fait-elle rire les petites filles ? Le spectateur rit-il de lui pour les mêmes raisons ?
2. En nous faisant rire, l'auteur cherche-t-il ici simplement à divertir ? Ou à faire rêver ? À faire réfléchir ou à dénoncer ?

16. Le comique

Le **registre comique** caractérise toutes les formes d'expression qui visent à provoquer le rire ou le sourire. Il connaît donc une **grande extension** : le comique peut être subtil ou grossier, léger ou grave, naïf ou profond... Ses formes mettent en jeu le **langage** mais aussi les **gestes** et les **situations**. Et ses **procédés** varient selon l'effet et le but recherchés, du simple divertissement à la réflexion critique.

1 QU'EST-CE QUE LE COMIQUE ?

Pourquoi et de quoi rit-on ? Pour que s'impose le comique, il faut surtout deux conditions.

• **L'anomalie risible**

– Le comique provient de la **perception d'une anomalie**, réelle ou supposée, dans un monde humain imparfait. Le sens du comique naît devant la laideur, le désordre ou l'injustice.

– Cette anomalie comique est attribuée à un **individu** ou à un **type** humain, dont les défauts suscitent le **rire du groupe**. Par le rire, la société réagit à des comportements qu'elle juge inadaptés. Le sujet comique a des aspects **mécaniques** qui contredisent les **lois de la vie**.

• **La distance du rieur**

– Par rapport à ce qui le fait rire, le rieur reste à distance, dans une position d'**extériorité** et souvent de **supériorité**. On rit des faiblesses et des malheurs d'autrui, ce qui suppose que l'émotion et la compassion soient momentanément suspendues.

– Pour être comique, l'anomalie doit rester **inoffensive**. Elle peut faire rire le lecteur ou le spectateur parce qu'elle ne l'atteint pas et ne lui cause aucun dommage.

LES FONCTIONS DU RIRE

• Le rire a une **fonction psychologique** : il renforce le **Moi** du rieur, qui se sent supérieur et invulnérable, à l'abri des défauts dont il rit chez autrui ; le rire libère de l'angoisse.

• Le rire a aussi une **fonction sociale** : il renforce la cohésion du **groupe** ; il tend à corriger les conduites individuelles qui enfreignent ses normes.

2 LES FORMES DU COMIQUE

• **Le comique de pensée**

– Dans l'**ironie**, le locuteur fait sourire en disant le contraire de ce qu'il veut faire entendre. Il instaure un **écart** entre le **sens apparent** et le **sens véritable** du discours. L'ironie suppose donc la complicité du destinataire, qui doit comprendre le sens véritable. Elle peut être une figure de style ponctuelle, ou s'étendre à l'ensemble d'un texte. Sous une apparence légère, elle a une visée sérieuse par sa **fonction critique** ; elle mêle donc la gravité au comique. Moyen de dénonciation et arme polémique (chez Voltaire notamment), elle relie le registre comique au **registre satirique** (→ ch. 18).

– Dans l'**humour**, le locuteur jette un **regard neuf** sur les conventions et les usages, dont il perçoit les insuffisances. Il les **met à distance** pour en dénoncer les défauts. S'il suscite le sourire, c'est en feignant le sérieux, la colère ou la naïveté. L'humoriste, à la différence de l'ironiste, n'hésite pas à se mettre en cause et à faire rire de lui-même.

– Dans l'**humour noir**, on fait rire de réalités sinistres ou macabres, pour faire ressortir la cruauté de la vie tout en l'apprivoisant.

• **Le comique de déformation**

– **La parodie** fait naître le comique à partir des déformations que l'**imitation d'un texte** ou d'un personnage fait subir au modèle (→ ch. 21).

– **Le burlesque** provient du **décalage entre le sujet et le style adopté** : on peint une situation noble en termes vulgaires. Dans un sens plus large, il désigne un comique extravagant et débridé, comme dans le cinéma burlesque américain (par exemple, chez les Marx Brothers).

– **Le grotesque** joue avec les formes naturelles auxquelles il fait subir une **déformation très accentuée**, jusqu'à la caricature ou au fantastique (par exemple, le Quasimodo de *Notre-Dame de Paris*).

• **Le comique de l'absurde**

Il consiste en paroles ou en conduites qui se libèrent de toute logique. **Comique distancié**, il met en doute la réalité, sans nécessairement porter de jugement de valeur. Il peut aller jusqu'au **non-sens**. Le théâtre de Ionesco et de Beckett déforme la réalité pour en faire voir le caractère aberrant : par le comique de l'absurde, il montre le caractère dérisoire de la condition humaine.

3 LES CATÉGORIES DU COMIQUE THÉÂTRAL

La tradition de la **comédie** distingue différents **ressorts du comique**. Ces catégories peuvent s'appliquer à d'autres **spectacles comiques** (comme le cinéma) ou **genres littéraires** (comme le roman).

• **Le comique de mots** (ou comique verbal) inclut tous les **jeux** sur le signifiant (les sonorités) et le signifié (le sens) des mots. On en trouve des illustrations dans les répétitions ou déformations verbales du **comique de farce**, dans les jeux des surréalistes ou de l'OuLiPo avec le langage (R. Queneau, → ch. 21), dans les sketches des chansonniers ou humoristes d'aujourd'hui...

• **Le comique de gestes** se manifeste par des grimaces, mimiques, chutes ou coups de bâton... Il est omniprésent dans les **spectacles populaires** comme la farce, la *commedia dell'arte*, les clowneries, le cinéma muet. Les comédies de Molière y recourent abondamment.

• **Le comique de situation** repose sur le caractère plaisant ou insolite d'une découverte, d'une rencontre, d'une péripétie (substitutions, déguisements, témoins cachés, quiproquos, malentendus...). Il se rencontre principalement dans les **comédies d'intrigue** et les **vaudevilles** (→ ch. 27) ; et on le retrouve aujourd'hui dans les **scénarios** de films comiques.

• **Le comique de caractère** exploite les **défauts** ou **vices** d'un personnage, d'un type ou d'un groupe social. *L'Avare* de Molière repose sur ce type de comique, qui se nourrit du **portrait** et de la **caricature** et que l'on rencontre aussi dans le **roman**. Le fabliau, la farce et le roman picaresque présentent des « caractères » de personnages gloutons ou débauchés ; la bande dessinée fait rire de héros stupides, gaffeurs ou alcooliques...

LES PROCÉDÉS DU COMIQUE VERBAL

• **L'antiphrase** consiste à laisser entendre le contraire de ce qu'on dit. C'est le procédé le plus fréquent de l'ironie.

⇒ Exemple :
C'est un génie de la finance – pour désigner un escroc.

• **Le calembour** est un jeu de mots fondé sur une **équivoque** ; un même signifiant peut correspondre à des signifiés différents : telle est la source de l'effet comique.

⇒ Exemple :
une personne alitée – pour *une personnalité*.

• **La contrepèterie** tire un effet plaisant de l'interversion des syllabes ou des lettres d'un mot ou d'une expression.

⇒ Exemple :
le vélo du minus – à partir de *La Vénus de Milo*.

ÉTAPE 1

1 À quelles catégories du **comique théâtral** Molière recourt-il dans cette scène ?

MADAME JOURDAIN. — Ah ! mon Dieu ! miséricorde ! Qu'est-ce que c'est donc que cela ? Quelle figure ! Est-ce un momon[1] que vous allez porter ; et est-il temps d'aller en masque ? Parlez donc, qu'est-ce que c'est que ceci ? Qui vous a fagoté comme cela ?
MONSIEUR JOURDAIN. — Voyez l'impertinente, de parler de la sorte à un *Mamamouchi* !
MADAME JOURDAIN. — Comment donc ?
MONSIEUR JOURDAIN. — Oui, il me faut porter du respect maintenant, et l'on vient de me faire *Mamamouchi*.
MADAME JOURDAIN. — Que voulez-vous dire avec votre *Mamamouchi* ?
MONSIEUR JOURDAIN. — *Mamamouchi*, vous dis-je. Je suis *Mamamouchi*.
MADAME JOURDAIN. — Quelle bête est-ce là ?
MONSIEUR JOURDAIN. — *Mamamouchi*, c'est-à-dire, en notre langue, Paladin[2].
MADAME JOURDAIN. — Baladin ! Êtes-vous en âge de danser des ballets ?
MONSIEUR JOURDAIN. — Quelle ignorante ! Je dis Paladin : c'est une dignité dont on vient de me faire la cérémonie.

MOLIÈRE, *Le Bourgeois gentilhomme*, V, 1, 1670.

1. **Momon :** défi au jeu de dés, porté par quelqu'un de masqué.
2. **Paladin :** chevalier, seigneur.

2 En quoi consiste le **comique de caractère** dans le texte suivant ? Quel procédé d'écriture le met tout particulièrement en relief ?

Adrien Deume est un fonctionnaire de la Société des Nations, obsédé par l'ambition d'être promu dans la catégorie A.

Le coup de génie, c'était de s'être procuré la dernière plaquette de poèmes du délégué argentin et d'en avoir appris un par cœur.

— Monsieur l'ambassadeur, je prends la liberté de vous dire combien j'ai admiré les Galions du Conquistador, et là alors lui réciter sa saloperie, la réciter les yeux baissés, genre émotion, ça fera sincère, bref une bonne couche de pommade et que l'Académie française s'est honorée en le couronnant et caetera. Il aime ce que je lui dis, on parle littérature, on se revoit, on déjeune ensemble, et à la troisième rencontre je lui glisse que je plafonne B ! Il en parle à Sir John et le tour est joué !

Il fit un ricanement théâtral de traître victorieux, puis posa son front sur la table et gémit, puis se redressa et ouvrit le dossier Cameroun. Les yeux vagues, il le feuilleta tout en chantonnant des bâillements, puis le referma, sortit son briquet, le fit fonctionner.

Albert COHEN, *Belle du Seigneur*,

3 Quelles **formes du comique** sont à l'œuvre dans cette vignette de bande dessinée ? Étudiez les effets complémentaires du texte et de l'image.

▲ MORRIS et GOSCINNY, *Tortillas pour les Dalton*,

4 Précisez le **sens des adjectifs** suivants, si nécessaire à l'aide d'un dictionnaire :

amusant – caricatural – cocasse –dérisoire – désopilant – divertissant – plaisant – ridicule – savoureux – spirituel

5 Choisissez un **film comique** que vous avez vu au cinéma ou à la télévision, puis faites une fiche en suivant ces consignes.

– Indiquez le titre et le **genre** du film, le nom de son réalisateur, sa date ; et résumez l'intrigue en quelques phrases.

– Choisissez un **personnage** comique du film, et donnez les raisons pour lesquelles vous le trouvez comique.

– Choisissez une **scène** ou une **situation**. Résumez-la rapidement, et dites sur quelle catégorie de comique elle repose.

Exercices

ÉTAPE 2

6 Lisez le sketch suivant.

1. Relevez et analysez les différents procédés du comique de mots.

2. Quelle est la part du comique de l'absurde ?

MATIÈRE À RIRE

Vous savez que j'ai un esprit scientifique.
Or, récemment, j'ai fait une découverte bouleversante !
En observant la matière de plus près...
j'ai vu des atomes...
qui jouaient entre eux...
et qui se tordaient de rire !
Ils s'esclaffaient !
Vous vous rendez compte...
des conséquences incalculables que cela peut avoir ?
Je n'ose pas trop en parler, parce que
j'entends d'ici les savants !
— Monsieur, le rire est le propre de l'homme !
Eh oui !...
Et pourtant !
Moi, j'ai vu, de mes yeux vu...
des atomes qui : « Ha ! ha ! ha ! »
Maintenant, de qui riaient-ils ?
Peut-être de moi ?
Mais je n'en suis pas sûr !
Il serait intéressant de le savoir.
Parce que si l'on savait ce qui amuse les atomes,
on leur fournirait matière à rire...
Si bien qu'on ne les ferait plus éclater que de rire.
Alors, me direz-vous, que deviendrait la fission
nucléaire ?
Une explosion de joie !

Raymond DEVOS, *Matière à rire*,
© Éd. Plon, 1991.

7 Lisez cet extrait de roman.

1. Sur quel décalage repose le comique du texte ?

2. Ce texte est-il seulement comique ? Quelle est sa portée critique ?

Rodolphe déclare son amour à Emma au cours d'une foire agricole qui s'achève par la remise des prix. Ses déclarations alternent avec la voix du président.

— Tantôt, par exemple, quand je suis venu chez vous...

« À M. Bizet, de Quincampoix. »

— Savais-je que je vous accompagnerais ?

« Soixante et dix francs ! »

— Cent fois même j'ai voulu partir, et je vous ai suivie, je suis resté.

« Fumiers. »

— Comme je resterais ce soir, demain, les autres jours, toute ma vie !

« À M. Caron, d'Argueil, une médaille d'or ! »

— Car jamais je n'ai trouvé dans la société de personne un charme aussi complet.

« À M. Bain, de Givry-Saint-Martin ! »

— Aussi, moi, j'emporterai votre souvenir.

« Pour un bélier mérinos... »

— Mais vous m'oublierez, j'aurai passé comme une ombre.

« À M. Belot, de Notre-Dame... »

— Oh ! non, n'est-ce pas, je serai quelque chose dans votre pensée, dans votre vie ?

« Race porcine, prix *ex æquo* : à MM. Lehérissé et Cullembourg ; soixante francs ! »

FLAUBERT, *Madame Bovary*, 1857.

ÉTAPE 3

8 Étudiez l'extrait suivant.

1. En quoi est-il parodique ? Quel est le registre parodié ?

2. Analysez le fonctionnement du comique de mots. Quel effet produit-il ?

Une bagarre éclate dans un café parisien.

— Palsambleu ! hurle Turandot qui, ayant repris son équilibre sur la chaussée aux dépens des freins de quelques chars nocturnes particulièrement matineux, pénétrait de nouveau dans la brasserie en manifestant un fier désir de combats.

C'était maintenant des troupeaux de loufiats[1] qui surgissaient de toutes parts. Jamais on upu croire qu'il y en u tant. Ils sortaient des cuisines, des caves, des offices, des soutes. Leur masse serrée absorba Gridoux puis Turandot aventuré parmi eux. Mais ils n'arrivaient pas à réduire Gabriel aussi facilement. Tel le coléoptère attaqué par une colonne myrmidonne[2], tel le bœuf assailli par un banc hirudinaire[3], Gabriel se secouait, s'ébrouait, s'ébattait, projetant dans des directions variées des projectiles humains qui s'en allaient briser tables et chaises ou rouler entre les pieds des clients.

Le bruit de cette controverse finit par éveiller Zazie. Apercevant son oncle en proie à la meute limonadière, elle hurla : courage, tonton ! et s'emparant d'une carafe la jeta au hasard dans la mêlée. Tant l'esprit militaire est grand chez les filles de France.

QUENEAU, *Zazie dans le métro*,
© Éd. Gallimard, 1959.

1. **Loufiat :** garçon de café.
2. **Myrmidonne :** de fourmis.
3. **Hirudinaire** (néologisme) : d'hirondelles.

9 Expliquez l'humour des citations suivantes. Quelle signification sérieuse chacune d'elles contient-elle ?

a. Il ne suffit pas d'avoir de l'esprit. Il faut en avoir assez pour éviter d'en avoir trop. (Oscar Wilde)

b. L'Angleterre et l'Amérique sont deux pays séparés par la même langue. (G. B. Shaw)

c. Il a été si inquiet, quand il a lu quelque part que fumer pouvait provoquer le cancer, qu'il a abandonné la lecture. (Anna M. Kirwan)

d. Ce n'est pas que j'aie peur de mourir ; simplement, je ne veux pas être là quand ça arrivera. (Woody Allen)

10 Comparez les deux extraits suivants.

1. Pourquoi rit-on de chaque personnage (ici la princesse de Luxembourg, là Panurge) ?

2. De quelle forme du comique s'agit-il dans chaque cas ? Appuyez votre réponse sur des arguments précis.

a. *Le narrateur se promène avec sa grand-mère, et rencontre la princesse de Luxembourg.*

Cependant la princesse de Luxembourg nous avait tendu la main et, de temps en temps, tout en causant avec la marquise, elle se détournait pour poser de doux regards sur ma grand-mère et moi, avec cet embryon de baiser qu'on ajoute au sourire quand celui-ci s'adresse à un bébé avec sa nounou. Même, dans son désir de ne pas avoir l'air de siéger dans une sphère supérieure à la nôtre, elle avait sans doute mal calculé la distance, car, par une erreur de réglage, ses regards s'imprégnèrent d'une telle bonté que je vis approcher le moment où elle nous flatterait de la main comme deux bêtes sympathiques qui eussent passé la tête vers elle, à travers un grillage, au jardin d'Acclimatation.

PROUST, *À l'ombre des jeunes filles en fleurs*,
1918.

b. *Panurge tremble devant la Sibylle de Panzoust, une étrange sorcière qu'il est venu consulter à propos de son projet de mariage.*

Alors elle cria de façon effroyable, faisant sonner entre ses dents quelques mots barbares et à la terminaison étrange, de telle sorte que Panurge dit à Épistémon :

« Vertudieu, je tremble ! je crois que je suis sous le coup d'un charme ; elle ne parle pas chrétien. Voyez comme elle me semble de quatre empans plus grande qu'elle n'était quand elle se couvrit la tête de son tablier. Que signifie ce remuement des lèvres ? que veut dire cette agitation des épaules ? Pourquoi bourdonne-t-elle des babines comme un singe qui décortique des écrevisses ? les oreilles me cornent, je crois que j'entends Proserpine[1] qui fait du tintamarre ; les diables vont bientôt sortir ici-même. Oh les vilaines bêtes ! Fuyons, par le Serpent de Dieu, je meurs de peur ! Je n'aime pas les diables, ils me rendent malade et ne sont pas agréables du tout. Fuyons ! Adieu, madame, grand merci pour vos bienfaits ! Je ne me marierai pas, non ! J'y renonce maintenant comme depuis toujours. »

RABELAIS, *Le Tiers Livre*, 1546,
éd. modernisée de Guy Demerson,
© Éd. du Seuil, 1995.

1. **Proserpine :** divinité des Enfers dans la religion romaine.

VERS LA DISSERTATION

Dans une pièce de théâtre de Marcel Pagnol, *Le Schpountz*, un personnage définit le spectacle comique comme « un spectacle qui ne nous fera pas penser, qui ne nous posera aucun problème ».

1. Dans les différents genres comiques que vous connaissez, quels sont ceux qui ne visent que le divertissement ? Quels sont ceux qui, au contraire, nous permettent de réfléchir ? Vous répondrez en vous appuyant sur des exemples précis.

2. Pourquoi et comment le comique peut-il « faire penser » ? Vous développerez une partie de dissertation qui mettra en évidence la portée critique du registre comique.

Chapitre 17

Le didactique et le délibératif

Deux registres concernent plus particulièrement les textes et les propos qui exposent des savoirs ou des arguments. Soit l'énoncé présente son contenu comme un **enseignement** sûr, qui n'offre pas matière à discussion, et il relève du **didactique**. Soit il confronte des points de vue différents pour parvenir à une conclusion après **discussion**, et il relève du **délibératif**. Les deux textes suivants illustrent ces différences.

TEXTE A

Rendez votre élève attentif aux phénomènes de la nature, bientôt vous le rendrez curieux ; mais, pour nourrir sa curiosité, ne vous pressez jamais de la satisfaire. Mettez les questions à sa portée et laissez-les lui résoudre. Qu'il ne sache rien parce que vous le lui avez dit, mais parce qu'il l'a compris lui-même ; qu'il n'apprenne pas la science, qu'il l'invente. Si jamais vous substituez dans son esprit l'autorité à la raison, il ne raisonnera plus, il ne sera plus que le jouet de l'opinion des autres.

Jean-Jacques Rousseau, *Émile ou de l'éducation*, III, 1762.

Conseils et consignes pédagogiques

1. Quels sont les modes et temps verbaux utilisés ? Quel rapport établissent-ils entre l'auteur et ses lecteurs ?
2. Résumez en une phrase cette conception de l'éducation. Est-elle présentée ici comme une opinion ou comme une vérité ?

TEXTE B

Rodrigue aime Chimène. Mais il doit venger son père, qui a été offensé par le père de la jeune fille.

Rodrigue

Que je sens de rudes combats !
Contre mon propre honneur mon amour s'intéresse :
Il faut venger un père, et perdre une maîtresse :
L'un m'anime le cœur, l'autre retient mon bras.
Réduit au triste choix ou de trahir ma flamme[1],
Ou de vivre en infâme,
Des deux côtés mon mal est infini.
Ô Dieu, l'étrange peine !
Faut-il laisser un affront impuni ?
Faut-il punir le père de Chimène ?

1. **Ma flamme :** mon amour.

Corneille, *Le Cid*, I, 6, 1637.

Discussion intérieure

1. Par quels types de phrases l'indécision du héros s'exprime-t-elle ?
2. Entre quelles options Rodrigue est-il déchiré ? Pourquoi est-ce un « triste choix » ?

17. Le didactique et le délibératif

Ces registres correspondent à des **fonctions** différentes du discours : le registre **didactique** vise à **instruire**, à transmettre un savoir ; le **délibératif** vise à **débattre** en vue d'une décision. Ils se rencontrent dans l'usage courant de la langue aussi bien que dans la littérature.

1 LE REGISTRE DIDACTIQUE

• **Qu'est-ce que le didactique ?**

– Le registre didactique consiste à exposer un thème comme un objet d'enseignement. Il vise à **transmettre un savoir**, soit **théorique** (système scientifique), soit **pratique** (méthodes, recettes). Il fournit au destinataire des explications, des éclaircissements, des conseils.

– Le didactique fait apparaître le contenu de l'énoncé comme un savoir bien établi. Or on applique souvent ce registre au domaine des **opinions** (idées esthétiques, pensées philosophiques…). Il sert alors à renforcer la thèse, qui est présentée comme une **vérité à enseigner** et non comme une opinion discutable.

– Beaucoup d'**énoncés ordinaires** recourent au didactique : leçons scolaires, ouvrages pédagogiques, dictionnaires, notices explicatives, guides de voyage, articles scientifiques…

• **Le didactique dans les genres**

– **Les genres argumentatifs** comportent souvent une part d'enseignement : le **traité** philosophique, l'**essai** de vulgarisation scientifique, le **dictionnaire** philosophique ou scientifique (comme l'*Encyclopédie* de Diderot et d'Alembert)…

– **L'épistolaire** fournit un moyen d'exposition efficace : une lettre reproduit aisément dans la relation locuteur-destinataire un **rapport de maître à élève** (Rilke, *Lettres à un jeune poète*).

– **Le roman** contient des passages didactiques, soit dans la **préface de l'auteur**, soit dans les **commentaires du narrateur** qui interrompent la fiction, soit dans les **dialogues entre des personnages** qui se transmettent un enseignement. À travers la fiction, il arrive que le romancier cherche à instruire sur une réalité sociale (Zola) ou un savoir géographique (Jules Verne).

– **Le théâtre** délègue des propos didactiques aux personnages, qu'il s'agisse d'exposer des idées sur le théâtre (Molière, *Critique de l'École des femmes*) ou de **former la conscience du spectateur** dans un théâtre « engagé » (avec Bertolt Brecht ou Jean-Paul Sartre au XXe siècle).

– **La poésie** elle-même peut servir à exposer des savoirs. C'était surtout le cas dans l'Antiquité : Virgile aborde dans *Les Géorgiques* les savoirs de la vie paysanne. Cette alliance d'une forme poétique et d'un énoncé didactique se retrouve dans les morales des **fables**.

• **L'écriture didactique**

– Comme l'énoncé scientifique, elle cherche la neutralité et l'**objectivité** : elle évite l'implication personnelle du locuteur, les marques de jugement et l'expression de l'émotion ; elle recourt plutôt à des tournures impersonnelles généralisantes (*il faut, on doit...*). Son but est pédagogique : elle cherche à être **claire** et **accessible** en s'appuyant sur des **exemples**, des schémas, des tableaux.

– Elle a pour but d'agir sur un **destinataire**, qu'il s'agit d'instruire. D'où l'emploi de la fonction injonctive du langage : **modes de l'injonction** (impératif, subjonctif, infinitif) et marques de la **deuxième personne**.

2 LE REGISTRE DÉLIBÉRATIF

• Qu'est-ce que le délibératif ?

– Le registre délibératif consiste à **confronter des opinions** en vue de parvenir à une conclusion. À la différence du didactique, qui s'appuie sur des certitudes, le délibératif part d'une situation d'incertitude qui incite au débat. En discutant les différents arguments **pour ou contre** une décision, on réfléchit sur le **meilleur choix** possible en fonction des circonstances.

– Dans les **énoncés de la vie courante** et dans les **débats d'une société démocratique**, le délibératif caractérise toute discussion en vue d'une **décision pratique**, d'une action à mener. Un conseil des ministres, un conseil d'administration, un jury d'assises ou un conseil de classe sont des instances délibératives.

– Fondé sur l'**échange d'arguments**, le délibératif prend volontiers la forme du **dialogue**. Il caractérise aussi le **raisonnement dialectique** de l'argumentation, qui examine des arguments favorables et défavorables (la thèse et l'antithèse) pour chercher à dépasser les oppositions en une synthèse. L'exercice de la **dissertation** s'inscrit donc pleinement dans ce registre.

• Le délibératif dans les genres

– **Le dialogue** littéraire ou philosophique, tout comme le dialogue de la conversation courante, est particulièrement propice au délibératif.

– **L'essai** recourt au délibératif quand il inclut l'expression de différents points de vue pour en discuter la validité, préférant le **débat** à la leçon.

– **Le théâtre** comprend de nombreux dialogues délibératifs (entre personnages qui discutent de l'action à mener), mais aussi des **monologues délibératifs** (quand un seul personnage s'interroge sur ce qu'il va faire, en un débat intérieur).

– **Le roman** inclut des passages délibératifs dans les propos et pensées attribués aux personnages : dialogues au discours direct, échanges de lettres dans le roman épistolaire, monologues intérieurs.

• L'écriture délibérative

– L'échange d'arguments suppose de fortes **articulations logiques**. Les moments successifs de la discussion sont reliés entre eux par des liens explicites qui marquent notamment l'opposition, la cause et la conséquence.

– Des **phrases interrogatives et exclamatives** soulignent les incertitudes du locuteur, en particulier dans le dialogue ou le monologue de théâtre.

– Les **champs lexicaux** privilégiés sont ceux du jugement, du doute et de la décision, ou renvoient aux principes qui fondent l'argumentation (valeurs morales, politiques, esthétiques...).

LES REGISTRES DE LA PAROLE THÉÂTRALE

Dans les dialogues et monologues de théâtre, **plusieurs registres** différents peuvent se combiner. **Le délibératif** peut notamment s'accompagner :

– du **tragique** (dans les monologues ou dialogues qui s'inscrivent dans une situation sans issue) ;

– du **pathétique** (quand les contradictions douloureuses qu'exprime un personnage suscitent la compassion) ;

– du **comique** (dans les parodies de scènes délibératives) ;

– du **polémique** (dans les dialogues conflictuels).

LE REGISTRE ÉPIDICTIQUE : L'ÉLOGE ET LE BLÂME

• Outre le didactique et le délibératif, et mis à part le polémique (→ ch. 18), un autre registre se rencontre principalement dans les textes argumentatifs : c'est l'**épidictique**, qui consiste à formuler sur différents objets de nets **jugements de valeur**, positifs (par l'éloge) ou négatifs (par le blâme).

• Comme il prend forme principalement dans les **genres de l'éloge et du blâme**, il est abordé dans le chapitre qui leur est consacré (→ ch. 30).

ÉTAPE 1

1 Quelle est la fonction de ce texte ? Quelle place y occupent, respectivement, le locuteur et le destinataire ? Quel registre en déduisez-vous ?

Ce manuel explique comment vous devez utiliser la calculatrice graphique TI-83 Plus. L'introduction « Vos débuts » présente rapidement ses principales fonctions et le chapitre 1 fournit des directives générales d'utilisation. Les autres chapitres décrivent les fonctions interactives de la TI-83 Plus. Vous trouverez des exemples pratiques d'application et de combinaison de ces fonctions dans le chapitre 17.

Manuel d'utilisation de calculatrice graphique,
© Texas Instruments Incorporated, 1999.

2 Relevez les liens logiques du texte suivant. Quel est donc son registre ?

Les jeux de hasard, qui sont aussi les jeux d'argent, n'ont pratiquement aucune place dans l'ouvrage de Huizinga[1]. Un tel parti pris n'est pas sans conséquence.

Il n'est pas non plus inexplicable. Il est certes beaucoup plus difficile d'établir la fécondité culturelle des jeux de hasard que des jeux de compétition. Cependant, l'influence des jeux de hasard n'en est pas moins considérable, même si on l'estime malheureuse. En outre, de ne pas les prendre en considération conduit à donner du jeu une définition qui affirme ou sous-entend que le jeu n'entraîne aucun intérêt d'ordre économique. Or, il faut distinguer. Dans certaines de ses manifestations, le jeu est au contraire lucratif ou ruineux à un degré extrême et il est destiné à l'être.

Roger CAILLOIS, *Les Jeux et les hommes*,
© Éd. Gallimard, 1958.

1. *Homo ludens*, de Joseph Huizinga, dont Caillois discute ici les thèses.

3 Ces textes relèvent-ils du registre didactique ou délibératif ? Vous fonderez votre réponse sur des indices précis.

a. *Cinna est partagé entre son amour pour Émilie, qui lui a demandé d'assassiner Auguste, et sa reconnaissance envers l'empereur.*

En ces extrémités quel conseil dois-je prendre ?
De quel côté pencher ? à quel parti me rendre ?
Qu'une âme généreuse a de peine à faillir !
Quelque fruit que par là j'espère de cueillir,
Les douceurs de l'amour, celles de la vengeance,
La gloire d'affranchir le lieu de ma naissance,
N'ont point assez d'appas pour flatter ma raison,
S'il les faut acquérir par une trahison
S'il faut percer le flanc d'un prince magnanime
Qui du peu que je suis fait une telle estime,
Qui me comble d'honneurs, qui m'accable de biens,
Qui ne prend pour régner de conseils que les miens.

CORNEILLE, *Cinna*, III, 3, 1641.

b. Surtout, qu'en vos écrits la langue révérée
Dans vos plus grands excès vous soit toujours sacrée.
En vain vous me frappez d'un son mélodieux,
Si le terme est impropre, ou le tour vicieux ;
Mon esprit n'admet point un pompeux barbarisme,
Ni d'un vers ampoulé l'orgueilleux solécisme.
Sans la langue, en un mot, l'auteur le plus divin
Est toujours, quoi qu'il fasse, un méchant écrivain.

BOILEAU, *Art poétique*, I, 1674.

4 Lisez le texte suivant.

1. Quelle leçon cherche-t-il à transmettre ?

2. Quelles sont les marques du didactique ? Comment s'adaptent-elles au genre du roman ?

Dans ce roman destiné à l'éducation du petit-fils de Louis XIV, Fénelon cherche à former le futur roi aux devoirs de sa tâche. Ici, c'est le personnage de Mentor qui instruit Télémaque, fils d'Ulysse, en répondant à ses questions. Télémaque fait ce récit à Calypso.

Je lui demandai en quoi consistait l'autorité du roi, et il me répondit : « Il peut tout sur les peuples, mais les lois peuvent tout sur lui. Il a une puissance absolue pour faire le bien, et les mains liées dès qu'il veut faire le mal. Les lois lui confient les peuples comme le plus précieux de tous les dépôts, à condition qu'il sera le père de ses sujets. Elles veulent qu'un seul homme serve, par sa sagesse et par sa modération, à la félicité de tant d'hommes ; et non pas que tant d'hommes servent, par leur misère et par leur servitude lâche, à flatter l'orgueil et la mollesse d'un seul homme. Le roi ne doit rien avoir au-dessus des autres, excepté ce qui est nécessaire ou pour le soulager dans ses pénibles fonctions, ou pour imprimer aux peuples le respect de qui doit soutenir les lois. »

FÉNELON, *Les Aventures de Télémaque*, 1699.

Exercices

Étape 2

5 En quel sens cet extrait de roman relève-t-il du **délibératif** ?

1. Précisez les termes de l'**alternative** à laquelle le personnage se trouve confronté.

2. Comment le débat intérieur est-il **dramatisé** ?

Jean Valjean, ancien bagnard devenu le bienfaiteur de sa région, vient d'apprendre qu'un autre a été accusé à sa place. Doit-il ou non se dénoncer ?

Il se déclara que sa vie avait un but en effet. Mais quel but ? Cacher son nom ? tromper la police ? Était-ce pour une chose si petite qu'il avait fait tout ce qu'il avait fait ? Est-ce qu'il n'avait pas un autre but, qui était le grand, qui était le vrai ? Sauver, non sa personne, mais son âme. Redevenir honnête et bon. Être un juste ! Est-ce que ce n'était pas là surtout, là uniquement, ce qu'il avait toujours voulu, ce que l'évêque[1] lui avait ordonné ? – Fermer la porte à son passé ? Mais il ne la fermait pas, grand Dieu ! il la rouvrait en faisant une action infâme ! mais il redevenait un voleur, et le plus odieux des voleurs ! il volait à un autre son existence, sa vie, sa paix, sa place au soleil ! il devenait un assassin ! il tuait, il tuait moralement un misérable homme, il lui infligeait cette affreuse mort vivante, cette mort à ciel ouvert, qu'on appelle le bagne ! Au contraire, se livrer, sauver cet homme frappé d'une si lugubre erreur, reprendre son nom, redevenir par devoir le forçat Jean Valjean, c'était là vraiment achever sa résurrection, et fermer à jamais l'enfer d'où il sortait ! Y retomber en apparence, c'était en sortir en réalité ! Il fallait faire cela.

HUGO, *Les Misérables*, 1862.

1. **L'évêque :** l'homme qui, par son pardon, l'a remis dans le droit chemin.

6 Réécrivez le texte de Hugo (exercice 5) sous la forme d'un **monologue délibératif** de théâtre.

7 Étudiez ce texte ainsi que l'illustration et le résumé qui l'accompagnent.

1. Comment le texte reproduit-il le **discours du maître** ? Et le point de vue de l'élève ?

2. Quelle est l'efficacité didactique de l'image (**b**) ? Comment le **didactique** se mêle-t-il ici à l'**épidictique** (éloge et blâme) ?

3. D'après l'image (**b**) et le résumé (**c**), que cherche-t-on ici à **apprendre** à l'élève ?

4. En quoi cette méthode est-elle **datée** ? Quels éléments permettent de la situer dans le temps ?

a. Je voudrais pas avoir un foie d'alcoolique. Le maître nous en a montré un, sur le tableau, à côté d'un foie sain pour qu'on voie bien la différence. On dirait une vieille casquette qui aurait trempé dans la boue, avec plein d'abcès et de saletés dégoûtantes dessus. Et tout le dedans d'un alcoolique est comme ça : le cœur, les reins, les poumons, le cerveau. C'est pour ça que les alcooliques disent des bêtises : c'est la faute à leur cerveau tout abîmé.

Après, on a eu un devoir sur l'alcoolisme. « Expliquez pourquoi l'alcoolisme est un fléau. » Moi je savais. J'ai dit que l'alcoolique, qu'on appelle aussi ivrogne et soûlaud, mais ce sont des mots vulgaires, est un mauvais soldat qui visera tout de travers quand le jour sera venu d'aller délivrer la malheureuse Alsace-Lorraine. J'ai eu huit sur dix, mais c'est parce que j'avais fait deux fautes.

François CAVANNA, *Sur les murs de la classe*, © Éd. Hoebeke, 2003.

b.

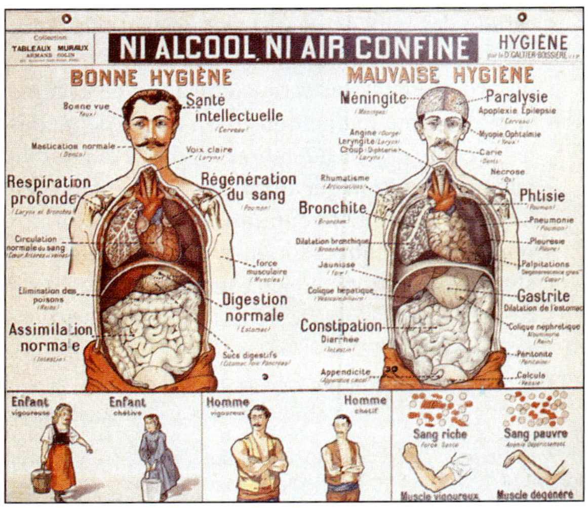

▲ Planche d'école. (Collection particulière.)

c. RÉSUMÉ

Chez l'alcoolique, le système nerveux s'altère rapidement. Il s'ensuit que le buveur effectue les mouvements les plus désordonnés. Il se livre aux actions les plus répréhensibles dont il se garderait d'ailleurs avec soin s'il était à jeun. Il perd ainsi la raison, c'est-à-dire la chose la plus précieuse pour un homme bien élevé.

François CAVANNA, *Sur les murs de la classe*, © Éd. Hoebeke, 2003.

ÉTAPE 3

8 Étudiez le texte suivant.

1. Par quels aspects cet article relève-t-il du **blâme** ? Quels sont les arguments invoqués ?

2. Que peut-on en déduire du **projet philosophique** de l'*Encyclopédie* ?

« Réfugiés » (*Hist. mod. polit.*). C'est ainsi que l'on nomme les protestants français que la révocation de l'édit de Nantes[1] a forcés de sortir de France, et de chercher un asile dans les pays étrangers, afin de se soustraire aux persécutions qu'un zèle aveugle et inconsidéré leur faisait éprouver dans leur patrie. Depuis ce temps, la France s'est vue privée d'un grand nombre de citoyens qui ont porté à ses ennemis des arts, des talents et des ressources dont ils ont souvent usé contre elle. Il n'est point de bon Français qui ne gémisse depuis longtemps de la plaie profonde causée au royaume par la perte de tant de sujets utiles.

Encyclopédie, article « Réfugiés », 1751-1772.

1. L'interdiction du culte protestant (1685), fin de la période de tolérance inaugurée par Henri IV avec l'édit de Nantes.

9 Lisez l'extrait suivant.

1. Comment le texte passe-t-il du **délibératif** à l'**épidictique** ?

2. Sur quel procédé l'**éloge** repose-t-il ? Quelles sont les qualités du saint ?

Ici, il me vient une pensée : de considérer lequel a l'âme plus grande et plus royale, de Louis[1] ou de François de Paule. Oui, j'ose comparer un pauvre moine avec un des plus grands rois et des plus politiques qui ait jamais porté la couronne ; et sans délibérer davantage, je donne la préférence à l'humble François. En quoi mettons-nous la grandeur de l'âme ? Est-ce à prendre de nobles desseins ? Tous ceux de Louis sont enfermés dans la terre : François ne trouve rien qui soit digne de lui que le ciel. Louis, pour exécuter ce qu'il prétendait, cherchait mille pratiques et mille détours ; et avec sa puissance royale, il ne pouvait si bien nouer ses intrigues, que souvent, un petit ressort venant à manquer, toute l'entreprise ne fût renversée. François se propose de plus grands desseins, et sans aucun détour, y va par des voies très courtes et très assurées.

BOSSUET, *Premier Panégyrique de saint François de Paule*, 1655.

1. Il s'agit du roi Louis XI.

VERS LA DISSERTATION

1. Montrez que ce texte est une **discussion** : en quels termes la thèse contestée est-elle présentée ? Quelles sont les articulations logiques du raisonnement ?

2. Étudiez la fonction et la pertinence des **exemples** qui servent l'argumentation.

3. Dans le même **registre délibératif** et en vous appuyant sur des exemples précis, vous développerez un paragraphe qui insistera au contraire sur les **différences** entre personnages de fiction numérique et personnages de roman.

L'auteur, cherchant à cerner les propriétés de la fiction, s'en prend aux « confusions », entretenues par un article de journal, qui consistent à exagérer la nouveauté des « réalités virtuelles » issues de la révolution numérique.

La thèse selon laquelle la révolution numérique signerait la naissance d'une nouvelle modalité de l'imaginaire humain, statutairement différente de celle des fictions traditionnelles, repose sur la même confusion. Celle-ci est parfaitement illustrée par l'article de *Libération* lorsqu'il transfigure le personnage de fiction qu'est Lara Croft en une « star virtuelle ». Car, si (provisoirement du moins) on laisse de côté le fait que Lara Croft est un personnage de jeu plutôt qu'un personnage de récit (différence qui pointe effectivement vers un aspect intéressant des fictions numériques), elle se distingue de ses ancêtres non numériques uniquement en ce qu'elle est « générée » par un code digital, alors que ceux-là étaient – et sont toujours – créés à travers le langage (tel Julien Sorel), à travers une empreinte filmique (tel Indiana Jones) ou graphiquement (tel Droopy). Au niveau de son statut ontologique[1], Lara Croft n'est ni plus ni moins « virtuelle » que n'importe quel autre personnage imaginaire.

Jean-Marie SCHAEFFER, *Pourquoi la fiction ?*, © Éd. du Seuil, 1999.

1. Autrement dit : en ce qui concerne son « être », la nature de son « existence ».

Chapitre 18

Le polémique et le satirique

Il arrive que le discours serve à **combattre**. Les registres polémique et satirique ont en commun d'utiliser les mots pour **dénoncer** l'attitude ou le discours d'autrui. Le **satirique** utilise plutôt l'arme de la **moquerie** pour ridiculiser la cible visée. Le **polémique**, plus grave et souvent **véhément**, cherche à **réfuter** l'argumentation contestée. À cette fin, le polémiste donne volontiers la parole à son adversaire, comme dans ce texte.

TEXTE

Giono, écrivain profondément pacifiste, s'adresse à la jeunesse trompée par les mensonges des partisans de la guerre.

Pauvres jeunes hommes sans virilité, pauvres hommes sans virilité, comment vous laissez-vous prendre au ronflement des phrases qui ont déjà tué des millions de vos semblables ?

« Magnifiquement solidaires les uns des autres, unis jusqu'à la mort dans l'accomplissement de leur devoir. Ils sont morts au service de l'idéal avec la simplicité des héros ! »

Qu'est-ce que vous en savez, monsieur le Ministre ? Leur mort est arrivée sur eux tellement loin de vous. Vous parlez par habitude avec des mots creux qui ne signifient rien, sans pitié, sans grandeur, sans responsabilité, sans bon sens, sans raison et même sans génie : vous vous servez des mêmes mots, des mots qui ont servi mille fois déjà, des mots qui ont déjà tué, des mots usés comme les manches de couteau quand le boucher cède son fonds de commerce.

Jean GIONO, *Recherche de la pureté*, in *Écrits pacifistes*,
© Éd. Gallimard, 1939.

DES MOTS CONTRE DES MOTS

1. Dans chacun de ces trois paragraphes, qui parle ? À qui ? Quel est l'intérêt de ces changements d'énonciation ?
2. Précisez quel est l'adversaire dénoncé dans ce texte. Comment Giono cherche-t-il à le discréditer ? En quoi cette dénonciation est-elle violente ?

18. Le polémique et le satirique

Le **registre polémique** se rencontre partout où s'exprime un **débat passionné** entre des points de vue violemment opposés, qu'il prenne une forme **écrite** ou **orale**. Il s'exprime de façon privilégiée dans l'**essai** et le **pamphlet**, mais peut se rencontrer dans tous les genres, ainsi que dans les discussions politiques, dans la presse et à la télévision.

Le **registre satirique** est aussi une forme de combat verbal, mais qui attaque une personne ou une thèse par le **mépris** et la dérision. On ne juge même pas nécessaire alors d'argumenter contre l'adversaire : le ridicule suffit à le condamner.

1 QU'EST-CE QUE LE REGISTRE POLÉMIQUE ?

L'énoncé polémique instaure une relation entre **trois pôles** : un **adversaire** qui est pris pour cible, un **public** (lecteur ou auditeur) dont on doit faire son allié, un **locuteur** qui mène l'offensive. Le polémiste est donc partagé entre la recherche d'une **stratégie persuasive** efficace (pour toucher le destinataire) et une **violence verbale** qui bouscule les règles du discours argumentatif (pour attaquer l'adversaire).

- **Une stratégie de réfutation**

  – Les polémistes s'attachent à **réfuter** les idées de l'adversaire par une **argumentation efficace**. Ils soulignent les **articulations logiques** de leur propos pour mieux convaincre, et mettent en scène le **discours adverse** pour en faire ressortir les failles.

  – L'argumentation polémique cherche à rendre le **destinataire** complice en s'adaptant à ses valeurs et à ses attentes, en jouant sur l'**implicite** et sur l'**affectivité**.

- **Une offensive violente**

  – Le polémiste n'hésite pas à s'attaquer à la **personne de l'adversaire** (par l'argument *ad hominem* par exemple) et à donner de lui une image dégradante, quitte à pratiquer la mauvaise foi ou l'exagération.

  – Le registre polémique cultive la véhémence du **combat verbal**. La parole polémique est une **parole individualisée**, qui laisse libre cours à l'expression de l'indignation et de la colère. Cette **agressivité** peut se manifester sous la forme de l'**invective**, du **sarcasme** ou de l'**insinuation** blessante.

- **Des valeurs de référence**

  – Le polémiste cherche à se mettre lui-même en scène sous un jour favorable : il incarne des **valeurs positives** (la raison, la justice, la vérité...).

  – L'argumentation polémique se fonde sur certains **principes**, explicites ou implicites, parfois partagés par l'adversaire et qu'il faut revendiquer contre lui : les principes du christianisme pour Pascal et ses ennemis les Jésuites dans *Les Provinciales* ; les principes surréalistes pour Breton et ses anciens amis qu'il accuse de trahison dans le *Second Manifeste du surréalisme...*

  – Le polémiste défend ses **convictions** au nom de valeurs qu'il estime essentielles. Au XVIIIe siècle, les philosophes des Lumières mettent leur talent polémique au service des idées nouvelles. Au XIXe siècle, Victor Hugo dénonce la peine de mort au nom des droits de l'homme.

2 QU'EST-CE QUE LE REGISTRE SATIRIQUE ?

Le registre satirique est proche du polémique : c'est un discours **engagé**, qui s'attaque à une personne ou à un groupe, aux mœurs, aux institutions sociales, à la nature humaine. Mais il combat par la **moquerie**, qui le dispense de recourir à la rigueur argumentative.

• La supériorité du satiriste

– Le satiriste, à la différence du polémiste solitaire qui doit faire effort pour convaincre, prétend représenter *a priori* l'humanité raisonnable et sensée, le groupe social dont **l'adversaire s'exclut de lui-même** par son **ridicule** ou sa **folie**.

– Le satiriste refuse donc le dialogue raisonné : il rejette le discours adverse dans l'**absurde**. Son propos peut être violent et sarcastique, mais aussi d'une **ironie** plus tempérée.

• Une visée morale actuelle

– Le registre satirique dénonce les erreurs et les vices de certains **contemporains** : il s'en prend aux **mœurs d'une époque**.

– Aujourd'hui, le satirique se développe dans des **genres mineurs** : les sketchs des chansonniers ou des humoristes, les journaux ou les émissions satiriques qui s'attaquent aux hommes politiques (*Les Guignols de l'info*).

LE GENRE DE LA SATIRE

• Le registre satirique provient d'un genre précis : dans l'**Antiquité**, la satire est un **poème descriptif ou narratif à visée morale** (*Satires* de l'écrivain Juvénal).

• Au XVIIe siècle, les *Satires* de Boileau, écrites en vers, se moquent des **défauts** et des **ridicules** des coquettes, des vaniteux, des mauvais poètes...

• Au XVIIIe siècle, la **satire disparaît** comme genre, mais le satirique nourrit la littérature des Lumières (Voltaire).

3 LES PROCÉDÉS DE L'ÉCRITURE POLÉMIQUE ET SATIRIQUE

Dans leur recherche d'une **expressivité** maximale, les registres polémique et satirique mettent en œuvre toutes les ressources de la rhétorique. Ils empruntent aussi les procédés d'autres registres – le comique, le lyrique, l'épique, le pathétique ou le fantastique – pour mieux **toucher la sensibilité du public**.

• Les figures de style

– Des **images** fortes et frappantes (comparaisons et métaphores) soutiennent l'argumentation pour frapper l'**imagination** du lecteur.

– Les **figures d'opposition** traduisent les jugements de valeur manichéens du polémiste. Les **antithèses** permettent d'opposer vigoureusement le bien et le mal, la vérité et le mensonge. Les **oxymores** soulignent les contradictions de l'adversaire.

– Les **figures d'insistance** renforcent l'expressivité du discours : hyperboles, répétitions, anaphores, gradations.

– L'**ironie** est fréquemment employée comme procédé de dévalorisation.

• L'énonciation

– Le polémique **dramatise la situation d'énonciation**. Les adversaires sont mis en scène, grâce à tous les procédés d'**interpellation** : apostrophes, prosopopées, dialogues fictifs, phrases exclamatives et interrogatives.

– Le polémiste **cite les propos** de l'adversaire en les caricaturant pour en faire ressortir les erreurs ou les contradictions.

• Le lexique

Il est fortement **péjoratif** ou **mélioratif**, selon qu'il s'applique à l'adversaire ou au locuteur et à ses alliés. Volontiers **manichéen**, il s'organise souvent par jeux d'**antonymes** (bien-mal, vérité-mensonge, courage-lâcheté, etc.), soulignant les oppositions de valeurs.

LES GENRES POLÉMIQUES ET SATIRIQUES

• **Le pamphlet** est un ouvrage bref, d'une grande violence verbale. Soulevé par l'indignation, le pamphlétaire prétend défendre la vérité seul contre tous.

• **Le libelle** est un petit écrit de caractère satirique.

• **L'épigramme** est un petit poème satirique.

• **La diatribe** est une critique violente, voire injurieuse.

• **La pointe** est un mot d'esprit blessant, qui peut avoir une valeur polémique ou satirique.

Étape 1

1 Précisez les **différences de sens** entre les termes suivants, puis **classez-les** par ordre d'intensité croissante.

accusation – dénigrement – diatribe – insinuation – invective

2 Quel est le **registre dominant** du texte suivant ? À quels traits caractéristiques le reconnaît-on ?

C'est là que le prélat[1], muni d'un déjeuner,
Dormant d'un léger somme, attendait le dîner.
La jeunesse en sa fleur brille sur son visage :
Son menton sur son sein descend à double étage ;
Et son corps, ramassé dans sa courte grosseur,
Fait gémir les coussins sous sa molle épaisseur.

BOILEAU, *Le Lutrin*, I, 1674-1683.

1. **Prélat :** haut dignitaire de l'Église.

3 Étudiez le texte suivant.

1. Quel est son **registre** ? Pourquoi ?

2. Quel est son principal **argument** ? Pourquoi ?

3. Identifiez les **procédés d'insistance**.

L'auteur a été accusé par Langlois de s'être déclaré catholique par intérêt.

Que M. Langlois me permette de le lui dire respectueusement, dans la mesure où un pauvre a encore le droit de parler à un riche, il n'y a pas seulement une sorte d'indécence propre et d'indiscrétion, il n'y a pas seulement un manque de propos et un manque de goût, il n'y a pas seulement un décalage et une rupture de convenance, il y a une sorte de cruauté froide, et préméditée, il y a une sorte de basse dérision à ce qu'un homme qui a la situation de fortune de M. Langlois fasse une querelle d'argent à un homme qui a la situation de fortune que j'ai.

PÉGUY, *L'Argent*, 1913,

4 Lisez cette **critique de film**.

1. Relevez les **termes péjoratifs** et les **oxymores**.

2. Dans le même registre, rédigez à votre tour la **critique d'un livre ou d'un film** que vous avez détesté.

AMOURS TROUBLES

Le film arrive précédé d'une réputation désastreuse (le navet de l'année). En fait, c'est encore pire. Intrigue squelettique (deux ringards surveillent un gentil débile, fan d'*Alerte à Malibu*, enlevé sur ordre d'un mafieux) et marivaudage pachydermique entre Jennifer Lopez et Ben Affleck. Même deux stars aimées – Christopher Walken et Al Pacino – appelées à la rescousse ne peuvent apporter le moindre souffle de vie à ce navet splendide.

Article de Pierre MURAT paru dans © *Télérama*, n° 2811 du 26 novembre 2003.

Étape 2

5 Établissez une liste de dix **injures** employées par le personnage du capitaine Haddock dessiné par Hergé ; puis précisez les sens des mots employés. En quoi le personnage renouvelle-t-il de façon originale le **vocabulaire de l'invective** ?

6 Étudiez le texte suivant.

1. Caractérisez l'**énonciation** : qui s'adresse à qui ? En quoi est-elle polémique ?

2. Repérez la **métaphore filée** qui est développée dans le texte. Que signifie-t-elle ?

3. Quelle image le **polémiste** donne-t-il de lui-même ? Pourquoi peut-il apparaître comme le porte-parole du peuple ?

Le poète attaque Louis-Napoléon Bonaparte, qui aurait accueilli avec mépris la publication du pamphlet de Hugo intitulé Napoléon le Petit.

Ah ! tu finiras bien par hurler, misérable !
Encor tout haletant de ton crime exécrable,
Dans ton triomphe abject, si lugubre et si prompt,
Je t'ai saisi. J'ai mis l'écriteau sur ton front ;
Et maintenant la foule accourt et te bafoue.
Toi, tandis qu'au poteau le châtiment te cloue,
Que le carcan te force à lever le menton,
Tandis que, de ta veste arrachant le bouton,
L'histoire à mes côtés met à nu ton épaule,
Tu dis : je ne sens rien ! et tu nous railles, drôle !
Ton rire sur mon nom gaîment vient écumer ;
Mais je tiens le fer rouge et vois ta chair fumer.

HUGO, *Châtiments*, III, II, 1853.

Exercices

7 Comparez les deux textes suivants.

1. Comment chaque auteur **met-il en scène** son adversaire ? Par quels procédés anime-t-il et dévalorise-t-il l'image de l'autre ?

2. Lequel de ces textes est le plus **satirique** ? Comment cherche-t-il à faire rire ?

3. Sur quelles **valeurs** (morales, esthétiques, idéologiques…) le jugement critique se fonde-t-il dans chaque cas ?

a. On sort de la lecture de *L'Assommoir* comme les cochons sortent du bourbier. Bourbier, en effet : bourbier de choses, bourbier de mots, un irrespirable bourbier.

M. Émile Zola a voulu travailler exclusivement dans le Dégoûtant. Nous avons su par lui qu'on pouvait enfin tailler largement dans l'ordure humaine et qu'un livre fait de cela seul pouvait avoir la prétention d'être beau…

L'auteur de *L'Assommoir* est un Hercule souillé qui remue le fumier d'Augias[1] et qui y ajoute ! Si vous ne me croyez pas, lisez son livre. Plongez-vous dans ce gouffre d'excréments et si vous pouvez y rester sans étouffer ou sans vomir, vous verrez que l'ordure y veut être de l'art encore et du plus grand.

Barbey d'Aurevilly,
Le Constitutionnel, 29 février 1877.

1. Parmi ses douze travaux célèbres, Hercule eut à nettoyer les « écuries d'Augias », d'une saleté innommable.

b. Et voilà pourquoi M. Barbey d'Aurevilly est un critique aussi tumultueux qu'impuissant. Il joue du bâton, il connaît la savate et la boxe ; mais il n'en use que pour le plaisir d'être vu et applaudi. Un volume à juger est un tremplin qu'il choisit pour stupéfier les gens par quelque saut périlleux. Il est toujours en spectacle, il cabotine, il fait la roue, il tend la hanche, il prend des attitudes d'ogre et de mousquetaire. La vérité, qu'est-ce cela ? une platitude, bonne pour les petites gens sans imagination. Ce dont il s'agit, c'est d'être beau devant les dames !

Ah ! le pauvre homme ! Je me l'imagine, au coin de son feu, un soir d'hiver, jetant un regard sur toute cette agitation stérile. Trente années de galop dans ce cirque de la critique d'hippopotame ! Il a tourné en rond, sans jamais arriver, au milieu des fanfares et des claquements de fouet. Et les pas de son cheval n'ont pas même marqué sur le sable mouvant de la piste.

Zola, « Un bourgeois »,
Le Figaro, 29 novembre 1880.

8 Imaginez la **réponse polémique** ui pourrait être faite, en 1939, au pacifisme de Giono (→ texte p. 128). Dans une **lettre ouverte** adressée au romancier après la publication de *Recherche de la pureté*, vous argumentez en faveur de la préparation à une guerre jugée nécessaire, et vous dénoncez en termes polémiques la position de l'auteur.

9 Observez ce dessin.

1. Lequel des textes de l'exercice 7 pourrait-il illustrer ? En quoi l'**image** est-elle polémique ?

2. Montrez que le **contexte** de l'image est cependant différent. Quels en sont les indices ?

3. Transposez ce dessin dans un **article de presse** qui restitue sa thèse et sa visée polémique.

4. Développez par écrit les **consignes** que vous donneriez à un dessinateur pour traduire en image le texte de Zola (exercice 7, texte b).

▲ Roche, caricature sur Zola et l'affaire Dreyfus (*L'Aurore*), 1898.
(Bibliothèque nationale de France, Paris.)

ÉTAPE 3

10 Étudiez l'extrait suivant.

1. Montrez que ce texte combine **plusieurs registres** : en quoi est-il polémique ? épique ? tragique ?

2. Quelles **figures de style** servent ici à exprimer l'indignation ?

Le poète fustige ici le vice des souverains.

Rois, que le vice noir asservit sous ses lois,
Esclaves de péché, forçaires[1] non pas rois
De vos affections, quelle fureur despite[2]
Vous corrompt, vous émeut, vous pousse et vous invite
À tremper dans le sang vos sceptres odieux,
Vicieux commencer, achever vicieux
Le règne insupportable et rempli de misères,
Dont le peuple poursuit[3] la fin par ses prières ?
Le peuple étant le corps et les membres du Roi,
Le Roi est chef du peuple, et c'est aussi pourquoi
La tête est frénétique et pleine de manie[4]
Qui ne garde son sang pour conserver sa vie,
Et le chef n'est plus chef quand il prend ses ébats
À couper de son corps les jambes et les bras.

Agrippa d'AUBIGNÉ, *Les Tragiques*, II, 1616.

1. **Forçaires :** forçats.
2. **Despite :** chagrine.
3. **Poursuit :** recherche.
4. **Manie :** folie.

11 Lisez le texte suivant.

1. Quelle est la **cible** de Voltaire ?

2. Quel est le principal **procédé polémique** employé ? Pourquoi est-il efficace ?

3. **Continuez la lettre** en imaginant un 3e et un 4e point, selon le même procédé.

LETTRE ÉCRITE AU JÉSUITE LE TELLIER PAR UN BÉNÉFICIER[1], LE 6 MAI 1714

MON RÉVÉREND PÈRE,

J'obéis aux ordres que Votre Révérence m'a donnés de lui présenter les moyens les plus propres de délivrer Jésus et sa Compagnie de leurs ennemis. Je crois qu'il ne reste plus que cinq cent mille huguenots dans le royaume, quelques-uns disent un million, d'autres quinze cent mille ; mais en quelque nombre qu'ils soient, voici mon avis, que je soumets très humblement au vôtre, comme je le dois.

1°) Il est aisé d'attraper en un jour tous les prédicants[2] et de les pendre tous à la fois dans une même place, non seulement pour l'édification publique, mais pour la beauté du spectacle.

2°) Je ferais assassiner dans leurs lits tous les pères et mères, parce que si on les tuait dans les rues, cela pourrait causer quelque tumulte ; plusieurs même pourraient se sauver, ce qu'il faut éviter sur toute chose. Cette exécution est un corollaire nécessaire de nos principes car, s'il faut tuer un hérétique, comme tant de grands théologiens le prouvent, il est évident qu'il faut les tuer tous.

VOLTAIRE, *Traité sur la tolérance*, 1763.

1. **Bénéficier :** possesseur d'un bien ecclésiastique.
2. **Prédicants :** ministres du culte protestant.

VERS LE COMMENTAIRE

Préparez le commentaire du sonnet suivant.

1. Relevez les composantes du **portrait physique et moral** du courtisan.

2. Repérez le jeu des **oppositions**, et précisez leurs fonctions.

3. Rédigez une analyse consacrée aux moyens et à l'efficacité du **registre satirique** dans ce texte.

Seigneur, je ne saurais regarder d'un bon œil
Ces vieux singes de cour, qui ne savent rien faire,
Sinon en leur marcher les princes contrefaire,
Et se vêtir, comme eux, d'un pompeux appareil.

Si leur maître se moque, ils feront le pareil,
S'il ment, ce ne sont eux qui diront du contraire,
Plutôt auront-ils vu, afin de lui complaire,
La lune en plein midi, à minuit le soleil.

Si quelqu'un devant eux reçoit un bon visage,
Ils le vont caresser, bien qu'ils crèvent de rage :
S'il le reçoit mauvais, ils le montrent au doigt.

Mais ce qui plus contre eux quelquefois me dépite,
C'est quand devant le Roi, d'un visage hypocrite,
Ils se prennent à rire, et ne savent pourquoi.

DU BELLAY, *Les Regrets*, CL, 1558.

FICHE-MÉTHODE

Les registres

REGISTRES	PROCÉDÉS CARACTÉRISTIQUES	EFFET RECHERCHÉ
Fantastique	– Expression du doute (modalisations, interrogations) – Ruptures de la narration et jeux sur la focalisation – Champs lexicaux de la peur, de l'étrange, du monstrueux	– Susciter l'incertitude, le trouble, l'angoisse, la peur
Réaliste	– Détails descriptifs – Précisions spatio-temporelles (avec références à la réalité géographique ou historique) – Dialogues au discours direct – Champs lexicaux de la vie sociale (métiers, ville...)	– Faire passer la fiction pour vraisemblable, produire l'illusion du vrai
Épique	– Procédés d'insistance et d'amplification (hyperboles, superlatifs, intensifs, gradations, rythmes croissants...) – Amples périodes – Champs lexicaux de l'héroïsme, de l'exploit, du merveilleux	– Donner aux êtres, aux choses, aux événements une dimension qui les dépasse (héroïsation)
Lyrique	– Marques de la première personne – Marques d'expressivité (phrases exclamatives et interrogatives, vocatifs) – Musique de la phrase (harmonie rythmique et sonore) – Lexique des sensations et des sentiments	– Exprimer ses sentiments personnels et les faire partager (joie ou tristesse, bonheur ou mélancolie...)
Pathétique	– Interjections et apostrophes – Phrases exclamatives – Rythmes brisés – Lexique des émotions (souffrance, pitié, peur...)	– Émouvoir le destinataire, éveiller sa compassion
Tragique	– Futur prophétique – Figures d'insistance – Exclamations et interjections – Champs lexicaux du sacrifice et de la mort, de la fatalité et du désespoir	– Montrer qu'il n'y a plus d'espoir, faire naître la crainte et la pitié

Les registres désignent les différentes **manières de s'exprimer** qui traduisent différentes **manières de percevoir** et de faire percevoir le réel. Chaque registre correspond à un certain type d'**émotion** que le locuteur cherche à susciter chez son destinataire : admiration, pitié, rire, etc. On reconnaît ces registres à certains procédés caractéristiques.

REGISTRES	PROCÉDÉS CARACTÉRISTIQUES	EFFET RECHERCHÉ
Comique	– Jeux sur les mots, calembours – Effets de chute, de rupture, de décalage – Répétitions mécaniques de mots ou de situations – Mise à distance (ironie) – Imitation burlesque (sujet sérieux dans un style bas)	– Faire rire ou sourire
Satirique	– Antiphrases – Caricature : figures de l'exagération (hyperboles...) – Naïveté feinte ou éloge paradoxal – Allusions et sous-entendus	– Se moquer, dénoncer des défauts par le rire
Polémique	– Marques de la première personne – Procédés de dévalorisation (métaphores dépréciatives, antiphrases ironiques) – Procédés d'insistance (anaphores, accumulations) – Invectives, apostrophes – Lexique de l'émotion (indignation, surprise)	– Réfuter ou refuser le discours d'autrui, dénoncer un adversaire en cherchant à le discréditer
Didactique	– Lexique de la pédagogie – Tournures de l'ordre et du conseil (impératifs, futurs à valeur injonctive) – Progression logique du propos (expression de la cause et de la conséquence) – Recours à l'exemple	– Instruire, transmettre un savoir
Délibératif	– Articulations logiques explicites (hypothèse, cause, conséquence, opposition, but) – Argumentation serrée, raisonnements concessifs – Interrogations (adressées à soi-même ou à autrui)	– Ouvrir un débat, discuter en vue d'une décision à prendre
Épidictique	– Implication du destinataire : apostrophes et adresses au lecteur, questions oratoires – Implication du locuteur : marques de la première personne, modalisateurs, marques de jugement – Rythmes éloquents amples, périodes – Lexique chargé de valeur (Bien/Mal, etc.)	– Louer ou blâmer

Prendre des notes

• La prise de notes a deux objectifs :
– **renforcer l'attention** par une **écoute soutenue** ou par une **lecture vigilante** : noter rapidement **l'essentiel**, c'est déjà faire une synthèse des informations reçues ;
– garder une **trace claire** de ce qu'on a lu ou entendu, en vue d'une relecture aisée.
• Une bonne compréhension doit être **globale**, et non littérale : il faut donc **choisir** les points importants (d'un cours, d'un livre...), et non chercher à tout enregistrer dans le détail.
• La prise de notes doit enfin mettre en valeur la **progression** de l'énoncé, son organisation d'ensemble. Elle doit donc être **structurée** et recourir à des **abréviations** claires pour mieux favoriser la **relecture**.

1 METTRE EN ORDRE

Structurer ses notes	– noter les titres en gros ou en majuscules, mettre les sous-titres en évidence – utiliser des subdivisions claires pour structurer le contenu : I, II ; A, B ; 1°) 2°) ; a, b... – utiliser les tirets, les points, les alinéas – utiliser des flèches pour souligner les liens logiques entre les idées
Aérer ses notes	– aller à la ligne pour chaque idée nouvelle – marquer des retraits pour hiérarchiser les niveaux d'information – sauter une ligne à chaque changement de partie – garder une marge pour des ajouts éventuels
Classer ses notes	– numéroter les pages – dater les notes – regrouper (dans un classeur, une chemise...) les notes qui portent sur un même sujet, un même cours ou un même livre

2 ABRÉGER

Les mots les plus fréquents du vocabulaire, et en particulier les mots-outils, doivent être notés **en abrégé**. À chacun de se faire le système de signes et d'abréviations qui lui convient, et de s'y tenir — sans abuser des abréviations, pour être sûr de pouvoir se relire ! Voici quelques **abréviations usuelles** :

avoir pour conséquence	=>	conclusion	ccl	nombreux	nbx
avoir pour cause	<=	dans	ds	problème	pb
se développer	↗	définition	déf	quelque	qq
diminuer	↘	environ	env	tout	tt
supérieur à	>	être	ê	toujours	tjs
inférieur à	<	sont	st	travail	W
paragraphe	§	gouvernement	gvt	économie	éco
c'est-à-dire	cad (ou bien : i.e.)	homme	h	philosophie	φ
pareil, semblable à	=	mais	ms	politique	π
comment	ct	mort	✝	psychologie	Ψ
comparer à	cf	nombre	nb		

3 SE RELIRE

Il est conseillé de se relire peu de temps après la prise de notes. Cela permet de :
– **compléter** le contenu : précisions, références, remarques personnelles (dans la marge) ;
– améliorer la **présentation** : souligner les titres, utiliser des couleurs (surligner) ;
– **encadrer** les points importants, les conclusions partielles ou générales ;
– favoriser une meilleure **mémorisation**.

IV

Les textes et leurs contextes

Chapitre 19

Le travail de l'écriture

Objet d'étude (2nde)

Tout texte écrit résulte d'une **élaboration** et d'un travail d'auto-correction. La pratique du **brouillon** est commune à tous les utilisateurs de la langue, qu'ils soient écrivains ou non. Pour un texte littéraire, l'examen du **manuscrit** est riche d'enseignements sur la façon dont l'auteur retravaille l'expression et sur l'objectif qu'il cherche à atteindre. On le voit dans ces extraits du manuscrit et de la version définitive de *L'Éducation sentimentale*.

DOCUMENT A

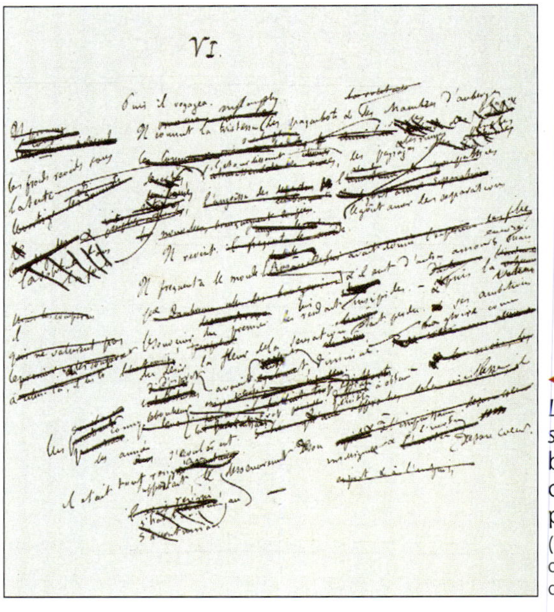

◀ Gustave FLAUBERT, *L'Éducation sentimentale*, III, brouillon du début du chapitre 6, publié en 1869. (Bibliothèque nationale de France, département des manuscrits, Paris.)

Le texte à l'œuvre

1. D'après son aspect visuel, que nous apprend ce manuscrit sur la manière de travailler de l'auteur ?
2. Repérez les principales corrections : ajouts, suppressions, remplacements. Quelles sont celles que l'auteur pratique le plus ?

TEXTE B

Il voyagea.

Il connut la mélancolie des paquebots, les froids réveils sous la tente, l'étourdissement des paysages et des ruines, l'amertume des sympathies interrompues.

Il revint.

Il fréquenta le monde, et il eut d'autres amours encore. Mais le souvenir continuel du premier les lui rendait insipides ; et puis la véhémence du désir, la fleur même de la sensation était perdue. Ses ambitions d'esprit avaient également diminué. Des années passèrent ; et il supportait le désœuvrement de son intelligence et l'inertie de son cœur.

Gustave FLAUBERT, *L'Éducation sentimentale*, III, 6, 1869.

Du brouillon au texte publié

1. Comparez ces deux états du même texte. Quels nouveaux changements constatez-vous, entre les corrections du manuscrit et la version publiée ?
2. Quel est l'effet produit par ces modifications ?

19. Le travail de l'écriture

Objet d'étude (2nde)

Un texte littéraire est l'aboutissement d'une **histoire**. Depuis le projet initial de l'auteur jusqu'à la publication du livre, le travail de l'écriture passe par différents stades : **plans, ébauches, rédaction manuscrite, corrections** du manuscrit puis des épreuves imprimées. Et même après avoir été édité, le texte peut encore évoluer. Il est donc utile de connaître cette **genèse** de l'œuvre pour mieux apprécier les choix de l'auteur et l'originalité du travail accompli.

1 LA NAISSANCE DU PROJET

• La genèse d'une œuvre peut s'inscrire dans un **projet longuement mûri**. Mais le projet peut aussi naître, à l'inverse, de **façon imprévisible**, à la faveur d'une intuition, d'une rencontre ou d'une lecture déterminantes.

• On trouve des **traces du projet naissant** d'une œuvre dans la **correspondance** de l'écrivain, dans son **journal intime** ou dans ses **carnets de travail**.

2 LES MÉTHODES DE TRAVAIL

Chez beaucoup d'auteurs, en particulier chez les romanciers réalistes et naturalistes, la rédaction est précédée d'un travail préparatoire de **programmation** en plusieurs étapes.

• **Une première ébauche** (esquisse de scénario) consiste à définir un cadre, à déterminer un thème, à construire les grandes étapes d'une histoire et à répartir les rôles des personnages.

• Vient ensuite **le travail de documentation**. Le projet se nourrit d'observations et de lectures, destinées à créer l'illusion réaliste au moyen de détails précis. L'écrivain constitue un **dossier** qui peut comprendre :

- des **notes de lecture**, des coupures de presse (**« choses lues »**) ;

  ⇒ Flaubert dépouille plus de 1500 volumes pour *Bouvard et Pécuchet*, son roman inachevé ;
- des **notes ou carnets** qui enregistrent des souvenirs, des impressions, des **enquêtes** faites sur le terrain (« **choses vues** »).

  ⇒ Zola se rend dans les mines du Nord où il se documente et prend des notes en vue d'écrire *Germinal*.

• L'écrivain peut alors **agencer les composantes** de son œuvre à venir, sous diverses formes :

- **fiches** d'identité des personnages, **plans** et **scénarios** de plus en plus détaillés, idées de **titres** ;
- « cahier des charges » par lequel l'écrivain, dans certains cas, se fixe un certain nombre de **contraintes formelles** à respecter (Georges Perec, « cahier des charges » de *La Vie mode d'emploi*, 1978).

L'ÉCRITURE NON PROGRAMMÉE

Certains écrivains préfèrent se lancer vite dans le **processus de la rédaction** avec le minimum de plans et scénarios préalables. Ils optent pour une **écriture improvisée** et se laissent porter par l'élan de l'imagination :

« Jamais je n'ai écrit une histoire dont je connaissais le déroulement, j'ai toujours été, écrivant, comme un lecteur qui fait la connaissance d'un paysage ou de personnages dont il découvre le caractère, la biographie, la destinée. »

(Aragon, *Je n'ai jamais appris à écrire ou les incipit*, 1969)

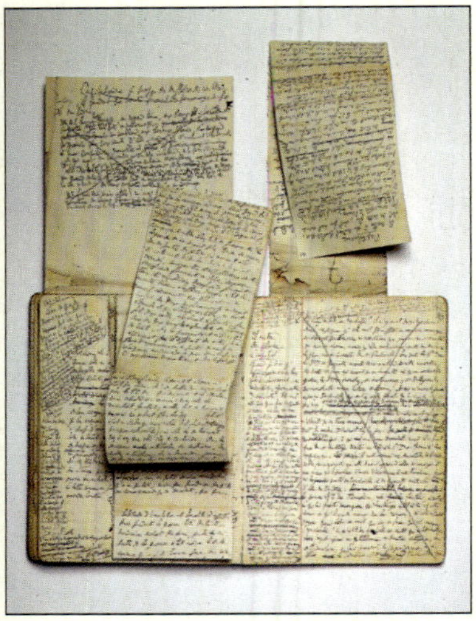

▲ Cahiers de brouillon de Marcel PROUST pour *Du côté de chez Swann*. (Bibliothèque nationale de France, Paris.)

3 LA RÉDACTION

• Le manuscrit

– Le manuscrit montre le travail d'écriture en cours. Le « premier jet » de la rédaction appelle toujours des **corrections**, révélatrices des choix de l'écrivain : Flaubert opte pour la concision et multiplie les ratures ; Proust, lui, colle sur ses cahiers des feuillets supplémentaires, « les paperoles ».

– Les manuscrits offrent donc des informations précieuses, mais un grand nombre d'entre eux ont disparu : on ne se souciait guère de les conserver avant le XIXe siècle. Après l'usage du **tapuscrit** (texte de l'auteur tapé à la machine), on en est venu de nos jours au **traitement de texte**, qui fait aussi disparaître les traces manuscrites de l'écriture.

• D'un texte à l'autre

– Grâce à la coexistence des **différents états** d'un texte sur le manuscrit, le lecteur observe parfois la transformation du projet en cours de rédaction (changements de titres, de noms, d'actions, de formes...).

– Le moindre **changement ou déplacement de mot** est lourd de conséquences, en particulier dans un texte poétique en ce qui concerne le sens, le rythme, l'effet recherché.

– De nombreuses pages sont finalement écartées par les auteurs. On les retrouve publiées dans certaines éditions sous la forme de **variantes**.

• Le rythme de la rédaction

Il présente de grandes **variations** d'un auteur à l'autre, et d'une œuvre à l'autre. Tout dépend du genre littéraire choisi, du projet poursuivi, des conditions matérielles dans lesquelles se trouve l'écrivain et de sa manière de travailler : Stendhal a dicté *La Chartreuse de Parme* (1839) en cinquante-trois jours, alors que Flaubert a mis cinq ans à composer *Madame Bovary* (1857).

4 LA PUBLICATION

• Avant de paraître en librairie, l'œuvre peut connaître une **phase de préédition** : il arrive que des extraits paraissent dans une revue, ou que l'ensemble paraisse en feuilleton dans un journal ; c'est fréquent au XIXe siècle.

• **La réalisation d'un volume** est une **opération complexe** : l'écrivain corrige, avant la publication, une première version imprimée — les **épreuves** —. Certains, comme Balzac, profitent encore de cette étape pour **remanier** leur œuvre.

• Après la première publication, le texte peut encore être modifié **d'une édition à l'autre**. Claudel retouche ses pièces après leur première mise en scène au théâtre, au point qu'on parle de première et de seconde version.

Lorsqu'on choisit l'édition d'un livre aujourd'hui, il est donc important de connaître les choix effectués par l'éditeur : quel état du texte a été retenu ? quels documents (notes, variantes...) donnent accès à la genèse du texte ?

LA GENÈSE DU TEXTE

Avant la rédaction	Pendant la rédaction	Après la rédaction
Le travail préparatoire : – notes, carnets – fiches, plans – ébauches, scénarios	Le manuscrit et les brouillons : – corrections (ajouts, suppressions...) – report des corrections (« mise au net » du manuscrit)	L'édition du texte : – correction des épreuves – préédition dans la presse – publication en volume – réédition (modifications possibles)

Le bon usage du brouillon

• L'usage du brouillon est nécessaire à tout **travail d'écriture**, depuis un simple paragraphe pour un exercice d'entraînement jusqu'à la rédaction intégrale d'une dissertation. Ce travail écrit **préparatoire**, avec ses ratures et son désordre apparent, conditionne le résultat final. Comme le montrent les manuscrits d'écrivains, la **rature** est utile et féconde : il ne faut pas hésiter à **rayer** pour mieux écrire !

• Dans l'**élaboration du travail** écrit, le brouillon intervient à deux moments.

– D'abord, de la **recherche des idées** à la **construction du plan** : il se présente alors sous forme de notes, non rédigées (avec tirets, numéros, flèches, abréviations...). Il a surtout pour but, d'une part, d'établir des **relevés**, des **listes d'idées**, des **axes d'analyse** ; d'autre part, de **sélectionner** et de **classer** ces éléments. Il a donc une **fonction d'organisation**.

– Ensuite, lors de la **rédaction**, en particulier pour l'**introduction** et la **conclusion** : le brouillon sert alors à la recherche de l'expression la plus juste et la plus claire. Il a donc une **fonction de formulation**.

N.-B. : Dans le cas d'un travail écrit en temps limité, l'usage du brouillon est généralement impossible pour le développement ; en revanche, pour un travail d'entraînement à domicile, il peut s'étendre à l'ensemble de la rédaction, et il est alors très formateur.

• Tout travail de brouillon s'apparente à ce qu'on appelle, en informatique, le **traitement de texte** : il consiste à couper, copier, coller, remplacer. Voici un tableau qui résume ces opérations.

OPÉRATIONS	OBJECTIFS	EXEMPLES
Suppression	• Contenu : éviter la répétition d'une idée, écarter une remarque hors sujet, alléger les exemples pour sélectionner les plus pertinents. • Expression : condenser l'expression pour la rendre plus efficace, éviter le bavardage.	* *Ce texte émouvant suscite l'émotion du lecteur.* ⇒ *Ce texte suscite l'émotion du lecteur.* * *Nous pouvons remarquer que dans le premier paragraphe...* ⇒ *Dans le premier paragraphe...*
Ajout	• Illustrer : ajouter des exemples. • Approfondir : aborder des éléments de réflexion plus complexes. • Nuancer : affiner la formulation pour éviter le jugement catégorique.	* *La littérature romantique donne raison à ce critique...* ⇒ *Il semble que la littérature romantique, du moins à travers certains de ses représentants, donne raison à ce critique...*
Substitution	• Remplacer une expression pauvre ou inexacte par une autre (démarche qui combine la suppression et l'ajout). • Corriger une erreur (de vocabulaire, d'analyse stylistique, d'histoire littéraire...).	* *Ce texte émouvant suscite l'émotion du lecteur.* ⇒ *Ce texte touche le lecteur par son registre pathétique.* * *La coupure centrale du vers 13...* ⇒ *La césure du vers 13*
Déplacement	• Améliorer l'ordre logique des remarques : faire passer la cause avant l'effet, l'argument avant l'affirmation. • Assurer la progression : mettre le moins important avant le plus important.	* *Ce texte séduit le lecteur non seulement [par la richesse de son enjeu philosophique][1], mais aussi [par la précision de sa description][2].* ⇒ *Faire permuter [1] et [2].*
Finition	• Soigner les enchaînements logiques. • Donner plus de relief à l'expression pour susciter l'intérêt (questions oratoires, figures de style...). • Vérifier la ponctuation et l'orthographe.	* *Ce texte est très intéressant. Il montre comment un récit a un sens moral.* ⇒ *Si ce texte présente un grand intérêt, n'est-ce pas en raison de l'art avec lequel il mêle narration et signification morale ?*

* *L'astérisque signale des maladresses, impropriétés, erreurs ou incorrections.*

Exercices

Étape 1

1 D'après la lettre suivante, qu'est-ce qui caractérise le travail de l'écriture pour Flaubert ? Que sait-on de ses méthodes et de ses difficultés ?

L'auteur est en train de rédiger Madame Bovary.

Nuit de lundi, 1 heure [janvier 1854].
J'espère bien, dans une quinzaine, que je te verrai, bonne chère Louise ! Quant à te dire le jour précis de mon arrivée, je n'en sais rien. J'ai encore trois petits tableaux à faire, c'est-à-dire 5 à 6 pages environ [...].

J'ai passé deux exécrables journées, samedi et hier. Il m'a été impossible d'écrire une ligne. Ce que j'ai juré, gâché de papier et trépigné de rage, est impossible à savoir. J'avais à faire un passage psychologico-nerveux des plus déliés, et je me perdais continuellement dans les métaphores, au lieu de préciser les faits. Ce livre, qui n'est qu'en style, a pour danger continuel le style même. La phrase me grise et je perds de vue l'idée. L'univers entier me sifflerait aux oreilles, que je ne serais pas plus abîmé de honte que je ne le suis quelquefois. Qui n'a senti de ces impuissances, où il semble que votre cervelle se dissout comme un paquet de linge pourri ? Et puis le vent ressouffle, la voile s'enfle. Ce soir, en une heure, j'ai écrit toute une demi-page. Je l'aurais peut-être achevée, si je n'eusse entendu sonner l'heure et pensé à toi [...].

Je t'expliquerai ce que je veux dire, dans ma prochaine. Il me reste à peine assez de place pour te dire que ton Gustave t'embrasse.

FLAUBERT, *Lettre à Louise Colet*, 23 janvier 1854.

2 Lisez le texte suivant.

1. Quelles étapes du travail d'écriture sont évoquées ici ?

2. En quoi cette pratique de l'écriture diffère-t-elle de celle de Flaubert (exercice 1) ?

Balzac a consacré un grand article élogieux à La Chartreuse de Parme *dans* La Revue parisienne. *Surpris et ému, Stendhal lui écrit pour le remercier. Il ne lui faudra pas moins de trois brouillons pour y parvenir. Voici un extrait du second.*

J'ai reçu la *Revue* hier soir et ce matin j'ai réduit à quatre ou cinq pages les cinquante-quatre premières pages de *la Char*[*treuse*]. J'avais trop de plaisir à parler de ces temps heureux de ma jeunesse ; j'éprouvai bien ensuite quelques remords, mais je me consolai par les premiers demi-volumes, si ennuyeux, de notre père Walter Scott, et par le long préambule de la divine *Princesse de Clèves*.

J'ai fait quelques plans de romans, par exemple *Vanina* ; mais faire un plan me glace. Je dicte 25 ou 30 pages, puis la soirée arrive, et j'ai besoin d'une forte *distraction* ; il faut que le lendemain matin j'aie tout oublié ; en lisant les 3 ou 4 dernières pages du chapitre de la veille, le chapitre du jour me vient.

Je vous avouerai que bien des pages de la *Char*[*treuse*] ont été imprimées *sur la dictée* ; je croyais par là être simple, non contourné (le contourné est mon horreur), vous m'avez persuadé de m'en repentir, et je dirai comme les enfants : je n'y retournerai plus.

STENDHAL, *Lettre à Balzac*, 17-28 octobre 1840.

3 Observez ce manuscrit et la version imprimée du même poème.

1. Que nous apprend le manuscrit sur la création poétique selon Jean Cocteau ?

2. Comparez les deux états du texte. Quel est le rôle de la chanson dans le manuscrit ? Qu'en reste-t-il dans la version publiée ?

a.

▲ Extrait du manuscrit de COCTEAU, « La Forêt qui marche », 1914.

b. La Forêt qui marche

J'ai croisé les Anglais roulant vers la bataille
Sur leurs grands camions automobiles
Leurs visages de brique rose
Et leur chanson des soirs sur la Tamise
Leurs uniformes n'avaient pas la morne invisibilité
De poudre, de crasse et de fatigue
Des uniformes de l'ennemi.
J'ai vu les Anglais rouler vers la bataille
Comme la forêt qui marche de Shakespeare
Comme un soulèvement du jeune labour
Comme la sève des feuillages.

Ils étaient sur la route qui sent la pomme
(On entendait le canon bousculer la colline rose)
Comme une équipe de football
Comme un grand collège en promenade
Comme un équipage qui a quitté son navire natal
Parfumé de goudron de sel de gingembre et d'iode…
Pour la douce terre où nous sommes.
[…]

Cocteau, *Odes*,
recueilli dans *Œuvres poétiques complètes*,
Bibliothèque de la Pléiade, 1914, © Éd. Gallimard, 1999.

Étape 2

4 Voici plusieurs versions de la maxime 83 de La Rochefoucauld. Comment la pensée de l'écrivain a-t-elle progressé de l'une à l'autre ?

a. L'amitié la plus sainte et la plus sacrée n'est qu'un trafic où nous croyons toujours gagner quelque chose. (version de 1663)

b. L'amitié la plus désintéressée n'est qu'un trafic où notre amour propre se propose toujours quelque chose à gagner. (version de 1664)

c. L'amitié la plus désintéressée n'est qu'un commerce où notre amour-propre se propose toujours quelque chose à gagner. (version de 1666)

d. Ce que les hommes ont nommé amitié n'est qu'une société, qu'un ménagement réciproque d'intérêts, et qu'un échange de bons offices ; ce n'est enfin qu'un commerce où l'amour-propre se propose toujours quelque chose à gagner. (version définitive, 1678)

5 Ces feuillets sont extraits du dossier préparatoire de *L'Assommoir*, roman de Zola publié en 1877.

1. Quelles informations contiennent-ils ? Quel rôle ont-ils pu jouer dans l'écriture du roman ?

2. Dans quel ordre, d'après vous, Zola les a-t-il rédigés ? Justifiez votre réponse.

a.

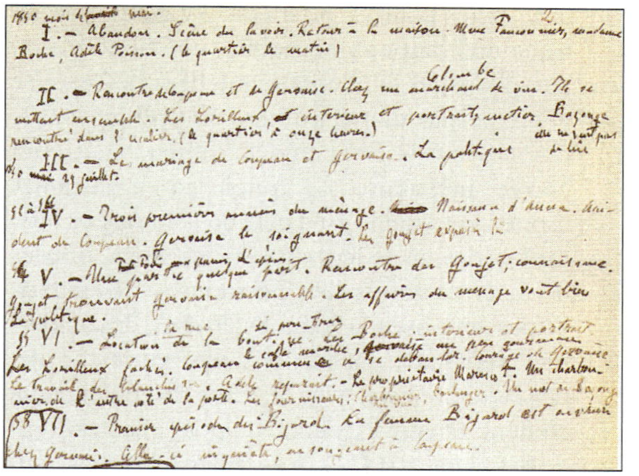

▲ Zola, dossier préparatoire : plan général de *L'Assommoir*.
(Bibliothèque nationale de France, Paris.)

b.

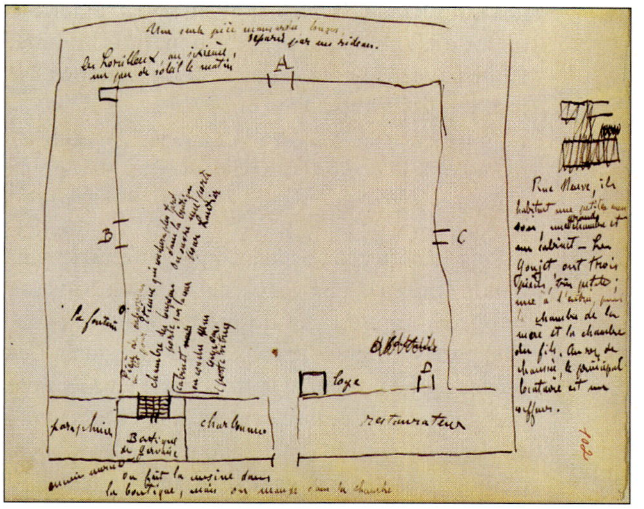

▲ Zola, *L'Assommoir* : croquis de la « grande maison ».
(Bibliothèque nationale de France, Paris.)

6 Comparez le texte des notes documentaires sur le quartier de la Goutte-d'Or et la description de la « grande maison » telle que Gervaise la voit dans le roman.

1. Quels indices montrent que le projet romanesque se met en place dès l'enquête ?

2. Relevez les différents traits d'écriture qui distinguent le carnet d'enquête (a) du roman (b) : syntaxe, lexique, figures de style…

a. La grande maison entre deux petites est près de la rue des Poissonniers, à quatre ou cinq maisons. Elle a onze fenêtres de façade et six étages. Toute noire, sans sculptures ; les fenêtres avec

Exercices

des persiennes noires, mangées, et où des lames manquent. La porte au milieu, immense, ronde. À droite, une vaste boutique de marchand de vin, avec salles pour les ouvriers ; à gauche, la boutique du charbonnier, peinte, une boutique de parapluies, et la boutique que tiendra Gervaise et où se trouvait une fruitière. En entrant sous le porche, le ruisseau coule au milieu, vaste cour carrée, intérieure. Le concierge en entrant à droite ; la fontaine est à côté de la loge. Les quatre façades, avec leurs six étages, nues, trouées de fenêtres noires sans persiennes ; les tuyaux de descente avec les plombs. En bas, des ateliers tout autour ; des menuisiers, un serrurier, un atelier de teinturerie, avec les eaux de couleurs qui coulent. Quatre escaliers, un pour chaque corps de bâtiment A.B.C.D. Au-dedans, de longs couloirs à chaque étage, avec des portes uniformes peintes en jaune. Sur le devant, dans des logements à persiennes, logent des gens qui passent pour riches. Dans la cour, tous ouvriers ; les linges qui sèchent. Il y a le côté du soleil, et le côté où le soleil ne vient pas, plus noir, plus humide. Cour pavée, le coin humide de la fontaine. Le jour cru qui tombe dans la cour.

Émile Zola, *Carnets d'enquête, une ethnographie inédite de la France*, texte édité par Henri Mitterand, © Éd. Plon, 1987.

b. Puis, dans la cour, pendant que Coupeau demandait le cordon d'une voix chantante, Gervaise se retourna, regarda une dernière fois la maison. Elle paraissait grandie sous le ciel sans lune. Les façades grises, comme nettoyées de leur lèpre et badigeonnées d'ombre, s'étendaient, montaient ; et elles étaient plus nues encore, toutes plates, déshabillées des loques séchant le jour au soleil. Les fenêtres closes dormaient. Quelques-unes, éparses, vivement allumées, ouvraient des yeux, semblaient faire loucher certains coins. Au-dessus de chaque vestibule, de bas en haut, à la file, les vitres des six paliers, blanches d'une lueur pâle, dressaient une tour étroite de lumière. Un rayon de lampe, tombé de l'atelier de cartonnage, au second, mettait une traînée jaune sur le pavé de la cour, trouant les ténèbres qui noyaient les ateliers du rez-de-chaussée. Et, du fond de ces ténèbres, dans le coin humide, des gouttes d'eau, sonores au milieu du silence, tombaient une à une du robinet mal tourné de la fontaine. Alors, il sembla à Gervaise que la maison était sur elle, écrasante, glaciale à ses épaules. C'était toujours sa bête de peur, un enfantillage dont elle souriait ensuite.

Zola, *L'Assommoir*, II.

Étape 3

7 Observez ces **deux versions de l'incipit** du *Horla* de Maupassant.

1. Quelle **forme narrative** est adoptée dans le récit de 1886 (a) ? Quel est le choix de Maupassant pour la version définitive de 1887 (b) ?

2. Quels **effets** ces changements narratifs produisent-ils sur le lecteur ? Le registre fantastique de la nouvelle en sort-il renforcé ? Pourquoi ?

a. Le docteur Marrande, le plus illustre et le plus éminent des aliénistes[1], avait prié trois de ses confrères et quatre savants, s'occupant de sciences naturelles, de venir passer une heure chez lui, dans la maison de santé[2] qu'il dirigeait, pour leur montrer un de ses malades.

Aussitôt que ses amis furent réunis, il leur dit : « Je vais vous soumettre le cas le plus bizarre et le plus inquiétant que j'aie jamais rencontré. D'ailleurs, je n'ai rien à vous dire de mon client. Il parlera lui-même. » Le docteur alors sonna. Un domestique fit entrer un homme. Il était fort maigre, d'une maigreur de cadavre, comme sont maigres certains fous que ronge une pensée, car la pensée malade dévore la chair du corps plus que la fièvre ou la phtisie[3].

Ayant salué et s'étant assis, il dit : « Messieurs, je sais pourquoi on vous a réunis ici et je suis prêt à vous raconter mon histoire, comme m'en a prié mon ami le docteur Marrande. Pendant longtemps il m'a cru fou. Aujourd'hui il doute. Dans quelque temps, vous saurez tous que j'ai l'esprit aussi sain, aussi lucide, aussi clairvoyant que les vôtres, malheureusement pour moi, et pour vous, et pour l'humanité tout entière. [...] »

Maupassant, *Le Horla*, version de 1886.

1. **Aliéniste :** médecin qui s'occupe du traitement des maladies mentales, qui soigne les aliénés.
2. Clinique destinée à recevoir ou à interner des aliénés.
3. **Phtisie :** affection pulmonaire.

b. 8 MAI.

Quelle journée admirable ! J'ai passé toute la matinée étendu sur l'herbe, devant ma maison, sous l'énorme platane qui la couvre, l'abrite et l'ombrage tout entière. J'aime ce pays, et j'aime y vivre parce que j'y ai mes racines, ces profondes et délicates racines, qui attachent un homme à la terre où sont nés et morts ses aïeux, qui l'attachent à ce qu'on pense et à ce qu'on mange, aux usages comme aux nourritures, aux locutions[1] locales, aux intonations des paysans, aux odeurs du sol, des villages et de l'air lui-même.

J'aime ma maison où j'ai grandi. De mes fenêtres, je vois la Seine qui coule, le long de mon jardin, derrière la route, presque chez moi, la grande et large Seine, qui va de Rouen au Havre, couverte de bateaux qui passent.

À gauche, là-bas, Rouen, la vaste ville aux toits bleus, sous le peuple pointu des clochers gothiques. Ils sont innombrables, frêles ou larges, dominés par la flèche de fonte de la cathédrale, et pleins de cloches qui sonnent dans l'air bleu des belles matinées, jetant jusqu'à moi leur doux et lointain bourdonnement de fer, leur chant d'airain que la brise m'apporte, tantôt plus fort et tantôt plus affaibli, suivant qu'elle s'éveille ou s'assoupit.

Comme il faisait bon ce matin !

MAUPASSANT, *Le Horla*, 1887.

1. **Locution :** forme de langage particulière à une région.

8 Observez ce **tapuscrit** corrigé de Marguerite Duras.

1. Comment repère-t-on les différentes **étapes de l'écriture** sur cette page ?

2. Quelles **modifications** ont été introduites ? Pour quel effet ?

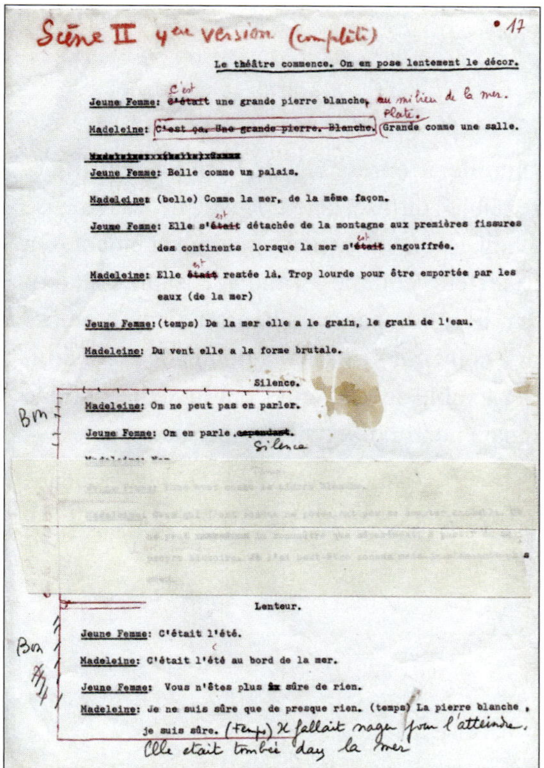
Scène II 4ème version (complète) 17

Le théâtre commence. On en pose lentement le décor.

Jeune Femme: ~~C'était~~ C'est une grande pierre blanche, au milieu de la mer.

Madeleine: ~~C'est ça. Une grande pierre. Blanche.~~ Plate. Grande comme une salle.

Jeune Femme: Belle comme un palais.

Madeleine: (belle) Comme la mer, de la même façon.

Jeune Femme: Elle s'~~était~~ est détachée de la montagne aux premières fissures des continents lorsque la mer s'~~était~~ est engouffrée.

Madeleine: Elle ~~était~~ est restée là. Trop lourde pour être emportée par les eaux (de la mer)

Jeune Femme: (temps) De la mer elle a le grain, le grain de l'eau.

Madeleine: Du vent elle a la forme brutale.

Silence.

Madeleine: On ne peut pas en parler.

Jeune Femme: On en parle. ~~cependant.~~ Silence

Lenteur.

Jeune Femme: C'était l'été.

Madeleine: C'était l'été au bord de la mer.

Jeune Femme: Vous n'êtes plus sûre de rien.

Madeleine: Je ne suis sûre que de presque rien. (temps) La pierre blanche, je suis sûre. (temps) Il fallait nager pour l'atteindre. Elle était tombée dans la mer

▲ DURAS, extrait du tapuscrit de *Savannah Bay*, scène II, 4e version.

9 Comparez le tapuscrit (exercice 8) et cet état définitif du même texte. Comment chacune de ces deux versions prend-elle en compte les **contraintes du genre théâtral** ?

[...] *Ici rien n'est sûr, tout repose sur le délabrement de la mémoire de Madeleine, sur ce lieu inabordable, insondable, d'un passé commun à la Jeune Femme et à Madeleine. L'une est trop jeune pour se souvenir, l'autre trop âgée pour départager ce passé de sa représentation. La Jeune Femme se fie au vertige de Madeleine. C'est sur la mémoire défaillante de Madeleine qu'elle bâtit celle de son enfance, celle de sa naissance.*

Le théâtre commence, lointain, douloureux.

JEUNE FEMME. — C'était une grande pierre blanche ?...

MADELEINE. — Oui, c'est ça, une grande pierre blanche... On ne peut pas en parler.

Lenteur.

JEUNE FEMME. — C'était l'été.

MADELEINE. — C'était l'été au bord de la mer.

JEUNE FEMME. — Tu n'es plus sûre de rien.

MADELEINE. — Je ne suis sûre que de presque rien. (*Temps.*) La pierre blanche, j'en suis sûre.

Silence.

MADELEINE (*crie*). — Laisse-moi tranquille...

JEUNE FEMME. — Je t'en supplie.

MADELEINE (*crie*). — Non...

Silence. Puis Madeleine parle de la légende, relayée par la Jeune Femme.

MADELEINE. — Ils s'étaient connus là, à cet endroit-là, de cette grande forme plate, cette pierre blanche au milieu de la mer...

DURAS, *Savannah Bay*, © Éd. de Minuit, 1982.

VERS LA DISSERTATION

D'après les manuscrits présentés dans ce chapitre, comment comprenez-vous l'aphorisme de Roland Barthes : « La littérature c'est la rature » ? Êtes-vous d'accord avec cette affirmation ? En vous fondant sur des exemples précis, vous consacrerez un paragraphe à l'explication de cette citation, et un autre à votre point de vue argumenté.

Chapitre 20

Écrire, publier, lire

Objet d'étude (2nde)

Entre le moment où **l'écrivain** achève son manuscrit et celui où le volume atteint son **public**, le livre franchit de nombreuses étapes qui conditionnent son succès. **L'éditeur** qui le publie (texte A) et **le lecteur** qui lui donne sens (texte B) font « exister » le texte littéraire et influent même sur son contenu.

TEXTE A

Le livre est un objet que l'on regarde et touche avant de le lire, et que l'on caresse en le lisant. Cet objet est donc promesse du contenu connoté par son apparence et sa forme, par ses proportions et son style, par son ornementation et ses couleurs. Une fois le livre en mains, la jouissance qui vient ou se dérobe révèle que l'on est aux prises avec un guide complice ou un gardien glacial. Les formes, là encore, produisent du sens et le texte y perd du sien s'il est malencontreusement casé !

De ce point de vue, le publieur se fait aussi metteur en scène et l'on peut parler de son travail comme d'une véritable « théâtralisation » du texte.

Hubert Nyssen, « L'auteur et l'éditeur : un vieux couple »,
© *TDC* n° 851 (« Le métier d'écrivain »).

L'éditeur « metteur en scène » du texte

1. De quelles « formes » (l. 7) s'agit-il ici ? En quel sens sont-elles liées au contenu du livre ?
2. Pourquoi l'éditeur Hubert Nyssen emploie-t-il le néologisme « publieur » ? D'après ce témoignage, quel est le rôle de l'éditeur ?

TEXTE B

Oui, la vocation naturelle, irrépressible, du livre est centrifuge. Il est fait pour être publié, diffusé, lancé, acheté, lu. La fameuse tour d'ivoire de l'écrivain est en vérité une tour de lancement. On en revient toujours au lecteur, comme à l'indispensable collaborateur de l'écrivain. Un livre n'a pas un auteur, mais un nombre indéfini d'auteurs. Car à celui qui l'a écrit s'ajoutent de plein droit dans l'acte créateur l'ensemble de ceux qui l'ont lu, le lisent ou le liront. Un livre écrit, mais non lu, n'existe pas pleinement.

Michel Tournier, *Le Vol du vampire*,
© Éd. Mercure de France, 1981.

Le lecteur « collaborateur » de l'écrivain

1. Justifiez l'emploi des mots « centrifuge » (l. 1) et « collaborateur » (l. 4-5). Pourquoi l'écrivain et le lecteur sont-ils complémentaires ?
2. Précisez en quoi consistent les cinq actions qui concrétisent la « vocation » du livre (l. 2).

DE L'ÉCRITURE À LA LECTURE

D'après ces deux textes, quelle est la nature précise de « l'acte créateur » effectué respectivement par l'éditeur et par le lecteur ?

20. Écrire, publier, lire

Objet d'étude (2nde)

De l'**écriture** d'un livre à sa **lecture**, il existe de **multiples relais et médiations** : la publication d'un livre dépend des conditions matérielles dans lesquelles l'**auteur** peut l'écrire, des **éditeurs** qui le font imprimer et le diffusent, des réseaux qui le font connaître et assurent sa **réception**. Or ces rapports qui lient l'écrivain aux pouvoirs, aux éditeurs et aux lecteurs ont connu de profonds changements dans l'**Histoire**.

1 LA CONDITION DE L'ÉCRIVAIN

• L'écrivain et les pouvoirs

– Jusqu'au XVIIIe siècle domine le **mécénat** : l'écrivain vit dans la dépendance des puissants (rois, grands seigneurs, hommes d'Église) qui lui assurent protection et revenus, et qui attendent en retour qu'il leur procure des divertissements et contribue à leur gloire.

– Après la Révolution, les écrivains acquièrent plus d'autonomie grâce à la vente de leurs livres : les **droits d'auteur** ont été reconnus à la fin du XVIIIe siècle. Ils peuvent alors constituer plus librement une **force d'opposition** et de critique.

– Cependant, s'il est moins soumis au pouvoir politique, l'écrivain moderne doit se plier aux exigences des éditeurs et aux attentes du public : l'augmentation du nombre de lecteurs et le développement de l'industrie éditoriale ont fait du livre un **objet commercial**.

• Le contrôle de la production littéraire

– Sous l'Ancien Régime, toutes les œuvres sont soumises à un contrôle très strict : un **censeur royal** prend connaissance des manuscrits dont il autorise ou interdit la publication. Les auteurs, éditeurs ou colporteurs des ouvrages clandestins qui s'attaquent au roi ou à la religion catholique officielle sont condamnés et emprisonnés.

– Au XIXe siècle, même si le contrôle politique est moins pesant, des auteurs sont encore poursuivis en justice pour atteinte à la **morale publique** (Baudelaire, Flaubert). Au XXe siècle, la censure tend à disparaître, mais est rétablie dans certaines circonstances politiques.

• La reconnaissance sociale de l'écrivain

– Jusqu'au XVIIe siècle, l'écrivain est l'objet d'un relatif **mépris** : les auteurs issus de la noblesse (La Rochefoucauld, Mme de Lafayette) publient leurs livres sous l'anonymat. Mais la **carrière d'écrivain** commence à être reconnue, grâce à des institutions comme l'Académie française, créée en 1634.

– Au siècle des Lumières, les « philosophes » (Diderot, Voltaire) jouent un **rôle influent** dans une large fraction de la noblesse et de la bourgeoisie.

– Au XIXe siècle, l'écrivain acquiert un nouveau **prestige social**. Hugo ou Zola font l'objet d'un culte et jouent le rôle de **maîtres à penser**. Cette fonction se retrouve au XXe siècle chez les écrivains et intellectuels « engagés » des années 1930-1950, comme Gide ou Sartre.

– De nos jours, le rôle social et politique de l'écrivain est moins marqué : l'auteur tend à limiter son discours au **champ littéraire** et n'intervient plus dans le débat public ; l'essor du cinéma et de la télévision restreint sa sphère d'influence.

2 LA PUBLICATION DU LIVRE

• Publication et diffusion

– Au Moyen Âge, les copistes reproduisent les textes à la main. L'invention de l'**imprimerie** en 1440 permet la diffusion du livre. Au XVIIIe siècle, la naissance des cabinets de lecture permet de toucher un public plus large dans les grandes villes ; les habitants des campagnes peuvent acquérir la littérature populaire par l'intermédiaire des **colporteurs**. Au XIXe siècle, la presse participe au succès des romans, qui sont d'abord publiés en feuilleton dans les journaux.

– Peu à peu se créent au XIXe siècle de grandes **maisons d'édition** qui, devenues de vastes entreprises à la fin du XXe siècle, permettent aux œuvres de connaître dans certains cas des tirages de plusieurs centaines de milliers d'exemplaires. Parallèlement, des petits éditeurs maintiennent la tradition du beau livre à tirage limité, auquel collaborent des artistes de renom (peintres ou graveurs). L'apparition d'**Internet** au tournant du XXIe siècle ouvre la voie à de nouvelles formes de diffusion.

• Les exigences éditoriales

– L'éditeur participe à la naissance de l'œuvre : il reçoit les manuscrits soumis à l'avis d'un « comité de lecture » ; il peut inviter l'auteur à une **réécriture** de certaines pages ou à des corrections ponctuelles. Ces modifications se justifient parfois par des motifs esthétiques, mais ont aussi pour but de rendre le texte plus conforme aux **attentes supposées** des lecteurs.

– L'éditeur est parfois lui-même l'initiateur du texte : il peut imposer certaines **contraintes** lorsqu'il adresse une **commande** à un écrivain, ou lorsque l'ouvrage prend place au sein d'une **collection** aux exigences particulières (roman sentimental, série de livres d'art ou d'histoire...). La demande de l'éditeur et le cadre qu'il fixe précèdent alors le travail de l'écrivain.

• L'objet-livre

– L'éditeur est aussi un « **publieur** ». Tout est mis en œuvre pour susciter le désir du lecteur à la seule vue du livre : on prête attention au rôle incitatif du titre, au choix de l'illustration et des couleurs de la couverture, au texte d'« accroche » de la « quatrième de couverture » (le verso du livre), à la mention des récompenses obtenues sur un bandeau rouge de couverture.

– Un même éditeur peut présenter plusieurs **collections**, différentes selon le contenu, le public visé, le format ou le prix. Le **tirage** du livre (nombre d'exemplaires imprimés) sera différent si l'on vise un public étroit (diffusion restreinte) ou très vaste (large diffusion).

– L'éditeur assure la **publicité** du livre dans la presse, organise des séances de dédicaces lors de salons du livre ou fait inviter ses auteurs vedettes à la télévision afin de vendre son « produit ».

– Il s'occupe aussi de la diffusion du livre dans les **lieux de vente**, des grandes surfaces aux **librairies** tenues par des libraires bien informés, ainsi que dans les **bibliothèques** publiques, qui permettent l'accès du plus grand nombre à la lecture.

La relation écrivain-lecteur ne passe donc pas seulement par le texte : elle est soigneusement orchestrée par une **stratégie commerciale** de prévision et de promotion.

LES ÉDITEURS FRANÇAIS

• Trois éditeurs ont joué un grand rôle dans la **diffusion de la littérature** au XXe siècle : Gallimard surtout (maison fondée en 1911, en lien avec la très influente *Nouvelle Revue française* créée par André Gide en 1908), Grasset (1907) et les Éditions du Seuil (1935).

• D'autres éditeurs plus modestes ont accompagné les **mouvements les plus novateurs** : José Corti (fondé en 1927) pour le surréalisme, les Éditions de Minuit (fondées en 1942 dans la clandestinité) pour le Nouveau Roman, POL (fondée en 1983) pour des auteurs comme Perec ou Quignard.

3 L'ŒUVRE ET SON PUBLIC

• L'évaluation de l'œuvre

– Tout lecteur **choisit** un livre, l'**interprète** et l'**évalue** en fonction d'un contexte culturel, social et historique donné : la lecture n'est donc jamais un acte purement individuel.

– La reconnaissance de la **valeur littéraire** d'une œuvre relève de diverses instances : le jugement des **intellectuels** ou auteurs déjà reconnus (les écrivains réunis dans les **salons** du XVIIIe siècle ou les **cénacles** du XIXe), **l'école** et **l'université** qui évaluent et sélectionnent les œuvres qu'elles font lire, les **académies** qui distribuent encouragements et récompenses.

– Le succès se mesure, certes, au nombre d'exemplaires vendus, mais il peut alors être éphémère ; il peut à l'inverse se construire peu à peu. Certaines œuvres répondent à l'**attente immédiate** du lecteur et se démodent ; d'autres, au contraire, bousculent cet **horizon d'attente** et doivent patienter avant d'être reconnues.

• La réception critique

– L'œuvre est jugée en son temps par les **critiques** qui écrivent dans les journaux et les revues. De nos jours, la critique des livres trouve aussi sa place à la radio et à la télévision.

– À cette réception que réservent à une œuvre les **jugements des contemporains**, s'ajoute la **fortune critique ultérieure** : le recueil *Les Fleurs du mal* de Baudelaire, qui a fait scandale en son temps, est reconnu aujourd'hui comme un chef-d'œuvre et suscite toujours des études critiques. Chaque époque relit ainsi la production littéraire du passé avec un regard neuf.

• Les prix littéraires

– Ils ont pris, au XXe siècle, une importance considérable pour le **roman** (Goncourt, Femina, Interallié, Renaudot, Médicis). Ils assurent aux ouvrages primés une nette progression de leur tirage et font l'objet d'une **concurrence sévère** entre les éditeurs.

– Ce système fait l'objet de nombreuses critiques : des soupçons pèsent sur l'impartialité de ces **jurys composés d'auteurs** liés aux maisons d'édition. C'est pourquoi certains prix récents préfèrent faire appel au jugement de **lecteurs « non professionnels »** (Livre Inter, Goncourt des lycéens).

▲ Librairie Julliard, rentrée littéraire 2002.

LA CRITIQUE

• La **critique littéraire** se rencontre d'abord dans la **presse** quotidienne ou hebdomadaire, ou à la radio et à la télévision. Il s'agit d'une réception presque **immédiate** d'articles écrits ou de comptes-rendus donnés dans une langue simple et accessible à un large public.

• Mais il existe aussi une **critique plus approfondie** et plus exigeante, qui s'exprime dans des revues spécialisées, dans des travaux universitaires ou dans des essais. Elle prend plus de recul par rapport aux textes qu'elle commente, et aboutit parfois elle-même à de véritables œuvres (chez Paul Valéry, Roland Barthes ou Julien Gracq).

Exercices

Étape 1

1 D'après ce texte, de quels **pouvoirs** Zola dépend-il ? Comment se manifeste cette soumission ?

À Pierre-Jules Hetzel
Paris, 30 mars 1864

Monsieur,

J'ai l'honneur de vous adresser sous ce pli un conte[1] dont je suis l'auteur et que je crois de nature à être inséré dans *Le Magasin d'éducation et de récréation*[2].

Je vous prie instamment d'en prendre connaissance vous-même. J'ai le plus grand espoir en votre goût si fin et si délicat dans cette matière.

Ayez l'obligeance de me faire connaître votre décision, dès que vous aurez lu mon petit travail.

Veuillez agréer, Monsieur, l'assurance de mes sentiments les plus distingués.

7, rue des Feuillantines.

ZOLA, *Correspondance I*, 1858-1867, © Éd. du CNRS, Presses de l'université de Montréal, 1978.

1. L'un des *Contes à Ninon*, publiés plus tard par Hetzel et Lacroix. Zola, né en 1840, est alors un jeune inconnu.
2. Périodique destiné surtout aux enfants et adolescents.

2 Comparez les deux textes suivants. Quel rapport s'instaure dans chacun d'eux entre **le poète et le roi** ? Quelles différences remarquez-vous ? Vous observerez en particulier le ton, les indices d'énonciation et les modalisations.

a. Après que d'un grand cœur tu auras su défaire
Tes ennemis vaincus, lors tu auras affaire
De mes Muses, ô Prince, et les voudras priser
Honorant mon mérite, afin d'éterniser
Toi et tes coups de masse, et tout ce que ta lance
Aura parachevé d'une heureuse vaillance.
Si d'un cœur libéral tu m'invites chez toi,
Ton palais me verra menant avecques moi
Les maîtres des chansons Phébus et Calliope[1],
Pour te célébrer Roi le plus grand de l'Europe.

RONSARD,
« Hymne de Henri, deuxième de ce nom »,
Les Hymnes, I, 1555.

1. **Phébus :** Apollon, dieu de la poésie ; **Calliope :** muse de la poésie épique.

b. Je ne dirai point, SIRE, ce que j'aurais à demander pour ma réputation et pour justifier à tout le monde l'innocence de mon ouvrage : les rois éclairés comme vous n'ont pas besoin qu'on leur marque ce qu'on souhaite ; ils voient, comme Dieu, ce qu'il nous faut, et savent mieux que nous ce qu'ils nous doivent accorder. Il me suffit de mettre mes intérêts entre les mains de VOTRE MAJESTÉ ; et j'attends d'elle, avec respect, tout ce qu'il lui plaira d'ordonner là-dessus.

MOLIÈRE, *Premier Placet au roi*, 1666.

3 Observez le document ci-dessous.

1. Que trouve-t-on sur cette **quatrième de couverture** ? Repérez et identifiez ses différentes composantes.

2. Par quels moyens cette présentation cherche-t-elle à susciter **l'intérêt du lecteur** ? Quelle idée donne-t-elle du contenu du livre ?

« Là, j'entreprends de vous initier à toutes les horreurs, à toutes les beautés d'un champ de bataille... Des canons, des chevaux, deux armées, des uniformes ; à la première page, le canon gronde, il se tait à la dernière. » Ainsi Balzac évoque-t-il son projet de consacrer un roman à la bataille d'Essling, qui opposa en 1809, près de Vienne, les Autrichiens à la Grande Armée de Napoléon.

Balzac mourut sans nous donner sa *Bataille*. La voici, racontée par Patrick Rambaud, dans un récit documenté et vivant, où se côtoient grognards et jeunes recrues, des chirurgiens, des actrices, des espions, Stendhal, les maréchaux Lannes et Masséna autour d'un Napoléon que la Fortune, déjà, commence d'abandonner. Trente heures de combat, 40 000 morts, 11 000 mutilés : Essling, c'est la première grande hécatombe de la guerre moderne, sans gloire, sans illusions, dont le sommet sera Verdun.

Roman historique, roman à grand spectacle, roman vrai : chaleureusement accueilli par la critique, *La Bataille* a été couronné par le Grand Prix du roman de l'Académie française, puis par le prix Goncourt 1997.

Couv. Géricault : *Cuirassier blessé quittant le feu*, 1814. Musée du Louvre, Paris. © Giraudon, Paris.

9 782253 146469

31/4646/1

PRIX FRANCE TC **30 FF**
(LP 7) **4,57 €**

▲ 4e de couverture de *La Bataille* de Patrick RAMBAUD, © Le Livre de Poche, 1999.

4 Observez cette **séance publique de signatures**. Quel est selon vous l'intérêt de cette pratique : pour **l'auteur** ? pour **l'éditeur** ? pour **le lecteur** ? Quelle **image de l'auteur** cette photographie contribue-t-elle à construire ?

▲ Séance de dédicaces d'Amélie NOTHOMB, septembre 2003.

ÉTAPE 2

5 Comparez ces couvertures des deux versions du *Vendredi* de Michel Tournier. Quels indices permettent d'identifier le **public visé** dans chaque cas ?

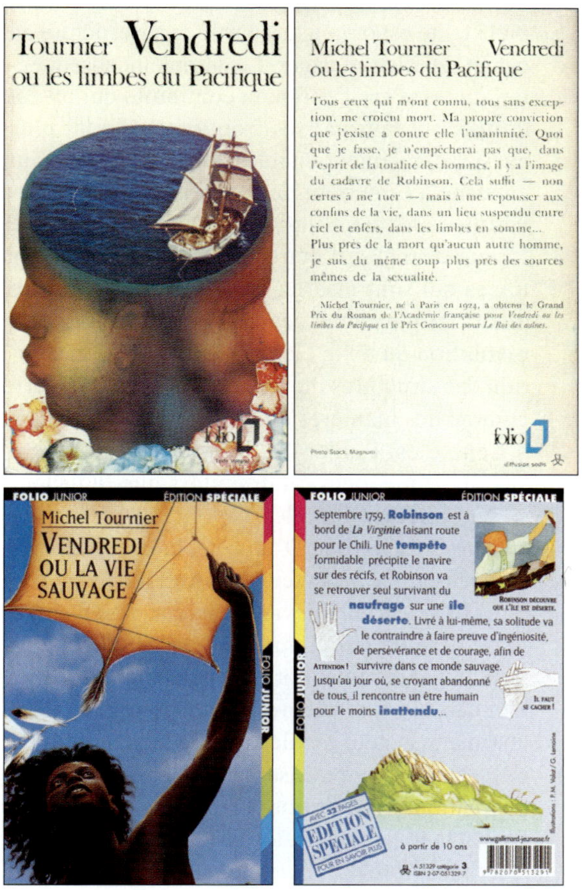

▲ 1ère et 4e de couverture de *Vendredi ou les limbes du Pacifique* et de *Vendredi ou la vie sauvage* de Michel TOURNIER.

6 Comparez ces deux extraits de romans.

1. Comment représentent-ils respectivement l'importance des **médias** dans le succès d'un livre ? À quoi assimilent-ils l'**écrivain d'aujourd'hui** ?

2. Pourquoi ces deux **portraits d'écrivains** fictifs sont-ils complémentaires ?

3. Quel est leur **registre** ?

a. Seulement voilà, le monde d'aujourd'hui est monde d'images, et toutes les études de marché disent clairement que les lecteurs de J.L.B. veulent la tête de J.L.B. Ils la veulent sur les rabats de couverture, ils la veulent sur les affiches de leur ville, dans les pages de leur hebdo et le cadre de leur télé, ils la veulent en eux, épinglée dans leur cœur. Ils veulent la tête de J.L.B., la voix de J.L.B., la signature de J.L.B., ils veulent se payer quinze heures de queue pour une dédicace de J.L.B., et qu'un petit mot tombe dans leur oreille, et qu'un sourire les conforte dans leur amour de lecteurs. Ils sont gens humbles et innombrables, Clara, Louna, Thérèse et quelques millions d'autres, non pas lecteurs précieux et avertis qui aiment à dire : « J'ai lu untel... » mais lecteurs naïvement cubiques qui donneraient leur liquette pour pouvoir dire : « Je l'ai vu. » Et s'ils ne voient pas J.L.B., s'ils ne l'entendent pas causer, si J.L.B. ne leur file pas son opinion télévisée sur la marche du monde et le destin de l'homme, alors, c'est simple, ils l'achèteront de moins en moins, et petit à petit J.L.B., pour n'avoir pas voulu devenir une image, cessera d'être une affaire, notre affaire.

Il me semble, oui, il me semble que je commence à comprendre. Toutefois, intelligence lente et méthodique, je demande :

— Et alors ?

— Alors, enchaîne la reine Zabo, il y a un hic, Malaussène. J.L.B. ne veut *vraiment* rien entendre, pas question pour lui de se montrer.

Daniel PENNAC, *La Petite Marchande de prose*, © Éd. Gallimard, 1989.

b. Je sais que ce que je dis ici restera entre nous. Je vous fais confiance. Vous avez sans doute lu les romans de Valentin Nochère. *La mobylette rouge*, *La 2 CV verte*, *La twingo fuchsia*, qui forment *La trilogie des soirs de mai*. Si vous ne les avez pas lus, vous savez quoi en penser. Leur succès vous a surpris, exaspérés, déconcertés... Pas loin de deux millions d'exemplaires, ça donne à réfléchir... Vous savez que j'ai beaucoup contribué à leur triomphe, par mes multiples interventions. Et tous les copains s'y sont mis... Ils n'ont pas grand-chose à me refuser, n'est-ce pas... Savent qu'ils peuvent compter sur moi par ailleurs, moi aussi je suis très aidante... Et Valentin Nochère assure de façon exemplaire le service après-vente. Un vrai talent de conteur, rassurant et malicieux, les télévisions se l'arrachent, les journaux lui consacrent des numéros spéciaux, son sourire s'entend même à la radio, il fait fondre les collégiennes et les ménagères... Parraine des émissions... N'hésite pas à courir le marathon des buveurs d'eau au profit de la recherche contre la cirrhose...

Ici, la Genvolino laisse enfler un silence dramatique.

Ce que vous ignorez, reprend-elle enfin, c'est que ce brave Nochère n'a jamais écrit une ligne.

Jean-Marie LACLAVETINE, *Première Ligne*, © Éd. Gallimard, 1999.

7 Par quels moyens respectifs et sur quel registre ce dessin (**a**) et cet article (**b**) critiquent-ils les **prix littéraires** ?

a.

– C'est une longue méditation sur la vie, la mort, la vanité de toutes choses ici-bas, qu'il faudrait publier à la rentrée. Pour les Prix.

▲ Sempé, extrait de *Quelques artistes et gens de lettres*, © Éd. Denoël, 1984.

b. Comme à Longchamp, les jurés portent casaque (invisible pour le grand public). Tous défendent une écurie. Car le Goncourt ne récompense pas un écrivain, comme un vain peuple le pense, mais un éditeur. Le trio Gallimard-Grasset-Le Seuil, surnommé « Galligrasseuil », fait la loi. Comme un bon cheval, un juré se prépare toute l'année, à coup de grosses avances et de grasses préfaces. Tous les jurés sont cooptés, certains sont salariés par leurs éditeurs à l'année, c'est plus sûr. Comme ces prélats des lettres ont l'ego à vif, leurs disputes de table plantent souvent les pronostiqueurs. D'où suspense... Mais un juré bien préparé a la reconnaissance du ventre : il vote là où il mange.

Frédéric PAGÈS, © *Le Canard enchaîné*, 10 novembre 1999 (extrait).

ÉTAPE 3

8 Analysez ces remarques sur la révolution du « texte électronique ».

1. Repérez les différences entre l'**objet-livre** et le **livre électronique** indiquées par l'auteur.

2. Quelles sont, d'après ce texte, les différentes **manières de lire** qui se sont succédé dans l'Histoire ?

L'inscription du texte sur l'écran crée une distribution, une organisation, une structuration du texte qui n'est pas du tout la même que celle que rencontrait le lecteur dans le rouleau de l'Antiquité ou le lecteur médiéval, moderne et contemporain dans le livre manuscrit ou imprimé, où le texte est organisé à partir de sa structure en cahier, feuillets et pages. Le déroulement séquentiel du texte sur l'écran, la continuité qui lui est donnée, le fait que ses frontières ne sont plus aussi radicalement visibles que dans le livre qui enferme à l'intérieur de sa reliure ou de sa couverture le texte qu'il porte, la possibilité pour le lecteur de mêler, d'entrecroiser, d'assembler des textes qui sont inscrits dans la même mémoire électronique : tous ces traits indiquent que la révolution du texte électronique est une révolution des structures du support matériel de l'écrit comme des manières de lire.

Cela, c'est l'objet. Si l'objet perd de sa densité ancienne, peut-on dire alors que le lecteur se sent pousser des ailes ?

Dans un sens, oui. D'un côté, le lecteur de l'écran ressemble au lecteur de l'Antiquité : le texte qu'il lit se déroule devant ses yeux ; bien sûr, il ne se déroule pas comme le texte d'un rouleau qu'il fallait dérouler horizontalement, puisque ici il se déroule verticalement. D'un autre côté, il est comme le lecteur médiéval ou le lecteur du livre imprimé qui peut utiliser des repères tels que la pagination, l'indexation, le découpage du texte. Il est à la fois ces deux lecteurs. En même temps, il est plus libre. Le texte électronique lui permet davantage de distance par rapport à l'écrit.

Roger CHARTIER, *Le Livre en révolutions*, © Éd. Textuel, 1997.

9 En 1985, quatre cents écrivains du monde entier ont répondu à la question : **Pourquoi écrivez-vous ?** Voici quelques-unes de leurs réponses.

1. Classez tous les éléments de réponse en regroupant ceux qui vont dans le même sens.

2. Peut-on penser à d'autres **raisons d'écrire** ? Complétez cette liste à l'aide de vos propres arguments, en vous appuyant sur des exemples précis d'écrivains que vous avez lus.

a. Jorge Luis Borges (1899-1986), Argentine :

« Je ne pourrais pas arrêter d'écrire. J'ai toujours su que mon destin était un destin littéraire de lecteur et aussi, imprudemment, d'écrivain.

J'écris pour répondre à une urgence, une nécessité intérieure. Si j'avais été Robinson Crusoé dans son île, ou Edmond Dantès du *Comte de Monte-Cristo*, je n'aurais pas écrit. »

b. Samuel Beckett (1906-1989), Irlande :

« Bon qu'à ça. »

c. Jean Métellus (né en 1937), Haïti :

« Haïtien, j'écris pour aider mon pays à se libé rer de tous les jougs politiques, intellectuels et racistes. J'écris pour être le témoin de mon temps, la mémoire des générations. »

« Pourquoi écrivez-vous ? Quatre cents écrivains répondent », © *Libération*, hors-série, mars 1985.

10 Étudiez le texte suivant.

1. À quels **procédés satiriques** a-t-il recours ? Pourquoi sont-ils efficaces ?

2. Quels **autres registres** détourne-t-il ? Justifiez votre réponse.

3. Rédigez un paragraphe sur la fonction des noms propres, réels ou inventés.

En 1874, la censure est rétablie à l'encontre des spectacles. Le caricaturiste Gill réagit…

Censure (Anastasie), illustre engin liberticide français, née à Paris sous le règne de Louis XIII. Elle est la fille naturelle de Séraphine Inquisition et compte de nos jours dans sa nombreuse famille quelques autres personnages également très connus : Ernest Communiqué, Zoé Bonvouloir, le vicomte Butor de Saint-Arbitraire et Agathe Estampille, ses cousins, tante et beau-frère… Le Pape Alexandre VI, qui avait été l'un de ses premiers pères, avait laissé un petit manuscrit intitulé : *Guide du parfait censeur* et à l'aide duquel Anastasie avait pu faire son éducation. Voici quelques extraits de cet intéressant travail.

1. La censure est l'art de découvrir dans les œuvres littéraires ou dramatiques les intentions malveillantes.

2. L'idéal est d'y découvrir les intentions, même quand l'écrivain ne les a pas eues.

3. Un censeur capable doit, à première vue, déterrer dans le mot « ophicléide »[1] une injure à la morale publique.

4. La devise du censeur est : « coupons, coupons, il en restera toujours trop ».

5. Le censeur doit être persuadé que chaque mot d'un ouvrage contient une allusion perfide.

Quand il parviendra à découvrir l'allusion, il coupera la phrase. Quand il ne la découvrira pas, il la coupera aussi, attendu que les allusions les mieux dissimulées sont les plus dangereuses.

Gill, « Anastasie Censure », *L'Éclipse*, juillet 1874.

1. **Ophicléide :** gros instrument à vent.

VERS L'ÉCRITURE D'INVENTION

Lisez ce rapport imaginaire d'un **comité de lecture** sur l'œuvre de Proust.

1. Sur quelles **caractéristiques de l'écriture de Proust** se fonde-t-il ?

2. Quel est le **style** de ce rapport (vocabulaire, niveau de langue, syntaxe) ? Pourquoi contribue-t-il au comique ?

3. En utilisant le **même procédé**, rédigez à votre tour une notice qui **brocardera** un livre célèbre en s'appuyant sur ses caractéristiques reconnues.

Proust Marcel. *À la recherche du temps perdu.*

C'est assurément un ouvrage important, peut-être un peu trop long, mais, en le débitant en volumes de poche, ça pourra se vendre.

Pas tel quel, attention ! Il faut un gros travail d'editing : il y a, par exemple, toute la ponctuation à revoir. Les phrases sont trop laborieuses ; certaines prennent une page entière. Avec un bon rewriting qui les ramène à la mesure de deux ou trois lignes chacune, en coupant davantage, en allant à la ligne plus souvent, on arriverait sûrement à tirer quelque chose de ce texte.

Si l'auteur n'est pas d'accord, il vaut mieux laisser tomber. Sous sa forme actuelle, l'ouvrage est – comment dire ? – trop asthmatique.

Umberto Eco, *Pastiches et postiches*, trad. Bernard Guyader, © Éd. 10/18, 1996.

Chapitre 21

Les réécritures

Objet d'étude (1re)

Un texte littéraire n'est jamais isolé. Pour saisir son originalité et sa richesse, il faut reconnaître les **relations** qu'il entretient avec d'autres. Ces deux textes montrent divers fonctionnements de la réécriture : le second fait **écho** au premier. Comment ? Pourquoi ?

TEXTE A

LA REINE. — Là, tandis qu'elle[1] grimpait pour suspendre sa couronne de fleurs aux branches inclinées, un rameau envieux se rompit, et ses trophées tressés de mauvaises herbes, et elle-même, tombèrent dans la rivière en pleurs.

William SHAKESPEARE, *Hamlet*, IV, 7, 1600, trad. André Lorant, © Éd. Aubier, 1988.

1. Ophélie : rejetée par Hamlet, elle a perdu la raison et va se noyer.

TEXTE B

DIMANCHES

HAMLET : *Have you a daughter ?*
POLONIUS : *I have, my lord.* [...][1]

Le ciel pleut sans but, sans que rien l'émeuve,
Il pleut, il pleut, bergère ! sur le fleuve…

Le fleuve a son repos dominical ;
Pas un chaland, en amont, en aval.

Les Vêpres carillonnent sur la ville,
Les berges sont désertes, sans idylles.

Passe un pensionnat (ô pauvres chairs !)
Plusieurs ont déjà leurs manchons d'hiver.

Une qui n'a ni manchon, ni fourrures
Fait, tout en gris, une pauvre figure.

Et la voilà qui s'échappe des rangs,
Et court ! ô mon Dieu, qu'est-ce qu'il lui prend ?

Et elle va se jeter dans le fleuve.
Pas un batelier, pas un chien Terr'Neuve.

Le crépuscule vient ; le petit port
Allume ses feux. (Ah ! connu, l'décor !).

La pluie continue à mouiller le fleuve,
Le ciel pleut sans but, sans que rien l'émeuve.

Jules LAFORGUE, *Des Fleurs de bonne volonté*, 1890.

1. Traduction de l'épigraphe (dans son intégralité) :
HAMLET : *Avez-vous une fille ?*
POLONIUS : *Oui, Monseigneur.*
HAMLET : *Ne la laissez pas se promener au soleil. Concevoir est une bénédiction, mais non comme votre fille pourrait concevoir.*
Hamlet, II, 2.

De la traduction à l'adaptation

1. À quelle époque et à quel genre littéraire chacun de ces deux textes appartient-il ? Quelles similitudes permettent de les rapprocher ?

2. Laforgue se réfère-t-il explicitement à Shakespeare ? De quelle façon ?

3. Dans quels registres Laforgue réécrit-il la mort d'Ophélie ? Quel peut être l'effet recherché ?

21. Les réécritures

Objet d'étude (1re)

Les textes littéraires se nourrissent d'œuvres antérieures. On appelle **intertextualité** les relations que les œuvres entretiennent entre elles.
Parfois l'écrivain fait **référence** à des textes sans les soumettre à aucune transformation. Souvent il choisit, au contraire, de les **adapter**, de les **transposer** ou de les **transformer** dans une perspective nouvelle.

1 EMPRUNTS ET RÉFÉRENCES

Dans tout texte, on peut supposer la présence d'un ou plusieurs autres textes plus anciens. Cette présence est plus ou moins explicite : selon les cas, on distingue la citation, la référence et l'allusion.

• **La citation :** l'énoncé original est reproduit mot à mot. Quand elle est mise en relief, au début d'un texte, on la nomme **épigraphe**. Des **indices typographiques** (guillemets, italiques) viennent clairement indiquer la présence d'un autre texte. Quand ces indices ne sont pas présents, il s'agit :

– soit d'un **plagiat** : l'écrivain s'attribue de façon sérieuse des propos et des idées dont il n'est pas l'auteur ;

– soit d'un **collage** : l'auteur intègre de façon ludique des fragments dans un autre contexte, ou colle bout à bout des citations qui forment une nouvelle œuvre, à visée souvent provocatrice, le **centon** (Lautréamont, *Poésies*, 1870).

• **La référence :** le texte mentionne une œuvre afin d'étayer ou d'illustrer une argumentation, mais sans la citer textuellement.

• **L'allusion :** la source littéraire reste **implicite** ; au lecteur de la reconnaître.

2 IMITATIONS ET TRANSFORMATIONS SÉRIEUSES

• **L'amplification** augmente un texte en y ajoutant des informations qui n'existaient pas. Ainsi, les **continuations** (ou « suites ») étaient fréquentes au Moyen Âge. Au théâtre, on développe souvent de brefs récits historiques (comme Corneille pour l'histoire de *Cinna*).

• **La réduction** condense un texte pour le rendre plus intelligible (éditions simplifiées pour la jeunesse), ou plus facilement mémorisable (le résumé).

• **L'imitation**, aux XVIe et XVIIe siècles, consiste à imiter les auteurs de l'Antiquité : les auteurs classiques reprennent les genres et les thèmes des auteurs grecs et latins (Boileau imite les *Épîtres* d'Horace, Racine s'inspire des tragédies d'Euripide, etc.).

• **La transformation sérieuse**, ou **transposition**, modifie une ou plusieurs composantes du texte initial **sans le dégrader**.

– C'est le cas de la **traduction**, qui transpose un texte dans une autre langue. Loin d'être une opération neutre, la traduction est toujours une interprétation de l'œuvre initiale, voire un véritable travail de création.

L'ART DU PASTICHE

• Il nécessite une connaissance très fine de l'ouvrage imité et de ses **caractéristiques stylistiques** ; il suppose que son lecteur soit en mesure d'apprécier la subtilité des ressemblances et des variations.

• À l'origine, le pastiche était un exercice d'école pour la maîtrise du style. Très vite, il devint un **jeu littéraire**.

Exemple : Proust dans *Pastiches et Mélanges* (1919).

CONTRAINTES ET JEUX LITTÉRAIRES

Les membres de **l'OuLiPo** (Ouvroir de Littérature Potentielle, fondé en 1960) pratiquent des expériences de **littérature sous contrainte** qui sont à la fois des jeux et des réflexions sur la littérature, comme le **lipogramme** (on écrit en se privant d'une ou plusieurs lettres de l'alphabet) ou le **S+7** (on transforme un texte en substituant à chacun des substantifs le septième qui suit dans le dictionnaire).

DES MYTHES SACRÉS AUX MYTHES LITTÉRAIRES

À l'origine, les mythes sont liés à la **religion** et ont une **fonction explicative**. Ils relatent la naissance de l'univers, des éléments terrestres, de l'homme, d'une nation ou d'une cité. Ils se transmettent **oralement**. Si nous les connaissons aujourd'hui, c'est grâce à des **textes fondateurs** qui leur ont donné une forme écrite.

– C'est aussi le cas de l'**adaptation**, qui transpose le texte **d'un genre artistique à l'autre** : du théâtre à l'opéra, du roman au cinéma, etc.

– La transposition peut encore transformer un texte par un **changement d'énonciation** : de la première à la troisième personne, de l'énoncé « coupé » à l'énoncé « ancré », etc.

– Elle peut enfin choisir de changer le **contexte historique** ou **géographique** : l'*Orphée* de Cocteau (1926) se passe ainsi en France dans les années 1930.

3 TRANSFORMATIONS COMIQUES ET LUDIQUES

• **Le pastiche** est l'exemple le plus répandu d'imitation à visée ludique. Il désigne un ouvrage dans lequel un écrivain imite le **style** d'un auteur, d'un genre, d'un registre ou d'un mouvement.

• **La transformation comique**, ou **parodie**, détourne une œuvre dans le but de faire **rire**. Cette visée comique implique souvent une **dégradation** : passage d'un genre noble à un genre mineur, d'un style élevé à un style grossier.

– On parle de **style héroï-comique** quand l'auteur utilise un style noble (comme celui de l'épopée) pour traiter d'un sujet vulgaire (La Fontaine, « Les Deux Coqs », *Fables*, VII,13, 1678).

– Le **travestissement burlesque** use du procédé inverse en décrivant les actions de personnages héroïques à l'aide d'un langage familier (Scarron, *Le Virgile travesti*, 1648-52).

– Comme pour le dessin de **caricature**, la transformation se fait souvent par l'**exagération** comique de certaines caractéristiques du texte initial. On parle alors de **charge** : l'auteur se moque de son prédécesseur. Dans *Les Fleurs bleues* (1965), Queneau décrit le bar Biture à la manière de Robbe-Grillet : l'excès de minutie et le souci du détail y sont ridiculisés.

4 LES RÉÉCRITURES DES MYTHES

Qu'elle soit imitation ou transformation, sérieuse ou comique, la réécriture littéraire porte très souvent sur des mythes.

• **Littérature et mythologie : l'admiration de l'Antiquité**

La mythologie est très présente dans les œuvres littéraires des XVIe et XVIIe siècles, car c'est l'Antiquité qui fournit alors les modèles et les sujets de la création artistique.

– Les mythes sont des sources de poésie, d'exotisme et de mystère pour les **poètes de la Renaissance** (Ronsard, Du Bellay…) qui évoquent les dieux de l'Olympe ou les héros de la guerre de Troie.

– La **poésie épique** emprunte à la fois à la mythologie gréco-romaine et aux personnages bibliques dans sa recherche de figures et de situations emblématiques.

– Les **tragédies du XVIIe siècle** s'en inspirent également : les histoires mythiques provoquent la crainte et la pitié qui permettent de se guérir des passions néfastes (selon la théorie de la **catharsis**, ou « purification »).

• **La production des mythes littéraires**

La littérature trouve des thèmes d'inspiration, des personnages et des symboles dans les récits fabuleux qui viennent de la tradition orale. Mais elle est elle-même créatrice de mythes. On entend alors par **mythe littéraire** l'histoire d'un personnage dont la **dimension symbolique** nourrit de nombreuses réécritures, au point de faire oublier son créateur : mythes de Dom Juan, de Tristan, de Faust… Chacun de ces personnages offre une image exemplaire de conduites et de pulsions humaines fondamentales. Le mythe littéraire est à la fois un **symbole psychologique** et un **symbole moral**.

• Le renouvellement moderne des mythes

Notre culture ne cesse donc de réécrire et de réinventer des mythes…

– Le mythe est devenu une **référence culturelle** : il est intégré dans la langue, comme en témoignent des mots et expressions de tous les jours (« un don Juan », « une pomme de discorde »…).

– Cet univers mythique permet l'**expression de soi** : ainsi, un personnage mythologique comme Prométhée est le **symbole esthétique** du rôle de l'artiste, libre et révolté, chez les écrivains romantiques.

– Le mythe est aussi un **moyen de réflexion** sur le monde, un **symbole social ou historique** : Zola propose sa vision de la révolution industrielle quand il fait de la mine un monstre dévorateur dans *Germinal*.

– Le mythe sert enfin à la **dénonciation** critique : il permet d'exposer des situations contemporaines tout en déjouant la censure ; il ouvre sur des problématiques universelles ; il acquiert une **fonction politique et philosophique** dans le théâtre du XXe siècle (Giraudoux, Anouilh, Sartre…).

TRANSPOSITION ET TRANSFORMATION DES MYTHES

En s'adaptant à des contextes historiques différents, le mythe se prête à tous les procédés de la **transposition** et de la **réinterprétation**. Il se transforme par suppressions ou ajouts, **expansion** ou **contamination** (mélange d'éléments appartenant à des mythes distincts, superposition de plusieurs mythes). Tantôt il est idéalisé pour l'héroïsme qu'il représente, tantôt il est au contraire transposé sur un mode familier.

5 À QUOI SERVENT LES RÉÉCRITURES ?

• Réécrire, c'est interpréter

Un écrivain est tout d'abord un lecteur : il s'interroge sur les textes qu'il fréquente, et il se demande quel **sens** peuvent avoir en son temps les grands textes reconnus de la littérature. Il en propose une **interprétation**, et fournit au texte ancien une nouvelle cohérence fondée sur un savoir contemporain.

• Réécrire, c'est juger

Parce qu'elle modifie certains éléments du texte-source mais qu'elle en conserve certains autres, la réécriture porte une **appréciation** sur le texte qu'elle réécrit : elle le juge en **triant** ce qui peut être gardé et ce qui n'est pas considéré comme indispensable.

• Réécrire, c'est faire participer le lecteur

La réécriture impose une lecture particulière : une **relecture**. Il s'agit toujours, en même temps qu'on lit le produit d'une réécriture, d'y relire sa source. Le lecteur doit donc être **actif** et adopter un **regard double**, capable de convoquer les deux textes en même temps.

• Réécrire, c'est inventer

Parce qu'ils cherchent à manifester leur **originalité** dans leur réécriture, les écrivains transforment souvent complètement le texte-source et l'investissent de significations et d'effets nouveaux. Par les transformations qu'ils opèrent dans leurs modèles, ils libèrent leur imagination, façonnent leur propre écriture et fondent leur propre univers.

Pablo PICASSO (1881-1973), couverture du n° 1 de la revue *Minotaure*, juin 1933.
(Bibliothèque littéraire Jacques Doucet, Paris.)

Exercices

ÉTAPE 1

1 Définissez les mots suivants en expliquant au besoin les **allusions mythologiques**. Pourquoi sont-ils devenus des expressions usuelles ?

une odyssée – un laïus – la panique – un talon d'Achille – le complexe d'Œdipe – narcissisme – une mégère – un dédale – un éden – un apollon – un mentor – un hercule – protéiforme – titanesque – médusé

2 Comparez ces deux **traductions** du début de L'*Odyssée* d'Homère (l'invocation à la muse). Quelles différences constatez-vous entre les choix des traducteurs ?

a. Muse, dis-moi le héros aux mille expédients[1], qui tant erra, quand sa ruse[2] eut fait mettre à sac l'acropole sacrée de Troade, qui visita les villes et connut les mœurs de tant d'hommes ! Combien en son cœur il éprouva de tourments sur la mer, quand il luttait pour sa vie et le retour de ses compagnons ! Mais il ne put les sauver malgré son désir : leur aveuglement les perdit, insensés qui dévorèrent les bœufs d'Hélios Hypérion[3]. Et lui leur ôta la journée du retour. À nous aussi, déesse née de Zeus, conte ces aventures, en commençant où tu voudras.

En ce temps-là tous ceux qui avaient échappé au brusque trépas étaient en leur logis, sauvés de la bataille et de la mer.

Traduction Dufour-Raison, © Éd. Flammarion, 1965.

1. Ulysse.
2. L'idée du cheval, qui permit aux Grecs d'entrer dans Troie.
3. Le dieu du Soleil.

b. Ô Muse, conte moi l'aventure de l'Inventif :
Celui qui pilla Troie, qui pendant des années erra,
Voyant beaucoup de villes, découvrant beaucoup d'usages,
Souffrant beaucoup d'angoisses dans son âme sur la mer
Pour défendre sa vie et le retour de ses marins
Sans en pouvoir pourtant sauver un seul, quoi qu'il en eût :
Par leur propre fureur ils furent perdus en effet,
Ces enfants qui touchèrent aux troupeaux du dieu d'En Haut,
Le Soleil qui leur prit le bonheur du retour…
À nous aussi, Fille de Zeus, conte un peu ces exploits !
Tous les autres, tous ceux du moins qui avaient fui la mort,
Se retrouvaient chez eux loin de la guerre et de la mer […].

Traduction Philippe Jaccottet, © Éd. La Découverte, 1982-1992.

3 Étudiez les corpus suivants.

1. Dégagez l'**unité** de chaque corpus. Quels documents mentionnés ne sont pas explicitement rattachés au corpus dans lequel ils figurent ? Pourquoi ?

2. Y a-t-il dans chaque corpus un texte **central** ? Si oui, selon quels critères ?

Corpus A
- Doc. 1 : Robert Zemeckis, *Seul au monde* (*Cast Away*), scénario de William Broyles, 2000.
- Doc. 2 : Giraudoux, *Suzanne et le Pacifique*, 1921.
- Doc. 3 : Tournier, *Vendredi ou les limbes du Pacifique*, 1967.
- Doc. 4 : Defoe, *Vie et aventures de Robinson Crusoé*, 1719.

Corpus B
- Doc. 1 : Delacroix, *Hamlet et Horatio au cimetière*, musée du Louvre, 1859.
- Doc. 2 : Laforgue, « Hamlet », in *Moralités légendaires*, 1887.
- Doc. 3 : Viard et Zacharias, *L'Embrumé*, série noire, 1966.
- Doc. 4 : William Shakespeare, *Hamlet*, 1600.

4 Lisez ces deux extraits de *Vendredi*, le premier destiné aux adultes, l'autre aux enfants. Quelles **modifications** l'auteur a-t-il effectuées dans la seconde **version** ? Comment s'expliquent-elles ?

a. Il fallait trouver un nom au nouveau venu. Je ne voulais pas lui donner un nom de chrétien avant qu'il ait mérité cette dignité. Un sauvage n'est pas un être humain à part entière. Je ne pouvais pas non plus décemment lui imposer un nom de chose, encore que c'eût été peut-être la solution de bon sens. Je crois avoir résolu assez élégamment ce dilemme en lui donnant le nom du jour de la semaine où je l'ai sauvé : *Vendredi*. Ce n'est ni un nom de personne, ni un nom commun, c'est, à mi-chemin entre les deux, celui d'une entité à demi vivante, à demi abstraite, fortement marquée par son caractère temporel, fortuit et comme épisodique…

*

Vendredi a appris assez d'anglais pour comprendre les ordres de Robinson. Il sait défricher, labourer, semer, herser, repiquer, sarcler, faucher, moissonner, battre, moudre, bluter, pétrir et cuire.

Michel TOURNIER, *Vendredi ou les Limbes du Pacifique*, © Éd. Gallimard, 1967.

b. Robinson s'était longtemps demandé comment il appellerait l'Indien. Il ne voulait pas lui donner un nom chrétien aussi longtemps qu'il ne serait pas baptisé. Il décida finalement de lui donner le nom du jour où il l'avait recueilli. C'est ainsi que le second habitant de l'île s'appela *Vendredi.*

Quelques mois plus tard, Vendredi avait appris assez d'anglais pour comprendre les ordres de son maître.

Michel TOURNIER, *Vendredi ou la Vie sauvage,* © Éd. Gallimard, 1971.

ÉTAPE 2

5 Comparez ces réécritures de la célèbre fable de La Fontaine « La Cigale et la Fourmi ». Quel est leur **but** ?

a. LA FOURMI ET LA CIGALE

« Fini, fini ! »,
Dit la Fourmi.
« Au diable, la parcimonie !
Dès aujourd'hui
Je convie
Toutes cigales affranchies
À me chanter leurs mélodies,
Et nous fêterons, en compagnie,
La vie qui bouge,
La vie qui fuit ! »

« Holà, holà ! »,
Fit la Cigale
Poussant un cri très vertical.
« Pour moi, adieu le carnaval !
L'hiver, l'hiver m'a tant appris,
Et le souci tant rétrécie,
Que j'ai rangé toutes mes rêveries
Pour m'établir
En Bourgeoisie ! »

Andrée CHÉDID, *Fêtes et Lubies,* © Éd. Flammarion, 1973.

b. LA CIMAISE ET LA FRACTION

La cimaise ayant chaponné tout l'éternueur
se tuba fort dépurative quand la bixacée fut verdie :
pas un sexué pétrographique morio de mouffette [ou de verrat.
Elle alla crocher frange
Chez la fraction sa volcanique
La processionnant de lui primer
Quelque gramen pour succomber
Jusqu'à la salanque nucléaire.
« Je vous peinerai, lui discorda-t-elle,
avant l'apanage, folâtrerie d'Annamite !
interlocutoire et priodonte. »
La fraction n'est pas prévisible :
c'est là son moléculaire défi.
« Que ferriez-vous au tendon cher ?
discorda-t-elle à cette énarthrose.
— Nuncupation et joyau à tout vendeur,
Je chaponnais, ne vous déploie.
— Vous chaponniez ? J'en suis fort alarmante.
Eh bien ! débagoulez maintenant. »

QUENEAU, in OULIPO, *La Littérature potentielle, I,* © Éd. Gallimard, 1973.

c. LA CIGALE ET LA FOURMI

— Dis, Fourmi...
— (Ah, c'est pas vrai !)
— ...tu m'invites à dîner ? J'ai froid.
— T'as qu'à danser, ça te réchauffera.
— Ce que t'es rabat-joie ! Tiens, prends un peu de Badoit, ton repas pétillera et tu verras la vie autrement, tu verras.
— Bon, allez, on se fait la bise.
— La bise est venue et on n'est pas dépourvues !
Off screen[1] *:* Peut-on envisager un repas sans Badoit ?

1. En voix « off ».

▲ Campagne de publicité Badoit, 1999.

6 Après avoir lu les titres suivants (1 à 7), recherchez leurs textes-sources (**a** à **g**).
Classez ensuite les réécritures selon le **type de transformation** qu'elles opèrent.

1. Jacques Rampal, *Célimène et le cardinal* ;
2. Marguerite Duraille (Patrick Rambaud), *Mururoa, mon amour* ;
3. Mozart et Da Ponte, *Don Giovanni* ;
4. Giraudoux, *Amphitryon 38* ;

Exercices

5. Marivaux, *Télémaque travesti* ;
6. Jean-Paul Rappeneau, *Le Hussard sur le toit* ;
7. Ambroise Rendu, *Robinson dans son île, à l'usage des écoles primaires*.

a. Molière, *Amphitryon* ;
b. Jean Giono, *Le Hussard sur le toit* ;
c. Marguerite Duras, *Hiroshima mon amour* ;
d. Molière, *Le Misanthrope* ;
e. Defoe, *Vie et aventures de Robinson Crusoé* ;
f. Fénelon, *Télémaque* ;
g. Molière, *Dom Juan*.

7 Lisez le texte suivant.

1. Les textes antiques qui relatent cet épisode de la guerre de Troie appartiennent au registre épique ou tragique. Quels éléments du poème renvoient à ces **registres** (contenu du récit, genre, lexique, figures de style) ?

2. Relevez et commentez les **anachronismes** et le lexique familier. Quelle **image des héros** et du monde antique y est donnée ?

IPHIGÉNIE

Les vents sont morts : partout le calme et la torpeur
et les vaisseaux des Grecs dorment sur leur carène
qui cinglaient vers l'Asie au pourchas de la reine
Hélène que ravit Pâris, l'hôte trompeur.

Ivre d'une fureur qu'Ulysse en vain réfrène,
Agamemnon, le roi des rois, l'homme sans peur
déplore en maudissant la mer toujours sereine
qu'on n'ait pas inventé les bateaux à vapeur.

Mais sa fille, à ses pieds, la douce Iphigénie
fermant ses yeux dolents de douceur infinie
s'endort comme les flots dans le soir étouffant…

Lors, ayant dégainé son grand sabre, le maître
des peuples et des rois jugule son enfant
et braille : « ça fera baisser le baromètre ! »

Georges FOUREST, *Iphigénie*, in *Carnaval de chefs-d'œuvre*, *La Négresse blonde*, 1909, © Éd. Corti, 1983.

8 Lisez attentivement ces deux textes. Quelle **transformation** Lautréamont a-t-il fait subir au texte de Pascal ? Justifiez votre réponse.

a. L'homme n'est qu'un roseau, le plus faible de la nature, mais c'est un roseau pensant. Il ne faut pas que l'univers entier s'arme pour l'écraser, une vapeur, une goutte d'eau suffit pour le tuer. Mais quand l'univers l'écraserait, l'homme serait encore plus noble que ce qui le tue, puisqu'il sait qu'il meurt et l'avantage que l'univers a sur lui, l'univers n'en sait rien.

PASCAL, *Pensées*, fragment 200, 1670 (posthume).

b. L'homme est un chêne. La nature n'en compte pas de plus robuste. Il ne faut pas que l'univers s'arme pour le défendre. Une goutte d'eau ne suffit pas à sa préservation. Même quand l'univers le défendrait, il ne serait pas plus déshonoré que ce qui ne le préserve pas. L'homme sait que son règne n'a pas de mort, que l'univers possède un commencement. L'univers ne sait rien : c'est, tout au plus, un roseau pensant.

LAUTRÉAMONT, *Poésies II*, 1870.

ÉTAPE 3

9 La **peinture**, comme la littérature, repose sur des **jeux de reprises et d'échos**.

1. Dans quel genre pictural le tableau de Vélasquez s'inscrit-il ? Quelle est sa fonction ?

2. Quelles transformations Bacon a-t-il apportées au tableau de Vélasquez ? Quel est l'enjeu d'une telle réécriture ?

▲ **a.** Diego VÉLASQUEZ (1599-1660), *Portrait du pape Innocent X*, 1650. (Galerie Doria-Pamphili, Rome.)

▲ **b.** Francis Bacon (1909-1992), *Étude d'après Le Portrait du pape Innocent X* par Vélasquez, 1953. (Collection privée.)

10 Lisez ces deux textes de Marguerite Duras. Quelles **modifications** remarquez-vous ? Comment pouvez-vous les expliquer ?

a. Sur le bac, à côté du car, il y a une grande limousine noire avec un chauffeur en livrée de coton blanc. Oui, c'est la grande auto funèbre de mes livres. C'est la Morris Léon-Bollée. La Lancia noire de l'ambassade de France à Calcutta n'a pas encore fait son entrée dans la littérature.

Entre les chauffeurs et les maîtres il y a encore des vitres à coulisses. Il y a encore des strapontins. C'est encore grand comme une chambre.

Dans la limousine il y a un homme très élégant qui me regarde. Ce n'est pas un blanc. Il est vêtu à l'européenne, il porte le costume de tussor clair des banquiers de Saigon. Il me regarde.

Duras, *L'Amant*, © Éd. de Minuit, 1984.

b. Le bac s'en va.

Après le départ l'enfant sort du car. Elle regarde le fleuve. Elle regarde aussi le Chinois élégant qui est à l'intérieur de la grande auto noire.

De la limousine noire est sorti un autre homme que celui du livre, un autre Chinois de la Mandchourie. Il est un peu différent de celui du livre : il est un peu plus robuste que lui, il a moins peur que lui, plus d'audace. Il a plus de beauté, plus de santé. Il est plus « pour le cinéma » que celui du livre. Et aussi il a moins de timidité que lui face à l'enfant.

Lui, c'est un Chinois. Un Chinois grand. Il a la peau blanche des Chinois du Nord. Il est très élégant. Il porte le costume en tissu de soie grège et les chaussures anglaises couleur acajou des jeunes banquiers de Saigon.

Il la regarde.

Duras, *L'amant de la Chine du Nord*, © Éd. Gallimard, 1991.

11 Lisez le texte suivant.

1. De quel **type de réécriture** s'agit-il ? À quels **indices** le reconnaissez-vous ?

2. Le texte met en valeur certains éléments caractéristiques de l'écriture de Marguerite Duras. Lesquels ? Trouvez des exemples de ce **style** dans les textes de l'exercice 10.

On a pris la départementale à droite à la sortie de Morbach. Comme souvent. Comme ça allait se répéter quand on allait revenir près du fleuve, forcément dans la même direction quand on vient du même endroit. C'était visible que le sable et l'eau ils jouaient ce jeu du fleuve depuis toujours. Qu'il y en avait plein, des gens qui avaient regardé l'eau et puis qui étaient morts, eux, depuis que la Meuse elle coule.

Ils se taisent. Ils ne se parlent pas. Lui, il ne lui dit rien, à elle. Elle, elle est distraite comme elle est muette. Il a froid. Ses lèvres à elle sont gercées. Elle regarde autour d'elle, et elle, elle voit déjà la lumière jaune du Bar des Amis. Il n'y avait que ça à voir, dans l'obscurité, cette lumière-là.

M. Duraille (Patrick Rambaud), *Virginie Q*, © Éd. Balland, 1988.

12 Rédigez un article de critique qui célébrera (**éloge**) ou dénoncera (**blâme**) le style de Marguerite Duras en s'appuyant sur sa réécriture par Patrick Rambaud (➔ voir exercice 11).

13 En quoi la lecture des textes de ce chapitre vous permet-elle d'étayer ou de contester ces définitions du **pastiche** et de la **parodie** ?

— Quelle est la différence entre ces deux genres ?
— C'est très simple : le pastiche est un exercice d'admiration. [...] La parodie, elle, est un exercice de moquerie.

« Admirations et exécrations », interview de Patrick Rambaud par Florence Liban, © *Lire*, février 1998.

Corpus BAC

Objet d'étude

Les réécritures

A HÉSIODE, *Théogonie*, (v. 700 av. J.-C.), vers 182-202.
B BOTTICELLI, *La Naissance de Vénus*, 1485 (Musée des Offices, Florence).
C RIMBAUD, « Vénus Anadyomène », *Poésies*, 1870.
D ZOLA, *Nana* (1879), extrait du chapitre I.

TEXTE A

De cette écume une fille se forma, qui toucha d'abord à Cythère la divine, d'où elle fut ensuite à Chypre qu'entourent les flots ; et c'est là que prit terre la belle et vénérée déesse qui faisait autour d'elle, sous ses pieds légers, croître le gazon et que les dieux aussi bien que les hommes appellent Aphrodite, pour s'être formée d'une écume, ou encore Cythérée, pour avoir abordé à Cythère. Amour et le beau Désir, sans tarder, lui firent cortège, dès qu'elle fut née et se fut mise en route vers les dieux. Et, du premier jour, son privilège à elle, le lot qui est le sien, aussi bien parmi les hommes que parmi les Immortels, ce sont les babils de fillettes, les sourires, les piperies ; c'est le plaisir suave, la tendresse et la douceur.

HÉSIODE, *Théogonie*, trad. Paul Mazon, © Éd. Les Belles Lettres, Paris, 1960.

DOCUMENT B

▲ Sandro BOTTICELLI (1445-1510), *La Naissance de Vénus* 1485. (Musée des Offices, Florence.)

TEXTE C

Les poètes parnassiens s'étaient fait une spécialité de la célébration de l'Éternel Féminin à travers les déesses de l'Antiquité. Rimbaud, brillant helléniste et latiniste, se trouvait à son aise dans cet exercice de style mythologique : quelques mois avant d'écrire ce texte, il s'était adonné avec « Soleil et Chair » à un éloge classique d'Aphrodite.

VÉNUS ANADYOMÈNE[1]

Comme d'un cercueil vert en fer blanc[2], une tête
De femme à cheveux bruns fortement pommadés
D'une vieille baignoire émerge, lente et bête,
4 Avec des déficits assez mal ravaudés[3] ;

Puis le col gras et gris, les larges omoplates
Qui saillent ; le dos court qui rentre et qui ressort ;
Puis les rondeurs des reins semblent prendre l'essor ;
8 La graisse sous la peau paraît en feuilles plates ;

L'échine[4] est un peu rouge, et le tout sent un goût
Horrible étrangement ; on remarque surtout
Des singularités qu'il faut voir à la loupe...

12 Les reins portent deux mots gravés : *Clara Venus*[5] ;
– Et tout ce corps remue et tend sa large croupe
Belle hideusement d'un ulcère[6] à l'anus.

Arthur RIMBAUD, *Poésies*, 1870.

1. **Anadyomène :** « surgie du sein de la mer ».
2. **Vert en fer blanc :** les baignoires bon marché étaient fréquemment en zinc, peintes en vert.
3. **Ravauder :** raccommoder des vêtements usés.
4. **Échine :** colonne vertébrale; dos de l'homme et de certains animaux.
5. **Clara :** « illustre » ; épithète traditionnellement associée aux noms de personnes célèbres et de dieux en latin.
6. **Ulcère :** plaie qui ne cicatrise pas.

TEXTE **D**

Nana, la fille des ouvriers Gervaise et Coupeau, fait ses débuts au théâtre. Bien qu'elle n'ait guère de talent, elle suscite cependant l'engouement des spectateurs.

On frappait les trois coups, des ouvreuses s'entêtaient à rendre les vêtements, chargées de pelisses et de paletots, au milieu du monde qui rentrait. La claque applaudit le décor, une grotte du mont Etna, creusée dans une mine d'argent, et dont les flancs avaient l'éclat des écus neufs ; au fond, la forge de Vulcain mettait un coucher d'astre. Diane, dès la seconde scène, s'entendait avec le dieu, qui devait feindre un voyage pour laisser la place libre à Vénus et à Mars. Puis, à peine Diane se trouvait-elle seule, que Vénus arrivait. Un frisson remua la salle. Nana était nue. Elle était nue avec une tranquille audace, certaine de la toute-puissance de sa chair. Une simple gaze l'enveloppait ; ses épaules rondes, sa gorge d'amazone dont les pointes roses se tenaient levées et rigides comme des lances, ses larges hanches qui roulaient dans un balancement voluptueux, ses cuisses de blonde grasse, tout son corps se devinait, se voyait sous le tissu léger, d'une blancheur d'écume. C'était Vénus naissant des flots, n'ayant pour voile que ses cheveux. Et, lorsque Nana levait les bras, on apercevait, aux feux de la rampe, les poils d'or de ses aisselles. Il n'y eut pas d'applaudissements. Personne ne riait plus, les faces des hommes, sérieuses, se tendaient, avec le nez aminci, la bouche irritée et sans salive. Un vent semblait avoir passé, très doux, chargé d'une sourde menace. Tout d'un coup, dans la bonne enfant, la femme se dressait, inquiétante, apportant le coup de folie de son sexe, ouvrant l'inconnu du désir. Nana souriait toujours, mais d'un sourire aigu de mangeuse d'hommes.

Émile ZOLA, *Nana*, I, 1880.

◆ QUESTION SUR LES TEXTES

Montrez comment chacun des documents B, C et D constitue une prise de position par rapport au texte-source d'Hésiode (A). De quel type de transposition s'agit-il dans chaque cas ?

◆ SUJETS D'ÉCRITURE

1. Commentaire

Vous commenterez le texte de Zola (texte D).

2. Dissertation

« Les mythes – comme tout ce qui vit – ont besoin d'être irrigués et renouvelés sous peine de mort », écrit Michel Tournier dans *Le Vent Paraclet*. Pensez-vous que les réécritures des mythes antiques pratiquées depuis le XVIe siècle par les poètes, les dramaturges et les romanciers permettent ce renouvellement des mythes et, par là, celui de la littérature ?

Vous répondrez à cette question en un développement argumenté qui prendra appui sur les textes du corpus, ceux que vous avez étudiés pendant l'année et sur vos lectures personnelles.

3. Invention

Vous écrirez un article de critique d'art sur *La Naissance de Vénus* de Botticelli. Ce texte devra comporter une étude des composantes du tableau. L'appréciation, qu'elle soit élogieuse ou critique, devra être argumentée.

Chapitre 22

Les mouvements littéraires et culturels (XIXe-XXe siècles)

Objet d'étude (2nde)

Les grands mouvements culturels des XIXe et XXe siècles sont nés des changements de l'Histoire. Face aux bouleversements politiques du XIXe siècle et aux deux guerres mondiales du XXe siècle, les écrivains et penseurs se sont attachés notamment à écrire le réel (texte A) et à agir dans le présent (texte B).

TEXTE A

Si le Romancier d'hier choisissait et racontait les crises de la vie, les états aigus de l'âme et du cœur, le Romancier d'aujourd'hui écrit l'histoire du cœur, de l'âme et de l'intelligence à l'état normal. Pour produire l'effet qu'il poursuit, c'est-à-dire l'émotion de la simple réalité et pour dégager l'enseignement artistique qu'il en veut tirer, c'est-à-dire la révélation de ce qu'est véritablement l'homme contemporain devant ses yeux, il devra n'employer que des faits d'une vérité irrécusable et constante.

Guy de MAUPASSANT, préface de *Pierre et Jean*, 1887.

La littérature et la « simple réalité »

Quel trait majeur oppose, pour Maupassant, le « Romancier d'aujourd'hui » à celui « d'hier » ?

TEXTE B

Les romans de nos aînés racontaient l'événement au passé, la succession chronologique laissait entrevoir les relations logiques et universelles, les vérités éternelles ; le plus petit changement était déjà compris, on nous livrait du vécu déjà repensé. Peut-être cette technique, dans deux siècles, conviendra-t-elle à un auteur qui aura décidé d'écrire un roman historique sur la guerre de 1940. Mais nous, si nous venions à méditer sur nos écrits futurs, nous nous persuadions qu'aucun art ne saurait être vraiment nôtre s'il ne rendait à l'événement sa brutale fraîcheur, son ambiguïté, son imprévisibilité, au temps son cours, au monde son opacité menaçante et somptueuse, à l'homme sa longue patience [...].

Jean-Paul SARTRE, *Qu'est-ce que la littérature ?*, © Éd. Gallimard, 1948.

Un art nouveau pour des temps nouveaux

Pourquoi un roman, selon Sartre, ne peut-il plus « raconter » l'événement, après 1945, de la même manière que par le passé ?

DES MOUVEMENTS DANS L'HISTOIRE

1. En quoi les démarches argumentatives de Maupassant et de Sartre se ressemblent-elles ? À quoi sert, dans les deux cas, la critique du passé ?
2. Comment chaque auteur montre-t-il qu'il exprime le point de vue d'un groupe ou d'un mouvement, au-delà de son opinion personnelle ?

22. Les mouvements littéraires et culturels (XIXe-XXe siècles)

Objet d'étude (2nde)

Lire un texte littéraire impose de le situer dans son **contexte historique** (situation sociale, économique et politique de son époque) et dans son **contexte littéraire et culturel** (débats esthétiques contemporains, mouvement culturel auquel se rattache l'auteur).

Les **XIXe et XXe siècles** ont été marqués par des **bouleversements** économiques et politiques et par des **conflits** internationaux sans précédent qui ont ébranlé la production artistique. Conscients de ces changements historiques mais soucieux de leur autonomie, les écrivains et les artistes se regroupent le plus souvent dans des **mouvements** qui affirment des idées et des principes communs.

1 LE XIXe SIÈCLE ET LA NAISSANCE DU MONDE MODERNE

• Le contexte historique

– La Révolution française a mis fin à l'Ancien Régime en 1789. Mais il faudra un siècle pour que la France adopte définitivement la République : avec l'alternance de régimes monarchiques et de régimes républicains, le XIXe siècle est celui des **bouleversements politiques**. Ces ruptures s'accompagnent sur le plan économique de l'essor de la **bourgeoisie** et du développement du **capitalisme**, fondé sur la propriété et le profit.

– **L'art et la littérature** sont dès lors perçus eux-mêmes comme soumis à l'Histoire, aux changements et aux ruptures. La **notion de « mouvement »** dans la vie culturelle naît après la Révolution, avec le romantisme. La **liberté d'expression** gagnée en 1789 et retrouvée après la chute de Napoléon donne l'occasion aux artistes :

⇒ ou bien de se définir par **opposition aux valeurs** économiques et morales de la société ;

⇒ ou bien d'adhérer à une **confiance dans l'avenir** et dans le progrès du siècle ;

⇒ ou bien encore de se tenir à l'écart de la vie sociale au point de cultiver **l'art pour l'art**.

• Le romantisme (1820-1850)

– Il s'annonce dès la fin du XVIIIe siècle en Europe et vers 1800 dans les premiers textes de Chateaubriand. Se distinguant des Lumières qui avaient fait de la raison le principe central de la connaissance humaine, les romantiques laissent libre cours à la sensibilité et aux émotions du **moi**. Ils s'intéressent à la **nature** (Chateaubriand, *Atala, René*), à l'**Histoire** (Balzac, *Les Chouans* ; Vigny, *Cinq-Mars*), au **Peuple** (George Sand, Michelet) ou au **sentiment religieux** (Lamartine, Lamennais).

– Poètes (Lamartine, Vigny, Nerval), dramaturges (Dumas, Hugo, Musset) mais surtout romanciers, les romantiques souffrent du **mal du siècle**, tension entre la misère du réel et leur aspiration à l'idéal (Musset, *La Confession d'un enfant du siècle*). Le mouvement romantique touche toute l'Europe et traverse tous les arts, de la musique à la peinture.

UN MOUVEMENT EUROPÉEN

Le romantisme est un mouvement qui ne connaît pas les frontières. Né en **Allemagne** (Goethe, Schiller, Heine, Schlegel), on le retrouve en **Angleterre** (Byron, Coleridge, W. Scott) ou en **Italie** (Pellico, Manzoni). L'influence romantique se ressent jusqu'en **Russie** (Pouchkine, Lermontov) ou au **Danemark** (Andersen).

• Le réalisme et le naturalisme (1850-1900)

– La Révolution de 1848 marque à la fois l'aboutissement des rêves romantiques et le rappel des dures réalités sociales. Il ne s'agit plus de mettre en scène le moi individuel : les transformations de l'industrie et le développement de la classe ouvrière ne peuvent être ignorés des artistes. De là naît l'**école réaliste** vers 1850, par réaction contre l'« idéalisme » romantique.

– Le mot « **réalisme** » a d'abord été utilisé dans un sens péjoratif et polémique contre des œuvres jugées vulgaires. Il est appliqué aujourd'hui, bien au-delà des écrivains qui revendiquaient cette appellation, à des romanciers du XIXe siècle qui cherchent à représenter les mœurs de leur temps (comme Balzac, mort en 1850) ou qui prennent en compte les réalités triviales du quotidien (comme Flaubert, *Madame Bovary*, 1857).

– Le **naturalisme**, né avec Zola (Préface de *Thérèse Raquin*, 1868), reprend les principes réalistes mais se définit plus rigoureusement comme un mouvement littéraire, avec une doctrine explicite : adopter une attitude scientifique au profit d'une esthétique de la vérité, dans le roman comme au théâtre.

• De l'Art pour l'Art (1850-1880) au symbolisme (1880-1900)

– Le mouvement de l'**Art pour l'Art** réagit contre les prétentions sociales du romantisme et la pauvreté littéraire attribuée à l'école réaliste. Les **poètes parnassiens** substituent au culte romantique de l'inspiration une apologie du travail, pour une création poétique vouée à un seul but : la beauté.

– La **décadence** est un mouvement diffus qui se développe après le Second Empire : Paul Bourget affirme la possibilité d'un « langage de la décadence » parallèlement au déclin économique et militaire de la France. La décadence, qui mêle raffinement et dérision, est illustrée dans les romans de Huysmans ou les poésies de Laforgue.

– Anti-naturaliste lui aussi, le **symbolisme** entend faire découvrir, grâce aux signes que nous percevons, un monde plus vrai que celui dans lequel nous vivons : le poète Mallarmé est le chef de file de cette école qui influença aussi le théâtre, et qui se développa par ailleurs dans les domaines de la peinture et de la musique.

La peinture symboliste

▲ Gustave MOREAU (1826-1898), *Galatée*, 1880.
(Collection R. Lebel, Paris.)

LES MOUVEMENTS À TRAVERS LES ARTS

Les mouvements culturels touchent aussi bien la littérature que la **peinture**, la **sculpture** ou la **musique**.

• **Le romantisme :**
⇒ FRANCE : toiles de **Delacroix** (*La liberté guidant le peuple*, 1830) ou de **Géricault**, sculptures de **David d'Angers**. **Berlioz** donne à la musique romantique ses œuvres les plus abouties (*Symphonie fantastique*, 1830) ;
⇒ EUROPE : peintures de **C.-D. Friedrich** (All.), **Constable** (Ang.) ; œuvres musicales de **Weber**, **Mendelssohn** ou **Beethoven** (All.), **Liszt** (Hongrie), **Verdi** (Ita.).

• **Le réalisme** se rencontre en peinture avec **Courbet** (*Un enterrement à Ornans*, 1849) ou **Millet** (*L'Angélus*, 1859) ; la veine naturaliste s'exprime dans les opéras de **Charpentier**.

• **Le symbolisme** se retrouve aussi bien en musique (**Debussy**, *Pelléas et Mélisande*, 1902) qu'en peinture (**G. Moreau, Puvis de Chavannes**), en France et dans toute l'Europe (le Suisse **Böcklin**, l'Autrichien **Klimt** ou l'Anglais **Burne-Jones**).

• **Le surréalisme** dépasse les frontières artistiques à travers les collages ou assemblages d'objets de **Max Ernst**, **Miró**, **Dalí**, **Magritte** ou **Giacometti**. Il inspire le cinéma de **Buñuel**.

2 LA LITTÉRATURE EN QUESTION AU XXe SIÈCLE

• Le contexte historique

Le XXe siècle a connu deux conflits mondiaux qui ont ébranlé les consciences. La trajectoire du siècle a mêlé les plus grands progrès scientifiques et les pires horreurs à l'échelle mondiale. Comment créer, comment écrire dans ce nouveau contexte ? Les artistes et écrivains optent pour plusieurs réponses :

- des **attitudes individuelles**, loin des écoles ;
- la participation à des mouvements d'**avant-garde** anti-conformistes, pour sortir d'un monde sclérosé ;
- l'**engagement** et l'action dans le champ social et politique.

• La fin des « écoles » ? (1900-1920)

Le siècle s'ouvre sur l'épuisement des mouvements littéraires du XIXe siècle : théâtre néo-romantique (Rostand), poésie post-symboliste à la suite de Valéry. Les écrivains prônent la liberté poétique (Apollinaire) ou une littérature repliée sur la vie intérieure (Proust). Le roman est surtout dominé par des « maîtres » officiels (Maurice Barrès, Anatole France) qui jouissent d'un grand prestige auprès du public.

• Le surréalisme (1924-1940), avec Breton, Aragon et Eluard, entend rompre avec le conformisme littéraire pour libérer le langage des entraves de la morale bourgeoise. Dénonçant une culture aliénante, il propose une vie authentique faite de refus, d'humour, de libre invention et d'enthousiasme. La liberté conquise par les surréalistes a rayonné sur la création littéraire et artistique de l'époque, bien au-delà des frontières du mouvement.

• La littérature engagée (1930-1960)

Malraux pose la question des rapports entre littérature et action, dans ses romans, dès les années trente. Au lendemain de la guerre, Sartre prône, avec ses thèses existentialistes, une littérature **engagée** qui implique une forte présence de l'artiste dans la vie publique, tandis que Camus renouvelle le récit pour révéler une conscience de la révolte.

• Des années 1950 aux années 1970, Nouveau Roman, théâtre d'avant-garde et poésie nouvelle tentent à leur tour de répondre aux interrogations du siècle en s'en prenant à la forme même du langage.

- Le **Nouveau Roman** (Alain Robbe-Grillet, Michel Butor, Nathalie Sarraute, Claude Simon) s'oppose aux « vieux accessoires inutiles » du roman (comme le personnage ou l'intrigue) et préconise le renouvellement du genre, au moment où les moyens de communication sont transformés et où les sciences humaines en plein essor remettent en question l'analyse psychologique traditionnelle.
- Aujourd'hui, en l'absence de mouvements bien définis, s'impose une littérature conforme aux goûts et aux habitudes du grand public, en réaction contre une conception jugée trop intellectuelle du langage littéraire, tandis que se poursuivent des recherches fécondes mais exigeantes, au-delà des cloisonnements des genres traditionnels.

La peinture surréaliste

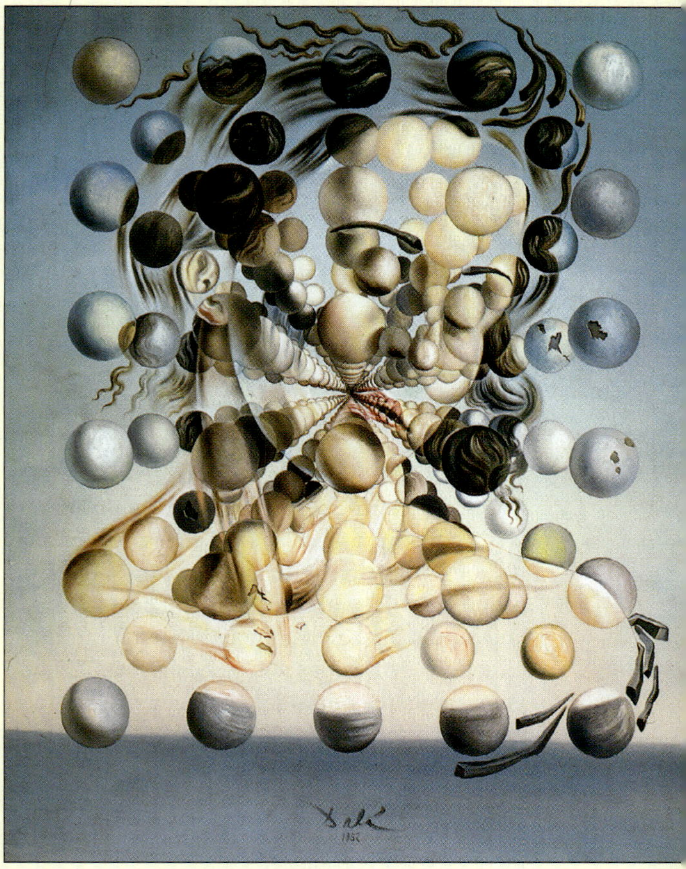

▲ Salvador DALÍ (1904-1989), *Galatée aux sphères*, 1952. (Musée Dalí, Figueras.)

Exercices

Étape 1

1 Classez par ordre chronologique les auteurs dont les noms suivent.

Balzac – Proust – Zola – Sartre – Chateaubriand – Robbe-Grillet – Mallarmé – Breton

2 Chacune des séries de noms suivants comporte un intrus. Identifiez-le en repérant le mouvement auquel appartiennent les autres auteurs.

a. Soupault – Apollinaire – Breton – Eluard – Desnos – Aragon

b. Hugo – Vigny – Lamartine – Mallarmé – Musset

c. Zola – Maupassant – les Goncourt – Chateaubriand – Flaubert

3 À quels événements ou contextes historiques se réfèrent les textes suivants ? Repérez les indices qui permettent de les identifier.

a. La chute de la monarchie avait été si prompte, que, la première stupéfaction passée, il y eut chez les bourgeois comme un étonnement de vivre encore. L'exécution sommaire de quelques voleurs, fusillés sans jugements, parut une chose très juste. On se redit, pendant un mois, la phrase de Lamartine sur le drapeau rouge, « qui n'avait fait que le tour du Champ de Mars, tandis que le drapeau tricolore », etc. ; et tous se rangèrent sous son ombre, chaque parti ne voyant des trois couleurs que la sienne – et se promettant bien, dès qu'il serait le plus fort, d'arracher les deux autres.

FLAUBERT, *L'Éducation sentimentale*, 1869.

b. Dans un village de Corrèze, les Allemands avaient tué des combattants du maquis, et donné l'ordre au maire de les faire enterrer en secret, à l'aube. Il est d'usage, dans cette région, que chaque femme assiste aux obsèques de tout mort de son village en se tenant sur la tombe de sa propre famille. Nul ne connaissait ces morts, qui étaient des Alsaciens. Quand ils atteignirent le cimetière, portés par nos paysans sous la garde menaçante des mitraillettes allemandes, la nuit qui se retirait comme la mer laissa paraître les femmes noires de Corrèze, immobiles du haut en bas de la montagne, et attendant en silence, chacune sur la tombe des siens, l'ensevelissement des morts français.

MALRAUX, *Oraisons funèbres*,

Étape 2

4 Relevez et étudiez dans cette préface :

1. les mots ou expressions qui caractérisent la littérature passée ;

2. les mots ou expressions qui caractérisent le mouvement nouveau auquel adhère l'auteur.

Au moment où parut *À Rebours*, c'est-à-dire en 1884, la situation était donc celle-ci : le naturalisme s'essoufflait à tourner la meule dans le même cercle. La somme d'observations que chacun avait emmagasinée, en les prenant sur soi-même et sur les autres, commençait à s'épuiser. Zola, qui était un beau décorateur de théâtre, s'en tirait en brossant des toiles plus ou moins précises ; il suggérait très bien l'illusion du mouvement et de la vie ; ses héros étaient dénués d'âme, régis tout bonnement par des impulsions et des instincts, ce qui simplifiait le travail de l'analyse. Ils remuaient, accomplissaient quelques actes sommaires, peuplaient d'assez franches silhouettes des décors qui devenaient les personnages principaux de ses drames. Il célébrait de la sorte les halles, les magasins de nouveautés, les chemins de fer, les mines, et les êtres humains égarés dans ces milieux n'y jouaient plus que le rôle d'utilités et de figurants ; mais Zola était Zola, c'est-à-dire un artiste un peu massif, mais doué de puissants poumons et de gros poings.

Nous autres, moins râblés et préoccupés d'un art plus subtil et plus vrai, nous devions nous demander si le naturalisme n'aboutissait pas à une impasse et si nous n'allions pas bientôt nous heurter contre le mur du fond.

HUYSMANS, *À Rebours* (1884), préface de 1903.

5 De quels mouvements littéraires les descriptions suivantes sont-elles représentatives ? À quels indices le voyez-vous ?

a. La façade de la pension donne sur un jardinet, en sorte que la maison tombe à angle droit sur la rue Neuve-Sainte-Geneviève, où vous la voyez coupée dans sa profondeur. Le long de cette façade, entre la maison et le jardinet, règne un cailloutis en cuvette, large d'une toise, devant lequel est une allée sablée, bordée de géraniums, de lauriers-roses et de grenadiers plantés dans de grands vases en faïence bleue et blanche. On entre dans cette allée par une porte bâtarde, surmontée d'un écriteau sur lequel est écrit : MAISON VAUQUER, et dessous : *Pension bourgeoise des deux sexes et autres.*

BALZAC, *Le Père Goriot*, 1835.

b. Chez le marchand de timbres-poste qui fait suite au Petit Grillon, et où mélancoliquement deux papiers successifs, l'un au-dessus de l'autre, récontent succinctement une brève histoire :

FERMÉ POUR CAUSE
DE MALADIE

et plus bas :

FERMÉ POUR CAUSE DE
DÉCÈS

on avait collé un article de journal, extrait, m'a-t-on dit, du Bien Public.

L'IMMOBILIÈRE DU BD HAUSSMANN

Plusieurs commerçants lésés au bénéfice de grosses firmes — telle les *Galeries Lafayette* — seraient sur le point de s'adresser aux autorités judiciaires compétentes. Mais il est certain que la Ville de Paris connaissait tous les trafics et toutes les tractations auxquelles a donné lieu l'histoire de l'*Immobilière du Boulevard Haussmann*.

Ce qu'il y a de certain, c'est que l'on aurait dû tout au moins répartir les indemnités de façon équitable. Mais la plupart des membres du Conseil Municipal — cela est de notoriété publique — ont, ainsi que nous l'avons démontré, l'habitude de la concussion, et ne se sont fait élire que dans ce but.

Ainsi donc, sous peu, nous apprendrions des choses intéressantes. Et grâce à l'indignation légitime de ces commerçants lésés, sera soulevé le voile qui cache les manigances de nos édiles et de certains gros requins financiers.

▲ Page extraite du livre d'ARAGON, *Le Paysan de Paris*, 1926, © Éd. Gallimard.

6 **Réécrivez** le texte b de l'exercice précédent en adoptant les principes d'une **écriture réaliste**.

ÉTAPE 3

7 À partir de cette « recette » de l'**écriture surréaliste**, proposez sur le même modèle (même registre, même type de phrase, etc.) des « recettes » de l'écriture :

1) romantique ; **2)** réaliste ; **3)** engagée.

Placez-vous dans l'état le plus passif, ou réceptif, que vous pourrez. Faites abstraction de votre génie, de vos talents et de ceux de tous les autres. Dites-vous bien que la littérature est un des plus tristes chemins qui mènent à tout. Écrivez vite sans sujet préconçu, assez vite pour ne pas retenir et ne pas être tenté de vous relire. La première phrase viendra toute seule, tant il est vrai qu'à chaque seconde il est une phrase étrangère à notre pensée consciente qui ne demande qu'à s'extérioriser.

BRETON, *Manifeste du surréalisme*, 1924, © Pauvert, 1962, © Pauvert département des Éd. Fayard 2000.

8 Déterminez à quel **mouvement** le texte suivant appartient. Quel rapport établit-il entre la **littérature** et la **science** ?

En revenant au roman, nous voyons également que le romancier est fait d'un observateur et d'un expérimentateur. L'observateur chez lui donne les faits tels qu'il les a observés, pose le point de départ, établit le terrain solide sur lequel vont marcher les personnages et se développer les phénomènes. Puis, l'expérimentateur paraît et institue l'expérience, je veux dire fait mouvoir les personnages dans une histoire particulière, pour y montrer que la succession des faits y sera telle que l'exige le déterminisme des phénomènes mis à l'étude. C'est presque toujours ici une expérience « pour voir », comme l'appelle Claude Bernard.

ZOLA, *Le Roman expérimental*, 1880.

VERS LA DISSERTATION

1. Relevez, parmi les auteurs présentés dans ce chapitre, les exemples permettant d'illustrer la « **chaîne d'écrivains ininterrompue** ».

2. Proposez un **plan** et développez une **partie rédigée** sur le sujet de dissertation suivant :
Expliquez et discutez la thèse selon laquelle il n'y a « pas d'écrivains sans insertion dans une *chaîne* d'écrivains ininterrompue ».

Pourquoi se refuser à admettre qu'écrire se rattache rarement à une impulsion pleinement autonome ? On écrit parce que d'autres avant vous ont écrit, ensuite, parce qu'on a commencé à écrire : c'est pour le premier qui s'avisa de cet exercice que la question réellement se poserait : ce qui revient à dire qu'elle n'a fondamentalement pas de sens. Dans cette affaire, le mimétisme spontané compte beaucoup : pas d'écrivains sans insertion dans une chaîne d'écrivains ininterrompue.

Julien GRACQ, *En lisant en écrivant*, © Librairie José Corti, 1980.

Histoire littéraire

Mouvements	ROMANTISME	RÉALISME ET NATURALISME	SYMBOLISME ET DÉCADENCE
Périodes	1800-1850	1800-1850	Fin du XIXe siècle
Domaines et dimensions	**Vaste mouvement littéraire et artistique européen**	**Courant qui regroupe les « écoles »** réaliste (vers 1850-60) et naturaliste (vers 1870-80)	**Mouvement qui se développe en France** par réaction à la fois au naturalisme et aux Parnassiens
Valeurs, principes, objectifs	– exprimer la sensibilité du *Moi* dans son rapport à la Nature, à Dieu, au Peuple ; – découvrir ou redécouvrir des lieux ou des époques lointaines (l'Orient, le Moyen Âge) ; – libérer l'art des contraintes classiques.	– représenter l'homme et la société tels qu'ils sont ; – rendre compte des mécanismes sociaux qui déterminent la vie de l'individu ; – appliquer au roman les savoirs et méthodes scientifiques.	– suggérer un autre univers, dont le monde réel n'est que le reflet ; – susciter l'imagination et la rêverie par le pouvoir suggestif des mots ; – explorer toutes les ressources du langage sans craindre le risque d'hermétisme.
Écrivains représentatifs et textes fondateurs	**Chateaubriand**, *Le Génie du Christianisme* (1802) **Lamartine**, *Méditations poétiques* (1820) **Hugo**, Préface de *Cromwell* (1827)	**Balzac**, Avant-propos de *La Comédie humaine* (1842) Champfleury, *Le Réalisme* (1857) **Zola**, *Le Roman expérimental* (1879)	Moréas, *Manifeste du symbolisme* (1886) **Mallarmé**, *Avant-dire* au *Traité du verbe* (1886), *Divagations* (1897) Gourmont, *Le Symbolisme* (1902)
Œuvres principales	Chateaubriand, *René* (1802), *Mémoires d'outre-tombe* (1848, posth.) Mme de Staël, *De l'Allemagne* (1810) Vigny, *Poèmes antiques et modernes* (1826) Hugo, *Hernani* (1830), *Notre-Dame de Paris* (1831) Musset, *Lorenzaccio* (1834)	Stendhal, *Le Rouge et le Noir* (1830) Mérimée, *Carmen* (1845) Flaubert, *Madame Bovary* (1857) J. et E. de Goncourt, *Germinie Lacerteux* (1865) Zola, *le cycle des Rougon-Macquart* (1871-1893) Maupassant, *Une vie* (1883)	Verlaine, *Sagesse* (1880) Villiers de l'Isle-Adam, *Contes cruels* (1883) Huysmans, *À rebours* (1884) Laforgue, *Les Complaintes* (1885) Rimbaud, *Illuminations* (1886) Maeterlinck, *Pelléas et Mélisande* (1893)
Genres et formes littéraires	• La poésie lyrique • Le drame (théâtre) • Le roman (roman historique, roman autobiographique) • La nouvelle	• Le roman, le conte, la nouvelle • Le théâtre : « l'école du bon sens » contre les invraisemblances du romantisme	• La poésie • Le roman et la nouvelle (mais contre les schémas réalistes) • Le théâtre
Registres et choix d'écriture	Le mélange des registres (comique et tragique), le lyrisme ; la variété du rythme en poésie ; le fantastique dans la nouvelle	La description ; le discours indirect libre ; la focalisation interne et l'effet de réel ; l'exposé didactique des savoirs	Tous les types de vers ; vocabulaire des sens ; jeu sur les sonorités et le rythme ; travail de l'écriture et variété des figures

du XIXe au XXe siècle

Mouvements	SURRÉALISME	ENGAGEMENT ET ABSURDE	NOUVEAU ROMAN
Périodes	1920-1940	1930-1960	1950-1980
Domaines et dimensions	**Mouvement culturel de dimension internationale** qui succède au mouvement **Dada**	**Tendances**, qui répondent à la crise de l'humanisme en conférant à l'art une dimension politique ou philosophique	**Groupe de romanciers français** qui partagent un même refus de la tradition réaliste
Valeurs, principes, objectifs	– combattre la censure morale et contester l'ordre bourgeois ; – revendiquer la liberté de créer sans se limiter aux formes esthétiques établies ; – exprimer la puissance de l'inconscient (hasard, rêve, désir, folie).	– prendre position dans les débats de la vie publique ; – réagir par l'action à l'absurdité de la condition humaine ; - représenter l'existence tragique et angoissée de l'homme dans l'Histoire ; – combattre les illusions morales et philosophiques.	– refuser les modèles traditionnels de l'intrigue et du personnage ; – créer de nouvelles formes narratives qui se libèrent de la chronologie ; – restituer la vie complexe de la conscience ; – renouveler l'approche des objets et de l'espace.
Écrivains représentatifs et textes fondateurs	**Tzara**, *Manifeste Dada* (1918) **Breton** et **Soupault**, *Les Champs magnétiques* (1919) **Breton**, *Manifestes du surréalisme* (1924-1930)	**Sartre**, *Qu'est-ce que la littérature ?* (1948) **Camus**, *Le Mythe de Sisyphe* (1942), *L'Homme révolté* (1954) **Ionesco**, *Notes et contre-notes* (1962)	**Sarraute**, *L'Ère du soupçon* (1956) **Robbe-Grillet**, *Pour un nouveau roman* (1963) **Butor**, *Essais sur le roman* (1964) **Ricardou**, *Pour une théorie du nouveau roman* (1971)
Œuvres principales	Aragon, *Le Mouvement perpétuel* (1925), *Le Paysan de Paris* (1926) Eluard, *Capitale de la douleur* (1926) Breton, *Nadja* (1928), *L'Amour fou* (1937) Desnos, *Corps et biens* (1930) Char, *Le Marteau sans maître* (1934)	Malraux, *La Condition humaine* (1933), *L'Espoir* (1937) Sartre, *La Nausée* (1938), *Huis clos* (1944) Camus, *La Peste* (1947) Ionesco, *La Cantatrice chauve* (1950), *Rhinocéros* (1960) Beckett, *En attendant Godot* (1953)	Robbe-Grillet, *Les Gommes* (1953), Butor, *La Modification* (1957) Sarraute, *Le Planétarium* (1959) Duras, *Moderato cantabile* (1958) Simon, *La Route des Flandres* (1960) Perec, *Les Choses* (1965)
Genres et formes littéraires	• La poésie • Les formes brèves • Le récit de rêve ou le récit poétique • Le pamphlet, le manifeste	• L'essai • Le roman et la nouvelle • Le théâtre « de l'absurde », pour mettre en scène la crise du langage-communication	• Le roman, moyen de recherches vers de nouvelles formes d'écriture
Registres et choix d'écriture	L'humour et le polémique ; les métaphores et associations en tous genres ; le collage	Le mélange des registres au théâtre ; les effets de rupture et l'humour noir ; jeux de focalisation ; argumentation serrée dans les essais	Description objective et refus de tout lyrisme ; déconstruction de la syntaxe traditionnelle ; chronologie de la narration bousculée

FICHE-MÉTHODE

Chapitre 23

Les mouvements littéraires et culturels (XVIe-XVIIIe siècles)

Objet d'étude (1re)

Les trois siècles qui s'écoulent de la Renaissance (XVIe siècle) à la Révolution (XVIIIe siècle) sont animés par une tension croissante entre le **mouvement des connaissances** et l'immobilisme politique, entre l'essor de la **création individuelle** et les pesanteurs de la société d'Ancien Régime. À chaque période son **esprit nouveau**, comme le montrent ces textes de Rabelais (XVIe siècle) et de Rousseau (XVIIIe siècle).

TEXTE A

Alors, selon l'envie, on continuait la leçon ou bien ils commençaient à converser joyeusement ensemble ; les premiers temps, ils[1] parlaient des vertus, des propriétés efficaces et de la nature de tout ce qu'on leur servait à table : le pain, le vin, l'eau, le sel, les viandes, les poissons, les fruits, les herbes, les légumes, et la façon dont ils étaient apprêtés. De cette façon, il apprit en peu de temps tous les passages se rapportant à ces sujets chez Pline, Athénée, Dioscoride, Galien, Porphyre, Opien, Polybe, Héliodore, Aristote, Élien et d'autres[2].

RABELAIS, *Gargantua*, 1535,
trad. M.-M. Fragonard, © Éd. Pocket, 1992.

1. Le jeune Gargantua et son maître Ponocrates.
2. Savants de l'Antiquité.

Le progrès des connaissances au XVIe siècle

1. De quel état d'esprit les énumérations témoignent-elles ?
2. Quelles sont les caractéristiques de cette méthode d'éducation ?

TEXTE B

J'aurais voulu naître dans un pays où le souverain et le peuple ne pussent avoir qu'un seul et même intérêt, afin que tous les mouvements de la machine ne tendissent jamais qu'au bonheur commun ; ce qui ne pouvant se faire à moins que le peuple et le souverain ne soient une même personne, il s'ensuit que j'aurais voulu naître sous un gouvernement démocratique, sagement tempéré.

Jean-Jacques ROUSSEAU, *Discours sur l'origine et les fondements de l'inégalité parmi les hommes*, 1755.

Le développement de l'esprit critique au XVIIIe siècle

Comment Rousseau juge-t-il son temps ? D'après cet extrait, qu'est-ce qu'un « gouvernement démocratique » selon lui ?

DE LA SAGESSE HUMANISTE À LA CONSCIENCE POLITIQUE

Montrez que les deux textes manifestent un même souci du bonheur humain. Sur quels aspects de ce bonheur chacun insiste-t-il ?

23. Les mouvements littéraires et culturels (XVIe-XVIIIe siècles)

Objet d'étude (1re)

Avec le XVIe siècle naît le **monde moderne** : les grandes découvertes favorisent le développement des savoirs et les mutations artistiques. Le **XVIe siècle humaniste** s'achève dans le sang des guerres de Religion ; le XVIIe naît avec le renforcement d'une monarchie absolue centralisée, favorable au rayonnement des arts et des belles-lettres : aux **excès du baroque** succède bientôt le sens de la **mesure classique**. Le renouvellement des formes de pensée impose au **XVIIIe siècle** la figure du Philosophe : le rôle de la littérature est alors d'éclairer les hommes par les « **lumières** » de la raison.

Ainsi se manifestent de grandes tendances esthétiques et intellectuelles, mais qui se perçoivent rarement elles-mêmes comme des « mouvements » ou des « écoles ». C'est notre regard rétrospectif qui projette sur ces périodes une **notion de « mouvement »** dont le sens moderne date du XIXe siècle.

1 LE XVIe SIÈCLE : HUMANISTES ET POÈTES

- **L'humanisme** et les chemins de la sagesse **(1500-1580)**

  – La **Renaissance** affecte au XVIe siècle tous les domaines – artistique, intellectuel, religieux, philosophique. L'**humanisme**, vaste courant de pensée européen, a pour origine les mutations qui résultent de l'invention de l'imprimerie (1434) et de la redécouverte de l'Italie à la suite des campagnes militaires menées par Charles VIII.

  – L'humanisme réunit des lettrés curieux des **textes antiques et profanes**, c'est-à-dire des lettres « humaines », par opposition aux textes sacrés ou lettres « divines ». Le Hollandais Érasme ou l'Anglais Thomas More (*Utopia*, 1516) s'intéressent ainsi à l'homme dans son corps, sa liberté et sa dignité. Ils s'opposent aux fanatismes de l'époque, qui auront raison de l'humaniste Étienne Dolet, supplicié en 1546.

  – La **curiosité encyclopédique** se répand : tous les champs du savoir sont convoqués ; la lecture de la Bible traduite en français est encouragée. Les espoirs d'une rénovation religieuse et d'un nouvel art de vivre se retrouvent dans les tons enthousiastes ou critiques des écrits de Rabelais (*Gargantua*, 1535) et de Marguerite de Navarre (*L'Heptaméron*, 1559, posth.).

  – À la fin du siècle, **Montaigne**, défenseur de l' « humaine condition », cherche dans la libre observation du monde et de lui-même le chemin d'un bonheur intérieur (*Essais*, à partir de 1580).

- **La Pléiade** et la rénovation de la poésie française **(autour de 1550)**

  – Créée en 1547 à l'initiative de Ronsard et du Bellay, d'abord sous le nom de « la Brigade », la « **Pléiade** » est un groupe de sept poètes qui tire son nom de la constellation du même nom.

  – Défenseurs d'une **poésie riche et érudite en français** (Du Bellay, *Défense et illustration de la langue française,* 1549), les poètes de la Pléiade donnent naissance aux cadres formels de la poésie française : l'alexandrin devient le vers héroïque de référence ; toutes les formes strophiques sont adoptées, en particulier le sonnet.

2 LE XVIIe SIÈCLE : DU BAROQUE AU CLASSICISME

▲ LE BERNIN (1598-1680), *Statue équestre de Louis XIV transformé en Marcus Curtius*, 1674.
(Châteaux de Versailles et de Trianon.)

• Le baroque (1580-1660)

– La fin du XVIe siècle est marquée par les guerres de Religion (massacre de la Saint-Barthélemy, 23-24 août 1572). Conséquence de cette situation politique et religieuse : c'est la **vision d'un monde instable**, en mouvement, qui prédomine sous l'appellation de **baroque** de la fin du XVIe siècle au milieu du XVIIe siècle.

– La **notion de baroque** est récente : elle n'est adoptée qu'au XXe siècle pour désigner une sensibilité commune à tous les arts (peinture, musique, belles-lettres). Il ne s'agit donc pas d'un « mouvement » au sens moderne, dont se réclameraient artistes et écrivains. Né de la crise des valeurs humanistes, ce courant se reconnaît à son goût de l'ostentation, des contrastes et de la démesure : attention portée au déguisement, goût pour l'illusion, emploi massif de l'hyperbole.

– On parle de **romans baroques** à propos des romans sentimentaux (Honoré d'Urfé, *L'Astrée*, 1625), comiques (Sorel, Scarron) ou héroïques (Mlle de Scudéry, *Clélie*, 1654-1661) de cette époque, qui cultivent le goût de l'inattendu, la multiplication des intrigues, la mobilité des personnages.

• La préciosité (1650-1660)

– Le courant **précieux** est le prolongement de la courtoisie médiévale et de la galanterie du XVIe siècle. Après l'édit de Nantes (1598), une vie de société se rétablit peu à peu dans le cadre des salons. Le plus célèbre est celui de la marquise de Rambouillet (1588-1665). La distinction, l'**art de la conversation** et les raffinements de l'amour sont les caractéristiques principales de cette vie de salon.

– La pureté du vocabulaire conduit souvent à des **excès**, dénoncés par Molière dans *Les Précieuses ridicules* (1659). Mais ce courant a contribué à renouveler les « petits genres » littéraires et à travailler **l'élégance de la langue**, évolutions dont seront redevables La Rochefoucauld (*Maximes*, 1664) ou La Bruyère (*Les Caractères*, 1688-1696).

▲ François GIRARDON (1628-1715), *Louis XIV, roi de France, à cheval*.
(Musée du Louvre, Paris.)

• Le classicisme (1650-1700)

– La reprise en main du royaume avec Louis XIII (roi de 1610 à 1643) puis Louis XIV (de 1643 à 1715) favorise un rayonnement inédit des beaux-arts, et de la littérature en particulier : c'est le **Grand Siècle**, dont le **classicisme** est l'expression la plus riche.

– Opposé à la sensibilité baroque portée à l'artifice et à l'excès, l'**idéal classique** a pour principes la mesure, la simplicité, l'équilibre et le respect des règles imitées de l'Antiquité. C'est la relecture du XVIIe siècle au XIXe qui a appliqué l'épithète « classique » à l'ensemble des grands écrivains et créateurs des années 1650-1700, en retrouvant chez eux des règles communes.

– **Le théâtre** connaît son âge d'or avec les **tragédies** de Corneille et de Racine, qui reprennent les théories d'Aristote : la bienséance est le maître mot d'un théâtre qui dénonce l'invraisemblance. Molière règne sur la comédie, quitte à indisposer ses contemporains avec *Tartuffe* ou *Les Fourberies de Scapin*.

– **La poésie**, refondée par Malherbe au début du siècle, se codifie avec Boileau (*Art poétique*, 1674), qui adapte les principes d'Aristote et d'Horace, et se libère avec La Fontaine (*Fables*, 1668-1694), qui joue sur la variété des rythmes et des registres.

• La Querelle des Anciens et des Modernes

Le siècle s'achève dans un climat polémique, autour de la question : les œuvres antiques permettent-elles de poser les principes définitifs et universels du Beau ? Aux partisans de la tradition, les Anciens – parmi lesquels Boileau, Racine, Bossuet et La Bruyère – s'opposent les Modernes, dont Perrault, Fontenelle ou Saint-Évremond.

3 LE SIÈCLE DES LUMIÈRES (XVIIIe SIÈCLE)

• L'esprit critique est au cœur de ce courant, plus intellectuel que culturel ou artistique.

– Il se développe sous les règnes de Louis XV (1715-1774) et de Louis XVI (1774-1792), à l'initiative des **Philosophes**. Alors que la situation sociale se détériore et que les inégalités se creusent, de nouvelles visions du monde s'élaborent, porteuses d'espérances.

– **L'usage de la raison par l'individu** est au cœur d'une démarche qui avait été inaugurée par Descartes au siècle précédent (*Discours de la méthode*, 1637). La confiance placée dans la raison, comme principe organisateur du monde et de la société, conduit à envisager de nouveaux rapports entre les hommes et irrigue une **réflexion politique** qui annonce 1789 (Montesquieu, *L'Esprit des lois*, 1748 ; Rousseau, *Le Contrat social*, 1762).

– **Les découvertes scientifiques** favorisent par ailleurs un renouvellement des formes de pensée : les dogmes religieux sont passés au crible du **rationalisme** philosophique ; les sciences de la nature et les sciences humaines convergent dans un souci commun de compréhension du monde, loin des préjugés sociaux et religieux (projet de l'*Encyclopédie*, sous la direction de Diderot et d'Alembert, 1751-1780).

• Les formes littéraires reflètent une grande variété de tons et de registres.

– **Les contes philosophiques** de Voltaire (*Zadig*, 1747 ; *Candide*, 1759) imposent par l'ironie leur liberté de ton.

– **Les essais politiques** et les **discours** ou **dialogues philosophiques** (Montesquieu, Diderot, Rousseau) réfléchissent à une autre organisation sociale, dans les formes du discours argumentatif.

– **Le théâtre**, avec le drame bourgeois de Diderot (*Le Fils naturel*, 1757) ou les pièces de Beaumarchais (*Le Mariage de Figaro*, 1784), cherche à transmettre des émotions et vise la **sensibilité** du spectateur pour parfaire son éducation morale.

LE XVIIIe SIÈCLE ET L'ART DE LA SENSIBILITÉ

• La peinture cherche à refléter les passions et les sentiments : **Watteau**, **Fragonard**, **Greuze**, tempêtes de **Vernet**, paysages avec ruines d'**Hubert Robert**.

• L'art lyrique se développe comme mode d'expression musicale nouveau avec **Rameau** en France (*Hippolyte et Aricie*, 1733), **Haendel** (Allemagne et Angleterre) ou **Pergolèse** (Italie), avant que ne s'affirme l'opéra à la fin du siècle.

Étape 1

1 Chacune des séries de noms suivantes comporte un **intrus**. Identifiez-le en repérant le **mouvement** auquel appartiennent les autres auteurs.

a. Rousseau – Diderot – Montaigne – Voltaire – Montesquieu

b. Boileau – Racine – La Bruyère – La Fontaine – Du Bellay

c. La Rochefoucauld – Sorel – Tristan l'Hermite – Cyrano de Bergerac – Scarron

2 À quels **mouvements littéraires** les textes suivants appartiennent-ils ? Sur quels indices fondez-vous votre réponse ?

a. IPHICRATE. — Méconnais-tu ton maître, et n'es-tu plus mon esclave ?

ARLEQUIN, *se reculant d'un air sérieux.* — Je l'ai été, je le confesse à ta honte ; mais va, je te le pardonne ; les hommes ne valent rien. Dans le pays d'Athènes j'étais ton esclave, tu me traitais comme un pauvre animal, et tu disais que cela était juste, parce que tu étais le plus fort. Eh bien ! Iphicrate, tu vas trouver ici plus fort que toi ; on va te faire esclave à ton tour ; on te dira aussi que cela est juste, et nous verrons ce que tu penseras de cette justice-là ; tu m'en diras ton sentiment, je t'attends là. Quand tu auras souffert, tu seras plus raisonnable ; tu sauras mieux ce qu'il est permis de faire souffrir aux autres.

MARIVAUX,
L'Île des esclaves, scène 1, 1725.

b. Nouveau venu, qui cherches Rome en Rome
Et rien de Rome en Rome n'aperçois,
Ces vieux palais, ces vieux arcs que tu vois,
Et ces vieux murs, c'est ce que Rome on nomme.

Vois quel orgueil, quelle ruine : et comme
Celle qui mit le monde sous ses lois,
Pour dompter tout, se dompta quelquefois,
Et devint proie au temps, qui tout consomme.

Rome de Rome est le seul monument,
Et Rome Rome a vaincu seulement.
Le Tibre seul, qui vers la mer s'enfuit,

Reste de Rome. Ô mondaine inconstance !
Ce qui est ferme, est par le temps détruit,
Et ce qui fuit, au temps fait résistance.

DU BELLAY,
Les Antiquités de Rome, 1558.

Étape 2

3 Ce texte de Corneille est-il **baroque ou classique** ? Justifiez votre réponse. (Les trois lignes de présentation sont dans le texte.)

Ici on relève la toile, et tous les comédiens paraissent avec leur portier, qui comptent de l'argent sur une table, et en prenant chacun leur part.

PRIDAMANT
Je vois Clindor ! ah Dieux ! quelle étrange surprise !
Je vois ses assassins, je vois sa femme et Lyse !
Quel charme en un moment étouffe leurs discords[1],
Pour assembler ainsi les vivants et les morts ?

ALCANDRE
Ainsi tous les acteurs d'une troupe comique,
Leur poème récité, partagent leur pratique :
L'un tue, et l'autre meurt, l'autre vous fait pitié ;
Mais la scène préside à leur inimitié.
Leurs vers font leurs combats, leur mort suit leurs [paroles,
Et, sans prendre intérêt en pas un de leurs rôles,
Le traître et le trahi, le mort et le vivant,
Se trouvent à la fin amis comme devant.
Votre fils et son train ont bien su, par leur fuite,
D'un père et d'un prévôt éviter la poursuite ;
Mais tombant dans les mains de la nécessité,
Ils ont pris le théâtre en cette extrémité.

CORNEILLE, *L'Illusion comique*,
acte V, scène 5, 1636.

1. **Discords :** discordes.

4 Lisez le texte suivant.

1. À quel **mouvement** appartient-il ?

2. En quoi consiste la **critique de l'ordre établi** ?

3. Précisez le **genre** et le **registre** du texte.

Gargantua fait construire pour frère Jean une abbaye originale, Thélème, « abbaye du bon vouloir » selon l'étymologie grecque.

COMMENT ÉTAIT RÉGLÉE LA VIE DES THÉLÉMITES

Nul ne les réveillait, nul ne les contraignait à boire, à manger, ni à faire quoi que ce soit. Ainsi en avait décidé Gargantua. Pour toute règle, il n'y avait que cette clause, *Fais ce que tu voudras* ; parce que les gens libres, bien nés et bien éduqués, vivant en bonne compagnie, ont par nature un instinct, un aiguillon qui les pousse toujours à la vertu et les éloigne du vice, qu'ils appelaient honneur. Ces gens-là, quand ils sont opprimés et asservis par une honteuse sujétion et par la contrainte, détournent cette noble inclination par laquelle ils tendaient librement à la vertu, vers le rejet et la violation du joug de servitude ; car nous entreprenons toujours ce qui nous est interdit et nous convoitons ce qui nous est refusé.

RABELAIS, *Gargantua*, 1535,
trad. M.-M. Fragonard, © Éd. Pocket, 1992.

ÉTAPE 3

5 **Humanisme et classicisme** sont des termes qui ont été employés au XIXe siècle pour définir après coup des mouvements du passé. Cherchez l'origine de ces mots dans un dictionnaire de littérature ou dans une encyclopédie.

6 Observez le texte et le document suivants. Quelles caractéristiques de la **préciosité** présentent-ils ?

a. Afin que vous compreniez mieux le dessein de Clélie, vous verrez qu'elle a imaginé qu'on peut avoir de la tendresse par trois causes différentes : ou par une grande estime, ou par reconnaissance, ou par inclination [...]. Cependant, comme elle a présumé que la tendresse qui naît par inclination n'a besoin de rien autre chose pour être ce qu'elle est, Clélie, comme vous le voyez, n'a mis nul village le long des bords de cette rivière, qui va si vite qu'on n'a que faire de logement le long de ses rives, pour aller de Nouvelle-Amitié à Tendre. Mais pour aller à Tendre-sur-Estime, il n'en est pas de même : car Clélie a ingénieusement mis autant de villages qu'il y a de petites et de grandes choses qui peuvent contribuer à faire naître, par estime, cette tendresse dont elle entend parler.

Madeleine de SCUDÉRY, *Clélie*, 1654.

b.

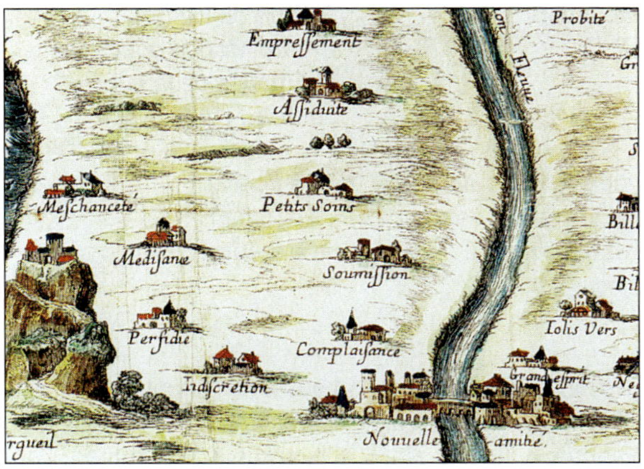

▲ Détail de *La Carte du Tendre*, gravure extraite de *Clélie*. (Bibliothèque nationale de France, Paris.)

VERS LE COMMENTAIRE

1. Situez le texte suivant dans l'histoire littéraire, et analysez le **genre** et la **forme** choisis : qu'apportent-ils au développement des idées de Voltaire ?

2. Relevez les **liens logiques**. Quelle valeur fondamentale des Lumières mettent-ils en évidence ?

3. Proposez un **plan** et développez une **partie** de commentaire rédigée.

Le narrateur rencontre lors d'un voyage un « vieux bramin », un sage, que son savoir sur les hommes rend malheureux. Il le compare au sort d'une vieille femme, ignorante mais heureuse.

Frappé du bonheur de cette pauvre créature, je revins à mon philosophe, et je lui dis : « N'êtes-vous pas honteux d'être malheureux dans le temps qu'à votre porte il y a un vieil automate qui ne pense à rien, et qui vit content ? — Vous avez raison, me répondit-il ; je me suis dit cent fois que je serais heureux si j'étais aussi sot que ma voisine, et cependant je ne voudrais pas d'un tel bonheur. »

Cette réponse de mon bramin me fit une plus grande impression que tout le reste ; je m'examinai moi-même et je vis qu'en effet je n'aurais pas voulu être heureux à condition d'être imbécile.

Je proposai la chose à des philosophes, et ils furent de mon avis. « Il y a pourtant, disais-je, une furieuse contradiction dans cette façon de penser. Car enfin, de quoi s'agit-il ? D'être heureux. Qu'importe d'avoir de l'esprit ou d'être sot ? Il y a bien plus : ceux qui sont contents de leur être sont bien sûrs d'être contents ; ceux qui raisonnent ne sont pas si sûrs de bien raisonner. Il est donc clair, disais-je, qu'il faudrait choisir de n'avoir pas le sens commun, pour peu que ce sens commun contribue à notre mal-être. » Tout le monde fut de mon avis, et cependant je ne trouvai personne qui voulût accepter le marché de devenir imbécile pour devenir content. De là je conclus que, si nous faisons cas du bonheur, nous faisons encore plus de cas de la raison.

VOLTAIRE,
Histoire d'un bon bramin, 1761.

Histoire littéraire

Mouvements	HUMANISME	PLÉIADE	BAROQUE
Périodes	XVIe siècle	Milieu du XVIe siècle	1580-1660
Domaines et dimensions	**Vaste mouvement d'idées qui touche toute l'Europe sur une longue période**	**Groupe de poètes français**	**Grand mouvement intellectuel et artistique européen**
Valeurs, principes, objectifs	– redécouvrir l'Antiquité ; – importer en France les arts venus d'Italie ; – développer les sciences et les savoirs ; – envisager l'homme comme le centre de toute réflexion.	– remonter aux sources antiques et italiennes de la poésie ; – faire du français la langue de la poésie et des savoirs ; – promouvoir une culture nationale ; – chanter l'amour, la nature et l'inspiration poétique.	– exprimer l'excès et l'extrême ; – favoriser le goût des métamorphoses, des contrastes, de l'illusion ; – mêler les contraires jusqu'à les confondre ; – exprimer les fluctuations du *Moi* et l'instabilité du monde.
Écrivains représentatifs et textes fondateurs	**Érasme**, *Éloge de la folie* (1509, en latin) **More**, *Utopia* (1516, en latin) **Rabelais**, *Pantagruel* (1532), *Gargantua* (1534)	**Du Bellay**, *Défense et illustration de la langue française* (1549) **Ronsard**, *Odes* (1550), *Les Amours de Cassandre* (1552)	**D'Aubigné**, *Les Tragiques* (1616) **Scarron**, *Le Roman comique* (1651-1657)
Œuvres principales	Budé, *L'Institution du Prince* (1547, en latin) Marguerite de Navarre, *L'Heptaméron* (1559) Estienne, *Apologie pour Hérodote* (1566) Montaigne, *Essais* (1580-1595), entre humanisme et esprit baroque	Jodelle, *Cléopâtre captive* (1553) Peletier, *Art poétique* (1555) Du Bellay, *Les Antiquités de Rome* (1558), *Les Regrets* (1558) Ronsard, *Sonnets pour Hélène* (1578)	Saint-Amant, *Œuvres* (1642) Garnier, *Les Juives* (1583) Sorel, *L'Histoire comique de Francion* (1623) Corneille, *L'Illusion comique* (1636) Cyrano de Bergerac, *L'Autre Monde ou les États et Empires de la Lune et du Soleil* (1657, posth.)
Genres et formes littéraires	– L'essai (le discours, l'utopie...) – Le roman	– La poésie dans la variété de ses formes : odes, sonnets, hymnes, blasons...	– La poésie – Le roman – Le théâtre
Registres et choix d'écriture	Le didactique et le délibératif, la citation, la parodie, l'appel au lecteur	Le lyrisme, la métaphore, l'allégorie, l'alexandrin	Le merveilleux et le comique, l'hyperbole, l'oxymore, l'antithèse

du XVIe au XVIIIe siècle

Mouvements	PRÉCIOSITÉ	CLASSICISME	LUMIÈRES
Périodes	**Milieu du XVIIe siècle**	**1650-1700**	**XVIIIe siècle**
Domaines et dimensions	**Tendance culturelle proche de l'esprit baroque**	**Grand mouvement littéraire et artistique français**	**Mouvement intellectuel qui renouvelle la pensée européenne**
Valeurs, principes, objectifs	– développer un art de vivre raffiné ; – exalter l'amour galant ; – cultiver le mot juste et le trait piquant ; – développer des intrigues sentimentales complexes.	– affermir la culture nationale et affiner la langue ; – mettre en accord art et vie sociale grâce à des normes partagées ; – fonder les règles sur les modèles de l'Antiquité ; – peindre avec goût, naturel et vraisemblance.	– critiquer les préjugés religieux et sociaux ; – promouvoir la raison, source d'un bonheur individuel et collectif ; – combattre l'intolérance et l'oppression ; – imaginer un monde nouveau fait de justice, d'égalité et de liberté.
Écrivains représentatifs et textes fondateurs	**D'Urfé**, *L'Astrée* (1607-1627) **Mlle de Scudéry**, *Clélie* (1654-1661)	**Corneille**, *Discours des trois unités* (1660) **Boileau**, *Art poétique* (1674)	**Montesquieu**, *L'Esprit des lois* (1748) **Diderot** et **d'Alembert**, *Encyclopédie* (1751-1780) **Rousseau**, *Du contrat social* (1762) **Voltaire,** *Traité sur la tolérance* (1763)
Œuvres principales	Gomberville, *Polexandre* (1637) La Calprenède, *Cléopâtre* (1647-1656) Voiture, *Poésies* (1650, posth.)	Corneille, *Cinna* (1641) Bossuet, *Sermon sur la mort* (1662) Molière, *Tartuffe* (1664) La Fontaine, *Fables* (1668-1694) Racine, *Phèdre* (1677) Mme de La Fayette, *La Princesse de Clèves* (1678) La Bruyère, *Les Caractères* (1688-1696)	Montesquieu, *Lettres persanes* (1721) Marivaux, *L'Ile des esclaves* (1725) Voltaire, *Candide* (1759), Rousseau, *Émile* (1762) Diderot, *Jacques le Fataliste* (1778-1780) Beaumarchais, *Le Mariage de Figaro* (1784)
Genres et formes littéraires	– Les formes brèves – Le roman-fleuve – la poésie amoureuse	– Le théâtre : tragédie, comédie – La fable – La forme courte : la maxime, le portrait	– L'essai, le pamphlet – Le conte philosophique – Le dialogue – Le roman – Le drame à visée morale
Registres et choix d'écriture	L'éloge, le trait d'esprit, la métaphore filée, l'hyperbole	Le tragique et le didactique, le vers régulier, parallélismes, symétries	L'argumentation, le didactique, l'ironie,

FICHE-MÉTHODE

SAVOIR-FAIRE

Mener une recherche documentaire

On peut avoir à mener une **recherche documentaire** dans différents cas : recherche d'informations historiques, constitution d'un dossier, travaux personnels encadrés, etc. Dans tous les cas, il faut procéder méthodiquement dans le choix des outils appropriés, le classement des données et l'élaboration du travail final. Les **outils documentaires** sont de plusieurs ordres, selon l'objet de la recherche à mener.

OUTILS	MODE D'EMPLOI	EXEMPLES
Manuels scolaires	Premier type d'ouvrage auquel penser, les manuels offrent plusieurs entrées utiles pour une recherche (sommaire, index, lexique, etc.).	Recherche sur la modernité poétique : se référer au chapitre 33 ; repérer ensuite à l'aide de l'index des auteurs les autres pages où sont mentionnés les poètes ainsi identifiés.
Encyclopédies	Générales ou spécialisées, elles offrent les informations les plus exhaustives sur le mot ou la notion recherchée.	Recherche sur le surréalisme : commencer par consulter l'article « surréalisme » de l'*Encyclopædia Universalis*.
Dictionnaires	Il en existe de toutes sortes : dictionnaires de langue, des citations, des synonymes, dictionnaires étymologique, mythologique, etc. (➔ fiche-méthode p. 13).	Recherche sur les réécritures du mythe de Médée : lire l'article « Médée » d'un *Dictionnaire de la mythologie grecque et romaine*.
Monographies, ouvrages d'histoire littéraire	Il s'agit d'ouvrages plus spécifiques, qui permettent d'approfondir une notion ou un thème particulier.	Recherche sur le surréalisme (suite) : consulter le volume approprié d'une « Histoire de la littérature du XXe siècle » ; un petit ouvrage faisant le tour de la question (du type « Que sais-je ? ») ; des biographies d'auteurs (Breton, Eluard) ; etc.
Périodiques	Les CDI et bibliothèques sont abonnés à de nombreux journaux et revues : on recherche le numéro voulu à l'aide des fichiers papier ou numérisés.	Recherche sur Victor Hugo : consulter le dernier numéro du *Magazine littéraire* portant sur cet auteur.
Cédéroms	Derniers-nés des outils de recherche documentaire (1986), les cédéroms sont utilisables à partir d'un poste informatique ; ils contiennent des textes, des paroles, des images, de la musique.	Recherche sur l'impressionnisme : le cédérom du Musée d'Orsay permet de faire défiler de nombreux chefs-d'œuvre de l'impressionnisme accompagnés de commentaires utiles.
Internet	Les ressources en ligne ne sont pas toujours fiables : aussi faut-il manier cet outil avec prudence. Comment rechercher une information ? ⇒ par l'intermédiaire des moteurs de recherche. Ex. : Google, AltaVista, Lycos... ⇒ grâce à des annuaires, recensements thématiques de sites jugés valables. Ex. : Yahoo!, Nomade... ⇒ via des sites spécialisés qui recensent un certain type de ressources. Ex. : http://gallica.bnf.fr/ (documents du XIXe siècle francophone, Bibliothèque nationale de France).	Recherche sur *Le Père Goriot* de Balzac : formuler la requête « Balzac père Goriot » sur Google, puis faire défiler les pages tout en contrôlant les sources (quel site ? quelle base de données ?).

V

Les genres et les formes littéraires

Chapitre 24

Le roman et la nouvelle

Objet d'étude (2nde)

Un texte de fiction, roman ou nouvelle, séduit le lecteur non seulement par l'**histoire** qu'il raconte mais par le pouvoir de sa **construction narrative**. Celle-ci se manifeste par des effets d'ouverture (texte A) ou de clôture (texte C). Elle organise le **déroulement de l'action** et distribue les **rôles des personnages** (texte B) dans une intrigue cohérente.

TEXTE A

Le 15 septembre 1840, vers six heures du matin, *La Ville-de-Montereau*, près de partir, fumait à gros tourbillons devant le quai Saint-Bernard.

Des gens arrivaient hors d'haleine ; des barriques, des câbles, des corbeilles de linge gênaient la circulation ; les matelots ne répondaient à personne ; on se heurtait ; les colis montaient entre les deux tambours, et le tapage s'absorbait dans le bruissement de la vapeur, qui, s'échappant par des plaques de tôle, enveloppait tout d'une nuée blanchâtre, tandis que la cloche, à l'avant, tintait sans discontinuer.

Enfin le navire partit ; et les deux berges, peuplées de magasins, de chantiers et d'usines, filèrent comme deux larges rubans que l'on déroule.

Un jeune homme de dix-huit ans, à longs cheveux et qui tenait un album sous son bras, restait auprès du gouvernail, immobile. À travers le brouillard, il contemplait des clochers, des édifices dont il ne savait pas les noms ; puis il embrassa, dans un dernier coup d'œil, l'île Saint-Louis, la Cité, Notre-Dame ; et bientôt, Paris disparaissant, il poussa un grand soupir.

M. Frédéric Moreau, nouvellement reçu bachelier, s'en retournait à Nogent-sur-Seine, où il devait languir pendant deux mois, avant d'aller *faire son droit*.

Gustave FLAUBERT, *L'Éducation sentimentale*, 1869.

Départ du personnage, début de la narration

1. Quelles informations ce début de roman communique-t-il au lecteur ? Sur le lieu et le moment de l'action ? Sur l'identité et le but du personnage principal ?
2. Repérez les étapes successives de ce passage. Comment le personnage est-il progressivement introduit ? Quel est l'effet de cette présentation ?

TEXTE B

« Voici une lettre, dit-il, que je te charge, toi, Michel Strogoff, de remettre en main propre au grand-duc et à nul autre que lui.

— Je la remettrai, Sire.

— Le grand-duc est à Irkoutsk.

— J'irai à Irkoutsk.

— Mais il faudra traverser un pays soulevé par des rebelles, envahi par des Tartares, qui auront intérêt à intercepter cette lettre.

Le personnage et l'action

1. Combien de personnages découvre-t-on dans cet extrait ? Qu'apprend-on sur le rôle de chacun ? Et sur l'enjeu de l'action ?

2. Comment les personnages sont-ils présentés ? Pourquoi le récit s'apparente-t-il à une scène ? Montrez que ce procédé convient bien ici pour introduire le héros.

— Je le traverserai.

— Tu te défieras surtout d'un traître, Ivan Ogareff, qui se rencontrera peut-être sur ta route.

— Je m'en défierai. »

Jules VERNE, *Michel Strogoff*, 1876.

TEXTE C

Le narrateur, assimilé ici à l'auteur, Borges, écoute le récit que lui fait un Irlandais balafré rencontré en Amérique du Sud. Cet homme lui raconte qu'il participait vaillamment à la lutte indépendantiste contre les Anglais quand il découvrit, dans une maison encerclée par l'ennemi, qu'il était trahi par l'ami qu'il avait sauvé, un certain Vincent Moon… Voici la fin de la nouvelle.

« Moon connaissait très bien la maison, sensiblement mieux que moi. Je le perdis une fois ou deux. Je l'acculai avant que les soldats m'eussent arrêté. J'arrachai un cimeterre à l'une des panoplies du général ; avec ce croissant d'acier j'imprimai pour toujours sur son visage un croissant de sang. Borges, je vous ai fait cette confession à vous, un inconnu. Votre mépris ne m'est pas si douloureux. »

Ici le narrateur s'arrêta. Je remarquai que ses mains tremblaient.

— Et Moon ?, demandai-je.

— Il toucha les deniers de Judas et s'enfuit au Brésil. Cet après-midi-là, sur la place, je vis des ivrognes fusiller un mannequin.

J'attendis vainement la suite de l'histoire. À la fin je lui dis de poursuivre.

Alors un gémissement le parcourut : alors il me montra avec une faible douceur la cicatrice courbe et blanchâtre.

— Vous ne me croyez pas ? balbutia-t-il. Ne voyez-vous pas que la marque de mon infamie est écrite sur ma figure ? Je vous ai raconté l'histoire de cette façon pour que vous l'écoutiez jusqu'à la fin. J'ai dénoncé l'homme qui m'avait protégé : je suis Vincent Moon. Maintenant, méprisez-moi.

Jorge Luis BORGES, « La forme de l'épée »,
in *Fictions*, trad. P. Verdevoye et Ibarra, © Éd. Gallimard, 1957.

Comment raconter ? Comment finir ?

1. À quoi tient la surprise de cette fin de nouvelle ? En quoi consiste le coup de théâtre ?
2. Qui sont les narrateurs ? Pourquoi l'intérêt de l'histoire est-il ici étroitement lié à la manière de la raconter ?

L'ART DE RACONTER

1. Que sait-on du narrateur dans les textes A et B ? En quoi, à cet égard, ces extraits diffèrent-ils du texte C ?
2. Comparez les textes A et B : quelles différences percevez-vous dans le rythme de l'action présentée ? Et dans celui de l'action annoncée ?
3. À partir de ces seuls extraits, peut-on distinguer un extrait de nouvelle (texte C) d'un extrait de roman (texte A ou B) ? Selon quels critères ?

24. Le roman et la nouvelle

Objet d'étude (2nde)

Le roman et la nouvelle sont deux **genres narratifs**. Si certaines différences les séparent, ils partagent des caractéristiques majeures : un roman ou une nouvelle raconte une **histoire fictive**, avec une **action** qui progresse par l'intermédiaire de **personnages**, dans un **lieu** et à un **moment** donnés.
Romans et nouvelles connaissent des modalités et registres variés. Le **contexte** culturel et l'histoire de ces genres permettent de comprendre les **choix d'écriture** qui font l'originalité de chaque œuvre.

1 FICTION ET NARRATION

Le roman et la nouvelle combinent toujours une **histoire inventée** par l'auteur (la fiction) et une certaine **manière de la raconter** (la narration).

- **La fiction**

  – L'auteur imagine une **action**, qui enchaîne des épisodes successifs et produit des **transformations.** Tout texte narratif conduit d'un **état initial** à un **état final** : on peut les repérer en confrontant le début et la fin de l'œuvre pour mesurer les changements accomplis.

  – Cette action est surtout menée par des **personnages**, « êtres de papier » qui n'existent que par l'écriture. L'auteur recourt donc à divers procédés pour les faire « vivre » comme des personnes réelles : il leur donne un **nom**, les dote d'une **identité physique et morale**, les rattache à des **types sociaux**, les fait **parler** (par le discours rapporté), etc.

  – L'action se déroule dans un **cadre spatio-temporel** qui ressemble plus ou moins à l'espace et au temps réels : le texte nous informe sur les **lieux** de l'histoire (Paris ou la planète Mars...) et le **moment** où elle se déroule (le Moyen Âge ou un futur imaginaire...).

  – Ces composantes de la fiction sont révélatrices des **choix de l'auteur**, qui dispose d'un large éventail de possibilités entre deux extrêmes : soit dissimuler sa part d'invention par l'**illusion réaliste**, soit déployer librement l'**imaginaire de la fiction**.

- **La narration**

  – L'histoire nous est racontée par un **narrateur**, qui peut occuper différentes **positions** : soit il est un personnage de l'histoire, soit il est extérieur à l'histoire ; tantôt il intervient dans la conduite de sa narration (en livrant des commentaires), tantôt il reste totalement neutre (le récit créant une illusion d'objectivité).

  – C'est la narration qui **structure** le roman ou la nouvelle en ordonnant son déroulement. Le **temps de la narration** (l'ordre et la durée du texte) a toute liberté pour remanier le **temps de l'histoire** (la chronologie de l'action fictive) : le récit peut procéder à des retours en arrière, accélérer ou ralentir le rythme de l'action (en étirant ou en concentrant la narration), passer sous silence des moments de l'histoire (ellipses → fiche-méthode p. 187), etc.

2 LE PARATEXTE ET LE CONTEXTE

Le **texte** du roman ou de la nouvelle est éclairé par la connaissance de son **paratexte** et de son **contexte**.

• **La présentation du livre**

– **Le paratexte** (l'ensemble des indications qui accompagnent le texte) est la première entrée dans l'œuvre : le **titre** oriente la lecture, même s'il peut être volontairement énigmatique. Une **préface** ou un **avant-propos** informent parfois sur le projet de l'auteur.

– **La composition** facilite aussi l'approche de son contenu. Un roman peut être structuré en **parties** ou en **chapitres**. L'**ordre** des nouvelles dans un recueil peut être significatif des choix de l'auteur.

• **Le contexte de la publication**

– **La biographie de l'auteur** permet de comprendre ses opinions et de situer l'œuvre dans sa carrière. Entre la « première » *Éducation sentimentale* (1843) et la version définitive (1869), Flaubert a évolué du romantisme vers le réalisme.

– **La place de l'œuvre dans l'histoire littéraire** permet d'apprécier son originalité par rapport aux mouvements de son temps : Flaubert est « réaliste » tout en revendiquant une haute exigence d'artiste.

– **Le moment historique et social** de la publication est toujours en rapport avec le texte. *L'Éducation sentimentale* de Flaubert, publiée en 1869, dénonce ainsi la société bourgeoise du Second Empire.

GENÈSE ET RÉCEPTION DES ŒUVRES NARRATIVES

• En comparant les plans et les esquisses, ou les **différents états** d'un texte, on comprend mieux les intentions et les choix du romancier.

• En explorant les **conditions de réception** de l'œuvre, on peut cerner les réactions de différentes générations de lecteurs, réfléchir à ses diverses interprétations.

3 DIVERSITÉ DES GENRES NARRATIFS

Les genres narratifs diffèrent selon leur **longueur**, leur **registre** et leur **sujet**.

• **Les formes narratives brèves**

– **Le conte** provient de la tradition orale et populaire. Il est construit sur un schéma narratif simple, a une visée souvent morale, et son univers de référence est éloigné du monde réel. Ses personnages peuvent même être dotés de pouvoirs **surnaturels** (*Contes* de Perrault, 1697).

– **La nouvelle**, en revanche, vise le **vraisemblable**. Quand elle est **fantastique**, elle entretient le doute du lecteur, incapable de distinguer la réalité de l'hallucination (→ ch. 12). Elle s'oppose au roman par sa **densité** et sa brièveté, et se caractérise par un nombre restreint de personnages, une action et un cadre resserrés, et un dénouement brutal et surprenant, la chute. Selon le sujet et le registre, on distingue les **nouvelles policières, autobiographiques, fantastiques**, etc. Ces catégories s'appliquent aussi au roman.

• **Les genres romanesques**

Le roman peut prendre des formes très différentes, selon qu'il est centré principalement sur l'**intrigue**, sur les **personnages** ou sur la **personne du narrateur**. Et il mêle souvent plusieurs des caractéristiques suivantes.

– **Romans centrés sur l'intrigue :**

⇒ le **roman historique** situe l'intrigue dans un cadre et des événements historiques précis, proches ou lointains (Balzac, *Les Chouans*) ;

⇒ le **roman d'aventures** repose sur une action riche en péripéties et en obstacles que le héros doit surmonter (Dumas, *Les Trois Mousquetaires*) ;

⇒ le **roman policier** (enquête pour élucider un crime), le **roman noir** (atmosphère sombre, voire macabre), le **roman fantastique** (phénomène anormal dans le monde normal), le **roman d'anticipation** ou de **science-fiction** (présentation d'un univers futur) touchent un large public.

– **Romans centrés sur les personnages :**

⇒ le **roman d'analyse** étudie les sentiments, la psychologie d'un personnage (Marivaux, *La Vie de Marianne*) ;

⇒ le **roman d'apprentissage** présente la formation intellectuelle et sentimentale d'un personnage et les leçons qu'il tire de son expérience (Tristan L'Hermite, *Le Page disgracié*) ;

⇒ le **roman de mœurs** analyse la société ou le milieu plus que l'individu lui-même (romans de Zola).

– **Romans centrés sur le *Je*** (la personne du narrateur) :

⇒ **le roman épistolaire** enchaîne des lettres provenant le plus souvent de narrateurs-personnages différents (Montesquieu, Laclos et Rousseau) ;

⇒ **le roman autobiographique** se rapproche de l'autobiographie (→ ch. 25), mais c'est un narrateur-personnage fictif qui raconte sa vie, et non l'auteur réel à qui il ressemble (Vallès, *L'Enfant*) ;

⇒ **le journal intime** fictif se présente comme une narration écrite au jour le jour (Hugo, *Le Dernier Jour d'un condamné*).

4 LE ROMAN ET LA NOUVELLE DANS L'HISTOIRE

• L'essor du roman jusqu'à l'âge classique

– **Le nom** « **roman** » provient de l'adjectif « roman, romane » : au Moyen Âge, est appelée « roman » toute œuvre écrite en « langue vulgaire », par opposition au latin.

– Les premiers romans sont en **vers**. Mais avec l'inspiration celtique et la « matière de Bretagne » (Perceval, Tristan), le roman entre dans la **prose**. Du XIIIe au XVIIIe siècle, le roman sera considéré comme négligeable ou vulgaire.

– Avec le **baroque**, au début du XVIIe siècle, le roman découvre le merveilleux, des personnages multiples et des histoires « à tiroirs » : l'intrigue et l'écriture deviennent plus complexes.

– Par opposition, un roman nouveau apparaît, animé d'un souci de vraisemblance et de simplicité (Mme de Lafayette, *La Princesse de Clèves*, 1678).

ORIGINES DE LA NOUVELLE

• Le XIIIe siècle voit l'invention de la forme narrative brève, la future **nouvelle**, originaire d'Italie.

• Par opposition au roman, la nouvelle de l'époque est un **récit minimal** : le cadre, l'espace et le temps sont très proches de ceux du lecteur. Elle utilise des **personnages courtois** et traite de « cas d'amour ».

• L'âge d'or du roman et de la nouvelle : le XIXe siècle

– Si le **XVIIIe siècle** se montre hostile aux « immenses romans », la forme courte privilégiée est celle du conte.

– Au XIXe siècle, le **roman** est consacré comme grand genre populaire, miroir des bouleversements sociaux de l'époque. Il acquiert avec Balzac l'ambition d'un **roman total**.

– Le siècle connaît aussi l'essor de la **nouvelle**, qui emprunte les voies du réalisme et du fantastique pour dévoiler la vérité de l'homme. Nouvelle et **roman-feuilleton** sont favorisés par le développement de la **presse**.

• Le XXe siècle ou la mise en question du roman

– Le XXe siècle est moins confiant dans le roman. Pour Proust, il ne s'agit plus de raconter une histoire mais d'explorer sa mémoire. De nouvelles **techniques d'écriture**, comme le monologue intérieur, introduisent des métamorphoses qui affectent la narration.

– Avec Céline ou Malraux, le langage romanesque s'ouvre sur l'**action**. Le héros est en crise, miné par le caractère **absurde** du monde.

– **Le Nouveau Roman** (autour de 1960) refuse le personnage et l'histoire, c'est-à-dire les composantes traditionnelles de la fiction. C'est l'âge des anti-romans (Marguerite Duras), des fictions déconcertantes : on se demande s'il est encore possible pour le roman de raconter une histoire.

Les composantes du récit

Le mot « récit » désigne tantôt l'**histoire**, tantôt la **narration** (la manière de raconter l'histoire).

1. LES ÉTAPES DE L'HISTOIRE

La **construction** du récit comprend 5 étapes.

1. Situation initiale	état d'équilibre : cadre de l'histoire, personnages en présence
2. Complication	événement perturbateur qui rompt l'équilibre et déclenche l'action
3. Péripéties	événements, aventures, conflits et rebondissements qui nourrissent l'action
4. Résolution	force « rééquilibrante », événement qui met un terme à l'épreuve
5. Situation finale	nouvel équilibre atteint, qui met un terme à l'action

2. LES FORCES AGISSANTES DE L'HISTOIRE

Les forces qui font l'action dans un récit ou une intrigue théâtrale se répartissent en 6 **actants**, qui forment le **schéma actantiel**. Ces actants correspondent à des personnages, des idées, des éléments matériels, etc.

Le destinateur → (fixe l'objet à atteindre et détermine l'action du sujet)	**L'objet** (but de l'action) ↑	→ **Le destinataire** (bénéficie de l'action, reçoit l'objet et sanctionne le résultat de l'action)
L'adjuvant → (aide le sujet dans son action)	**Le sujet** (accomplit l'action pour atteindre l'objet)	← **L'opposant** (fait obstacle à l'action du sujet)

3. LES POINTS DE VUE DE LA NARRATION

Les informations que transmet le narrateur sur l'histoire peuvent parvenir par différentes voies, selon différents points de vue (ou **focalisations**). Ces points de vue varient selon le **degré de savoir** apparent du narrateur.

Point de vue omniscient (ou focalisation zéro)	**N > P** Le narrateur en sait plus que ses personnages ; il ne se limite à aucun point de vue déterminé.
Point de vue interne (ou focalisation interne)	**N = P** Le narrateur ne révèle que ce que perçoit un personnage donné ; les informations se limitent à celles que pourrait donner ce personnage.
Point de vue externe (ou focalisation externe)	**N < P** Les faits sont présentés du dehors ; le récit se limite à l'apparence extérieure des personnages ou des lieux ; le narrateur n'entre pas dans les consciences.

4. LE RYTHME DU RÉCIT

Il dépend du rapport entre temps de la narration (TN) et temps de l'histoire (TH). Cinq cas se rencontrent.

Pause	TH = 0	Le temps de l'histoire est supendu (description, portrait).
Ralenti	TN > TH	La narration développe longuement ce qui prend peu de temps dans l'histoire.
Scène	TN = TH	On croit suivre les événements « en temps réel », comme au théâtre (dialogue).
Sommaire	TN < TH	La narration condense en peu de lignes des actions qui prennent du temps.
Ellipse	TN = 0	La narration passe sous silence un moment de l'histoire.

Exercices

ÉTAPE 1

1 Dans ces débuts de romans ou de nouvelles, le **narrateur** participe-t-il ou non à l'histoire qu'il raconte ? À quels indices le voyez-vous ?

a. Un matin, au sortir d'un rêve agité, Grégoire Samsa s'éveilla transformé dans son lit en une véritable vermine. Il était couché sur le dos, un dos dur comme une cuirasse, et, en levant un peu la tête, il s'aperçut qu'il avait un ventre brun en forme de voûte divisé par des nervures arquées.

KAFKA, *La Métamorphose*, 1915, trad. A. Vialatte, © Éd. Gallimard, 1955.

b. Je sais à quel point cette histoire pourra semer de trouble et d'angoisse, à quel point elle perturbera de gens. Je me doute que l'éditeur qui acceptera de prendre en charge ce manuscrit s'exposera à d'infinis ennuis. La prison ne lui sera sans doute pas épargnée, et je tiens à lui demander tout de suite pardon pour le dérangement. Mais il faut que j'écrive ce livre sans plus tarder, parce que si on me retrouve dans l'état où je suis maintenant, personne ne voudra ni m'écouter ni me croire. Or tenir un stylo me donne de terribles crampes.

Marie DARRIEUSSECQ, *Truismes*, © Éd. P. O. L, 1996.

2 À la lecture de leurs **titres**, quelles hypothèses pouvez-vous formuler sur les nouvelles et romans suivants : annonce d'un thème ? d'un personnage ? d'un genre romanesque précis ? d'un mode de narration ?

a. *Cinq Semaines en ballon* (Jules Verne)
b. *L'Homme qui rit* (Victor Hugo)
c. *L'Espoir* (André Malraux)
d. *Que ma joie demeure* (Jean Giono)
e. *Madame Bovary* (Gustave Flaubert)
f. *Journal d'un curé de campagne* (Georges Bernanos)
g. *La Vie mode d'emploi* (Georges Perec)
h. *Le Crime au père Boniface* (Guy de Maupassant)
i. *Mort sur le Nil* (Agatha Christie)
j. *Voyage au bout de la nuit* (Louis-Ferdinand Céline)

3 Les extraits suivants cherchent-ils à produire **l'illusion de réalité** ou non ? Quels éléments de la **fiction** (personnages, actions, situations) contribuent ou au contraire s'opposent à l'effet réaliste dans chaque cas ?

a. Amadis Dudu suivait sans conviction la ruelle étroite qui constituait le plus long des raccourcis permettant d'atteindre l'arrêt de l'autobus 975. Tous les jours, il devait donner trois tickets et demi, car il descendait en marche avant sa station, et il tâta sa poche de gilet pour voir s'il lui en restait. Oui. Il vit un oiseau, perché sur un tas d'ordures, qui donnait du bec dans trois boîtes de conserves vides et réussissait à jouer le début des *Bateliers de la Volga* ; et il s'arrêta, mais l'oiseau fit une fausse note et s'envola, furieux, grommelant, entre ses demi-becs, des sales mots en oiseau.

VIAN, *L'Automne à Pékin*, © Éd. de Minuit, 1956.

b. Le taxi s'arrêta et Mathieu descendit : « Attendez-moi », dit-il au chauffeur. Il traversa obliquement la chaussée, poussa la porte de l'hôtel, entra dans un vestibule sombre et lourdement parfumé. Au-dessus d'une porte vitrée, à gauche, il y avait un rectangle d'émail : « Direction. » Mathieu jeta un coup d'œil à travers les vitres : la pièce semblait vide, on n'entendait que le tic-tac d'une horloge. La clientèle ordinaire de l'hôtel, chanteuses, danseurs, nègres de jazz, rentrait tard et se levait tard : tout dormait encore.

SARTRE, *L'Âge de raison*, © Éd. Gallimard, 1945.

4 Repérez la **construction de l'intrigue** dans le roman dont voici le résumé (*L'Horloger d'Everton*, de Georges Simenon, 1954).
Vous distinguerez les cinq étapes de l'**action** (➔ fiche-méthode, p. 187) : situation initiale, complication, péripéties, résolution, situation finale. Quelle est l'étape la plus importante ?

Issu d'un père falot et d'une mère dominatrice, Dave Galloway, horloger à Everton, dans l'État de New York, mène une vie sans histoires depuis que Ruth, sa volage épouse, l'a quitté six mois après avoir mis au monde un fils. Compensation affective ou difficulté d'établir des relations équilibrées avec les femmes, Dave s'est totalement investi dans l'éducation de Ben, dont il croit avoir définitivement gagné l'affection. C'est que l'assouplissement existentiel provoqué par la répétition quotidienne des mêmes gestes donne une impression rassurante de tranquillité. On comprend donc que lorsque Ben, âgé de 16 ans, part avec son amie Lillian pour se marier dans un autre État à la législation plus souple, et que, dans sa fuite, il tue un homme pour lui voler sa voiture, le choc est terrible. Pour le père désemparé, commence alors une attente interminable, alimentée par un examen de conscience minutieux au cours duquel il revit les années passées avec son fils. Cherchant plus à le comprendre qu'à le juger, il conclut que sa place est à ses côtés et fait tout ce qu'il peut pour le sauver. Lorsque les jeunes gens sont capturés après une fusillade, Dave, abandonné de tous, sauf de son voisin, l'ébéniste Musak, entreprend de se rendre auprès de son fils, incarcéré à Indianapolis. Mais Ben refusera de lui parler, dans sa prison comme dans l'avion qui le ramène à Liberty, le chef-lieu du canton où il sera jugé, et même au cours de son procès. Pourtant, plus que jamais, le père partage sa souffrance, car il a compris que ce crime n'est que l'expression de la révolte intérieure des Galloway, révolte d'autant plus abrupte qu'elle a été réfrénée pendant deux générations.

LAFFONT-BOMPIANI,
Le Nouveau Dictionnaire des œuvres,

b. Sous un même toit, dans un même logement, à un même troisième étage vivaient deux jeunes collègues de bureau, Arkadi Ivanovitch Néfédévitch et Vassia Choumkov… L'auteur, certes, ressent la nécessité d'expliquer au lecteur pourquoi l'un de ses héros est nommé de son nom plein alors que l'autre ne l'est que de son diminutif, ne serait-ce, par exemple, que pour qu'on ne juge pas un tel mode d'expression inconvenant et, d'une façon ou d'une autre, familier. Mais, pour cela, il serait nécessaire, en anticipant, d'expliquer et de décrire le rang, et l'âge, et le titre, et la fonction, voire le caractère de ces deux personnages ; et comme nombreux sont les écrivains qui commencent justement ainsi, l'auteur de la présente nouvelle, à seule fin de ne pas leur ressembler (c'est-à-dire, comme le diront, peut-être, d'aucuns, suite à un amour-propre illimité), se résout à commencer tout de suite, par l'action. Sa préface ainsi achevée, il commence.

Le soir du Nouvel An, sur les six heures, Choumkov rentra chez lui.

DOSTOÏEVSKI, *Un cœur faible*, 1848,
trad. André Markowicz,

ÉTAPE 2

5 Comparez ces deux débuts de textes narratifs (ou incipits). Vers quel **genre** précis et quel **registre** chacun d'eux oriente-t-il la suite ? Justifiez votre réponse.

a. *Certains témoins mentionnent qu'aux derniers jours du procès de Maurice Papon, la police a empêché un clown, un auguste, au demeurant fort mal maquillé et au costume de scène bien dépenaillé, de s'introduire dans la salle d'audience du palais de justice de Bordeaux. Il semble que, ce même jour, il ait attendu la sortie de l'accusé et l'ait simplement considéré, à distance, sans chercher à lui adresser la parole. L'ancien secrétaire général de la préfecture de la Gironde a peut-être remarqué ce clown mais rien n'est moins sûr. Plus tard, l'homme est revenu régulièrement, sans son déguisement, assister à la fin des audiences et aux plaidoiries. À chaque fois il posait sur ses genoux une mallette dont il caressait le cuir tout éraflé. Un huissier se souvient de l'avoir entendu dire, après que fut tombé le verdict :*

— Sans vérité, comment peut-il y avoir de l'espoir… ?

Et sans mémoire ?

Michel QUINT, *Effroyables Jardins*,

6 Étudiez cet extrait de roman.

1. Quelle est la **position du narrateur** par rapport à l'histoire qu'il raconte ? Comment suscite-t-il la complicité du lecteur ?

2. Quelles indications rattachent la fiction à un **contexte historique** précis ?

3. Comment le **héros** est-il présenté (une dizaine de pages après le début du roman) ?

Nous avouerons que, suivant l'exemple de beaucoup de graves auteurs, nous avons commencé l'histoire de notre héros une année avant sa naissance. Ce personnage essentiel n'est autre, en effet, que Fabrice Valserra, *marchesino*[1] del Dongo, comme on dit à Milan. Il venait justement de se donner la peine de naître lorsque les Français furent chassés, et se trouvait, par le hasard de la naissance, le second fils de ce marquis del Dongo si grand seigneur, et dont vous connaissez déjà le gros visage blême, le sourire faux et la haine sans bornes pour les idées nouvelles. Toute la fortune de la maison était substituée au fils aîné Ascanio del Dongo, le digne portrait de son père. Il avait huit ans, et Fabrice deux, lorsque tout à coup, ce général Bonaparte, que tous les gens bien nés croyaient pendu depuis longtemps, descendit du mont Saint-Bernard. Il entra dans Milan : ce moment est encore unique dans l'histoire ; figurez-vous tout un peuple amoureux fou. Peu de jours après, Napoléon gagna la bataille de Marengo. Le reste est inutile à dire.

STENDHAL, *La Chartreuse de Parme*, 1839.

1. Titre donné aux fils de marquis.

7 Le **personnage** peut être présenté indirectement, par la description d'un lieu. Quels **indices psychologiques** le décor fournit-il ici ? Quel portrait de la « señora Vellini » peut-on en déduire ?

L'appartement dans lequel Oliva-la-Rousse fit pénétrer M. de Prosny ne ressemblait guère à un appartement de femme. Si on en croyait les récits du vicomte à Mme d'Artelles, la señora était peut-être d'un ordre un peu plus élevé que toutes celles qui font tomber des sequins[1] en agitant leurs jupes ; mais, après tout, disons le mot, le monde, qui ne veut que des situations expliquées, l'appelait une courtisane. Eh bien, l'aurait-on dit en entrant dans cet appartement si fier et si sombre et qui ressemblait plus à un cabinet qu'à un boudoir ?... Là, nulle mollesse, nul mystère dans le jeu des glaces, nulle combinaison scélérate dans le *jeté* des draperies, nul parfum provocant ou révélateur. Les lambris, sans aucun ornement, étaient revêtus de cuir de Russie doré. D'immenses rideaux à l'Italienne en velours froc-de-capucin étaient retenus par des torsades, or bruni et aurore. Sur la cheminée, tout bronze. Une assez belle glace de Venise s'y penchait. Des fauteuils en chêne sculpté étaient couverts d'un velours semblable au velours des rideaux, et le tapis, d'une épaisseur inaccoutumée, n'avait non plus que les deux sérieuses couleurs, brun et aurore. Du reste, pas de meubles attestant la présence d'une femme. Point de chiffonnière, point de corbeille. On eût pu se croire chez un homme, mais quel homme ? Un homme d'action ou un penseur ? Il n'y avait ni pipes ni armes contre les lambris, ni table à écrire, ni bibliothèque. Le seul meuble qui fût remarquable au milieu de cette nudité simple et ferme, c'était une espèce de lit de repos en satin vert, soutenu par deux images d'hippogriffes[2], aux ailes reployées, et que l'artiste avait sculptés avec la plus ivre fantaisie.

BARBEY D'AUREVILLY,
Une vieille maîtresse, 1851.

1. **Sequin :** monnaie d'or.
2. **Hippogriffe :** monstre moitié cheval, moitié griffon.

ÉTAPE 3

8 Comparez le rapport entre la durée de l'action (le **temps de l'histoire**) et la longueur du texte (le **temps de la narration**) dans les textes suivants. Quel **rythme** observez-vous : scène, ralenti, pause, sommaire ou ellipse (→ fiche-méthode, p. 187) ?

a. Les dix-neuf ans qui ont précédé cette nuit, je ne veux pas les connaître plus que je ne le dis, ou à peine, ni autrement que dans leur chronologie même s'ils recèlent une minute magique à laquelle je dois d'avoir connu Lol V. Stein. Je ne le veux pas parce que la présence de son adolescence dans cette histoire risquerait d'atténuer un peu aux yeux du lecteur l'écrasante actualité de cette femme dans ma vie. Je vais donc la chercher, je la prends, là où je crois devoir le faire, au moment où elle me paraît commencer à bouger pour venir à ma rencontre, au moment précis où les dernières venues, deux femmes, franchissent la porte de la salle de bal du Casino municipal de T. Beach.

DURAS, *Le Ravissement de Lol V. Stein*,
© Éd. Gallimard, 1964.

b. Il changea la position du poignard : la lame horizontale. Toucher ce corps immobile était aussi difficile que frapper un cadavre, peut-être pour les mêmes raisons. Comme appelé par cette idée de cadavre, un râle s'éleva. Tchen ne pouvait plus même reculer, jambes et bras devenus complètement mous. Mais le râle s'ordonna : l'homme ne râlait pas, il ronflait. Il redevint vivant, vulnérable ; et, en même temps, Tchen se sentit bafoué. Le corps glissa d'un léger mouvement vers la droite. Allait-il s'éveiller maintenant ! D'un coup à traverser une planche, Tchen l'arrêta dans un bruit de mousseline déchirée, mêlé à un choc sourd. Sensible jusqu'au bout de la lame, il sentit le corps rebondir vers lui, relancé par le sommier métallique.

MALRAUX, *La Condition humaine*,
© Éd. Gallimard, 1933.

9 Dans *Si par une nuit d'hiver un voyageur*, l'écrivain italien Italo Calvino fait converser l'auteur avec ses lecteurs. Le texte suivant est un dialogue entre deux lecteurs de romans.

1. Résumez la **thèse** de la lectrice. Trouvez d'autres **arguments** favorables à ce point de vue, à partir d'exemples empruntés à des romans que vous connaissez.

2. Écrivez un **dialogue** entre deux lecteurs de nouvelles : l'un en est un grand amateur, l'autre leur préfère les romans. Vous donnerez le dernier mot au lecteur le plus proche de votre propre opinion.

— Un peu trop vague comme façon de raconter, à mon goût. Le sentiment de désarroi que donne un roman quand on commence à le lire, ça ne me déplaît pas ; mais si le premier effet est celui de brouillard, je crains que mon plaisir de lire s'envole dès que le brouillard sera dissipé.

Tu secoues pensivement la tête.

— Effectivement, c'est là le risque.

— Je préfère les romans, ajoute-t-elle, qui me font entrer tout de suite dans un monde où chaque chose est précise, concrète, bien spécifiée. J'éprouve une satisfaction particulière à savoir que les choses sont faites d'une certaine façon, et pas autrement, même les choses quelconques, celles qui sans la vie me semblent indifférentes.

Tu es d'accord ? Dis-le, alors !

Italo Calvino, *Si par une nuit d'hiver un voyageur*, trad. Danièle Sallenave et François Wahl, © Éd. du Seuil, 1981.

10 Lisez les textes suivants, à propos des romans des frères Goncourt.

1. En quoi consiste, chez les Goncourt, la **remise en question du roman** ?

2. Situez les Goncourt dans l'**histoire littéraire** : de quels auteurs antérieurs se distinguent-ils ? Quels auteurs ou mouvements du XXe siècle annoncent-ils ?

a. Je cherche, dans *La Petite Fille du maréchal*, quelque chose ne ressemblant plus à un roman. Le manque d'intrigue ne me suffit plus ; je voudrais que la contexture, la forme, fût différente, que ce livre eût le caractère de mémoires d'une jeune fille écrits pour une amie. Décidément, le mot de *roman* ne nomme plus les livres que nous faisons.

Edmond de Goncourt, *Journal*, 4 mars 1883.

b. [L'action] progressait régulièrement dans *Germinie Lacerteux*. La lente dégradation de Germinie apparaissait dans les épisodes successifs de sa vie : le drame de l'adolescence, la maternité malheureuse, la brouille avec Jupillon, la réconciliation, la rupture, la liaison avec Gautruche, les amours de rencontre, la maladie et la mort. Dans ce roman naturaliste avant la lettre, les Goncourt n'avaient nul besoin d'un artifice pour déclencher l'action : elle résultait de la seule évolution du personnage. Ils ont vite renoncé au procédé balzacien de la machine infernale qui vient, vers la fin, brusquer les événements. L'agencement dramatique passait au second plan, et c'était naturel de la part d'auteurs qui entendaient écrire des *études* plutôt que des *romans*. On percevait même les prémices d'une crise du récit, car il y avait, dans *Germinie* comme dans *Madame Gervaisais*, une suite de *tableaux* plutôt qu'une narration continue. L'histoire contée tendait à éclater en *morceaux*.

Michel Raimond, *Le Roman depuis la Révolution*, © Éd. Armand Colin, 1967.

VERS LA DISSERTATION

Étudiez la citation ci-dessous.

1. Identifiez les **personnages** nommés en vous aidant d'un dictionnaire approprié ou d'Internet. Dans quels romans les rencontre-t-on ? Pourquoi Camus les convoque-t-il ici ?

2. À partir d'exemples tirés de vos lectures, précisez ce qu'on peut entendre par le « **destin** » d'un personnage.

3. Quelle est, selon vous, la différence entre un héros de roman et une personne réelle ? Sur ce sujet, proposez un **plan de dissertation,** puis rédigez une partie dans laquelle vous **discuterez** la position exprimée par Camus dans les deux premières phrases.

Les héros ont notre langage, nos faiblesses, nos forces. Leur univers n'est ni plus beau ni plus édifiant que le nôtre. Mais eux, du moins, courent jusqu'au bout de leur destin, et il n'est même jamais de si bouleversants héros que ceux qui vont jusqu'à l'extrémité de leur passion, Kirilov et Stavraguine, Mme Graslin, Julien Sorel ou le prince de Clèves. C'est ici que nous perdons leur mesure, car ils finissent alors ce que nous n'achevons jamais.

Camus, *L'Homme révolté*, © Éd. Gallimard, 1951.

Chapitre 25

Le biographique

Objet d'étude (1re)

Écrire sur soi, raconter sa vie ou celle d'autrui : pourquoi ? comment ?
Chez Rousseau (texte A), Stendhal (texte B) et Gide (texte C), le biographique se présente sous des **formes** variées, qui dépendent des **motivations** et des buts de chaque auteur. Ces trois extraits témoignent de cette **diversité du genre** mais aussi de ses **ambitions**. Ils montrent par ailleurs les **difficultés** qui lui sont propres quand il tente de cerner la « vérité » d'une vie.

TEXTE A

Je forme une entreprise qui n'eut jamais d'exemple et dont l'exécution n'aura point d'imitateur. Je veux montrer à mes semblables un homme dans toute la vérité de la nature ; et cet homme ce sera moi.

Moi seul. Je sens mon cœur et je connais les hommes. Je ne suis fait comme aucun de ceux que j'ai vus ; j'ose croire n'être fait comme aucun de ceux qui existent. Si je ne vaux pas mieux, au moins je suis autre. Si la nature a bien ou mal fait de briser le moule dans lequel elle m'a jeté, c'est ce dont on ne peut juger qu'après m'avoir lu.

Que la trompette du Jugement dernier sonne quand elle voudra, je viendrai, ce livre à la main, me présenter devant le souverain juge. Je dirai hautement : « Voilà ce que j'ai fait, ce que j'ai pensé, ce que je fus. J'ai dit le bien et le mal avec la même franchise. Je n'ai rien tu de mauvais, rien ajouté de bon, et s'il m'est arrivé d'employer quelque ornement indifférent, ce n'a jamais été que pour remplir un vide occasionné par mon défaut de mémoire ; j'ai pu supposer vrai ce que je savais avoir pu l'être, jamais ce que je savais être faux. Je me suis montré tel que je fus ; méprisable et vil quand je l'ai été, bon, généreux, sublime, quand je l'ai été : j'ai dévoilé mon intérieur tel que tu l'as vu toi-même. Être éternel, rassemble autour de moi l'innombrable foule de mes semblables ; qu'ils écoutent mes confessions, qu'ils gémissent de mes indignités, qu'ils rougissent de mes misères. Que chacun d'eux découvre à son tour son cœur aux pieds de ton trône avec la même sincérité ; et puis qu'un seul te dise, s'il ose : « *Je fus meilleur que cet homme-là.* »

Je suis né à Genève en 1712, d'Isaac Rousseau, citoyen, et de Suzanne Bernard, citoyenne.

Jean-Jacques ROUSSEAU, *Confessions*, I, rédigées en 1767-1770.

Une « confession » autobiographique

1. Qu'est-ce qu'une « confession » ? En quoi cette première page des *Confessions* explique-t-elle le titre choisi par l'auteur ?
2. De quelle manière Rousseau garantit-il la « vérité » de son récit ? À quelles difficultés un tel projet s'expose-t-il ? Comment l'auteur en tient-il compte ?

TEXTE B

Je m'attends bien qu'il y aura trente ou quarante inexactitudes dans le nombre infini de petits faits qui remplissent les pages suivantes.

Il est si difficile d'écrire l'histoire d'un homme vivant ! et d'un homme comme Rossini[1], dont la vie ne laisse d'autres traces que le souvenir des sensations agréables dont il remplit tous les cœurs ! Je voudrais bien que ce grand artiste, qui est en même temps un homme charmant, eût l'idée d'écrire lui-même ses Mémoires[2], à la manière de Goldoni[3]. Comme il a cent fois plus d'esprit que Goldoni, et qu'il se moque de tout, ses Mémoires seraient bien autrement piquants. J'espère qu'il y aura assez d'inexactitudes dans cette *Vie de Rossini* pour le fâcher un peu, et l'engager à écrire.

STENDHAL, *Vie de Rossini*, préface, 1823.

1. **Rossini :** compositeur italien (1792-1868).
2. **Mémoires :** quand le mot désigne un genre autobiographique, au masculin-pluriel, il s'écrit parfois avec une majuscule.
3. **Goldoni :** écrivain italien (1707-1793), auteur de comédies, qui a écrit ses *Mémoires*.

Une biographie d'artiste

1. Stendhal recherche-t-il l'exactitude biographique ? Comment comprendre alors son projet ?
2. L'auteur souhaite que Rossini écrive son autobiographie (ou ses « Mémoires ») : pourquoi ? Qu'en attend-il ?

TEXTE C

D'autres en auraient pu faire un livre ; mais l'histoire que je raconte ici, j'ai mis toute ma force à la vivre et ma vertu s'y est usée. J'écrirai donc très simplement mes souvenirs, et s'ils sont en lambeaux par endroits, je n'aurai recours à aucune invention pour les rapiécer ou les joindre ; l'effort que j'apporterais à leur apprêt gênerait le dernier plaisir que j'espère trouver à les dire.

Je n'avais pas douze ans lorsque je perdis mon père. Ma mère, que plus rien ne retenait au Havre, où mon père avait été médecin, décida de venir habiter Paris, estimant que j'y finirais mieux mes études. Elle loua, près du Luxembourg, un petit appartement que Miss Ashburton vint occuper avec nous. Miss Flora Ashburton, qui n'avait plus de famille, avait été d'abord l'institutrice de ma mère, puis sa compagne et bientôt son amie.

André GIDE, *La Porte étroite*, © Éd. Gallimard, 1909.

Une autobiographie fictive

1. Étudiez les rapports entre le « je » qui raconte (le narrateur) et le « je » raconté. En quoi ce récit de fiction s'apparente-t-il à une autobiographie ?
2. Peut-on savoir à coup sûr, à la lecture de ce seul extrait, qu'il s'agit d'une fiction ?

DIVERSITÉ DU BIOGRAPHIQUE

1. D'après ces trois textes, quelles différences séparent la biographie de l'autobiographie ? Résumez, sous la forme d'un tableau, les rapports d'identité (=) ou de différence (≠) entre auteur (A), narrateur (N) et personnage principal (P) dans les trois extraits.
2. Peut-on déterminer, d'après ces trois extraits situés au début des trois œuvres, le but que l'auteur cherche à atteindre dans chaque cas ?

25. Le biographique

Objet d'étude (1re)

Le texte biographique consiste à **raconter une vie**. Quand un auteur raconte sa propre vie, le récit est **autobiographique**.
Si biographies et autobiographies prétendent restituer fidèlement la **réalité** vécue, les formes du biographique inspirent aussi la **fiction**. Dans les deux cas, le biographique affronte un même défi : comment traduire et saisir, par l'écriture, le mouvement d'une vie ?

1 LES BIOGRAPHIES

• **La biographie** est le récit d'une **vie réelle**, dont elle suit le déroulement. Elle présente généralement une personnalité célèbre, qu'elle situe dans son milieu et dans son époque et dont elle cherche à expliquer le parcours.

• **Le biographe** (auteur et narrateur de la biographie) est **extérieur à l'histoire** qu'il raconte. Il peut recourir à des méthodes scientifiques et s'appuyer sur des sources et documents qui garantissent son respect de la vérité historique, mais cela n'exclut pas son jugement de valeur ; aucune biographie n'est totalement neutre.

LES FORMES BIOGRAPHIQUES

Une biographie peut adopter la forme brève de la notice, du portrait, de l'article de dictionnaire, ou, au contraire, prendre l'ampleur d'une vaste somme historique.

2 LES GENRES AUTOBIOGRAPHIQUES

• **L'autobiographie** est le récit qu'un auteur fait de **sa propre vie**. Un même « je » désigne à la fois l'auteur, le narrateur, et le personnage principal dont on suit l'existence. Le lecteur admet une sorte de pacte : l'auteur s'engage à être sincère.

• **D'autres genres** s'apparentent à l'autobiographie, avec leurs caractéristiques propres :

– **Les mémoires** ne sont pas centrés sur la vie individuelle de l'auteur : ils insistent davantage sur la société et les événements historiques dont il a été le **témoin** (Saint-Simon, *Mémoires*, 1723-1750).

– **Les souvenirs** ne cherchent pas à embrasser l'ensemble d'une vie : l'auteur ne retient que **certains événements**, certaines périodes privilégiées de son existence (Stendhal, *Souvenirs d'égotisme*, 1890, posth.).

– **Le journal intime** n'est pas un récit écrit au passé : il est rédigé au jour le jour ; l'auteur y note librement ses impressions et réflexions sur ce qu'il vit ; le **journal de voyage** ou le **journal littéraire** obéissent au même choix d'écriture, mais ont un contenu moins personnel (Gide, *Journal*, 1889-1951).

– **L'autoportrait** est moins un récit qu'une description ou **analyse de soi** : l'auteur cherche à dire qui il est, plutôt qu'à déployer les étapes de son devenir dans le temps (Montaigne, *Essais*, 1580-1595).

AUTEUR = NARRATEUR

Dans un récit de fiction, auteur et narrateur se distinguent (p. 184). Dans une autobiographie, les deux se confondent : celui qui dit « je » dans le texte porte bien le même nom que le signataire de l'œuvre (nom qui figure sur la couverture).
Exemple : J.-J. Rousseau, les *Confessions* (rédigées en 1767-1770).

3 LE BIOGRAPHIQUE ET LA FICTION

Le biographique peut se mêler à la fiction, soit en s'accordant certaines libertés par rapport à la vie réelle dont le récit s'inspire, soit en prenant franchement le parti de l'imaginaire. Il recouvre alors de larges secteurs de la production romanesque.

• **Biographie et fiction**

– **La biographie romancée** raconte la vie d'une **personne réelle**, mais s'écarte du strict respect des faits (Chateaubriand, *Vie de Rancé*, 1844).

– **La biographie fictive** (ou le roman biographique) raconte, à la manière d'une biographie, la vie d'un **personnage inventé** (Maupassant, *Une vie*, 1883).

• **Autobiographie et fiction**

– **Le roman autobiographique** distingue le narrateur de l'auteur (ils ne portent pas le même nom), mais raconte une vie qui ressemble à celle de l'auteur. Il peut aussi être rédigé à la 3e personne (Jules Vallès, *L'Enfant*, 1879).

– **L'autofiction** présente un narrateur-personnage qui porte le nom de l'auteur, mais elle diffère de l'autobiographie par la liberté accordée à l'imagination dans la recomposition des souvenirs (Céline, *D'un château l'autre*, 1957).

– **L'autobiographie fictive** adopte le « je » et imite les conventions de l'autobiographie, mais avec un narrateur-personnage inventé, distinct de l'auteur. C'est le cas de nombreux romans à la 1re personne. On rencontre ainsi des *mémoires* fictifs, des *journaux* fictifs, des *souvenirs* fictifs (Marguerite Yourcenar, *Mémoires d'Hadrien*, 1951).

▲ CHARDIN (1699-1779), *Autoportrait*, dit *Portrait de Chardin au chevalet*. (Musée du Louvre, Paris.)

4 POURQUOI LE BIOGRAPHIQUE ?

L'écriture biographique répond à divers objectifs ou motivations.

• **Le récit de vie** a souvent pour but de fournir des modèles, dans un **but didactique, moral ou religieux** (comme les récits de la vie de Jésus, tirés de l'Évangile) ; il tient de l'éloge – ou parfois, inversement, du blâme.

• **Biographies et mémoires** sont aussi des défis au temps et à la fatalité de la mort et de l'oubli, à la manière de **monuments qui font mémoire** d'hommes ou femmes illustres.

• **L'autobiographie** s'apparente, depuis les *Confessions* de Rousseau, à une forme d'**aveu** et de **plaidoyer** : l'auteur se dévoile pour se justifier, aux yeux d'autrui comme à ses propres yeux ; le biographique, plus généralement, instruit le **procès** d'une existence.

• **Biographies et autobiographies** obéissent enfin à un **projet de connaissance** – de soi, d'autrui, de l'homme – qui fait appel, depuis un siècle, à toutes les ressources des sciences humaines.

Quel que soit son objectif, le biographique nous livre, à chaque époque, l'image que l'homme se donne de lui-même. Au lecteur, il propose un jeu de miroirs sans fin qui lui apprend à mieux lire sa propre vie.

L'AUTOPORTRAIT EN PEINTURE

L'autobiographie déroule une vie dans sa durée. L'autoportrait ignore cette dimension temporelle : en peinture comme en littérature, il cherche à saisir l'être dans le présent de l'auto-analyse ou de l'auto-contemplation, sans complaisance.

À retenir

<table>
<tr><th>Narration / Histoire racontée</th><th>1re personne
narrateur = personnage</th><th>3e personne
narrateur ≠ personnage</th></tr>
<tr><td>vie réelle</td><td>autobiographie
mémoires, journal intime...</td><td>biographie
récit historique, vie d'homme illustre...</td></tr>
<tr><td rowspan="2">entre réalité et fiction</td><td>autofiction</td><td>biographie romancée</td></tr>
<tr><td colspan="2">roman autobiographique</td></tr>
<tr><td>vie fictive</td><td>autobiographie fictive
mémoires fictifs, journal fictif...</td><td>biographie fictive
récit de vie fictif, roman biographique...</td></tr>
</table>

Exercices

Étape 1

1 À quels **genres biographiques** les extraits suivants appartiennent-ils ? Sur quels indices fondez-vous vos réponses ?

a. Je suis née à quatre heures du matin, le 9 janvier 1908, dans une chambre aux meubles laqués de blanc, qui donnait sur le boulevard Raspail. Sur les photos de famille prises l'été suivant, on voit de jeunes dames en robes longues, aux chapeaux empanachés de plumes d'autruche, des messieurs coiffés de canotiers et de panamas qui sourient à un bébé : ce sont mes parents, mon grand-père, des oncles, des tantes, et c'est moi. Mon père avait trente ans, ma mère vingt et un, et j'étais leur premier enfant.

Simone de Beauvoir, *Mémoires d'une jeune fille rangée*, © Éd. Gallimard, 1958.

b. Sa petite enfance s'est déroulée dans le hameau où, le temps que lui laissait son travail de régisseur forestier, son père exploitait une ferme. J'y suis passé, guidé par ses plans : ce sont quelques maisons au fond d'une combe perdue dans une immense et sombre sapinière. L'école n'avait que trois élèves. Ensuite, ses parents ont fait bâtir à Clairvaux et s'y sont installés. Il avait un an d'avance, lisait beaucoup. En classe de septième, il a remporté le prix d'excellence.

Emmanuel Carrère, *L'Adversaire*, © Éd. P. O. L, 2000.

2 Quelles sont les caractéristiques du genre des **mémoires** dans l'extrait suivant ?

Le premier coup d'œil, lorsque je fis ma première révérence au roi d'Espagne en arrivant, m'étonna si fort, que j'eus besoin de rappeler tous mes sens pour m'en remettre. Je n'aperçus nul vestige du duc d'Anjou, qu'il me fallut chercher dans son visage fort allongé, changé, et qui disait encore beaucoup moins que lorsqu'il était parti de France[1]. Il était fort courbé, rapetissé, le menton en avant fort éloigné de sa poitrine, les pieds tout droits qui se touchaient et se coupaient en marchant, quoiqu'il marchât vite, et les genoux à plus d'un pied l'un de l'autre. Ce qu'il me fit l'honneur de me dire était bien dit, mais si l'un après l'autre, les paroles si traînées, l'air si niais, que j'en fus confondu.

Saint-Simon, *Mémoires*, 1723-1750.

1. Le roi Philippe V d'Espagne, que revoit ici Saint-Simon, est l'ancien duc d'Anjou, petit-fils de Louis XIV.

3 Dans le texte suivant, distinguez le **« je » narrateur** (adulte) et le **« je » personnage** (enfant) : dans quelles phrases le premier se manifeste-t-il ? Comment juge-t-il l'enfant qu'il fut ?

Ma mère avait toujours rêvé d'être une grande artiste ; j'avais à peine sept ans, lorsqu'un violon d'occasion fut acquis dans un magasin de Wilno, en Pologne Orientale, où nous étions de passage alors, et que je fus solennellement conduit chez un homme fatigué, aux vêtements noirs et aux longs cheveux, que ma mère appelait « maestro », dans un murmure respectueux. Je m'y rendis ensuite seul, courageusement, deux fois par semaine, avec le violon dans une boîte ocre, tapissée à l'intérieur de velours violet. Je n'ai gardé du « maestro » que le souvenir d'un homme profondément étonné chaque fois que je saisissais mon archet, et le cri « Aïe ! Aïe ! Aïe ! » qu'il poussait alors, en portant les deux mains à ses oreilles, est encore présent à mon esprit. Je crois que c'était un être qui souffrait infiniment de l'absence d'harmonie universelle dans ce bas monde, une absence d'harmonie dans laquelle je dus jouer, au cours des trois semaines que durèrent mes leçons, un rôle éminent. Au bout de la troisième semaine, il m'ôta vivement l'archet et le violon des mains, me dit qu'il parlerait à ma mère et me renvoya. Ce qu'il dit à ma mère, je ne le sus jamais, mais celle-ci passa plusieurs jours à soupirer et à me regarder avec reproche, me serrant parfois contre elle dans un élan de pitié.

Un grand rêve s'était envolé.

Romain Gary, *La Promesse de l'aube*, © Éd. Gallimard, 1960 (rééd. 1980).

4 Lisez cet extrait de **récit biographique**.

1. Comment le personnage d'Alexandre est-il présenté ? Quel est ici le **but du récit de vie** ?

2. Dans cette évocation d'un personnage historique, en quoi l'auteur se distingue-t-il d'un **historien** moderne ?

Un cheval indomptable a été présenté au roi Philippe de Macédoine, père d'Alexandre, le futur conquérant.

Aussitôt Alexandre courut au cheval et, saisissant sa bride, le tourna face au soleil, car il avait observé, semble-t-il, que l'animal était effarouché par la vue de son ombre qui se projetait et dansait devant lui. Il le flatta et le caressa un moment ainsi, tant qu'il le vit furieux et haletant, puis, rejetant tranquillement sa chlamyde[1], il sauta sur lui et l'enfourcha fermement. Alors, tirant légèrement de côté et d'autre le mors avec les rênes, il le modéra sans le frapper ni lui déchirer la bouche. Puis, voyant qu'il abandonnait son attitude menaçante et qu'il avait envie de courir, il le lança à bride abattue en le pressant d'une voix plus hardie et en le frappant du talon. Philippe et son entourage étaient d'abord restés muets d'angoisse ; mais, lorsqu'Alexandre, tournant bride, revint vers eux avec aisance, joyeux et fier, tous l'acclamèrent à grands cris, et son père, dit-on, versa des larmes de joie, puis, quand Alexandre eut mis pied à terre, il le baisa au front et dit : « Mon fils, cherche un royaume à ta taille : la Macédoine est trop petite pour toi. »

Plutarque, *Vie d'Alexandre*, vers 100 ap. J.-C., trad. R. Flacelière et E. Chambry,

1. **Chlamyde :** sorte de casaque, cape servant de manteau.

Étape 2

5 Quels éléments de l'**écriture autobiographique** (registre, énonciation, lexique), dans l'extrait suivant, donnent l'impression d'authenticité et de sincérité ?

Rousseau se souvient ici de sa première rencontre avec Mme de Warens, sa protectrice chérie.

Je dois me souvenir du lieu ; je l'ai souvent depuis mouillé de mes larmes et couvert de mes baisers. Que ne puis-je entourer d'un balustre d'or cette heureuse place ! que n'y puis-je attirer les hommages de toute la terre ! Quiconque aime à honorer les monuments du salut des hommes n'en devrait approcher qu'à genoux.

C'était un passage derrière sa maison, entre un ruisseau à main droite qui la séparait du jardin, et le mur de la cour à gauche, conduisant par une fausse porte à l'église des cordeliers. Prête à entrer dans cette porte, Mme de Warens se retourne à ma voix. Que devins-je à cette vue ! Je m'étais figuré une vieille dévote bien rechignée : la bonne dame de M. de Pontverre[1] ne pouvait être autre chose à mon avis. Je vois un visage pétri de grâces, de beaux yeux bleus pleins de douceur, un teint éblouissant, le contour d'une gorge enchanteresse. Rien n'échappa au rapide coup d'œil du jeune prosélyte[2] ; car je devins à l'instant le sien, sûr qu'une religion prêchée par de tels missionnaires ne pouvait manquer de mener en paradis.

Rousseau, *Confessions*, II, 1767-1770.

1. Au jeune Jean-Jacques, l'abbé de Pontverre a présenté Mme de Warens comme une catholique vertueuse.
2. **Prosélyte :** nouveau converti.

6 Cherchez dans un dictionnaire le **sens des mots** suivants : *authenticité, exactitude, objectivité, sincérité, vérité, vraisemblance*.
Lesquels de ces mots s'appliquent le mieux au projet autobiographique ? Vous appuierez votre réponse sur une autobiographie que vous connaissez (par exemple les *Confessions* de Rousseau, ou *Les Mots* de Sartre).

7 Lisez cet **autoportrait** de Jacques Vingtras (narrateur-personnage du roman autobiographique *Le Bachelier*, de Jules Vallès).

1. En vous inspirant des procédés de ce texte, rédigez votre propre **autoportrait**.

2. Rédigez ensuite votre **portrait à la 3e personne**, en adoptant le point de vue d'un observateur extérieur.

Vingt-quatre sous, dix-sept ans, des épaules de lutteur, une voix de cuivre, des dents de chien, la peau olivâtre, les mains comme du citron, et les cheveux comme du bitume.

Avec cette tournure de sauvage, une timidité terrible, qui me rend malheureux et gauche. Chaque fois que je suis regardé en face par qui est plus vieux, plus riche ou plus faible que moi ; quand les gens qui me parlent ne sont pas de ceux avec qui je puis me battre et dont je boucherais l'ironie à coups de poing, j'ai des peurs d'enfant et des embarras de jeune fille.

Vallès, *Le Bachelier*, 1881.

8 Recherchez, dans plusieurs grands quotidiens, trois ou quatre **notices nécrologiques** (biographies de personnalités décédées). D'après les exemples recueillis, quelles sont les lois de ce genre biographique en ce qui concerne l'ordre suivi, le type d'information privilégié, la présence ou l'absence de marques d'énonciation ?

9 Lisez et comparez les deux textes suivants.

1. À quels indices reconnaît-on la forme du **journal intime** dans chaque cas ?

2. En quoi le texte **a** s'apparente-t-il à une **confession** ?

Exercices

3. Caractérisez le niveau de langue du texte a. Pourquoi est-ce justifié dans un journal ?

4. Comment le texte b met-il en rapport la vie du « je » qui écrit et la biographie d'autrui ?

a. *1895. — 1er janvier.* Examen. Pas assez travaillé : trop retenu. Car moi, qui dans la vie suis plutôt un abondant, qui fais une grosse dépense nerveuse, en littérature, dès que je prends une plume, me voilà hésitant, d'une conscience excessive. Je vois, non pas le beau livre, la page mauvaise qui pourrait gâter ce beau livre et m'empêche de l'écrire. Me répéter que la littérature est un sport, que tout y dépend de la méthode, qu'on appelle aujourd'hui l'entraînement. Aucun danger de dépasser les limites.

Pas assez sorti : il faut voir les gens pour les remettre à la place qu'ils méritent. Trop dédaigné le journalisme, les petits embêtements, les pichenettes du sort. Pas assez lu de littérature grecque, pas assez de latin. Pas assez fait d'armes ou de bicyclette : en faire jusqu'au dégoût. Le travail cérébral paraît ensuite une espèce de salut dans un couvent où l'on peut mourir.

Jules RENARD, *Journal*, 1887-1910.

b. LUNDI.

Je n'écris plus mon livre sur Rollebon[1] ; c'est fini, je ne peux plus l'écrire. Qu'est-ce que je vais faire de ma vie ?

Il était trois heures. J'étais assis à ma table ; j'avais posé à côté de moi la liasse des lettres que j'ai volées à Moscou ; j'écrivais :

« On avait pris soin de répandre les bruits les plus sinistres. M. de Rollebon dut se laisser prendre à cette manœuvre puisqu'il écrivit à son neveu, en date du 13 septembre, qu'il venait de rédiger son testament. »

Le marquis était présent : en attendant de l'avoir définitivement installé dans l'existence historique, je lui prêtais ma vie. Je le sentais comme une chaleur légère au creux de l'estomac.

Je m'avisai tout à coup d'une objection qu'on ne manquerait pas de me faire : Rollebon était loin d'être franc avec son neveu, dont il voulait user, si le coup manquait, comme d'un témoin à décharge auprès de Paul Ier. Il était fort possible qu'il eût inventé l'histoire du testament pour se donner l'air d'un naïf.

SARTRE, *La Nausée*,
© Éd. Gallimard, 1938.

1. Le narrateur, Roquentin, fait des recherches historiques sur la vie du marquis de Rollebon.

ÉTAPE 3

10 Pourquoi l'entreprise biographique paraît-elle ici difficile, voire impossible ? Comment peut-on expliquer la passion que lui voue pourtant le narrateur ?

Le narrateur enquête sur la personne de Dora Bruder, disparue à Paris sous l'Occupation.

La rue Bachelet où habitaient Cécile et Ernest Bruder au moment de leur mariage est une toute petite rue sur la pente sud de Montmartre. Le 17 était un hôtel où Ernest Bruder se réfugia sans doute à son retour de la Légion. Je suppose que c'est là qu'il a connu Cécile. Il y avait encore à cette adresse un « café-hôtel » en 1964. Depuis, un immeuble a été construit à l'emplacement du 17 et du 15. Il porte seulement le numéro 15. On a jugé plus simple de ne garder qu'un seul numéro.

Les années qui ont suivi leur mariage, après la naissance de Dora, ils ont toujours habité dans des chambres d'hôtel.

Ce sont des personnes qui laissent peu de traces derrière elles. Presque des anonymes. Elles ne se détachent pas de certaines rues de Paris, de certains paysages de banlieue, où j'ai découvert, par hasard, qu'elles avaient habité. Ce que l'on sait d'elles se résume souvent à une simple adresse. Et cette précision topographique contraste avec ce que l'on ignorera pour toujours de leur vie – ce blanc, ce bloc d'inconnu et de silence.

Patrick MODIANO, *Dora Bruder*,
© Éd. Gallimard, 1997.

11 Dans son autobiographie, Nathalie Sarraute choisit la forme du dialogue pour faire intervenir, outre le « je » qui entreprend de raconter son enfance, une autre voix qui collabore à ce travail de mémoire. Contre quelle tentation du récit autobiographique cette voix met-elle ici en garde la narratrice principale ? Comment expliquez-vous ce choix d'une forme dialoguée ?

La narratrice évoque un moment heureux de sa petite enfance, au jardin du Luxembourg, à Paris : elle se rappelle la voix de sa mère qui racontait des histoires...

[...] les paroles adressées ailleurs coulent... je peux, si je veux, les saisir au passage, je peux les laisser passer, rien n'est exigé de moi, pas de regard cherchant à voir en moi si j'écoute attentivement, si je comprends... Je peux m'abandonner, je me laisse imprégner par cette lumière dorée, ces roucoulements, ces pépiements, ces tintements des clochettes sur la tête des ânons, des chèvres, ces sonneries des cerceaux munis d'un manche que poussent devant eux les petits qui ne savent pas se servir d'un bâton...

— Ne te fâche pas, mais ne crois-tu pas que là, avec ces roucoulements, ces pépiements, tu n'as pas pu t'empêcher de placer un petit morceau de préfabriqué... c'est si tentant... tu as fait un joli petit raccord, tout à fait en accord...

— Oui, je me suis peut-être un peu laissée aller...

— Bien sûr, comment résister à tant de charme... à ces jolies sonorités... roucoulements... pépiements...

— Bon, tu as raison... mais pour ce qui est des clochettes, des sonnettes, ça non, je les entends... et aussi des bruits de crécelle, le crépitement des fleurs de celluloïd rouges, roses, mauves, tournant au vent...

Nathalie SARRAUTE, *Enfance*,
© Éd. Gallimard, 1983.

12 Étudiez cet extrait de l'autobiographie de Stendhal.

1. Comment le **souvenir** d'un épisode particulier débouche-t-il ici sur une loi générale ? Reformulez cette loi.

2. Ce **« danger de mensonge »** menace-t-il tout récit autobiographique ? Outre les « gravures » dont parle ici Stendhal, quels autres écrans s'interposent entre l'autobiographe et son passé réel ?

L'auteur raconte dans quelles conditions il a passé le col du Grand-Saint-Bernard avec l'armée de Bonaparte, en 1800.

Enfin, après une quantité énorme de zigzags qui me paraissaient former une distance infinie, dans un fond entre deux rochers pointus et énormes, j'aperçus à gauche une maison basse, presque couverte par un nuage qui passait.

C'est l'hospice[1] ! on nous y donna, comme à toute l'armée, un demi-verre de vin qui me parut glacé comme une *décoction rouge*.

Je n'ai de mémoire que du vin, et sans doute on y joignit un morceau de pain et de fromage.

Il me semble que nous entrâmes, ou bien les récits de l'intérieur de l'hospice qu'on me fit produisirent une image qui depuis trente-six ans a *pris la place de la réalité*.

Voilà un danger de mensonge que j'ai aperçu depuis trois mois que je pense à ce véridique journal.

Par exemple je me figure fort bien la descente. Mais je ne veux pas dissimuler que cinq ou six ans après j'en vis une gravure que je trouvai fort ressemblante, et mon souvenir *n'est plus* que la gravure.

C'est là le danger d'acheter des gravures des beaux tableaux que l'on voit dans ses voyages. Bientôt la gravure forme tout le souvenir, et détruit le souvenir réel.

STENDHAL, *Vie de Henry Brulard*,
posth. (texte écrit en 1836).

1. **Hospice :** ici, maison où des religieux donnent l'hospitalité aux voyageurs.

13 Lisez le texte suivant, en situant dans l'Histoire les auteurs et les œuvres mentionnés.

1. Quelle différence l'auteur établit-il entre **« Mémoires »** et **« Confessions »** ?

2. En quel sens le **roman** peut-il aller plus loin, pour Malraux, que l'« introspection-aveu » de l'autobiographie ?

L'individu a pris dans les Mémoires la place que l'on sait, lorsqu'ils sont devenus Confessions. Celles de saint Augustin ne sont nullement des confessions, et s'achèvent en traité de métaphysique. Nul ne songerait à nommer confessions les *Mémoires* de Saint-Simon : quand il parle de lui, c'est pour être admiré. On avait cherché l'Homme dans les grandes actions des grands hommes, on le chercha dans les secrètes actions des individus. (D'autant plus que les grandes actions furent souvent violentes, et que les faits divers ont banalisé la violence.) Les Mémoires du XXe siècle sont de deux natures. D'une part, le témoignage sur des événements : c'est parfois, dans les *Mémoires de guerre* du général de Gaulle, dans *Les Sept Piliers de la sagesse*[1], le récit de l'exécution d'un grand dessein. D'autre part, l'introspection dont Gide est le dernier représentant illustre, conçue comme étude de l'homme. Mais *Ulysse*[2] et *À la recherche du temps perdu* ont pris la forme du roman. L'introspection-aveu a changé de nature, parce que les aveux du mémorialiste le plus provocant sont puérils en face des monstres qu'apporte l'exploration psychanalytique, même à ceux qui en contestent les conclusions.

MALRAUX, *Antimémoires*, © Éd. Gallimard, 1972.

1. Grand ouvrage de T. E. Lawrence, dit « Lawrence d'Arabie » (1888-1935).

2. Roman de l'écrivain irlandais James Joyce (1882-1941).

Corpus BAC

Objet d'étude

Le biographique

A Marivaux, *La Vie de Marianne*, 1731-1742.

B Chateaubriand, *Mémoires d'outre-tombe*, 1848-1850 (posth.).

C Jean-Paul Sartre, *Les Mots*, 1964.

TEXTE A

Un préambule précise le cadre de la narration : « C'est une femme qui raconte sa vie [...] ; elle parle à une de ses amies [...] .»

Il y a quinze ans que je ne savais pas encore si le sang d'où je sortais était noble ou non, si j'étais bâtarde ou légitime. Ce début paraît annoncer un roman : ce n'en est pourtant pas un que je raconte ; je dis la vérité comme je l'ai apprise de ceux qui m'ont élevée.

Un carrosse de voiture qui allait à Bordeaux fut, dans la route, attaqué par des voleurs ; deux hommes qui étaient dedans voulurent faire résistance, et blessèrent d'abord un de ces voleurs ; mais ils furent tués avec trois autres personnes. Il en coûta aussi la vie au cocher et au postillon, et il ne restait plus dans la voiture qu'un chanoine de Sens et moi, qui paraissais n'avoir tout au plus que deux ou trois ans. Le chanoine s'enfuit, pendant que, tombée dans la portière, je faisais des cris épouvantables, à demi étouffée sous le corps d'une femme qui avait été blessée, et qui, malgré cela, voulant se sauver, était retombée dans la portière, où elle mourut sur moi, et m'écrasait.

Les chevaux ne faisaient aucun mouvement, et je restai dans cet état un bon quart d'heure, toujours criant, et sans pouvoir me débarrasser.

Remarquez qu'entre les personnes qui avaient été tuées, il y avait deux femmes : l'une belle et d'environ vingt ans, et l'autre d'environ quarante ; la première fort bien mise, et l'autre habillée comme le serait une femme de chambre.

Si l'une des deux était ma mère, il y avait plus d'apparence que c'était la jeune et la mieux mise, parce qu'on prétend que je lui ressemblais un peu, du moins à ce que disaient ceux qui la virent morte, et qui me virent aussi, et que j'étais vêtue d'une manière trop distinguée pour n'être que la fille d'une femme de chambre.

Marivaux, *La Vie de Marianne*, 1731-1742.

TEXTE B

Après avoir cité l'extrait de baptême qui donne tous les détails de son état civil, l'auteur raconte sa naissance.

La maison qu'habitaient alors mes parents est située dans une rue sombre et étroite de Saint-Malo, appelée la rue des Juifs : cette maison est aujourd'hui transformée en auberge. La chambre où ma mère accoucha domine une partie déserte des murs de la ville, et à travers les fenêtres de cette chambre on aperçoit une mer qui s'étend à perte de vue, en se brisant sur des écueils. J'eus pour parrain, comme on le voit dans mon extrait de baptême, mon frère, et pour marraine la comtesse de Plouër, fille du maréchal de Contades. J'étais presque mort quand je vins au jour. Le mugissement des vagues, soulevées par une bourrasque annonçant l'équinoxe d'automne, empêchait d'entendre mes cris : on m'a souvent conté ces détails ; leur tristesse ne s'est jamais effacée de ma mémoire. Il n'y a pas de jour où, rêvant à ce que j'ai été, je ne revoie en pensée le rocher sur lequel je suis né, la chambre où ma mère m'infligea la vie, la tempête dont le bruit berça mon premier sommeil, le frère infortuné qui me donna un nom que j'ai presque toujours traîné dans le malheur. Le Ciel sembla réunir ces diverses circonstances pour placer dans mon berceau une image de mes destinées.

Chateaubriand, *Mémoires d'outre-tombe*, 1848-1850 (posth.), I, I, 3.

TEXTE **C**

Jean-Paul Sartre vient d'exposer, dans les premières pages des Mots, *l'histoire de ses grands-parents maternels, Charles et Louise Schweitzer...*

À peu près vers le même temps que Charles Schweitzer rencontrait Louise Guillemin, un médecin de campagne épousa la fille d'un riche propriétaire périgourdin et s'installa avec elle dans la triste grand-rue de Thiviers[1], en face du pharmacien. Au lendemain du mariage, on découvrit que le beau-père n'avait pas le sou. Outré, le docteur Sartre resta quarante ans sans adresser la parole à sa femme ; à table, il s'exprimait par signes, elle finit par l'appeler «mon pensionnaire». Il partageait son lit, pourtant, et, de temps à autre, sans un mot, l'engrossait : elle lui donna deux fils et une fille ; ces enfants du silence s'appelèrent Jean-Baptiste, Joseph et Hélène. Hélène épousa sur le tard un officier de cavalerie qui devint fou ; Joseph fit son service dans les zouaves[2] et se retira de bonne heure chez ses parents. Il n'avait pas de métier : pris entre le mutisme de l'un et les criailleries de l'autre, il devint bègue et passa sa vie à se battre contre les mots. Jean-Baptiste voulut préparer Navale[3], pour voir la mer. En 1904, à Cherbourg, officier de marine et déjà rongé par les fièvres de Cochinchine[4], il fit la connaissance d'Anne-Marie Schweitzer, s'empara de cette grande fille délaissée, l'épousa, lui fit un enfant au galop, moi, et tenta de se réfugier dans la mort.

Jean-Paul SARTRE, *Les Mots*,

1. **Thiviers :** petite ville de la Dordogne (Périgord).
2. **Zouaves :** corps d'infanterie de l'armée française.
3. **Navale :** l'École Navale, qui forme les officiers de la marine.
4. **Cochinchine :** partie méridionale de l'Indochine française, qui correspond au sud du Viet-Nam actuel.

◆ QUESTIONS SUR LES TEXTES

1. Étudiez et comparez les relations qu'établissent ces trois textes entre le «je» narrateur et le «moi» du passé.

2. Quel(s) texte(s) relève(nt) ici de l'autobiographie au sens précis du terme (récit dans lequel l'auteur raconte sa propre vie) ? Vous fonderez votre réponse sur des indices précis.

◆ SUJETS D'ÉCRITURE

1. Commentaire

Vous commenterez le texte de Sartre (texte C).

2. Dissertation

« La question du commencement revêt [...] une importance capitale » dans l'autobiographie, écrit Jean-Philippe Miraux à propos de Rousseau.

Vous montrerez, en vous appuyant sur les textes du corpus, pourquoi l'auteur d'un récit autobiographique a besoin de raconter son origine, et comment il cherche à vaincre les obstacles que rencontre cette entreprise.
Votre réflexion pourra s'étendre aux autobiographies fictives.

3. Invention

Réécrivez le texte C en substituant à son registre ironique les registres lyrique et épique.

Pour effectuer cette transposition, vous pourrez prendre appui sur les marques de ces registres éventuellement présentes dans les textes A et B.

Vous pourrez par ailleurs imaginer, au-delà des données du texte, des informations et des détails supplémentaires, à condition qu'ils ne contredisent pas les informations contenues dans l'extrait.

Chapitre 26

L'épistolaire

Objet d'étude (1re)

Ces textes de Madame de Sévigné, Émile Zola et Albert Cohen se présentent tous trois comme des **lettres**. Toutefois, cette **forme épistolaire** varie selon le **but** recherché (privé ou public) et le **destinataire** visé (individuel ou collectif, réel ou fictif).

TEXTE A

À Montélimar, jeudi 5 octobre.

Voici un terrible jour, ma chère fille ; je vous avoue que je n'en puis plus. Je vous ai quittée dans un état qui augmente ma douleur. Je songe à tous les pas que vous faites et à tous ceux que je fais, et combien il s'en faut qu'en marchant toujours de cette sorte, nous puissions jamais nous rencontrer. Mon cœur est en repos quand il est auprès de vous : c'est son état naturel, et le seul qui peut lui plaire. Ce qui s'est passé ce matin me donne une douleur sensible, et me fait un déchirement dont votre philosophie sait les raisons : je les ai senties et les sentirai longtemps. J'ai le cœur et l'imagination tout remplis de vous ; je n'y puis penser sans pleurer, et j'y pense toujours : de sorte que l'état où je suis n'est pas une chose soutenable ; comme il est extrême, j'espère qu'il ne durera pas dans cette violence. Je vous cherche toujours, et je trouve que tout me manque, parce que vous me manquez. [...]

Madame de Sévigné, *Lettre à Madame de Grignan*, 1673.

Une lettre intime

1. Pourquoi Madame de Sévigné écrit-elle ici à sa fille ? Quels sentiments cherche-t-elle à lui communiquer ?
2. Relevez les expressions qui désignent la destinataire. Comment la lettre crée-t-elle une impression de grande proximité affective entre mère et fille ?

TEXTE B

L'Assommoir *parut en feuilleton dans* Le Bien public *en 1876. Bien vite la critique se déchaîna contre Zola : il répond ici à tous ses détracteurs dans une lettre à Yves Guyot, directeur du journal.*

J'affirme donc que j'ai fait œuvre utile en analysant un certain coin du peuple dans *L'Assommoir*. J'y ai étudié la déchéance d'une famille ouvrière, le père et la mère tournant mal, la fille se gâtant par le mauvais exemple, par l'influence fatale de l'éducation et du milieu. J'ai fait ce qu'il y avait à faire ; j'ai montré des plaies, j'ai éclairé violemment des souffrances et des vices, que

Correspondance d'écrivain ou lettre ouverte ?

1. Cette lettre est-elle réellement adressée au directeur du journal qui la publie ? Quels sont ses destinataires ?
2. En quoi cette lettre constitue-t-elle un manifeste littéraire ? Par quels aspects est-elle polémique ?

l'on peut guérir. Les politiques idéalistes jouent le rôle d'un médecin qui jetterait des fleurs sur l'agonie de son client. Voilà comment on vit et comment on meurt. Je ne suis qu'un greffier qui me défends de conclure. Mais je laisse aux moralistes et aux législateurs le soin de réfléchir et de trouver les remèdes.

Si l'on voulait me forcer absolument à conclure, je dirais que tout *L'Assommoir* peut se résumer dans cette phrase : fermez les cabarets, ouvrez les écoles.

Émile ZOLA, « Réponse à un acte d'accusation »,
Lettre du 13 février 1877 publiée dans *Le Bien public*.

TEXTE C

Saltiel, petit vieillard juif de l'île grecque de Céphalonie, grand admirateur de la République française, est un original bon et naïf qui aime écrire de « belles lettres politiques » pleines de sagesses. Celle-ci s'adresse au président du Conseil.

« Donc tâchez d'expliquer à messieurs les députés de ne pas tout le temps renverser le gouvernement, que diable, ne serait-ce que pour ne pas faire Mauvaise Figure vis-à-vis des Autres Nations Prêtes à Ricaner ! Et dites aussi aux Socialistes d'être un peu Raisonnables, qu'ils ne soient pas trop pressés, par trop de changements à la fois, mais petit à petit, un peu de Patience et par la Douceur, mais naturellement que les ouvriers soient bien payés ! Avec les bénédictions d'un Modeste Vieillard Israélite d'âme mais Français de Cœur et de Papiers d'Identité qui vous a écrit déjà plusieurs fois sans l'Agrément d'une Réponse, espérant en avoir une cette fois, Saltiel Solal à Céphalonie suffisant comme adresse, et mettant sans vouloir Vous offenser un timbre français pour la réponse, procuré par l'huissier grec du Consulat de France qui est vraiment Très Serviable, et je Vous le recommande pour une augmentation, ayant quatre filles et une étant borgne et non mariable ! Avec respect, Excellence !

Saltiel Solal. »

Albert COHEN, *Les Valeureux*,

La forme épistolaire dans le roman

1. À quoi remarque-t-on que cette lettre est insérée dans un roman ? Quels aspects du personnage révèle-t-elle ?
2. Comment l'auteur de la lettre tient-il compte de son destinataire ? En quoi est-ce maladroit ?

L'ÉPISTOLAIRE : CONSTANTES ET VARIATIONS

1. Dégagez les caractéristiques communes aux lettres A, B et C. L'écriture de la lettre obéit-elle à des règles strictes et contraignantes ?
2. Selon la nature des relations entre locuteur et destinataire de la lettre, définissez les trois types de formes épistolaires représentés ici.

26. L'épistolaire

Objet d'étude (1re)

L'épistolaire est un genre **codifié** mais **très varié**. Il comprend, d'une part, les **correspondances authentiques** : **lettres privées** qui, publiées, sortent de leur cadre initial ; **lettres ouvertes** qui servent à diffuser largement des idées. Et, d'autre part, les **correspondances fictives** qui mettent en relation, par-delà les personnages, l'auteur et son lecteur.

LES COMPOSANTES DE LA LETTRE

On trouve, en plus du **corps** de la lettre :
- un **en-tête** qui fournit des informations sur le lieu, la date d'envoi, parfois sur le locuteur et sur le destinataire (identité, adresse, fonction) ;
- une formule d'adresse (ou d'**appel**) ;
- une formule de politesse (ou de **congé**) ;
- la signature du locuteur suivie d'un éventuel **post-scriptum** (« PS »).

▲ Gabriel Metsu (1629-1167), *Homme écrivant une lettre*, 1664. (Dublin, National Gallery of Art.)

1 LES CODES ET LES CARACTÉRISTIQUES DE LA LETTRE

• Une communication différée

- La lettre s'apparente à un **dialogue écrit** ; mais il s'écoule un certain temps entre son écriture et sa lecture : c'est une communication différée, et non immédiate.
- Elle met en contact un **locuteur**, l'épistolier, et un **destinataire**, son correspondant, séparés dans l'espace et dans le temps. Souvent, la lettre cherche à combler cette distance.
- L'énoncé est fortement **ancré** dans la **situation d'énonciation** et renvoie à des éléments du contexte. Plus la correspondance est intime, plus la part d'**implicite** est importante.

• Les règles de composition

On identifie une lettre grâce à la disposition spatiale du texte sur la feuille de papier, et à des formules d'introduction et de conclusion spécifiques. La correspondance intime obéit à des codes moins rigoureux qu'une correspondance officielle, mais suit une **structure** assez stable : le début de la lettre (**exorde**) vise à s'assurer la bienveillance du destinataire ; il englobe la formule d'adresse, une mise en situation et l'annonce du sujet. Viennent ensuite la **narration** ou l'**argumentation**, et enfin la **conclusion** (récapitulation et formule de congé).

• Les codes de la communication

L'écriture de la lettre est adaptée à une situation de communication donnée. L'épistolier tient compte de la **position sociale** du destinataire, des **relations** qui l'unissent à lui. Cela se manifeste par le choix du vouvoiement ou du tutoiement, des formules d'adresse et de politesse, du niveau de langue et des thèmes abordés. Le non-respect de ces conventions, dans un texte littéraire, est toujours riche de sens.

2 FORMES ET FONCTIONS DES LETTRES

• Les types de lettres

Selon la nature des relations locuteur-destinataire, on distingue :
- **la correspondance intime** : lettre d'amour au sens large (entre amants, époux, parents et enfants, frères et sœurs), lettre familière envoyée aux proches parents, aux amis… ;
- **la correspondance « distanciée »**, c'est-à-dire destinée à une sim-

ple relation (supérieur, collègue, connaissance) : lettre commerciale, administrative, professionnelle... ;
- **la correspondance « ouverte »**, destinée à toucher un plus vaste public que le destinataire parfois mentionné : l'**épître**, la **lettre ouverte** (comme le *J'accuse* de Zola, lettre adressée publiquement au président Félix Faure, en 1898).

• Les fonctions de la lettre

- **La fonction référentielle** (ou informative)

Une lettre vise d'abord à transmettre des informations. On écrit pour annoncer un événement important, donner des nouvelles. Jusqu'au siècle dernier, la lettre servait souvent de chronique : elle permettait de diffuser l'actualité (Madame de Sévigné, *Lettres au marquis de Pomponne sur le procès de Fouquet*, 1664).

- **La fonction expressive**

La lettre constitue un moyen privilégié d'exprimer ses sentiments : elle accorde une large place à la subjectivité de l'épistolier, qui utilise les registres lyrique, pathétique ou polémique (Calamity Jane, *Lettres à sa fille*, 1877-1902).

- **La fonction injonctive**

La lettre permet de communiquer un point de vue et d'argumenter pour le faire partager. Elle est souvent utilisée pour agir sur l'opinion et la conscience du destinataire (Rousseau, *Lettre à d'Alembert sur les spectacles*, 1758).

Ces trois fonctions se mêlent souvent dans une même lettre. Elles peuvent en outre se combiner avec une **fonction poétique**, quand les lettres procurent à leurs lecteurs un plaisir esthétique et que leur qualité d'écriture retient autant l'attention que le message lui-même.

L'ÉPÎTRE

On appelle épîtres (du latin *epistola*, « lettre ») :
- d'une part les lettres que les Anciens envoyaient dans un but d'enseignement moral ou religieux (*Épîtres* de saint Paul) ;
- d'autre part les lettres en vers : l'épître est alors un genre poétique (*Épîtres* d'Horace, de Marot, de Boileau...).

3 L'ÉPISTOLAIRE DANS LA FICTION

• Les lettres insérées dans des œuvres littéraires

Il arrive qu'un auteur insère une lettre dans un roman ou une pièce de théâtre. La lettre y joue un rôle dans l'action, ou bien elle permet de peindre de manière indirecte le personnage qui écrit (Albert Cohen, *Les Valeureux*, 1969 → p. 203 ; Edmond Rostand, *Cyrano de Bergerac*, 1897).

• La nouvelle et le roman épistolaires

Un écrivain peut aussi adopter la forme épistolaire pour l'ensemble d'une œuvre de fiction. On parle alors de **correspondance fictive** (Danielle Sallenave, *Un printemps froid*, « Une lettre », 1997 : cette nouvelle met en scène une épistolière unique qui n'obtient pas de réponse). Un roman peut compter plusieurs épistoliers dont les lettres s'entrecroisent et se répondent (Laclos, *Les Liaisons dangereuses*,1782).

Le choix de la lettre fictive répond à deux **objectifs** principaux :
- d'une part, renforcer l'**effet de réel** (les lettres sont d'ailleurs souvent présentées comme authentiques) ;
- d'autre part, **mettre à distance** les propos tenus, ce qui permet d'émettre des critiques indirectes.

LA DOUBLE ÉNONCIATION ÉPISTOLAIRE

Dans les textes de fiction, les lettres sont censées être écrites par des personnages ; mais à travers elles, c'est l'auteur qui s'adresse à ses lecteurs : il s'agit donc d'une **double énonciation**.

Exercices

Étape 1

1 Attribuez à chacun des auteurs sa correspondance, en vous aidant au besoin d'un dictionnaire des noms propres. Classez ensuite ces textes selon le type de lettre qu'ils représentent : lettre d'amour au sens large, lettre distanciée, lettre ouverte.

1. Flaubert ; **2.** Rousseau ; **3.** Diderot ; **4.** Madame de Sévigné ; **5.** Molière ; **6.** Pascal ; **7.** Jules Verne ; **8.** Voltaire.

a. *Lettre à d'Alembert sur les spectacles* ; **b.** *Lettres à Madame de Grignan* ; **c.** *Lettres à Sophie Volland* ; **d.** *Placets au Roi* ; **e.** *Lettres à Hetzel* ; **f.** *Lettres philosophiques* ; **g.** *Lettres à Louise Colet* ; **h.** *Les Provinciales*.

2 Lisez les deux lettres suivantes : laquelle est authentique ? laquelle est fictive ? À quels indices le voyez-vous ?

a. 14 décembre 1914
8 heures du soir
Ma bien chérie

J'ai reçu ton télégramme. Que je suis content et inquiet ! Comment vas-tu, chérie, comment va notre fillette ? As-tu bien souffert ? As-tu pu avoir un médecin ? Avais-tu trouvé une nourrice ? Le télégramme est bien bref…

Que j'attends des détails… Je crains tant de choses. L'état d'esprit dans lequel tu vis depuis quatre mois et demi a pu avoir une influence malheureuse. Le souci peut lui nuire. Reste courageuse, ma chérie. Pense à notre fillette.

Comment l'appelles-tu ? Fais-moi vite savoir son nom. Qu'il me tarde de la voir, que je suis impatient de revenir. Mais mon retour est encore bien loin, plusieurs mois certainement…

Cause-moi longuement d'elle dès que tu pourras le faire. Dis-moi tout. J'espère la voir. Je veux la voir. Que je regrette qu'elle ne soit pas née un an plus tôt ! Fais-moi envoyer beaucoup de papier à lettres pour que je puisse t'écrire longuement. […]

Marin Guillaumont

Jean-Pierre Guéno et Yves Laplume, *Paroles de poilus. Lettres et carnets du front 1914-1918*, © Radio France / Éd. Librio, 1998.

b. « Puisque je ne dois plus vous voir, la vie m'est odieuse, et je vais la perdre avec joie dans la vive attaque d'un fort, où je ne suis point commandé.

« Je vous renvoie tous vos reproches, le portrait que j'ai fait de vous, et la boucle de cheveux que je vous dérobai. L'ami qui vous rendra ceci, quand je ne serai plus, est sûr. Il a vu tout mon désespoir. Si la mort d'un infortuné vous inspirait un reste de pitié, parmi les noms qu'on va donner à l'héritier… d'un autre plus heureux !… puis-je espérer que le nom de *Léon* vous rappellera quelquefois le souvenir du malheureux… qui expire en vous adorant, et signe pour la dernière fois, Chérubin Léon, d'Astorga ? »

Beaumarchais, *La Mère coupable*, II, 1797.

3 Cherchez les définitions des mots suivants : billet – circulaire – consolation – courriel – courrier des lecteurs – lettre de cachet – poulet – texto.

Quelles peuvent être les circonstances respectives de ces différents usages épistolaires ?

4 Ce texte met en scène la réception de la lettre, du point de vue de la destinataire.

1. De quelle relation épistolaire entre locuteur et destinataire s'agit-il ?

2. Comment la matérialité de la lettre en tant qu'objet est-elle mise en valeur ?

Dans sa chambre, l'habituel cérémonial. Porte fermée à clef, volets fermés, rideaux tirés, boules de cire pour supprimer les bruits du dehors, tous les bruits de non-amour. La lampe de chevet allumée, elle[1] s'étendait sur le lit, arrangeait l'oreiller. Non, ne pas lire encore, faire durer le plaisir. Voir un peu l'enveloppe d'abord. Belle enveloppe solide, sans l'affreux doublage intérieur. Très bien. Et il avait collé le timbre soigneusement, pas sens dessus dessous, tout droit, juste au bon endroit, avec amour, voilà. Oui, parfaitement, c'était une preuve d'amour. Elle regardait la lettre de loin, sans la lire. Ainsi, lorsqu'elle était une petite fille, elle considérait le biscuit Petit-Beurre avant de le manger. Non, ne pas lire, attendre encore. Elle est à ma disposition, mais il faut que je meure d'envie de la lire. Regardons un peu l'adresse. Il a pensé à moi en écrivant mon nom, et parce qu'il a dû mettre madame qui fait honorable, décent, il a peut-être pensé par contraste à moi nue, si belle, qu'il a vue de tous les côtés. Maintenant regardons un peu le papier, mais du côté pas écrit. Papier très beau, japon peut-être. Non, le papier ne sent rien. Il sent la netteté, la propreté absolue, un papier viril, voilà.

Albert Cohen, *Belle du Seigneur*, chap LI, © Éd. Gallimard, 1968.

1. Ariane, qui reçoit ici une lettre de son amant Solal.

ÉTAPE 2

5 Voici quelques-unes des formules de congé des lettres de Gustave Flaubert à sa maîtresse Louise Colet.

1. Quels sentiments manifestent-elles ?

2. Comment l'auteur se joue-t-il des codes de la lettre dans le texte e pour afficher sa volonté de rompre ?

a. Adieu, chère Louise. Je vous embrasse sur votre col blanc. Un long baiser à vous. (20 septembre 1851)

b. Encore un baiser sur ta bouche rose. (16 janvier 1852)

c. À toi. (31 janvier 1852)

d. Je t'embrasse longuement, tendrement, amplement. À toi. (19 septembre 1852)

e. Madame,

J'ai appris que vous vous étiez donné la peine de venir, hier, dans la soirée, trois fois, chez moi.

Je n'y étais pas. Et dans la crainte des avanies qu'une telle persistance de votre part pourrait vous attirer de la mienne, le savoir-vivre m'engage à vous prévenir que *je n'y serai jamais*.

J'ai l'honneur de vous saluer. (6 mars 1855)

6 Voici une lettre authentique adressée à son gendre par Sidonie Colette, dite « Sido », et la transposition littéraire de ce texte par sa fille Colette dans *La Naissance du jour*.

1. Citez la phrase qui précise le but de chaque lettre.

2. Quels termes polis qualifient l'invitation ? Quels arguments justifient le plaisir qu'elle procure ?

3. D'après vos observations, quelles sont les caractéristiques d'une lettre de remerciement ?

4. En quoi la lettre b est-elle plus humoristique que l'autre ? Quelle image Colette veut-elle donner de sa mère par cette réécriture ?

a. Monsieur de Jouvenel

Votre invitation si gracieusement faite me décide à l'accepter pour bien des raisons, parmi ces raisons il en est une à laquelle je ne résiste jamais : voir le cher visage de ma fille, entendre sa voix. Enfin vous connaître et juger autant que cela est possible qu'elle ait jeté avec tant d'enthousiasme son bonnet par-dessus les moulins pour vous. Mais, j'abandonne pour q.q. jours des êtres qui n'ont que moi sur qui compter : la Mine, qui m'a donné toute sa confiance et sa tendresse, un sedum qui est près de fleurir et qui est magnifique ; un gloxinia dont le calice largement ouvert me laisse à loisir surveiller la fécondation.

Tout cela va souffrir sans moi mais ma bru me promet de veiller. Elle le fera certainement trop contente d'être débarrassée de sa belle-mère pour q.q. jours.

Donc, à bientôt je pense mais dites à Gabri que j'attends qu'elle m'écrive. Vous savez qui c'est Gabri ? C'est bien pire : elle s'appelle Gabrielle. Le saviez-vous ? Je m'appelle bien

Sidonie Colette.

Sidonie COLETTE, *Lettre à Bertrand Jouvenel*, novembre 1911.

b. *Monsieur,*

Vous me demandez de venir passer une huitaine de jours chez vous, c'est-à-dire auprès de ma fille que j'adore. Vous qui vivez auprès d'elle, vous savez combien je la vois rarement, combien sa présence m'enchante, et je suis touchée que vous m'invitiez à venir la voir. Pourtant, je n'accepterai pas votre aimable invitation, du moins pas maintenant. Voici pourquoi : mon cactus rose va probablement fleurir. C'est une plante très rare, que l'on m'a donnée, et qui, m'a-t-on dit, ne fleurit sous nos climats que tous les quatre ans. Or, je suis déjà une très vieille femme, et, si je m'absentais pendant que mon cactus rose va fleurir, je suis certaine de ne pas le voir refleurir une autre fois...

Veuillez donc accepter, Monsieur, avec mon remerciement sincère, l'expression de mes sentiments distingués et de mon regret.

Ce billet, signé « Sidonie Colette, née Landoy », fut écrit par ma mère à l'un de mes maris, le second. L'année d'après, elle mourait, âgée de soixante-dix-sept ans.

Au cours des heures où je me sens inférieure à tout ce qui m'entoure, menacée par ma propre médiocrité, effrayée de découvrir qu'un muscle perd sa vigueur, un désir sa force, une douleur la trempe affilée de son tranchant, je puis pourtant me redresser et me dire : « Je suis la fille de celle qui écrivit cette lettre » – cette lettre et tant d'autres, que j'ai gardées.

COLETTE, *La Naissance du jour*, 1928,

7 Pour chacune des œuvres épistolaires désignées ci-dessous :

1. Cherchez l'auteur et la date de parution : quelle période revient le plus souvent ?

2. Lisez au besoin le résumé de l'intrigue dans

Exercices

un dictionnaire des œuvres et précisez si l'on a affaire à un ou à plusieurs locuteurs (ou épistoliers).

Julie ou la Nouvelle Héloïse – Mémoires de deux jeunes mariées – Les Liaisons dangereuses – Inconnu à cette adresse – La Religieuse – Lettre d'une inconnue – Le Lys dans la vallée – Lettres de la religieuse portugaise – Les Lettres persanes – Les Souffrances du jeune Werther.

8 Lisez le texte suivant.

1. Par quels aspects la rédaction d'un e-mail (ou « courriel ») s'éloigne-t-elle ici de la correspondance traditionnelle ?

2. Comment le locuteur met-il en œuvre dans son message les conseils qu'il donne à sa destinataire ?

3. Réécrivez ce texte dans une langue soutenue, en adoptant l'orthographe et la ponctuation qui conviennent.

Dans son dernier message, Helen M. Reed a remercié son collègue, l'universitaire Ralph H. Messenger, de l'avoir aidée à se «brancher» sur une messagerie électronique; elle lui a demandé à quoi correspondait l'initiale «H» de son nom.

de : R.H.Messenger@glosu.ac.uk
à : H.M.Reed@glosu.ac.uk
objet : terrible secret
date : lundi 24 mars 1997 10:50:10

helen,

H pour herbert, je vous confie là un terrible secret que je m'efforce de garder, mais l'u. exige les initiales au complet pour le registre du personnel et ça détermine l'adresse e-mail. c'était le prénom de mon père. et M, c'est quoi ?

« branché » va très bien mais vous allez être obligée de relâcher votre prose pour le mail. la vitesse s'impose par exemple laissez tomber les cap. parce qu'elles prennent un temps inutile, deux touches au lieu d'une et pas la peine non plus de corrriger les coquilles.

puisque vous êtes guérie de votre rhume, si on déjeunait demain ? club des prof à 12.45 ?

ralph

David LODGE, *Pensées secrètes*, trad. Suzanne V. Mayoux, Rivages © Éd. Payot & Rivages, 2002.

ÉTAPE 3

9 Observez ces deux documents. En quoi la lettre peut-elle devenir ici œuvre d'art ?

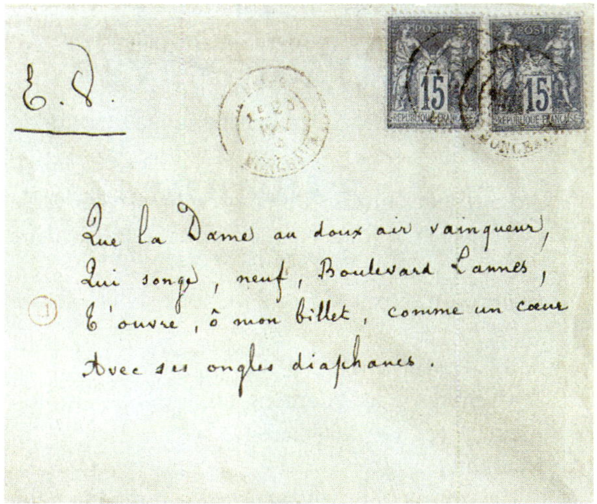
E. D.

Que la Dame au doux air vainqueur,
Qui songe, neuf, Boulevard Lannes,
T'ouvre, ô mon billet, comme un cœur
Avec ses ongles diaphanes.

▲ **a.** Quatrain d'adresse de Stéphane MALLARMÉ. (Bibliothèque Jacques Doucet, Paris.)

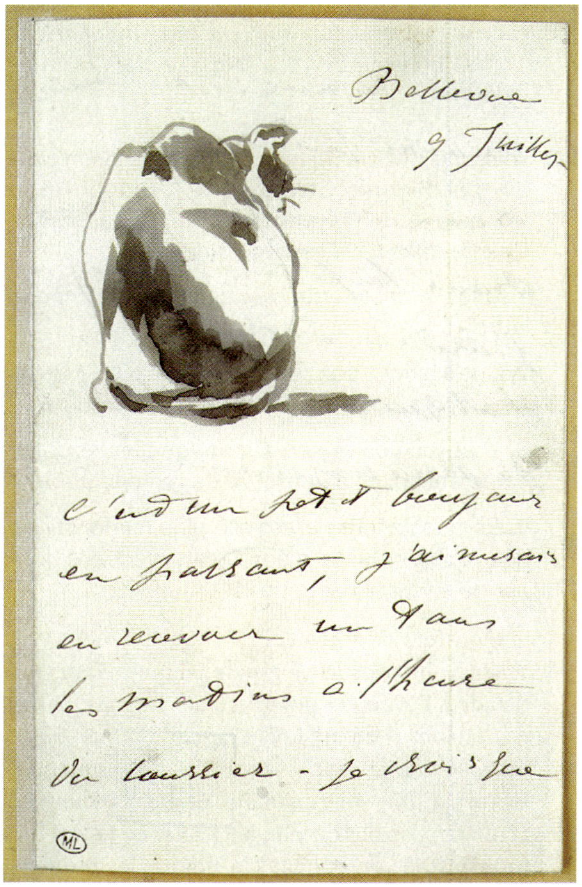
Bellevue
9 Juillet

▲ **b.** Édouard MANET (1832-1883), lettre autographe à Isabelle Lemonnier, 1880.

10 Lisez cette lettre qui clôt *Les Lettres persanes*.

1. Par quels aspects l'écriture épistolaire se rapproche-t-elle de **l'oral** ?

2. Comment Roxane agit-elle par sa lettre sur son **destinataire** ?

3. Quels sont les principaux **registres** de cette lettre ? À quels indices les reconnaissez-vous ?

Le sultan Usbek a quitté la Perse pour découvrir l'Occident. Mais pendant ce temps le désordre règne dans son harem d'Ispahan : les femmes désobéissent à leurs gardiens et vont jusqu'à commettre l'adultère. Même sa favorite, Roxane, en qui il avait toute confiance, a été surprise en compagnie d'un amant. Le premier eunuque, Selim, prévient son maître, qui lui ordonne de châtier les coupables. Le roman s'achève sur cette lettre de Roxane qui, contre toute attente, revendique sa trahison et annonce son suicide.

ROXANE à USBEK, *à Paris*.

Oui, je t'ai trompé : j'ai séduit tes eunuques, je me suis jouée de ta jalousie, et j'ai su, de ton affreux sérail, faire un lieu de délices et de plaisirs.

Je vais mourir : le poison va couler dans mes veines. Car que ferais-je ici, puisque le seul homme qui me retenait à la vie n'est plus ? Je meurs ; mais mon ombre s'envole bien accompagnée ; je viens d'envoyer devant moi ces gardiens sacrilèges qui ont répandu le plus beau sang du monde.

Comment as-tu pensé que je fusse assez crédule pour m'imaginer que je ne fusse dans le monde que pour adorer tes caprices ? que, pendant que tu te permets tout, tu eusses le droit d'affliger tous mes désirs ? Non ! J'ai pu vivre dans la servitude, mais j'ai toujours été libre : j'ai réformé tes lois sur celles de la Nature, et mon esprit s'est toujours tenu dans l'indépendance.

Tu devrais me rendre grâces encore du sacrifice que je t'ai fait : de ce que je me suis abaissée jusqu'à te paraître fidèle ; de ce que j'ai lâchement gardé dans mon cœur ce que j'aurais dû faire paraître à toute la Terre ; enfin, de ce que j'ai profané la vertu, en souffrant qu'on appelât de ce nom ma soumission à tes fantaisies.

Tu étais étonné de ne point trouver en moi les transports de l'amour : si tu m'avais bien connue, tu y aurais trouvé toute la violence de la haine.

Mais tu as eu longtemps l'avantage de croire qu'un cœur comme le mien t'était soumis. Nous étions tous deux heureux : tu me croyais trompée, et je te trompais.

Ce langage, sans doute, te paraît nouveau. Serait-il possible qu'après t'avoir accablé de douleurs, je te forçasse encore d'admirer mon courage ? Mais c'en est fait : le poison me consume ; ma force m'abandonne ; la plume me tombe des mains ; je sens affaiblir jusqu'à ma haine : je me meurs.

Du sérail d'Ispahan, le 8 de la lune de Rebiab, 1, 1720.

MONTESQUIEU, *Lettres persanes*, CLXI, 1721.

11 Lisez cette lettre de Molière au roi.

1. Cherchez la **définition** et l'**origine** du mot « placet ». Cette lettre a-t-elle été envoyée ou présentée au roi ? Pourquoi le choix de l'écrit alors ?

2. Quel **niveau de langue** est employé dans cette lettre ? Pourquoi ?

3. Dans quel **registre** Molière manifeste-t-il ici sa méfiance envers les médecins de son époque ?

4. En quoi ce texte est-il à la fois une **lettre de sollicitation** et une **lettre d'éloge** ?

Molière sollicite un emploi, ici une fonction de chanoine (canonicat) pour le fils de son médecin.

SIRE,

Un fort honnête médecin, dont j'ai l'honneur d'être le malade, me promet et veut s'obliger[1] par-devant notaire de me faire vivre encore trente années, si je puis lui obtenir une grâce de VOTRE MAJESTÉ. Je lui ai dit, sur sa promesse, que je ne lui demandais pas tant, et que je serais satisfait de lui pourvu qu'il s'obligeât de ne me point tuer. Cette grâce, SIRE, est un canonicat de votre chapelle royale de Vincennes, vacant par la mort de...

Oserais-je demander encore cette grâce à VOTRE MAJESTÉ le propre jour de la grande résurrection de *Tartuffe*, ressuscité par vos bontés[2] ? Je suis, par cette première faveur, réconcilié avec les dévots ; et je le serais, par cette seconde, avec les médecins. C'est pour moi, sans doute, trop de grâces à la fois ; mais peut-être n'en est-ce pas trop pour VOTRE MAJESTÉ ; et j'attends, avec un peu d'espérance respectueuse, la réponse de mon placet.

MOLIÈRE, *Troisième Placet au Roi*, 1669.

1. **S'obliger :** s'engager en signant des papiers.

2. La pièce de *Tartuffe* avait été interdite par le complot des dévots. La faveur du roi a levé l'interdiction.

12 Rédigez, sur le modèle de ce placet de Molière (exercice 11), une **lettre humoristique** au président de la République pour obtenir une faveur quelconque.

Corpus BAC

Objet d'étude

L'épistolaire

A Flaubert, *Lettre à Ernest Chevalier*, 2 septembre 1843.

B Baudelaire, *Lettre à Madame Aupick*, 6 mai 1861.

TEXTE A

À Ernest Chevalier

[Nogent sur Seine, 2 septembre 1843.]

Ah ! sans la pipe la vie serait aride, sans le cigare elle serait incolore, sans la chique elle serait intolérable ! Les imbéciles vous disent toujours : « singulier plaisir ! tout s'en va en fumée. » Comme si tout ce qu'il y a de plus beau ne s'en allait pas en fumée ! et la gloire ? et l'amour ? et les rêves où vont-ils, mes amis ? Dites-moi donc si les plus beaux spasmes des adolescents, si les plus larges baisers des Italiennes, si les plus grands coups d'épée des héros ont laissé autre chose dans le monde que n'en a laissé ma dernière pipe. Il faut convenir que les gens graves sont grotesques et que le peu d'éléments comiques que possède le siècle vient encore d'eux. Il n'y a pas pour moi de prêtre à l'autel, d'âne chargé de fumier, de poète hérissé de métaphores ni de femme honnête qui me semble aussi comique qu'un homme sérieux.

Je disais donc que je fumais, j'ajoute que je lis un peu de Ronsard, de mon grand et beau Ronsard pour lequel je ne suis pas le seul qui nourrisse une religion particulière. Singulière chose que la renommée. Quand je pense qu'un pédant comme Malherbe et un pisse-froid comme Boileau ont effacé cet homme-là et que le Français ce peuple spirituel est encore de leur avis ! ô goût ! ô porcs ! porcs en habit, porcs à deux pattes et à paletot.

Je te disais donc que je lisais du Ronsard, et puis après qu'est-ce que je fais encore ? Eh bien je me baigne dans la Seine hélas au lieu de la mer, dans un endroit qu'on appelle le Livon et sous une chute qu'il y a là près d'un moulin. Je vais aller ces jours-ci dans la campagne faire quelques excursions, et puis dans 8 jours je crois que nous repartons pour Rouen, ancienne capitale de la Normandie, chef-lieu du département de la Seine-Inférieure, ville importante par ses manufactures, patrie de Duguernay, de Carbonnier[1], de Corneille, de Jouvenet[2], de Hégouay portier du collège, de Fontenelle, de Géricault[3], de Crépet père et fils. Il s'y fait un grand commerce de cotons filés. Elle a de belles églises et des habitants stupides, je l'exècre, je la hais, j'attire sur elle toutes les imprécations du ciel parce qu'elle m'a vu naître. Malheur aux murs qui m'ont abrité ! aux bourgeois qui m'ont connu moutard et aux pavés où j'ai commencé à me durcir les talons ! Ô Attila quand reviendras-tu, aimable humanitaire, avec 400 mille cavaliers, pour incendier cette belle France pays des dessous de pieds et de bretelles ? et commence je te prie par Paris d'abord et par Rouen en même temps.

Adieu, vieux troubadour.

Gustave Flaubert, *Correspondance*,
Lettre à Ernest Chevalier, 2 septembre 1843.

1. **Carbonnier :** conseiller à la Cour, vice-président de la société centrale d'agriculture de Rouen.
2. **Jean Jouvenet :** peintre (1644-1717).
3. **Géricault :** né à Rouen en 1791, mort en 1824. Célèbre peintre du *Radeau de la Méduse* (1819).

TEXTE B

Baudelaire entretint, sa vie durant, une correspondance avec sa mère qui, après la mort de son premier mari, s'était remariée avec le général Aupick.

À Madame Aupick

[Paris, 6 mai 1861.]

Ma chère mère, si tu possèdes vraiment le génie maternel et si tu n'es pas encore lasse, viens à Paris, viens me voir, et même me chercher. Moi, pour mille raisons terribles, je ne puis pas aller à Honfleur chercher ce que je voudrais tant, un peu de courage et de caresses. À la fin de mars je t'écrivais : *Nous reverrons-nous jamais ?* J'étais dans une de ces crises où on voit la terrible vérité.

Je donnerais je ne sais quoi pour passer quelques jours auprès de toi, toi, le seul être à qui ma vie est suspendue. [...]

Il y a eu dans mon enfance une époque d'amour passionné pour toi ; écoute et lis sans peur. Je ne t'en ai jamais tant dit. Je me souviens d'une promenade en fiacre ; tu sortais d'une maison de santé où tu avais été reléguée, et tu me montras, pour me prouver que tu avais pensé à ton fils, des dessins à la plume que tu avais faits pour moi. Crois-tu que j'aie une mémoire terrible ? Plus tard, la place Saint-André-des-Arcs et Neuilly. De longues promenades, des tendresses perpétuelles ! Je me souviens des quais, qui étaient si tristes le soir. Ah ! ç'a été pour moi le bon temps des tendresses maternelles. Je te demande pardon d'appeler *bon temps* celui qui a été sans doute mauvais pour toi. Mais j'étais toujours vivant en toi ; tu étais uniquement à moi. Tu étais à la fois une idole et un camarade. Tu seras peut-être étonnée que je puisse parler avec passion d'un temps si reculé. Moi-même j'en suis étonné. C'est peut-être parce que j'ai conçu, une fois encore, le désir de la mort, que les choses anciennes se peignent si vivement dans mon esprit.

Plus tard tu sais quelle atroce éducation ton mari a voulu me faire ; j'ai quarante ans et je ne pense pas aux collèges sans douleur, non plus qu'à la crainte que mon beau-père m'inspirait. Je l'ai cependant aimé, et d'ailleurs j'ai aujourd'hui assez de sagesse pour lui rendre justice. Mais enfin il fut opiniâtrement maladroit. Je veux glisser rapidement, parce que je vois des larmes dans tes yeux.

Enfin je me suis sauvé, et j'ai été dès lors tout à fait abandonné. Je me suis épris uniquement du plaisir, d'une excitation perpétuelle ; les voyages, les beaux meubles, les tableaux, les filles, etc. J'en porte trop cruellement la peine aujourd'hui.

Charles BAUDELAIRE, *Correspondance*,
Lettre à Madame Aupick, 6 mai 1861.

◆ QUESTION SUR LES TEXTES

Analysez la place donnée au destinataire dans ces lettres. Que pouvez-vous en déduire sur l'enjeu principal de chacune d'elles ?

◆ SUJETS D'ÉCRITURE

1. Commentaire

Vous commenterez le texte de Flaubert (texte A).

2. Dissertation

Quel intérêt y a-t-il à rendre public l'ensemble des lettres rédigées par un écrivain, qu'elles aient été destinées ou non à la publication ? Vous répondrez à cette question en un développement composé prenant appui sur les textes de ce corpus, sur les textes étudiés en classe et sur vos propres lectures.

3. Invention

Vous imaginerez la réponse de Madame Aupick à son fils (texte B). Celle-ci devra contester la vision idyllique que Baudelaire garde de son enfance : vous lui ferez évoquer les années de son veuvage dans un registre pathétique et non plus sur le mode nostalgique.

Chapitre 27

La comédie et la tragédie

Objet d'étude (2de)

Dans la tragédie comme dans la comédie, l'**action dramatique** est centrée sur un **conflit**. Les personnages **s'affrontent** sur la scène en raison de rivalités individuelles, de divergences morales, de conflits de générations ou de luttes pour le pouvoir.
La différence entre ces deux **genres dramatiques** tient à leurs **registres** autant qu'au **milieu social** des personnages représentés. Les héros de **tragédie** (texte A) ne partagent pas la condition des personnages de **comédie** (texte B).

TEXTE A

Le Romain Horace et le Sabin Curiace, unis par des liens familiaux étroits, viennent d'apprendre qu'ils ont été choisis par leurs nations respectives pour s'affronter en combat singulier.

HORACE

Le sort qui de l'honneur nous ouvre la barrière
Offre à notre constance une illustre matière.
Il épuise sa force à former un malheur
Pour mieux se mesurer avec notre valeur ;
Et comme il voit en nous des âmes peu communes,
Hors de l'ordre commun il nous fait des fortunes[1].
Combattre un ennemi pour le salut de tous,
Et contre un inconnu s'exposer seul aux coups,
D'une simple vertu c'est l'effet ordinaire :
Mille déjà l'ont fait, mille pourraient le faire ;
Mourir pour le pays est un si digne sort,
Qu'on briguerait en foule une si belle mort ;
Mais vouloir au public[2] immoler ce qu'on aime,
S'attacher au combat contre un autre soi-même,
Attaquer un parti qui prend pour défenseur
Le frère d'une femme et l'amant d'une sœur,
Et, rompant tous ces nœuds, s'armer pour la patrie
Contre un sang qu'on voudrait racheter de sa vie,
Une telle vertu[3] n'appartenait qu'à nous ;
L'éclat de son grand nom lui fait peu de jaloux,
Et peu d'hommes au cœur l'ont assez imprimée
Pour oser aspirer à tant de renommée.

CORNEILLE, *Horace*, II, 3, 1640.

1. **Fortune :** destinée.
2. **Public :** bien public.
3. **Vertu :** énergie.

Un sacrifice héroïque

1. Pourquoi le « sort » place-t-il les deux personnages au-dessus de l'humanité ordinaire ?
2. Au nom de quelles valeurs Horace accepte-t-il son sacrifice ? En quel sens est-il un héros ?

TEXTE **B**

M. JOURDAIN. — Touchez là, Monsieur : ma fille n'est pas pour vous.

CLÉONTE. — Comment ?

M. JOURDAIN. — Vous n'êtes point gentilhomme, vous n'aurez pas ma fille.

MME JOURDAIN. — Que voulez-vous donc dire avec votre gentilhomme ? Est-ce que nous sommes, nous autres, de la côte de saint Louis[1] ?

M. JOURDAIN. — Taisez-vous, ma femme : je vous vois venir.

MME JOURDAIN. — Descendons-nous tous deux que de bonne bourgeoisie ?

M. JOURDAIN. — Voilà pas le coup de langue ?

MME JOURDAIN. — Et votre père n'était-il pas marchand aussi bien que le mien ?

M. JOURDAIN. — Peste soit de la femme ! Elle n'y a jamais manqué. Si votre père a été marchand, tant pis pour lui ; mais pour le mien, ce sont des malavisés qui disent cela. Tout ce que j'ai à vous dire, moi, c'est que je veux avoir un gendre gentilhomme.

MME JOURDAIN. — Il faut à votre fille un mari qui lui soit propre, et il vaut mieux pour elle un honnête homme riche et bien fait, qu'un gentilhomme gueux[2] et mal bâti.

NICOLE. — Cela est vrai. Nous avons le fils du gentilhomme de notre village, qui est le plus grand malitorne[3] et le plus sot dadais que j'aie jamais vu.

M. JOURDAIN. — Taisez-vous, impertinente. Vous vous fourrez toujours dans la conversation. J'ai du bien assez pour ma fille, je n'ai besoin que d'honneur, et je la veux faire marquise.

MOLIÈRE, *Le Bourgeois gentilhomme*, III, 12, 1670.

1. Autrement dit, de vieille noblesse.
2. **Gueux :** sans fortune.
3. **Malitorne :** maladroit.

Un conflit domestique

1. En quoi consiste le conflit ? Quels sont les arguments de chacun ?
2. Quel type social M. Jourdain représente-t-il ?
3. Pourquoi cette scène fait-elle rire ? À quels moments précis ?

DEUX GENRES, DEUX LANGAGES, DEUX MONDES

1. Horace s'adresse à Curiace (texte A), Mme Jourdain s'oppose à son mari (texte B). De ces deux couples de personnages, lequel est le plus proche du spectateur moyen du XVIIe siècle ? Pourquoi ?
2. Comparez les niveaux de langue des personnages dans ces deux scènes. Relevez des tournures familières : qui les prononce ?

27. La comédie et la tragédie

Objet d'étude (2de)

La comédie et la tragédie sont deux **genres dramatiques** nettement **différenciés**, surtout à l'âge classique. Bien qu'elles aient en commun certaines **règles** ou **conventions du théâtre**, elles s'opposent sur de nombreux points : la langue, l'intrigue, l'effet produit sur le spectateur. Chaque genre possède ses **lois** et son **langage**.

ACTES ET SCÈNES

• Les tragédies classiques sont divisées en 5 **actes**, les comédies en comportent 5, 3 ou un seul. Cette répartition provient des conditions matérielles de la représentation.

• Les actes sont eux-mêmes découpés en **scènes** : chaque fois qu'un personnage entre ou sort, une nouvelle scène commence.

1 DES CONVENTIONS COMMUNES

• Les personnages

– Le théâtre classique **imite** les actions humaines. Mais cela ne signifie pas qu'il reflète la réalité sociale. Il représente un monde qui obéit à des **codes** bien établis. Thèmes et personnages s'inscrivent dans des **traditions** qui remontent souvent à l'Antiquité.

– Les personnages correspondent à des **rôles** et à des **types** récurrents, qui se répartissent en fonction des sexes, des générations, de la hiérarchie sociale ou des types moraux. Ces **clivages** contiennent en eux-mêmes des conflits potentiels.

• La structure dramatique

L'action repose sur un **conflit** qui met en relation diverses **forces agissantes**, ou **actants** (conformément au **schéma actantiel**, comme dans un récit : ➔ p. 187). On distingue **trois temps** successifs de l'action :

– l'**exposition**, qui informe le spectateur sur les circonstances de l'action, les personnages en présence et le conflit potentiel ;

– le **nœud** de l'intrigue, la situation de conflit marquée par des oppositions, des obstacles à surmonter et des **péripéties** (renversements de situation) ;

– le **dénouement**, qui résout le conflit, par l'échec ou par le succès, et qui fixe le sort des personnages (mort, mariage, couronnement...).

LES RÈGLES DE LA TRAGÉDIE

• Au XVIIe siècle, la **règle des trois unités** est destinée à renforcer l'illusion théâtrale : la tragédie doit respecter l'**unité de temps** (l'action se déroule en vingt-quatre heures), l'**unité de lieu** (elle se déroule dans un lieu unique) et l'**unité d'action** (une action principale, à laquelle les actions secondaires sont subordonnées).

• Le théâtre doit aussi respecter la **vraisemblance** (montrer des situations auxquelles on puisse croire) et la **bienséance** (ne proposer aucune situation moralement choquante).

2 LA TRAGÉDIE

• Les héros

– Les héros de tragédie sont de **grands personnages** légendaires ou historiques, qui se distinguent par leur valeur exceptionnelle. Dans les tragédies antiques, les protagonistes (personnages principaux) étaient issus de la **mythologie**.

– Mêlé à l'**intrigue amoureuse**, l'**intérêt de l'État** pèse sur le destin des héros. La tragédie propose une méditation sur les grands **problèmes politiques** : le pouvoir, la violence, la raison d'État.

• La crise tragique

C'est une **crise brève et brutale**, où éclate la violence des **passions** (ambition, amour, vengeance...) confrontées à des obstacles et à des épreuves.

– Chez Corneille, un **conflit intérieur** suscite un **dilemme** impossible à résoudre : le héros est déchiré entre des exigences contradictoires.

– Chez Racine, les **sentiments** sont exacerbés : les héros sont habités par une **passion destructrice**.

• **Le destin**

– Les héros sont frappés par le sort : la **fatalité** les poursuit, qu'elle vienne des dieux, de l'État ou de leurs propres passions. La tragédie montre ainsi la grandeur et la misère de la **condition humaine**.

– Le **dénouement** est le plus souvent **malheureux** : il voit la mort d'un ou de plusieurs héros. Ce **registre tragique** (→ ch. 15) suscite chez le spectateur des sentiments intenses : **admiration, crainte, compassion**.

3 LA COMÉDIE

La comédie se définit en **opposition à la tragédie**, qu'elle **parodie** souvent.

• **Des personnages ordinaires**

– La comédie traite des réalités de la vie quotidienne : mariage, argent, éducation. Elle s'intéresse à des héros de **condition moyenne** (la **bourgeoisie** surtout), et met en scène les **milieux sociaux** les plus divers (petite noblesse, domestiques, paysans).

– Les personnages correspondent à des **types** traditionnels : le père autoritaire, les jeunes gens amoureux, le valet rusé…

• **Le comique**

– La comédie, qui vise d'abord à **divertir** et à faire rire le spectateur, recourt à toutes les formes de comique : comique de situation, de caractère, de langage, de gestes (→ ch. 16).

– Le **dénouement** est **heureux** : la comédie se termine par un mariage ou une reconnaissance qui supprime les conflits.

– Certaines comédies, cependant, prêtent à réfléchir autant qu'à rire : *Dom Juan* de Molière est une **comédie sérieuse**.

• **Le registre satirique**

– La comédie expose des **problèmes sociaux ou moraux**. Par le comique, le théâtre dénonce des vices ou des abus (hypocrisie, arbitraire du pouvoir…).

– Cette **critique** répond à une **intention morale** : pour Molière, la comédie montre les travers humains pour mieux les corriger.

▲ Représentation théâtrale de *L'École des femmes*, comédie de MOLIÈRE.
(Mise en scène de Régis SANTON au théâtre Sylvia Montfort, Paris, mars 2002).

4 LES DIFFÉRENTS TYPES DE COMÉDIES

• **La comédie de caractère** est centrée sur la représentation des **défauts d'un personnage**. Elle grossit quelquefois le trait jusqu'à la **caricature**. Cependant, les stéréotypes traditionnels se trouvent souvent enrichis par une **étude psychologique**. Au XVIIIe siècle, les comédies de Marivaux proposent une fine analyse du sentiment amoureux.

• **La comédie de mœurs** propose une réflexion sur les **mœurs du temps**, comme dans *Les Femmes savantes*. Elle fournit en même temps un témoignage sur les **problèmes contemporains** : le mariage, la religion, l'autorité paternelle, la préciosité…

• **La comédie d'intrigue** insiste sur le comique de situation, avec des intrigues complexes menées sur un rythme enlevé : l'action multiplie les quiproquos. *Le Mariage de Figaro* de Beaumarchais est une comédie d'intrigue fertile en péripéties. Au XIXe siècle, le **vaudeville** poursuit cette tradition, avec les comédies de Labiche et de Feydeau.

LA FARCE

• Genre populaire traditionnel, la farce met en scène des personnages stéréotypés. Les thèmes sont tirés de la **vie quotidienne** : querelles de ménage, adultères, fourberies, vols…

• Pleine de **verve** et de vie, la farce possède une grande **force comique**, qu'elle tire surtout du comique de gestes. Molière lui emprunte de nombreux procédés, qu'il introduit dans ses comédies les plus élaborées.

Exercices

ÉTAPE 1

1 Comparez ces deux listes de personnages : à quel genre dramatique peut-on s'attendre dans chaque cas ? Comédie ou tragédie ? Pourquoi ?

a. DANDIN, juge.
LÉANDRE, fils de Dandin.
CHICANEAU, bourgeois.
ISABELLE, fille de Chicaneau.
LA COMTESSE.
PETIT JEAN, portier.
L'INTIMÉ, secrétaire.
LE SOUFFLEUR.

La scène est dans une ville de basse Normandie.

RACINE, *Les Plaideurs*, 1668.

b. NÉRON, empereur, fils d'Agrippine.
BRITANNICUS, fils de l'empereur Claudius.
AGRIPPINE, veuve de Domitius Énobarbus, père de Néron, et, en secondes noces, veuve de l'empereur Claudius.
JUNIE, amante de Britannicus.
BURRHUS, gouverneur de Néron.
NARCISSE, gouverneur de Britannicus.
ALBINE, confidente d'Agrippine.
GARDES.

La scène est à Rome, dans une chambre du palais de Néron.

RACINE, *Britannicus*, 1669.

2 Quels traits du valet de comédie reconnaissez-vous dans cette réplique de Scapin ?

Le jeune Octave et son valet Silvestre viennent de confier leur embarras à un autre valet, Scapin.

SCAPIN. — Est-ce là tout ? Vous voilà bien embarrassés tous deux pour une bagatelle. C'est bien là de quoi se tant alarmer. N'as-tu point de honte, toi, de demeurer court à si peu de choses ? Que diable ! te voilà grand et gros comme père et mère, et tu ne saurais trouver dans ta tête, forger dans ton esprit quelque ruse galante, quelque honnête petit stratagème, pour ajuster vos affaires ? Fi ! peste soit du butor ! Je voudrais bien que l'on m'eût donné autrefois nos vieillards à duper ; je les aurais joués tous deux par-dessous la jambe[1] ; et je n'étais pas plus grand que cela que je me signalais déjà par cent tours d'adresse jolis.

MOLIÈRE, *Les Fourberies de Scapin*, I, 2, 1671.

1. Sans difficulté.

3 Distinguez l'extrait de comédie et l'extrait de tragédie en précisant pour chaque texte :

1. le niveau de langue ;

2. le caractère du personnage ;

3. le registre et l'effet produit sur le spectateur.

a. *Le paysan Colin est amoureux d'une bourgeoise, Madame Damis.*

COLIN, *à part.* — Tâchons de bian dire. (*Haut*) Madame, il est vrai que l'honneur de voir voute biauté est une chose si admirable, que par rapport à noute mariage, dont ce que j'en dis n'est pas que j'en parle… car mon amitié dont je ne dis mot… mais… Tenez, je m'embarbouille dans mon compliment, parlons à la franquette ; il n'y a que les mots qui faisons les paroles. J'allons être mariés ensemble, ça me réjouit ; ça vous rend-il gaillarde ?
MADAME DAMIS, *riant.* — Il parle un assez mauvais langage, mais il est amusant.

MARIVAUX, *L'Héritier de village*, 1725.

b. *L'empereur Titus fuit la princesse Bérénice, qui l'aime. Elle cherche à savoir la vérité auprès du roi Antiochus.*

BÉRÉNICE

Prince, c'est trop cacher mon trouble à votre vue.
Vous voyez devant vous une reine éperdue,
Qui, la mort dans le sein, vous demande deux mots.
Vous craignez, dites-vous, de troubler mon repos ;
Et vos refus cruels, loin d'épargner ma peine,
Excitent ma douleur, ma colère, ma haine.
Seigneur, si mon repos vous est si précieux,
Si moi-même jamais je fus chère à vos yeux,
Éclaircissez le trouble où vous voyez mon âme.
Que vous a dit Titus ?

RACINE, *Bérénice*, III, 3, 1670.

ÉTAPE 2

4 Quelle critique sociale s'exprime dans les répliques suivantes ?

Figaro, ancien domestique du Comte, vient d'être chassé de son poste par un ministre.

LE COMTE. — Et tu ne lui fis pas représenter…
FIGARO. — Je me crus trop heureux d'en être oublié, persuadé qu'un grand nous fait assez de bien quand il ne nous fait pas de mal.
LE COMTE. — Tu ne dis pas tout. Je me souviens qu'à mon service tu étais un assez mauvais sujet.

FIGARO. — Eh ! mon Dieu, Monseigneur, c'est qu'on veut que le pauvre soit sans défaut.
LE COMTE. — Paresseux, dérangé...
FIGARO. — Aux vertus qu'on exige dans un domestique, Votre Excellence connaît-elle beaucoup de maîtres qui fussent dignes d'être valets ?

BEAUMARCHAIS, *Le Barbier de Séville*, I, 2. 1775.

5 Lisez cet extrait de tragédie.

1. Comment s'exprime ici l'accomplissement d'une **fatalité** ?

2. Par quels procédés Racine fait-il ressentir l'**horreur tragique** ?

Oreste a assassiné le roi Pyrrhus par amour pour Hermione ; il vient d'apprendre le suicide de la jeune fille, et sombre dans la folie.

ORESTE

Grâce aux dieux ! Mon malheur passe mon espérance.
Oui, je te loue, ô ciel, de ta persévérance.
Appliqué sans relâche au soin de me punir,
Au comble des douleurs tu m'as fait parvenir.
Ta haine a pris plaisir à former ma misère ;
J'étais né pour servir d'exemple à ta colère
Pour être du malheur un modèle accompli.
Hé bien, je meurs content et mon sort est rempli.
Où sont ces deux amants[1] ? Pour couronner ma joie,
Dans leur sang, dans le mien il faut que je me noie ;
L'un et l'autre en mourant je les veux regarder.
Réunissons trois cœurs qui n'ont pu s'accorder.
Mais quelle épaisse nuit tout à coup m'environne ?
De quel côté sortir ? D'où vient que je frissonne ?
Quelle horreur me saisit ? Grâce au ciel j'entrevois
Dieux ! quels ruisseaux de sang coulent autour de moi !

RACINE, *Andromaque*, V, 5, 1667.

1. Hermione et Pyrrhus, tous deux morts.

6 Molière fait ici du marquis le type de son époque le plus propre à faire rire. Cherchez, dans la société actuelle, un type de personnage qui pourrait ainsi devenir une **cible comique**, et mettez-le en scène soit dans un monologue, soit dans un dialogue.

Dans L'Impromptu de Versailles, *Molière met en scène les conseils qu'il donne à ses comédiens.*

MOLIÈRE. — [...] Le marquis[1] aujourd'hui est le plaisant de la comédie ; et comme dans toutes les comédies anciennes on voit toujours un valet bouffon qui fait rire les auditeurs, de même, dans toutes nos pièces de maintenant, il faut toujours un marquis ridicule qui divertisse la compagnie.

MOLIÈRE, *L'Impromptu de Versailles*, scène 1, 1663.

1. **Marquis :** jeune homme de la noblesse qui suit la mode.

7 Lisez cet extrait de tirade.

1. De quel **type de comédie** s'agit-il ? Pourquoi ?

2. Quelle **morale** Philinte défend-il ? En quoi s'oppose-t-elle aux valeurs de la tragédie ?

Philinte s'adresse à son ami Alceste.

PHILINTE

Mon Dieu, des mœurs du temps mettons-nous moins en peine,
Et faisons un peu grâce à la nature humaine ;
Ne l'examinons point dans la grande rigueur,
Et voyons ses défauts avec quelque douceur.
Il faut, parmi le monde, une vertu traitable ;
À force de sagesse, on peut être blâmable ;
La parfaite raison fuit toute extrémité,
Et veut que l'on soit sage avec sobriété.
Cette grande roideur des vertus des vieux âges
Heurte trop notre siècle et les communs usages ;
Elle veut aux mortels trop de perfection :
Il faut fléchir au temps[1] sans obstination ;
Et c'est une folie à nulle autre seconde
De vouloir se mêler de corriger le monde.

MOLIÈRE, *Le Misanthrope*, I, 1, 1666.

1. **Fléchir au temps :** céder aux exigences du présent.

8 Lisez cette scène de comédie.

1. Relevez les procédés qui contribuent au **comique de langage**.

2. Quelle **critique** de la justice de l'époque s'exprime ici ?

Marceline veut plaider contre Figaro ; elle explique au juge Brid'oison les termes de leur accord.

MARCELINE, *à Brid'oison*. — Monsieur, écoutez mon affaire.
BRID'OISON, *en robe, et bégayant un peu*. — Eh bien ! pa-arlons-en verbalement.
BARTHOLO. — C'est une promesse de mariage.
MARCELINE. — Accompagnée d'un prêt d'argent.
BRID'OISON. — J'en-entends[1], *et caetera*, le reste.
MARCELINE. — Non, Monsieur, point d'*et caetera*.
BRID'OISON. — J'en-entends : vous avez la somme ?
MARCELINE. — Non, Monsieur, c'est moi qui l'ai prêtée.
BRID'OISON. — J'en-entends bien, vou-ous redemandez l'argent ?
MARCELINE. — Non, Monsieur ; je demande qu'il m'épouse.
BRID'OISON. — Eh ! mais j'en-entends fort bien ; et lui, veu-eut-il vous épouser ?
MARCELINE. — Non, Monsieur ; voilà tout le procès !
BRID'OISON. — Croyez-vous que je ne l'en-entende pas, le procès ?

MARCELINE. — Non, Monsieur. (*À Bartholo.*) Où sommes-nous ? (*À Brid'oison.*) Quoi ! c'est vous qui nous jugerez ?

BRID'OISON. — Est-ce que j'ai a-acheté ma charge pour autre chose ?

MARCELINE, *en soupirant.* — C'est un grand abus que de les vendre !

BRID'OISON. — Oui, l'on-on ferait mieux de nous les donner pour rien. Contre qui plai-aidez-vous ?

BEAUMARCHAIS, *Le Mariage de Figaro*, III, 12, 1784.

1. **J'entends :** je comprends.

ÉTAPE 3

9 Étudiez la tirade suivante.

1. Relevez le champ lexical de la fatalité. Pourquoi Agamemnon insiste-t-il sur ce thème ?

2. Au nom de quels principes Agamemnon doit-il sacrifier sa fille ? Pourquoi aurait-il souhaité la sauver ? Précisez la nature des forces contradictoires qui l'animent.

Le roi Agamemnon apprend à sa fille Iphigénie qu'elle doit être sacrifiée pour satisfaire l'oracle des dieux et permettre à la flotte qu'il commande de quitter la Grèce.

AGAMEMNON

Ma fille, il est trop vrai. J'ignore pour quel crime
La colère des dieux demande une victime ;
Mais ils vous ont nommée. Un oracle cruel
Veut qu'ici votre sang coule sur un autel.
Pour défendre vos jours de leurs lois meurtrières,
Mon amour n'avait pas attendu vos prières.
Je ne vous dirai point combien j'ai résisté :
Croyez-en cet amour par vous-même attesté.
Cette nuit même encore, on a pu vous le dire,
J'avais révoqué l'ordre où l'on me fit souscrire.
Sur l'intérêt des Grecs vous l'aviez emporté.
Je vous sacrifiais mon rang, ma sûreté.
Arcas allait du camp vous défendre l'entrée :
Les dieux n'ont pas voulu qu'il vous ait rencontrée.
Ils ont trompé les soins d'un père infortuné
Qui protégeait en vain ce qu'ils ont condamné.
Ne vous assurez point sur ma faible puissance.
Quel frein pourrait d'un peuple arrêter la licence,
Quand les dieux, nous livrant à son zèle indiscret,
L'affranchissent d'un joug qu'il portait à regret ?
Ma fille, il faut céder. Votre heure est arrivée.
Songez bien dans quel rang vous êtes élevée.
Je vous donne un conseil qu'à peine je reçoi[1].
Du coup qui vous attend vous mourrez moins que moi.
Montrez, en expirant, de qui vous êtes née :
Faites rougir ces dieux qui vous ont condamnée.
Allez ; et que les Grecs, qui vont vous immoler,
Reconnaissent mon sang en le voyant couler.

RACINE, *Iphigénie*, IV, 4, 1674.

1. **Reçoi :** que j'accepte avec peine (orthographe ancienne, autorisée à la rime).

10 Étudiez cet extrait de comédie.

1. Quel caractère est ridiculisé ? Par quels procédés ?

2. Quel type de comique domine ici ? Précisez ses caractéristiques.

3. Montrez que Cléanthis crée elle-même, par son récit, une scène de comédie.

La servante Cléanthis reproche à sa maîtresse son comportement amoureux.

CLÉANTHIS. — Vous souvenez-vous d'un soir où vous étiez avec ce cavalier si bien fait ? J'étais dans la chambre ; vous vous entreteniez bas ; mais j'ai l'oreille fine : vous vouliez lui plaire sans faire semblant de rien ; vous parliez d'une femme qu'il voyait souvent. Cette femme-là est aimable, disiez-vous ; elle a les yeux petits, mais très doux ; et là-dessus vous ouvriez les vôtres, vous vous donniez des tons, des gestes de tête, de petites contorsions, des vivacités. Je riais. Vous réussîtes pourtant, le cavalier s'y prit ; il vous offrit son cœur. À moi ? lui dites-vous. Oui, Madame, à vous-même, à tout ce qu'il y a de plus aimable au monde. Continuez, folâtre, continuez, dites-vous, en ôtant vos gants sous prétexte de m'en demander d'autres. Mais vous avez la main belle ; il la vit, il la prit, il la baisa ; cela anima sa déclaration ; et c'était là les gants que vous demandiez. Eh bien, y suis-je ?

MARIVAUX, *L'Ile des esclaves*, scène 3, 1725.

11 Étudiez ce début de monologue.

1. À qui s'adresse ici successivement Auguste ? En quoi consiste la crise tragique à laquelle il est confronté ?

2. Quelle image tragique Auguste donne-t-il ici du pouvoir politique ?

3. Quelle est la part du destin dans le sort du héros ?

L'empereur de Rome, Auguste, vient d'apprendre que son ami Cinna complotait en vue de l'assassiner. Il se rappelle alors de quelle façon il a conquis le pouvoir.

AUGUSTE

Ciel, à qui voulez-vous désormais que je fie
Les secrets de mon âme, et le soin de ma vie ?
Reprenez le pouvoir que vous m'avez commis
Si donnant des sujets, il ôte les amis,
Si tel est le destin des grandeurs souveraines
Que leurs plus grands bienfaits n'attirent que des haines,
Et si votre rigueur les condamne à chérir
Ceux que vous animez à les faire périr.
Pour elles rien n'est sûr, qui peut tout, doit tout craindre.
Rentre en toi-même, Octave, et cesse de te plaindre,
Quoi, tu veux qu'on t'épargne et n'as rien épargné !
Songe aux fleuves de sang où ton bras s'est baigné,
De combien ont rougi les champs de Macédoine,
Combien en a versé la défaite d'Antoine,
Combien celle de Sexte, et revois tout d'un temps
Pérouse au sien noyée, et tous ses habitants.
Remets dans ton esprit après tant de carnages
De tes proscriptions les sanglantes images,
Où toi-même des tiens devenu le bourreau
Au sein de ton tuteur enfonças le couteau,
Et puis ose accuser le destin d'injustice
Quand tu vois que les tiens s'arment pour ton supplice,
Et que, par ton exemple à ta perte guidés,
Ils violent des droits que tu n'as pas gardés.

CORNEILLE, *Cinna*, IV, 2, 1640.

12 Étudiez dans l'extrait suivant :

1. le **comique de langage** : comment s'exprime M. Perrichon ? Quel registre est ici parodié ?

2. le **comique de caractère** : que comprend-on ici du personnage ? De quel type social Labiche fait-il la **satire** ?

3. le **comique de situation** : d'où provient-il ?

Pour séduire son futur beau-père, Daniel a fait semblant de tomber dans un précipice, lui donnant ainsi l'occasion de le « sauver »...

ARMAND. — Qu'est-il arrivé ?...

DANIEL. — Sans le courage de monsieur Perrichon...

PERRICHON, *vivement.* — Non, pas vous ! ne parlez pas !... (*Racontant.*) C'est horrible !... Nous étions sur la mer de Glace... Le mont Blanc nous regardait tranquille et majestueux...

DANIEL, *à part.* — Le récit de Théramène !

MADAME PERRICHON. — Mais dépêche-toi donc !

HENRIETTE. — Mon père !

PERRICHON. — Un instant, que diable ! Depuis cinq minutes nous suivions, tout pensifs, un sentier abrupt qui serpentait entre deux crevasses... de glace ! Je marchais le premier.

MADAME PERRICHON. — Quelle imprudence !

PERRICHON. — Tout à coup, j'entends derrière moi comme un éboulement ; je me retourne : monsieur venait de disparaître dans un de ces abîmes sans fond dont la vue seule fait frissonner...

MADAME PERRICHON, *impatientée.* — Mon ami...

PERRICHON. — Alors, n'écoutant que mon courage, moi, père de famille, je m'élance...

MADAME PERRICHON et HENRIETTE. — Ciel !

PERRICHON. — Sur le bord du précipice, je lui tends mon bâton ferré... Il s'y cramponne. Je tire... il tire... nous tirons, et, après une lutte insensée, je l'arrache au néant et je le ramène à la face du soleil, notre père à tous !... (*Il s'essuie le front avec son mouchoir.*)

HENRIETTE. — Oh ! papa !

MADAME PERRICHON. — Mon ami !

PERRICHON, *embrassant sa femme et sa fille.* — Oui, mes enfants, c'est une belle page...

ARMAND, *à Daniel.* — Comment vous trouvez-vous ?

DANIEL, *bas.* — Très bien ! ne vous inquiétez pas ! (*Il se lève.*) Monsieur Perrichon, vous venez de rendre un fils à sa mère...

PERRICHON, *majestueusement.* — C'est vrai !

DANIEL. — Un frère à sa sœur !

PERRICHON. — Et un homme à la société.

LABICHE, *Le Voyage de M. Perrichon*, II, 10, 1860.

VERS LA DISSERTATION

1. Reformulez en une phrase la **thèse** énoncée par Molière dans le texte suivant.

2. Développez l'analyse d'un **exemple** précis permettant d'illustrer et d'étayer cette thèse. Vous choisirez une comédie que vous connaissez.

3. Attend-on aujourd'hui le même **effet** des **spectacles comiques** ? Vous répondrez en vous appuyant sur des exemples pris dans différents spectacles que vous avez vus (théâtre, cinéma, sketchs, émissions télévisées).

Le théâtre a une grande vertu pour la correction. Les plus beaux traits d'une sérieuse morale sont moins puissants, le plus souvent, que ceux de la satire ; et rien ne reprend mieux la plupart des hommes que la peinture de leurs défauts. C'est une grande atteinte aux vices que de les exposer à la risée de tout le monde.

MOLIÈRE, préface de *Tartuffe*, 1664.

Chapitre 28

Le théâtre : texte et représentation

Objet d'étude (1re)

Le texte de théâtre est conçu pour être **représenté sur une scène** et **joué par des acteurs** qui incarnent les personnages. C'est alors qu'il peut livrer toutes ses significations.
Les **gestes** des personnages (texte A) et le **décor** de l'action (texte B) contribuent ainsi au sens de la pièce, qu'ils cherchent à produire l'**illusion théâtrale** ou au contraire à dénoncer les **conventions de la représentation**.

TEXTE A

Dom Juan, un grand seigneur, fait la cour à Charlotte, une jeune paysanne, à qui il vient de promettre le mariage. Survient Pierrot, le fiancé de Charlotte.

PIERROT, *se mettant entre deux et poussant Dom Juan.* — Tout doucement, Monsieur, tenez-vous, s'il vous plaît. Vous vous échauffez trop, et vous pourriez gagner la purésie[1].

DOM JUAN, *repoussant rudement Pierrot.* — Qui m'amène cet impertinent ?

PIERROT. — Je vous dis qu'ou vous tegniez, et qu'ou ne caressiais point nos accordées.

DOM JUAN *continue de le repousser.* — Ah ! que de bruit !

PIERROT. — Jerniquenne ! ce n'est pas comme ça qu'il faut pousser les gens.

CHARLOTTE, *prenant Pierrot par le bras.* — Et laisse-le faire aussi, Piarrot.

PIERROT. — Quement ? que je le laisse faire ? Je ne veux pas, moi.

DOM JUAN. — Ah !

PIERROT. — Testiguenne ! parce qu'ous estes Monsieu, ous viendrez caresser nos femmes à notre barbe ? Allez-v's-en caresser les vôtres.

DOM JUAN. — Heu ?

PIERROT. — Heu. (*Dom Juan lui donne un soufflet.*) Testigué ! ne me frappez pas. (*Autre soufflet.*) Oh ! jernigué ! (*Autre soufflet.*) Ventrequé ! (*Autre soufflet.*) Palsanqué ! Morquenne ! ça n'est pas bian de battre les gens, et ce n'est pas là la récompense de v's avoir sauvé d'estre nayé.

CHARLOTTE. — Piarrot, ne te fâche point.

PIERROT. — Je me veux fâcher ; et t'es une vilainte, toi, d'endurer qu'on te cajole.

1. **Purésie :** prononciation déformée pour *pleurésie*, maladie pulmonaire.

MOLIÈRE, *Dom Juan*, II, 3, 1665.

Des corps en mouvement

1. Quelles parties du texte indiquent les gestes et attitudes des personnages ? Quel type de mise en scène suggèrent-elles ?
2. Que signifient ces gestes et ces coups ? Que révèlent-ils des caractères en présence ? Des différences sociales entre les personnages ? Du genre de la pièce ?

TEXTE **B**

L'ANNONCIER, *sur la droite de la scène, montre avec sa canne, tel un conférencier, au tableau noir, le fait de sa baguette. Il s'exprime « naturellement ».* — Fixons, je vous prie, mes frères, les yeux sur ce point de l'Océan Atlantique qui est à quelques degrés au-dessous de la Ligne, à égale distance de l'Ancien et du Nouveau Continent. On a parfaitement bien représenté ici l'épave d'un navire démâté qui flotte au gré des courants. (*Il se dirige vers le milieu de la scène.*) Toutes les grandes constellations de l'un et de l'autre hémisphères, la Grande Ourse, la Petite Ourse, Cassiopée, Orion, la Croix du Sud, sont suspendues en bon ordre comme d'énormes girandoles[1] et comme de gigantesques panoplies autour du ciel. Je pourrais les toucher avec ma canne. Autour du ciel. (*Après avoir tracé un large moulinet cocasse avec sa canne, il se dirige vers la gauche.*) Et ici-bas un peintre qui voudrait représenter l'œuvre des pirates – des Anglais probablement – sur ce pauvre bâtiment espagnol, aurait précisément l'idée de ce mât, avec ses vergues et ses agrès, tombé tout au travers du pont, de ces canons culbutés, de ces écoutilles[2] ouvertes, de ces grandes taches de sang et de ces cadavres partout, spécialement de ce groupe de religieuses écroulées l'une sur l'autre. Au tronçon du grand mât est attaché un Père Jésuite, comme vous voyez, extrêmement grand et maigre. (*Il revient vers le milieu de la scène, déclamant.*) La soutane déchirée laisse voir l'épaule nue. Le voici qui parle comme il suit : *Seigneur, je vous remercie de m'avoir ainsi attaché…* Mais c'est lui qui va parler. (*Tout contre la boîte du souffleur, il se penche, confidentiel, vers le public.*) Écoutez bien, ne toussez pas et essayez de comprendre un peu. (*Il se dirige peu à peu vers la droite.*) C'est ce que vous ne comprendrez pas qui est le plus beau, c'est ce qui est le plus long qui est le plus intéressant et c'est ce que vous ne trouverez pas amusant qui est le plus drôle.

Sort l'Annoncier.

L'orchestre, qui jouait pianissimo, *gonfle soudain dans un énorme* crescendo *et retombe comme une vague qui déferle pour continuer* pianissimo.

Paul CLAUDEL, *Le Soulier de satin* (version pour la scène), Première journée, scène 1, © Éd. Gallimard, 1944.

1. **Girandoles :** gerbes.
2. **Écoutilles :** ouvertures pratiquées dans le pont d'un navire.

À voir et à entendre

1. Comment cette présentation met-elle en place le décor ? Crée-t-elle l'illusion d'un espace réel ?
2. Quelle est la fonction de cet « annoncier » ? Pourquoi s'adresse-t-il au public ? Quel effet l'auteur cherche-t-il à produire ainsi ?
3. À quoi voit-on qu'il s'agit ici d'une version réécrite par l'auteur « pour la scène » ?

DU TEXTE À LA REPRÉSENTATION

1. Comment ces deux textes font-ils apparaître la différence entre les paroles prononcées par les acteurs et les indications de mise en scène ?
2. Ces indications sont-elles contraignantes ? Le metteur en scène peut-il encore jouer un rôle actif en vue d'une représentation ? Dans quels domaines ?

28. Le théâtre : texte et représentation

Objet d'étude (1re)

La pièce de théâtre ne se réduit pas au langage verbal. Elle communique des informations et produit des effets par toutes les composantes du spectacle. Au texte des **répliques** (qui fixe par écrit le discours des personnages) s'ajoutent au moment de la représentation des **éléments visuels** (gestes, objets, décor, éclairage...) et **sonores** (intonations, bruits, musique, chansons...).
L'auteur dramatique écrit le **texte** en vue de la **représentation**, mais laisse toujours une marge de liberté au **metteur en scène** et aux **acteurs** qui s'approprieront l'œuvre pour la faire vivre sur scène.

1 LE TEXTE THÉÂTRAL

• Le langage dramatique

– Il tient compte des impératifs de la représentation. Qu'il soit en **prose** ou en **vers**, il obéit à des **normes** éloignées de celles de la communication réelle, et ne constitue pas une imitation du langage ordinaire.

– Ce langage est caractérisé par la **double énonciation** : les **personnages** dialoguent entre eux, mais leur discours vient d'un autre locuteur, l'**auteur**, qui s'adresse ainsi indirectement au **public**.

– Le langage dramatique recherche l'**efficacité** : concentration des effets, densité et concision, mise en valeur de l'essentiel, rythme serré, parole étroitement liée à l'action.

• Les paroles des personnages

Elles se présentent le plus souvent sous la forme de **répliques**, paroles échangées dans le **dialogue**. Différents cas particuliers peuvent se rencontrer.

– **La stichomythie** est l'échange de répliques symétriques (vers par vers ou ligne par ligne) entre deux personnages, dans une situation généralement tendue ou conflictuelle.

– **La tirade** est un long développement prononcé par un seul personnage, souvent sous l'effet de sentiments intenses, devant d'autres personnages.

– **L'aparté** est une réplique prononcée à voix haute, que le personnage est censé s'adresser à lui-même, « à part », mais qu'il adresse en même temps au public.

– **Le récit** est une tirade dans laquelle un personnage raconte les événements qui ne peuvent pas être exposés sur la scène (batailles, assassinats...), soit par impossibilité matérielle, soit par bienséance.

– **Le quiproquo** est une méprise : un personnage ou un objet est pris pour un autre. Procédé fréquent au théâtre, il permet des rebondissements comiques ou dramatiques.

– **Le monologue** n'est pas une réplique, mais le discours d'un personnage seul sur scène, qui présente au public ses pensées, ses doutes, ses projets. Le théâtre classique en fait un large emploi.

• Les didascalies

Elle composent la partie du texte de théâtre qui n'est pas prononcée par les acteurs. Ce sont des **indications**, généralement données en italiques, utiles

L'ÉVOLUTION DES GENRES DRAMATIQUES

• À l'âge classique, la distinction est nettement établie entre **tragédie et comédie** (→ ch. 27), même s'il existe des formes différentes (*Le Cid* est une « tragicomédie »).

• Aux XVIIIe et XIXe siècles, le **drame bourgeois** (Diderot, Mercier) puis le **drame romantique** (Hugo, Musset) recherchent plus de liberté dans le mélange des registres.

• Au XXe siècle, il n'y a **plus de « genre dramatique »** de référence : Ionesco appelle ses pièces « farce tragique » ou « drame comique » pour rejeter les catégories traditionnelles.

pour la lecture autant que pour la représentation de la pièce : elles signalent le nom du personnage qui parle, mentionnent le découpage en actes et scènes, et donnent des précisions de mise en scène. Rares au XVIIe et au XVIIIe siècle, elles prennent plus d'importance au XXe siècle.

2 LA REPRÉSENTATION THÉÂTRALE

La représentation constitue un **langage non verbal**, qui possède ses conventions et contribue à la signification de la pièce.

• L'espace dramatique

– Dans le théâtre classique, l'action se déroule dans un espace scénique restreint : salle de palais pour la tragédie, intérieur bourgeois pour la comédie. **Le drame romantique** innove, au XIXe siècle, en proposant une grande diversité de lieux scéniques.

– **L'espace dramatique** ne se limite pas à l'espace scénique que le spectateur a sous les yeux : il englobe tous les autres **lieux évoqués** par les personnages. Ces lieux peuvent être réels ou fictifs. Ils ont souvent une dimension **symbolique**.

– **La scène**, espace où évoluent les acteurs, est pourvue d'un **décor**. Tantôt on a recours à des dispositifs scéniques complexes, tantôt à un décor très simple ou inexistant. Si l'on cherche l'illusion théâtrale, le décor sera riche d'**accessoires** divers (meubles, objets…).

▲ Théâtre royal de Turin.
(Museo civico di Torino, Turin.)

• Le temps dramatique

– Le **temps de la représentation** (la durée du spectacle) est nécessairement inférieur au **temps de l'action** (la durée de la fiction dramatique). La règle de l'unité de temps rapproche ces deux temporalités, sans les faire coïncider.

– L'auteur dramatique doit donc **concentrer** l'action en ne gardant que les scènes décisives pour son déroulement. Le **rythme** est essentiel à l'intérêt dramatique : l'action tend vers son **dénouement**, pressenti ou connu.

• Le rôle du metteur en scène

– Le théâtre est un **spectacle total** que le metteur en scène **coordonne**. Jeu des acteurs, décors, costumes, lumières : toutes ces composantes de la représentation sont dirigées et harmonisées par le metteur en scène.

– Les **bruitages** sont réglés en fonction des besoins de la représentation. Les mises en scène modernes font quelquefois intervenir la **musique** comme accompagnement de l'action.

– Au XXe siècle, le metteur en scène joue un rôle croissant, car il propose sa propre **lecture** de la pièce : il fait résonner le texte ancien en fonction des problèmes actuels. La richesse d'un texte de théâtre se manifeste quand chaque génération peut en proposer des **interprétations** nouvelles.

• Le jeu des acteurs

La voix est l'instrument principal des acteurs. Le **débit** (rythme et intensité) et les **intonations** (douces, agressives, plaintives, insinuantes, autoritaires…) contribuent à la signification. Les **déplacements** sur la scène sont minutieusement réglés. La **gestuelle** souligne le sens des répliques prononcées.

L'ESPACE THÉÂTRAL

• Dans le **théâtre à l'italienne** (voir ci-dessus), la salle (orchestre, parterre, loges) est séparée des acteurs par la rampe et le rideau, ce qui renforce l'**illusion théâtrale**.

• Sur les **scènes modernes**, on multiplie les dispositifs originaux (acteurs mêlés au public, refus du décor en trompe-l'œil…). La séparation n'est pas toujours aussi marquée entre salle et scène.

Exercices

ÉTAPE 1

1 Repérez les didascalies dans l'extrait suivant, et classez-les selon leur fonction.

Nagg et Nell, les vieux parents de Hamm, vivent dans deux poubelles.

(Nagg frappe sur le couvercle de l'autre poubelle. Un temps. Il frappe plus fort. Le couvercle se soulève, les mains de Nell apparaissent, accrochées au rebord, puis la tête émerge. Bonnet de dentelle. Teint très blanc.)

NELL. — Qu'est-ce que c'est, mon gros ? (*Un temps.*) C'est pour la bagatelle ?
NAGG. — Tu dormais ?
NELL. — Oh non !
NAGG. — Embrasse.
NELL. — On ne peut pas.
NAGG. — Essayons.

(Les têtes avancent péniblement l'une vers l'autre, n'arrivent pas à se toucher, s'écartent.)

NELL. — Pourquoi cette comédie, tous les jours ?
Un temps.

BECKETT, *Fin de partie*, © Éd. de Minuit, 1957.

2 Que signifie le décor suivant ? Quelles informations donne-t-il sur l'intrigue qui va commencer ?

Ces indications figurent dans le texte au début de l'Acte I, avant les premières répliques.

Le salon de Danaé dans le palais du roi, à Madrid. Ameublement magnifique dans le goût demi-flamand du temps de Philippe IV. À gauche, une grande fenêtre à châssis dorés et à petits carreaux. Des deux côtés, sur un pan coupé, une porte basse donnant dans quelque appartement intérieur. Au fond, une grande cloison vitrée à châssis dorés s'ouvrant par une large porte également vitrée sur une longue galerie. Cette galerie, qui traverse tout le théâtre, est masquée par d'immenses rideaux qui tombent du haut en bas de la cloison vitrée. Une table, un fauteuil, et ce qu'il faut pour écrire.

HUGO, *Ruy Blas*, Acte I, scène 1, 1838.

3 Comparez la longueur des répliques dans les textes suivants. Comment est-elle justifiée dans chaque cas (par les personnages, le registre, la situation dramatique…) ?

a. *(La maison d'Ubu.)*

GIRON, PILE, COTICE, PÈRE UBU, MÈRE UBU, *conjurés et soldats*, CAPITAINE BORDURE

PÈRE UBU. — Eh ! mes bons amis, il est grand temps d'arrêter le plan de la conspiration. Que chacun donne son avis. Je vais d'abord donner le mien, si vous le permettez.
CAPITAINE BORDURE. — Parlez, Père Ubu.
PÈRE UBU. — Eh bien, mes amis, je suis d'avis d'empoisonner simplement le roi en lui fourrant de l'arsenic dans son déjeuner. Quand il voudra le brouter il tombera mort, et ainsi je serai roi.
TOUS. — Fi, le sagouin !
PÈRE UBU. — Eh quoi, cela ne vous plaît pas ? Alors, que Bordure donne son avis.
CAPITAINE BORDURE. — Moi, je suis d'avis de lui ficher un grand coup d'épée qui le fendra de la tête à la ceinture.
TOUS. — Oui ! voilà qui est noble et vaillant.

JARRY, *Ubu Roi*, I, 7, 1896.

b. PHILIPPE. — Si tu n'as vu que le mal, je te plains, mais je ne puis te croire. Le mal existe, mais non pas sans le bien ; comme l'ombre existe, mais non sans la lumière.
LORENZO. — Tu ne veux voir en moi qu'un mépriseur d'hommes, c'est me faire injure. Je sais parfaitement qu'il y en a de bons. Mais à quoi servent-ils ? que font-ils ? comment agissent-ils ? Qu'importe que la conscience soit vivante, si le bras est mort ? Il y a de certains côtés par où tout devient bon : un chien est un ami fidèle ; on peut trouver en lui le meilleur des serviteurs, comme on peut voir aussi qu'il se roule sur les cadavres, et que la langue avec laquelle il lèche son maître sent la charogne d'une lieue. Tout ce que j'ai à voir, moi, c'est que je suis perdu, et que les hommes n'en profiteront pas plus qu'ils ne me comprendront.

MUSSET, *Lorenzaccio*, III, 3, 1834.

ÉTAPE 2

4 Lisez cet extrait d'une scène d'exposition.

1. Comment l'auteur informe-t-il le spectateur par l'intermédiaire de ses personnages ? Qu'apprend-on ici sur leur compte ?

2. Quelles indications de mise en scène les didascalies fournissent-elles ? Que suggèrent les éléments de symétrie et de dissymétrie ?

Par la droite, apparaît Jean ; en même temps, par la gauche, apparaît Bérenger. Jean est très soigneusement vêtu : costume marron, cravate rouge, faux col amidonné, chapeau marron. Il est un peu rougeaud de figure. Il a des souliers jau-

nes, bien cirés ; Bérenger n'est pas rasé, il est tête nue, les cheveux mal peignés, les vêtements chiffonnés ; tout exprime chez lui la négligence, il a l'air fatigué, somnolent ; de temps à autre, il bâille.

JEAN, *venant de la droite.* — Vous voilà tout de même, Bérenger.

BÉRENGER, *venant de la gauche.* — Bonjour, Jean.

JEAN. — Toujours en retard, évidemment ! (*Il regarde sa montre-bracelet.*) Nous avions rendez-vous à onze heures trente. Il est bientôt midi.

BÉRENGER. — Excusez-moi. Vous m'attendez depuis longtemps ?

JEAN. — Non. J'arrive, vous voyez bien.

Ils vont s'asseoir à une des tables de la terrasse du café.

BÉRENGER. — Alors, je me sens moins coupable, puisque… vous-même…

JEAN. — Moi, c'est pas pareil, je n'aime pas attendre, je n'ai pas de temps à perdre. Comme vous ne venez jamais à l'heure, je viens exprès en retard, au moment où je suppose avoir la chance de vous trouver.

BÉRENGER. — C'est juste… c'est juste, pourtant…

JEAN. — Vous ne pouvez affirmer que vous venez à l'heure convenue !

BÉRENGER. — Évidemment… je ne pourrais l'affirmer.

Jean et Bérenger se sont assis.

JEAN. — Vous voyez bien.

IONESCO, *Rhinocéros*, I, © Éd. Gallimard, 1959.

5 Continuez le **dialogue** entre les deux personnages du texte précédent (exercice 4), qui discutent de l'alcoolisme de Bérenger. Vous respecterez le ton et le niveau de langue de chaque personnage.

6 Étudiez le texte et le document suivants.

1. Quels aspects du texte cette **mise en scène** met-elle en valeur ?

2. À quel **type de jeu de scène** les didascalies du texte invitent-elles ?

3. Analysez le **personnage** de Pozzo : quel rapport y a-t-il entre ses **paroles** et ses **gestes** ?

a. *Vladimir et Estragon sont au bord de la route quand survient bruyamment Pozzo, accompagné de son serviteur Lucky, qu'il tient par une corde. Lucky vient de tomber.*

POZZO. — La route est à tout le monde.

VLADIMIR. — C'est ce qu'on se disait.

POZZO. — C'est une honte, mais c'est ainsi.

ESTRAGON. — On n'y peut rien.

POZZO (*d'un geste large*). — Ne parlons plus de ça. (*Il tire sur la corde.*) Debout ! (*Un temps.*) Chaque fois qu'il tombe il s'endort. (*Il tire sur la corde.*) Debout, charogne ! (*Bruit de Lucky qui se relève et ramasse ses affaires. Pozzo tire sur la corde.*) Arrière ! (*Lucky entre à reculons.*) Arrêt ! (*Lucky s'arrête.*) Tourne ! (*Lucky se retourne. À Vladimir et Estragon, affablement.*) Mes amis, je suis heureux de vous avoir rencontrés. (*Devant leur expression incrédule.*) Mais oui, sincèrement heureux. (*Il tire sur la corde.*) Plus près ! (*Lucky avance.*) Arrêt ! (*Lucky s'arrête. À Vladimir et Estragon.*) Voyez-vous, la route est longue quand on chemine tout seul pendant… (*il regarde sa montre*)… pendant (*il calcule*)… six heures, oui, c'est bien ça, six heures à la file, sans rencontrer âme qui vive. (*À Lucky.*) Manteau ! (*Lucky dépose la valise, avance, donne le manteau, recule, reprend la valise.*) Tiens ça. (*Pozzo lui tend le fouet, Lucky avance et, n'ayant plus de mains, se penche et prend le fouet entre ses dents, puis recule. Pozzo commence à mettre son manteau, s'arrête.*) Manteau ! (*Lucky dépose tout, avance, aide Pozzo à mettre son manteau, recule, reprend tout.*) Le fond de l'air est frais. (*Il finit de boutonner son manteau, se penche, s'inspecte, se relève.*) Fouet ! (*Lucky avance, se penche, Pozzo lui arrache le fouet de la bouche, Lucky recule.*) Voyez-vous, mes amis, je ne peux me passer longtemps de la société de mes semblables, (*il regarde les deux semblables*) même quand ils ne me ressemblent qu'imparfaitement.

BECKETT, *En attendant Godot*, I, © Éd. de Minuit, 1952.

b.

▲ Représentation théâtrale d'*En attendant Godot* de BECKETT. (Théâtre de Gennevilliers, septembre 2002.)

Exercices

Étape 3

7 Lisez la scène suivante.

1. Que **comprend** le spectateur, que le valet naïf ne comprend pas ?

2. Quelles **révélations indirectes** cette scène donne-t-elle ? À la Comtesse ? Au public ?

3. Quelle est la **fonction dramatique du portrait** ?

Le valet Arlequin vient rendre à la Comtesse une boîte de portrait. Mais son maître Lélio, qui est amoureux de la Comtesse, a gardé le portrait.

ARLEQUIN. — C'est pour vous mirer[1] quand il ne vous voit plus ; il dit que ce portrait ressemble à une cousine qui est morte, et qu'il aimait beaucoup. Il m'a défendu d'en rien dire, et de vous faire accroire qu'il est perdu ; mais il faut bien vous donner de la marchandise pour votre argent[2]. *Motus !* le pauvre homme en tient.

COLOMBINE. — Madame, la cousine dont il parle peut être morte, mais la cousine qu'il ne dit pas se porte bien, et votre cousin n'est pas votre parent.

ARLEQUIN *riant*. — Eh ! eh ! eh !

LA COMTESSE. — De quoi ris-tu ?

ARLEQUIN. — De ce drôle de cousin : mon maître croit bonnement qu'il garde le portrait à cause de la cousine, et il ne sait pas que c'est à cause de vous ; cela est risible, il fait des quiproquos d'apothicaire.

LA COMTESSE. — Eh ! que sais-tu si c'est à cause de moi ?

ARLEQUIN. — Je vous dis que la cousine est un conte à dormir debout. Est-ce qu'on dit des injures à la copie d'une cousine qui est morte ?

COLOMBINE. — Comment, des injures ?

ARLEQUIN. — Oui ; je l'ai laissé là-bas qui se fâche contre le visage de Madame ; il le querelle tant qu'il peut de ce qu'il aime. Il y a à mourir de rire de le voir faire. Quelquefois il met de bons gros soupirs au bout des mots qu'il dit. Oh ! de ces soupirs-là, la cousine défunte n'en tâte que d'une dent.

LA COMTESSE. — Colombine, il faut absolument qu'il me rende mon portrait, cela est de conséquence[3] pour moi : je vais le lui demander. Je ne souffrirai pas mon portrait entre les mains d'un homme. Où se promène-t-il ?

ARLEQUIN. — De ce côté-là ; vous le trouverez sans faute à droite ou à gauche.

MARIVAUX, *La Surprise de l'amour*, III, 3, 1722.

1. **Mirer :** regarder.
2. **Pour votre argent :** la Comtesse vient de lui donner une pièce.
3. **De conséquence :** d'importance.

8 Analysez l'extrait suivant.

1. Pourquoi l'auteur a-t-il recours à un **monologue** ? Quelles sont les différentes **fonctions** de celui-ci ?

2. Comment ce monologue est-il **construit** ? Repérez ses séquences successives.

3. Pourquoi ce monologue est-il **théâtral**, en dépit de sa longueur ? Par quels procédés l'auteur l'anime-t-il ?

SCÈNE IV

FADINARD, *seul*.

Enfin… dans une heure, je serai marié… Je n'entendrai plus mon beau-père me crier à chaque instant : « Mon gendre, tout est rompu !… » — Vous êtes-vous trouvé quelquefois en relations avec un porc-épic ? Tel est mon beau-père !… J'ai fait sa connaissance dans un omnibus… Son premier mot fut un coup de pied… J'allais lui répondre un coup de poing, quand un regard de sa fille me fit ouvrir la main… et je passai ses six gros sous au conducteur. — Après ce service, il ne tarda pas à m'avouer qu'il était pépiniériste à Charentonneau… — Voyez comme l'amour rend ingénieux… Je lui dis : « Monsieur, vendez-vous de la graine de carottes ? » — Il me répondit : « Non, mais j'ai de bien beaux géraniums. » — Cette réponse fut un éclair. « Combien le pot ? — Quatre francs. — Marchons ! » — Arrivés chez lui, je choisis quatre pots (c'était justement la fête de mon portier), et je lui demande la main de sa fille. — « Qui êtes-vous ? — J'ai vingt-deux francs de rente… — Sortez ! — Par jour ! — Asseyez-vous donc ! » — Admirez-vous la laideur de son caractère ! — À partir de ce moment, je fus admis à partager sa soupe aux choux en compagnie du cousin Bobin, un grand dadais qui a la manie d'embrasser tout le monde… surtout ma femme... On me répond à ça : « Bah ! ils ont été élevés ensemble ! » — ce n'est pas une raison… Et une fois marié… — Marié !!! (*Au public.*) Êtes-vous comme moi ?… Ce mot me met une fourmi à chaque pointe de cheveu… Il n'y a pas à dire... dans une heure, je le serai (*Vivement.*) marié !…

LABICHE, *Un chapeau de paille d'Italie*, I, 4, 1851.

9 Imaginez une **mise en scène** du texte précédent, sous la forme d'indications précises données à l'acteur qui jouera Fadinard.

10 Étudiez l'extrait suivant.

1. Relevez toutes les indications qui précisent la disposition des **personnages dans l'espace** et les conditions visuelles de la scène.

2. Quel est l'**enjeu dramatique** de cette situation ? Pourquoi l'obscurité est-elle favorable à Cyrano ? Et à l'**intérêt théâtral** de la scène ?

3. Quelles **répliques** prennent pour le public un sens qui échappe à Roxane ? Expliquez-les.

Cyrano, au physique disgracié mais à l'âme de poète, prend la parole à la place de son ami Christian, dans l'ombre, sous le balcon de la belle Roxane : il lui fait une déclaration d'amour en se faisant passer pour Christian, qui est présent lui aussi mais incapable de s'exprimer avec élégance. Or Cyrano aussi aime la jeune femme…

ROXANE, *avec un mouvement.*
Je descends !

CYRANO, *vivement.*
Non !

ROXANE, *lui montrant le banc qui est sous le balcon.*
Grimpez sur le banc, alors,
[vite !

CYRANO, *reculant avec effroi dans la nuit.*
Non !

ROXANE
Comment… non ?

CYRANO, *que l'émotion gagne de plus en plus.*
Laissez un peu que l'on
[profite…
De cette occasion qui s'offre… de pouvoir
Se parler doucement sans se voir.

ROXANE
Sans se voir ?

CYRANO
Mais oui, c'est adorable. On se devine à peine.
Vous voyez la noirceur d'un long manteau qui traîne,
J'aperçois la blancheur d'une robe d'été :
Moi je ne suis qu'une ombre, et vous qu'une clarté !
Vous ignorez pour moi ce que sont ces minutes !
Si quelquefois je fus éloquent…

ROXANE
Vous le fûtes !

CYRANO
Mon langage jamais jusqu'ici n'est sorti
De mon vrai cœur…

ROXANE
Pourquoi ?

CYRANO
Parce que… jusqu'ici
Je parlais à travers…

ROXANE
Quoi ?

CYRANO
... le vertige où tremble
Quiconque est sous vos yeux !… Mais, ce soir,
[il me semble…
Que je vais vous parler pour la première fois !

ROXANE
C'est vrai que vous avez une tout autre voix.

CYRANO, *se rapprochant avec fièvre.*
Oui, tout autre, car dans la nuit qui me protège
J'ose être enfin moi-même, et j'ose…

Il s'arrête et, avec égarement.

Où en
[étais-je ?
Je ne sais… tout ceci, — pardonnez mon émoi, —
C'est si délicieux… c'est si nouveau pour moi !

Edmond ROSTAND,
Cyrano de Bergerac, III, 7. 1897.

11 Étudiez le texte suivant.

1. Quel sens l'auteur donne-t-il ici à l'expression « théâtre total » ?

2. Dans quelle mesure une œuvre théâtrale est-elle riche « d'autres réponses et surtout d'autres questions possibles » à la faveur de **nouvelles mises en scène** ? Discutez cette affirmation.

L'œuvre théâtrale s'élabore non seulement dans le silence et la solitude du cabinet, mais encore au théâtre même, par la collaboration de l'auteur, du « dramaturge », du metteur en scène et des acteurs. Peut-être est-ce dans cette direction qu'il faut chercher ce dont on ne cesse de rêver sous l'expression de « théâtre total » (cette fois, il serait total non en raison de la fusion des moyens d'expression scénique, mais du fait de son élaboration collective). Une telle œuvre théâtrale ne saurait non plus demeurer close, fermée jalousement sur ses propres significations. Elle n'existe que par ce qu'elle signifie pour un public donné dans un lieu et à un moment précis. En même temps, elle est indéfiniment modifiable : elle est riche d'autres sens, d'autres réponses et surtout d'autres questions possibles.

Bernard DORT, *Théâtre réel*, © Éd. du Seuil, 1971.

Corpus BAC

Objet d'étude

Le théâtre : texte et représentation

A HUGO, *Hernani*, V, 6, 1830.

B BECKETT, *En attendant Godot*, II, 1952.

TEXTE A

Le proscrit Hernani et la belle Doña Sol, après bien des épreuves, sont enfin mariés. Mais le soir de leurs noces, Don Ruy Gomez, amoureux de Doña Sol, vient exiger d'Hernani qu'il se suicide, comme celui-ci s'y était engagé sur l'honneur. Il lui apporte une fiole de poison. Doña Sol cherche alors à s'emparer du poison, pour mourir avec Hernani. C'est la dernière scène de la pièce : les deux héros mourront peu après.

DOÑA SOL

Non, non, je ne veux pas, mon amour, que tu meures !
Non, je ne le veux pas.
(*À Don Ruy.*)
Faites grâce aujourd'hui !
Je vous aimerai bien aussi, vous.

DON RUY GOMEZ

Après lui !
De ces restes d'amour, d'amitié, — moins encore,
Croyez-vous apaiser la soif qui me dévore ?
(*Montrant Hernani.*)
Il est seul ! il est tout ! Mais moi, belle pitié !
Qu'est-ce que je peux faire avec votre amitié ?
Ô rage ! il aurait, lui, le cœur, l'amour, le trône,
Et d'un regard de vous il me ferait l'aumône !
Et s'il fallait un mot à mes vœux insensés,
C'est lui qui vous dirait : — Dis cela, c'est assez ! —
En maudissant tout bas le mendiant avide
Auquel il faut jeter le fond du verre vide !
Honte ! dérision ! Non. Il faut en finir.
Bois.

HERNANI

Il a ma parole et je dois la tenir.

DON RUY GOMEZ

Allons !
Hernani approche la fiole de ses lèvres. Doña Sol se jette sur son bras.

DOÑA SOL

Oh ! pas encor ! Daignez tous deux m'entendre !

DON RUY GOMEZ

Le sépulcre est ouvert, et je ne puis attendre.

DOÑA SOL

Un instant ! — Monseigneur ! — Mon don Juan ! — Ah ! [tous deux
Vous êtes bien cruels ! Qu'est-ce que je veux d'eux ?
Un instant ! voilà tout, tout ce que je réclame ! —
Enfin on laisse dire à cette pauvre femme
Ce qu'elle a dans le cœur !... — Oh ! laissez-moi parler !

DON RUY GOMEZ, *à Hernani.*

J'ai hâte.

DOÑA SOL

Messeigneurs, vous me faites trembler !
Que vous ai-je donc fait ?

HERNANI

Ah ! son cri me déchire.

DOÑA SOL, *lui retenant toujours le bras.*

Vous voyez bien que j'ai mille choses à dire !

DON RUY GOMEZ, *à Hernani.*

Il faut mourir.

DOÑA SOL, *toujours pendue au bras d'Hernani.*

Don Juan, lorsque j'aurai parlé,
Tout ce que tu voudras, tu le feras.
(*Elle lui arrache la fiole.*)
Je l'ai !

Victor HUGO, *Hernani*, V, 6, 1830.

TEXTE B

Vladimir et Estragon, deux vagabonds, attendent un mystérieux personnage nommé Godot, qui doit les tirer de leur misère. Mais à la fin de la pièce, Godot n'est pas venu.

ESTRAGON. — Viens voir. (*Il entraîne Vladimir vers l'arbre. Ils s'immobilisent devant. Silence.*) Et si on se pendait ?
VLADIMIR. — Avec quoi ?
ESTRAGON. — Tu n'as pas un bout de corde ?
VLADIMIR. — Non.
ESTRAGON. — Alors on ne peut pas.
VLADIMIR. — Allons-nous-en.
ESTRAGON. — Attends, il y a ma ceinture.
VLADIMIR. — C'est trop court.
ESTRAGON. — Tu tireras sur mes jambes.
VLADIMIR. — Et qui tirera sur les miennes ?
ESTRAGON. — C'est vrai.
VLADIMIR. — Fais voir quand même. (*Estragon dénoue la corde qui maintient son pantalon.*

Celui-ci, beaucoup trop large, lui tombe autour des chevilles. Ils regardent la corde.) À la rigueur ça pourrait aller. Mais est-elle solide ?

ESTRAGON. — On va voir. Tiens.

Ils prennent chacun un bout de la corde et tirent. La corde se casse. Ils manquent de tomber.

VLADIMIR. — Elle ne vaut rien.

Silence.

ESTRAGON. — Tu dis qu'il faut revenir demain ?

VLADIMIR. — Oui.

ESTRAGON. — Alors on apportera une bonne corde.

VLADIMIR. — C'est ça.

Silence.

ESTRAGON. — Didi.

VLADIMIR. — Oui.

ESTRAGON. — Je ne peux plus continuer comme ça.

VLADIMIR. — On dit ça.

ESTRAGON. — Si on se quittait ? Ça irait peut-être mieux.

VLADIMIR. — On se pendra demain. (*Un temps.*) À moins que Godot ne vienne.

ESTRAGON. — Et s'il vient ?

VLADIMIR. — Nous serons sauvés.

Vladimir enlève son chapeau — celui de Lucky —, regarde dedans, y passe la main, le secoue, le remet.

ESTRAGON. — Alors, on y va ?

VLADIMIR. — Relève ton pantalon.

ESTRAGON. — Comment ?

VLADIMIR. — Relève ton pantalon.

ESTRAGON. — Que j'enlève mon pantalon ?

VLADIMIR. — RE-lève ton pantalon.

ESTRAGON. — C'est vrai.

Il relève son pantalon. Silence.

VLADIMIR. — Alors, on y va ?

ESTRAGON. — Allons-y.

Ils ne bougent pas.

RIDEAU

BECKETT,
En attendant Godot, II, © Éd. de Minuit, 1952.

◆ QUESTION SUR LES TEXTES

Dans ces deux extraits, quelle est la fonction des gestes et des objets ?

◆ SUJETS D'ÉCRITURE

1. Commentaire

Vous commenterez le texte de Hugo (texte A).

2. Dissertation

Qu'attendez-vous du dénouement d'une pièce de théatre ? Vous développerez votre réponse personnelle en vous appuyant sur les textes du corpus et sur les autres pièces de théâtre que vous connaissez.

3. Invention

Choisissez l'une de ces deux scènes. Vous exposerez et justifierez vos choix pour la mise en scène de ce texte, sous la forme d'une notice accompagnant le programme de la représentation.

Chapitre 29

La poésie

Objet d'étude (1re)

La poésie s'est d'abord distinguée par sa **forme** codifiée (strophes, vers, rimes…), avant de se tourner vers les voies nouvelles de la **modernité**. Du vers (texte A) à la prose (textes B et C), comment se caractérise alors un texte poétique ? À travers des formes variées, il révèle ici les **pouvoirs du langage** par la **voix** d'un « je » toujours surprenant.

TEXTE A

La musique

La musique souvent me prend comme une mer !
Vers ma pâle étoile,
Sous un plafond de brume ou dans un vaste éther,
Je mets à la voile ;

La poitrine en avant et les poumons gonflés
Comme de la toile,
J'escalade le dos des flots amoncelés
Que la nuit me voile ;

Je sens vibrer en moi toutes les passions
D'un vaisseau qui souffre ;
Le bon vent, la tempête et ses convulsions

Sur l'immense gouffre
Me bercent. D'autres fois, calme plat, grand miroir
De mon désespoir !

Charles Baudelaire, *Les Fleurs du mal*, « Spleen et idéal », LXIX, 1857.

Rythmes et correspondances

1. Observez la disposition des vers. Quel rythme et quel mouvement donne-t-elle au poème ? Quel rapport a-t-elle avec le sens ?
2. À quoi le poète se compare-t-il ? Quelles contradictions intérieures cette image permet-elle d'exprimer ?

TEXTE B

Aube

J'ai embrassé l'aube d'été.

Rien ne bougeait encore au front des palais. L'eau était morte. Les camps d'ombres ne quittaient pas la route du bois. J'ai marché, réveillant les haleines vives et tièdes, et les pierreries regardèrent, et les ailes se levèrent sans bruit.

La première entreprise fut, dans le sentier déjà empli de frais et blêmes éclats, une fleur qui me dit son nom.

Je ris au wasserfall[1] blond qui s'échevela à travers les sapins : à la cime argentée je reconnus la déesse.

Alors je levai un à un les voiles. Dans l'allée, en agitant les bras. Par la plaine, où je l'ai dénoncée au coq. À la grand'ville elle fuyait parmi les clochers et les dômes, et courant comme un mendiant

1. **Wasserfall :** cascade (mot allemand).

Magie du langage

1. Quel effet la brièveté des paragraphes a-t-elle sur le rythme et la progression du poème ?
2. Relevez les verbes et les noms qui se rapportent au « je ». Quelle image du poète se dégage ?

sur les quais de marbre, je la chassais.

En haut de la route, près d'un bois de lauriers, je l'ai entourée avec ses voiles amassés, et j'ai senti un peu son immense corps. L'aube et l'enfant tombèrent au bas du bois.

Au réveil il était midi.

Arthur RIMBAUD, *Illuminations*, 1886.

TEXTE **C**

INTERVENTION

Autrefois, j'avais trop le respect de la nature. Je me mettais devant les choses et les paysages et je les laissais faire.

Fini, maintenant *j'interviendrai.*

J'étais donc à Honfleur et je m'y ennuyais. Alors résolument j'y mis du chameau. Cela ne paraît pas fort indiqué. N'importe, c'était mon idée. D'ailleurs je la mis à exécution avec la plus grande prudence. Je les introduisis d'abord les jours de grande affluence, le samedi sur la place du Marché. L'encombrement devint indescriptible et les touristes disaient : « Ah ! ce que ça pue ! Sont-ils sales les gens d'ici ! » L'odeur gagna le port et se mit à terrasser celle de la crevette. On sortait de la foule plein de poussières et de poils d'on ne savait quoi.

Et, la nuit, il fallait entendre les coups de pattes des chameaux quand ils essayaient de franchir les écluses, gong ! gong ! sur le métal et les madriers !

L'envahissement par les chameaux se fit avec suite et sûreté.

On commençait à voir les Honfleurais loucher à chaque instant avec ce regard soupçonneux si spécial aux chameliers, quand ils inspectent leur caravane pour voir si rien ne manque et si on peut continuer à faire route ; mais je dus quitter Honfleur le quatrième jour.

J'avais lancé également un train de voyageurs. Il partait à toute allure de la Grand'Place, et résolument s'avançait sur la mer sans s'inquiéter de la lourdeur du matériel ; il filait en avant, sauvé par la foi.

Dommage que j'aie dû m'en aller, mais je doute fort que le calme renaisse tout de suite en cette petite ville de pêcheurs de crevettes et de moules.

Henri MICHAUX, in *La nuit remue*, © Éd. Gallimard, 1930.

Invention et intervention poétiques

1. Comment le texte combine-t-il étrangeté et univers familier ?
2. Dans quelle mesure cette « intervention » peut-elle représenter l'attitude du poète devant le monde ?

IMAGES DU POÈTE ET POUVOIRS DE LA POÉSIE

Comparez ces différentes figures de poètes. Quelle définition de la poésie pourrait s'appliquer à ces trois textes ?

29. La poésie

Objet d'étude (1re)

Pour le poète, le texte n'est pas seulement un moyen de communication mais une source de jeu, de plaisir et de réflexion sur l'écriture. Le **texte poétique** — qu'il soit en vers ou en prose — résulte d'un travail particulier sur les **rythmes** et les **figures de style**. En témoignent les **formes variées** adoptées par les poètes à travers l'Histoire. Par son pouvoir d'invention du langage, le poème enrichit notre vision du monde en donnant à entendre une **voix singulière**.

1 QU'EST-CE QU'UN TEXTE POÉTIQUE ?

• Comment lire le poème ?

Le texte poétique est un **texte étrange**, pour trois raisons.

– La poésie crée une **distance** entre elle et son lecteur. Le texte se lit moins naturellement que l'écriture linéaire de la prose. À l'origine, la poésie se distingue de la prose par l'emploi du *vers* (du latin *versus*, qui contient l'idée de « retour ») : elle repose sur un **renversement** des codes de la langue.

– Contrairement au texte narratif qui raconte une histoire, le texte poétique met l'accent sur l'**écriture** elle-même, sur son **rythme** et ses **images**. Le poème obéit non à une chronologie mais à des **analogies**, établies par des métaphores ou des comparaisons. Le lecteur doit donc être actif dans le travail d'**interprétation**.

– Ce n'est pas le sujet du poème qui importe le plus, mais la manière de le construire. À la différence du théâtre et du roman, arts de la fiction qui représentent des actions, la poésie travaille d'abord **le mot, la langue**.

• Le poème comme texte

Poésie veut dire « production, création » (du grec *poieïn*, « faire, créer »). Un texte est poétique d'abord parce qu'il crée un **sens nouveau** à partir de la **matière des mots** (→ ch. 1). Il agit donc sur :

– **le signifié** (le sens du mot, son aspect « sémantique ») : à travers sa **polysémie** ou son appartenance à tel ou tel champ lexical, le mot voit son sens s'enrichir, s'éloigner de son usage ordinaire ;

– **le signifiant** (l'aspect phonique ou graphique du mot) :

⇒ les **sonorités** du mot sont exploitées à des fins mélodiques (**assonances**, ou répétitions de voyelles ; **allitérations**, ou répétitions de consonnes) ;

⇒ son **aspect visuel** (forme des lettres, typographie, place sur la page) est pris en compte : dans les **calligrammes**, le poème représente la chose évoquée ; les **blancs typographiques** créent des effets de rythme ;

– la **relation entre signifiant et signifié** : la langue poétique met en rapport le mot et la chose (alors que leur relation est en principe arbitraire).

LE SENS DES SONS ?

Si les sons ont souvent une valeur de sens, il ne faut pas les interpréter en les isolant : les sonorités ne peuvent être associées à des idées ou à des sentiments que si on les étudie dans l'ensemble du poème.

• Le poème comme parole

Le poème tirant son origine du **chant**, il est avant tout fait pour **être dit**. Il faut donc faire attention aux sons et au **rythme** de la parole.

– **L'aspect phonique** du texte poétique se retrouve dans :

⇒ les retours de sonorités : **rimes** (en fin de vers) et rimes internes (dans le vers) ;

⇒ les retours de **sons** vocaliques ou consonantiques : assonances et allitérations.

– **L'aspect rythmique** du texte repose sur :

⇒ les **syllabes** : choix ou non d'un **mètre**, c'est-à-dire d'un vers régulier (alexandrin, octosyllabe...) ;

⇒ les **strophes** : choix ou non d'un nombre fixe de vers par **strophe** (quatrain, tercet...) ;

⇒ la longueur des **phrases**, et celle des **paragraphes** dans le cas du poème en prose.

2 FORMES CLASSIQUES, FORMES MODERNES

• Les formes fixes

Le texte poétique se définit à l'origine par sa **forme versifiée**. Les formes fixes définissent le nombre et la nature des **strophes**, la longueur des **vers** et la disposition des **rimes**. Plusieurs formes fixes s'imposent dans l'Histoire, en fonction du thème et du registre. La poésie peut être **lyrique, épique** ou **satirique** : elle hérite des genres de la poésie antique (l'ode, l'épopée, la satire).

– La **Renaissance** hérite des formes en cours au Moyen Âge, comme la **ballade** (trois strophes suivies d'un « envoi ») et le **rondeau** (trois strophes avec refrain). Mais elle introduit aussi, par l'intermédiaire de Clément Marot, le **sonnet**, forme privilégiée des poètes de la Pléiade.

– L'**âge classique** est marqué par l'influence de Malherbe, qui fixe les règles de la versification française. Dans la hiérarchie des genres, la poésie élevée est représentée par l'**ode**, qui célèbre de grands personnages. La **fable** joue sur la liberté du rythme et la diversité des mètres (La Fontaine).

– Au XIXe siècle, les **romantiques** prônent la souplesse dans le choix des rimes et l'enjambement. La poésie lyrique prédomine, et son caractère oratoire est souligné. On a parfois recours à des formes originales, comme le **pantoum** (poème d'origine malaise à vers répétés) chez Hugo, tandis que s'amorce une tendance à la **déconstruction de l'alexandrin**.

UNE FORME FIXE PRÉPONDÉRANTE : LE SONNET

Le sonnet, importé d'Italie au XVIe siècle, est un poème de 14 vers répartis en deux quatrains et un sizain (deux tercets), dont les rimes adoptent normalement l'une des dispositions suivantes :
– ABBA ABBA CCDEED ;
– ABBA ABBA CCDEDE.

• Le tournant de la modernité

– Depuis la deuxième moitié du XIXe siècle et l'émergence de la **modernité**, les poètes tendent à **libérer le vers** et à **s'affranchir des formes fixes**. La poésie se distingue désormais du langage ordinaire par d'autres ambitions.

– Avec Baudelaire, Rimbaud et Mallarmé, elle n'est plus un art que l'on reconnaît à des critères extérieurs (la rhétorique du vers régulier), mais le lieu d'une **expérience totale** qui engage l'être et le langage à la rencontre de l'**inconnu**.

– Avec les **formes libres**, le texte poétique est un **laboratoire d'écriture** ouvert à toutes les recherches. Les formes libres reposent sur l'irrégularité, la libération de la strophe et du vers, le mélange entre prose et poésie.

• Les formes libres

– Le **vers libre**, qui apparaît vers 1880 chez les poètes symbolistes, s'affranchit de la régularité métrique. Le retour à la ligne demeure, mais le nombre de syllabes par vers varie, et la ponctuation disparaît parfois, comme dans la poésie d'Apollinaire. Le vers libre rend possibles des rythmes plus souples et plus variés que le vers traditionnel.

– Le **verset** est un type de vers libre particulier, inspiré du texte biblique. De longueur variable, allant souvent jusqu'à plusieurs lignes, il a inspiré de nombreux poètes dans leur projet de célébration du monde et des choses (Claudel, Péguy, Saint-John Perse).

BAUDELAIRE ET LE POÈME EN PROSE

« Quel est celui d'entre nous qui n'a pas, dans ses jours d'ambition, rêvé le miracle d'une prose poétique, musicale, sans rythme et sans rime, assez souple et assez heurtée pour s'adapter aux mouvements lyriques de l'âme, aux ondulations de la rêverie, aux soubresauts de la conscience ? » (*Petits Poèmes en prose*, préface, 1869)

– Le **poème en prose** est la forme libre la plus féconde. Apparu au XIXe siècle chez Aloysius Bertrand et Baudelaire, il dépasse l'opposition traditionnelle entre prose et poésie : le poème en prose relève à la fois de la **prose** par l'abandon du vers et de ses effets graphiques, et de la **poésie** par son unité, sa brièveté et son pouvoir suggestif. Il prend souvent le **monde moderne** pour thème (par exemple la ville chez Baudelaire), et opère un profond travail de la langue. Cette forme reste privilégiée par de nombreux poètes contemporains.

3 LE « JE » DU POÈTE

Le texte poétique est souvent écrit à la première personne. Même si elle apparaît parfois discrète, la **voix du poète** est un élément essentiel pour comprendre le rapport établi avec le lecteur et pour dégager le registre d'un texte.

• L'énonciation dans le poème

– Le texte poétique semble inviter le lecteur à confondre l'auteur et le « **je** » du **locuteur**. Cependant, il construit une situation d'énonciation qui lui est propre : il ne se réduit jamais au seul témoignage autobiographique.

– Le jeu des pronoms dans le poème révèle souvent la présence d'un **destinataire** particulier, autre que le lecteur réel, qu'il convient d'identifier : supplique amoureuse, discours d'invective, dialogue du poète avec lui-même...

• La figure du poète

– Chaque texte poétique construit une **figure originale du poète**. On entend alors par « poète » non pas l'« auteur » réel du poème mais la **fonction du poète** qu'il représente, une fonction qui varie selon les époques et selon les mouvements littéraires.

– Dans l'Antiquité, à l'image d'Orphée, le poète est un **être inspiré**. Cette représentation du poète se retrouve à la Renaissance (les poètes de la Pléiade disent écrire sous l'inspiration de leur « Muse »), dans la poésie romantique (Hugo) ou chez certains poètes du XXe siècle (Claudel).

– Avec Baudelaire et Rimbaud, l'être inspiré laisse place à un **chercheur d'absolu**, un être en devenir qui se risque dans une expérience inédite.

– Depuis les Parnassiens (Heredia, Leconte de Lisle), Mallarmé et Valéry, certains poètes rejettent toute représentation d'une figure personnelle du poète au profit d'une plus grande **impersonnalité**, jugée garante d'une plus haute exigence esthétique.

• Le « je » lyrique

– La présence du « je » dans le texte poétique relève d'abord d'un **discours codifié**, comme chez les poètes de la Pléiade.

– Mais à partir du romantisme, la poésie devient le lieu privilégié de l'épanchement d'un « **je** » **lyrique** qui laisse s'exprimer ses **émotions** et ses **sentiments** face à la Nature, face à Dieu, face à son destin...

– La poésie moderne a souvent recours à la première personne pour s'interroger sur le **mystère du sujet**, sur sa part obscure et inconsciente (Rimbaud : « JE est un autre. »). Le « je » poétique moderne est un « je » qui doute de lui-même et du monde.

La versification

	DÉFINITIONS	VARIÉTÉS	EXEMPLES
Les vers	– Typographie : retour à la ligne et majuscule initiale. – Le nombre de syllabes prononcées détermine le **mètre** (la mesure du vers).	– **vers pairs :** hexasyllabe (6 syllabes), octosyllabe (8), décasyllabe (10), alexandrin (12)... – **vers impairs :** monosyllabe (1), pentasyllabe (5), heptasyllabe (7)... Pour compter les syllabes : – l'**e muet** est compté quand le mot suivant commence par une consonne, mais disparaît quand le mot suivant débute par une voyelle ou en fin de vers ; – la **diérèse** distingue deux syllabes pour deux voyelles en contact ; – la **synérèse** est au contraire la réunion de deux voyelles distinctes en une seule syllabe.	*Oh ! l'automne l'automn[e] a fait mourir l'été* (Apollinaire) ⇒ alexandrin (12) *Mignonne, allons voir si la rose* (Ronsard) ⇒ octosyllabe (8)
Les strophes	– La strophe est un ensemble de vers regroupés selon le système des rimes et isolés par des blancs.	distique (groupe de 2 vers), tercet (3 vers), quatrain (4), quintil (5), sizain (6), huitain (8), dizain (10)...	*Dans un album* *Mourait fossile* *Un géranium* *Cueilli aux Îles.* (Laforgue) ⇒ quatrain (4)
Les rimes	– La rime est le retour d'un même son à la fin de deux vers. Elle se définit selon son **genre**, sa **qualité** et sa **disposition**.	– selon le **genre** : **féminine** (terminée par un *e* muet) ou **masculine** (sans *e* muet) ; – selon la **qualité** : rime **pauvre** (un seul son commun), **suffisante** (reprise de 2 sons) ou **riche** (plus de 2 sons communs) ; – selon la **disposition** : rimes **plates** ou **suivies** (aabb) ; rimes **croisées** (abab) ; rimes **embrassées** (abba).	*Et je te donnerai, ma brune,* (a) *Des baisers froids comme la lune* (a) *Et des caresses de serpent* (b) *Autour d'une fosse rampant.* (b) (Baudelaire) ⇒ Rimes suffisantes, plates (aabb), féminines (aa), masculines (bb)...
Le rythme	– Le rythme est déterminé par la place des **accents.** – L'**accent tonique** porte sur la dernière syllabe d'un mot ou groupe de mots (sur l'avant-dernière si la dernière comporte un *e* muet). – Les accents toniques déterminent des coupes et des **mesures rythmiques.**	– La **césure** (coupe fixe) suit immédiatement l'**accent** principal et sépare le vers en deux **hémistiches** (alexandrin : 6 // 6 ; décasyllabe : 4 // 6). – L'**enjambement** est un prolongement de la phrase au-delà de la limite métrique (hémistiche, vers). – Dans le **rejet**, un élément bref est « rejeté » au début de l'unité métrique suivante (hémistiche, vers). – Dans le **contre-rejet**, un élément bref anticipe, sur l'unité suivante. – Parmi les alexandrins, on distingue les **trimètres** (alexandrins à 3 accents) et les **tétramètres** (à 4 accents).	– *Le soleil s'est noyé // dans son [sang qui se fige* (Baudelaire) ⇒ 6 // 6 = 2 hémistiches séparés par la césure – *Je fais souvent ce rêve étrange [et pénétrant* *D'une femme inconnue, et que [j'aime, et qui m'aime* (Verlaine) ⇒ enjambement – *C'est un large buffet sculpté ; [le chêne sombre,* *Très vieux, a pris cet air si bon des [vieilles gens* (Rimbaud) ⇒ contre-rejet – *Créé, par qui ? forgé, par qui ? [jailli de l'ombre* (Hugo) ⇒ 4 / 4 / 4 = trimètre

FICHE-MÉTHODE

Exercices

ÉTAPE 1

1 Identifiez les **vers** suivants en comptant leurs **syllabes**.

a. J'allais sous le ciel, Muse ! et j'étais ton féal ;
Oh ! là ! là ! que d'amours splendides j'ai rêvées !
(Rimbaud)

b. Ne vous dérangez pas pour nous,
Laïtou.
Nous passons à toute vitesse ;
Un petit bonjour et c'est tout.
Salut, Julot, salut, comtesse,
Laïtou. (Norge)

c. Une aube affaiblie
Verse par les champs
La mélancolie
Des soleils couchants. (Verlaine)

2 Identifiez le genre, la qualité et la disposition des **rimes** dans les vers suivants.

a. Je suis de mon cœur le vampire,
– Un de ces grands abandonnés
Au rire éternel condamnés,
Et qui ne peuvent plus sourire !
(Baudelaire)

b. Il fait noir, enfant, voleur d'étincelles !
Il n'est plus de nuits, il n'est plus de jours ;
Dors… en attendant venir toutes celles
Qui disaient : Jamais ! qui disaient : Toujours !
(Tristan Corbière)

c. Je suis ravi de vous voir
bel enfant vêtu de noir.

— Je ne suis pas un enfant
Je suis un gros éléphant. (Jean Tardieu)

3 Dans les vers suivants, relevez les mots dont l'e **muet** compte pour une syllabe.

a. L'immobile corbeau sur l'arbre se balance,
Comme une girouette au bout du long clocher !
(Vigny)

b. Il est grave : il est maire et père de famille.
Son faux col engloutit son oreille. Ses yeux
Dans un rêve sans fin flottent insoucieux,
Et le printemps en fleurs sur ses pantoufles brille.
(Verlaine)

4 Sur quels mots faut-il marquer la **diérèse** dans les vers suivants ? Justifiez votre réponse à l'aide d'un décompte précis des syllabes.

a. Faites s'abattre des grands cieux
Les chers corbeaux délicieux. (Rimbaud)

b. Ô saints Sébastiens que la vie a criblés
Que vous me ressemblez que vous me ressemblez
(Aragon)

c. Toi qui dis aux forêts : Répondez au zéphire !
Aux ruisseaux : Murmurez d'harmonieux accords
(Lamartine)

5 Relevez les **rejets** et **contre-rejets** dans les vers suivants.

a. J'aime un groupe d'enfants qui rit et qui s'assemble ;
J'ai remarqué qu'ils sont presque tous blonds, il semble
Qu'un doux soleil levant leur dore les cheveux.
(Hugo)

b. Belle « à damner les saints », à troubler sous l'aumusse
Un vieux juge ! Elle marche impérialement.
(Verlaine)

c. C'étaient Marthe et Marie ; or, Marie était celle
Qui versa les parfums et fit blâmer son zèle.
(Vigny)

6 Relevez les principales **assonances** et/ou **allitérations** dans les vers suivants. Quels effets de sens et de musicalité produisent-elles ?

a. Le printemps laisse errer les fiancés parjures
Et laisse feuilloler longtemps les plumes bleues
Que secoue le cyprès où niche l'oiseau bleu
(Apollinaire)

b. Un feu de ferme flambe au fond de ce désert
Aux herbes des fossés s'accroupit le silence
(Aragon)

7 À partir d'un relevé des principales assonances et allitérations, étudiez l'**harmonie sonore** du poème suivant.

Le vierge, le vivace et le bel aujourd'hui
Va-t-il nous déchirer avec un coup d'aile ivre
Ce lac dur oublié que hante sous le givre
Le transparent glacier des vols qui n'ont pas fui !

Un cygne d'autrefois se souvient que c'est lui
Magnifique mais qui sans espoir se délivre
Pour n'avoir pas chanté la région où vivre
Quand du stérile hiver a resplendi l'ennui.

Tout son col secouera cette blanche agonie
Par l'espace infligé à l'oiseau qui le nie,
Mais non l'horreur du sol où le plumage est pris.

Fantôme qu'à ce lieu son pur éclat assigne,
Il s'immobilise au songe froid de mépris
Que vêt parmi l'exil inutile le Cygne.

MALLARMÉ, *Poésies*, 1887.

ÉTAPE 2

8 Étudiez le **jeu graphique** dans le poème suivant. Comment la **forme visuelle** contribue-t-elle au sens du texte ?

▲ *Adonides*, 1975 ; texte de Jacques PRÉVERT (1900-1977) et illustration de Joan MIRÓ (1893-1983).

9 Selon quels critères peut-on qualifier les textes suivants de **poétiques** ?

a. LE MORCEAU DE VIANDE

Chaque morceau de viande est une sorte d'usine, moulins et pressoirs à sang.

Tubulures, hauts fourneaux, cuves y voisinent avec les marteaux-pilons, les coussins de graisse.

La vapeur y jaillit, bouillante. Des feux sombres ou clairs rougeoient.

Des ruisseaux à ciel ouvert charrient des scories avec le fiel.

Et tout cela refroidit lentement à la nuit, à la mort.

Aussitôt, sinon la rouille, du moins d'autres réactions chimiques se produisent, qui dégagent des odeurs pestilentielles.

Francis PONGE,
Le Parti pris des choses, © Éd. Gallimard, 1942.

b. L'ombre monte à la Butte-aux-Cailles. Mais une seule lame de verre ou de jade illumine l'horizon, sur quoi les nuages posent un mur qui tient comme par miracle. Toujours je pense au front bas d'une tête que l'esprit visiterait. Deux étoiles déjà scrutent dans la brèche. Il fait humide et froid. Du côté de la place d'Italie, un tout autre ciel, en touches de pastel rose et bleu dans la rouille d'arbres lithographiques. Je quitte la rue de Tolbiac. Et là, tout de suite, rue du Moulin-des-Prés, comme on dit petit jour glisse un petit soir qui pourrait être d'émeute, car on se sent haut et retranché, familier d'un dédale (rue Samson, rue Jonas) où les silhouettes qui se défilent supposent une épaisse touffe de peuple encore ici concevable, opiniâtre dans sa façon furtive de se cramponner. Il ne manque peut-être que des armes. On en trouverait. De quoi tenir plusieurs jours sous l'effondrement amorcé des façades (rue Vandrezanne, passage Boiton), et sans nécessité d'avoir à défendre une cause : rien que cette fureur, comme le ciel glacial calcinant au loin des forêts de grues.

Jacques RÉDA, *Les Ruines de Paris*,
© Éd. Gallimard, 1977.

10 Comparez ces deux sonnets.

1. Quel rapprochement peut-on faire entre la **structure du sonnet** et le sens de chaque poème ?

2. Dans l'emploi de l'**alexandrin** (rythme, rimes, sonorités), en quoi le texte **b** diffère-t-il du texte **a** ?

3. Quel est le **registre** de chaque texte ? Justifiez votre réponse.

a. France, mère des arts, des armes et des lois,
Tu m'as nourri longtemps du lait de ta mamelle :
Ores, comme un agneau qui sa nourrice appelle,
Je remplis de ton nom les antres et les bois.

Si tu m'as pour enfant avoué quelquefois,
Que ne me réponds-tu maintenant, ô cruelle ?
France, France, réponds à ma triste querelle.
Mais nul, sinon Écho, ne répond à ma voix.

Entre les loups cruels j'erre parmi la plaine,
Je sens venir l'hiver, de qui la froide haleine
D'une tremblante horreur fait hérisser ma peau.

Las, tes autres agneaux n'ont faute de pâture,
Ils ne craignent le loup, le vent ni la froidure :
Si ne suis-je pourtant le pire du troupeau.

DU BELLAY, *Les Regrets*, 1558.

b. Sonnet à Sir Bob

Chien de femme légère, braque anglais pur sang.

Beau chien, quand je te vois caresser ta maîtresse,
Je grogne malgré moi – pourquoi ? – Tu n'en sais rien…
– Ah ! c'est que moi – vois-tu – jamais je ne caresse,
Je n'ai pas de maîtresse, et… ne suis pas beau chien.

– *Bob ! Bob !* – Oh ! le fier nom à hurler d'allégresse !…
Si je m'appelais *Bob*… Elle dit Bob si bien !…
Mais moi je ne suis pas *pur sang*. – Par maladresse,
On m'a fait *braque* aussi… mâtiné de chrétien.

– Ô Bob ! nous changerons, à la métempsycose :
Prends mon sonnet, moi ta sonnette à faveur rose ;
Toi ma peau, moi ton poil – avec puces ou non…

Et je serai *sir Bob* – Son seul amour fidèle !
Je mordrai les roquets, elle me mordrait, Elle !…
Et j'aurai le collier portant Son petit nom.

[British channel. – 15 may.]

Tristan Corbière, *Les Amours jaunes*, 1873.

Étape 3

11 Étudiez la présence du poète dans les textes suivants.

1. Qui parle ? à qui ? quand ? où ? Précisez la situation d'énonciation représentée par chaque poème.

2. Montrez les similitudes entre ces deux « je ».

3. Quelles différences les séparent ?

a. Demain, dès l'aube, à l'heure où blanchit la campagne,
Je partirai. Vois-tu, je sais que tu m'attends.
J'irai par la forêt, j'irai par la montagne.
Je ne puis demeurer loin de toi plus longtemps.

Je marcherai les yeux fixés sur mes pensées,
Sans rien voir au dehors, sans entendre aucun bruit,
Seul, inconnu, le dos courbé, les mains croisées,
Triste, et le jour pour moi sera comme la nuit.

Je ne regarderai ni l'or du soir qui tombe,
Ni les voiles au loin descendant vers Harfleur,
Et quand j'arriverai, je mettrai sur ta tombe
Un bouquet de houx vert et de bruyère en fleur.

[3 septembre 1847]

Hugo, *Les Contemplations*, 1856.

b. Diamant noir

Les aigrettes sont mortes. Aussi les chacals qui à minuit jouaient au polo avec la lune. Nulle bête ne viendra plus se planter au milieu de l'eau pour boire, dérangeant la vase et les rêves. Tout est mort. L'âme avide embusquée depuis mille ans dans les frondaisons n'a plus qu'à s'en aller seule retrouver ses pauvres anges.

Moi qui suis ici ah ! suis-je vraiment, ou si ce sont mes pieds, mes mains, ou seulement l'arc de mon angoisse suspendu entre ciel et terre ? Moi qui peut-être aussi bien suis-je ici, je sens que la forêt devient minérale.

Comment vais-je regagner ces terres du miracle où des yeux s'ouvrent, où des créatures se meuvent avec les vents, où Dieu tombe à cheval sur la nuque du passant, agitant les baguettes de la folie, les castagnettes de la prière ? Comment ?

Minérale est la forêt cette nuit, jusqu'à sa plus petite feuille qui est de carbone bleu, jusqu'à sa dernière goutte de sève qui est de bismuth et troue en tombant ma main tendue pour peser la hauteur du ciel. Comment vais-je écarter ces branches pétrifiées ? Et si je respire, l'écho de tous les points cardinaux répond comme un stéthoscope.

Il faudrait un coup de revolver bien nu qui déchire ce sortilège. Appeler ? Mais qui veut revivre ? Qui ne se réjouit d'être changé en diamant, en bonheur ? Il n'y a que ce cœur qui refuse d'accepter, et si étreignant ma poitrine je le presse de se taire, il fait mal aux nerfs de mes doigts.

Charles Plisnier, *Fertilité du désert*,
© Éd. Labor, 1933.

12 Préparez le commentaire du poème suivant.

1. Étudiez le champ lexical de la souffrance et le portrait de la femme aimée. Comment les deux thèmes sont-ils associés ?

2. Caractérisez le rythme et les sonorités.

3. Quel sens donner à la répétition d'« ennuyé » à la rime (strophe 5) ?

4. Formulez la problématique qui servira d'axe au commentaire.

Ta figure douce…

Ta figure douce souffrait.
Tes larmes que j'ai avalées,
petite amie, étaient salées
comme une herbe de marée.

Elles m'ont mordu la langue…
Tu t'en allais tristement
prendre l'omnibus lourd et lent,
en pleurant que je m'en aille ;

et ta bouche sur ma bouche,
ta tête faisait des sauts,
et tu étais douce
en pleurant doucement…

Il y a là sur la fenêtre
des liserons bleus où il a plu.
Ils bougent comme un baiser sur
ta fine et douce tête.

Tu ne m'as pas ennuyé.
Les autres m'ont ennuyé.
Mon cœur est triste et ennuyé
comme un ange ennuyé.

Les mouches volent aux vitres
pendant que je pense à toi.
Tout est triste comme moi.
Tout est triste.

Francis JAMMES,
De l'Angelus de l'aube à l'Angelus du soir, 1888-1897.

13 Analysez le poème suivant.

1. Repérez les différentes actions menées par le « je ». Comment peut-on qualifier cette **figure du poète** ?

2. Quel est le **registre** de ce poème ? Sur quels éléments fondez-vous votre réponse ?

3. Quels **axes d'étude** pouvez-vous déduire des deux questions précédentes ? Déterminez la problématique susceptible de servir d'axe à un commentaire.

LA MER SUPÉRIEURE

Ayant monté un jour, j'atteins le niveau, et, dans son bassin de montagnes où de noires îles émergent, je vois au loin la Mer Supérieure.

Certes, par un chemin hasardeux, il m'est loisible d'en gagner les bords, mais que j'en suive le contour ou qu'il me plaise d'embarquer, cette surface demeure impénétrable à la vue.

Ou, donc, je jouerai de la flûte : je battrai le tam-tam, et la batelière qui, debout sur une jambe comme une cigogne, tandis que de l'autre genou elle tient un enfant attaché à sa mamelle, conduit son sampan à travers les eaux plates, croira que les dieux derrière le rideau tiré de la nue se jouent dans la cour de leur temple.

Ou, délaçant mon soulier, je le lancerai au travers du lac. Où il tombe, le passant se prosterne, et l'ayant recueilli, avec superstition il l'honore de quatre bâtons d'encens.

Ou, renversant mes mains autour de ma bouche, je crie des noms : le mot d'abord meurt, puis le son ; et, le sens seul ayant atteint les oreilles de quelqu'un, il se tourne de côté et d'autre, comme celui qui s'entend appeler en rêve s'efforce de rompre le lien.

[Juin 1896]

Paul CLAUDEL, *Connaissance de l'Est*,

14 Dégagez la **problématique d'une dissertation** sur la poésie moderne.

1. Quelle différence fondamentale Baudelaire établit-il ici entre la **poésie** et la **prose** narrative ?

2. Commentez la **métaphore filée**. Quelle idée de l'esthétique de Baudelaire donne-t-elle ?

3. À partir de vos lectures et des poèmes de ce chapitre, sur quels éléments se fonde selon vous l'**unité** du poème et du recueil poétique ?

Mon cher ami, je vous envoie un petit ouvrage dont on ne pourrait pas dire, sans injustice, qu'il n'a ni queue ni tête, puisque tout, au contraire, y est à la fois tête et queue, alternativement et réciproquement. Considérez, je vous prie, quelles admirables commodités cette combinaison nous offre à tous, à vous, à moi et au lecteur. Nous pouvons couper où nous voulons, moi ma rêverie, vous le manuscrit, le lecteur sa lecture ; car je ne suspends pas la volonté rétive de celui-ci au fil interminable d'une intrigue superflue. Enlevez une vertèbre, et les deux morceaux de cette tortueuse fantaisie se rejoindront sans peine. Hachez-la en nombreux fragments, et vous verrez que chacun peut exister à part. Dans l'espérance que quelques-uns de ces tronçons seront assez vivants pour vous plaire et vous amuser, j'ose vous dédier le serpent tout entier.

BAUDELAIRE,
Lettre-dédicace à Arsène Houssaye,
préface *des Petits Poèmes en prose*, 1869.

15 Commentez ce point de vue de Valéry sur la **fonction du poète**, à partir de vos lectures et des poèmes de ce chapitre, en expliquant l'expression : « construire un langage dans le langage ».

Le poète se consacre et se consume donc à définir et à construire un langage dans le langage ; et son opération, qui est longue, difficile, délicate, qui demande les qualités les plus diverses de l'esprit, et qui jamais n'est achevée comme jamais elle n'est exactement possible, tend à constituer le discours d'un être plus pur, plus puissant et plus profond dans ses pensées, plus intense dans sa vie, plus élégant et plus heureux dans sa parole que n'importe quelle personne réelle.

Paul VALÉRY, *Variété, tome II*,

Corpus BAC

Objet d'étude

La poésie

A Aloysius Bertrand, « Un Rêve », *Gaspard de la nuit*, III, 7, 1842 (posth.).

B Jules Laforgue, « Rêve », *Premiers Poèmes*, 1880-1885.

C Paul Eluard, *Le Front couvert*, 1936.

TEXTE A

Un Rêve

J'ai rêvé tant et plus, mais je n'y entends note.
Pantagruel, livre III

Il était nuit. Ce furent d'abord, – ainsi j'ai vu, ainsi je raconte, – une abbaye aux murailles lézardées par la lune, – une forêt percée de sentiers tortueux, – et Le Morimont[1] grouillant de capes et de chapeaux.

Ce furent ensuite, – ainsi j'ai entendu, ainsi je raconte, – le glas funèbre d'une cloche auquel répondaient les sanglots funèbres d'une cellule, – des cris plaintifs et des rires féroces dont frissonnait chaque feuille le long d'une ramée, – et les prières bourdonnantes des pénitents noirs qui accompagnaient un criminel au supplice.

Ce furent enfin, – ainsi s'acheva le rêve, ainsi je raconte, – un moine qui expirait couché dans la cendre des agonisants, – une jeune fille qui se débattait pendue aux branches d'un chêne. – Et moi que le bourreau liait échevelé sur les rayons de la roue.

Dom Augustin, le prieur défunt, aura, en habit de cordelier, les honneurs de la chapelle ardente, et Marguerite, que son amant a tuée, sera ensevelie dans sa blanche robe d'innocence, entre quatre cierges de cire.

Mais moi, la barre du bourreau s'était, au premier coup, brisée comme un verre, les torches des pénitents noirs s'étaient éteintes sous des torrents de pluie, la foule s'était écoulée avec les ruisseaux débordés et rapides, – et je poursuivais d'autres songes vers le réveil.

Aloysius Bertrand,
Gaspard de la nuit, III, 7, 1842 (posthume).

1. « C'est à Dijon, de temps immémorial, la place aux exécutions. » (Note d'A. Bertrand)

TEXTE B

Rêve

Je ne puis m'endormir ; je songe, au bercement
De l'averse emplissant la nuit et le silence.
On dort, on aime, on joue. Oh ! par la Terre immense,
Est-il quelqu'un qui songe à moi, dans ce moment ?

Le Témoin éternel qui trône au firmament,
Me voit-il ? me sait-il ? Qui dira ce qu'il pense ?
Tout est trop triste et sale. – À quoi bon l'Existence ?
Si ce Globe endormi gelait subitement ?

Si rien ne s'éveillait demain ! Oh ! quel grand rêve !
Plus qu'un stupide bloc sans mémoire et sans sève
Qui sent confusément le Soleil et le suit.

Les siècles passent. Nul n'est là. Pas d'autre bruit
Que le vent éternel et l'eau battant les grèves…
Rien qu'un Cercueil perdu qui flotte dans la Nuit.

Jules Laforgue,
Premiers Poèmes, 1880-1885.

TEXTE C

Le battement de l'horloge comme une arme brisée
La cheminée émue où se pâme la cime
D'un arbre dernier éclairé

L'habituel vase clos des désastres
Des mauvais rêves
Je fais corps avec eux

Des ruines de l'horloge
Sort un animal abrupt désespoir du cavalier
À l'aube doublera l'écrevisse clouée
Sur la porte de ce refuge

Un jour de plus j'étais sauvé
On ne me brisait pas les doigts
Ni le rouge ni le jaune ni le blanc ni le nègre
On me laissait même la femme
Pour distinguer entre les hommes

On m'abandonnait au-dehors
Sur un navire de délices
Vers des pays qui sont les miens
Parce que je ne les connais pas

Un jour de plus je respirais naïvement
Une mer et des cieux volatils
J'éclipsais de ma silhouette
Le soleil qui m'aurait suivi

Ici j'ai ma part de ténèbres
Chambre secrète sans serrure sans espoir
Je remonte le temps jusqu'aux pires absences
Combien de nuits soudain
Sans confiance sans un beau jour sans horizon
Quelle gerbe rognée

Un grand froid de corail
Ombre du cœur
Ternit mes yeux qui s'entr'ouvrent
Sans donner prise au matin fraternel

Je ne veux plus dormir seul
Je ne veux plus m'éveiller
Perclus de sommeil et de rêves
Sans reconnaître la lumière
Et la vie au premier instant.

Paul ELUARD, *Le Front couvert*, © Éd. Gallimard, 1936.

◆ QUESTION SUR LES TEXTES

Comment la part de rêve se traduit-elle dans les trois textes par les innovations de l'écriture poétique ?

◆ SUJETS D'ÉCRITURE

1. Commentaire

Vous commenterez le texte d'Aloysius Bertrand (A) à partir du parcours de lecture suivant :

– Montrez en quel sens le texte relève de l'écriture poétique.

– Précisez les liens qui se tissent tout au long du poème entre la vue, l'ouïe et la parole.

2. Dissertation

« L'incantation poétique tend d'abord à endormir le poète, à plonger sa pensée dans une espèce d'hypnose, comme s'il comptait, pour le remplacer, sur ses propres sens, quand ils auront accompli leur unité avec le langage », écrit Aragon (*Sur une définition de la poésie*, 1941).

Pensez-vous, vous aussi, que la poésie consiste à neutraliser la pensée consciente pour laisser la place au rêve ? Vous discuterez le point de vue d'Aragon en vous appuyant sur les textes du corpus et sur votre connaissance de la poésie moderne.

3. Invention

Paul Valéry regrettait la « confusion » entretenue dans les temps modernes « entre la notion de poésie et celle de rêve » : « Ni le rêve, ni la rêverie ne sont nécessairement poétiques », écrit-il.

Pour répondre à ces objections, vous rédigerez un plaidoyer en faveur de l'alliance entre la poésie et le rêve.

Chapitre 30

L'éloge et le blâme

Objet d'étude (2de)

Le discours (texte ou image) a souvent pour but de **célébrer** ou, au contraire, de **critiquer** des personnes ou des situations dans maintes circonstances de la vie privée ou de la vie publique. Quels sont les **procédés** qui permettent de **louer** un écrivain comme Balzac ou de **blâmer** un homme politique comme Napoléon ?

TEXTE A

M. de Balzac était un des premiers parmi les plus grands, un des plus hauts parmi les meilleurs. Ce n'est pas le lieu ici de dire tout ce qu'était cette splendide et souveraine intelligence. Tous ses livres ne forment qu'un seul livre, livre vivant, lumineux, profond, où l'on voit aller et venir et marcher et se mouvoir, avec je ne sais quoi d'effaré et de terrible mêlé au réel, toute notre civilisation contemporaine ; livre merveilleux que le poète a intitulé comédie et qu'il aurait pu intituler histoire, qui prend toutes les formes et tous les styles, qui dépasse Tacite et qui va jusqu'à Suétone, qui traverse Beaumarchais et qui va jusqu'à Rabelais; livre qui est l'observation et qui est l'imagination ; qui prodigue le vrai, l'intime, le bourgeois, le trivial, le matériel, et qui par moments, à travers toutes les réalités brusquement et largement déchirées, laisse tout à coup entrevoir le plus sombre et le plus tragique idéal.

Victor HUGO, *Discours prononcé aux funérailles de M. Honoré de Balzac*, 1850.

Un éloge officiel

1. Dans quelles circonstances ce discours a-t-il été prononcé ? L'appréciation porte-t-elle sur l'homme ou sur l'œuvre ?
2. Quels mots, quels procédés d'écriture mettent en valeur la grandeur du romancier disparu ?

TEXTE B

Chateaubriand compare ici deux figures historiques : Bonaparte et George Washington (1732-1799), héros de l'indépendance américaine et premier président des États-Unis (de 1789 à 1797).

Cherchez les bois où brilla l'épée de Washington : qu'y trouvez-vous ? Des tombeaux ? Non ; un monde ! Washington a laissé les États-Unis pour trophée sur son champ de bataille.

Bonaparte n'a aucun trait de ce grave Américain : il combat avec fracas sur une vieille terre ; il ne veut créer que sa renommée ; il ne se charge que de son propre sort. Il semble savoir que sa mission sera courte, que le torrent qui descend de si haut s'écoulera vite ; il se hâte de jouir et d'abuser de sa gloire, comme d'une jeunesse fugitive. À l'instar des dieux d'Homère, il veut arriver en quatre pas au bout du monde. Il paraît sur tous les rivages ; il inscrit précipitamment son nom dans les fastes de tous les peuples ; il jette des couronnes à sa famille et à ses soldats ; il se dépêche dans ses monuments, dans ses lois, dans ses victoires. Penché sur le monde, d'une main il terrasse les rois, de l'autre il abat le géant révolutionnaire ; mais, en écrasant l'anarchie, il étouffe la liberté, et finit par perdre la sienne sur son dernier champ de bataille.

Chacun est récompensé selon ses œuvres : Washington élève une nation à l'indépendance ; magistrat en repos, il s'endort sous son toit au milieu des regrets de ses compatriotes et de la vénération des peuples.

Bonaparte ravit à une nation son indépendance : empereur déchu, il est précipité dans l'exil, où la frayeur de la terre ne le croit pas encore assez emprisonné sous la garde de l'océan. Il expire : cette nouvelle publiée à la porte du palais devant laquelle le conquérant fit proclamer tant de funérailles, n'arrête, ni n'étonne le passant : qu'avaient à pleurer les citoyens ?

La République de Washington subsiste ; l'Empire de Bonaparte est détruit. Washington et Bonaparte sortirent du sein de la démocratie : nés tous deux de la liberté, le premier lui fut fidèle, le second la trahit.

François-René de Chateaubriand, *Mémoires d'outre-tombe*, I, VI, 1848-1850, posth.

Éloge et blâme dans le portrait politique

1. Quels reproches l'auteur adresse-t-il surtout à Bonaparte ?
2. Quelles sont les principales figures de style qui structurent ce passage ? En quoi les deux portraits sont-ils ici complémentaires ?

DOCUMENT C

L'éloge en peinture

En étudiant la composition et les composantes de l'image, montrez en quoi elle peut être un instrument de propagande idéologique.

Louis David (1748-1825), *Bonaparte franchissant le Grand-Saint-Bernard*, 1800. (Musée national des châteaux de Malmaison et de Bois-Préau.)

ÉLOGE ET BLÂME : CONVAINCRE ET PERSUADER

D'après les textes et le tableau, quels sont les moyens par lesquels s'expriment l'éloge et le blâme, en mots et en images ?

30. L'éloge et le blâme

Objet d'étude (2de)

L'**éloge** est un discours par lequel le locuteur vante les **qualités** de quelqu'un ou de quelque chose ; le **blâme**, à l'inverse, met en relief des **défauts**, adresse des **reproches**. L'un et l'autre relèvent du **registre épidictique** (→ p. 124).
Dans les deux cas, il s'agit de **porter un jugement** sans nuances et de tenter de le **faire partager**, que l'on cherche à provoquer l'admiration ou au contraire le rejet.

1 LES CIRCONSTANCES DE L'ÉLOGE ET DU BLÂME

L'éloge et le blâme se produisent dans toutes les circonstances de la vie.

- On peut, en effet, **louer** :
  - une **personne** pour ses qualités, dans des circonstances privées (discours de félicitations, lettre d'amour) ou publiques (rapport administratif, oraison funèbre) ;
  - une **opinion**, un **comportement social**, une **décision politique**, une **institution** (discours politique ou religieux) ;
  - une **œuvre** (critique littéraire, musicale, cinématographique) ou un **produit** (publicité).
- On peut, à l'inverse, **blâmer** :
  - une **personne** pour ses défauts ou sa conduite (reproches, réprimande), de façon informelle ou plus officielle (blâme administratif, réquisitoire) ;
  - une **opinion**, un **comportement social**, une **décision politique**, une **institution** ;
  - une **œuvre** ou un **produit**.

Le locuteur tient compte des circonstances. Il respecte les valeurs ou les principes admis par le public auquel il s'adresse et qu'il veut convaincre.

2 LES CRITÈRES DE L'ÉLOGE ET DU BLÂME

- Les **jugements** énoncés se fondent sur différents **critères** :
  - le **vrai** et le **faux** (on loue l'original par rapport à la copie, le naturel contre l'artificiel…) ;
  - le **beau** et le **laid** (valeurs **esthétiques**) ;
  - le **bien** et le **mal** (valeurs **morales**) : le courage, l'honnêteté, la fidélité sont valorisés et leurs contraires honnis ;
  - l'**utile** et l'**inutile** (valeurs **pratiques**).
- Ces critères dépendent d'idées et de goûts qui **varient** selon les **époques** ou les **sociétés** : ainsi, l'**originalité** d'une œuvre est une valeur positive depuis le romantisme, mais il n'en va pas de même au XVIIe siècle, qui prône l'**imitation** des modèles de l'Antiquité.

L'éloge et le blâme reposent donc souvent sur des valeurs données comme **absolues** et objectives, alors qu'elles sont **relatives**.

ÉLOGE PARADOXAL, ÉLOGE IRONIQUE

- Par provocation ou par goût du **paradoxe**, le locuteur peut faire l'éloge de ce qui est d'ordinaire condamné, ou blâmer ce que la société de son temps révère.

▶ **Exemple :** l'éloge de l'infidélité par Dom Juan dans la pièce de Molière (I, 2).

- Il lui est également possible de manier l'**ironie** : un texte en apparence élogieux peut être une **critique déguisée**.

▶ **Exemple :** la description des armées abare et bulgare dans *Candide* de Voltaire.

3 LES PROCÉDÉS DE L'ÉLOGE ET DU BLÂME

• **L'éloge** utilise :
- un **vocabulaire valorisant** (termes **mélioratifs**) ;
- des **figures de style** mettant en relief le jugement positif du locuteur : on **compare** la personne célébrée à des dieux ou à des personnages illustres ; on utilise des **métaphores** ou des **périphrases** qui exaltent ses qualités ; on emploie des **hyperboles** ainsi que des **comparatifs** et des **superlatifs** de supériorité ;
- une **syntaxe expressive** (phrases exclamatives ou interrogatives) marquant l'admiration et l'émerveillement.

• Le **blâme** emploie, au contraire :
- un **lexique dévalorisant** à fortes connotations **péjoratives** ;
- des **figures de style** qui **déprécient** le personnage évoqué : on ne retient que quelques **traits frappants** que l'on grossit à plaisir ; on pratique l'**antithèse**, l'**antiphrase** et l'**ironie** ; les superlatifs et les comparatifs marquent l'**infériorité** ;
- des **phrases exclamatives** qui expriment l'indignation ou la colère.

4 LES PRINCIPAUX GENRES DE L'ÉLOGE ET DU BLÂME

• **Les genres fonctionnels**
- Le **discours publicitaire** recourt à l'**éloge** pour persuader les acheteurs des vertus d'un produit.
- À l'inverse, les **campagnes d'information** visant à lutter contre certains phénomènes dangereux (alcool, vitesse au volant...) utilisent le **blâme**.
- On rencontre aussi fréquemment l'éloge et le blâme dans le **discours politique** ou l'**article de presse**.

ÉLOGE ET BLÂME DANS LES ARTS PLASTIQUES

Le **portrait officiel** est l'équivalent de l'éloge, tandis que la **caricature** et le **dessin satirique** sont des formes visuelles du blâme.

• **Les genres oratoires**
- L'orateur d'un **discours de réception** à l'Académie chante les louanges de son prédécesseur (**panégyrique**).
- Les **oraisons funèbres** exaltent dans un cadre officiel les qualités d'une personnalité disparue.

• **Les genres littéraires**
- Le **portrait** d'un personnage de **roman** peut être l'occasion d'un **éloge** (il peut être idéalisé, présenté comme un modèle) ou d'une **caricature** (qui accentue ses aspects ridicules ou déplaisants).
- Dans les œuvres de **moralistes** (La Bruyère, Saint-Simon), le portrait est l'occasion de stigmatiser un **vice** ou un défaut.
- Au **théâtre**, le portrait élogieux ou critique d'un personnage est tracé par le discours des autres personnages. Celui qui est ainsi décrit acquiert plus de relief et intrigue le spectateur.
- Dans le domaine **poétique**, certains sous-genres sont voués à l'éloge (l'**hymne**, le **blason**, le **tombeau** et l'**ode**) alors que d'autres sont consacrés au blâme (l'**épigramme**, la **satire**).

Exercices

Étape 1

1 Parmi les adjectifs suivants, lesquels désignent une qualité ? Lesquels désignent un défaut ?

affable – méprisant – perfide – sournois – réfléchi – bienveillant – énergique – dynamique – accommodant – fourbe – cupide – intéressé – despotique – attentionné – cauteleux – acerbe – veule – apathique – amorphe – vif – arrogant – nonchalant – paresseux

2 Les adjectifs suivants se rapportent au lexique du corps. Classez-les en deux colonnes selon que leur sens est mélioratif ou péjoratif.

a. Le visage : épanoui, hautain, poupin, bouffi, régulier, émacié.
b. Le front : bombé, altier, dégagé, haut, fuyant, ridé.
c. Les yeux : globuleux, méprisants, malicieux, pétillants, fuyants, vitreux.
d. Le nez : camus, aquilin, droit, épaté, retroussé, crochu.
e. Les lèvres : minces, charnues, ourlées, vermeilles, sèches, pulpeuses.
f. Le teint : pâle, clair, couperosé, livide, blafard, terreux.
g. La silhouette : élancée, gauche, svelte, trapue, chétive, distinguée.

3 Parmi les mots suivants, lesquels désignent un propos ou un acte de louange ? Lesquels définissent un propos ou un texte destiné à blâmer ? Vous emploierez chacun d'entre eux dans une phrase de votre invention.

anathème – apologie – dithyrambe – dénigrement – diatribe – libelle – critique – hymne – satire – épithalame – tombeau – flagornerie – flatterie – madrigal – blason - contre-blason – charge – épigramme – persiflage

4 Précisez l'étymologie et les différents sens des mots suivants : hagiographie, panégyrique, commémoration, icône, idole.

5 En quoi le texte suivant est-il un éloge ? Pour le montrer, rédigez un court paragraphe argumentatif qui utilisera au moins deux des mots définis dans l'exercice 4.

Ce texte est extrait d'un roman destiné initialement à être un manuel scolaire pour les enfants.

Vers la fin du siècle dernier naquit, de parents très pauvres, le jeune Guillaume DUPUYTREN. Son père s'imposa de dures privations pour le faire instruire. L'enfant profita si bien des leçons de ses maîtres, et ses progrès furent si rapides que, dès l'âge de dix-huit ans, il fut nommé à un poste important de l'École de médecine de Paris : car Guillaume voulait être médecin-chirurgien. Il le fut bientôt en effet, et ne tarda pas à devenir illustre. On le demandait partout à la fois, chez les riches comme chez les pauvres ; mais lui, qui se souvenait d'avoir été pauvre, prodiguait également ses soins aux uns et aux autres. Il partageait en deux sa journée : le matin soignant les pauvres, qui ne le payaient point, le soir allant visiter les riches, qui lui donnaient leur or. Il mourut comblé de richesses et d'honneurs, et il légua deux cent mille francs à l'École de médecine pour faire avancer la science à laquelle il avait consacré sa vie.

G. BRUNO,
Le Tour de la France par deux enfants, 1877.

6 Lisez ce sonnet de Ronsard.

1. Relevez les hyperboles et les comparaisons qui contribuent à l'éloge.

2. Étudiez la composition du poème : en quoi s'apparente-t-il à un portrait pictural ?

3. Le dernier vers relève-t-il encore de l'éloge ?

Marie, vous avez la joue aussi vermeille
Qu'une rose de mai, vous avez les cheveux
Entre bruns et châtains, frisés de mille nœuds,
Gentement tortillés tout autour de l'oreille.

Quand vous étiez petite, une mignarde abeille
Sur vos lèvres forma son nectar savoureux,
Amour laissa ses traits en vos yeux rigoureux,
Pithon[1] vous fit la voix à nulle autre pareille.

Vous avez les tétins comme deux monts de lait,
Qui pommellent ainsi qu'au printemps nouvelet
Pommellent deux boutons que leur châsse environne.

De Junon sont vos bras, des Grâces votre sein,
Vous avez de l'Aurore et le front et la main,
Mais vous avez le cœur d'une fière Lionne.

RONSARD, *Continuation des Amours*, sonnet X, 1555.

1. **Pithon :** Peithô, déesse de la persuasion.

Étape 2

7 Après avoir relevé les procédés de dévalorisation à l'œuvre dans ce texte, dites en quoi il relève de la caricature.

Il y avait au séminaire un maudit lazariste qui m'entreprit et qui me fit prendre en horreur le latin qu'il voulait m'enseigner. Il avait les cheveux plats, gras et noirs, un visage de pain d'épice, une voix de buffle, un regard de chat-huant, des crins de sanglier au lieu de barbe ; son sourire était sardonique ; ses membres jouaient comme les poulies d'un mannequin : j'ai oublié son odieux nom ; mais sa figure effrayante et doucereuse m'est restée, et j'ai peine à me la rappeler sans frémir.

ROUSSEAU, *Confessions*, III, 1782, posth.

8 Analysez les procédés de la **caricature** dans les deux **images** ci-dessous. Laquelle vous paraît la plus efficace ? Pourquoi ?

▲ **a.** Les Guignols de l'info.

▲ **b.** Caricature de Arnold Schwarzenegger.

9 Lisez ces **deux critiques** d'art de Zola.

1. Le lexique en est-il **péjoratif** ou **mélioratif** ?

2. Quelles **figures de style** l'auteur utilise-t-il ? Dans quel but ?

3. Au nom de quelles **valeurs** s'effectuent ici l'éloge et le blâme ?

a. Voyez au Champ-de-Mars la *Naissance de Vénus*. La déesse, noyée dans un fleuve de lait, a l'air d'une délicieuse lorette, non pas en chair et en os, – cela serait indécent, – mais en une sorte de pâte d'amande blanche et rose.

Il y a des gens qui trouvent cette adorable poupée bien dessinée, bien modelée, et qui la déclarent fille plus ou moins bâtarde de la Vénus de Milo : voilà le jugement des personnes graves. Il y a des gens qui s'émerveillent sur le sourire de la poupée, sur ses membres délicats, sur son attitude voluptueuse : voilà le jugement des personnes légères. Et tout est pour le mieux dans le meilleur des tableaux du monde.

ZOLA, *Nos peintres au Champ-de-Mars*, 1867.

b. En 1865, Édouard Manet est encore reçu au Salon ; il expose un *Christ insulté* et son chef-d'œuvre, son *Olympia*. J'ai dit chef-d'œuvre, et je ne retire pas le mot. Je prétends que cette toile est véritablement la chair et le sang du peintre, et que jamais il ne la refera. Elle est l'expression complète de son tempérament ; elle le contient tout entier et ne contient que lui. Elle restera comme l'œuvre caractéristique de son talent, comme la marque la plus haute de sa puissance, comme la mesure de sa force. [...] Rien n'est d'une finesse plus exquise que les tons pâles des linges de blancs différents sur lesquels Olympia est couchée. Il y a, dans la juxtaposition de ces blancs, une immense difficulté vaincue. Le corps lui-même de l'enfant a des pâleurs charmantes ; c'est une jeune fille de seize ans, sans doute un modèle qu'Édouard Manet a tranquillement copié tel qu'il était. Et tout le monde a crié : on a trouvé ce corps nu indécent, et cela devait être, puisque c'est là de la chair, une fille que l'artiste a jetée sur la toile dans sa nudité jeune et déjà fanée. Ah ! nous n'avons plus les beaux corps de femme, puissants et forts, que copiaient les peintres du XVe siècle, et lorsque nos artistes nous donnent des Vénus, ils corrigent la nature, ils mentent. Édouard Manet s'est demandé pourquoi mentir, pourquoi ne pas dire la vérité.

ZOLA, « Édouard Manet »,
L'Événement illustré, 10 mai 1868.

Exercices

10 En quoi ce tableau de Manet constitue-t-il à la fois une réponse à l'article de Zola (exercice 9, texte b), un **hommage** et un **éloge** ?

▲ Édouard MANET (1832-1883), *Portrait d'Émile Zola*, 1868. (Musée d'Orsay, Paris.)

11 Le texte suivant est-il un éloge ou un blâme ? En quoi l'**argumentation** est-elle ici **paradoxale** ? Quel est le but recherché ?

Douaumont (55100), commune de la Meuse (arrondissement de Verdun), sur les Hauts de Meuse.

Point fort de la défense de Verdun, théâtre de violents combats en 1916.

L'ossuaire de Douaumont est très joli. Il contient les restes de 300 000 jeunes gens. Si l'on mettait bout à bout tous les humérus et tous les fémurs de ces garçons et leurs 300 000 crânes par-dessus, on obtiendrait une ravissante barrière blanche de 2 476 kilomètres pour embellir le côté gauche de la route Moscou-Paris.

Le sacrifice des 300 000 morts de Douaumont n'a pas été vain. Sans Verdun, on n'aurait jamais abouti à l'armistice de 1918, grâce auquel l'Allemagne humiliée a pu se retrouver dans Hitler. Hitler sans lequel on n'aurait jamais eu l'idée, en 1945, de couper l'Europe en deux de façon assez subtile pour que la Troisième soit désormais inévitable.

Pierre DESPROGES, *Dictionnaire superflu à l'usage de l'élite et des bien nantis*, © Éd. du Seuil, 1985, coll. *Points*, 1997.

ÉTAPE 3

12 Analysez le texte suivant.

1. Montrez qu'il développe un **blâme paradoxal**.

2. Comme Lafargue, **rédigez** un blâme paradoxal qui prendra pour cible un objet, un animal ou un comportement qui est en général valorisé.

Une étrange folie possède les classes ouvrières des nations où règne la civilisation capitaliste. Cette folie traîne à sa suite des misères individuelles et sociales qui, depuis deux siècles, torturent la triste humanité. Cette folie est l'amour du travail, la passion moribonde du travail, poussée jusqu'à l'épuisement des forces vitales de l'individu et de sa progéniture. Au lieu de réagir contre cette aberration mentale, les prêtres, les économistes, les moralistes, ont sacrosanctifié le travail. Hommes aveugles et bornés, ils ont voulu être plus sages que leur Dieu ; hommes faibles et méprisables, ils ont voulu réhabiliter ce que leur Dieu avait maudit.

Paul LAFARGUE, *Le Droit à la paresse*, 1880.

13 Lisez le texte suivant.

1. Quels sont ses différents **registres** ?

2. Montrez comment il parodie un éloge officiel (discours de réception à l'Académie).

3. Le texte est-il encore un **éloge** ? En quel sens peut-on y voir un **blâme** ?

HUBERT

« J'en arrive, messieurs, puisqu'il faut vous parler de lui, à l'éminent polygraphe auquel je succède ici. C'est à moi qu'échoit l'honneur de vous entretenir de M. Jarlet-Brézin. Cela est, à vrai dire, d'autant plus singulier que vous l'avez tous connu, tandis que je ne l'ai jamais rencontré. C'est là une des bizarreries les plus respectables de vos illustres usages.

Jarlet-Brézin naquit à Lille. Le journalisme, le roman, le théâtre l'attirèrent mais ne le retinrent pas. Je crois avoir démêlé les raisons profondes de ces échecs répétés qui appelèrent sur lui votre attention bienveillante. Dans son œuvre comme dans sa vie, Jarlet-Brézin ignora la femme ! [...]

Jusqu'à l'âge de cinquante ans, messieurs, la vocation de Jarlet-Brézin est incertaine. Il avait échoué comme chroniqueur, il avait échoué comme romancier, il avait échoué comme auteur dramatique. Il avait échoué partout. En lui, s'était accumulée une force peu commune d'amertume et de sévérité.

Il songea alors que de telles qualités ne pouvaient rester sans emploi, et il entra dans la critique.

Ah ! la critique, messieurs. Jamais nous ne ferons assez son éloge ! Combien d'écrivains qui ne trouveraient rien à écrire s'ils n'avaient pu se donner à la critique ? Combien d'excellents esprits qui auraient dû, si cette carrière ne s'était ouverte à eux, borner leur mérite aux soins d'un petit commerce, ou aux plus minces emplois de l'administration ?

Jarlet-Brézin fut l'honneur de ce genre éminent. Pendant vingt ans il jugea les œuvres littéraires et dramatiques. Il jugea passionnément, évitant de comprendre pour être mieux compris, fidèle à sa mission qui était d'abattre des talents et d'en décourager d'autres. C'était au demeurant le meilleur et le plus doux des hommes ! »

Attendrissements de l'auditoire. Bravos. Hubert boit.

Robert de FLERS et Gaston CAVAILLET, *L'Habit vert*, 1912, © Éd. Julliard, 2000.

14 Observez cette carte postale de propagande éditée en 1918.

1. Qu'est-ce qui, dans cette **caricature**, rappelle le tableau de Léonard de Vinci ?

2. Sur quels procédés repose le **détournement** ? En quoi est-il polémique ?

3. Pourquoi le dessinateur a-t-il selon vous choisi de travestir la Joconde ? Quelle est la **portée symbolique** et **politique** de l'image ?

Le Jocond, ▶ caricature de Guillaume II, 1918.

VERS L'ÉCRITURE D'INVENTION

Faites le **portrait satirique** d'une personnalité médiatique à qui vous donnerez un nom significatif en masquant son nom réel. Vous utiliserez des comparaisons humoristiques et des hyperboles péjoratives. Vous pouvez exploiter le vocabulaire des exercices 1et 2 (p. 246).

VERS LE COMMENTAIRE

Vous rédigerez deux paragraphes sur le texte suivant en vous demandant en quoi il relève à la fois de la **caricature** et de la **satire**.

1. Vous montrerez d'abord comment le personnage se dessine à partir d'une accumulation de **traits physiques**.

2. Puis vous étudierez le **comportement** de Giton envers les autres et celui des autres à son égard.

Giton a le teint frais, le visage plein et les joues pendantes, l'œil fixe et assuré, les épaules larges, l'estomac haut, la démarche ferme et délibérée. Il parle avec confiance ; il fait répéter celui qui l'entretient, et il ne goûte que médiocrement tout ce qu'il lui dit. Il déploie un ample mouchoir et se mouche avec grand bruit ; il crache fort loin, et il éternue fort haut. Il dort le jour, il dort la nuit, et profondément ; il ronfle en compagnie. Il occupe à table et à la promenade plus de place qu'un autre. Il tient le milieu en se promenant avec ses égaux ; il s'arrête, et l'on s'arrête ; il continue de marcher, et l'on marche : tous se règlent sur lui. Il interrompt, il redresse ceux qui ont la parole : on ne l'interrompt pas, on l'écoute aussi longtemps qu'il veut parler ; on est de son avis, on croit les nouvelles qu'il débite. S'il s'assied, vous le voyez s'enfoncer dans un fauteuil, croiser les jambes l'une sur l'autre, froncer le sourcil, abaisser son chapeau sur ses yeux pour ne voir personne, ou le relever ensuite, et découvrir son front par fierté et par audace. Il est enjoué, grand rieur, impatient, présomptueux, colère, libertin, politique, mystérieux sur les affaires du temps ; il se croit des talents et de l'esprit. Il est riche.

LA BRUYÈRE, *Les Caractères*, VI, 83, 1688-1696.

Chapitre 31

L'essai et le dialogue

Objet d'étude (1re)

Les **genres argumentatifs** connaissent deux manières d'exposer des idées. Soit **un seul locuteur** s'exprime : c'est le cas de l'**essai** (ou du traité, de la préface…) ; soit le texte présente **plusieurs voix** concurrentes : c'est le cas du **dialogue d'idées**.
Alors que l'essai permet de développer librement une **thèse** (texte B), le dialogue argumentatif peut exprimer l'affrontement d'idées différentes. Mais il arrive qu'un texte non dialogué **imite le dialogue**, comme cette préface de Hugo (texte A).

TEXTE A

Ceux qui jugent et qui condamnent disent la peine de mort nécessaire. D'abord, — parce qu'il importe de retrancher de la communauté sociale un membre qui lui a déjà nui et qui pourrait lui nuire encore. — S'il ne s'agissait que de cela, la prison perpétuelle suffirait. À quoi bon la mort ? Vous objectez qu'on peut s'échapper d'une prison ? faites mieux votre ronde. Si vous ne croyez pas à la solidité des barreaux de fer, comment osez-vous avoir des ménageries[1] ?

Pas de bourreau où le geôlier suffit.

Mais, reprend-on, — il faut que la société se venge, que la société punisse. — Ni l'un, ni l'autre. Se venger est de l'individu, punir est de Dieu.

La société est entre deux. Le châtiment est au-dessus d'elle, la vengeance au-dessous. Rien de si grand et de si petit ne lui sied[2]. Elle ne doit pas « punir pour se venger » ; elle *doit corriger pour améliorer*. Transformez de cette façon la formule des criminalistes, nous la comprenons et nous y adhérons.

Reste la troisième et dernière raison, la théorie de l'exemple. — Il faut faire des exemples ! il faut épouvanter par le spectacle du sort réservé aux criminels ceux qui seraient tentés de les imiter ! — Voilà bien à peu près textuellement la phrase éternelle dont tous les réquisitoires des cinq cents parquets[3] de France ne sont que des variations plus ou moins sonores. Eh bien ! nous nions d'abord qu'il y ait exemple. Nous nions que le spectacle des supplices produise l'effet qu'on en attend. Loin d'édifier le peuple, il le démoralise et ruine en lui toute sensibilité, partant toute vertu.

Victor Hugo, *Le Dernier Jour d'un condamné*, préface de 1832.

1. **Ménagerie :** zoo.
2. **Ne lui sied :** ne lui convient.
3. **Parquets :** tribunaux.

Une préface en forme de réponse

1. Quelles sont les deux thèses en présence ? Quelle est celle que soutient l'auteur ?
2. Qu'est-ce qui apparente ce texte à un dialogue ? Pourquoi l'auteur adopte-t-il cette forme ?

TEXTE **B**

Peu avant la guerre de 1914, un assassin dont le crime était particulièrement révoltant (il avait massacré une famille de fermiers avec leurs enfants) fut condamné à mort en Alger. Il s'agissait d'un ouvrier agricole qui avait tué dans une sorte de délire du sang, mais avait aggravé son cas en volant ses victimes. L'affaire eut un grand retentissement. On estima généralement que la décapitation était une peine trop douce pour un pareil monstre. Telle fut, m'a-t-on dit, l'opinion de mon père que le meurtre des enfants, en particulier, avait indigné. L'une des rares choses que je sache de lui, en tout cas, est qu'il voulut assister à l'exécution, pour la première fois de sa vie. Il se leva dans la nuit pour se rendre sur les lieux du supplice, à l'autre bout de la ville, au milieu d'un grand concours de peuple. Ce qu'il vit, ce matin-là, il n'en dit rien à personne. Ma mère raconte seulement qu'il rentra en coup de vent, le visage bouleversé, refusa de parler, s'étendit un moment sur le lit et se mit tout d'un coup à vomir. Il venait de découvrir la réalité qui se cachait sous les grandes formules dont on la masquait. Au lieu de penser aux enfants massacrés, il ne pouvait plus penser qu'à ce corps pantelant qu'on venait de jeter sur une planche pour lui couper le cou.

Il faut croire que cet acte rituel est bien horrible pour arriver à vaincre l'indignation d'un homme simple et droit et pour qu'un châtiment qu'il estimait cent fois mérité n'ait eu finalement d'autre effet que de lui retourner le cœur. Quand la suprême justice donne seulement à vomir à l'honnête homme qu'elle est censée protéger, il paraît difficile de soutenir qu'elle est destinée, comme ce devrait être sa fonction, à apporter plus de paix et d'ordre dans la cité.

Albert Camus, *Réflexions sur la guillotine*, in *Essais*,
© Éd. Gallimard, 1957.

Un témoignage au service de l'idée

1. Montrez que le souvenir autobiographique a ici une fonction argumentative. Pourquoi Camus prend-il cet exemple ?
2. Comment la thèse acquiert-elle pourtant une force universelle ?

LES VOIX DE LA RÉFLEXION

1. En ce qui concerne l'implication du locuteur, quels sont les points communs entre la préface (texte A) et l'essai (texte B) ?
2. Ces textes cherchent-ils plutôt à convaincre ou à persuader ? Observez la part respective du raisonnement et de l'émotion dans les deux cas.

31. L'essai et le dialogue

Objet d'étude (1re)

Au sein de la **littérature d'idées**, le principal genre est l'**essai**. L'auteur y défend sa thèse en son nom, comme dans les genres argumentatifs voisins : le traité, le pamphlet ou la lettre ouverte.
Un autre genre moins répandu prend une forme plus nettement **délibérative**, axée sur l'échange d'**opinions différentes** : c'est le **dialogue d'idées**.

1 DES ENJEUX COMMUNS

• **Convaincre**

L'essai et le dialogue ont en commun de chercher à **convaincre** le destinataire en provoquant sa réflexion. Ils font appel à sa **raison** par l'enchaînement logique des idées et par des **arguments** variés, illustrés d'exemples (→ ch. 9).

• **Persuader**

L'essai et le dialogue jouent aussi tous deux sur les **sentiments** : ils mettent en jeu des procédés qui suscitent l'**émotion** du destinataire afin d'entraîner son adhésion (l'apostrophe, la question rhétorique, l'exclamation...).

• **Délibérer**

Enfin, l'essai et le dialogue permettent la **délibération**.

– L'**essai** donne à lire le **cheminement** d'une pensée : l'auteur y met ses thèses à l'épreuve, il en vérifie la validité (le mot « essai » signifie en latin « pesée », « examen ») ; il peut en quelque sorte « **dialoguer** » **avec lui-même**. L'auteur de l'essai dégage ses **conclusions** personnelles après avoir **confronté** des thèses opposées.

– Le **dialogue** met en scène la **délibération** elle-même, et se construit à partir des positions exprimées par les interlocuteurs. Il arrive même qu'il ne tranche pas et aboutisse à une impasse (une « aporie »).

2 L'ESSAI

• **Les formes de l'essai**

– L'essai est un écrit argumentatif en prose de forme très libre. Il se caractérise surtout par **la présence d'un « je »** qui exprime son opinion, et par un discours fondé sur l'**expérience** et la **réflexion personnelle**, non sur une démonstration de type scientifique ou philosophique.

– Certains essais ont une forte **unité** : ils se consacrent à un **sujet unique** et mènent une **réflexion continue**.

– D'autres se présentent plutôt comme des **recueils**, qui rassemblent des articles ou des fragments relativement autonomes. Ils s'intéressent alors à **plusieurs thèmes**. Le paratexte (titre, table des matières...) permet généralement de savoir si l'essai résulte ou non de la réunion en volume de textes initialement séparés.

• **Les registres de l'essai**

Écrit à la **première personne** et au **présent de l'énonciation**, l'essai témoigne d'un style **personnel** qui varie selon l'auteur et selon le but qu'il se fixe.

– Lorsqu'il cherche à **analyser**, il a recours à un raisonnement logique et utilise un **registre didactique**. Les marques de la subjectivité du locuteur sont alors discrètes. L'essai se rapproche du **traité** ou du **discours**.

– À l'opposé, quand l'essai constitue une **arme de lutte** sur le terrain des idées et que l'auteur s'attaque sans nuances aux thèses adverses, il est chargé d'émotion et adopte le **registre polémique**. L'essai se rapproche alors du **manifeste** et du **pamphlet**.

– Enfin, il peut également prendre la forme d'une méditation poétique et devenir **lyrique**, ou bien jouer sur le **comique** et pratiquer la dérision.

• Les thèmes de l'essai

L'essai mène une **réflexion sur le réel** : il se distingue donc des œuvres de fiction. Il peut porter sur :

– **la littérature et les arts** : étude critique sur un genre, une œuvre ou un auteur ; ou bien réflexion plus large sur l'art ou la littérature ;

– **la philosophie, la politique, l'histoire ou la religion** : écrits de combat des philosophes des Lumières, essais des historiens du XIXe siècle, essais issus des grands débats idéologiques du XXe siècle ;

– **l'individu et ses rapports avec la société** : écrits des moralistes et des philosophes (jusqu'au XVIIIe siècle), études menées par les sciences humaines et sociales depuis le XIXe siècle.

3 LE DIALOGUE D'IDÉES

• Le dialogue comme genre ?

– Le dialogue au discours direct se rencontre dans des genres littéraires variés. Il intervient ponctuellement dans un **roman**, une nouvelle, un conte ou une fable. Il prédomine dans le texte de **théâtre**. Il peut alors mettre en scène un échange d'idées et servir la **stratégie argumentative** de l'auteur.

– Mais le dialogue est aussi un **genre autonome** : le **dialogue d'idées**. Le texte se présente alors comme un **échange fictif** qui est axé sur des opinions et non sur une action, et qui n'est pas destiné à la représentation. Le genre remonte à l'Antiquité (*Dialogues* de Platon) ; il est apprécié notamment par les penseurs des Lumières.

• Les formes du dialogue

On distingue trois formes, selon le rapport établi entre les interlocuteurs.

– Le **dialogue didactique** : l'un des interlocuteurs, en position de supériorité, expose un savoir ou une vérité qu'il communique à l'autre.

– Le **dialogue dialectique** : les interlocuteurs cherchent ensemble, par la coopération et la confrontation de leurs points de vue, à résoudre un problème ou à formuler une vérité.

– Le **dialogue polémique** : les deux interlocuteurs ont des points de vue radicalement opposés ; chacun cherche à imposer sa thèse en rejetant celle de l'autre.

• La fiction du dialogue

– Le dialogue fait réfléchir le lecteur sur le réel, mais au moyen d'une construction fictive. Même s'il semble préserver l'**autonomie des voix** en présence, il relève d'une pure **mise en scène**.

– Le dialogue est organisé par une instance supérieure (comme dans un roman ou une pièce de théâtre), qui cherche à transmettre ses propres idées. On a donc une **double énonciation** : derrière les interlocuteurs fictifs, il faut savoir reconnaître l'opinion de l'auteur.

DIVERSITÉ DES GENRES ARGUMENTATIFS

Si le mot *essai* est le plus souvent utilisé pour désigner tout texte d'idées, on peut distinguer cependant des variantes :

– les **maximes**, textes très courts qui proposent des réflexions morales de portée générale ;

– le **traité** ou le **discours**, qui exposent méthodiquement des réflexions ou des savoirs ;

– la **préface**, texte argumentatif de présentation qui précède une œuvre ;

– la **lettre ouverte**, qui adopte la forme épistolaire pour atteindre un vaste public (→ ch. 26) ;

– le **manifeste**, qui proclame la naissance d'une thèse ou d'un mouvement ;

– le **pamphlet**, texte violemment agressif, dominé par le registre polémique.

Exercices

ÉTAPE 1

1 Comparez la place du locuteur dans ces deux textes : à quel type d'essai peut-on s'attendre dans chaque cas ?

a. Rien n'est plus négligé que l'éducation des filles. La coutume et le caprice des mères y décident souvent de tout : on suppose qu'on doit donner à ce sexe peu d'instruction. L'éducation des garçons passe pour une des principales affaires par rapport au bien public ; et quoiqu'on n'y fasse guère moins de fautes que dans celle des filles, du moins on est persuadé qu'il faut beaucoup de lumière pour y réussir.

FÉNELON, *De l'éducation des filles*, chap I, 1689.

b. Lorsqu'on m'a demandé d'exposer mes idées sur l'éducation des filles, je me suis aperçu qu'il ne m'était pas arrivé, dans toute ma vie, de consacrer une heure à réfléchir sur ce grave sujet. Quand j'ai eu des filles en âge d'être instruites, elles ont été au couvent, comme j'avais toujours vu faire dans ma famille [...].

François MAURIAC, *L'Éducation des filles*, © Éd. Corrêa, 1933.

2 Classez ces verbes et périphrases verbales selon qu'ils marquent une prise de distance ou au contraire une adhésion au propos.

a. Il est possible – **b.** Estimer – **c.** Il paraît que – **d.** Affirmer – **e.** Il semble que – **f.** On suppose que – **g.** Il est établi que – **h.** On dirait que – **i.** Prétendre – **j.** Avoir l'air – **k.** Il est certain.

3 Dans les textes suivants, le dialogue est-il didactique, dialectique ou polémique ? Sur quels indices fondez-vous votre réponse ?

a.

SOCRATE

[...] Il y avait en moi un architecte, que les circonstances n'ont pas achevé de former.

PHÈDRE

À quoi le connais-tu ?

SOCRATE

À je ne sais quelle intention profonde de construire qui inquiète sourdement ma pensée.

PHÈDRE

Tu n'en fis rien paraître quand nous étions[1].

SOCRATE

Je t'ai dit que je suis né *plusieurs*, et que je suis mort *un seul*. L'enfant qui vient est une foule innombrable, que la vie réduit assez tôt à un seul individu, celui qui se manifeste et qui meurt. Une quantité de Socrate est née avec moi, d'où, peu à peu, se détacha le Socrate qui était dû aux magistrats et à la ciguë[2].

PHÈDRE

Et que sont devenus tous les autres ?

SOCRATE

Idées. Ils sont restés à l'état d'idées. Ils sont venus demander à être, et ils ont été refusés. Je les gardais en moi, en tant que mes doutes et mes contradictions...

Paul VALÉRY, *Eupalinos ou l'Architecte*, © Éd. Gallimard, 1945.

1. L'auteur imagine que Socrate et Phèdre poursuivent leurs entretiens après la mort, aux enfers.
2. Socrate, condamné à mort, a dû boire la ciguë (poison mortel).

b.

DONDINDAC

[...] Dieu est toujours mon maître ; il m'a donné la notion de la justice, je dois la suivre ; je ne veux point être philosophe, je veux être homme.

LOGOMACHOS

On a bien de la peine avec ces têtes dures. Allons pied à pied : qu'est-ce que Dieu ?

DONDINDAC

Mon souverain, mon juge, mon père.

LOGOMACHOS

Ce n'est pas là ce que je demande. Quelle est sa nature ?

DONDINDAC

D'être puissant et bon.

LOGOMACHOS

Mais est-il corporel ou spirituel ?

DONDINDAC

Comment voulez-vous que je le sache ?

LOGOMACHOS

Quoi ! tu ne sais pas ce que c'est qu'un esprit ?

DONDINDAC

Pas le moindre mot : à quoi cela me servirait-il ? En serais-je plus juste ? Serais-je meilleur mari, meilleur père, meilleur maître, meilleur citoyen ?

VOLTAIRE, *Dictionnaire philosophique*, article « Dieu », 1764.

ÉTAPE 2

4 Étudiez le texte suivant.

1. Quelle est la thèse soutenue par l'auteur ? Où est-elle formulée ? À quelle thèse s'oppose-t-il ?

2. Comment l'auteur introduit-il dans son texte une forme dialoguée ? Comment le dialogue fait-il progresser l'argumentation ?

Quand je vois et César et Alexandre, au plus épais de sa grande besogne, jouir si pleinement des plaisirs naturels et par conséquent nécessaires et justes, je ne dis pas que ce soit relâcher son âme, je dis que c'est la roidir, soumettant par vigueur de courage à l'usage de la vie ordinaire ces violentes occupations et laborieuses pensées. Sages, s'ils eussent cru que c'était là leur ordinaire vacation[1] ; celle-ci[2], l'extraordinaire. Nous sommes de grands fous ! « Il a passé sa vie en oisiveté », disons-nous ; « Je n'ai rien fait d'aujourd'hui. » Quoi ! avez-vous pas vécu ? C'est non seulement la fondamentale, mais la plus illustre de vos occupations. « Si on m'eût mis au propre des grands maniements[3], j'eusse montré ce que je savais faire. » Avez-vous su méditer et manier votre vie ? vous avez fait la plus grande besogne de toutes. Pour se montrer et exploiter[4], Nature n'a que faire de fortune ; elle se montre également en tous étages, et derrière, comme sans rideau. Avez-vous su composer vos mœurs ? vous avez bien plus fait que celui qui a composé des livres. Avez-vous su prendre du repos ? vous avez plus fait que celui qui a pris des empires et des villes.

Notre grand et glorieux chef-d'œuvre, c'est vivre à propos.

MONTAIGNE, *Essais*, III, chapitre 13, « De l'expérience », 1588.

1. **Vacation :** occupation.
2. Les « violentes occupations » de la gloire.
3. **Maniements :** responsabilités.
4. **Exploiter :** porter ses fruits.

5 Comparez les deux dialogues suivants.

1. De quel genre et de quelle forme de dialogue s'agit-il dans chaque cas ?

2. Comment chaque interlocuteur prend-il en compte, dans son propos, la présence et la personnalité de l'autre ?

a.

HENRIETTE

Et qu'est-ce qu'à mon âge on a de mieux à faire,
Que d'attacher à soi, par le titre d'époux,
Un homme qui vous aime, et soit aimé de vous ;
Et de cette union, de tendresse suivie,
Se faire les douceurs d'une innocente vie ?
Ce nœud bien assorti n'a-t-il pas des appas ?

ARMANDE

Mon Dieu, que votre esprit est d'un étage bas !
Que vous jouez au monde un petit personnage,
De vous claquemurer aux choses du ménage,
Et de n'entrevoir point de plaisirs plus touchants
Qu'un idole d'époux, et des marmots d'enfants !
Laissez aux gens grossiers, aux personnes vulgaires,
Les bas amusements de ces sortes d'affaires ;
À de plus hauts objets élevez vos désirs,
Songez à prendre un goût des plus nobles plaisirs,
Et traitant de mépris les sens et la matière,
À l'esprit, comme nous, donnez-vous tout entière.

MOLIÈRE, *Les Femmes savantes*, Acte I, scène 1, 1672.

b. — Moi, je vais à l'école pour avoir mon bac, puis un diplôme, puis un travail. Le reste, tu sais...

— Ne va pas trop vite. En écoutant, en lisant, en écrivant, tu apprends aussi à te faire ta petite idée des choses, pour ne pas te laisser intimider par ce que serinent la télé, les sondages, tes copains et même tes parents. N'oublie pas la devise des Lumières : « Ose savoir. » Fortifie ton sens critique.

— Tu veux que je critique tout le monde, et toi avec ?

— L'esprit de critique est une chose et l'esprit critique une autre. C'est la capacité à distinguer le vrai du faux, en jugeant de toutes choses par soi-même. Rien à voir avec la propension à dénigrer Pierre et Paul. A rang de citoyen l'être humain qui n'agit pas sous influence et ne se laisse pas impressionner par dix signatures de vedettes dans le journal. Pour acquérir cette liberté, il faut un minimum de savoir. Car personne ne devient autonome sur un coup de baguette magique. Cela s'apprend. Un ignorant n'est jamais libre. Il se guide sur les préjugés de son milieu ou les contes de sa grand-mère. La mission de l'école, disait Condorcet, est de « rendre la raison populaire » afin qu'aucune autorité, aucune croyance, si vénérables soient-elles, ne soient soustraites au libre examen. La république, cela commence par l'*habeas corpus* (« que tu gardes ton corps », nul ne peut t'arrêter arbitrairement), mais cela ne s'épanouit vraiment qu'avec l'*habeas mentem* (dispose de ta conscience).

Régis DEBRAY, *La République expliquée à ma fille*,

Exercices

6 Lisez l'extrait suivant.

1. Quel est le **thème de l'essai** ? Quel est le domaine abordé par cette réflexion ?

2. Caractérisez le **style** et le **registre de l'essai** : par quels procédés l'auteur y imprime-t-il sa marque personnelle ?

Nous sommes les derniers. Presque les après-derniers. Aussitôt après nous commence un autre âge, un tout autre monde, le monde de ceux qui ne croient plus à rien, qui s'en font gloire et orgueil.

Aussitôt après nous commence le monde que nous avons nommé, que nous ne cesserons pas de nommer le monde moderne. Le monde qui fait le malin. Le monde des intelligents, des avancés, de ceux qui savent, de ceux à qui on n'en remontre pas, de ceux à qui on n'en fait pas accroire. Le monde de ceux à qui on n'a plus rien à apprendre. Le monde de ceux qui font le malin. Le monde de ceux qui ne sont pas des dupes, des imbéciles. Comme nous. *C'est-à-dire* : le monde de ceux qui ne croient à rien, pas même à l'athéisme, qui ne se dévouent, qui ne se sacrifient à rien. *Exactement* le monde de ceux qui n'ont pas de mystique. Et qui s'en vantent. Qu'on ne s'y trompe pas, et que personne par conséquent ne se réjouisse, ni d'un côté ni de l'autre. Le mouvement de *dérépublicanisation* de la France est profondément le même mouvement que le mouvement de sa *déchristianisation*. C'est ensemble un même, un seul mouvement profond de *démystification*.

PÉGUY, *Notre jeunesse*, 1910,

7 Lisez ce texte et observez ce document.

1. En quoi le texte de théâtre (a) s'apparente-t-il ici à un **dialogue d'idées** ?

2. Observez l'attitude des interlocuteurs (document b) : quels aspects du dialogue la **mise en scène** met-elle ici en valeur ?

a. *Ce texte s'inspire d'une controverse qui opposa « par livres » le philosophe Ginès de Sépulvéda, qui défendait la colonisation de l'Amérique du Sud, à l'abbé Bartolomé de Las Casas, défenseur des peuples indigènes. L'auteur imagine qu'ils se rencontrent en 1550, à Valladolid (Espagne), sur ordre du légat du pape, le cardinal Roncieri, qui souhaite les consulter afin de savoir si les Indiens ont une âme et doivent être considérés comme des hommes libres.*

SÉPULVÉDA. — Aristote l'a dit très clairement : certaines espèces humaines sont faites pour régir et dominer les autres.

LÉGAT. — À votre avis, c'est ici le cas ?

SÉPULVÉDA. — Voulez-vous des preuves de l'infériorité des Indiens ?

LÉGAT. — Ces preuves sont indispensables.

SÉPULVÉDA. — D'abord, depuis leur découverte, ils se sont montrés incapables de toute invention. Ils sont uniquement habiles à copier les gestes des Espagnols, leurs supérieurs, ce qui caractérise une âme d'esclave.

LAS CASAS. — Mais on nous chante une vieille chanson ! César racontait la même chose des Gaulois qu'il asservissait ! Habiles à imiter les techniques romaines ! Et tous les envahisseurs ont fait de même ! César ne voulait pas voir les coutumes, les croyances et même les outils des Gaulois ! Et nous faisons de même ! Nous ne voyons que ce qu'ils imitent de nous ! Le reste, ça n'existe pas ! Bonne raison pour le détruire !

LÉGAT. — (*à Sépulvéda.*) Nous sommes habitués, depuis l'enfance, à préférer nos propres usages, qui nous semblent supérieurs aux autres.

SÉPULVÉDA. — Sauf quand il s'agit d'esclavesnés, éminence. Les Indiens ont voulu presque aussitôt acquérir nos armes et nos vêtements. Et je pourrais citer tant d'autres signes !

Jean-Claude CARRIÈRE,
La Controverse de Valladolid (théâtre), 1998,

b.

▲ *La Controverse de Valladolid*, pièce de théâtre de Jean-Claude CARRIÈRE, mise en scène par Jacques LASSALLE. (Théâtre de l'Atelier, 1998.)

ÉTAPE 3

8 Comparez ces deux textes de Diderot qui traitent du même peintre, Boucher.

1. Par quels procédés l'auteur **anime**-t-il son commentaire critique dans le texte **a** ?

2. En quoi le **dialogue** renforce-t-il l'argumentation dans le texte **b** ?

a. LA BERGERIE

Imaginez sur le fond un vase posé sur son piédestal et couronné d'un faisceau de branches renversées ; au-dessous, un berger endormi sur les genoux de sa bergère ; répandez autour une houlette, un petit chapeau rempli de roses, un chien, des moutons, un bout de paysage et je ne sais combien d'autres objets entassés les uns sur les autres ; peignez le tout de la couleur la plus brillante, et vous aurez la *Bergerie* de Boucher.

Quel abus du talent ! Combien de temps de perdu ! Avec la moitié moins de frais, on eût obtenu la moitié plus d'effet. Entre tant de détails, tous également soignés, l'œil ne sait où s'arrêter ; point d'air, point de repos. Cependant la bergère a bien la physionomie de son état ; et ce bout de paysage qui serre le vase est d'une délicatesse, d'une fraîcheur et d'un charme surprenants. Mais que signifient ce vase et son piédestal ? Que signifient ces lourdes branches dont il est surmonté ? Quand on écrit, faut-il tout écrire ? Quand on peint, faut-il tout peindre ? De grâce, laissez quelque chose à suppléer par mon imagination…

DIDEROT, *Salons*, « Salon de 1763 ».

b. « Disputez-vous au tableau de Boucher les qualités que je lui trouve ?

— Non ; mais y trouvez-vous de la couleur ?

— Non ; il est faible et monotone.

— Et l'illusion ?

— Il n'y en a point.

— Et la magie qui donne de la profondeur à la toile, qui avance et recule les objets, qui les distribue sur différents plans, qui met de l'intervalle entre les plans, qui fait circuler l'air entre les figures ?

— D'accord, elle y manque ; c'est une boîte mince où la caravane est renfermée, pressée, étouffée.

— Et la perspective, qui donne à tout sa dégradation ?

— Il n'y en a point.

— Et ces figures placées derrière cet âne, au troisième plan, qu'en pensez-vous ?

— Qu'elles sont trop fortes.

— Et de cet homme qui court sur le devant ?

— Qu'il est trop petit pour le lieu qu'il occupe.

— Et de la figure principale ?

— Laquelle ? Cette femme assise sur son cheval ?

— Précisément.

— Que, quoique sa chemise soit un peu trop ample, elle est bien ajustée, bien coiffée, que sa tête est d'un caractère agréable et qu'on ne peut, sans humeur, refuser le même éloge à celles qui l'entourent sur le fond.

— Oui ; mais le ton des chairs ?

— Oh ! j'en conviens, il est gris et plombé.

DIDEROT, *Salons*, « Salon de 1769 ».

9 Étudiez le dialogue suivant.

1. De quelle **forme de dialogue** s'agit-il ? Pourquoi ?

2. Reformulez les arguments de l'auteur et développez-les sous la forme d'une page d'**essai** qui présentera également des arguments opposés.

— Mais, Papa, on a montré l'autre jour à la télévision une brebis qui a été fabriquée en deux exemplaires !

— Tu veux parler de ce qu'on appelle le *clonage*, le fait de reproduire une chose en autant d'exemplaires qu'on veut. Cela est possible avec les objets. Ils sont fabriqués par des machines qui reproduisent le même objet de manière identique. Mais on ne doit pas le faire avec les animaux et encore moins avec les humains.

— Tu as raison, je n'aimerais pas avoir deux Céline dans ma classe. Une seule suffit.

— Tu te rends compte, si on pouvait reproduire les humains comme on fait des photocopies, on contrôlerait le monde, on déciderait de multiplier certains ou d'en éliminer d'autres. C'est horrible.

— Ça me fait peur… Même ma meilleure amie, je n'aimerais pas l'avoir en double !

— Et puis, si on autorisait le clonage, des hommes dangereux pourraient s'en servir à leur profit, par exemple prendre le pouvoir et écraser les faibles. Heureusement, l'être humain est unique et ne se reproduit pas à l'identique. Parce que je ne suis pas identique à mon voisin ni à mon frère jumeau, parce que nous sommes tous différents les uns des autres, on peut dire et constater que « la richesse est dans la différence ».

Tahar BEN JELLOUN, *Le Racisme expliqué à ma fille*,
© Éd. du Seuil, 1998.

Corpus BAC

Objet d'étude

Convaincre, persuader et délibérer : l'essai et le dialogue

A MONTAIGNE, *Essais*, III, 6, « Des coches », 1580-1588.

B Jean de LÉRY, *Histoire d'un voyage en terre de Brésil*, chapitre XXX, 1578.

C DIDEROT, *Supplément au voyage de Bougainville*, I, 1772.

TEXTE A

Avant d'évoquer le Nouveau Monde et de dénoncer la brutalité de sa conquête, Montaigne a souligné la relativité des connaissances : les Européens n'ont-ils pas ignoré un continent entier pendant des siècles ?

En côtoyant la mer à la quête de leurs mines, aucuns[1] Espagnols prirent terre en une contrée fertile et plaisante, fort habitée, et firent à ce peuple leurs remontrances[2] accoutumées : Qu'ils étaient gens paisibles venant de lointains voyages, envoyés de la part du roi de Castille, le plus grand prince de la terre habitable, auquel le pape, représentant Dieu en terre, avait donné la principauté de toutes les Indes ; que s'ils voulaient lui être tributaires, ils seraient très bénignement traités ; leur demandaient des vivres, pour leur nourriture, et de l'or, pour le besoin de quelque médecine ; leur remontraient au demeurant la créance d'un seul Dieu et la vérité de notre religion, laquelle ils leur conseillaient d'accepter, y ajoutant quelques menaces.

La réponse fut telle : Que, quant à être paisibles, ils n'en portaient pas la mine, s'ils l'étaient. Quant à leur roi, puisqu'il demandait, il devait être indigent et nécessiteux, et celui qui lui avait fait cette distribution[3], homme aimant dissension d'aller donner à des tiers chose qui n'était pas sienne, pour le mettre en débat contre les anciens possesseurs. Quant aux vivres, qu'ils leur en fourniraient ; d'or, ils en avaient peu, et que c'était chose qu'ils mettaient en nulle estime, d'autant qu'elle était inutile au service de leur vie, là où tout leur soin regardait seulement à la passer heureusement et plaisamment. Pourtant, ce qu'ils en pourraient trouver, sauf ce qui était employé au service de leurs dieux, qu'ils le prissent hardiment. Quant à un seul Dieu, le discours leur en avait plu, mais qu'ils ne voulaient changer leur religion, s'en étant si utilement servis si longtemps, et qu'ils n'avaient accoutumé prendre conseil que de leurs amis et connaissants. Quant aux menaces, c'était signe de faute de jugement d'aller menacer ceux desquels la nature et les moyens étaient inconnus. Ainsi qu'ils se dépêchassent promptement de vider leur terre, car ils n'étaient pas accoutumés de prendre en bonne part les honnêtetés et remontrances de gens armés et étrangers ; autrement, qu'on ferait d'eux comme de ces autres, leur montrant les têtes d'aucuns hommes justiciés[4] autour de leur ville. Voilà un exemple de la balbutie de cette enfance.

MONTAIGNE, *Essais*, III, 6, « Des coches », 1580-1588.

1. **Aucuns :** quelques.
2. **Remontrance :** avertissement.
3. C'est-à-dire le pape.
4. **Justicié :** puni.

TEXTE B

Au reste, parce que nos Tupinambas sont fort ébahis de voir les Français et autres des pays lointains prendre tant de peine d'aller quérir leur *Arabotan*, c'est-à-dire bois de Brésil, il y eut une fois un vieillard d'entre eux, qui sur cela me fit telle demande : « Que veut dire que vous autres *Mairs* et *Peros* (c'est-à-dire Français et Portugais), veniez de si loin quérir du bois pour vous chauffer ? n'y en a-t-il point en votre pays ? » À quoi lui ayant répondu que oui, et en grande quantité, mais non pas de telles sortes que les leurs, ni même du bois de Brésil, lequel nous ne brûlions pas comme il pensait, mais (comme eux-mêmes en usaient pour rougir leurs cordons de coton, plumages et autres choses) que les nôtres l'emmenaient pour faire de la teinture, il me répliqua soudain : « Voire, mais vous en faut-il tant ? » « Oui lui dis-je, car (en lui faisant trouver bon) y ayant tel marchand en notre pays qui a plus de frises et de draps rouges, voire même (m'accommodant toujours à lui parler des choses qui lui étaient connues) de couteaux, ciseaux, miroirs et autres marchandises que vous n'en avez jamais vus par-deçà, un tel seul achètera tout le bois de Brésil dont plusieurs navires s'en retournent chargés de ton pays. » « Ha, ha, dit mon sauvage, tu me contes merveilles. » Puis ayant bien retenu ce que je lui venais de dire, m'interrogeant plus outre dit : « Mais cet homme tant riche dont tu me parles, ne meurt-il point ? » « Si fait, si fait, lui dis-je, aussi bien que les autres. » Sur quoi, comme ils sont aussi grands discoureurs, et poursuivent fort bien un propos jusqu'au bout, il me demanda derechef : « Et quand donc il est mort, à qui est tout le bien qu'il laisse ? » « À ses enfants, s'il en a, et à défaut à ses frères, sœurs, ou plus prochains parents. » « Vraiment, dit lors mon vieillard (lequel comme vous jugerez n'était nullement lourdaud), à cette heure connais-je que vous autres *Mairs* (c'est-à-dire Français), êtes de grands fols : car vous faut-il tant travailler à passer la mer (comme vous nous dites étant arrivés par-deçà), sur laquelle vous endurez tant de maux, pour amasser des richesses ou à vos enfants ou à ceux qui survivent après vous ? La terre qui vous a nourris n'est-elle pas aussi suffisante pour les nourrir ? Nous avons (ajouta-t-il) des parents et des enfants, lesquels, comme tu vois, nous aimons et chérissons : mais parce que nous nous assurons qu'après notre mort la terre qui nous a nourris les nourrira, sans nous en soucier plus avant, nous nous reposons sur cela. »

Jean de Léry, *Histoire d'un voyage en terre de Brésil*, chapitre XXX, 1578, adaptation par Frank Lestringant, © Éd. Livre de Poche, 1978.

TEXTE C

L'explorateur Bougainville avait ramené en France un habitant de Tahiti, Aotourou, avant de le renvoyer chez lui. Deux Européens, A et B, en discutent.

A. — Ô Aotourou ! que tu seras content de revoir ton père, ta mère, tes frères, tes sœurs, tes maîtresses, tes compatriotes, que leur diras-tu de nous ?

B. — Peu de choses, et qu'ils ne croiront pas.

A. — Pourquoi peu de choses ?

B. — Parce qu'il en a peu conçues, et qu'il ne trouvera dans sa langue aucun terme correspondant à celles dont il a quelques idées.

A. — Et pourquoi ne le croiront-ils pas ?

B. — Parce qu'en comparant leurs mœurs aux nôtres, ils aimeront mieux prendre Aotourou pour un menteur, que de nous croire si fous.

A. — En vérité ?

B. — Je n'en doute pas : la vie sauvage est si simple, et nos sociétés sont des machines si compliquées ! Le Taïtien touche à l'origine du monde, et l'Européen touche à sa vieillesse. L'intervalle qui le sépare de nous est plus grand que la distance de l'enfant qui naît à l'homme décrépit. Il n'entend rien à nos usages, à nos lois, ou il n'y voit que des entraves déguisées sous cent formes diverses ; entraves qui ne peuvent qu'exciter l'indignation et le mépris d'un être en qui le sentiment de la liberté est le plus profond des sentiments.

Denis Diderot, *Supplément au voyage de Bougainville*, I, 1772.

◆ QUESTION SUR LES TEXTES

Comment la forme de ces textes permet-elle de prendre en compte le point de vue de peuples considérés comme « sauvages » ?

◆ SUJETS D'ÉCRITURE

1. Commentaire

Vous commenterez le texte de Montaigne (texte A).

2. Dissertation

« Chacun appelle barbarie ce qui n'est pas de son usage » (Montaigne).

La littérature peut-elle, selon vous, aider à prendre conscience de la relativité de ces usages et à mieux comprendre des mœurs qui nous paraissent étrangères ? Vous traiterez cette question en vous appuyant sur les textes du corpus, sur les lectures faites en classe et sur votre culture personnelle.

3. Invention

Poursuivez le dialogue entre A et B (texte C) pour développer et illustrer l'argumentation esquissée ici. À un moment de la discussion, les deux interlocuteurs prendront l'exemple de la conquête de l'Amérique : vous pourrez donc vous appuyer alors sur les textes A et B. Vous conduirez la conversation jusqu'à sa conclusion.

Chapitre 32

L'apologue

Objet d'étude (1re)

L'apologue sert à présenter des **idées** sous une **forme imagée** qui favorise leur compréhension. C'est par le détour d'une **fiction** que l'on cherche à **enseigner** ou à **argumenter**. Le récit véhicule une **morale** ou une **thèse**, comme on le voit notamment dans les fables (texte A) et dans les contes (textes B et C).

TEXTE **A**

LE GEAI PARÉ DES PLUMES DU PAON

Un Paon muait : un Geai prit son plumage ;
Puis après se l'accommoda[1] ;
Puis parmi d'autres Paons tout fier se panada[2],
Croyant être un beau personnage.
Quelqu'un le reconnut : il se vit bafoué,
Berné, sifflé, moqué, joué,
Et par Messieurs les Paons plumé d'étrange sorte ;
Même vers ses pareils s'étant réfugié,
Il fut par eux mis à la porte.
Il est assez de geais à deux pieds comme lui,
Qui se parent souvent des dépouilles d'autrui,
Et que l'on nomme plagiaires[3].
Je m'en tais, et ne veux leur causer nul ennui :
Ce ne sont pas là mes affaires.

Jean de LA FONTAINE, *Fables*, Livre IV, 9, 1668.

1. **S'accommoder :** s'approprier.
2. **Panader :** faire le paon, paraître superbe par sa démarche.
3. **Plagiaire :** personne qui pratique le plagiat, qui copie les ouvrages des autres.

L'histoire et la leçon de la fable

1. Observez les temps des verbes : comment cette fable est-elle construite ? Distinguez les parties qui la composent.
2. Que veut montrer l'auteur ? Pourquoi, dans ce but, met-il en scène des animaux ?

TEXTE B

Zadig, Premier ministre de Babylone, gouverne avec justice.

Une fille fort riche avait fait une promesse de mariage à deux mages, et, après avoir reçu quelques mois des instructions de l'un et de l'autre, elle se trouva grosse[1]. Ils voulaient tous deux l'épouser. « Je prendrai pour mon mari, dit-elle, celui des deux qui m'a mise en état de donner un citoyen à l'empire. — C'est moi qui ai fait cette bonne œuvre, dit l'un. — C'est moi qui ai eu cet avantage, dit l'autre. — Eh bien, répondit-elle, je reconnais pour père de l'enfant celui des deux qui lui pourra donner la meilleure éducation. » Elle accoucha d'un fils. Chacun des mages veut l'élever. La cause est portée devant Zadig. Il fait venir les deux mages. « Qu'enseigneras-tu à ton pupille ? dit-il au premier. — Je lui apprendrai, dit le docteur, les huit parties d'oraison[2], la dialectique, l'astrologie, la démonomanie ; ce que c'est que la substance et l'accident, l'abstrait et le concret, les monades et l'harmonie préétablie[3]. — Moi, dit le second, je tâcherai de le rendre juste et digne d'avoir des amis. » Zadig prononça : « Que tu sois son père ou non, tu épouseras sa mère. »

VOLTAIRE, *Zadig ou la destinée*, 1747.

1. **Grosse :** enceinte.
2. Les parties du discours.
3. Notions empruntées à la philosophie de Leibniz.

Un récit exemplaire

1. Le narrateur intervient-il dans son récit ? Dégage-t-il la leçon de l'histoire ? Pourquoi ce choix de la part de l'auteur ?
2. Comment s'explique le jugement de Zadig ? Quelle conclusion le lecteur tire-t-il de cette histoire ?

TEXTE C

LE VÉGÉTAL

Quand les carottes pensantes venues du fond des lointaines galaxies virent pour la première fois des êtres humains de la Terre où elles venaient de débarquer, elles notèrent, stupéfaites : « Ce sont des légumes évolués. »

Jacques STERNBERG, *188 contes à régler*, © Éd. Denoël, 1988.

Un conte en une phrase

Quel sens se dégage de cette fiction ? À quoi tient son humour ?

L'APOLOGUE : PLAIRE POUR CONVAINCRE

1. Pourquoi ces trois récits touchent-ils le lecteur ? En quoi consiste l'art de raconter dans chacun d'eux ?
2. Ces trois textes ont-ils une portée critique ? En quel sens ? Contre quelle cible ?
3. Comparez les conclusions morales de ces apologues : dans quel(s) texte(s) cette morale reste-t-elle implicite ? Quel en est l'effet ?

32. L'apologue

Objet d'étude (1re)

Au sens étroit, l'apologue est un **court récit à visée morale**. En un sens plus large, le mot s'applique à toute **fiction à visée argumentative**.
Il ne s'agit donc pas d'un genre littéraire aux frontières fixes, mais d'une **forme en mouvement**, qui inclut la fable, le conte, la parabole, l'utopie, voire le roman à thèse. L'apologue associe explicitement deux formes de discours : la **narration** et l'**argumentation**.

1 QU'EST-CE QU'UN APOLOGUE ?

• Un récit plaisant

– L'apologue est souvent un **récit bref**. Sa structure narrative est simple, ses personnages bien typés.

– Pour **plaire** au lecteur, l'apologue utilise des moyens divers : **péripéties** surprenantes de l'histoire, recours au **merveilleux** pour frapper l'imagination, éléments comiques ou ironiques qui suscitent le **rire** aux dépens d'un personnage ridicule, d'un comportement caricatural ou d'un système de pensée jugé absurde.

• Une argumentation indirecte

– L'apologue repose sur un **raisonnement par analogie** : la situation particulière de l'histoire inventée **ressemble** à une situation plus générale de la vie humaine ; on peut donc tirer de cette histoire, par analogie, une **conclusion** qui la dépasse.

– La fiction de l'apologue permet d'**incarner** les attitudes humaines dans des personnages et des situations qui marquent le lecteur. Elle joue donc le rôle d'un **exemple** qui sert à **persuader** (elle touche le cœur en suscitant l'intérêt) pour mieux **convaincre** (elle satisfait la raison par le rapport logique qui mène du particulier au général).

– L'apologue instaure un jeu subtil entre **récit et moralité**. L'histoire n'est pas toujours l'illustration simple d'une thèse : elle peut **enrichir** l'apologue d'un sens qui va au-delà du message explicite. Quand la leçon de l'apologue est simplement **esquissée** ou reste **implicite**, l'intelligence complice du lecteur est requise.

– À chacun de « sucer la substantifique moelle » (Rabelais) pour trouver, dans ces récits apparemment légers et divertissants, une **pensée plus secrète** (sur la religion, le pouvoir, la société…). L'apologue peut être un moyen d'**énoncer indirectement** des idées qu'il est dangereux d'exprimer.

LE « CORPS » ET L'« ÂME » DE L'APOLOGUE

« L'apologue est composé de deux parties, dont on peut appeler l'une le corps, l'autre l'âme. Le corps est la fable ; l'âme, la moralité. »

(La Fontaine)

• Une leçon morale

– L'apologue a principalement une **visée morale** : il stigmatise les défauts des hommes pour les amener à se corriger.

– Il est aussi porteur de **prises de position politiques**, à travers la **satire sociale** ou la défense d'idées et de valeurs nouvelles.

– Dans tous les cas, l'apologue éveille la **liberté d'interprétation** du lecteur, à qui il laisse toujours « quelque chose à penser ».

2 LES FORMES DE L'APOLOGUE

• La fable

– C'est un bref récit, en prose à l'origine, en vers à l'âge classique. La fable met en scène le plus souvent des **animaux**, des objets ou des végétaux **personnifiés** et doués de parole, qui renvoient aux hommes une image de leur comportement.

– Les aventures, actes et propos exposés dans le récit illustrent une **morale** (qui peut être donnée au début) et prodiguent une **leçon**. Le registre de la fable est nettement **didactique**.

– La fable n'est pas seulement un instrument pédagogique : elle peut comporter un **contenu philosophique et politique** et parfois se rapprocher du pamphlet (registres **satirique** et **polémique**).

• La parabole

– Elle repose, étymologiquement, sur une **comparaison** (*parabolè* en grec). Présente dans les *Évangiles* (le bon Samaritain, le retour de l'enfant prodigue...), elle est reprise par les orateurs chrétiens dans leurs sermons.

– L'**histoire** proprement dite est simple, brève et inspirée de la vie quotidienne. Elle est suivie de l'**interprétation** qu'il convient de lui donner : une leçon d'ordre moral et spirituel, qui débouche sur une morale pratique.

• L'utopie

– *Utopia* signifie en grec à la fois « lieu de nulle part » et « lieu du bien ». L'utopie est un récit qui consiste à représenter un **pays** dont le système politique et social est **idéal**.

– Elle a donc une double dimension : d'une part, elle propose un **modèle de société** à bâtir ; d'autre part, elle **critique** implicitement la société contemporaine de l'auteur.

– Le XXe siècle bâtira volontiers des **contre-utopies** (des modèles à ne pas suivre), donnant l'image d'univers déshumanisés par le totalitarisme (*Le Meilleur des Mondes* d'Aldous Huxley, 1932 ; *1984* de George Orwell, 1949).

• Le conte

– **Les contes de fées** de la tradition orale comportaient un enseignement moral, explicite et implicite, à partir de récits merveilleux. Les *Contes* de Perrault, au XVIIe siècle, donnent à ce type d'apologue une forme littéraire.

– **Le conte philosophique**, né au XVIIIe siècle, a été particulièrement développé par Voltaire (*Micromégas*, 1752 ; *Candide*, 1759 ; *L'Ingénu*, 1767). Ce type de récit utilise l'arme du ridicule contre les institutions et les systèmes de pensée attaqués par l'auteur. Le recours systématique à l'**ironie** dévoile l'envers d'un univers en apparence idyllique. Il permet d'attaquer tout ce qui s'oppose à la **philosophie des Lumières** : les abus, les préjugés, l'intolérance et l'oppression.

• Les autres genres

On rencontre aussi l'apologue...

– dans des romans : **romans** « à thèse », romans philosophiques ou didactiques, à visée morale ou idéologique ;

– dans des pièces de **théâtre** : récits exemplaires que peuvent faire des personnages dans leurs répliques ;

– dans des **textes poétiques**, au-delà des fables : poèmes allégoriques ou symboliques qui illustrent une idée par une histoire.

LES GRANDS FABULISTES

➢ Ésope, poète grec (VIe siècle av. J.-C.).

➢ Phèdre, poète latin (Ier siècle après J.-C.).

➢ La Fontaine (XVIIe s.) et Florian (XVIIIe s.), poètes français.

LA LITTÉRATURE UTOPIQUE

➢ L'épisode de l'abbaye de Thélème dans *Gargantua* de Rabelais (1534).

➢ *L'Autre Monde ou les États et Empires de la Lune et du Soleil* de Cyrano de Bergerac (1657).

➢ L'épisode des Troglodytes dans *Les Lettres persanes* de Montesquieu (1721).

➢ *Le Nouveau Monde amoureux* de Charles Fourier (publication posthume, 1845).

Exercices

ÉTAPE 1

1 Comparez les deux textes suivants : quelle est la **leçon** de chaque fable ? Est-elle **explicite** ou **implicite** ?

a. LA CHENILLE ET LE RENARD

Vous souvient-il d'un certain jour
Où l'autruche et le dromadaire,
Juges profès[1] en l'art de plaire,
S'adjugeaient le prix tour à tour,
Lorsque d'un renard la malice
De leurs suffrages fit justice ?
Le même club un autre soir
S'entretenait du ver à soie ;
Enfermé dans sa coque, il ne peut comparoir ;
Mais, pour le bien juger, il suffit qu'on la voie :
Elle passe de main en main ;
Chacun pèse, touche, examine ;
Ce qu'on ne voit, on le devine ;
Ah ! c'est un travail surhumain !
L'aveugle taupe, au moins par courtoisie,
Elle-même en paraît ravie.
La chenille, seule en un coin,
Ferme les yeux et murmure de loin :
Oui, beau chef-d'œuvre ! une niaiserie !
Voyez, pour rien, comme l'on s'extasie !
— Entendez-vous cet insecte insolent
Vilipender ce que chacun admire ?
— Parbleu ! dit le renard, c'est que de son talent
Nos éloges font la satire.
Les chenilles aussi croient ourdir des cocons ;
Le malheur est qu'ils ne sont beaux ni bons.

Si jamais un sot t'épilogue[2],
Écrivain consciencieux,
Ne réponds point ; mais sous ses yeux
Fais arriver mon apologue.

Thomas de YRIARTE, *Fables littéraires*, 1782,
traduit de l'espagnol par Brunet, 1838.

---

1. **Profès :** littéralement, « qui a prononcé des vœux dans un ordre religieux » ; ici, titre honorifique à valeur ironique.

2. **Épiloguer :** critiquer de façon pointilleuse.

b. LA CHENILLE

Un jour, causant entre eux, différents animaux
Louaient beaucoup le ver à soie :
Quel talent, disaient-ils, cet insecte déploie
En composant ces fils si doux, si fins, si beaux,
Qui de l'homme font la richesse !
Tous vantaient son travail, exaltaient son adresse.
Une chenille seule y trouvait des défauts,
Aux animaux surpris en faisait la critique,
Disait des mais, et puis des si.
Un renard s'écria : Messieurs, cela s'explique,
C'est que madame file aussi.

FLORIAN, *Fables*, III, 13, 1792.

2 Lisez le texte suivant.

1. Repérez la **construction du récit** et les **rôles des personnages**.

2. Quelle est la **morale** du récit ? Où et comment est-elle formulée ?

C'est l'héroïne du roman qui raconte cette histoire à son infirmière.

[...] un puissant rajah avait une fille qu'il chérissait. Hélas, un mal mystérieux s'empara de la fillette : elle dépérissait sans que personne comprît pourquoi. On manda les médecins du pays entier, avec cet avertissement : « Si vous parvenez à guérir la princesse, vous serez couvert d'or. Si vous échouez, vous aurez la tête tranchée, pour avoir donné un faux espoir au rajah. » Défilèrent dans la chambre de l'enfant les plus grands praticiens du royaume, qui ne changèrent rien à son état et furent décapités. Il n'y eut bientôt plus un seul médecin vivant aux Indes. Vint alors un jeune garçon pauvre qui déclara vouloir soigner la petite. Les gens du palais lui rirent au nez : « Tu n'as même pas un médicament ou un instrument dans ta besace ! Tu cours au-devant de ta perte ! » On introduisit le garçon dans les luxueux appartements de la princesse. Il s'assit au chevet de son lit et commença à lui narrer des contes, des légendes, des histoires. Il racontait merveilleusement et le visage de la petite malade s'éclaira. Quelques jours plus tard, elle était guérie : on sut que le mal dont elle avait souffert était l'ennui. Le jeune garçon ne la quitta jamais.

Amélie NOTHOMB, *Mercure*,
© Éd. Albin Michel, 1998.

3 Étudiez l'extrait suivant, tiré des dernières pages d'un récit. Délivre-t-il un **enseignement** ? Lequel ? Où et comment ?

Au cours d'une bataille contre les Turcs, Médard de Terralba a été pourfendu par un boulet de canon. Ses deux moitiés, l'une bonne, l'autre mauvaise, vivent dissociées, l'une multipliant les bienfaits, l'autre semant la terreur. Toutes deux amoureuses de Paméla, elles finissent par s'affronter. Or leur duel rouvre l'ancienne blessure : le docteur Trelawney en profite pour « recoller » les deux parties, sous le regard du jeune narrateur, neveu de Médard.

À la fin, Médard ouvrit les yeux, les lèvres. Au début, son expression était égarée : il avait un sourcil froncé, l'autre détendu, le front plissé à droite et calme à gauche, la bouche souriait d'un coin, et découvrait, de l'autre, des dents grinçantes. Peu à peu, tout redevint symétrique.

« Maintenant, il est guéri », déclara le docteur Trelawney.

Et Paméla s'écria :

« J'aurai enfin un mari avec tous ses attributs. »

C'est ainsi que mon oncle Médard redevint un homme entier, ni méchant ni bon, mélangé de bonté et de méchanceté, c'est-à-dire un être ne différant pas, en apparence, de ce qu'il avait été avant d'être pourfendu. Mais il avait l'expérience de l'une et de l'autre moitié ressoudées : aussi devait-il être sage. Il eut une vie heureuse, beaucoup d'enfants, et gouverna avec justice. Notre vie aussi s'améliora. Peut-être nous attendions-nous à ce que le vicomte, redevenu entier, une ère de bonheur merveilleux s'ouvrît pour nous. Mais il est clair qu'il ne suffit pas d'un vicomte complet pour que le monde entier soit complet.

Italo Calvino, *Le Vicomte pourfendu*,
trad. J. Bertrand, © Éd. Albin Michel, 1955.

ÉTAPE 2

4 Repérez les composantes de l'apologue dans la bande dessinée ci-dessous. Quelle est la visée argumentative de l'histoire ?

▲ Franquin, *Gaston Lagaffe*, n° 18,
© Marsu Productions, 1998.

5 Lisez cet extrait de roman.

1. Quelle conception sociale et politique règne dans cette société ?

2. De quelle forme d'apologue s'agit-il ? Sur quelles réalités des années 2000 cette fiction des années trente anticipe-t-elle ?

Patiemment, le D.I.C.[1] donna des explications. Si l'on faisait en sorte que les enfants se missent à hurler à la vue d'une rose, c'était pour des raisons de haute politique économique. Il n'y a pas si longtemps (voilà un siècle environ), on avait conditionné les Gammas, les Deltas, voire les Epsilons[2], à aimer les fleurs – les fleurs en particulier et la nature sauvage en général. Le but visé, c'était de faire naître en eux le désir d'aller à la campagne chaque fois que l'occasion s'en présentait, et de les obliger ainsi à consommer du transport.

— Et ne consommaient-ils pas de transport ? demanda l'étudiant.

— Si, et même en assez grande quantité, répondit le D.I.C., mais rien de plus. Les primevères et les paysages, fit-il observer, ont un défaut grave : ils sont gratuits. L'amour de la nature ne fournit de travail à nulle usine. On décida d'abolir l'amour de la nature, du moins parmi les basses classes ; d'abolir l'amour de la nature, mais non point la tendance à consommer du transport. Car il était essentiel, bien entendu, qu'on continuât à aller à la campagne, même si l'on avait cela en horreur. Le problème consistait à trouver à la consommation du transport une raison économiquement mieux fondée qu'une simple affection pour les primevères et les paysages. Elle fut dûment découverte. — Nous conditionnons les masses à détester la campagne, dit le Directeur pour conclure, mais simultanément nous les conditionnons à raffoler de tous les sports en plein air. En même temps, nous faisons le nécessaire pour que tous les sports de plein air entraînent l'emploi d'appareils compliqués. De sorte qu'on consomme des articles manufacturés, aussi bien que du transport.

Aldous Huxley,
Le Meilleur des mondes, trad. Jules Castier,
© Éd. Plon, 1932.

1. **D.I.C. :** Directeur de l'Incubation et du Conditionnement.

2. Dans cette société, les êtres humains sont génétiquement programmés pour être répartis en cinq « castes », des Alphas (catégorie supérieure) aux Epsilons (catégorie inférieure).

Exercices

Étape 3

6 Observez cette **caricature (b)** à la lumière de la fable **(a)**. Quelle est la **cible** dans chaque cas ? Pourquoi le caricaturiste s'est-il servi de cet apologue ?

a.

La Grenouille qui se veut aussi grosse que le Bœuf

Une Grenouille vit un Bœuf
Qui lui sembla de belle taille.
Elle, qui n'était pas grosse en tout comme un œuf,
Envieuse, s'étend, et s'enfle, et se travaille,
Pour égaler l'animal en grosseur,
Disant : « Regardez bien, ma sœur ;
Est-ce assez ? dites-moi ; n'y suis-je point encore ?
— Nenni. — M'y voici donc ? — Point du tout. — M'y voilà ?
— Vous n'en approchez point. » La chétive pécore
S'enfla si bien qu'elle creva.

Le monde est plein de gens qui ne sont pas plus sages :
Tout bourgeois veut bâtir comme les grands seigneurs,
Tout prince a des ambassadeurs,
Tout marquis veut avoir des pages.

La Fontaine, *Fables*, I, 3, 1668.

b.

▲ *La grenouille et le bœuf*, caricature représentant le petit et le grand Napoléon, 1852.
(Bibliothèque nationale de France, Paris.)

7 Préparez le commentaire du texte suivant.

1. Quel vers livre au lecteur le **sens de l'apologue** ? Où est-il placé ? Pourquoi ?

2. Que représentent les Hébreux ? Et le roi ? Dans la situation représentée, quels traits peuvent s'appliquer à la **situation contemporaine** de l'auteur ?

3. Pourquoi Hugo a-t-il choisi comme **histoire exemplaire** un épisode de la Bible ?

4. Rédigez une analyse qui montrera comment l'apologue mêle dans ce texte les **registres épique et satirique**.

Sonnez, sonnez toujours, clairons de la pensée.

Quand Josué[1] rêveur, la tête aux cieux dressée,
Suivi des siens, marchait, et, prophète irrité,
Sonnait de la trompette autour de la cité[2],
Au premier tour qu'il fit le roi se mit à rire ;
Au second tour, riant toujours, il lui fit dire :
— Crois-tu donc renverser ma ville avec du vent ?
À la troisième fois, l'arche allait en avant,
Puis les trompettes, puis toute l'armée en marche,
Et les petits enfants venaient cracher sur l'arche,
Et, soufflant dans leur trompe, imitaient le clairon ;
Au quatrième tour, bravant les fils d'Aaron[3],
Entre les vieux créneaux tout brunis par la rouille,
Les femmes s'asseyaient en filant leur quenouille,
Et se moquaient jetant des pierres aux Hébreux :
À la cinquième fois, sur ces murs ténébreux,
Aveugles et boiteux vinrent, et leurs huées
Raillaient le noir clairon sonnant sous les nuées ;
À la sixième fois, sur sa tour de granit
Si haute qu'au sommet l'aigle faisait son nid,
Si dure que l'éclair l'eût en vain foudroyée,
Le roi revint, riant à gorge déployée,
Et cria — : ces Hébreux sont bons musiciens ! —
Autour du roi joyeux, riaient tous les anciens
Qui le soir sont assis au temple et délibèrent.

À la septième fois, les murailles tombèrent.

Jersey, septembre 1853.

Hugo, *Châtiments*, VII, 1, 1853.

1. **Josué :** successeur de Moïse à la tête des Hébreux, il conquiert avec eux la Terre promise.
2. Jéricho, ville de Cisjordanie dont les Hébreux, d'après la Bible (Livre de Josué), auraient détruit les murailles au seul son de leurs trompettes.
3. **Les fils d'Aaron :** les Hébreux.

8 Étudiez la fable suivante.

1. Identifiez sa structure : comment le discours argumentatif est-il intégré au récit ?

2. Analysez l'art du récit en étudiant la caractérisation des personnages et l'effet de la chute (la fin de la fable).

Le Chêne et le Roseau

Le Chêne un jour dit au Roseau :
« Vous avez bien sujet d'accuser la nature ;
Un Roitelet pour vous est un pesant fardeau.
Le moindre vent, qui d'aventure
Fait rider la face de l'eau,
Vous oblige à baisser la tête,
Cependant que mon front, au Caucase pareil,
Non content d'arrêter les rayons du soleil,
Brave l'effort de la tempête.
Tout vous est aquilon, tout me semble zéphyr[1].
Encor si vous naissiez à l'abri du feuillage
Dont je couvre le voisinage,
Vous n'auriez pas tant à souffrir :
Je vous défendrais de l'orage ;
Mais vous naissez le plus souvent
Sur les humides bords des royaumes du vent.
La nature envers vous me semble bien injuste.
— Votre compassion, lui répondit l'arbuste,
Part d'un bon naturel ; mais quittez ce souci :
Les vents me sont moins qu'à vous redoutables ;
Je plie, et ne romps pas. Vous avez jusqu'ici
Contre leurs coups épouvantables
Résisté sans courber le dos ;
Mais attendons la fin. » Comme il disait ces mots,
Du bout de l'horizon accourt avec furie
Le plus terrible des enfants
Que le Nord eût portés jusque-là dans ses flancs.
L'arbre tient bon ; le Roseau plie.
Le vent redouble ses efforts,
Et fait si bien qu'il déracine
Celui de qui la tête au ciel était voisine,
Et dont les pieds touchaient à l'empire des morts.

La Fontaine, *Fables*, I, 22, 1668.

1. **Aquilon :** vent du Nord, tempête. **Zéphyr :** vent d'Ouest, brise légère.

9 Observez ces illustrations de la fable précédente (exercice 6).

1. Comment traduisent-elles la morale de la fable ? Quels aspects du texte l'image met-elle en valeur par sa construction et ses connotations ?

2. Comment mettent-elles en image la personnification des végétaux ?

3. Dans quelle mesure s'écartent-elles du texte de La Fontaine ?

a.

▲ Achille Etna Michallon (1796-1822), *Le Chêne et le Roseau*, 1816. (EU, université de Cambridge, Fitzwilliam Museum.)

b.

▲ De Villier, *Le Chêne et le Roseau*, 1826. (Bibliothèque nationale de France, Paris.)

Corpus BAC

Objet d'étude Convaincre, persuader et délibérer : l'apologue

A STEVENSON, « Les Chevaux de trait et le cheval de selle », *Fables*, 1901.

B SAINT-EXUPÉRY, *Le Petit Prince*, 1944.

C QUENEAU, « La Grenouille qui voulait se faire aussi ronde qu'un œuf », *Battre la campagne*, 1968.

D LA FONTAINE, « Le Pâtre et le Lion », *Fables*, VI, 1, 1668.

TEXTE A

LES CHEVAUX DE TRAIT ET LE CHEVAL DE SELLE

Deux chevaux de trait, un hongre et une jument, furent emmenés à Samoa[1] et mis à pâturer avec un cheval de selle dans un pré où ils pouvaient galoper librement. Ils craignaient un peu de s'approcher de lui car ils voyaient bien que c'était un cheval de selle, et ils pensaient qu'il ne daignerait pas leur adresser la parole. Quant au cheval de selle, il n'avait jamais vu de si grandes créatures. Ce sont sûrement de grands chefs, pensa-t-il, et il les aborda courtoisement en leur disant : Madame, Monsieur, vous venez des colonies, si je ne me trompe ? Je vous fais mes hommages respectueux et vous souhaite une cordiale bienvenue dans notre île.

Après lui avoir jeté un coup d'œil désapprobateur, les colons se consultèrent.

— Qui cela peut-il être ? dit le hongre.

— Sa politesse me paraît suspecte, dit la jument.

— Ce ne doit pas être quelqu'un d'important, dit le hongre.

— Tu peux être sûr que ce n'est qu'un Canaque[2], dit la jument.

Puis ils se tournèrent vers lui.

— Va au diable ! dit le hongre.

— Quelle impudence ! Oser s'adresser à des personnes de notre qualité ! s'écria la jument.

Le cheval de selle s'éloigna.

— J'avais raison, pensa-t-il, ce sont de grands chefs.

Robert Louis STEVENSON, *Fables* (1901),
trad. Pierre-Alain Legendre, © Éd. Corti, 1985.

1. **Samoa :** îles du Pacifique où l'auteur a passé la fin de sa vie.
2. **Canaque :** nom donné aux peuples autochtones de certaines îles du Pacifique.

TEXTE B

C'est alors qu'apparut le renard.

— Bonjour, dit le renard.

— Bonjour, répondit poliment le petit prince, qui se retourna mais ne vit rien.

— Je suis là, dit la voix, sous le pommier…

— Qui es-tu ? dit le petit prince. Tu es bien joli…

— Je suis un renard, dit le renard.

— Viens jouer avec moi, lui proposa le petit prince. Je suis tellement triste…

— Je ne puis pas jouer avec toi, dit le renard. Je ne suis pas apprivoisé.

— Ah ! pardon, fit le petit prince.

Mais, après réflexion, il ajouta :

— Qu'est-ce que signifie « apprivoiser » ?

— Tu n'es pas d'ici, dit le renard, que cherches-tu ?

— Je cherche les hommes, dit le petit prince. Qu'est-ce que signifie « apprivoiser » ?

— Les hommes, dit le renard, ils ont des fusils et ils chassent. C'est bien gênant ! Ils élèvent aussi des poules. C'est leur seul intérêt. Tu cherches des poules ?

— Non, dit le petit prince. Je cherche des amis. Qu'est-ce que signifie « apprivoiser » ?

— C'est une chose trop oubliée, dit le renard. Ça signifie « créer des liens… »

— Créer des liens ?

— Bien sûr, dit le renard. Tu n'es encore pour moi qu'un petit garçon tout semblable à cent mille petits garçons. Et je n'ai pas besoin de toi. Et tu n'as pas besoin de moi non plus. Je ne suis pour toi qu'un petit renard semblable à cent mille renards. Mais, si tu m'apprivoises, nous aurons besoin l'un de l'autre. Tu seras pour moi unique au monde. Je serai pour toi unique au monde…

Antoine de SAINT-EXUPÉRY, *Le Petit Prince*,
© Éd. Gallimard, 1944.

TEXTE C

LA GRENOUILLE QUI VOULAIT SE FAIRE
AUSSI RONDE QU'UN ŒUF

Plus cornue qu'un dodécaèdre
une grenouille que cette forme excédait
voulut en prendre une ovoïde
cette grenouille excentrique
se met en boule se contracte
ne se veut pas une sphère
mais bien un œuf très exact
Auprès du bœuf elle s'enquiert
Ne pourrais-je point figurer
dans la boutique d'un laitier ?
Quelle singulière ambition
dit l'autre, de vouloir être rond.
Mais la grenouille s'obstina
ce qui devait arriver arriva
et voilà que patatras
elle choit du haut d'un mur
se cassant sur le sol dur

être un œuf a ses aléas

Raymond QUENEAU, *Battre la campagne*,

TEXTE D

LE PÂTRE ET LE LION
(début)

Les fables ne sont pas ce qu'elles semblent être ;
Le plus simple animal nous y tient lieu de maître.
Une morale nue apporte de l'ennui :
Le conte fait passer le précepte avec lui.
En ces sortes de feinte il faut instruire et plaire,
Et conter pour conter me semble peu d'affaire.

Jean de LA FONTAINE, *Fables*, VI, 1, 1668.

◆ QUESTION SUR LES TEXTES

Repérez les passages au discours direct dans les textes A, B et C. Comment ce procédé permet-il de répondre au double objectif de l'apologue selon le texte D : « instruire et plaire » ?

◆ SUJETS D'ÉCRITURE

1. Commentaire

Vous commenterez le texte de Saint-Exupéry (texte B).

2. Dissertation

La Fontaine écrit : « Une morale nue apporte de l'ennui : / Le conte fait passer le précepte avec lui. » (texte D).

Vous expliquerez et discuterez cette définition de l'apologue, en vous appuyant sur les textes du corpus et sur d'autres apologues que vous connaissez.

3. Invention

En suivant la même voie que Raymond Queneau (texte C), imaginez et rédigez la réécriture parodique d'une fable de La Fontaine célèbre.
Consignes de rédaction :
1) Vous partirez d'une fable précise, que le lecteur pourra identifier.
2) Vous proposerez une morale différente de celle de La Fontaine, voire opposée à celle-ci.
3) Vous pouvez rédiger votre fable en prose ou en vers.

Utiliser le vocabulaire de l'analyse littéraire

Pour **rédiger** ou pour **exposer à l'oral** les résultats des analyses qui portent sur des textes ou qui partent des textes, il faut utiliser un vocabulaire particulier qui permet de **nommer** et de **caractériser** le travail de l'écrivain, les effets du texte et les réactions du lecteur.

NOMS ET ADJECTIFS

Pour évoquer et caractériser...	
– une **atmosphère**...	euphorique, idyllique, oppressante, intimiste...
– une **coloration**...	sentimentale, bucolique, romantique...
– une **écriture**...	baroque, classique, oratoire...
– un **effet**...	saisissant, dramatique, de contraste...
– une **notation**...	psychologique, spatiale, temporelle...
– une **observation**...	précise, minutieuse, pénétrante...
– une **portée**...	universelle, symbolique, révolutionnaire...
– une **réflexion**...	amère, sereine, désabusée, profonde...
– un **registre**...	comique, satirique, polémique, pathétique, tragique...
– un **rythme**...	régulier, harmonieux, brisé, rapide...
– une **sensation**...	auditive, visuelle, olfactive...
– une **signification**...	psychologique, morale, politique...
– un **style**...	sec, ample, incisif, elliptique, oratoire, familier, soutenu, heurté...
– une **technique**...	impressionniste, picturale, novatrice, traditionnelle, originale...
– un **thème**...	original, populaire, historique...
– une **tonalité**...	bouffonne, grotesque, critique, dramatique, solennelle, ironique...

VERBES

L'AUTEUR...	LE TEXTE...	LE LECTEUR...
– L'auteur écrit... Il utilise, emploie, recourt à, traduit, insiste sur, renforce, met en évidence, met en relief, met l'accent sur, souligne, suggère, énumère, accumule, développe, construit, compare, rapproche, met en parallèle, assimile, unit, illustre, oppose, symbolise... **– L'auteur décrit...** Il dépeint, dessine, esquisse, ébauche, caractérise, qualifie, représente, transfigure, brosse (ou dresse) le portrait de, campe un personnage... **– L'auteur raconte...** Il retrace, narre, relate, évoque, présente, représente, imagine, expose... **– L'auteur argumente...** Il déclare, montre, explique, indique, informe, définit, désigne, mentionne, affirme, décrète, rappelle, analyse... **– L'auteur juge...** Il exprime, (dés)approuve, avertit, met en garde, critique, dénonce, déplore, met en cause, blâme, conteste, réfute, s'insurge contre, ironise sur, vise, dénigre, prône, loue, célèbre, exalte...	**– Un texte...** traite de, repose sur, développe, met en scène, offre, présente (un enjeu ou un intérêt)... **– Un mot, une expression...** évoque, connote, dénote, suggère, révèle, est affecté de, se charge de, prend ou revêt (un sens, une connotation)... **– Un champ lexical...** se déploie, se développe **– Un procédé d'écriture ou une figure de style...** montre, révèle, suggère, atteste, témoigne de, traduit, trahit, souligne, met en valeur, met en évidence, est caractéristique de, rend sensible... sert à interpeller / choquer / faire réagir / frapper les esprits / émouvoir... confère / donne au texte (une dimension, une portée, un caractère...), produit un effet... **– Un effet...** est produit / créé / accentué / rendu / traduit / exprimé / souligné / renforcé par... réside dans, tient à.	**Le lecteur ...** – aime, admire, apprécie... – comprend, découvre, explore, perçoit, reconnaît... – se demande, s'étonne, s'interroge... – partage, s'identifie, se projette... – ressent, éprouve, est ému, est touché... – est convaincu, adhère, souscrit, considère que... – réagit, goûte, est choqué, déteste...

VI

L'écrit et l'oral du bac

Chapitre 33

Le corpus de textes

Le **corpus** est constitué d'un long extrait ou de plusieurs documents, en relation avec un ou plusieurs **objets d'étude**. Il faut lire la totalité du corpus pour s'interroger sur son unité et sur son intérêt.
Quels **rapports** et quelles **différences** y a-t-il ici entre ces poèmes d'Apollinaire (A) et d'Aragon (B) ? C'est en confrontant ces textes que l'on pourra répondre à la **question** posée.

Objets d'étude : « La poésie » / « Le biographique ».
Exemple de corpus : A. Guillaume Apollinaire, « Fusée », *Calligrammes* (1918).
B. Louis Aragon, « Elsa au miroir », *La Diane française* (1946).
Question sur le corpus : Quelle place et quelle fonction le souvenir occupe-t-il dans les textes du corpus ?

TEXTE **A**

FUSÉE

La boucle des cheveux noirs de ta nuque est mon trésor
Ma pensée te rejoint et la tienne la croise
Tes seins sont les seuls obus que j'aime
Ton souvenir est la lanterne de repérage qui nous sert à pointer la nuit

En voyant la large croupe de mon cheval j'ai pensé à tes hanches

Voici les fantassins qui s'en vont à l'arrière en lisant un journal

Le chien du brancardier revient avec une pipe dans sa gueule

Un chat-huant ailes fauves yeux ternes gueule de petit chat et pattes de chat

Une souris verte file parmi la mousse

Le riz a brûlé dans la marmite de campement
Ça signifie qu'il faut prendre garde à bien des choses

Le mégaphone crie
Allongez le tir

Allongez le tir amour de vos batteries

Balance des batteries lourdes cymbales
Qu'agitent les chérubins fous d'amour
En l'honneur du Dieu des Armées

Un arbre dépouillé sur une butte

Le bruit des tracteurs qui grimpent dans la vallée

Ô vieux monde du XIXe siècle plein de hautes cheminées si belles et si pures

Virilités du siècle où nous sommes
Ô canons

Douilles éclatantes des obus de 75
Carillonnez pieusement

APOLLINAIRE, *Calligrammes*, « Poèmes de la paix et de la guerre (1913-1916) », © Éd. Gallimard, 1918.

TEXTE **B**

Elsa au miroir

C'était au beau milieu de notre tragédie
Et pendant un long jour assise à son miroir
Elle peignait ses cheveux d'or Je croyais voir
Ses patientes mains calmer un incendie
C'était au beau milieu de notre tragédie

Et pendant un long jour assise à son miroir
Elle peignait ses cheveux d'or et j'aurais dit
C'était au beau milieu de notre tragédie
Qu'elle jouait un air de harpe sans y croire
Pendant tout ce long jour assise à son miroir

Elle peignait ses cheveux d'or et j'aurais dit
Qu'elle martyrisait à plaisir sa mémoire
Pendant tout ce long jour assise à son miroir
À ranimer les fleurs sans fin de l'incendie
Sans dire ce qu'une autre à sa place aurait dit

Elle martyrisait à plaisir sa mémoire
C'était au beau milieu de notre tragédie
Le monde ressemblait à ce miroir maudit
Le peigne partageait les feux de cette moire
Et ces feux éclairaient des coins de ma mémoire

C'était au beau milieu de notre tragédie
Comme dans la semaine est assis le jeudi

Et pendant un long jour assise à sa mémoire
Elle voyait au loin mourir dans son miroir

Un à un les acteurs de notre tragédie
Et qui sont les meilleurs de ce monde maudit

Et vous savez leurs noms sans que je les aie dits
Et ce que signifient les flammes des longs soirs

Et ses cheveux dorés quand elle vient s'asseoir
Et peigner sans rien dire un reflet d'incendie

Aragon, *La Diane française*, © Éd. Seghers, 1946.

LIRE LES TEXTES POUR LES RELIER

1. Quels points communs permettent de rapprocher ces textes ?
2. Quel est le mot-clé de la question posée ? Cherchez dans les textes les mots qui appartiennent au même champ lexical.
3. À quel objet d'étude faudra-t-il surtout se référer pour répondre à cette question ? Quel témoignage chaque texte nous donne-t-il sur la vie de son auteur ?
4. En vue d'une réponse à la question posée, résumez ce qui fait selon vous l'originalité de chaque texte.

33. Le corpus de textes

L'épreuve écrite s'appuie sur un **ensemble de textes** liés à un **objet d'étude** du programme de première. Ce « corpus », qui peut comporter un document iconographique, sert de **support aux trois sujets d'écriture**. Il faut donc identifier la **nature des documents** et mettre en évidence les **liens** qui les unissent.
L'objectif n'est pas de faire une étude détaillée des documents, mais d'observer la façon dont ils **s'éclairent mutuellement** et dont ils éclairent l'objet d'étude. Pour cela, on se réfère à la **question** (ou aux questions) posée sur le corpus : elle permet d'orienter l'étude comparative et de préparer les travaux d'écriture.

1 PAR OÙ COMMENCER ?

• Le paratexte et l'objet d'étude

La lecture du **paratexte** fournit de précieux renseignements sur la **nature des documents**, en rapport avec l'objet d'étude indiqué : noms d'auteurs, titres, dates de publication, notes, présentations éventuelles...

• L'unité du corpus

Les textes peuvent être d'auteurs, de genres, d'époques ou de registres très différents. Il est donc nécessaire de justifier la cohérence du corpus en mettant en évidence leur **point commun** (un thème, une forme littéraire, un problème d'écriture, une stratégie d'argumentation, etc.). Une première lecture du corpus permet d'identifier ce principe d'unité.

• La question sur le corpus

– Elle figure dans le libellé du sujet. Elle facilite la compréhension du corpus en proposant un angle d'approche particulier. Elle met en rapport, sur un point précis, le corpus et l'**objet d'étude**.

– Pour cerner ce rapport, on identifie les **mots-clés** de la question et on définit les notions qu'ils impliquent. À chaque type de question correspondent en effet des éléments précis, attendus, qu'il faut reconnaître : il est bon de retenir et de classer ces différentes **attentes** (→ tableau ci-contre).

2 APPROFONDIR L'ANALYSE

• Les repérages

– **Lire le crayon à la main** pour repérer tous les éléments qui peuvent répondre à la question. On note en particulier les **procédés** caractéristiques de l'objet d'étude, avant de commenter l'**effet** produit.

– Relever ces éléments **texte par texte**, en prenant soin de noter les ressemblances et les différences de l'un à l'autre.

– Pour confronter l'ensemble des documents, **faire un tableau** où apparaîtront à la fois la **spécificité** de chacun (sa nature, son genre, son époque, sa fonction...) et les **liens** qui l'unissent aux autres, justifiant ainsi sa place dans le corpus. La lecture du corpus est **comparative**.

• **L'interprétation**

– Une fois ces repérages effectués, on **regroupe les éléments de réponse** en fonction de la question posée.

– Si **deux textes ou documents** (sur trois ou plus) utilisent les mêmes procédés, mieux vaut les regrouper pour mettre en évidence ce qui les distingue des autres, et pour éviter le « catalogue ».

– On peut aussi aborder les textes dans un **ordre différent** de celui qui est présenté, si c'est au profit d'une **progression logique** de l'analyse.

3 RÉPONDRE À LA QUESTION POSÉE

• **La rédaction de la réponse**

Il ne s'agit pas d'accumuler les éléments de réponse : on choisira **les plus significatifs** en les **illustrant** par de brefs relevés et en les **ordonnant** de façon progressive. Le temps consacré à l'étude du corpus n'excède pas **une heure** : la réponse à la question (ou aux questions) occupera une à deux pages.

• **La composition de la réponse**

– L'**introduction** reprend d'abord les éléments de la question en définissant les **mots-clés** ; elle souligne ensuite l'intérêt de cette question dans l'**objet d'étude** concerné en présentant le corpus, la nature des documents qui le composent et le principe de leur regroupement.

– **Le développement** répond précisément à la question en s'appuyant sur des procédés littéraires caractéristiques et sur des relevés commentés. Il regroupe les documents qui recourent aux mêmes procédés. Il souligne les contrastes et les variations d'un document à l'autre.

– **La conclusion** fait un rapide bilan pour montrer ce que la question a permis d'éclairer dans le corpus, en rapport avec l'objet d'étude. Elle ouvre éventuellement sur le sujet d'écriture choisi.

POUR RÉDIGER LA RÉPONSE

• **Le volume :** une à deux pages maximum.
• **La présentation :** séparer par des alinéas l'introduction, le développement et la conclusion.
• **L'écriture :** employer des tournures variées pour éviter les répétitions.
• **Les relevés :** choisir les exemples les plus significatifs et faire des citations courtes.

TYPES DE QUESTIONS ET RÉPONSES ATTENDUES

Les types de questions	Les réponses attendues
le thème ?	Observer la permanence ou les variations d'un thème à travers des genres différents ou des époques différentes.
la thèse développée ?	Confronter des prises de position et des stratégies argumentatives.
les genres ?	Définir les caractéristiques d'un genre et montrer leur évolution.
les registres ?	Reconnaître les différents registres en fonction d'indices précis, et justifier leur utilisation dans le corpus.
les formes de discours ?	Préciser les caractéristiques et le rôle de la forme utilisée (narrative, argumentative, etc.).
l'énonciation ?	Repérer les indices de personne, de temps et de lieu, pour situer chaque texte dans sa situation d'énonciation et apprécier l'implication du locuteur et de son interlocuteur.
le contexte ?	Situer les textes dans leur contexte historique, littéraire et culturel, et éventuellement par rapport aux mouvements littéraires et culturels.
la définition d'un objet d'étude ?	Repérer ce qui le caractérise : procédés d'écriture, formes, enjeux…
les procédés propres à l'objet d'étude ?	Expliquer pourquoi ces procédés sont caractéristiques de l'objet d'étude, montrer ce qu'ils en révèlent.
le rôle d'un document iconographique ?	Faire apparaître les liens qui unissent le document iconographique aux autres documents (thème, registre, visée…), et les différences (le discours spécifique de l'image).

Exercices

ÉTAPE 1

1 D'après le paratexte (auteur, titre, date de publication) et l'objet d'étude, dites en quoi consiste l'unité de chacun des corpus suivants.

a. **Objets d'étude :** « Convaincre, persuader, délibérer » / « Le dialogue et l'essai ».
Corpus :
– Montaigne, *Essais*, Livre I, ch. XXXI, « Des Cannibales », 1582.
– La Hontan, *Dialogue de M. le baron de La Hontan et d'un sauvage de l'Amérique*,1703.
– Roland Barthes, *Mythologies*, « Bichon chez les nègres », 1957.

b. **Objet d'étude :** « Le biographique ».
Corpus :
– Marivaux, *La Vie de Marianne ou les aventures de Madame La comtesse de* ***, 1742.
– Maupassant, *Une vie*, 1883.
– Pierre Michon, *Vies minuscules*, 1984.

c. **Objet d'étude :** « Les réécritures ».
Corpus :
– Baudelaire, *Les Fleurs du mal*, « La Chevelure », 1857.
– Baudelaire, *Petits Poèmes en prose*, « Un hémisphère dans une chevelure », 1869.

2 Lisez les questions suivantes.

1. Identifiez leurs mots-clés et définissez-les.

2. Quels procédés devrez-vous relever pour chacune d'elles dans les textes du corpus ?

a. Étudiez les marques de la présence du locuteur dans les textes du corpus.
b. Comment le destinataire se trouve-t-il impliqué dans ces textes ? Pourquoi ?
c. Quels sont les registres utilisés dans le corpus ? Quel en est l'intérêt ?
d. Quelle est la valeur du présent dans les textes du corpus ?
e. Repérez et étudiez le champ lexical commun aux textes du corpus.
f. Quel est le rôle des paroles rapportées dans le corpus ?
g. Comparez les situations d'énonciation et leurs éventuelles variations.
h. En comparant les textes du corpus, vous dégagerez les éléments caractéristiques d'une scène d'exposition.
i. Identifiez, dans les textes du corpus, les éléments caractéristiques de l'énonciation au théâtre.
j. Quel est le rôle des didascalies dans les textes du corpus ?

3 Justifiez la cohérence du groupement suivant :

1. Précisez le genre, la forme, le thème et la visée des textes qui le composent.

2. Identifiez les objets d'étude que ces textes pourraient illustrer en relevant leurs caractéristiques précises.

a.

LETTRE
(début)

Éloigné de vos yeux, Madame, par des soins
Impérieux (j'en prends tous les dieux à témoins),
Je languis et me meurs, comme c'est ma coutume
En pareil cas, et vais, le cœur plein d'amertume,
À travers des soucis où votre ombre me suit,
Le jour dans mes pensers, dans mes rêves la nuit,
Et la nuit et le jour, adorable, Madame !
Si bien qu'enfin, mon corps faisant place à mon âme,
Je deviendrai fantôme à mon tour aussi, moi,
Et qu'alors, et parmi le lamentable émoi
Des enlacements vains et des désirs sans nombre,
Mon ombre se fondra pour jamais en votre ombre.

En attendant, je suis, très chère, ton valet.

Tout se comporte-t-il là-bas comme il te plaît,
Ta perruche, ton chat, ton chien ? La compagnie
Est-elle toujours belle, et cette Silvanie
Dont j'eusse aimé l'œil noir si le tien n'était bleu,
Et qui parfois me fit des signes, palsambleu !
Te sert-elle toujours de douce confidente ?

VERLAINE, *Fêtes galantes*, 1869.

b. *Lettre adressée par le poète à sa femme, Colette, qui l'a inspirée.*

TA LETTRE

Ta lettre floraison de roses en Septembre
Précieuse. Je la lis sous la lampe et la lisse ambiguë.

Je sens le parc en fleurs, les promenades lentes et le sous-bois
Et les douces fleurs d'ombre, la lumière des cyclamens.
Je vois l'odeur des roses, l'arôme des vins vieux qui montent
Et de la plage monte le parfum de ta peau de pain brûlé

Ta peau d'or rouge. Sourdent les senteurs des jujubiers, bourdonnant d'abeilles de soleil.
Parfois je pense à toi si fort ! C'est splendeur de douleur
Comme flamme de physalie au plein de ma poitrine.
Contre le désespoir, mon refuge mon seul, le royaume d'Enfance.

Je marche sur la plage, à Joal-Popenguine
Le sable sous la paume de mes pieds : le baiser de la terre maternelle.

Joie de la marche dans le sable blond, qui déboule soyeux
Plaisir des muscles qui jouent libres aux plages de l'Eden
Joie de la nage dans l'eau tiède et le placenta primordial
Joie de nager, la bouche ouverte à l'eau au sel.

Puis de nouveau marcher me perdre, jusqu'aux raisins
marins aux cerises sauvages.
Qui me rendra les plateaux d'Éthiopie, où le pâtre sur un
pied se
Repose à l'ombre de sa flûte ?
Au loin répond une flûte amébée.

Léopold Sédar SENGHOR, *Lettres d'hivernage*, in *Œuvre poétique*, © Éd. du Seuil, 1964.

4 Appliquez au corpus précédent (exercice 3) les **questions** a, b, c et d de l'exercice 2. Vous repérerez dans les textes les principaux éléments correspondant à ces questions.

5 Quels **critères** doit-on retenir pour **classer les textes d'un corpus** en vue de répondre à la question ? Plusieurs critères sont possibles. Justifiez votre choix en expliquant pourquoi vous écartez les autres possibilités.

a. Les dates de publication
b. Les titres des documents
c. Les auteurs
d. Le contexte historique ou littéraire
e. La longueur des textes
f. Le genre
g. Le registre
h. La façon dont les textes mettent en œuvre l'élément sur lequel porte la question.
i. L'émotion que les textes suscitent.

ÉTAPE 2

6 Comparez les textes du corpus suivant.

1. Mettez en évidence leurs **points communs** et leurs **différences**.

2. Peut-on **regrouper** deux de ces trois textes ? Selon quels critères ?

a. Acte Premier

Le théâtre représente une rue de Séville, où toutes les croisées sont grillées.

Scène 1. — LE COMTE, *seul, en grand manteau brun et chapeau rabattu. Il tire sa montre en se promenant.*

Le jour est moins avancé que je ne croyais. L'heure à laquelle elle a coutume de se montrer derrière sa jalousie est encore éloignée. N'importe ; il vaut mieux arriver trop tôt que de manquer l'instant de la voir. Si quelque aimable de la cour pouvait me deviner à cent lieues de Madrid, arrêté tous les matins sous les fenêtres d'une femme à qui je n'ai jamais parlé, il me prendrait pour un Espagnol du temps d'Isabelle… Pourquoi non ? Chacun court après le bonheur. Il est pour moi dans le cœur de Rosine… Mais quoi ! suivre une femme à Séville, quand Madrid et la cour offrent de toutes parts des plaisirs si faciles ? Et c'est cela même que je fuis. Je suis las des conquêtes que l'intérêt, la convenance ou la vanité nous présentent sans cesse. Il est si doux d'être aimé pour soi-même ! Et si je pouvais m'assurer sous ce déguisement… Au diable l'importun !

BEAUMARCHAIS, *Le Barbier de Séville*, 1775.

b. Acte Premier

Le théâtre représente une chambre à demi démeublée ; un grand fauteuil de malade est au milieu. Figaro, avec une toise, mesure le plancher. Suzanne attache à sa tête, devant une glace, le petit bouquet de fleurs d'orange, appelé chapeau de la mariée.

Scène 1. — FIGARO, SUZANNE.

FIGARO. — Dix-neuf pieds sur vingt-six.
SUZANNE. — Tiens, Figaro, voilà mon petit chapeau : le trouves-tu mieux ainsi ?
FIGARO *lui prend les mains.* — Sans comparaison, ma charmante. Oh ! que ce joli bouquet virginal, élevé sur la tête d'une belle fille, est doux, le matin des noces, à l'œil amoureux d'un époux !…
SUZANNE *se retire.* — Que mesures-tu donc là, mon fils ?
FIGARO. — Je regarde, ma petite Suzanne, si ce beau lit que Monseigneur nous donne aura bonne grâce ici.
SUZANNE. — Dans cette chambre ?
FIGARO. — Il nous la cède.
SUZANNE. — Et moi, je n'en veux point.
FIGARO. — Pourquoi ?
SUZANNE. — Je n'en veux point.
FIGARO. — Mais encore ?
SUZANNE. — Elle me déplaît.
FIGARO. — On dit une raison.
SUZANNE. — Si je n'en veux pas dire ?
FIGARO. — Oh ! quand elles sont sûres de nous !
SUZANNE. — Prouver que j'ai raison serait accorder que je puis avoir tort. Es-tu mon serviteur, ou non ?
FIGARO. — Tu prends de l'humeur contre la

chambre du château la plus commode, et qui tient le milieu des deux appartements. La nuit, si Madame est incommodée, elle sonnera de son côté ; zeste, en deux pas tu es chez elle. Monseigneur veut-il quelque chose : il n'a qu'à tinter du sien ; crac, en trois sauts me voilà rendu.

SUZANNE. — Fort bien ! Mais quand il aura *tinté* le matin, pour te donner quelque bonne et longue commission, zeste, en deux pas, il est à ma porte, et crac, en trois sauts…

FIGARO. — Qu'entendez-vous par ces paroles ?

SUZANNE. — Il faudrait m'écouter tranquillement.

FIGARO. — Eh, qu'est-ce qu'il y a ? bon Dieu !

SUZANNE. — Il y a, mon ami, que, las de courtiser les beautés des environs, monsieur le comte Almaviva veut rentrer au château, mais non pas chez sa femme ; c'est sur la tienne, entends-tu, qu'il a jeté ses vues, auxquelles il espère que ce logement ne nuira pas.

BEAUMARCHAIS, *Le Mariage de Figaro*, 1784.

c. Acte Premier

Le théâtre représente un salon fort orné.

Scène 1. — SUZANNE, *seule, tenant des fleurs obscures dont elle fait un bouquet.*

Que madame s'éveille et sonne ; mon triste ouvrage est achevé. *(Elle s'assied avec abandon.)* À peine il est neuf heures, et je me sens déjà d'une fatigue… Son dernier ordre, en la couchant, m'a gâté ma nuit entière… *Demain, Suzanne, au point du jour, fais apporter beaucoup de fleurs, et garnis-en mes cabinets.* — Au portier : *Que, de la journée, il n'entre personne pour moi. — Tu me formeras un bouquet de fleurs noires et rouge foncé, un seul œillet blanc au milieu…* Le voilà. — Pauvre maîtresse ! Elle pleurait !… Pour qui ce mélange d'apprêts ?… Eeeh ! si nous étions en Espagne, ce serait aujourd'hui la fête de son fils *Léon…(avec mystère)* et d'un autre homme qui n'est plus ! *(Elle regarde les fleurs.)* Les couleurs du sang et du deuil ! *(Elle soupire.)* Ce cœur blessé ne guérira jamais ! Attachons-le d'un crêpe noir, puisque c'est là sa triste fantaisie. *(Elle attache le bouquet.)*

BEAUMARCHAIS, *La Mère coupable*, 1792.

7 Étudiez le corpus ci-dessus (exercice 6) en fonction de la question suivante :

D'après ces trois textes, identifiez les procédés d'exposition auxquels Beaumarchais a recours et justifiez leur emploi.

1. Faites les **repérages** correspondant à cette question.

2. Remplissez le **tableau** suivant :

	Texte A	Texte B	Texte C
Procédé 1	....	....	....
Procédé 2	....	....	....
Etc.	....	....	....

3. Appuyez-vous sur ce tableau pour **classer les textes** du corpus en fonction de la question.

8 **Rédigez la réponse** à la question de l'exercice 7.

1. Choisissez les **procédés** et les **relevés** les plus significatifs.

2. **Ordonnez votre réponse** de façon logique en soulignant les mots de liaison utilisés.

3. Rédigez l'**introduction**, puis la **conclusion**.

ÉTAPE 3

9 Observez le **corpus** suivant et répondez à la **question**.

1. Exploitez le **paratexte**.

2. Identifiez le **genre** et la **visée** des textes.

3. Justifiez leur **regroupement** et leur rapport au « biographique ».

Objet d'étude : « le biographique ».
Question sur le corpus :
Comment les auteurs du corpus présentent-ils la vie de leurs personnages et par quels moyens la rendent-ils crédible ?

a. *La demoiselle Michonneau fait partie des pensionnaires de la pension Vauquer, où logent aussi le père Goriot et Rastignac.*

La vieille demoiselle Michonneau gardait sur ses yeux fatigués un crasseux abat-jour[1] en taffetas vert, cerclé par du fil d'archal[2] qui aurait effarouché l'ange de la Pitié. Son châle à franges maigres et pleurardes semblait couvrir un squelette, tant les formes qu'il cachait étaient anguleuses. Quel acide avait dépouillé cette créature de ses formes féminines ? elle devait avoir été jolie et bien faite : était-ce le vice, le chagrin, la cupidité ? avait-elle trop aimé, avait-elle été marchande à la toilette[3], ou seulement courtisane[4] ? Expiait-elle les triomphes d'une jeunesse insolente au-devant de laquelle s'étaient rués les plaisirs par une vieillesse que fuyaient les passants ? Son regard blanc donnait froid, sa figure rabougrie menaçait. Elle avait la voix clairette d'une cigale criant dans son buisson aux approches de l'hiver. Elle disait avoir pris soin d'un vieux monsieur affecté d'un catarrhe[5] à la vessie, et abandonné par ses enfants, qui l'avaient cru sans ressources. Ce vieillard lui avait légué mille francs de rente viagère, périodiquement disputés par les héritiers, aux calomnies desquels elle était en butte.

BALZAC, *Le Père Goriot*, 1835.

1. **Abat-jour :** « garde-vue » qui protège les yeux contre une lumière trop vive.
2. **Fil d'archal :** fil de laiton.
3. **Marchande à la toilette :** revendeuse de vêtements ou de parures d'occasion.
4. **Courtisane :** prostituée.
5. **Catarrhe :** inflammation des muqueuses provoquant une hypersécrétion.

b. *Un « cabinet d'amateur » désigne un tableau représentant toute une collection de tableaux, que l'on s'amuse alors à reconnaître. Ce récit raconte l'histoire d'un tableau exposé à Pittsburgh (dans le cadre de manifestations culturelles organisées par la communauté allemande de la ville), d'un peintre (Heinrich Kürz) et d'un collectionneur (Hermann Raffke).*

[...] quant à l'article du *Vaterland*, dont l'auteur, Thadeus Doppelgleisner, était un des responsables de l'exposition, il était nettement plus développé (peut-être parce que le propriétaire du tableau, Hermann Raffke, des brasseries Raffke, avait prêté plusieurs œuvres et généreusement financé l'exposition) mais se cantonnait délibérément dans le domaine des généralités et des anecdotes :

« Notre éminent concitoyen Hermann Raffke, de Lübeck, n'est pas seulement célèbre pour l'excellente qualité de la bière qu'il brasse avec succès dans nos murs depuis bientôt cinquante ans ; il est aussi un amateur d'art éclairé et dynamique, bien connu des cimaises et des ateliers des deux côtés de l'Océan. Au cours de ses nombreux voyages en Europe, Hermann Raffke a su rassembler avec un discernement éclectique et sûr tout un ensemble d'œuvres d'art anciennes et modernes dont maints musées du Vieux Continent se seraient volontiers parés et qui n'a pas à l'heure actuelle son équivalent dans notre jeune contrée, n'en déplaise à Messieurs Mellon, Kress, Duveen et autres Johnson. Qui plus est, Hermann Raffke a toujours eu à cœur de favoriser le développement de la peinture américaine et nombreux sont ceux qui, aujourd'hui reconnus – les Thomas Harrison, les Kitzenjammer, les Wyckoff, les Betkowski et tant d'autres – furent à leurs débuts soutenus par ce mécène bienveillant et discret. [...] »

Georges PEREC, *Un cabinet d'amateur*,
© Éd. Balland, 1979.

c. Terrasse à Rome *raconte l'histoire d'un graveur, Meaume, gravant à Rome des scènes religieuses et des scènes choquantes. Voici l'épilogue.*

Marie Aidelle rapporta à Catherine Van Honthorst les enfances de Meaume. La grand-mère de Meaume baptisa l'enfant avec un doigt de sang de Concini quand on l'eut déchiré, pour le fortifier. Il aimait le vin noir, dont il abusait. Il se laissa mourir. Meaume naquit à Paris au printemps de 1617. Il était Lorrain. Il disait : « Les faces des enfants sont incertaines. » Aussi ne les dessina-t-il jamais. Passé l'âge de cinquante ans, son visage était tendu et étrange. Il était très maigre. Les yeux y brillaient encore comme ceux des nourrissons et des grenouilles. Globes gris très grands mais on ne savait ce qui y transparaissait. Ils vivaient leur vie dans une eau obscure. C'était très intense mais il était impossible de dire si la douleur, ou si la faim, ou si l'angoisse, ou si la colère déchirante habitaient derrière ses yeux. La blessure sur son visage ajoutait à l'incertitude de ses expressions.

Pascal QUIGNARD, *Terrasse à Rome*,
© Éd. Gallimard, 2000.

10 Traitez la question portant sur le corpus de l'exercice 9 : « Comment les auteurs du corpus présentent-ils la vie de leurs personnages et par quels moyens la rendent-ils crédible ? »

1. Soulignez et définissez les **mots-clés** de cette question, puis faites la liste des **procédés** à rechercher dans les textes du corpus.

2. Repérez ces procédés dans les textes en relevant les **exemples** les plus caractéristiques et en **comparant** les moyens utilisés.

11 Rédigez entièrement la réponse à la question posée dans l'exercice précédent (exercice 10), en une page et demie maximum.

1. Quelle **progression logique** vous faudra-t-il suivre ? Dans quel **ordre** allez-vous aborder les textes du corpus ? Pourquoi ?

2. Vous soulignerez les **mots de liaison** et emploierez des formules variées pour citer les procédés et les exemples que vous aurez retenus.

Corpus BAC

Objets d'étude – Convaincre, persuader, délibérer
– L'épistolaire

A Laclos, *Les Liaisons dangereuses*, lettre 141, 1782.
B Flaubert, *Madame Bovary*, II, 13, 1857.

TEXTE A

Valmont est tombé amoureux de Mme de Tourvel, qu'il était censé conquérir par pur libertinage. Pour l'inciter à rompre, la marquise de Merteuil lui « raconte une histoire », lui fournissant le modèle de la lettre qu'il devrait envoyer...

La marquise de Merteuil
au vicomte de Valmont

Tout ce que je peux faire, c'est de vous raconter une histoire. Peut-être n'aurez-vous pas le temps de la lire, ou celui d'y faire assez attention pour la bien entendre ? libre à vous. Ce ne sera, au pis aller, qu'une histoire de perdue.

Un homme de ma connaissance s'était empêtré, comme vous, d'une femme qui lui faisait peu d'honneur. Il avait bien, par intervalle, le bon esprit de sentir que, tôt ou tard, cette aventure lui ferait tort : mais quoiqu'il en rougît, il n'avait pas le courage de rompre. Son embarras était d'autant plus grand, qu'il s'était vanté à ses amis d'être entièrement libre ; et qu'il n'ignorait pas que le ridicule qu'on a augmente toujours en proportion qu'on s'en défend. Il passait ainsi sa vie, ne cessant de faire des sottises, et ne cessant de dire après : *Ce n'est pas ma faute*. Cet homme avait une amie qui fut tentée un moment de le livrer au public en cet état d'ivresse, et de rendre ainsi son ridicule ineffaçable : mais pourtant, plus généreuse que maligne, ou peut-être encore par quelque autre motif, elle voulut tenter un dernier moyen, pour être, à tout événement, dans le cas de dire, comme son ami : *Ce n'est pas ma faute*. Elle lui fit donc parvenir sans aucun autre avis la Lettre qui suit, comme un remède dont l'usage pourrait être utile à son mal.

« On s'ennuie de tout, mon Ange, c'est une Loi de la nature ; ce n'est pas ma faute.

« Si donc je m'ennuie aujourd'hui d'une aventure qui m'a occupé entièrement depuis quatre mortels mois, ce n'est pas ma faute.

« Si, par exemple, j'ai eu juste autant d'amour que toi de vertu, et c'est sûrement beaucoup dire, il n'est pas étonnant que l'un ait fini en même temps que l'autre. Ce n'est pas ma faute.

« Il suit de là que depuis quelque temps je t'ai trompée : mais aussi, ton impitoyable tendresse m'y forçait en quelque sorte ! Ce n'est pas ma faute.

« Aujourd'hui, une femme que j'aime éperdument exige que je te sacrifie. Ce n'est pas ma faute.

« Je sens bien que voilà une belle occasion de crier au parjure : mais si la Nature n'a accordé aux hommes que la constance, tandis qu'elle donnait aux femmes l'obstination, ce n'est pas ma faute.

« Crois-moi, choisis un autre Amant, comme j'ai fait une autre Maîtresse ! Ce conseil est bon, très bon ; si tu le trouves mauvais, ce n'est pas ma faute.

« Adieu, mon Ange, je t'ai prise avec plaisir, je te quitte sans regret : je te reviendrai peut-être. Ainsi va le monde. Ce n'est pas ma faute. »

De vous dire, Vicomte, l'effet de cette dernière tentative, et ce qui s'en est suivi, ce n'est pas le moment : mais je vous promets de vous le dire dans ma première Lettre. Vous y trouverez aussi mon *ultimatum* sur le renouvellement du traité que vous nous proposez. Jusque-là, adieu tout simplement...

Choderlos de Laclos, *Les Liaisons dangereuses*,
lettre 141, 1782.

TEXTE B

Rodolphe, las de sa liaison avec Emma Bovary, a décidé de rompre et cherche à lui écrire.

— Elle va peut-être croire que c'est par avarice que j'y renonce... Ah ! n'importe ! tant pis, il faut en finir !

« Le monde est cruel, Emma. Partout où nous eussions été, il nous aurait poursuivis. Il vous aurait fallu subir les questions indiscrètes, la calomnie, le dédain, l'outrage peut-être. L'outrage à vous ! Oh !... Et moi qui voudrais vous faire asseoir sur un trône ! moi qui emporte votre pensée comme un talisman ! Car je me punis par l'exil de tout le mal que je vous ai fait. Je pars. Où ? Je n'en sais rien, je suis fou ! Adieu ! Soyez toujours bonne ! Conservez le souvenir du malheureux qui vous a perdue. Apprenez mon nom à votre enfant, qu'il le redise dans ses prières. »

La mèche des deux bougies tremblait. Rodolphe se leva pour aller fermer la fenêtre, et, quand il se fut rassis :

— Il me semble que c'est tout. Ah ! Encore ceci, de peur qu'elle ne vienne à *me relancer* :

« Je serai loin quand vous lirez ces tristes lignes ; car j'ai voulu m'enfuir au plus vite afin d'éviter la tentation de vous revoir. Pas de faiblesse ! Je reviendrai ; et peut-être que, plus tard, nous causerons ensemble très froidement de nos anciennes amours. Adieu ! »

Et il y avait un dernier adieu, séparé en deux mots : *À Dieu* ! ce qu'il jugeait d'un excellent goût.

— Comment vais-je signer, maintenant ? se dit-il. Votre tout dévoué... Non. Votre ami ?... Oui, c'est cela.

« Votre ami. »

Il relut la lettre. Elle lui parut bonne.

— Pauvre petite femme ! pensa-t-il avec attendrissement. Elle va me croire plus insensible qu'un roc ; il eût fallu quelques larmes là-dessus ; mais moi, je ne peux pas pleurer ; ce n'est pas ma faute. Alors, s'étant versé de l'eau dans un verre, Rodolphe y trempa son doigt et il laissa tomber de haut une grosse goutte, qui fit une tache pâle sur l'encre ; puis, cherchant à cacheter la lettre, le cachet *Amor nel cor* se rencontra.

— Cela ne va guère à la circonstance... Ah ! Bah ! qu'importe !

Après quoi, il fuma trois pipes et s'alla coucher.

Gustave FLAUBERT, *Madame Bovary*, II, 13, 1857.

◆ QUESTION SUR LES TEXTES

Comparez les situations d'énonciation représentées dans ces deux textes.

◆ SUJETS D'ÉCRITURE

1. Commentaire

Vous commenterez le texte de Flaubert (texte B).

2. Dissertation

Pour convaincre, la marquise de Merteuil choisit de « raconter une histoire » (texte A), et Rodolphe simule une sensibilité qu'il n'a pas (texte B).

Pensez-vous que la fiction, plus généralement, ait le pouvoir de convaincre et de persuader ? Comment et dans quels domaines ? Vous appuierez votre réponse sur des textes littéraires précis et variés.

3. Invention

Vous écrivez une lettre à une revue que vous appréciez pour l'inciter à vous prendre dans ses rangs. Vous ferez la preuve de votre motivation en recourant à des figures de style variées et en vous projetant dans des situations fictives.

Chapitre 34

La préparation du commentaire : l'analyse du texte

L'exercice du commentaire porte sur un texte du corpus. Il peut aussi consister à comparer deux textes. Il vise à repérer, classer et interpréter les **thèmes** et les **procédés d'écriture** qui caractérisent le texte afin de dégager son intérêt littéraire et ses **enjeux**.
Pour commenter une fable de La Fontaine, il faut donc d'abord poser au texte les bonnes questions, qui tiennent compte du **genre** et de l'**objet d'étude** auxquels il se rattache.

TEXTE A

À MADAME DE MONTESPAN[1]

L'apologue est un don qui vient des Immortels ;
Ou si c'est un présent des hommes,
Quiconque nous l'a fait mérite des autels :
Nous devons, tous tant que nous sommes,
Ériger en divinité
Le Sage par qui fut ce bel art inventé.
C'est proprement un charme : il rend l'âme attentive,
Ou plutôt il la tient captive,
Nous attachant à des récits
Qui mènent à son gré les cœurs et les esprits.
Ô vous qui l'imitez, Olympe[2], si ma Muse
A quelquefois pris place à la table des Dieux,
Sur ses dons aujourd'hui daignez porter les yeux ;
Favorisez les jeux où mon esprit s'amuse.
Le temps, qui détruit tout, respectant votre appui,
Me laissera franchir les ans dans cet ouvrage :
Tout auteur qui voudra vivre encore après lui
Doit s'acquérir votre suffrage.
[...]

Jean de LA FONTAINE, *Fables*, VII, Dédicace, 1678.

1. **Madame de Montespan :** la maîtresse du roi et la protectrice de La Fontaine, qui lui dédicace ici le second recueil de ses *Fables*.
2. **Olympe :** le séjour des Immortels ; La Fontaine fait ici de Madame de Montespan une déesse.

Par où commencer ?

1. Justifiez la place de ce texte dans l'objet d'étude « Convaincre, persuader, délibérer ».
2. Qu'est-ce qu'une dédicace ? Pourquoi La Fontaine dédicace-t-il ici son œuvre à Madame de Montespan ? Pourquoi doit-il se montrer persuasif ?
3. La Fontaine fait-il simplement l'éloge de Madame de Montespan ? Montrez qu'il cherche aussi à affirmer la valeur de son art.

TEXTE **B**

Le Milan[1] et le Rossignol

Après que le Milan, manifeste voleur,
Eut répandu l'alarme en tout le voisinage,
Et fait crier sur lui les enfants du village,
Un Rossignol tomba dans ses mains par malheur.
Le héraut[2] du printemps lui demande la vie.
« Aussi bien, que manger en qui n'a que le son[3] ?
Écoutez plutôt ma chanson :
Je vous raconterai Térée et son envie.
— Qui, Térée ? Est-ce un mets propre pour les milans ?
— Non pas ; c'était un roi dont les feux violents
Me firent ressentir leur ardeur criminelle.
Je m'en vais vous en dire une chanson si belle
Qu'elle vous ravira : mon chant plaît à chacun. »
Le Milan alors lui réplique :
« Vraiment, nous voici bien, lorsque je suis à jeun,
Tu me viens parler de musique.
— J'en parle bien aux rois. — Quand un roi te prendra,
Tu peux lui conter ces merveilles.
Pour un Milan, il s'en rira :
Ventre affamé n'a point d'oreilles. »

Jean de La Fontaine, *Fables*, IX,18, 1678.

1. **Milan :** oiseau de proie, rapace.
2. **Héraut :** messager.
3. Qui n'a que sa voix.

Approfondir l'analyse

1. Qui La Fontaine fait-il parler et dans quelles circonstances ? Pourquoi confronte-t-il ici un milan et un rossignol ? Que peuvent-ils représenter ?
2. Comment La Fontaine rend-il ce récit captivant ? La chanson du rossignol peut-elle captiver le milan ? La parole ravissante est-elle suffisante ?
3. De quoi La Fontaine veut-il ici nous convaincre ou nous persuader ? Par quels moyens ?

INTERROGER UN TEXTE

1. Quelles pistes de lecture peut-on ouvrir, pour le texte B, à partir de l'étude du thème abordé ? de l'énonciation ? du contexte ?
2. Pourquoi peut-on comparer les textes A et B ? Quels éléments permettent de les réunir ? Sur quels points divergent-ils ?
3. Quels enjeux peut-on dégager, pour chacun de ces textes, si l'on prend en considération l'objet d'étude concerné ? le genre et la forme du texte ?

34. La préparation du commentaire : l'analyse du texte

Le commentaire s'appuie sur une analyse précise du texte. Il ne suffit pas d'identifier des champs lexicaux ou des figures de style : il faut rendre compte surtout de leur **intérêt dans le texte**, de leur **effet**.
Commenter un texte n'est pas le décrire, ni raconter ou répéter ce qu'il dit avec d'autres mots. C'est montrer **comment** il le dit et **pourquoi**. Cela demande de la rigueur et de la méthode : on évite ainsi les écueils de la paraphrase, de l'impression personnelle ou du jugement de valeur arbitraire.

1 PAR OÙ COMMENCER ?

• **L'objet d'étude :** le texte à commenter se trouve dans un corpus destiné à illustrer un objet d'étude au programme. Il faut se demander d'abord comment il s'inscrit dans cet objet d'étude : on recherchera dans le passage étudié ce qui caractérise l'objet d'étude et les enjeux qui lui sont propres.

• **Le corpus :** il faut ensuite se reporter au corpus pour identifier ce qu'il met en valeur dans l'objet d'étude (par exemple, les souvenirs d'enfance pour « Le biographique »). Comparer le passage étudié avec les autres textes du corpus peut éclairer utilement son originalité.

• **Le genre et la forme du texte :** une fable, un conte merveilleux ou philosophique, un essai, un dialogue argumentatif ou théâtral, un sonnet ou une ode, une tirade, une lettre... — autant de genres et de formes codés qui ont des enjeux spécifiques. Il est nécessaire d'identifier ce qui rattache le texte à tel genre, à telle forme, pour comprendre son fonctionnement.

• **Le contexte** fournit souvent des indications précieuses. Les indices qui sont donnés par la date de publication, le nom de l'auteur, le titre (tout ce qui accompagne le texte et qu'on appelle le **paratexte**) informent sur le contexte historique et culturel. Ils aident parfois à repérer le **mouvement littéraire** auquel appartient le texte, et qui peut l'expliquer en partie.

LA PROBLÉMATIQUE

Les éléments dégagés par ces différentes pistes de lecture permettent de formuler une **problématique** : une question centrale sur l'enjeu du texte, qui va guider son analyse et orienter son interprétation.
On peut ainsi, pour une fable illustrant l'objet d'étude « Convaincre, persuader, délibérer », se demander quelles sont ses armes persuasives et quelle est leur efficacité.

2 APPROFONDIR L'ANALYSE

Une fois définie la portée du texte à commenter, il faut interroger les **moyens** qu'il met en œuvre.

• **Les questions générales**, applicables à tous les textes, permettent de s'assurer qu'on a compris le texte et de faire les premiers repérages.

– **Qui parle à qui ?** Identifier le locuteur et son destinataire éventuel (à l'aide des indices d'énonciation : pronoms personnels, indices de temps et de lieu).

– **De quoi ?** Se demander quel est le sujet, le thème du texte (en s'appuyant sur les champs lexicaux).

– **Où ?** S'interroger sur le lieu et le décor et sur leurs significations (le palais traditionnel de la tragédie, la nature pour le poète romantique...).

– **Quand ?** Définir le moment de l'action (aube ou crépuscule, printemps ou automne...), l'âge de la vie (l'enfance, la vieillesse...) ou l'étape d'une intrigue (début d'une idylle, péripétie, dénouement...).

– **Comment et pourquoi ?** Identifier les procédés d'écriture caractéristiques et s'interroger sur l'effet qu'ils produisent, sur ce qu'ils traduisent ou expriment, pour en déduire le (ou les) **registre(s)** du texte.

• **Les questions particulières à chaque genre** sont également déterminantes. Elles sont nécessaires pour cerner l'originalité du texte. Il faut ainsi expliquer les didascalies d'un **texte théâtral**, les mètres et les rimes d'un **texte poétique**, la progression et la stratégie d'un **texte argumentatif**, la place et la valeur du *je* dans le **récit autobiographique**.

• **La construction du texte** enfin est signifiante. Son organisation et sa progression se dégagent notamment d'après la manière dont il commence et dont il finit (ce qui permet de dégager son unité, son enjeu spécifique ; ou de mettre en lumière une ouverture insolite ou un effet de chute...).

LES PRINCIPAUX PROCÉDÉS D'ÉCRITURE

• **Le lexique** (laudatif pour l'éloge, dépréciatif pour le blâme) ;
• **les champs lexicaux** dominants (pour cerner la thématique) ;
• **la syntaxe** expressive (questions rhétoriques dans un texte oratoire, phrases exclamatives dans un texte polémique...) ;
• **la valeur des temps et des modes** (pour distinguer les emplois du présent, le sens d'un conditionnel...) ;
• **les figures de style** importantes, leur distribution et leur rôle dans le texte.

3 REGROUPER ET ORDONNER

• Toutes les observations effectuées doivent ensuite être **classées, rassemblées, hiérarchisées**. Pour cela, on peut procéder sous forme de tableau, ou prendre plusieurs feuilles de brouillon, ou encore utiliser plusieurs couleurs pour regrouper les procédés allant dans le même sens.

• Ces regroupements permettent d'identifier les différents aspects du texte et de définir les **axes de lecture** qui conditionnent la rédaction du commentaire.

4 COMPARER DEUX TEXTES

• **Définir** si nécessaire **l'intérêt de la comparaison :** la justifier et l'expliquer. Comparer deux textes de genres différents ne va pas de soi : il faut se demander ce que cette comparaison peut apporter à leur compréhension.

• **Chercher les points communs** (thèmes, enjeux, procédés stylistiques...).

• **S'interroger sur leurs différences :** essayer de les expliquer ; se demander ce qu'elles expriment. Elles peuvent traduire une évolution des formes et des genres dans l'histoire, ou témoigner d'un nouveau contexte ou de préoccupations différentes. Dans tous les cas, elles sont signifiantes.

• **Éclairer la spécificité de chacun** par leur confrontation. Comparer deux textes ne consiste pas à les évaluer, à trouver l'un meilleur que l'autre. Mais la comparaison ouvre de nouvelles perspectives, enrichit l'interprétation.

À retenir

	1er temps : se repérer	2e temps : comprendre	3e temps : construire
La démarche	• l'objet d'étude ? • le corpus ? • le genre et la forme du texte ? • le contexte ?	• les questions générales • les spécificités du genre • la construction du texte	• regroupement des procédés d'écriture • classement des observations
Le but	• ouvrir des pistes • définir une problématique	• éclairer le fonctionnement du texte	• mettre en lumière les aspects essentiels du texte • dégager des axes de lecture
L'intérêt	• lancer l'analyse	• développer l'analyse	• ordonner l'analyse

Exercices

Étape 1

1 Préparez le commentaire du texte suivant (objet d'étude : « Convaincre, persuader, délibérer »).

1. Identifiez son **genre** et sa **forme**.

2. Quelles informations utiles pouvez-vous déduire du **paratexte** et du **contexte** ?

Quelles disciplines faut-il enseigner à un enfant, si l'on supprime la danse et la musique ?...

LUI. — Et à la place des choses essentielles que vous supprimez...
MOI. — Je mets de la grammaire, de la fable, de l'histoire, de la géographie, un peu de dessin, et beaucoup de morale.
LUI. — Combien il me serait facile de vous prouver l'inutilité de toutes ces connaissances-là, dans un monde tel que le nôtre ; que dis-je, l'inutilité, peut-être le danger. Mais je m'en tiendrai pour ce moment à une question, ne lui faudrait-il pas un ou deux maîtres ?
MOI. — Sans doute.
LUI. — Ah, nous y revoilà. Et ces maîtres, vous espérez qu'ils sauront la grammaire, la fable, l'histoire, la géographie, la morale dont ils lui donneront des leçons ? Chansons, mon cher maître, chansons. S'ils possédaient ces choses assez pour les montrer, ils ne les montreraient pas.
MOI. — Et pourquoi ?
LUI. — C'est qu'ils auraient passé leur vie à les étudier. Il faut être profond dans l'art ou dans la science, pour en bien posséder les éléments. Les ouvrages classiques ne peuvent être bien faits, que par ceux qui ont blanchi sous le harnais.

DIDEROT, *Le Neveu de Rameau*, 1762.

2 Lisez les deux textes suivants.

1. Quel **objet d'étude** pouvez-vous reconnaître ? Quels procédés d'écriture et quels enjeux sont caractéristiques de cet objet d'étude ?

2. En quoi consiste l'unité du **corpus** représenté par ces deux textes ?

a. Un jour – j'avais sept ans – mon grand-père n'y tint plus : il me prit par la main, annonçant qu'il m'emmenait en promenade. Mais, à peine avions-nous tourné le coin de la rue, il me poussa chez le coiffeur en me disant : « Nous allons faire une surprise à ta mère. » J'adorais les surprises. Il y en avait tout le temps chez nous. Cachotteries amusées ou vertueuses, cadeaux inattendus, révélations théâtrales suivies d'embrassements : c'était le ton de notre vie. Quand on m'avait ôté l'appendice, ma mère n'en avait pas soufflé mot à Karl[1] pour lui éviter des angoisses qu'il n'eût, de toute manière, pas ressenties. Mon oncle Auguste avait donné l'argent ; revenus clandestinement d'Arcachon, nous nous étions cachés dans une clinique de Courbevoie. Le surlendemain de l'opération, Auguste était venu voir mon grand-père : « Je vais, lui avait-il dit, t'annoncer une bonne nouvelle. »

SARTRE, *Les Mots*, © Éd. Gallimard, 1964.

1. **Karl :** le grand-père du narrateur.

b. LA CÔTELETTE

Voici ce que j'ai fait un jour de mon corps :

À Leysin, en 1945, pour me faire un pneumothorax extrapleural, on m'enleva un morceau de côte, qu'on me restitua ensuite solennellement, troussé dans un peu de gaze médicale (les médecins, suisses, il est vrai, professaient ainsi que *mon corps m'appartient*, dans quelque état dépiécé qu'ils me le rendent : je suis propriétaire de mes os, dans la vie comme dans la mort). Je gardais longtemps dans un tiroir ce morceau de moi-même, sorte de pénis osseux analogue au manche d'une côtelette d'agneau, ne sachant pas qu'en faire, n'osant pas m'en débarrasser par peur d'attenter à ma personne, bien qu'il me fût assez inutile d'être enfermé ainsi dans un secrétaire, au milieu d'objets « précieux » tels que de vieilles clés, un livret scolaire, le carnet de bal en nacre et le porte-cartes en taffetas rose de ma grand-mère B.

Roland BARTHES, *Mythologies*,
© Éd. du Seuil, 1957, coll. *Points Essais*, 1970.

3 Identifiez le **genre** et la **forme** des textes suivants et repérez-en les traits caractéristiques :

a. Or je trouve, pour revenir à mon propos, qu'il n'y a rien de barbare et de sauvage en cette nation, à ce qu'on m'en a rapporté, sinon que chacun appelle barbarie ce qui n'est pas de son usage ; comme de vrai, il semble que nous n'avons autre mire de la vérité et de la raison que l'exemple et idée des opinions et usances du pays où nous sommes.

MONTAIGNE, *Essais*, livre I, ch. XXXI,
« Des cannibales », 1580-1588.

b. USBEK AU MÊME
À Ispahan.

Tu as vu, mon cher Mirza, comment les Troglodytes[1] périrent par leur méchanceté même et furent les victimes de leurs propres injustices.

De tant de familles, il n'en resta que deux qui échappèrent aux malheurs de la nation. Il y avait, dans ce pays, deux hommes bien singuliers : ils avaient de l'humanité ; ils connaissaient la justice ; ils aimaient la vertu. Autant liés par la droiture de leur cœur, que par la corruption de celui des autres, ils voyaient la désolation générale, et ne la ressentaient que par la pitié : c'était le motif d'une union nouvelle.

MONTESQUIEU, *Lettres persanes*, XII,1721.

1. **Troglodytes :** petit peuple que Montesquieu situe en Arabie.

c. LE CHŒUR

[...] Ceux qui croyaient une chose, et puis ceux qui croyaient le contraire – même ceux qui ne croyaient rien et qui se sont trouvés pris dans l'histoire sans y rien comprendre. Morts pareils, tous, bien raides, bien inutiles, bien pourris. Et ceux qui vivent encore vont commencer tout doucement à les oublier et à confondre leurs noms. C'est fini. Antigone est calmée maintenant, nous ne saurons jamais de quelle fièvre. Son devoir lui est remis. Un grand apaisement triste tombe sur Thèbes et sur le palais vide où Créon va commencer à attendre la mort.

Pendant qu'il parlait, les gardes sont entrés. Ils se sont installés sur un banc, leur litre de rouge à côté d'eux, leur chapeau sur la nuque, et ils ont commencé une partie de cartes.

LE CHŒUR

Il ne reste plus que les gardes. Eux, tout ça, cela leur est égal ; c'est pas leurs oignons. Ils continuent à jouer aux cartes...

Le rideau tombe rapidement pendant que les gardes abattent leurs atouts.

FIN de « ANTIGONE »

Jean ANOUILH, *Antigone*,
© Éd. de La Table ronde, 1946
(présentée la première fois le 4 février 1944).

4 Identifiez le **contexte** et éventuellement le **mouvement littéraire** dans lesquels s'inscrivent les textes de l'exercice précédent. Dans quelle mesure ce contexte éclaire-t-il leur contenu ?

ÉTAPE 2

5 Étudiez le texte suivant. Quelles pistes d'analyse pouvez-vous déduire...

1. de son **genre** ?

2. de la connaissance de son **contexte** et du **mouvement littéraire** auquel il se rattache ?

3. des **questions générales *qui* et *où*** ?

ARMOR

Pour me conduire au Raz[1], j'avais pris à Trogor
Un berger chevelu comme un ancien Évhage[2] ;
Et nous foulions, humant son arôme sauvage,
L'âpre terre kymrique[3] où croît le genêt d'or.

Le couchant rougissait et nous marchions encor,
Lorsque le souffle amer me fouetta le visage ;
Et l'homme, par-delà le morne paysage
Étendant un long bras, me dit : *Senèz Ar-Mor !*[4]

Et je vis, me dressant sur la bruyère rose,
L'Océan qui, splendide et monstrueux, arrose
Du sel vert de ses eaux les caps de granit noir ;

Et mon cœur savoura, devant l'horizon vide,
Que reculait vers l'Ouest l'ombre immense du soir,
L'ivresse de l'espace et du vent intrépide.

José-Maria de HEREDIA,
Les Trophées, 1893.

1. La pointe du Raz, à l'extrémité de la Bretagne.
2. **Evhage :** du grec *euhagès*, « saint, pur ».
3. **Kymrique :** celtique.
4. En breton : « Voici la mer ! »

6 Interrogez le texte suivant.

1. Quelles **questions générales** pouvez-vous vous poser sur ce texte ?

2. Quelles **questions particulières** doit-on mobiliser pour son étude ?

HARPAGON

Il crie au voleur dès le jardin, et vient sans chapeau.

Au voleur ! Au voleur ! À l'assassin ! Au meurtrier ! Justice, juste Ciel ! Je suis perdu, je suis assassiné, on m'a coupé la gorge, on m'a dérobé mon argent ! Qui peut-ce être ? Qu'est-il devenu ? Où est-il ? Où se cache-t-il ? Que ferai-je pour le trouver ? Où courir ? Où ne pas courir ? N'est-il point là ? N'est-il point ici ? Qui est-ce ? Arrête. Rends-moi mon argent, coquin... *(Il se prend lui-même par le bras.)* Ah ! C'est moi. Mon esprit est troublé, et j'ignore où je suis, qui je suis, et ce que je fais. Hélas ! Mon pauvre argent, mon pauvre argent, mon cher ami ! on m'a privé de toi ; et puisque tu m'es enlevé, j'ai perdu mon support, ma consolation, ma joie ; tout est fini pour moi, et je n'ai plus que faire au monde : sans toi, il m'est impossible de vivre. C'en est

Exercices

fait, je n'en puis plus ; je me meurs, je suis mort, je suis enterré.

MOLIÈRE, *L'Avare*, IV, 7, 1668.

7 Repérez et interprétez les principaux **procédés d'écriture** de ce texte. Vous vous aiderez de l'encadré en marge de la page 285.

COMPLAINTE D'UN AUTRE DIMANCHE

C'était un très-au vent d'octobre paysage,
Que découpe, aujourd'hui dimanche, la fenêtre,
Avec sa jalousie[1] en travers, hors d'usage,
Où sèche, depuis quand ! une paire de guêtres
Tachant de deux mals blancs[2] ce glabre paysage.

Un couchant mal bâti suppurant du livide ;
Le coin d'une buanderie aux tuiles sales ;
En plein, le Val-de-Grâce[3], comme un qui préside ;
Cinq arbres en proie à de mesquines rafales
Qui marbrent ce ciel crû de bandages livides.

Puis les squelettes de glycines aux ficelles,
En proie à des rafales encor plus mesquines !
Ô lendemains de noce ! ô bribes de dentelles !
Montrent-elles assez la corde, ces glycines
Recroquevillant leur agonie aux ficelles !

Ah ! qu'est-ce que je fais, ici, dans cette chambre !
Des vers. Et puis, après ? ô sordide limace !
Quoi ! la vie est unique, et toi, sous ce scaphandre,
Tu te racontes sans fin, et tu te ressasses !
Seras-tu donc toujours un qui garde la chambre ?

Ce fut un bien au vent d'octobre paysage...

Jules LAFORGUE, *Les Complaintes*, 1885.

1. **Jalousie :** store.
2. **Mal blanc :** autre nom du panaris (abcès au doigt).
3. Église de Paris au dôme majestueux, hôpital depuis le XIXe siècle.

ÉTAPE 3

8 Analysez le texte suivant.

1. Posez toutes les **questions particulières** que requiert son **genre** : quels procédés propres au théâtre met-il en œuvre ?

2. Comment le texte est-il **construit** ? Quel est l'effet ainsi produit ?

3. Regroupez les procédés dramatiques ainsi identifiés en plusieurs **axes d'étude**. Donnez un titre à chacun d'eux.

En Russie, vers 1900 : le terroriste Kaliayev (ou Yanek), membre d'un groupe de conspirateurs, est chargé de commettre un attentat contre le grand-duc.

Entre Kaliayev, le visage couvert de larmes.

KALIAYEV, *dans l'égarement.*

Frères, pardonnez-moi. Je n'ai pas pu.

Dora va vers lui et lui prend la main.

DORA

Ce n'est rien.

ANNENKOV

Que s'est-il passé ?

DORA, *à Kaliayev.*

Ce n'est rien. Quelquefois, au dernier moment, tout s'écroule.

ANNENKOV

Mais ce n'est pas possible.

DORA

Laisse-le. Tu n'es pas le seul, Yanek. Schweitzer non plus, la première fois, n'a pas pu.

ANNENKOV

Yanek, tu as eu peur ?

KALIAYEV, *sursautant.*

Peur, non. Tu n'as pas le droit !

On frappe à la porte le signal convenu. Voinov sort sur un signe d'Annenkov. Kaliayev est prostré. Silence. Entre Stepan.

ANNENKOV

Alors ?

STEPAN

Il y avait des enfants dans la calèche du grand-duc.

CAMUS, *Les Justes*, II, © Éd. Gallimard, 1950.

9 **Analysez** « Le Milan et le Rossignol » de La Fontaine (texte b, p. 283).

Objet d'étude : « Convaincre, persuader, délibérer » ;
Corpus : « Pouvoirs et limites de l'apologue ».

1. Aidez-vous de l'objet d'étude et du corpus pour définir la **problématique** du texte.

2. Repérez dans ce texte, en donnant au moins un exemple pour chacun, les **procédés d'écriture** qui le caractérisent et qui sont identifiés ci-dessous :

- le lexique du blâme et celui de l'éloge ;
- le champ lexical de la dévastation opposé au champ lexical de l'innocence ;
- le champ lexical de la dévoration opposé à celui du plaisir esthétique ;

– la syntaxe : les questions oratoires, le discours direct, la parole proverbiale ;
– la valeur des temps et des modes : les temps du récit (le passé simple, l'imparfait, le présent de narration) ;
– les figures de style : périphrases, euphémismes, hyperboles ;
– une allitération, une variation de mètre, un rythme monosyllabique.

3. Parmi ces procédés, trouvez-en au moins un qui contribue à chacun des registres suivants : ironique, pathétique, tragique.

4. Commentez en vous aidant du tableau suivant :

Procédés d'écriture identifiés	Repérage dans le texte : – n° du vers – courte citation	Effets produits
....	....	....

5. Procédez à des regroupements en vous aidant de la dernière colonne du même tableau, afin d'identifier deux ou trois effets dominants.

10 Justifiez la comparaison des deux textes suivants.

1. Montrez en quoi ils illustrent l'objet d'étude et le corpus.

2. Identifiez le genre et la forme de chacun.

3. Précisez le contexte et les mouvements littéraires dans lesquels ils s'inscrivent.

Objet d'étude : « Convaincre, persuader, délibérer » ;
Corpus : « L'image du peuple au XIXe siècle ».

a. *C'est la distribution des prix, lors d'une foire agricole. On appelle une paysanne.*

Alors on vit s'avancer sur l'estrade une petite vieille femme de maintien craintif, et qui paraissait se ratatiner dans ses pauvres vêtements. Elle avait aux pieds de grosses galoches de bois, et, le long des hanches, un grand tablier bleu. Son visage maigre, entouré d'un béguin[1] sans bordure, était plus plissé de rides qu'une pomme de reinette flétrie, et des manches de sa camisole[2] rouge dépassaient deux longues mains, à articulations noueuses. La poussière des granges, la potasse des lessives et le suint[3] des laines les avaient si bien encroûtées, éraillées, durcies, qu'elles semblaient sales quoiqu'elles fussent rincées d'eau claire ; et, à force d'avoir servi, elles restaient entrouvertes, comme pour présenter d'elles-mêmes l'humble témoignage de tant de souffrances subies. Quelque chose d'une rigidité monacale relevait l'expression de sa figure. Rien de triste ou d'attendri n'amollissait ce regard pâle. Dans la fréquentation des animaux, elle avait pris leur mutisme et leur placidité.

FLAUBERT, *Madame Bovary*, II, 8, 1857.

1. **Béguin :** coiffe, bonnet.
2. **Camisole :** vêtement court.
3. **Suint :** graisse qui imprègne la laine des moutons.

b. *La grève des mineurs tourne à la révolte.*

Les femmes avaient paru, près d'un millier de femmes, aux cheveux épars, dépeignés par la course, aux guenilles montrant la peau nue, des nudités de femelles lasses d'enfanter des meurt-de-faim. Quelques-unes tenaient leur petit entre les bras, le soulevaient, l'agitaient, ainsi qu'un drapeau de deuil et de vengeance. D'autres, plus jeunes, avec des gorges gonflées de guerrières, brandissaient des bâtons ; tandis que les vieilles, affreuses, hurlaient si fort que les cordes de leurs cous décharnés semblaient se rompre. Et les hommes déboulèrent ensuite, deux mille furieux, des galibots, des haveurs, des raccommodeurs[1], une masse compacte qui roulait d'un seul bloc, serrée, confondue, au point qu'on ne distinguait ni les culottes déteintes, ni les tricots de laine en loques, effacés par la même uniformité terreuse.

ZOLA, *Germinal*, V, 5, 1885.

1. **Galibot, haveur, raccomodeur :** divers métiers de la mine.

11 Analysez les deux textes de l'exercice 10.

1. Posez à chaque texte les questions générales puis les questions particulières à leur genre.

2. Au moyen d'un tableau, relevez et expliquez les procédés d'écriture.

3. Commentez la construction des deux scènes et le point de vue adopté dans chaque cas.

12 Construisez un commentaire comparé des deux textes de l'exercice 10.

1. Faites des regroupements en vous aidant du tableau où vous aurez noté les procédés d'écriture (exercice 11, question 2).

2. Mettez en évidence les points communs qui rapprochent ces deux textes.

3. Repérez ce qui les distingue et expliquez ces différences.

4. Définissez une problématique commune.

Chapitre **35**

Le plan et la rédaction du commentaire

Le commentaire est un **développement argumenté** : il procède par affirmations appuyées sur des arguments, eux-mêmes illustrés par des **exemples** tirés du texte et commentés. À partir des axes de lecture dégagés au cours de l'analyse, est élaboré le **plan détaillé** qui assure la **progression logique** du commentaire. Vient ensuite la **rédaction**.

TEXTE A

Objet d'étude : « Le biographique ».
Ce texte, l'incipit d'une autobiographie, pourrait trouver sa place dans un corpus sur l'autoportrait.

Je viens d'avoir trente-quatre ans, la moitié de la vie. Au physique, je suis de taille moyenne, plutôt petit. J'ai des cheveux châtains coupés court afin d'éviter qu'ils ondulent, par crainte aussi que ne se développe une calvitie menaçante. Autant que je puisse en juger, les traits caractéristiques de ma physionomie sont : une nuque très droite, tombant verticalement comme une muraille ou une falaise, marque classique (si l'on en croit les astrologues) des personnes nées sous le signe du Taureau ; un front développé, plutôt bossué, aux veines temporales exagérément noueuses et saillantes. Cette ampleur de front est en rapport (selon le dire des astrologues) avec le signe du Bélier ; et en effet je suis né un 20 avril, donc aux confins de ces deux signes : le Bélier et le Taureau. Mes yeux sont bruns, avec le bord des paupières habituellement enflammé ; mon teint est coloré ; j'ai honte d'une fâcheuse tendance aux rougeurs et à la peau luisante. Mes mains sont maigres, assez velues, avec des veines très dessinées ; mes deux majeurs, incurvés vers le bout, doivent dénoter quelque chose d'assez faible ou d'assez fuyant dans mon caractère.

Michel Leiris, *L'Âge d'homme*, © Éd. Gallimard, 1939.

PLAN B

Problématique : comment relever le défi de se peindre ?

I - La précision de l'autoportrait

1. Une description minutieuse : le souci d'exactitude
2. La volonté d'interpréter : le souci explicatif

[Transition]

Cet autoportrait se présente donc à la fois comme une exploration et comme une explication de soi, mais sans complaisance.

Quelle progression ?

1. À quoi correspondent les chiffres romains (I, II, III) et les chiffres arabes (1, 2) ? Pourquoi est-il utile de les distinguer ?
2. Serait-il aussi efficace de prendre comme première partie (I) celle qui est proposée en III (« Les enjeux du projet autobiographique ») ? Pourquoi ?

II - Un regard critique
1. L'épreuve de l'introspection : un autoportrait dépréciatif
2. L'ironie du discours : une caricature

[Transition]
Ainsi, Leiris fait le pari de ne rien cacher pour voir clair en lui, au risque de se mettre en danger. D'où l'intérêt de l'entreprise.

III – Les enjeux du projet autobiographique
1. Mettre à nu ses obsessions : un autoportrait libérateur, à fonction thérapeutique
2. Définir un pacte de lecture et d'écriture : un autoportrait qui montre l'ambition et l'exigence du projet

RÉDACTION **C**

Rédaction partielle : l'introduction et la conclusion

Introduction

En 1934, Michel Leiris avait publié un journal, <u>L'Afrique fantôme</u>. Avec <u>L'Âge d'homme</u>, paru en 1939, il inaugure une forme d'autobiographie originale. Il ne se plonge pas en effet dans un récit rétrospectif : il choisit d'évoquer ses souvenirs de façon thématique, et il ne garde que ceux qui peuvent éclairer ce qu'il est. C'est sans complaisance qu'il se découvrira : ainsi propose-t-il d'abord aux lecteurs, comme Montaigne avant lui, son autoportrait pour se définir et se dévoiler. L'entreprise est délicate et se heurte d'emblée à ses limites. Comment se peindre à travers l'écriture ? Après avoir examiné la manière dont l'auteur se décrit, nous verrons quel regard Leiris porte sur lui-même et sur son entreprise. Il sera alors possible de dégager les enjeux de cet autoportrait.

Conclusion

Michel Leiris s'expose finalement à plus d'un titre, et cet autoportrait donne le ton. Conscient des difficultés de son entreprise, il relève néanmoins le défi de se montrer, de se dévoiler à travers un autoportrait incisif. On mesure ainsi les enjeux d'une autobiographie où la plume de l'auteur s'apparente parfois à un scalpel, rouvrant les plaies pour enfin les cautériser. Entre aveux et discours de la méthode, entre réalisme et ironie, Leiris engage ici un projet autobiographique qui occupe dans la littérature une place originale. Il ne cessera d'ailleurs de se chercher à travers ses écrits, comme <u>Biffures</u> ou <u>La Règle du jeu</u>, apportant sa voix à un renouvellement du genre auquel participeront aussi Nathalie Sarraute avec <u>Enfance</u> ou Barthes avec <u>Roland Barthes par Roland Barthes</u>.

Du premier au dernier mot

1. Dans l'introduction, délimitez d'une part le passage qui formule la problématique, d'autre part celui qui annonce les trois parties du plan.
2. Quels éléments de la conclusion répondent aux questions posées par l'introduction ?

CONSTRUIRE, ÉCRIRE, RÉFLÉCHIR

Dans le plan comme dans l'introduction et la conclusion rédigées, comment l'objet d'étude est-il pris en compte ?

35. Le plan et la rédaction du commentaire

Le **plan** organise les analyses qui seront développées dans le devoir rédigé. Il donne au commentaire sa **cohérence** et sa **dynamique**.
La **rédaction** rend visible cette organisation logique en distinguant clairement les différentes parties et en soulignant leurs articulations. La disposition des paragraphes, les mots de liaison et les transitions garantissent la logique de la démarche suivie.

1 LE PLAN ET SES PRINCIPES

• **La construction :** le plan se déduit de la **problématique** définie dans le travail de préparation, et de l'**analyse** méthodique du texte. Il s'efforce de **répondre** en deux ou trois parties à la **question** que pose la problématique. Chaque partie développe un aspect important du texte dont elle approfondit l'analyse. La démonstration, pour être convaincante, doit suivre une progression logique : les axes d'étude seront donc classés et ordonnés en fonction de ce que l'on veut démontrer.

• **La progression**

– Chaque grande **partie** représente une étape de la démonstration, matérialisée au brouillon par un **titre** qui résume l'idée principale.

– Des **sous-parties** soulignent les différents moments de la réflexion à l'intérieur de la partie ; elles apportent des **arguments** qui seront illustrés par des **exemples** pris dans le texte et commentés.

– L'unité de chaque sous-partie est concrétisée par le **paragraphe**. On se limitera à deux ou trois sous-parties par partie, pour ne pas se disperser.

• **La logique :** les **transitions** entre les grandes parties sont soignées, donc rédigées au brouillon, pour montrer l'enchaînement et la cohérence du propos ; les articulations logiques entre les sous-parties sont marquées par des **mots de liaison**.

• **L'efficacité :** le plan doit être clair et détaillé pour faciliter la rédaction.

– La **numérotation** des parties (I,II...) et des sous-parties (1, 2...), les **titres** et les **sous-titres** permettent de visualiser la progression de l'analyse, même s'ils disparaissent au moment de la rédaction.

– Dans chaque sous-partie, on note les **procédés d'écriture** exploités, ainsi que les numéros des lignes correspondantes dans le texte, pour éviter d'avoir à les chercher à nouveau au moment de la rédaction. C'est un moyen de gagner du temps, de vérifier que l'on ne se répète pas en utilisant le même exemple à plusieurs reprises, et de s'assurer que l'on a suffisamment d'éléments pour développer une sous-partie.

QUEL PLAN CHOISIR ?

• **Ne jamais séparer le « fond » et la « forme » :** les procédés d'écriture ne peuvent être dissociés du sens ; ils se retrouvent donc dans toutes les parties.
• Suivre la **progression du texte** ? Ce n'est pas interdit, à condition de ne pas faire une explication linéaire (qui suivrait le texte ligne à ligne).
• Mieux vaut adopter une **démarche méthodique** selon le projet de lecture défini par la problématique, en allant du plus simple au plus complexe.

LA CONSTRUCTION DU PARAGRAPHE (15 À 20 LIGNES)

1. Idée principale, reliée à l'idée directrice par un mot de liaison.
2. Arguments à l'appui :
– illustration par un ou plusieurs **exemples** (citations du texte) ;
– **commentaire** des extraits cités.
3. Conclusion partielle.

2 LA COMPOSITION DU DEVOIR

• **La présentation :** le commentaire commence par un paragraphe d'**introduction**, suivi du **développement** en deux ou trois parties. Il se termine par une **conclusion**. On saute une ligne après l'introduction, entre les grandes parties et avant la conclusion, pour rendre bien apparente la dynamique du plan.

Au début de chaque partie et de chaque sous-partie, un retrait d'alinéa signale le changement de paragraphe. Les transitions entre les parties sont elles aussi mises en relief par des retraits d'alinéa.

- **L'introduction** en trois points :
  – **Situer** le texte dans le contexte (historique ou littéraire) qui l'éclaire. Cette amorce doit être précise et en rapport étroit avec le texte étudié : on évite les généralités ou les indications biographiques sans relation avec le passage à commenter.
  – **Présenter** le texte comme si le lecteur ne l'avait pas sous les yeux (il ne faut donc pas commencer en utilisant le démonstratif : « ce texte ») : nom de l'auteur, titre du passage quand il en a un, titre de l'œuvre, date de publication, genre et type de texte. Le sujet du texte est mis en évidence, ainsi que son mouvement s'il est caractéristique.
  – **Annoncer** la problématique — formulée sous forme de question(s) — et le plan suivi.

- **Le développement :** deux ou trois parties, constituées de deux ou trois sous-parties chacune.
  – **L'idée directrice** est exposée au début de chaque partie.
  – Chaque **argument** (ou ensemble d'arguments convergents), illustré par des exemples et citations commentés du texte, fait l'objet d'un paragraphe. Les exemples et les citations sont intégrés à la rédaction.
  – Chaque partie se termine par une **phrase de transition** qui annonce la suite.

- **La conclusion** en deux points :
  – Un **bilan** de ce que le développement a permis de démontrer. Ne pas introduire ici de nouveaux exemples ou de nouvelles idées, mais répondre clairement aux questions posées dans l'introduction.
  – Un **élargissement** de la problématique, qui permet de replacer le texte dans un ensemble plus vaste. On peut notamment le comparer à d'autres œuvres qui traitent du même sujet, pour évaluer sa modernité et son originalité. Éviter toutefois les généralités : les remarques faites restent en rapport avec le texte étudié.

3 LA RÉDACTION

- **Rédiger le commentaire :**
  – Contrôler l'emploi de la forme interrogative. Le commentaire est un texte argumentatif : il **affirme**. Il ne faut pas abuser des questions, même oratoires, puisqu'il s'agit essentiellement d'apporter des réponses, aussi précisément que possible.
  – Employer le **vocabulaire de l'analyse littéraire** approprié : maîtriser les mots techniques adéquats, mais sans tomber dans le « jargon » (un vocabulaire inutilement compliqué qui n'apporte rien à l'interprétation).
  – Éviter de donner ses impressions ou ses sentiments sur le texte. Le commentaire est une **analyse rigoureuse** qui vise l'**objectivité**, non un jugement subjectif. Parler à la première personne est maladroit : il vaut mieux des formulations impersonnelles.
  – **Bannir les répétitions**, les effets d'annonce ou les retours en arrière (« comme nous l'avons déjà dit », « comme nous le verrons plus tard »…), qui signalent les défauts du plan.

INSÉRER DES EXEMPLES ET DES CITATIONS

- Mettre la citation entre **guillemets** et indiquer le **numéro des lignes** entre parenthèses.
- Faire des **citations courtes**.
- Les intégrer dans des **phrases**.

Exemple : *Le champ lexical de la mort, illustré par des termes comme « lente agonie » (l. 3) ou « lueur fatale » (l. 9), place le texte dans un registre tragique.*

COMMENT PRÉSENTER LA COPIE

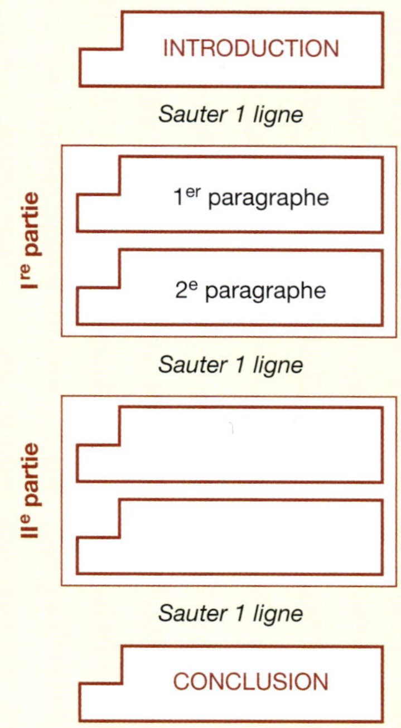

TROUVER UN JUSTE ÉQUILIBRE…

- entre les différentes **parties** du commentaire ;
- entre les **sous-parties** à l'intérieur de chaque partie ;
- entre l'**introduction** et la **conclusion** ;
- dans la **longueur** du devoir : un commentaire de deux pages ne peut être complet ; un commentaire de plus de deux copies doubles risque de se répéter.

Exercices

Étape 1

1 Lisez le texte suivant, puis rétablissez le plan de commentaire dont les éléments ci-dessous figurent dans le désordre.

1. Disposez les trois parties dans l'ordre qui vous semble le plus pertinent (I, II, III).

2. Attribuez à chaque partie les deux sous-parties correspondantes, dans l'ordre qui vous semble le meilleur (1, 2).

J'ai découvert derrière Ferney une étroite vallée où coule un filet d'eau de sept à huit pouces de profondeur ; ce ruisseau lave la racine de quelques saules, se cache çà et là sous des plaques de cresson et fait trembler des joncs sur la cime desquels se posent des demoiselles aux ailes bleues. L'homme des trompettes[1] a-t-il jamais vu cet asile de silence contre sa retentissante maison ? Non, sans doute : eh bien ! l'eau est là : elle fuit encore ; je ne sais pas son nom ; elle n'en a peut-être pas : les jours de Voltaire se sont écoulés ; seulement sa renommée fait encore un peu de bruit dans un petit coin de notre petite terre, comme ce ruisselet se fait entendre à une douzaine de pas de ses bords.

Chateaubriand, *Mémoires d'outre-tombe*, 1848-1850.

1. **L'homme des trompettes :** Voltaire (qui vécut à Ferney de 1758 à 1778).

- Les trois parties du plan (dans le désordre) :
  – Portrait et autoportrait
  – Silence et fureur du lieu
  – Une méditation sur le temps
- Les six sous-parties possibles (dans le désordre) :

a) Le ruisseau comme métaphore : image du temps qui coule
b) Le regard sur Voltaire
c) L'opposition passé-présent
d) La description : un « asile de silence »
e) L'image de l'auteur à travers sa méditation
f) Le contraste : Ferney, un lieu retentissant.

2 Dans le cadre d'un commentaire du texte suivant, voici deux introductions possibles (a et b). Laquelle vous paraît la meilleure ? Pourquoi ? Quels défauts repérez-vous dans l'autre ?

Les Ponts

Des ciels gris de cristal. Un bizarre dessin de ponts, ceux-ci droits, ceux-là bombés, d'au-tres descendant ou obliquant en angles sur les premiers, et ces figures se renouvelant dans les autres circuits éclairés du canal, mais tous tellement longs et légers que les rives, chargées de dômes s'abaissent et s'amoindrissent. Quelques-uns de ces ponts sont encore chargés de masures. D'autres soutiennent des mâts, des signaux, de frêles parapets. Des accords mineurs se croisent, et filent, des cordes montent des berges. On distingue une veste rouge, peut-être d'autres costumes et des instruments de musique. Sont-ce des airs populaires, des bouts de concerts seigneuriaux, des restants d'hymnes publics ? L'eau est grise et bleue, large comme un bras de mer. – Un rayon blanc, tombant du haut du ciel, anéantit cette comédie.

Rimbaud, *Illuminations*, 1886.

a. Jean Nicolas Arthur Rimbaud est né à Charleville en 1854, il est mort à Marseille en 1891. De son père officier, souvent absent, il a peut-être pris le goût de l'errance. Tour à tour et parfois simultanément poète révolté, communard, professeur de français à Londres, négociant, marchand d'armes, il a pu effectivement apparaître comme « l'homme aux semelles de vent ». Poète maudit, il s'est aussi illustré par sa liaison scandaleuse avec Verlaine, achevée par un coup de revolver tiré par celui-ci. Rompant ainsi avec l'ordre moral autant qu'avec l'ordre social, il rompra aussi avec les conventions poétiques. Des premières poésies aux *Illuminations*, en passant par *Une saison en enfer*, il n'aura de cesse d'expérimenter de nouvelles formes et de nouvelles voies. Ce poème nous introduira ainsi dans un autre monde fait de « ciels gris de cristal », de ponts, « d'accords mineurs qui se croisent », de « cordes qui montent des berges », d'« eau grise et bleue », « un rayon blanc, tombant du haut du ciel, anéantissant cette comédie ».

b. *Illuminations* est la dernière œuvre de Rimbaud. Recueil publié en 1886, il rassemble des poèmes en prose, genre apparu au XIXe siècle et promu par les romantiques. Baudelaire, Lautréamont et Rimbaud trouvent dans le poème en prose la liberté à laquelle ils aspirent, libérant ainsi la poésie de ses contraintes, de ses règles et de ses carcans, de la même façon qu'ils s'écartent de l'ordre moral et social qui règne alors. Rimbaud peut ainsi composer de nouveaux paysages, pénétrer dans un monde onirique qu'il traduit dans des textes brefs : les *Illuminations* reflètent des féeries, ou des architectures éphémères comme dans « Les Ponts ». S'éloignant résolument des espaces familiers ou rassurants du monde quotidien, le poète construit en effet dans ce texte des ponts entre le monde réel et un monde poétique, bizarre et déconcertant, où il poursuivra son errance. Comment Rimbaud illumine-t-il ce monde poétique ? Nous nous demanderons d'abord quel tableau il en fait, avant d'observer comment il lui donne vie. N'est-ce finalement qu'une comédie ?

3 Les deux plans proposés ci-dessous pour commenter le texte de Rimbaud (ex. 2) présentent des **défauts** et des **maladresses**. Précisez lesquels dans chaque cas.

Plan A

I - Un poème hermétique
- 1. Des images incohérentes
- 2. Une syntaxe déroutante

II - La poésie des sensations
- 1. La vue
- 2. L'ouïe

Plan B

I - La vie de Rimbaud

II - Un tableau animé
- 1. Un motif pictural : les ponts (lexique de la peinture)
- 2. La composition : « un bizarre dessin de ponts »
- 3. Un éclairage particulier
- 4. La mise en mouvement
- 5. L'orchestration : le poète se fait à la fois peintre et musicien

III - Mirage ou comédie ?
- 1. L'effacement de l'image
- 2. Le silence final

4 Cherchez dans le texte de Rimbaud (ex. 2) un **exemple** pour chaque sous-partie du plan B ci-dessus.

5 Identifiez dans la **conclusion** suivante (sur le même texte de Rimbaud, ex. 2) les deux étapes attendues (1 bilan ; 2 élargissement) :

« Les Ponts » est un poème insolite qui nous permet d'entrevoir, de façon fulgurante, un autre monde, monde poétique au sens plein puisqu'il est créé de toutes pièces par les mots, un monde enfin où les mots se donnent en spectacle pour faire vivre ce tableau. On peut y voir un poème initiatique, où un poète voyant nous introduit dans son monde, nous invitant à adopter avec lui un regard poétique, capable de transfigurer le monde et les objets. Ces ponts nous permettent donc d'entrer en poésie. Les impressionnistes et les symbolistes nous offriront une vision éclatée, novatrice du quotidien en l'éclairant de façon aussi singulière que Rimbaud. Et de nombreux poètes du XXe siècle, comme Francis Ponge, porteront aussi ce regard poétique sur le quotidien en adoptant à leur tour la forme du poème en prose.

ÉTAPE 2

6 Voici les grandes parties d'un plan pour le commentaire du texte suivant.

1. Développez le détail des **sous-parties** correspondantes.

2. **Rédigez** une de ces sous-parties.

Ce siècle avait deux ans ! Rome remplaçait Sparte,
Déjà Napoléon perçait sous Bonaparte,
Et du premier consul, déjà, par maint endroit,
Le front de l'empereur brisait le masque étroit.
Alors dans Besançon, vieille ville espagnole,
Jeté comme la graine au gré de l'air qui vole,
Naquit d'un sang breton et lorrain à la fois
Un enfant sans couleur, sans regard et sans voix ;
Si débile qu'il fut, ainsi qu'une chimère,
Abandonné de tous, excepté de sa mère,
Et que son cou ployé comme un frêle roseau
Fit faire en même temps sa bière et son berceau.
Cet enfant que la vie effaçait de son livre,
Et qui n'avait pas même un lendemain à vivre,
C'est moi. –
Je vous dirai peut-être quelque jour
Quel lait pur, que de soins, que de vœux, que [d'amour,
Prodigués pour ma vie en naissant condamnée,
M'ont fait deux fois l'enfant de ma mère obstinée,
Ange qui sur trois fils attachés à ses pas
Épandait son amour et ne mesurait pas !

HUGO, *Les Feuilles d'automne*, 1831.

Plan :

I. Un récit : raconter sa naissance ?
II. Un poème : le lyrisme du rythme et l'art des contrastes.
III. Trois portraits : Napoléon, ma mère et moi.

7 Proposez un **plan** détaillé de commentaire pour le texte suivant. La problématique pourrait porter sur « l'expression théâtrale du temps humain ».

Le roi Bérenger Ier va mourir, entouré de ses première et deuxième épouses, les reines Marguerite et Marie, et d'un Médecin qui est aussi « chirurgien, bourreau, bactériologue et astrologue ». Il regrette de n'avoir pu s'y préparer.

Exercices

LE MÉDECIN

Il n'a jamais été prévoyant, il a vécu au jour le jour comme n'importe qui.

MARGUERITE

Tu t'accordais des délais. À vingt ans, tu disais que tu attendrais la quarantième année pour commencer l'entraînement. À quarante ans...

LE ROI

J'étais en si bonne santé, j'étais si jeune !

MARGUERITE

À quarante ans, tu t'es proposé d'attendre jusqu'à cinquante ans. À cinquante ans...

LE ROI

J'étais plein de vie, comme j'étais plein de vie !

MARGUERITE

À cinquante ans, tu voulais attendre la soixantaine. Tu as eu soixante ans, quatre-vingt-dix ans, cent vingt-cinq ans, deux cents ans, quatre cents ans. Tu n'ajournais plus les préparatifs pour dans dix ans, mais pour dans cinquante ans. Puis, tu as remis cela de siècle en siècle.

LE ROI

J'avais justement l'intention de commencer. Ah ! Si je pouvais avoir un siècle devant moi peut-être aurais-je le temps !

LE MÉDECIN

Il ne vous reste qu'un peu plus d'une heure, Sire. Il faut tout faire en une heure.

IONESCO, *Le Roi se meurt*,
© Éd. Gallimard, 1962.

8 Rédigez les **transitions** correspondant au plan du commentaire proposé pour le texte suivant.

En attendant, on leur fit voir la ville, les édifices publics élevés jusqu'aux nues, les marchés ornés de mille colonnes, les fontaines d'eau pure, les fontaines d'eau rose, celles de liqueurs de canne de sucre qui coulaient continuellement dans de grandes places pavées d'une espèce de pierreries qui répandaient une odeur semblable à celle du gérofle et de la cannelle. Candide demanda à voir la cour de justice, le parlement ; on lui dit qu'il n'y en avait point, et qu'on ne plaidait jamais. Il s'informa s'il y avait des prisons, et on lui dit que non. Ce qui le surprit davantage, et qui lui fit le plus de plaisir, ce fut le palais des sciences, dans lequel il vit une galerie de deux mille pas, toute pleine d'instruments de mathématique et de physique.

VOLTAIRE, *Candide*, ch. 18, 1759.

Plan du commentaire :

I – Voyage en utopie
1. Une image de la perfection
2. Un pays imaginaire

II - Les enjeux de l'utopie
1. L'enjeu critique : la dénonciation, par contraste, d'un monde réel imparfait
2. L'enjeu didactique : l'apologie de la civilisation et du progrès

III - La mise en valeur des idéaux des Lumières
1. Un idéal de développement matériel
2. Un idéal moral et intellectuel

9 Rédigez l'**introduction** et la **conclusion** du commentaire sur le texte de Voltaire (exercice 8).

10 Le paragraphe suivant développe une des sous-parties (II, 2) du commentaire de l'exercice 8. **Complétez**-le en y introduisant les éléments omis (mots de liaison ou citations du texte) :

[...] l'Eldorado de Voltaire fait l'apologie de la civilisation et du progrès. Les habitants vivent dans la richesse et l'opulence [...] et ils ont compris l'importance des sciences pour accéder au bien-être. Le palais des sciences montre [...] la grande importance qu'ils accordent au savoir et à la recherche, tout comme la quantité d'instruments qui y sont entreposés [...]. Une place à part est faite aux mathématiques et la physique, des sciences qui sont alors représentées par d'Alembert et Newton, faisant allusion à l'*Encyclopédie*. Ce n'est pas ici une utopie régressive, [...] la peinture d'un monde plus avancé que le monde de Voltaire. C'est un monde où règne un ordre social fondé sur la concorde et non sur la répression [...]. C'est un monde [...] qui attache autant d'importance aux arts qu'à la raison, faisant leur place à la musique et à l'architecture, dont Platon avait montré l'intérêt. Il s'agit [...] d'un monde idéal qui rappelle à la fois les utopies humanistes et les idéaux des Lumières, un monde où les écrivains n'auraient à craindre ni les censeurs ni la Bastille.

11 Rédigez la première **sous-partie** du commentaire de l'exercice 8 : « Une image de la perfection » (I, 1). Vous écrirez un paragraphe d'une quinzaine de lignes où vous soulignerez les articulations logiques et où vous insérerez des exemples et des citations, en veillant à varier les formules d'insertion.

Étape 3

12 Faites le **plan détaillé** en vue du commentaire du texte suivant :

En robe grise et verte avec des ruches,
Un jour de juin que j'étais soucieux,
Elle apparut souriante à mes yeux
Qui l'admiraient sans redouter d'embûches ;

Elle alla, vint, revint, s'assit, parla,
Légère et grave, ironique, attendrie :
Et je sentais en mon âme assombrie
Comme un joyeux reflet de tout cela ;

Sa voix, étant de la musique fine,
Accompagnait délicieusement
L'esprit sans fiel de son babil charmant
Où la gaîté d'un cœur bon se devine.

Aussi soudain fus-je, après le semblant
D'une révolte aussitôt étouffée,
Au plein pouvoir de la petite Fée
Que depuis lors je supplie en tremblant.

VERLAINE, *La Bonne Chanson*, 1870.

13 Rédigez les **transitions**, l'**introduction** et la **conclusion** du commentaire correspondant au plan de l'exercice 12.

14 Rédigez, à partir du plan proposé ci-dessous, le **commentaire comparé** des textes suivants (transitions, introduction et conclusion, développement) :

a. LA MARQUISE DE MERTEUIL
AU VICOMTE DE VALMONT

Quand m'avez-vous vue m'écarter des règles que je me suis prescrites, et manquer à mes principes ? Je dis mes principes, et je le dis à dessein : car ils ne sont pas, comme ceux des autres femmes, donnés au hasard, reçus sans examen et suivis par habitude, ils sont le fruit de mes profondes réflexions ; je les ai créés, et je puis dire que je suis mon ouvrage.

Entrée dans le monde dans le temps où, fille encore, j'étais vouée par état au silence et à l'inaction, j'ai su en profiter pour observer et réfléchir. Tandis qu'on me croyait étourdie ou distraite, écoutant peu à la vérité les discours qu'on s'empressait à me tenir, je recueillais avec soin ceux qu'on cherchait à me cacher.

Cette utile curiosité, en servant à m'instruire, m'apprit encore à dissimuler : forcée souvent de cacher les objets de mon attention aux yeux qui m'entouraient, j'essayai de guider les miens à mon gré ; j'obtins dès lors de prendre à volonté ce regard distrait que depuis vous avez loué si souvent.

LACLOS, *Les Liaisons dangereuses*, lettre 81, 1782.

b. LORENZO

Tu ne sauras jamais, à moins d'être fou, de quelle nature est la pensée qui m'a travaillé. Pour comprendre l'exaltation fiévreuse qui a enfanté en moi le Lorenzo qui te parle, il faudrait que mon cerveau et mes entrailles fussent à nu sous un scalpel. Une statue qui descendrait de son piédestal pour marcher parmi les hommes sur la place publique, serait peut-être semblable à ce que j'ai été, le jour où j'ai commencé à vivre avec cette idée : il faut que je sois un Brutus.

PHILIPPE

Tu m'étonnes de plus en plus.

LORENZO

J'ai voulu d'abord tuer Clément VII. Je n'ai pu le faire parce qu'on m'a banni de Rome avant le temps. J'ai recommencé mon ouvrage avec Alexandre. Je voulais agir seul, sans le secours d'aucun homme. Je travaillais pour l'humanité ; mais mon orgueil restait solitaire au milieu de tous mes rêves philanthropiques. Il fallait donc entamer par la ruse un combat singulier avec mon ennemi.

MUSSET, *Lorenzaccio*, III, 3, 1834.

Plan :

I - Deux récits de vie à la première personne
1. La personnalisation du discours : récurrence de la première personne.
2. Deux confessions sur le mode de la confidence : les interlocuteurs privilégiés.
3. L'héroïsation du moi : la justification de deux monstrueuses créatures.

II - Les enjeux du témoignage
1. Un enjeu tactique et pédagogique : séduire l'interlocuteur, le convaincre (pour l'un de passer à l'action, pour l'autre de se méfier).
2. Un enjeu explicatif : expliquer ce que les personnages sont devenus, montrer leur force d'âme (constance de leur projet et chronologie de sa mise en œuvre).
3. La théâtralisation de l'expérience : un art dramatique qui s'appuie ici sur la correspondance, là sur la présence scénique des deux personnages face à face.

Corpus BAC

Objet d'étude ➤ **le théâtre, texte et représentation**

A MOLIÈRE, *L'École des femmes*, III, 4, 1662.

B Victor HUGO, *Ruy Blas*, II, 2, 1838.

C Edmond ROSTAND, *Cyrano de Bergerac*, V, 5, 1897.

TEXTE A

Arnolphe a cru pouvoir tenir sa future femme éloignée du monde, mais l'innocente Agnès a rencontré Horace, qui ne sait rien des projets d'Arnolphe…

HORACE

Mais il faut qu'en ami je vous montre la lettre.
Tout ce que son cœur sent, sa main a su l'y [mettre,
Mais en termes touchants et tous pleins de bonté,
De tendresse innocente et d'ingénuité,
De la manière enfin que la pure nature
Exprime de l'amour la première blessure.

ARNOLPHE, *bas.*

Voilà, friponne, à quoi l'écriture te sert ;
Et contre mon dessein l'art t'en fut découvert.

HORACE, *lit.*

« Je veux vous écrire, et je suis bien en peine par où je m'y prendrai. J'ai des pensées que je désirerais que vous sussiez ; mais je ne sais comment faire pour vous les dire, et je me défie de mes paroles. Comme je commence à connaître qu'on m'a toujours tenue dans l'ignorance, j'ai peur de mettre quelque chose qui ne soit pas bien, et d'en dire plus que je ne devrais. En vérité, je ne sais ce que vous m'avez fait ; mais je sens que je suis fâchée à mourir de ce qu'on me fait faire contre vous, que j'aurai toutes les peines du monde à me passer de vous, et que je serais bien aise d'être à vous. Peut-être qu'il y a du mal à dire cela ; mais enfin je ne puis m'empêcher de le dire, et je voudrais que cela se pût faire sans qu'il y en eût. On me dit fort que tous les jeunes hommes sont des trompeurs, qu'il ne les faut point écouter, et que tout ce que vous me dites n'est que pour m'abuser ; mais je vous assure que je n'ai pu encore me figurer cela de vous, et je suis si touchée de vos paroles, que je ne saurais croire qu'elles soient menteuses. Dites-moi franchement ce qui en est ; car enfin, comme je suis sans malice, vous auriez le plus grand tort du monde, si vous me trompiez ; et je pense que j'en mourrais de déplaisir. »

ARNOLPHE, *à part.*

Hon ! chienne !

HORACE

Qu'avez-vous ?

ARNOLPHE

Moi ? Rien. C'est que je tousse.

MOLIÈRE, *L'École des femmes*, III, 4, 1662.

TEXTE B

Don Salluste, humilié par la reine, prépare sa vengeance. Il se servira de son valet, Ruy Blas, qu'il déguisera en noble, le faisant passer pour Don César. La reine, elle, délaissée par le roi, s'ennuie…

LA REINE, *seule.*

Elle met la main dans sa poitrine et en arrache une lettre froissée, un bouquet desséché de petites fleurs bleues et un morceau de dentelle taché de sang qu'elle jette sur la table ; puis elle retombe à genoux.

Vierge, astre de la mer ! Vierge, espoir du martyre !
Aidez-moi ! –

S'interrompant.

Cette lettre !

Se tournant à demi vers la table.

Elle est là qui m'attire.

S'agenouillant de nouveau.

Je ne veux plus la lire ! – Ô reine de douceur !
Vous qu'à tout affligé Jésus donne pour sœur !
Venez, je vous appelle ! –

Elle se lève, fait quelques pas vers la table, puis s'arrête, puis enfin se précipite sur la lettre, comme cédant à une attraction irrésistible.

Oui, je vais la relire
Une dernière fois ! Après, je la déchire !

Avec un sourire triste.

Hélas ! depuis un mois je dis toujours cela.

Elle déplie la lettre résolument et lit.

« Madame, sous vos pieds, dans l'ombre, un [homme est là

« Qui vous aime, perdu dans la nuit qui le voile ;
« Qui souffre, ver de terre amoureux d'une étoile ;
« Qui pour vous donnera son âme, s'il le faut
« Et qui se meurt en bas quand vous brillez en [haut. »

Elle pose la lettre sur la table.

Victor HUGO, *Ruy Blas*, II, 2, 1838.

TEXTE **C**

Roxane, veuve éplorée de Christian, s'est retirée dans un couvent où Cyrano vient la voir chaque samedi. Mais ce jour-là, il est en retard, ayant été mortellement blessé. Il ne laisse rien paraître, mais demande à lire la dernière lettre envoyée par Christian à Roxane quinze ans plus tôt, et dont il était en fait l'auteur...

CYRANO, *lisant.*

« Roxane, adieu, je vais mourir ! »

ROXANE, *s'arrêtant, étonnée.*

Tout haut ?

CYRANO, *lisant.*

« C'est pour ce soir, je crois, ma bien-[aimée !
« J'ai l'âme lourde encor d'amour inexprimée,
« Et je meurs ! Jamais plus, jamais mes yeux [grisés,
« Mes regards dont c'était... »

ROXANE

Comme vous la lisez,
Sa lettre !

CYRANO, *continuant.*

« ... dont c'était les frémissantes fêtes,
« Ne baiseront au vol les gestes que vous faites :
« J'en revois un petit qui vous est familier
« Pour toucher votre front, et je voudrais crier... »

ROXANE, *troublée.*

Comme vous la lisez, — cette lettre !

La nuit vient insensiblement.

Edmond ROSTAND, *Cyrano de Bergerac*, V, 5, 1897.

◆ QUESTION SUR LES TEXTES

En quoi la lettre, dans les textes de ce corpus, a-t-elle une fonction dramatique ?

◆ SUJETS D'ÉCRITURE

1. Commentaire

Vous commenterez le texte de Molière (texte A).

2. Dissertation

En vous appuyant sur les textes du corpus, sans toutefois vous y limiter, vous vous demanderez quel est le rôle de l'objet au théâtre. N'est-il qu'un accessoire ?

3. Invention

Vous écrirez, dans un registre tragique, le monologue théâtral d'un personnage lisant et commentant une lettre qui ne lui est pas adressée et qui pourtant va bouleverser sa vie.

Chapitre 36

La dissertation : le sujet et la problématique

Le sujet de dissertation pose une question qui soulève un **débat** ou un **problème littéraire** liés à l'objet d'étude et au corpus proposés.
Il s'agit donc d'analyser précisément le **libellé**, ses mots-clés et sa part d'implicite ; puis de chercher dans le **corpus** les éléments qui ont un rapport avec le sujet pour identifier la problématique et réfléchir au moyen de la résoudre, en prenant en considération les différents aspects du sujet et les différents points de vue sur la question.

SUJET

Objet d'étude : « La poésie de la modernité ».

Corpus :
Texte A : Joris-Karl Huysmans, « Le Hareng saur », *Le Drageoir aux épices*, 1874.
Texte B : Francis Ponge, « Plat de poissons frits », *Pièces*, 1962.

Sujet de dissertation :
« Il faudrait faire voir que le langage contient des ressources émotives mêlées à ses propriétés pratiques et directement significatives. Le devoir, le travail, la fonction du poète sont de mettre en évidence et en action ces puissances de mouvement et d'enchantement, ces excitants de la vie affective et de la sensibilité intellectuelle, qui sont confondus dans le langage usuel avec les signes et les moyens de communication de la vie ordinaire et superficielle. » (Paul Valéry, « Situation de Baudelaire », in *Variété, tome II*, © Éd. Gallimard, 1930).
Dans quelle mesure peut-on appliquer cette définition de la poésie au poème en prose ?

Analyser le sujet

1. Précisez le sens des mots-clés (soulignés).
2. Quelles sont, selon Valéry, les caractéristiques de la poésie ?
3. Cette définition s'applique-t-elle naturellement au poème en prose ? Quelle objection peut *a priori* venir à l'esprit ?
4. Vérifiez que vous avez compris la citation en la reformulant brièvement.
5. Sur quels présupposés cette définition de la poésie repose-t-elle ?

TEXTE A

LE HARENG SAUR

Ta robe, ô hareng, c'est la palette des soleils couchants, la patine du vieux cuivre, le ton d'or bruni des cuirs de Cordoue, les teintes de santal et de safran des feuillages d'automne !

Ta tête, ô hareng, flamboie comme un casque d'or, et l'on dirait de tes yeux des clous noirs plantés dans des cercles de cuivre !

Toutes les nuances tristes et mornes, toutes les nuances rayonnantes et gaies amortissent et illuminent tour à tour ta robe d'écailles.

À côté des bitumes, des terres de Judée et de Cassel, des ombres brûlées et des verts de Scheele, des bruns Van Dyck et des bronzes florentins, des teintes de rouille et de feuille morte, resplendissent, de tout leur éclat, les ors verdis, les ambres jaunes, les orpins, les ocres de rhu, les chromes, les oranges de mars !

Ô miroitant et terne enfumé, quand je contemple ta cotte de mailles, je pense aux tableaux de Rembrandt, je revois ses têtes superbes, ses chairs ensoleillées, ses scintillements de bijoux sur le velours noir ; je revois ses jets de lumière dans la nuit, ses traînées de poudre d'or dans l'ombre, ses éclosions de soleil sous les noirs arceaux !

J.-K. Huysmans, *Le Drageoir aux épices*, 1874.

TEXTE **B**

Plat de poissons frits

Goût, vue, ouïe, odorat… c'est instantané :

Lorsque le poisson de mer cuit à l'huile s'entr'ouvre, un jour de soleil sur la nappe, et que les grandes épées qu'il comporte sont prêtes à joncher le sol, que la peau se détache comme la pellicule impressionnable parfois de la plaque exagérément révélée (mais tout ici est beaucoup plus savoureux), ou (comment pourrions-nous dire encore ?)… Non, c'est trop bon ! Ça fait comme une boulette élastique, un caramel de peau de poisson bien grillé au fond de la poêle…

Goût, vue, ouïes, odaurades : cet instant safrané…

C'est alors, au moment qu'on s'apprête à déguster les filets encore vierges, oui ! Sète alors que la haute fenêtre s'ouvre, que la voilure claque et que le pont du petit navire penche vertigineusement sur les flots,

Tandis qu'un petit phare de vin doré – qui se tient bien vertical sur la nappe – luit à notre portée.

Francis Ponge, *Pièces*, © Éd. Gallimard, 1962.

FORMULER ET DÉVELOPPER UNE PROBLÉMATIQUE

1. Précisez quelle est la problématique littéraire abordée par ce sujet.
2. Cherchez dans les textes du corpus les éléments qui se rapportent au sujet.
3. Élargissez votre réflexion en vous appuyant sur d'autres textes que ceux du corpus.

36. La dissertation : le sujet et la problématique

Le sujet de dissertation est un **sujet de réflexion** sur une **question littéraire**, liée à un **objet d'étude** au programme et illustrée en partie par le corpus. Il fait donc appel à la fois à des **savoirs**, à des **capacités d'analyse** et à une **culture personnelle** qui permettra d'élargir les références et d'approfondir la réflexion.
Il pose une question ou émet un jugement qui ouvre la discussion. Il faut donc se demander **pourquoi** et **en quels termes la question se pose**, en étudiant de près le libellé du sujet et la consigne qui l'accompagne. On identifie ainsi la **problématique**, que l'on traitera au moyen d'**arguments** et d'**exemples** pris dans le **corpus**, dans les textes étudiés pendant l'année et dans sa culture personnelle.

1 COMPRENDRE LE SUJET

• **Comment lire le sujet ?**

– On le lit le crayon à la main, pour en souligner les **mots-clés**, les expliquer et les mettre en relation avec l'**objet d'étude**.

– On vérifie que l'on a compris le sujet en le **reformulant** à l'aide de synonymes. On évite le « hors sujet » et les contresens en se posant les bonnes questions.

• **Comment comprendre la consigne ?**

La formule injonctive ou interrogative qui accompagne le sujet implique certaines démarches.

– « Pensez-vous que », « selon vous », « partagez-vous cette opinion », « comment comprenez-vous »... Ces formules impliquent non pas une réaction immédiate, mais une **réflexion** personnelle, une argumentation. On ne peut émettre une opinion qu'après l'avoir étayée, donc dans la conclusion.

– « Expliquez et discutez », « expliquez et commentez »... Ces formules imposent que l'on explique **pourquoi** la question se pose avant même d'en discuter : l'**analyse** (de tel jugement ou de telle citation) précède le **débat**.

• **Pourquoi la question se pose-t-elle ?**

– Tout sujet de dissertation offre matière à **discussion**, et soulève un **problème d'ordre littéraire** qu'il faudra résoudre. Il ne s'agit pas d'exprimer son accord ou son désaccord ; il faut surtout se demander sur quoi se fonde la thèse qui est à discuter, ce qu'elle dévoile de l'objet d'étude, quelles sont les pistes de réflexion qu'elle propose...

– Mais il faut aussi la **nuancer**, montrer ses présupposés (ce qu'elle demande d'admettre sans le discuter), définir ses **limites** et la remettre en question. On ouvrira un œil critique et avisé pour examiner l'énoncé à la loupe.

2 INTERROGER LA FORME DU SUJET

• Le sujet peut proposer une **affirmation** (exemple : *un apologue est souvent plus persuasif qu'un long discours*). Il faut alors se demander sur quoi cette affirmation se fonde, s'interroger sur sa **pertinence**, en marquer les **limites** (*un apologue peut être mal compris...*) : il ne faut pas la tenir d'emblée pour vraie.

• Le sujet peut aussi poser explicitement une **question**. Il faudra bien sûr chercher à y répondre, mais d'abord montrer pourquoi elle se pose.

• Enfin, le sujet de dissertation comporte souvent une **citation**.

– **Tous les mots comptent !** Il faut les définir, les expliquer, les interroger, les mettre en relation. On recourt alors aux outils de l'explication de texte ou du commentaire pour étudier le lexique utilisé, les figures de style, le registre, les indices d'énonciation…

– On tient compte aussi de l'**auteur** et du **contexte** de la citation pour en dégager les **enjeux**. Si la citation est extraite d'un des textes du corpus, on s'y reportera afin de mieux la comprendre.

3 LA PORTÉE DU SUJET

• Les limites du sujet

– Le sujet invite à **réfléchir sur un objet d'étude**, ce qui suppose que l'on mobilise ses **connaissances** sur celui-ci.

– Mais la dissertation n'invite pas à dire tout ce qu'on sait : il faut utiliser le travail de l'année pour pouvoir **répondre à la question posée** par le sujet, et seulement à celle-ci. Il est donc nécessaire de délimiter rigoureusement le cadre du sujet. Pour cela, on s'appuie sur les **mots-clés** de l'énoncé et sur des références littéraires qui se rattachent à l'objet d'étude.

• Les thèmes à traiter

– Le sujet peut porter sur un **registre** (le tragique), un **genre littéraire** (les mémoires), une **forme spécifique** (le poème en prose), un **procédé d'écriture** (les didascalies)…

– Il peut aussi porter sur un **élément** d'une représentation théâtrale, comme le jeu des acteurs ou le travail du metteur en scène. Il est important de partir toujours de la **définition** de l'objet d'analyse.

– S'il s'agit de mettre en relation **deux notions** (exemple : *le tragique se résume-t-il à la tragédie ?*), il faut aussi les définir, en veillant à souligner ce qui leur est commun et ce qui peut les différencier.

LE SUJET, RIEN QUE LE SUJET

Pour éviter : *Penser à :*
– le hors-sujet : *cerner le champ de la question*
– le contresens : *analyser chaque terme de la question*
– la « question de cours » : *discuter le sujet, et seulement le sujet*

4 LA PROBLÉMATIQUE ET LES ARGUMENTS

• Dégager la problématique

Cela consiste à définir précisément le **problème soulevé par le sujet**, en analysant l'énoncé, en le rattachant à l'objet d'étude et au corpus pour montrer ce qui est en jeu. La problématique ne se confond pas avec le sujet, elle explicite la question qu'il aborde et souligne ses **enjeux** ; elle **ouvre la discussion**.

• Chercher des arguments

Plusieurs pistes sont à exploiter.

– **Le corpus** d'abord : il fournit des arguments pour étayer ou réfuter le jugement proposé par le sujet, et des exemples susceptibles de les illustrer.

– **L'objet d'étude** : on y puise des problématiques et des exemples à partir des textes étudiés en classe, mais en prenant soin de ne retenir que les arguments et exemples qui répondent au sujet.

– **La culture personnelle** : livres que l'on a lus, mises en scène que l'on a vues, tableaux ou films en rapport avec le sujet… Non pour énumérer le plus d'exemples possibles, mais pour trouver d'autres perspectives et approfondir la réflexion sans sortir du cadre du sujet. Un sujet sur les réécritures peut ainsi s'enrichir d'une réflexion sur la transposition d'un roman au cinéma.

EXPLOITER LE CORPUS

• **Chercher** dans chaque texte ou document les éléments qui peuvent se rapporter au sujet.

• **Confronter** les points de vue exprimés dans ces textes.

• **Choisir** les arguments et les exemples les plus intéressants, pour les développer et les commenter.

Exercices

Étape 1

1 Étudiez le sujet suivant.

1. Identifiez l'objet d'étude et définissez ses formes et ses enjeux.

2. Développez en plusieurs questions plus précises la question générale : « Pourquoi et comment écrit-on une biographie ? »

3. Reformulez la problématique sous une forme interrogative.

Sujet : Roland Barthes, commentant la *Vie de Rancé*, la biographie d'un moine du XVIIe siècle écrite par Chateaubriand au XIXe siècle, s'interroge : « Comment raconter quelqu'un sans se projeter en lui ? » Peut-on généraliser ce propos et l'étendre à l'ensemble des biographies ?

2 Identifiez la problématique du sujet suivant en dégageant son paradoxe.

Sujet : Selon un critique contemporain, il faut que le costume de théâtre soit « à la fois matériel et transparent » : « On doit le voir mais non le regarder. » Vous en débattrez en vous appuyant sur les textes et les mises en scène que vous avez étudiés.

3 Choisissez, parmi les différentes propositions suivantes, la problématique littéraire qui vous paraît être la mieux formulée en vue de traiter le sujet ci-dessus (exercice 2). Justifiez votre choix.

a. Le bon costume de théâtre doit-il seulement se mettre au service de la pièce ?
b. Sur quoi peut-on juger un costume de théâtre ?
c. Le costume de théâtre doit-il se faire oublier ?
d. Le costume est-il secondaire ?
e. Un costume brillant est-il suffisant pour détourner l'attention du spectateur de l'essentiel ?
f. La richesse des costumes n'est-elle pas propre à satisfaire le spectateur ?
g. La pauvreté des costumes n'est-elle pas le signe d'une piètre mise en scène ?

4 Répondez au sujet de l'exercice 2 à l'aide du corpus suivant.

1. Quelle place et quelle fonction sont accordées au costume dans chacun des documents ?

2. Quels arguments et quels exemples pouvez-vous tirer de ce corpus ?

a. *Le tailleur livre à Monsieur Jourdain son nouveau costume.*

MONSIEUR JOURDAIN. — La perruque et les plumes sont-elles comme il faut ?
MAÎTRE TAILLEUR. — Tout est bien.
MONSIEUR JOURDAIN, *en regardant l'habit du tailleur.* — Ah ! ah ! Monsieur le tailleur, voilà de mon étoffe du dernier habit que vous m'avez fait. Je la reconnais bien.
MAÎTRE TAILLEUR. — C'est que l'étoffe me sembla si belle que j'en ai voulu lever un habit pour moi.
MONSIEUR JOURDAIN. — Oui, mais il ne fallait pas le lever avec le mien.
MAÎTRE TAILLEUR. — Voulez-vous mettre votre habit ?
MONSIEUR JOURDAIN. — Oui, donnez-moi.
MAÎTRE TAILLEUR. — Attendez. Cela ne va pas comme cela. J'ai amené des gens pour vous habiller en cadence, et ces sortes d'habits se mettent avec cérémonie. Holà ! entrez, vous autres. Mettez cet habit à Monsieur, de la manière que vous faites aux personnes de qualité.

Quatre Garçons tailleurs entrent, dont deux lui arrachent le haut-de-chausse de ses exercices, et deux autres la camisole ; puis ils lui mettent son habit neuf ; et Monsieur Jourdain se promène entre eux, et leur montre son habit, pour voir s'il est bien. Le tout à la cadence de toute la symphonie.

MOLIÈRE, *Le Bourgeois gentilhomme*, II, 5, 1670.

b. *La pièce s'ouvre sur la répétition d'une pièce intitulée* Le Jeu de rôles.

LE SOUFFLEUR, *reprenant sa lecture.* — « Scène première. Leone Gala, Guido Venanzi et Filippo, dit Socrate. » (*Au Directeur :*) Il faut aussi que je lise les indications de mise en scène ?
LE DIRECTEUR. — Mais oui, voyons ! Je vous l'ai dit cent fois !
LE SOUFFLEUR, *reprenant sa lecture.* — « Au lever du rideau, Leone Gala, affublé d'un tablier et un bonnet de cuisinier sur la tête, est en train de battre un œuf dans un bol avec une cuiller en bois. Filippo, lui aussi en cuisinier, en bat un autre. Guido Venanzi, assis, écoute. »
LE GRAND PREMIER RÔLE MASCULIN, *au Directeur.* — Je vous demande pardon, mais est-ce qu'il va vraiment falloir que je me coiffe d'un bonnet de cuisinier ?
LE DIRECTEUR, *que cette observation agace.* — Bien sûr ! Puisque c'est écrit là !
Du doigt il montre le manuscrit.

LE GRAND PREMIER RÔLE MASCULIN. — Mais, permettez, c'est ridicule !

LE DIRECTEUR, *se fâchant tout rouge.* — « Ridicule ! Ridicule ! » Que voulez-vous que j'y fasse si de France il ne nous arrive plus une seule bonne pièce et si nous en sommes réduits à monter des pièces de Pirandello – rudement calé celui qui y comprend quelque chose ! – et qui sont fabriquées tout exprès pour que ni les acteurs, ni les critiques, ni le public n'en soient jamais contents ?

PIRANDELLO, *Six Personnages en quête d'auteur*, 1921, traduction de Michel Arnaud, © Éd. Gallimard, 1977.

5 Lesquels de ces **arguments** pourriez-vous utiliser pour traiter le sujet de l'exercice 2 ? Retenez les trois qui vous paraissent les plus pertinents et justifiez votre choix.

a. Le costume importe peu si le comédien est convaincant.
b. Un costume doit refléter une vérité historique et être vrai.
c. Le costume permet de compenser la pauvreté d'un texte en ravissant le spectateur.
d. Le costume de théâtre doit faire illusion.
e. Parce que c'est un costume théâtral, il faut qu'il soit outré, comme les cothurnes (chaussures montantes) ou les masques des tragédies antiques.
f. Le costume n'est qu'un des éléments de la mise en scène, avec l'éclairage et la musique, contribuant à la meilleure lecture possible de la pièce. Il n'est pas une fin en soi, il doit s'accorder au propos de la pièce.
g. Le costume ne doit pas être beau avant tout, il doit convaincre et faire sens plus que séduire.
h. Il est ridicule d'applaudir les costumes.

ÉTAPE 2

6 Analysez le sujet de dissertation suivant.

1. Repérez les **mots-clés**.

2. Définissez-les en les rapportant à l'**objet d'étude** : « Le théâtre : texte et représentation ».

3. Repérez les **présupposés** sur lesquels repose la thèse de la citation.

4. Formulez la **problématique** que vous dégagez de ce sujet.

Sujet : Dans un entretien accordé au *Magazine littéraire*, le metteur en scène contemporain Peter Brook affirme : « Le théâtre, quel que soit le thème abordé, ce sont des balles jetées par des jongleurs [...]. Le théâtre, c'est du vivant raconté aux vivants. »

Vous discuterez cette définition du théâtre en vous appuyant sur le corpus et sur vos connaissances personnelles.

7 Cernez le champ des sujets suivants pour éviter le **hors-sujet**.

1. **Délimitez le cadre** de chaque sujet en le rapportant à l'objet d'étude auquel il correspond.

2. Identifiez et expliquez les **mots-clés.**

3. Formulez la **problématique**.

a. Quel est le pouvoir des fables ?
b. Quel intérêt y a-t-il à raconter sa vie ?
c. Dans un essai sur Verlaine, Paul Valéry affirme que, « par nécessité de son état, le poète doit être le dernier des hommes à se payer de mots ». Comment le comprenez-vous ?
d. Un critique contemporain, Gérard Genette, assure que « *l'art de faire du neuf avec du vieux* a l'avantage de produire des objets plus complexes et plus savoureux que les produits *faits exprès* ». Pensez-vous que cela puisse s'appliquer à l'ensemble des réécritures ?

8 **Classez** les sujets précédents (exercices 6 et 7).

1. Regroupez-les par **types** : affirmations ou questions ; avec citation ou sans citation.

2. Quand le sujet comporte une **citation**, les indications concernant l'**auteur** sont-elles utiles ? Comment pourrez-vous les exploiter ?

9 Lisez le sujet et le corpus suivants.

1. Relevez et définissez les **mots-clés**.

2. Identifiez la **problématique littéraire** abordée et reformulez-la.

3. Relevez dans les **textes du corpus** les éléments que vous pourrez exploiter pour traiter le sujet.

4. Formulez les **arguments** et commentez les **exemples** que vous pouvez tirer du corpus.

Sujet de dissertation : Pierre Magnan écrit au début de ses *Mémoires* : « Je vais descendre nu et cru dans la fosse aux hommes. Ils ne me feront pas quartier. [...] mais c'est moi, d'abord, qui ne dois pas me faire quartier. »

Dans quelle mesure ce propos peut-il définir l'entreprise autobiographique ? Vous en discuterez en vous appuyant sur les textes du corpus et sur vos connaissances personnelles.

a. Pour écrire l'histoire de sa vie, il faut d'abord avoir vécu ; aussi n'est-ce pas la mienne que j'écris.

Mais de même qu'un blessé atteint de la gangrène s'en va dans un amphithéâtre se faire couper un membre pourri ; et le professeur qui l'ampute, couvrant d'un linge blanc le membre séparé du corps, le fait circuler de mains en mains par tout l'amphithéâtre, pour que les élèves l'examinent ; de même, lorsqu'un certain temps de l'existence d'un homme, et, pour ainsi dire, un des membres de sa vie, a été blessé et gangrené par une maladie morale, il peut couper cette portion de lui-même, la retrancher du reste de sa vie, et la faire circuler sur la place publique, afin que les gens du même âge palpent et jugent la maladie.

Ainsi, ayant été atteint, dans la première fleur de la jeunesse, d'une maladie morale abominable, je raconte ce qui m'est arrivé pendant trois ans. Si j'étais seul malade, je n'en dirais rien ; mais comme il y en a beaucoup d'autres que moi qui souffrent du même mal, j'écris pour ceux-là, sans trop savoir s'ils y feront attention ; car, dans le cas où personne n'y prendrait garde, j'aurai encore retiré ce fruit de mes paroles de m'être mieux guéri moi-même, et, comme le renard pris au piège, j'aurai rongé mon pied captif.

MUSSET,
La Confession d'un enfant du siècle, I, 1, 1836.

b. « Je vais descendre nu et cru dans la fosse aux hommes. Ils ne me feront pas quartier. »

Ces deux phrases sont les dernières de *L'Amant du poivre d'âne*[1], mais c'est moi, d'abord, qui ne dois pas me faire quartier.

Je suis toujours allé droit au but dans chacun de mes ouvrages. J'ai toujours respecté la règle d'Aristote mais ici il faut, pour bien m'expliquer, que je remplace l'ordre chronologique par un survol de ma jeunesse qui replonge d'abord au plus profond de mon enfance et dessine ensuite un arc jusqu'à ma dix-huitième année où j'eus l'explication de ce qui fit le malheur de mon adolescence.

Pierre MAGNAN, *Apprenti, Mémoires*,
© Éd. Denoël, 2003.

1. *L'Amant du poivre d'âne* est l'un des romans de Pierre Magnan.

10 Recherchez des arguments et des exemples pour étayer la thèse de Pierre Magnan (exercice 9) en vous appuyant sur vos connaissances personnelles. Vous vous référerez aux différentes formes d'autobiographie que vous avez rencontrées au cours de l'année ou à travers vos lectures. Quels textes pouvez-vous mobiliser ?

ÉTAPE 3

11 Étudiez les sujets suivants en visant à approfondir la réflexion.

1. Cherchez des arguments qui permettent de les traiter, en vous rapportant à ce que vous savez des objets d'étude concernés et en vous appuyant sur vos connaissances personnelles.

2. Sur quels textes et documents précis pourriez-vous vous appuyer ? Développez l'analyse d'un exemple par sujet.

a. Quelle place la réécriture laisse-t-elle à la création ?

b. Pour le poète René Char, la poésie lance des « salves d'avenir ». Cette formule vous paraît-elle s'appliquer à la poésie moderne ?

c. Paul Valéry écrit dans un article sur Stendhal, à propos de l'autobiographie : « Vérité et volonté de vérité forment ensemble un instable mélange où fermente une contradiction et d'où ne manque jamais de sortir une production falsifiée. » Vous discuterez ce point de vue en vous appuyant sur les textes du corpus et sur vos lectures personnelles.

12 Exercez votre esprit critique en prenant le contrepied des thèses énoncées ou présupposées dans les sujets de l'exercice 11.

a. Formulez les thèses opposées.

b. Trouvez des contre-arguments et des contre-exemples pour étayer ces thèses.

13 Analysez le sujet de dissertation suivant et lisez le corpus correspondant.

1. Repérez les mots-clés.

2. Dégagez et formulez la problématique.

3. Relevez les éléments du corpus qui pourront être exploités.

4. Cherchez d'autres arguments et exemples hors du corpus.

Sujet : Dans une lettre à Zola, datée du 1er décembre 1871, Flaubert lui reproche sa préface à *La Fortune des Rougon*, qui lui paraît gâter l'œuvre parce qu'elle révèle le secret du romancier et qu'il y exprime son opinion.

Quelle est l'utilité d'une préface ? Vous vous appuierez sur le corpus et sur vos connaissances personnelles pour répondre.

Objet d'étude : « Convaincre, persuader, délibérer ».

a. Le drame qu'on va lire n'a rien qui le recommande à l'attention ou à la bienveillance du public. Il n'a point, pour attirer sur lui l'intérêt des opinions politiques, l'avantage du *veto* de la censure administrative, ni même, pour lui concilier tout d'abord la sympathie littéraire des hommes de goût, l'honneur d'avoir été officiellement rejeté par un comité de lecture infaillible.

Il s'offre donc aux regards, seul, pauvre et nu, comme l'infirme de l'Évangile, *solus, pauper, nudus*.

Ce n'est pas du reste sans quelque hésitation que l'auteur de ce drame s'est déterminé à le charger de notes et d'avant-propos. Ces choses sont d'ordinaire fort indifférentes aux lecteurs. Ils s'informent plutôt du talent d'un écrivain que de ses façons de voir ; et, qu'un ouvrage soit bon ou mauvais, peu leur importe sur quelles idées il est assis, dans quel esprit il a germé. On ne visite guère les caves d'un édifice dont on a parcouru les salles, et quand on mange le fruit de l'arbre, on se soucie peu de la racine.

D'un autre côté, notes et préfaces sont quelquefois un moyen commode d'augmenter le poids d'un livre et d'accroître, en apparence du moins, l'importance d'un travail ; c'est une tactique semblable à celle de ces généraux d'armée, qui, pour rendre plus imposant leur front de bataille, mettent en ligne jusqu'à leurs bagages. Puis, tandis que les critiques s'acharnent sur la préface et les érudits sur les notes, il peut arriver que l'ouvrage lui-même leur échappe et passe intact à travers leurs feux croisés, comme une armée qui se tire d'un mauvais pas entre deux combats d'avant-poste et d'arrière-garde.

Ces motifs, si considérables qu'ils soient, ne sont pas ceux qui ont décidé l'auteur. Ce volume n'avait pas besoin d'être *enflé*, il n'est déjà que trop gros. Ensuite, et l'auteur ne sait comment cela se fait, ses préfaces, franches et naïves, ont toujours servi près des critiques plutôt à le compromettre qu'à le protéger.

HUGO, Préface de *Cromwell*, 1827.

b. Je veux expliquer comment une famille, un petit groupe d'êtres, se comporte dans une société, en s'épanouissant pour donner naissance à dix, à vingt individus, qui paraissent, au premier coup d'œil, profondément dissemblables, mais que l'analyse montre intimement liés les uns aux autres. L'hérédité a ses lois, comme la pesanteur.

Je tâcherai de trouver et de suivre, en résolvant la double question des tempéraments et des milieux, le fil qui conduit mathématiquement d'un homme à un autre homme. Et quand je tiendrai tous les fils, quand j'aurai entre les mains tout un groupe social, je ferai voir ce groupe à l'œuvre, comme acteur d'une époque historique, je le créerai agissant dans la complexité de ses efforts, j'analyserai à la fois la somme de la volonté de chacun de ses membres et la poussée générale de l'ensemble.

Les Rougon-Macquart, le groupe, la famille que je me propose d'étudier, a pour caractéristiques le débordement des appétits, le large soulèvement de notre âge, qui se rue aux jouissances.

ZOLA, *La Fortune des Rougon*, préface, le 1er juillet 1871.

c. *Parlé*

Asseyez-vous asseyez-vous Fermez la porte on éteint Du silence Ici commence la très horrible tragédie appelée *Les Poètes* qu'on est instamment prié de n'applaudir que dans les pauses dans les pauses s'il vous plaît à tout le moins dans les chutes de la voix des grands acteurs car il est indécent de battre les mains pour les seconds rôles ou comparses non plus qu'il ne convient intempestivement couper la voix par le milieu de son chant quel que soit l'enthousiasme en vous qu'il déchaîne oubliant qu'elle est un manteau fait pour mesurer l'amplitude du geste et que les trous qu'on y ferait sur le jour du théâtre auraient pour seul effet de transformer en mendiants les rois et les héros en souillons les Dulcinées

Allons allons cessez de remuer les tabourets les pieds qu'est-ce que ce bruit de fourrures sur les dossiers du parterre et quand vous aurez fini de rire dans les loges n'entendez-vous point l'impatience du cothurne[1] sur la scène et les instruments dans la fosse qu'on ne peut plus retenir allons allons On commence

ARAGON, extrait de « Prologue », in *Les Poètes*, © Éd. Gallimard, 1969.

1. **Le cothurne :** chaussure montante à semelle très épaisse, symbole du genre tragique.

Chapitre 37

La dissertation : le plan et la rédaction

Lorsqu'on a compris le sujet, dégagé sa problématique et cherché dans le corpus arguments et exemples, les conditions sont réunies pour ordonner les idées, c'est-à-dire faire un **plan détaillé** (exemple B). On vérifie ainsi la cohérence et la **progression logique** du raisonnement, et l'on s'assure que chaque argument trouve sa meilleure place.
La **rédaction** est facilitée par ce travail préparatoire. L'**introduction** et la **conclusion** exigent un soin particulier et sont rédigées au brouillon (exemple C). Le développement est rédigé directement sur la copie.

SUJET **A**

Objets d'étude :
« Le biographique » / « Convaincre, persuader, délibérer ».

Corpus sur les rapports entre l'auteur et son œuvre.

Sujet : Dans un article de 1968 intitulé « La mort de l'auteur », le critique Roland Barthes écrit : « L'image de la littérature que l'on peut trouver dans la culture courante est tyranniquement centrée sur l'auteur, sa personne, son histoire, ses goûts, ses passions. »
Discutez ce jugement.

Problématique : Quelle importance doit-on accorder à la personne de l'auteur dans la lecture et l'appréciation des œuvres littéraires ?

PLAN **B**

I - Critique de l'« autorité » de l'auteur
1. L'auteur n'a pas toujours occupé une place centrale.
   – Apparition tardive de la propriété littéraire, du droit d'auteur.
   – La notion d'auteur est une notion moderne : au Moyen Âge, l'auteur n'est pas l'inventeur de l'histoire qu'il raconte.
2. On peut lire une œuvre sans rien savoir de son auteur.
   – Il n'est pas nécessaire d'explorer la vie de l'écrivain pour comprendre et apprécier son œuvre.
   – Certains mouvements remettent en question la prééminence de l'auteur, comme le surréalisme avec l'écriture automatique.

[Transition]
Il ne faut donc pas donner à la vie de l'auteur une importance démesurée. Mais il est excessif de prétendre l'effacer totalement.

II - Défense et définition du rôle de l'auteur
1. L'auteur est « auctor » (en latin : « celui qui augmente, qui apporte quelque chose en plus »).

– L'auteur imprime sa marque dans l'œuvre par son style.
– L'auteur joue donc un rôle important, mais moins par sa biographie que par son projet esthétique.

2. L'auteur fait de sa vie une œuvre.
– L'œuvre se nourrit de la vie de l'auteur, mais ne lui ressemble jamais parfaitement.
– Un livre est le produit d'un autre « moi » que celui que l'on connaît par la biographie.

[Transition]
C'est dans son écriture que se révèle l'écrivain… Mais il appelle alors le lecteur comme son complément indispensable.

III - De l'auteur au lecteur

1. Le sens d'une œuvre ne se réduit jamais aux intentions exprimées par l'auteur.
– Même s'il cherche à orienter l'interprétation, l'auteur ne peut pas la fixer une fois pour toutes.
– Le lecteur peut parcourir l'œuvre à sa guise pour découvrir toutes ses dimensions…

2. Le lecteur apporte un surcroît de sens à l'œuvre, devenant « auctor » lui aussi.
– Chaque lecture peut être une renaissance de l'œuvre, lui ajouter un supplément de sens.
– Chaque lecteur peut lire avec ses références, sa culture, mais aussi sa sensibilité, ses goûts, ses passions…

La logique du plan

1. Quels mots-clés du sujet retrouve-t-on dans ce plan ?
2. Quels mots de liaison assurent les liens logiques entre les trois parties ?
3. Justifiez le plan proposé. Quels sont ses avantages ? Voyez-vous un autre plan possible ? Précisez-le.

RÉDACTION **C**

Introduction

On cherche couramment dans la vie de l'auteur, dans sa personne et dans sa psychologie, l'explication de son œuvre. On multiplie d'ailleurs les notices biographiques dans les manuels et les interviews d'auteurs dans les magazines… La figure de l'auteur, sacralisée par toute une tradition, est bien la reine. C'est à ce culte que Roland Barthes s'oppose radicalement, dans un article intitulé « La mort de l'auteur », quand il affirme de façon polémique que « l'image de la littérature que l'on peut trouver dans la culture courante est tyranniquement centrée sur l'auteur, sa personne, son histoire, ses goûts, ses passions ». La littérature doit-elle se libérer du joug des auteurs ? Quelle place accorder alors à l'auteur dans l'interprétation et l'appréciation des œuvres littéraires ? Nous verrons d'abord que l'autorité des auteurs doit en effet être relativisée. Il faudra cependant ensuite reconnaître leur rôle en essayant de mieux le cerner. Si l'auteur doit renoncer à sa domination tyrannique, n'est-ce pas pour admettre finalement qu'il partage son pouvoir avec le lecteur ?

L'écriture des idées

1. Remplacez les trois premières phrases par une autre « amorce » pour introduire la citation.
2. Repérez le champ lexical du pouvoir : quel mot de la citation met-il en valeur ?
3. Où la problématique est-elle formulée ? Où est l'annonce du plan ?

37. La dissertation : le plan et la rédaction

Le **plan** découle de l'analyse du **sujet** : il consiste à mettre en ordre la **réflexion** qui en résulte. C'est au brouillon que l'on construit l'armature de la dissertation et que l'on s'assure de la cohérence de l'argumentation, avant de passer à la rédaction proprement dite.

1 CHOISIR LE PLAN EN FONCTION DU SUJET

• **Plan dialectique ou plan analytique ?**

– Si le sujet invite au débat, à la **discussion**, on choisit un plan qui permet de confronter plusieurs points de vue et de dépasser l'opposition : **le plan dialectique**.

– Si le sujet invite à définir certaines notions et à expliquer certains phénomènes, on choisit un plan qui permet de développer l'explication et d'élargir l'analyse : **le plan analytique**.

Type de sujet	Sujet invitant à la discussion (On peut répondre par oui ou non.) Ex. : *Peut-on ignorer le public au théâtre ?*	Sujet impliquant une explication Ex. : *Comment les objets sont-ils utilisés au théâtre ?*
Plan adapté	**Plan dialectique**	**Plan analytique**
Ire partie	***Il est vrai*** *que le public peut parfois se sentir ignoré au théâtre...* • Thèse : développer la thèse proposée ou mise en question Ex. : *La place qui lui est réservée semble en effet secondaire : placé dans le noir, hors de la scène, réduit au silence pendant la représentation, le public est le plus souvent passif...*	*Le théâtre utilise* ***en effet*** *les objets de façon caractéristique...* • Explication : pourquoi et comment la question se pose Ex. : *L'objet occupe une place singulière au théâtre, qu'il soit un élément du décor ou un accessoire. Sa présence ou son absence révèle un choix dramaturgique...*
IIe partie	***Mais*** *le public a néanmoins un rôle essentiel dans la représentation...* • Antithèse : montrer les limites de la thèse Ex. : *il n'y a pas de théâtre sans public : le théâtre est fait pour être vu, regardé. Le texte de théâtre prend cette donnée en compte (la double énonciation)...*	***En outre****, les objets au théâtre ont une fonction dramatique : ils font sens...* • Approfondissement : s'interroger sur les implications de la question Ex. : *Ils peuvent être des indices, entrer dans le jeu, changer de main... Le texte et la mise en scène les utilisent pour produire du sens...*
IIIe partie	***Toutefois****, le principe de l'illusion théâtrale implique que l'on fasse « comme si » le public n'existait pas...* • Synthèse : dépasser l'opposition Ex. : *Il est rare que les comédiens interpellent ouvertement le public : les personnages dialoguent entre eux, dans leur propre monde. C'est parce qu'il veut paraître vraisemblable au public que le théâtre classique fait mine de l'ignorer...*	***Enfin****, les objets au théâtre peuvent avoir un rôle symbolique ou métaphorique...* • Élargissement : envisager les autres dimensions possibles du sujet Ex. : *Les objets peuvent nous faire réfléchir sur le rapport de l'homme au monde, sur la tyrannie des choses ou sur des objets familiers devenus étranges ou spectaculaires le temps d'une représentation...*

• Le plan dialectique

La réflexion prend dans ce cas la forme d'un raisonnement concessif :

– développer dans une première partie la **thèse** proposée par le sujet (mouvement concessif : chercher des arguments pour étayer un point de vue avec lequel on n'est pas forcément d'accord) ;

– montrer les **limites** de cette thèse dans une deuxième partie (renversement argumentatif : on cherche des arguments pour la **nuancer**, voire la **réfuter**, en veillant toutefois à ne pas se contredire) ;

– essayer enfin de **dépasser cette opposition** dans la troisième partie en montrant que les deux points de vue envisagés ne sont pas forcément inconciliables ; élargir la réflexion en redéfinissant les termes du débat.

Cette démarche consiste donc à développer une **thèse**, puis l'**antithèse**, avant de proposer une **synthèse**.

• Le plan analytique

La réflexion suit dans ce cas le mouvement suivant :

– expliquer dans la première partie **pourquoi la question se pose** et comment elle se pose ;

– s'interroger sur ses implications et **approfondir** l'analyse ;

– **élargir la réflexion** en envisageant une dimension plus complexe de la question.

Ce plan revient à classer les différents aspects d'un sujet en partant de ce qui paraît le plus évident pour aller vers le plus intéressant, le plus profond.

2 CONSTRUIRE LA DISSERTATION : LE PLAN DÉTAILLÉ

Pour **classer** et **ordonner** les arguments retenus après l'analyse du sujet et l'établissement de la problématique, on fait un plan détaillé au **brouillon**.

• **Répartir** les arguments et les exemples dans **deux ou trois parties** (on peut utiliser une page de brouillon par partie, ou bien faire un tableau). Donner à chaque partie un **titre** qui précise son idée directrice et résume son contenu.

• **Classer** les arguments à l'intérieur de chaque partie (du moins important au plus convaincant), et **regrouper** ceux qui développent une même idée. On obtient ainsi des **sous-parties** qu'on limitera à deux ou trois.

• **Illustrer** chaque argument par un **exemple** ou une **citation** (pris éventuellement dans le corpus), que l'on commente.

• **Équilibrer** les parties et les sous-parties ; souligner leur progression logique par des **mots de liaison** ; rédiger les **transitions** entre les parties pour montrer la continuité et la cohérence du raisonnement.

3 RÉDIGER : DE L'INTRODUCTION À LA CONCLUSION

• **L'introduction** est constituée d'un seul paragraphe d'une demi-page environ. Elle doit présenter le sujet, et ouvrir le débat en dégageant ses enjeux. On y discerne **quatre étapes** :

– Évoquer **le contexte** historique ou littéraire qui permet de comprendre pourquoi la question se pose, ou bien **l'objet d'étude** qui la justifie. On évite les généralités du type : *De tout temps les écrivains...*, ainsi que les jugements péremptoires du type : *L'apologue est le meilleur moyen de convaincre*.

– Présenter **le sujet**, en le reformulant si c'est une question. On reproduit entièrement la citation si elle est courte, partiellement si elle est très longue, en expliquant ses mots-clés.

– Définir **la problématique** (le problème soulevé par le sujet qui ouvre la discussion), qu'on présente sous une forme interrogative (directe ou indirecte).

– Annoncer **le plan** en soulignant les rapports logiques entre les parties (on peut utiliser les titres donnés à chaque partie dans le plan détaillé).

• **Le développement** comporte deux ou trois parties, chacune étant composée de deux ou trois sous-parties.

– Cette **structure** doit être **apparente** : on sépare donc le développement de l'introduction en sautant une ligne, de même qu'on saute une ligne d'une grande partie à l'autre ; on délimite chaque sous-partie par un alinéa.

– Il faut aussi faire apparaître la **progression logique** du raisonnement en ayant recours à des **mots de liaison**. Chaque argument doit s'articuler à celui qui le précède et à celui qui le suit.

– L'argument est **illustré** par un exemple qu'il faut commenter. Les citations sont intégrées aux phrases qui les justifient ; elles sont mises entre guillemets et accompagnées de leurs sources.

– Enfin, on évite les répétitions et on varie les formules : ni effets d'annonce *(comme nous le verrons)* ni retours en arrière *(comme nous l'avons vu)*.

La démarche est **rigoureuse**, sans digression ni bavardage. L'argumentation est concise (sans longueurs inutiles), mais non sommaire.

• **La conclusion** met un terme à la discussion en répondant clairement à la problématique initiale. Elle est isolée du développement : on saute une ligne pour la mettre en relief et on l'introduit par une formule conclusive *(Au terme de cette discussion, on peut conclure que, donc, finalement...)*. Elle est constituée d'un seul paragraphe, en deux temps :

– **un bilan**, une synthèse de la discussion, qui reprend les grandes étapes du raisonnement pour enfin formuler un jugement personnel sur le sujet ;

– **une ouverture**, qui permet d'élargir la réflexion en prenant en considération un autre contexte, ou un autre domaine.

LA PRÉSENTATION DE LA COPIE (4 À 8 PAGES) :

• Un paragraphe d'introduction (15 à 20 lignes).
• Deux ou trois parties séparées et formées chaque fois de deux ou trois sous-parties constituées d'un paragraphe chacune (15 à 20 lignes).
• Un paragraphe de conclusion (10 lignes).

LA GESTION DU TEMPS

• **Le plan** (au brouillon) : **30 à 45 mn** pour...
– **choisir** le plan en fonction du sujet ;
– **détailler** le plan ;
– prévoir les **transitions** (mots de liaison) ;
– s'assurer d'une bonne utilisation du **corpus**.
• **La rédaction : 1 h 30** pour...
– rédiger la **conclusion** (10 mn) et l'**introduction** (10 mn) ;
– rédiger le **développement** (60 mn) ;
– **se relire** en vérifiant l'orthographe, la syntaxe et la ponctuation (10 mn).

4 ÉCRIRE POUR ÊTRE LU

• **Soin et présentation**

L'ensemble doit être rédigé le plus **lisiblement** possible : pas d'abréviations, pas de numéros de parties. Les titres des parties et des sous-parties n'apparaissent pas dans la version rédigée du devoir.

• **L'énonciation**

– La dissertation invite à réfléchir et à argumenter, sans préjugés. Il faut donc proscrire toute marque de subjectivité : **éviter la première personne du singulier**, le registre lyrique ou le lexique emphatique.

– Utiliser plutôt des **tournures impersonnelles** (la 3e personne du singulier) et **nuancer** le propos. Un usage modéré du **conditionnel** et des **modalisateurs** *(il semble, il apparaît, on peut...)* permet de présenter des points de vue différents sans se contredire.

L'usage de la citation

• Toute **écriture argumentative** recourt à la citation, c'est-à-dire à du discours rapporté, pour étayer son propre discours.

• Les **exercices du bac**, en particulier, s'appuient sur un texte ou un corpus de textes qu'il s'agit d'étudier et d'exploiter, et qu'il faut donc citer. L'explication orale et le commentaire écrit doivent citer constamment le texte à commenter. Les questions sur le corpus ou la dissertation, parfois aussi l'écriture d'invention, appellent des développements qui utilisent la citation comme argument. Comment faut-il donc choisir, présenter et exploiter des citations ?

1 COMMENT CHOISIR LES CITATIONS ?

• **Des citations pertinentes**

⇒ On cite des extraits significatifs du texte étudié dans un commentaire, ou lorsqu'on répond aux questions sur le corpus. Il faut alors choisir les éléments les plus significatifs.

⇒ On cite des extraits qui servent d'exemples ou d'arguments, en rapport avec le sujet, dans une dissertation ou un travail d'invention.

• **Des citations courtes**

⇒ Les citations doivent servir le commentaire ou la réflexion, donc se fondre dans le mouvement de l'argumentation, sans l'interrompre.

2 COMMENT PRÉSENTER LES CITATIONS ?

• **Avec exactitude :** on ne doit pas modifier un texte sans le signaler en mettant entre crochets les éléments transformés ; de même, on ne peut couper la citation sans le montrer ainsi : [...].

« La grande tragédie, celle d'Eschyle et de Sophocle, celle de Corneille, a pour ressort principal la liberté humaine. » (Sartre)

⇒ *« La grande tragédie [...] a pour ressort principal la liberté humaine. »*

• **Entre guillemets :** ils signalent que l'on a affaire à un discours rapporté et permettent de distinguer le texte cité du commentaire ou de l'analyse personnelle.

Baudelaire évoque la descente de l'homme « vers l'Enfer ».

• **En indiquant la source :** nom de l'auteur, titre du livre (souligné) ou de l'article (entre guillemets) ; numéro de vers ou de ligne.

Baudelaire évoque la descente de l'homme « vers l'Enfer » dans le prologue des Fleurs du mal *(« Au lecteur », v. 15).*

• **En respectant la présentation du texte cité :** si l'on doit citer des vers, il faut garder leur mise en page, ou bien signaler le changement de vers par le signe /.

« Là, tout n'est qu'ordre et beauté, / Luxe, calme et volupté. » (Baudelaire)

• **En intégrant la citation dans une phrase :** la citation s'insère si possible dans le mouvement du propos. On peut cependant utiliser une formule introductive et deux points pour la présenter, surtout quand elle fait plusieurs phrases : le discours indirect est impossible pour plus d'une phrase. On peut écrire :

Pour Sartre, « la grande tragédie [...] a pour ressort principal la liberté humaine » (« Pour un théâtre de situations »).

– Ou bien :

Dans son article « Pour un théâtre de situations », Sartre déclare que, paradoxalement, « la grande tragédie [...] a pour ressort principal la liberté humaine ».

– Mais :

Dans son article « Pour un théâtre de situations », Sartre écrit : « La grande tragédie [...] a pour ressort principal la liberté humaine. Œdipe est libre, libres Antigone et Prométhée. » (et non pas : *écrit que...*)

3 COMMENT EXPLOITER LES CITATIONS ?

• **En les commentant :** une citation doit être une illustration ou la base d'une analyse. Elle ne peut se suffire à elle-même. On ne doit donc pas finir un paragraphe par une citation. C'est parfois possible en fin de devoir, pour l'effet de la conclusion.

• **En les répartissant** de façon équilibrée : on peut exploiter des citations dans l'introduction, au cours du développement et dans la conclusion ; il ne faut pas les concentrer dans un seul passage du devoir. Elles doivent accompagner l'ensemble de la réflexion et n'apparaître qu'à bon escient, quand elles renforcent effectivement le propos et lui permettent d'aller plus loin.

Exercices

Étape 1

1 Choisissez un type de plan (dialectique ou analytique) pour chacun des sujets suivants. Justifiez votre choix.

a. La réécriture d'un texte est-elle seulement un exercice de style ?
b. Comment distinguer une autobiographie d'un roman autobiographique ?
c. Doit-on lire la correspondance des écrivains pour mieux comprendre leur œuvre ?
d. Quelle est la fonction du poète ?
e. Une bonne mise en scène peut-elle sauver un texte médiocre ?
f. Comment adapter un roman pour le cinéma ?

2 Proposez les trois parties d'un plan sur le sujet suivant :

Un dialogue peut-il être plus convaincant qu'un essai ou un discours ?

3 Identifiez les défauts du plan suivant, puis proposez un plan plus pertinent.

Objet d'étude : « Convaincre, persuader, délibérer : l'apologue. »

Sujet proposé : Peut-on traiter des sujets graves avec légèreté ?

Plan :

I- La gravité de certains sujets impose un ton et une forme appropriés.

1. Racine aborde l'inceste dans une tragédie (*Phèdre*).
2. D'Aubigné évoque les massacres des protestants pendant les guerres de Religion dans *Les Tragiques*.
3. Primo Levi raconte l'horreur des camps de concentration dans un récit autobiographique bouleversant (*Si c'est un homme*).

II- Mais on peut aussi aborder des sujets graves avec une certaine légèreté.

1. La Fontaine fait intervenir la Mort dans plusieurs de ses fables.
2. Montesquieu parle avec ironie de l'esclavage pour mieux ridiculiser les esclavagistes et dénoncer cette pratique.
3. Jarry met en scène un tyran dans une farce (*Ubu Roi*).

4 Détaillez le plan suivant.

1. Définissez deux ou trois sous-parties pour chaque partie.

2. Proposez pour chaque sous-partie un argument étayé par un exemple tiré du corpus.

Objet d'étude : « La poésie ».
Sujet proposé : Dans quelle mesure un poème peut-il être une invitation au voyage ?
Corpus : textes a et b.

Plan :

I- Un voyage dans le monde : la poésie ouvre des espaces inconnus.
II- Un voyage intérieur : la poésie entraîne le lecteur vers les profondeurs du Moi.
III- Un voyage à travers le langage.

a. L'Invitation au voyage

Il est un pays superbe, un pays de Cocagne, dit-on, que je rêve de visiter avec une vieille amie. Pays singulier, noyé dans les brumes de notre Nord, et qu'on pourrait appeler l'Orient de l'Occident, la Chine de l'Europe, tant la chaude et capricieuse fantaisie s'y est donné carrière, tant elle l'a patiemment et opiniâtrement illustré de ses savantes et délicates végétations.

Un vrai pays de Cocagne, où tout est beau, riche, tranquille, honnête ; où le luxe a plaisir à se mirer dans l'ordre ; où la vie est grasse et douce à respirer ; d'où le désordre, la turbulence et l'imprévu sont exclus ; où le bonheur est marié au silence ; où la cuisine elle-même est poétique, grasse et excitante à la fois ; où tout vous ressemble, mon cher ange. […]

Baudelaire, *Petits Poèmes en prose*, XVIII, 1869.

b. Une odeur, un parfum complexe occupe toujours la demeure d'un Émanglon.

S'il est fruste et vulgaire, c'est la fumée de bois qui la donne avec un peu d'herbes sèches, bien dense, et dont il se saoule.

Vulgarité ! Le but est autre : par des parfums diversifiés, infimes et forts, obtenir des horizons, des voyages, un ruisseau petit comme un ver, la forêt en automne, la mer iodée et tumultueuse, les ports où les navires attendent dans une apparente torpeur.

C'est l'art de la maîtresse de maison d'y arriver. Et elle y arrive ; la renommée de l'Émanglonne, à cet égard, est considérable en Grande Garabagne.

Henri Michaux, extrait de « Les Émanglons », in « Voyage en Grande Garabagne » recueilli dans *Ailleurs*, © Éd. Gallimard, 1967.

5 Soulignez les **rapports logiques** entre les parties et les sous-parties du plan précédent (exercice 4).

1. Quels **mots de liaison** vont les relier ?

2. Rédigez une **transition** entre les grandes parties.

6 Parmi la liste proposée, choisissez **cinq arguments** et/ou **exemples** pertinents pour traiter le sujet de l'exercice 4. Justifiez votre choix.

a. Les images poétiques proposent des images du monde qui peuvent être exotiques.
b. Le travail sur le rythme, les sons, la versification et la mise en page peuvent dépayser le lecteur, lui paraître étrangers.
c. Le poème est le fruit d'un voyage du poète, réel ou imaginaire.
d. La poésie, étymologiquement, est la « création » d'un langage, d'un monde.
e. La poésie est un voyage imaginaire vers une terre inconnue.
f. Chaque poème est un paysage, par sa disposition sur la page, son occupation de l'espace.
g. La poésie éclaire, colore le monde.
h. Chaque poème peut nous faire voyager à travers la poésie.
i. La lecture des *Orientales* de Victor Hugo vaut tous les voyages en Orient.
j. Le poète est un voyant.
k. *Une saison en enfer* est une invitation à voyager dans l'imaginaire de Rimbaud.
l. Les voyages imaginés par Henri Michaux entraînent au « Pays de la Magie ».
m. *Les Antiquités de Rome* de Du Bellay peuvent se lire comme un voyage dans le temps.

ÉTAPE 2

7 **Classez les arguments** permettant de traiter le sujet suivant :
Comment distinguer une autobiographie d'un roman autobiographique ?

1. **Répartissez** les arguments suivants en trois grandes parties.

2. **Regroupez**-les pour faire deux sous-parties par partie.

a. Dans le roman autobiographique, l'auteur et le narrateur ne sont pas la même personne.
b. L'autobiographie et le roman autobiographique sont tous deux généralement des récits à la première personne.
c. Le narrateur d'un roman personnel peut être la copie conforme de son auteur.
d. Un même prénom ou les mêmes initiales peuvent prêter à confusion.
e. Un roman autobiographique est une œuvre de fiction.
f. L'autobiographie scelle avec son lecteur un pacte de sincérité.
g. Certains souvenirs peuvent être romancés dans une autobiographie.
h. On peut faire un roman avec sa vie.
i. Le roman peut imiter tous les procédés dont l'autobiographie se sert pour garantir son authenticité.
j. L'autobiographie peut rompre parfois son contrat de sincérité et déformer ou passer sous silence certains faits.
k. Le roman autobiographique peut se faire passer pour vrai en prenant la forme d'un journal intime, d'une correspondance ou de mémoires retrouvés.
l. Une autobiographie peut être une supercherie, une imposture.
m. Les enjeux sont différents : le roman autobiographique vise la ressemblance, le vraisemblable, alors que l'autobiographie prétend être vraie et établit explicitement l'identité entre l'auteur, le narrateur et le personnage principal.
n. L'ambiguïté entre les deux formes peut être un jeu, un moyen de susciter l'intérêt du lecteur, de le transformer en enquêteur.

8 Lisez l'**introduction** suivante (sujet de l'exercice 7).

1. Distinguez les **étapes** qui la composent.

2. Rédigez la **conclusion** correspondante.

Le biographique est un genre complexe et protéiforme où il peut arriver que certaines formes se ressemblent au point d'être confondues. C'est le cas notamment de l'autobiographie et du roman autobiographique, si proches qu'on pourrait s'y tromper. Certains auteurs ont exploité cette analogie pour mieux confondre leurs lecteurs et brouiller les pistes. Mais le jeu pourrait bien alors relever de l'imposture et tourner au jeu de dupes. Comment distinguer l'autobiographie d'un roman autobiographique ? Que risque-t-on à les confondre ? Après avoir cherché les critères qui permettent de les différencier, on pourra se demander s'il n'y a pas cependant une certaine ambiguïté qui entretient la confusion. Mais la littérature ne peut-elle pas jouer de cette ambiguïté même ?

Exercices

9 Rédigez la première partie correspondant au plan choisi (exercice 7).

1. Ordonnez les arguments et les exemples par ordre d'importance.

2. Développez les arguments et commentez les exemples.

3. Introduisez des connecteurs logiques (mots de liaison) pour assurer la progression de la réflexion.

ÉTAPE 3

10 Rédigez entièrement une partie du plan proposé pour le sujet suivant :
La réécriture suppose-t-elle nécessairement que le lecteur reconnaisse le modèle ou la source ?

I- Le texte réécrit doit se suffire à lui-même.
1. La réécriture produit un texte qu'on doit pouvoir comprendre sans faire nécessairement appel à sa mémoire.
2. L'intertextualité est forcément aléatoire : on peut ne pas l'entrevoir du tout, ou seulement la deviner.
3. Le texte qui fait appel à l'érudition du lecteur court le risque de ne toucher que le lecteur savant et de décourager les autres.

II- Mais sa lecture est plus riche si l'on reconnaît le modèle.
1. Le plaisir de la reconnaissance est un plaisir supplémentaire qui permet d'instaurer une complicité particulière avec l'auteur (par le partage de références communes).
2. Le lecteur entre alors dans le jeu du texte et porte sur lui un regard neuf : il lit à la lumière du texte qui a servi de modèle, ce qui lui permet aussi de relire le texte « premier » à la lumière du second, savourant les ressemblances et les différences.
3. La lecture devient alors créative : chaque lecteur lira avec ses souvenirs et réécrira à leur lumière les textes qu'il croit pouvoir reconnaître.

III- La reconnaissance du modèle est parfois nécessaire.
1. La littérature clandestine peut envisager la réécriture comme un codage, un acte de résistance, qui doit apparaître à ses lecteurs tout en restant indéchiffrable aux « ennemis ».
2. La mémoire individuelle du lecteur, capable d'identifier la source, témoigne de la permanence d'une culture et d'une mémoire collective.
3. La connivence peut ainsi devenir une marque d'implication, d'engagement, à travers le jeu de la littérature.

11 Rédigez l'introduction et la conclusion correspondantes (exercice 10).

12 Développez les sous-parties correspondantes (plan de l'exercice 10).

1. Trouvez un exemple pour chacune d'elles, et justifiez-le.

2. Pour chaque exemple, rédigez le passage qui l'introduit et le commente.

13 Relevez d'abord, puis corrigez les défauts de ce qui pourrait être la première sous-partie d'une dissertation sur le sujet suivant :
Un dialogue peut-il être plus convaincant qu'un essai ou un discours ?

[I, 1] Une forme plus vivante :

La forme dialogique est une forme argumentative particulièrement efficace. Le dialogue permet en effet de confronter plusieurs points de vue sur un même sujet sans avoir à faire de compromis ou de concessions. Chacun des interlocuteurs exprime son point de vue et doit se montrer convaincant. La divergence d'opinions permet d'animer le débat et d'éviter l'ennui d'un long discours. Le dialogue entre Jacques et son maître dans *Jacques le Fataliste* de Diderot est ainsi plus vivant qu'un traité sur la question du déterminisme, et donc plus convaincant. L'enchaînement et le rythme des répliques peuvent faire croire à une conversation, plus naturelle et plus captivante qu'un essai sur le sujet. On peut y croire et adhérer au point de vue défendu par le locuteur le plus convaincant. Les idées sont plus concrètes, le débat plus intéressant dès lors qu'on peut se passionner pour l'un ou l'autre des interlocuteurs. On peut s'identifier (sauf dans le cas où les interlocuteurs restent anonymes : A et B dans le *Supplément au voyage de Bougainville* de Diderot), etc.

14 Faites le plan détaillé, puis rédigez en temps limité l'ensemble de la dissertation sur le sujet et le corpus suivants.

« La véritable intention de la tragédie » consiste-t-elle, comme l'affirme Racine dans la préface de *Phèdre*, « autant à instruire [les] spectateurs qu'à les divertir » ?

a. *Athalie, fille de la reine Jézabel, règne sur Jérusalem, où elle combat la religion du Dieu unique.*

ATHALIE

C'était pendant l'horreur d'une profonde nuit.
Ma mère Jézabel devant moi s'est montrée,
Comme au jour de sa mort pompeusement parée.
Ses malheurs n'avaient point abattu sa fierté ;
Même elle avait encor cet éclat emprunté
Dont elle eut soin de peindre et d'orner son visage,
Pour réparer des ans l'irréparable outrage.
Tremble, m'a-t-elle dit, *fille digne de moi.*
Le cruel Dieu des Juifs l'emporte aussi sur toi.
Je te plains de tomber dans ses mains redoutables,
Ma fille. En achevant ces mots épouvantables,
Son ombre vers mon lit a paru se baisser ;
Et moi, je lui tendais les mains pour l'embrasser.
Mais je n'ai plus trouvé qu'un horrible mélange
D'os et de chair meurtris, et traînés dans la fange,
Des lambeaux pleins de sang, et des membres affreux,
Que les chiens dévorants se disputaient entre eux.

RACINE, *Athalie*, II, 5, 1691.

b. *Œdipe vient de découvrir le crime qu'il a commis : il a tué son père et épousé sa mère. Antigone, fille d'Œdipe et de Jocaste et nièce de Créon, vient avertir son oncle et le devin Tirésias.*

ANTIGONE. — Mon oncle ! Tirésias ! Montez vite, vite, c'est épouvantable ! J'ai entendu crier dans la chambre ; petite mère ne bouge plus, elle est tombée tout de son long et petit père se roule sur elle et il se donne des coups dans les yeux avec sa grosse broche en or. Il y a du sang partout. J'ai peur ! J'ai trop peur, montez... montez vite... *Elle rentre.*

CRÉON. — Cette fois, personne ne m'empêchera...

TIRÉSIAS. — Si ! Je vous empêcherai. Je vous le dis, Créon, un chef-d'œuvre d'horreur s'achève. Pas un mot, pas un geste, il serait malhonnête de poser une seule ombre de nous.

CRÉON. — C'est de la pure folie !

TIRÉSIAS. — C'est la pure sagesse... Vous devez admettre...

CRÉON. — Impossible. Du reste, le pouvoir retombe entre mes mains.

Au moment où, s'étant dégagé, il s'élance, la porte s'ouvre. Œdipe aveugle apparaît. Antigone s'accroche à sa robe.

COCTEAU, *La Machine infernale*, Acte IV,
© Éd. Grasset, 1934.

15 Faites un **plan détaillé** sur le sujet et le corpus suivants, puis **rédigez** la dissertation.

À propos du roman par lettres, Jean Rousset affirme :
« C'est pour mieux apparaître que le romancier se dissimule ; ce n'est de sa part qu'une habileté de plus : il feint de s'abstenir pour opérer plus sûrement, il s'efface devant la réalité pour inventer une nouvelle réalité. Et le lecteur le sait bien, tout le monde le sait, mais il y a toujours dans la lecture, sous une forme variable, un consentement à l'illusion. »
Dans quelle mesure le lecteur d'un roman épistolaire doit-il consentir à l'illusion ?

a. Les Persans qui écrivent ici étaient logés avec moi ; nous passions notre vie ensemble. Comme ils me regardaient comme un homme d'un autre monde, ils ne me cachaient rien. En effet, des gens transplantés de si loin ne pouvaient plus avoir de secrets. Ils me communiquaient la plupart de leurs lettres ; je les copiai. J'en surpris même quelques-unes dont ils se seraient bien gardés de me faire confidence, tant elles étaient mortifiantes pour la vanité et la jalousie persane.

MONTESQUIEU, *Lettres persanes*, préface, 1721.

b.

USBEK à RHÉDI
À Venise.

Je vois ici des gens qui se disputent sans fin sur la religion : mais il semble qu'ils combattent en même temps à qui l'observera le moins.

Non seulement ils ne sont pas meilleurs chrétiens, mais même meilleurs citoyens, et c'est ce qui me touche : car, dans quelque religion qu'on vive, l'observation des lois, l'amour pour les hommes, la piété envers les parents, sont toujours les premiers actes de religion.

En effet, le premier objet d'un homme religieux ne doit-il pas être de plaire à la Divinité qui a établi la religion qu'il professe ? Mais le moyen le plus sûr pour y parvenir est sans doute d'observer les règles de la société et les devoirs de l'humanité : car, en quelque religion qu'on vive, dès qu'on en suppose une, il faut bien que l'on suppose aussi que Dieu aime les hommes, puisqu'il établit une religion pour les rendre heureux ; que s'il aime les hommes, on est assuré de lui plaire en les aimant aussi, c'est-à-dire en exerçant envers eux tous les devoirs de la charité et de l'humanité, et en ne violant point les lois sous lesquelles ils vivent.

MONTESQUIEU, *Lettres persanes*, Lettre XLVI, 1721.

Corpus BAC

Objet d'étude Convaincre, persuader, délibérer : l'apologue.

A LA FONTAINE, « Un animal dans la lune », *Fables*, VII, 18 (1678).
B FONTENELLE, *Histoire des oracles* (1686).
C VOLTAIRE, *Micromégas*, chapitre II (1752).

TEXTE A

UN ANIMAL DANS LA LUNE
(extrait)

J'aperçois le soleil : quelle en est la figure ?
Ici-bas ce grand corps n'a que trois pieds de tour ;
Mais si je le voyais là-haut dans son séjour,
Que serait-ce à mes yeux que l'œil de la Nature ?
Sa distance me fait juger de sa grandeur ;
Sur l'angle et les côtés ma main la détermine.
L'ignorant le croit plat : j'épaissis sa rondeur ;
Je le rends immobile, et la terre chemine.
Bref, je démens mes yeux en toute sa machine :
Ce sens ne me nuit point par son illusion.
Mon âme, en toute occasion,
Développe le vrai caché sous l'apparence ;
Je ne suis point d'intelligence
Avecque mes regards, peut-être un peu trop prompts,
Ni mon oreille, lente à m'apporter les sons.
Quand l'eau courbe un bâton, ma raison le redresse :
La raison décide en maîtresse.
Mes yeux, moyennant ce secours,
Ne me trompent jamais, en me mentant toujours.
Si je crois leur rapport, erreur assez commune,
Une tête de femme est au corps de la lune.
Y peut-elle être ? Non. D'où vient donc cet objet ?
Quelques lieux inégaux font de loin cet effet.
La lune nulle part n'a sa surface unie :
Montueuse en des lieux, en d'autres aplanie,
L'ombre avec la lumière y peut tracer souvent
Un homme, un bœuf, un éléphant.
Naguère l'Angleterre y vit chose pareille.
La lunette placée, un animal nouveau
Parut dans cet astre si beau ;
Et chacun de crier merveille.
Il était arrivé là-haut un changement
Qui présageait sans doute un grand événement.
Savait-on si la guerre entre tant de puissances
N'en était point l'effet ? Le monarque accourut :
Il favorise en roi ces hautes connaissances.
Le monstre dans la lune à son tour lui parut.
C'était une souris cachée entre les verres :
Dans la lunette était la source de ces guerres.
On en rit. Peuple heureux ! quand pourront les Français
Se donner, comme vous, entiers à ces emplois ?

LA FONTAINE, *Fables*, VII, 18, 1678.

TEXTE B

Assurons-nous bien du fait, avant que de nous inquiéter de la cause. Il est vrai que cette méthode est bien lente pour la plupart des gens, qui courent naturellement à la cause, et passent par-dessus la vérité du fait ; mais enfin nous éviterons le ridicule d'avoir trouvé la cause de ce qui n'est point.

Ce malheur arriva si plaisamment sur la fin du siècle passé à quelques savants d'Allemagne, que je ne puis m'empêcher d'en parler ici.

En 1593, le bruit courut que les dents étant tombées à un enfant de Silésie, âgé de sept ans, il lui en était venu une d'or à la place d'une de ses grosses dents. Horstius, professeur en médecine dans l'université de Helmstad, écrivit en 1595 l'histoire de cette dent, et prétendit qu'elle était en partie naturelle, en partie miraculeuse, et qu'elle avait été envoyée de Dieu à cet enfant pour consoler les chrétiens affligés par les Turcs. Figurez-vous quelle consolation, et quel rapport de cette dent aux chrétiens, ni aux Turcs. En la même année, afin que cette dent d'or ne manquât pas d'historiens, Rullandus en écrit encore l'histoire. Deux ans après, Ingolsteterus, autre savant, écrit contre le sentiment que Rullandus avait de la dent d'or, et Rullandus fait aussitôt une belle et docte réplique. Un autre grand homme nommé Libavius ramasse tout ce qui avait été dit de la dent et ajoute son sentiment particulier. Il ne manquait autre chose à tant de beaux ouvrages, sinon qu'il fût vrai que la dent était d'or. Quand un orfèvre l'eut examinée, il se trouva que c'était une feuille d'or appliquée à la dent avec beaucoup d'adresse ; mais on commença par faire des livres, et puis on consulta l'orfèvre.

Rien n'est plus naturel que d'en faire autant sur toutes sortes de matières. Je ne suis pas si convaincu de notre ignorance par les choses qui sont, et dont la raison nous est inconnue, que par celles qui ne sont point, et dont nous trouvons la raison. Cela veut dire que non seulement nous n'avons pas les principes qui mènent au vrai, mais que nous en avons d'autres qui s'accommodent très bien avec le faux.

FONTENELLE, *Histoire des oracles*, 1686.

TEXTE C

Micromégas est un géant de trente-neuf kilomètres de haut venu de Sirius, qui voyage à travers l'univers pour « se former l'esprit ». Il arrive un jour sur Saturne et rencontre le secrétaire de l'académie de Saturne, un « nain » qui ne mesure que deux kilomètres...

Après que Son Excellence se fut couchée, et que le secrétaire se fut approché de son visage : « Il faut avouer, dit Micromégas, que la nature est bien variée. — Oui, dit le Saturnien ; la nature est comme un parterre dont les fleurs... — Ah ! dit l'autre, laissez là votre parterre. — Elle est, reprit le secrétaire, comme une assemblée de blondes et de brunes, dont les parures... — Eh ! qu'ai-je à faire de vos brunes ? dit l'autre. — Elle est donc comme une galerie de peintures dont les traits... — Eh non ! dit le voyageur ; encore une fois, la nature est comme la nature. Pourquoi lui chercher des comparaisons ? — Pour vous plaire, répondit le secrétaire. — Je ne veux point qu'on me plaise, répondit le voyageur ; je veux qu'on m'instruise : commencez d'abord par me dire combien les hommes de votre globe ont de sens. — Nous en avons soixante et douze, dit l'académicien, et nous nous plaignons tous les jours du peu. Notre imagination va au-delà de nos besoins ; nous trouvons qu'avec nos soixante et douze sens, notre anneau, nos cinq lunes, nous sommes trop bornés ; et, malgré toute notre curiosité et le nombre assez grand de passions qui résultent de nos soixante et douze sens, nous avons tout le temps de nous ennuyer. — Je le crois bien, dit Micromégas ; car dans notre globe nous avons près de mille sens, et il nous reste encore je ne sais quel désir vague, je ne sais quelle inquiétude, qui nous avertit sans cesse que nous sommes peu de chose, et qu'il y a des êtres beaucoup plus parfaits. J'ai un peu voyagé ; j'ai vu des mortels fort au-dessous de nous ; j'en ai vu de fort supérieurs ; mais je n'en ai vu aucuns qui n'aient plus de désirs que de vrais besoins, et plus de besoins que de satisfaction. J'arriverai peut-être un jour au pays où il ne manque rien ; mais jusqu'à présent personne ne m'a donné de nouvelles positives de ce pays-là. »

VOLTAIRE, *Micromégas*, chapitre II, 1752.

◆ QUESTIONS SUR LES TEXTES

1. Précisez en quelques mots ce que chaque auteur cherche à faire comprendre à ses lecteurs.

2. Puis dites par quels moyens ces apologues parviennent à emporter l'adhésion.

◆ SUJETS D'ÉCRITURE

1. Commentaire

Vous commenterez le texte de Voltaire (texte C).

2. Dissertation

« Je ne veux point qu'on me plaise, répondit le voyageur ; je veux qu'on m'instruise. » (texte C, l. 14-15) Les apologues peuvent-ils éveiller efficacement la réflexion du lecteur, ou font-ils simplement illusion en le divertissant ?

3. Invention

L'homme peut-il se fier à ce qu'il voit ? Vous en débattrez sous la forme d'un dialogue entre un scientifique et un poète, dans les registres didactique et délibératif. Le poète aura recours à un apologue pour tenter de convaincre son interlocuteur.

Chapitre 38

L'invention : les formes de l'argumentation

L'écriture d'invention consiste à écrire un texte en liaison avec un ou plusieurs **textes du corpus**, en respectant les consignes données dans le sujet et en utilisant les connaissances acquises sur les **objets d'étude** au programme.
L'exercice vise en particulier à vérifier la maîtrise des différents **genres** et **registres**. Il s'agit surtout de rechercher et d'agencer des **arguments** susceptibles d'emporter l'**adhésion d'un destinataire** précis dans un cadre donné ; par exemple, ici, en réaction à une représentation théâtrale.

TEXTE A

Objets d'étude : « Le théâtre, texte et représentation » / « Convaincre, persuader, délibérer ».

Écriture d'invention : L'éloge du théâtre par le magicien Alcandre parvient à convaincre Pridamant, qui se réjouit désormais que son fils soit devenu comédien. Mais un critique qui a assisté à la représentation dénonce cette argumentation dans un article polémique publié le lendemain. Imaginez cet article.

Pridamant a cru assister à la mort de son fils Clindor, grâce aux pouvoirs du mage Alcandre qui la lui a fait voir. Mais c'était du théâtre, et Clindor est un parfait comédien, comme l'explique Alcandre.

Cessez de vous en plaindre. À présent le théâtre
Est en un point si haut que chacun l'idolâtre,
Et ce que votre temps voyait avec mépris
Est aujourd'hui l'amour de tous les bons esprits,
L'entretien de Paris, le souhait des provinces,
Le divertissement le plus doux de nos princes,
Les délices du peuple, et le plaisir des grands :
Il tient le premier rang parmi leurs passe-temps ;
Et ceux dont nous voyons la sagesse profonde
Par ses illustres soins conserver tout le monde,
Trouvent dans les douceurs d'un spectacle si beau
De quoi se délasser d'un si pesant fardeau.
Même notre grand Roi, ce foudre de la guerre,
Dont le nom se fait craindre aux deux bouts de la terre,
Le front ceint de lauriers, daigne bien quelquefois
Prêter l'œil et l'oreille au Théâtre françois :
C'est là que le Parnasse étale ses merveilles ;
Les plus rares esprits lui consacrent leurs veilles ;
Et tous ceux qu'Apollon voit d'un meilleur regard
De leurs doctes travaux lui donnent quelque part.

Le travail de préparation

1. Définissez précisément les mots soulignés dans le sujet. Quelles contraintes devrez-vous respecter (genre, registre, destinataire, but recherché) ?
2. Relevez les arguments d'Alcandre : quelle est sa stratégie argumentative ?
3. Cherchez trois arguments qui permettraient de réfuter les arguments d'Alcandre.

D'ailleurs, si par les biens on prise les personnes,
Le théâtre est un fief dont les rentes sont bonnes ;
Et votre fils rencontre en un métier si doux
Plus d'accommodement qu'il n'eût trouvé chez vous.
Défaites-vous enfin de cette erreur commune,
Et ne vous plaignez plus de sa bonne fortune.

CORNEILLE, *L'Illusion comique*, V, 5, 1636.

RÉDACTION PARTIELLE **B**

Une comédie qui voudrait faire illusion :
L'Illusion comique au Théâtre du Marais

« Cessez de vous en plaindre », « ne vous plaignez plus », répète Alcandre à la fin de L'Illusion comique, finissant en effet par emporter l'adhésion de son interlocuteur, Pridamant, qui se laisse ainsi convaincre que la carrière de comédien embrassée par son fils est l'une des plus enviables qui soient. Comment un père peut-il ainsi se laisser abuser ? C'est la question que je me pose depuis hier et que devraient se poser tous ceux qui ont assisté comme moi à cette incroyable supercherie ! Il faut que ce père soit bien désespéré pour ne pas apercevoir les ficelles grossières de cette machination ! Il faut que la douleur l'accable et que le chagrin de n'avoir d'autres nouvelles de son fils l'aveugle !

Comment expliquer autrement qu'il puisse accorder un quelconque crédit aux arguments de ce bonimenteur, de ce mage, maître en illusions, qui lui fait croire que le théâtre pourrait faire la fortune de son fils ? Comment peut-il penser un seul instant que, parce que le théâtre a retrouvé aujourd'hui une certaine dignité, il l'aura toujours ? Comment peut-il imaginer que son fils soit à l'abri des coups du sort et des revirements de l'opinion ? Ne sait-il pas que le monde est lui-même un théâtre, une comédie où l'on brûlera demain ce qu'on idolâtre aujourd'hui ? Y a-t-il, sur la scène, une gloire qui ne soit pas éphémère ? Comédien ! Je n'arrive pas à croire que Pridamant se réjouisse de cette situation pour son fils ! À moins que…

À moins que ce père ne se réjouisse surtout de voir vivant son fils qu'il croyait mort… Et c'est bien l'émotion qui le sauve du ridicule ! Mais alors, Monsieur Corneille ne profite-t-il pas abusivement du pathétique de la situation invraisemblable qu'il invente, pour faire un éloge qu'il aurait plus de peine à fonder sur les arguments de la raison ? Non, Monsieur le dramaturge, je ne suis pas Pridamant, et vous n'êtes qu'un piètre illusionniste ! […]

Matamore PARFAICT, *La Revue grimaçante des spectacles*,
n° 33, 1636.

Le travail d'écriture

1. Quelles caractéristiques d'un article de presse reconnaissez-vous ici ?
2. Relevez les procédés polémiques utilisés.

38. L'invention : les formes de l'argumentation

L'invention consiste, à partir d'un sujet donné, à rassembler ses connaissances, ses idées et ses arguments en fonction d'un **objectif** et d'un **destinataire** précis.
L'exercice est réglé par un certain nombre de **contraintes** fixées par le sujet et par le corpus de textes. Le libellé précise notamment la **forme imposée**, parmi tous les genres et formes possibles de l'argumentation : dialogues, monologues, essais, discours, articles, préfaces, apologues, éloges, blâmes, lettres...
Pour se montrer convaincant et persuasif, il faut faire appel aux **stratégies** et aux **procédés** les mieux adaptés au sujet.

1 ANALYSER LE SUJET

- L'écriture d'invention est un exercice rigoureusement encadré : il faut tenir compte de toutes les **contraintes** imposées. Une lecture du **libellé du sujet** attentive à ses **mots-clés** permet de déterminer l'ensemble des consignes à respecter : le **cadre**, la **forme**, la **situation d'énonciation**, le **registre** et l'**enjeu** du texte à inventer.

– Exemple :

Sujet : Composez une <u>scène de comédie</u> <u>opposant</u> un <u>poète</u> faisant <u>l'éloge</u> de <u>l'inspiration</u> à <u>l'un de ses confrères</u>, convaincu au contraire de la nécessité du <u>travail de l'écriture</u> et du respect de certaines <u>règles</u> de versification.

⇒ **Le sujet :** l'opposition entre deux conceptions de la poésie (la poésie inspirée qui célèbre ses muses, et la poésie qui consacre d'abord le pouvoir des mots et leur mise en forme).

⇒ **La situation d'énonciation :** un dialogue où les deux interlocuteurs exprimeront des points de vue opposés et essaieront de se convaincre. Il faudra préciser les circonstances de leur rencontre.

⇒ **La stratégie argumentative :** opposer une argumentation à sa contre-argumentation (raisonnement par concession ou par opposition, arguments logiques ou d'autorité, réfutation terme à terme).

⇒ **Les registres :** comique (« une scène de comédie »), délibératif (un dialogue argumentatif) et polémique (une opposition tranchée).

⇒ **Le genre :** théâtre, comédie (ce qui suppose de répéter le nom du personnage avant chaque réplique, d'inclure des didascalies précisant le ton, les gestes ou les déplacements des interlocuteurs, leur entrée en scène et leur sortie).

⇒ **Le problème à résoudre :** comment rendre comique l'affrontement entre deux poètes incarnant deux conceptions opposées de la poésie, tout en développant leurs argumentations respectives ? (Par exemple, par le décalage entre leurs idéaux poétiques et la violence prosaïque de l'affrontement.)

• Mais ces **contraintes** laissent une grande part de **liberté**, qu'il faut savoir exploiter.

– Exemple :

Sujet : Rédigez la préface d'une nouvelle édition des *Contes philosophiques* de Voltaire.

⇒ **Contraintes :** le **genre**, une préface (discours d'introduction à une œuvre pour la défendre ou donner envie de la lire) ; l'**objectif** (justifier une nouvelle édition : montrer la modernité ou la pérennité de l'œuvre) ; le **thème** (éloge des *Contes philosophiques* de Voltaire, qu'il faudra donc présenter et citer).

⇒ **Libertés :** dans la **forme** (préface en forme de lettre, de conte, d'apologue ?), dans les modulations du **registre** (épidictique ? délibératif ? polémique ? satirique ?), dans les **compositions**, dans le choix des **références** aux contes du recueil (*Candide* ou *Zadig* ?), etc.

Interroger le sujet

- De quoi faut-il parler ?
- Qui doit parler ? À qui ?
- Où et quand ? Dans quelles circonstances ?
- Comment ? (quel registre ? quel genre ? quelle forme ?)
- Pourquoi ? (quelle est la visée argumentative du texte à produire ?)

2 PRENDRE APPUI SUR LE CORPUS

• Une fois le sujet compris, on se reporte au **corpus** pour identifier et analyser le texte qui doit servir de **support**, de **source** ou de **modèle** au texte à produire. Il faut repérer ses caractéristiques, qui serviront à élaborer un texte nouveau dans le même esprit.

• Cette **analyse du texte** s'impose lorsque le sujet demande de **poursuivre**, de **discuter** ou de **réfuter son argumentation**. Voici la démarche à suivre :

– déterminer la **situation d'énonciation**, le **genre**, le **registre** et la **stratégie argumentative** du texte de référence, pour en respecter la logique et inscrire le travail d'écriture dans la continuité du texte ;

– conserver le caractère, le langage et les idées des **personnages**, le **lieu** et le **moment** de l'énonciation, les **temps** de référence, les **types d'arguments** utilisés ;

– chercher de **nouveaux arguments**, à condition qu'ils s'inscrivent dans cette situation d'énonciation ;

– imaginer une **conclusion** nette et cohérente.

• La démarche est analogue s'il s'agit de **répondre** à un personnage, à une lettre ou à une prise de position. On reprendra alors les éléments du texte-support dans le cadre d'un raisonnement concessif ou d'un raisonnement par opposition.

3 RECOURIR AUX PROCÉDÉS DE LA FORME IMPOSÉE

Genres et formes	Intention	Procédés caractéristiques
Un éloge	Louer, défendre, justifier, susciter l'adhésion du lecteur	– vocabulaire laudatif – procédés de valorisation (hyperboles, superlatifs, intensifs, accumulations, comparaisons mélioratives, emphase…)
Un blâme	Critiquer, attaquer, condamner, faire un procès, susciter un rejet	– vocabulaire péjoratif – procédés de dévalorisation (antiphrases, ironie, arguments *ad hominem*, sarcasmes…) – implication forte du locuteur
Un discours	Convaincre un auditoire, l'émouvoir pour emporter son adhésion, le provoquer pour le faire réagir (un discours est prononcé en public)	– adresses à l'auditoire (apostrophes, marques de la deuxième personne, invectives, malédiction ou bénédiction…) – interjections (*oh !*) – impératifs, tournures du conseil, de l'ordre – questions oratoires – ponctuation expressive (interrogations, exclamations…) – expression de la subjectivité (modalisateurs, verbes de jugement ou de sentiment) – éloquence oratoire (rythmes binaires ou ternaires, parallélismes, hyperboles…)
Un essai	Exprimer son point de vue sur un sujet, s'engager dans un débat	– marques de la première personne – expression d'une thèse, arguments et exemples – généralisation d'une expérience personnelle – formulation d'une opinion
Un apologue	Mettre la fiction au service de l'argumentation, établir un rapport de complicité avec le lecteur pour susciter sa réflexion	– récit simple et exemplaire (situation symbolique, personnages allégoriques) représentant une situation concrète et familière, animé par des paroles rapportées – moralité ou leçon, explicite ou implicite, exprimée au présent de vérité générale, rédigée sous forme de sentence, de proverbes, etc. – implication forte de l'auteur (intervention directe dans le récit ou ironie) – implication du lecteur (effets de connivence)
Un dialogue	Confronter des points de vue	– discours direct – pronoms personnels de la présence (*je* et *tu*, *nous* et *vous*) – indices d'énonciation

4 ARGUMENTER ET RÉDIGER

• **Pour trouver des arguments :**

– interroger tous les textes et documents du **corpus** ;

– investir ses acquis sur les **objets d'étude**, les **genres**, les **registres** ;

– mobiliser les **textes étudiés** pendant l'année qui sont susceptibles d'être mis en relation avec le sujet ;

– faire aussi appel à sa **culture personnelle**.

• **Pour construire l'argumentation :**

– ne conserver que les **arguments pertinents**, qu'il faut classer et organiser comme on le ferait dans une dissertation ;

– ordonner la réflexion selon une **progression rigoureuse**, sans se répéter (sauf si le sujet y invite : une scène comique peut faire appel au comique de répétition) ;

– choisir la stratégie argumentative la plus adaptée au sujet : un **plan détaillé** fait apparaître, avant la rédaction, l'articulation des idées et la cohérence de la réflexion ;

– construire l'invention aussi **méthodiquement** qu'un commentaire ou une dissertation : on retient les types d'arguments, d'exemples et de raisonnements les plus appropriés.

• **Pour rédiger l'argumentation :**

– rédiger un texte respectant les **codes**, la **mise en page** et les **procédés d'écriture** caractéristiques de la forme imposée : on ne dispose pas sur la page un dialogue philosophique comme un dialogue théâtral ; un article ou une lettre ont leurs règles spécifiques ;

– préciser le **cadre**, les **circonstances** et le **motif** du texte produit ;

– faire clairement apparaître la **progression** de la réflexion (par des mots de liaison, par des paragraphes, ou par tout autre procédé permettant de rendre sensible la structure du discours) ;

– adapter l'**expression**, le vocabulaire et le niveau de langue à la situation, au destinataire et à l'effet recherché, en veillant dans tous les cas à corriger la syntaxe et l'orthographe ;

– ajuster la **longueur** du texte à la situation et au genre imposés, en évitant la brièveté excessive (qui ne permet pas de développer une argumentation) autant que la longueur excessive (qui nuit à l'efficacité du propos).

CRITÈRES D'ÉVALUATION

Règles à respecter pour l'écriture d'invention à visée argumentative :

– avoir respecté les **contraintes formelles** fixées par les consignes ;

– avoir pris en compte les caractéristiques du **texte-support** ;

– avoir développé des **arguments pertinents** ;

– avoir **ordonné** sa réflexion ;

– avoir adapté l'expression à la **situation** ;

– avoir montré son savoir-faire en faisant preuve d'**originalité**.

À retenir

La préparation (1 h 30)	La rédaction (1 h 30)
• Dresser l'inventaire de l'ensemble des **contraintes** fixées par la consigne. • Prendre appui sur le **corpus** pour définir et analyser le texte-source, dont les éléments serviront de fondations au texte à construire. • Trouver de nouveaux **arguments** et les ordonner. • Faire un **plan détaillé** qui articule les différentes parties de l'argumentation.	• Respecter les caractéristiques formelles et la **mise en page** du genre imposé. • Faire apparaître la progression de la réflexion par la **présentation** et par l'**expression**. • Adapter la **langue** et la longueur de l'exercice au propos, à la situation et à l'effet recherché.

Exercices

Étape 1

1 Analysez les consignes suivantes.

1. Quel **genre**, quelle **forme** doit-on employer dans chaque cas ? Quels en sont les procédés caractéristiques ?

2. Quel **registre** faudra-t-il utiliser ? Quelles en sont les caractéristiques ?

a. Imaginez un dialogue opposant un écrivain engagé à l'un de ses lecteurs qui lui reprocherait cet engagement.
b. Composez la lettre ouverte qu'un poète pourrait adresser à ceux qui jugent la poésie futile et incompréhensible.
c. Rédigez un article critique sur une mise en scène qui aurait trahi une pièce de Racine en voulant à tout prix la moderniser.
d. Rédigez la préface d'un recueil de poèmes en prose.

2 Préparez l'exercice d'invention à partir des consignes suivantes.

1. Quelle doit être la **situation d'énonciation** ?

2. Quel sera le sujet de votre argumentation ? Quelle **stratégie argumentative** pourrez-vous employer ?

a. Décrivez un monde idéal à travers lequel vous ferez implicitement la critique de notre société.
b. Composez le discours d'un écrivain qui voudrait persuader des élèves qui n'aiment pas lire des avantages et des plaisirs de la lecture. Il aura recours à un apologue pour être plus persuasif.
c. Imaginez la scène d'exposition d'une comédie où seront mis en scène les conflits qui peuvent opposer un metteur en scène et des acteurs au cours d'une répétition.
d. Écrivez une lettre à un auteur que vous aimez pour le convaincre de vous laisser faire sa biographie.

3 Associez à chacun de ces **sujets** (1 et 2) l'un des textes du **corpus** (a ou b). Justifiez votre réponse en repérant les éléments qui pourront être exploités dans votre travail d'écriture.

1. Rédigez un article destiné à un magazine littéraire dans lequel vous montrerez tout l'intérêt qu'un lecteur peut prendre à la lecture des textes autobiographiques (authentiques ou fictifs).

2. Imaginez un dialogue entre un critique soucieux de tout savoir et de tout dire sur les auteurs, et un écrivain attaché à l'idée que son œuvre se suffit à elle-même et que l'on n'a pas à fouiller dans ses écrits personnels.

a. Sur les raisons qui déterminent Flaubert à changer l'écriture en un sacerdoce exténuant, nous ne pouvons pas attendre grand-chose de ses œuvres romancées : elles sont conformes à sa théorie de l'impartialité, selon laquelle l'écrivain ne doit pas plus paraître dans son œuvre que Dieu ne se montre dans la Création. Mais par chance nous possédons deux sources de renseignements – sa correspondance et ses textes d'enfant – qui nous mettent à même de comprendre sinon pourquoi il lui fallait sacraliser son activité littéraire, du moins *de quoi* cette activité devait le sauver.

Marthe Robert, *En haine du roman*, étude sur Flaubert, © Éd. Balland, 1982.

b. Pourquoi écrire ces pages ? – À quoi sont-elles bonnes ? – Qu'en sais-je moi-même ? Cela est assez sot à mon gré d'aller demander aux hommes le motif de leurs actions et de leurs écrits. – Savez-vous vous-même pourquoi vous avez ouvert les misérables feuilles que la main d'un fou va tracer ?

Flaubert, *Mémoires d'un fou*, 1901, posth.

4 Étudiez ces textes, qui serviront de supports à l'écriture d'invention.

1. Identifiez le **genre** et les caractéristiques formelles de chacun d'eux.

2. Définissez chaque **situation d'énonciation**.

3. Identifiez le **registre** de chacun d'eux.

4. Quelle est la **thèse** de chaque texte ? Quels arguments les auteurs utilisent-ils ?

a. Étrange disparition que celle de la lecture à voix haute. Qu'est-ce que Dostoïevski aurait pensé de ça ? Et Flaubert ? Plus le droit de se mettre les mots en bouche avant de se les fourrer dans la tête ? Plus d'oreille ? Plus de musique ? Plus de salive ? Plus de goût, les mots ? Et puis quoi, encore ! Est-ce que Flaubert ne se l'est pas gueulée jusqu'à s'en faire péter les tympans, sa *Bovary* ? Est-ce qu'il n'est pas *définitivement* mieux placé que quiconque pour savoir que l'intelligence du texte passe par le *son* des mots d'où fuse tout leur sens ? Est-ce qu'il ne sait pas comme personne, lui qui a tant bagarré contre la musique intempestive des syllabes, la tyrannie des cadences, que le sens, ça se *prononce* ? Quoi ? des textes muets pour de purs esprits ? À moi, Rabelais ! À moi Flaubert ! Dosto ! Kafka ! Dickens, à moi ! Gigantesques brailleurs de sens, ici tout de suite ! Venez souffler dans nos livres ! Nos mots ont besoin de corps ! Nos livres ont besoin de vie !

Daniel PENNAC, *Comme un roman*, © Éd. Gallimard, 1992.

b. *Prague, début avril 1922.*

Voilà déjà bien longtemps, Madame Milena, que je ne vous ai plus écrit, et, aujourd'hui encore, je ne le fais que par suite d'un hasard. Je n'aurais pas au fond à excuser mon silence, vous savez comme je hais les lettres. Tout le malheur de ma vie – je ne le dis pas pour me plaindre mais pour en tirer une leçon d'intérêt général – vient, si l'on veut, des lettres ou de la possibilité d'en écrire. Je n'ai pour ainsi dire jamais été trompé par les gens, par des lettres toujours ; et cette fois ce n'est pas par celles des autres mais par les miennes. Il y a là en ce qui me concerne un désagrément personnel sur lequel je ne veux pas m'étendre, mais c'est aussi un malheur général. La grande facilité d'écrire des lettres doit avoir introduit dans le monde – du point de vue purement théorique – un terrible désordre des âmes : c'est un commerce avec des fantômes, non seulement avec celui du destinataire, mais encore avec le sien propre ; le fantôme grandit sous la main qui écrit, dans la lettre qu'elle rédige, à plus forte raison dans une suite de lettres où l'une corrobore l'autre et peut l'appeler à témoin. Comment a pu naître l'idée que des lettres donneraient aux hommes le moyen de communiquer ?

KAFKA, *Lettres à Milena*, trad. fr. d'Alexandre Vialatte, © Éd. Gallimard, 1988.

5 Imaginez la suite du texte de Pennac (exercice 4, texte a) en poursuivant son argumentation.

1. Trouvez trois **autres arguments** pour développer sa thèse.

2. **Poursuivez l'argumentation** de ce texte en développant ces nouveaux arguments, tout en conservant son genre, son registre et sa situation d'énonciation.

6 Préparez une réponse de Milena à la lettre de Kafka (exercice 4). Vous conserverez son genre et son registre, mais vous **réfuterez** sa thèse en développant trois **contre-arguments**.

ÉTAPE 2

7 Associez le **genre** ou la **forme imposée** (a, b...) et les **procédés d'écriture** caractéristiques (1, 2...) qui devront trouver leur place dans votre travail d'écriture. À un genre peuvent correspondre plusieurs procédés, et certains procédés peuvent se retrouver dans plusieurs genres.

a. Un dialogue théâtral
b. Un manifeste
c. Un discours
d. Un plaidoyer
e. Un apologue
f. Un article
g. Un monologue délibératif
h. Une lettre ouverte
i. Un dialogue romanesque
j. Un essai
k. Un blâme

1. Un titre
2. Un vocabulaire laudatif ou péjoratif
3. Des didascalies
4. Des marques de l'implication de l'auteur
5. Des adresses au lecteur ou à l'auditoire
6. Des repères spatio-temporels
7. De l'ironie
8. Des marques d'indignation
9. Des affirmations catégoriques
10. Des verbes de parole en incise
11. Une énonciation à la première personne
12. Des questions oratoires et des exclamations
13. Des hyperboles
14. Un récit exemplaire
15. Une moralité (implicite ou explicite)
16. Des tirets

8 Étudiez et exploitez le texte suivant.

1. Identifiez son genre, son registre et sa thèse ; définissez sa **stratégie argumentative**.

2. Cherchez trois arguments pour **réfuter** cette thèse.

3. **Rédigez** cette réfutation, sans changer de genre ni de registre. Vous emploierez un raisonnement concessif qui rappellera les arguments du texte avant de les réfuter.

— Et tu ne sais toujours pas quand tu auras fini ton volume ?

— Non, répondit Durtal, en s'étirant. Au reste, je ne désire pas qu'il se termine. Que deviendrai-je alors ? Il faudra chercher un autre sujet, retrouver la mise en train des chapitres de début si embêtants à poser ; je passerai de mortelles heures d'oisiveté. Vraiment, quand j'y songe, la littérature n'a qu'une raison d'être, sauver celui qui la fait du dégoût de vivre !

— Et, charitablement, alléger la détresse des quelques-uns qui aiment encore l'art.

— Ce qu'ils sont peu !

— Et leur nombre va en diminuant ; la nouvelle génération ne s'intéresse plus qu'aux jeux de hasard et aux jockeys !

— Oui, c'est exact ; maintenant les hommes jouent et ne lisent plus [...].

HUYSMANS, *Là-bas*, 1891.

9 Appuyez-vous sur ce texte de La Bruyère pour brosser un **portrait polémique** de l'hypocrisie.

1. Définissez la **stratégie argumentative** et les types d'arguments utilisés pour vous en inspirer.

2. Relevez les **procédés d'écriture** les plus persuasifs pour les employer à votre tour, sans pour autant vous y limiter.

3. Cherchez de votre côté les traits caractéristiques de l'hypocrite et le **personnage** qui pourrait l'incarner ; puis mettez celui-ci en situation, comme dans le texte de La Bruyère.

4. **Rédigez le portrait** en une page.

Arrias a tout lu, a tout vu, il veut le persuader ainsi ; c'est un homme universel, et il se donne pour tel : il aime mieux mentir que de se taire ou de paraître ignorer quelque chose. On parle à la table d'un grand d'une cour du Nord : il prend la parole, et l'ôte à ceux qui allaient dire ce qu'ils en savent ; il s'oriente dans cette région lointaine comme s'il en était originaire ; il discourt des mœurs de cette cour, des femmes du pays, de ses lois et de ses coutumes ; il récite des historiettes qui y sont arrivées ; il les trouve plaisantes, et il en rit le premier jusqu'à éclater. Quelqu'un se hasarde de le contredire, et lui prouve nettement qu'il dit des choses qui ne sont pas vraies. Arrias ne se trouble point, prend feu au contraire contre l'interrupteur : « Je n'avance, lui dit-il, je ne raconte rien que je ne sache d'original : je l'ai appris de *Sethon*, ambassadeur de France dans cette cour, revenu à Paris depuis quelques jours, que je connais familièrement, que j'ai fort interrogé, et qui ne m'a caché aucune circonstance. » Il reprenait le fil de sa narration avec plus de confiance qu'il ne l'avait commencée, lorsque l'un des conviés lui dit : « C'est *Sethon* à qui vous parlez, lui-même, et qui arrive de son ambassade. »

LA BRUYÈRE, *Les Caractères*, V, 9, 1696.

ÉTAPE 3

10 Préparez la rédaction d'une introduction argumentée.

1. Précisez en quoi consiste le **raisonnement par analogie** dans le texte suivant. Quelle est sa fonction ?

2. Rédigez une **préface** ou un **début d'autobiographie** où vous justifierez votre entreprise en employant vous aussi un raisonnement par analogie. Vous aurez recours à d'autres images susceptibles d'illustrer les fonctions et les risques de cette entreprise.

Envisageant mon entreprise à la manière d'un photomontage et choisissant pour m'exprimer un ton aussi objectif que possible, tentant de ramasser ma vie en un seul bloc solide (objet que je pourrais toucher comme pour m'assurer contre la mort, alors même que, paradoxalement, je prétendais tout risquer), si j'ouvrais bien ma porte aux rêves (élément psychologiquement justifié mais coloré de romantisme, de même que les jeux de cape du torero, utiles techniquement, sont aussi des envolées lyriques) je m'imposais, en somme, une règle aussi sévère que si j'avais voulu faire une œuvre classique. Et c'est en fin de compte cette sévérité même, ce « classicisme » – n'excluant pas la démesure telle qu'il y en a dans nos tragédies même les plus codifiées et reposant non seulement sur des considérations relatives à la forme mais sur l'idée de parvenir ainsi au maximum de la véracité – qui me paraît avoir conféré à mon entreprise (si tant est que j'y aie réussi) quelque chose d'analogue à ce qui fait pour moi la valeur exemplaire de la *corrida* [...].

LEIRIS, *L'Âge d'homme*,
© Éd. Gallimard, 1946.

11 Rédigez un dialogue de théâtre.

1. Comment les **répliques** s'enchaînent-elles dans la scène suivante ?

2. En exploitant la façon dont Molière met ici en scène le raisonnement, vous composerez six répliques d'un **dialogue théâtral** opposant un père et son fils (ou sa fille) sur la question de l'éducation des enfants. Le registre sera comique et le texte indiquera des jeux de scène.

SGANARELLE. — [...] Pouvez-vous voir toutes les inventions dont la machine de l'homme est composée sans admirer de quelle façon cela est agencé l'un dans l'autre ? ces nerfs, ces os, ces veines, ces artères, ces…, ce poumon, ce cœur, ce foie, et tous ces autres ingrédients qui sont là et qui… Oh ! dame, interrompez-moi donc, si vous voulez. Je ne saurais disputer, si l'on ne m'interrompt. Vous vous taisez exprès, et me laissez parler par belle malice.

DOM JUAN. — J'attends que ton raisonnement soit fini.

SGANARELLE. — Mon raisonnement est qu'il y a quelque chose d'admirable dans l'homme, quoi que vous puissiez dire, que tous les savants ne sauraient expliquer. Cela n'est-il pas merveilleux que me voilà ici, et que j'aie quelque chose dans la tête qui pense cent choses différentes en un moment, et fait de mon corps tout ce qu'elle veut ? Je veux frapper des mains, hausser le bras, lever les yeux au ciel, baisser la tête, remuer les pieds, aller à droit, à gauche, en avant, en arrière, tourner.

(*Il se laisse tomber en tournant.*)

DOM JUAN. — Bon ! voilà ton raisonnement qui a le nez cassé.

MOLIÈRE, *Dom Juan*, III, 1, 1665.

12 Rédigez le **discours** indigné d'un écrivain déçu par l'adaptation cinématographique de son roman et invité par la presse à se prononcer publiquement sur le film.

13 Imaginez la **lettre** que le scénariste et le réalisateur pourraient lui envoyer, en réponse à ses reproches (exercice 12), pour défendre leur œuvre.

14 Daniel Pennac a établi les droits du lecteur. Vous rédigerez de même, dans un registre ironique et de façon argumentée, un **manifeste** proclamant les droits et les devoirs des spectateurs au théâtre.

15 Composez **un monologue délibératif** au cours duquel un personnage tourmenté par sa conscience est amené à prendre une décision difficile et s'interroge sur le choix à faire.

1. Repérez, dans le texte suivant, les **marques formelles du monologue** et sa construction.

2. Identifiez les **procédés d'écriture** qui caractérisent l'état de crise dans lequel se trouve le personnage et la façon dont il s'exhorte à passer à l'action.

3. Utilisez ces éléments dans votre **travail d'écriture**.

HAMLET. — Oui, que Dieu soit avec vous ! Maintenant je suis seul. Ô misérable rustre, maroufle que je suis ! N'est-ce pas monstrueux que ce comédien, ici, dans une pure fiction, dans le rêve d'une passion, puisse si bien soumettre son âme à sa propre pensée, que tout son visage s'enflamme sous cette influence, qu'il a les larmes aux yeux, l'effarement dans les traits, la voix brisée, et toute sa personne en harmonie avec son idée ? Et tout cela pour rien ! pour Hécube ! Que lui est Hécube, et qu'est-il à Hécube, pour qu'il pleure ainsi sur elle ? Que serait-il donc, s'il avait les motifs et les inspirations de douleur que j'ai ? Il noierait la scène dans les larmes, il déchirerait l'oreille du public par d'effrayantes apostrophes, il rendrait fous les coupables, il épouvanterait les innocents, il paralyserait les yeux et les oreilles du spectateur ébahi ! Et moi pourtant, niais pétri de boue, blême coquin, Jeannot rêveur, impuissant pour ma propre cause, je ne trouve rien à dire, non, rien ! en faveur d'un roi à qui l'on a pris son bien et sa vie si chère dans un guet-apens damné ! Suis-je donc un lâche ? […] Ô Vengeance ! Quel âne suis-je donc ? Oui-da, voilà qui est bien brave ! Moi, le fils du cher assassiné, moi, que le ciel et l'enfer poussent à la vengeance, me borner à décharger mon cœur en paroles, comme une putain, et à tomber dans le blasphème, comme une coureuse, comme un marmiton ! Fi ! quelle honte !… En campagne, ma cervelle !… Humph ! j'ai ouï dire que des créatures coupables, assistant à une pièce de théâtre, ont, par l'action seule de la scène, été frappées dans l'âme, au point que sur-le-champ, elles ont révélé leurs forfaits. Car le meurtre, bien qu'il n'ait pas de langue, trouve pour parler une voix miraculeuse. Je ferai jouer par ces comédiens quelque chose qui ressemble au meurtre de mon père, devant mon oncle. J'observerai ses traits, je le sonderai jusqu'au vif : pour peu qu'il se trouble, je sais ce que j'ai à faire. […] Cette pièce est la chose où j'attraperai la conscience du roi. (*Il sort.*)

SHAKESPEARE, *Hamlet*, II, 2, 1601,
trad. François-Victor Hugo,

Chapitre 39

L'invention : transpositions, pastiches et parodies

L'écriture d'invention peut être un **exercice de réécriture**, consistant soit à **transposer** un des textes du corpus (dans un autre genre, un autre registre, une autre forme de discours...), soit à l'**imiter** : on reprend alors les traits caractéristiques de son écriture pour faire un **pastiche**, ou on le déforme de façon comique pour faire une **parodie**.
L'exercice suppose à la fois que soient bien identifiées les caractéristiques du **texte** qui sert de **support** (comme ce texte de Mme de Lafayette), et que soit bien comprise la **nature des transformations** demandées (ici, un changement de genre).

TEXTE **A**

Sujet d'invention : « Transposez ce texte narratif en une scène de théâtre. »

Le prince de Clèves, qui vient de rencontrer Mlle de Chartres, dont il ne sait rien, se rend le soir chez Madame, sœur du roi. C'est l'occasion pour l'auteur de présenter l'héroïne et d'attiser la curiosité du lecteur.

M. de Clèves y vint comme à l'ordinaire ; il était si rempli de l'esprit et de la beauté de Mlle de Chartres qu'il ne pouvait parler d'autre chose. Il conta tout haut son aventure, et ne pouvait se lasser de donner des louanges à cette personne qu'il avait vue, qu'il ne connaissait point. Madame lui dit qu'il n'y avait point de personne comme celle qu'il dépeignait et que, s'il y en avait quelqu'une, elle serait connue de tout le monde. Mme de Dampierre, qui était sa dame d'honneur et amie de Mme de Chartres, entendant cette conversation, s'approcha de cette princesse et lui dit tout bas que c'était sans doute Mlle de Chartres que M. de Clèves avait vue. Madame se retourna vers lui et lui dit que, s'il voulait revenir chez elle le lendemain, elle lui ferait voir cette beauté dont il était si touché.

Mme de LA FAYETTE, *La Princesse de Clèves*, 1678.

Le travail de préparation

1. Quels personnages sont présents dans cette scène ? Quand interviennent-ils ? Comment leurs discours sont-ils rapportés ?
2. Relevez les indications de lieu et de temps qui pourront préciser le décor.
3. Identifiez le registre dominant et le niveau de langue des personnages.

RÉDACTION **B**

ACTE PREMIER

Scène VI

MADAME, M. DE CLÈVES, MME DE DAMPIERRE, des membres de la cour.

La scène se passe dans le salon de Madame, sœur du roi. Entre M. de Clèves.

M. DE CLÈVES. — Mes hommages, Madame.

MADAME. — Nous vous attendions avec impatience ! Vous avez manqué un poème admirable que vient de nous dire Mme de Dampierre et qui nous a tous émus aux larmes…

M. DE CLÈVES. — Ému, Madame, je le suis déjà ! J'ai rencontré aujourd'hui la plus admirable des personnes, et j'ai été alors si surpris de tant de beauté et de grâces que cette image s'est gravée dans mon esprit : elle occupe depuis toutes mes pensées !

MADAME. — Vous nous intriguez, monsieur ! Quelle est donc cette dame qui vous a troublé à ce point ?

M. DE CLÈVES. — C'est précisément, Madame, ce qui me trouble le plus : je ne sais rien d'elle ! Ou plutôt si : je sais que ses cheveux sont plus blonds que les blés, son teint plus blanc et plus pur que toutes les perles qui l'entouraient chez le joaillier où je l'ai rencontrée, ses yeux plus précieux que tous les trésors du monde… Ses traits sont si réguliers, son visage si charmant et il émane enfin de toute sa personne tant de grâces, qu'il est impossible de l'oublier, même ici, où l'on est pourtant accoutumé à voir tant de beautés !

MADAME. — Mais ne savez-vous donc pas qui elle est ?

Tous se rassemblent autour de la princesse et de M. de Clèves.

M. DE CLÈVES. — Son air me dit que c'est une personne de qualité, son empressement à se soustraire à mes regards me révèle sa vertu, et sa jeunesse me laisse espérer qu'elle n'est pas encore mariée !

MADAME. — Une si rare personne ne saurait exister sans que toute la cour le sache ! C'est un bien grand mystère que tout cela…

Mme de Dampierre s'approche alors de Madame.

MME DE DAMPIERRE *(à Madame)*. — Madame, ce portrait pourrait bien être celui de la fille de l'une de mes amies, Mme de Chartres, dont la beauté n'a en effet d'égale que la vertu et qui vient d'arriver à la cour, sans avoir eu l'honneur encore de vous être présentée, ce qui ne saurait tarder si vous y consentez. Personne ici, à part moi, ne la connaît encore, et vous avez donc là le moyen ou de résoudre cette énigme, ou de la faire durer un peu…

MADAME *(se retournant alors vers M. de Clèves)*. — La curiosité cette nuit vous tiendra, je le crains, éveillé ; mais si vous nous faites le plaisir de revenir demain, je vous présenterai cette beauté qui vous a tant touché.

M. DE CLÈVES. — Comment avez-vous… ?

La conversation est interrompue par l'arrivée des musiciens que tous attendaient.

Le travail d'écriture

1. Quels traits distinctifs du texte de théâtre sont ici utilisés ?

2. Quels éléments a-t-on ajoutés ? Quelles indications du texte initial peuvent les justifier ?

3. Comment est assurée l'unité de la scène (ouverture, clôture) ?

39. L'invention : transpositions, pastiches et parodies

L'un des objectifs de l'écriture d'invention est de vérifier la compréhension des genres, des formes et des registres rencontrés dans les différents objets d'étude. Les exercices peuvent donc proposer des **réécritures** : amplifier, transformer, transposer, imiter ou détourner un texte, c'est dans tous les cas s'approprier les procédés qui le caractérisent.
L'écriture s'appuie sur une **lecture** : le texte qui doit servir de modèle est analysé de près, pour que soient bien définis les **éléments à reprendre ou à transformer** dans le texte d'invention, selon l'exercice imposé : **transposition, pastiche** ou **parodie**.

1 LES TRANSPOSITIONS

Transposer un texte, c'est en changer le **cadre**, le **genre** ou le **registre**. Un certain nombre d'adaptations sont alors nécessaires.

• Changement de contexte

– S'il s'agit de transposer un texte dans un **autre contexte** historique ou culturel, on peut avoir à modifier le **décor**, l'**époque**, le comportement ou le niveau de langue des **personnages**. Il faut alors définir le nouveau cadre ou le nouveau contexte, puis repérer dans le texte à transposer tous les éléments qu'il faudra transformer.

– Il est utile de s'interroger sur l'**intérêt de cette transposition** : est-il seulement question d'actualiser un texte ancien ? Ou s'agit-il de mettre en valeur un certain nombre de décalages qui pourront être comiques ou qui feront réfléchir le lecteur ?

• Changement de point de vue

La consigne peut demander d'adopter un nouvel angle d'approche, une autre perspective pour révéler un aspect insolite du texte ou mettre en relief certains éléments peu exploités. On peut avoir alors à changer le **point de vue** ou le **narrateur**. Cette transposition engage une autre vision de la scène et des personnages, et impose en même temps d'adapter les pronoms et le temps des verbes. La difficulté consiste à faire toutes les modifications qui s'imposent, tout en conservant le thème et la structure du texte-support.

• Changement de registre

Transposer un texte dans un **autre registre** implique également de conserver le thème, la structure et les personnages. En revanche, on pourra modifier la situation ou le niveau de langue de manière à produire l'effet recherché dans le nouveau registre (le rire, la pitié, la terreur…). On identifiera tous les procédés qui caractérisent ce registre (lexique, procédés d'écriture, figures de style) pour les appliquer au texte à transformer.

• Changement de genre

– La consigne peut enfin demander la transposition d'un texte dans un **genre différent** : on peut transposer une lettre en dialogue, en monologue théâtral ou en journal intime… Chaque genre impose ses **contraintes** propres.

– Il faut alors reprendre et adapter le texte-support en respectant les **traits caractéristiques du genre** dans lequel il faut l'inscrire, y compris sa mise en page. D'où la nécessité de dresser au préalable la liste des **propriétés du genre** proposé.

Il ne suffit pas cependant d'identifier et de reproduire un catalogue de procédés pour faire une bonne transposition. Encore faut-il adapter le texte de façon pertinente, en respectant sa cohérence globale.

2 LES PASTICHES

• Identifier un style

Faire un pastiche, c'est **imiter le style et le registre d'un texte** en adoptant les procédés qui caractérisent l'**écriture** de l'auteur (→ ch. 21). L'exercice demande donc de repérer d'abord les éléments les plus marquants d'un style pour se les approprier. Il exige d'**analyser le texte « modèle »** pour définir les éléments formels qui lui sont propres : le lexique, la syntaxe, le rythme, les figures de style, le niveau de langue, le type d'énonciation.

• Reproduire ce style

– Le pastiche reprend de façon systématique les **procédés stylistiques** les plus marquants de son modèle, pour qu'on puisse le reconnaître. En même temps, il suppose un travail d'adaptation pour les appliquer à un **autre sujet** (avec d'autres personnages, etc.).

– Le but est de suggérer que le texte ainsi inventé aurait pu être écrit par l'auteur du texte qui sert de modèle. Le pastiche ne consiste pas à plagier ou à copier : il est un **exercice de style** inventif, où il convient de montrer sa capacité à écrire « à la manière de... », par défi ou par jeu.

3 LES PARODIES

• Le détournement parodique

Faire une parodie, c'est **détourner** ou **déformer** certains éléments caractéristiques d'un texte ou d'un genre pour pouvoir en rire (→ ch. 21). S'il faut là aussi identifier les composantes du texte initial, c'est pour **amplifier** les procédés les plus marquants, les **exagérer** jusqu'à la caricature ou en **inverser** les effets. Le **sujet** et le **type de situation** sont **conservés**, mais présentés dans un style et un registre qui les rabaissent.

• L'objectif de la parodie

– Le but est de tourner en dérision un procédé, un genre ou une situation, tout en s'assurant de la complicité du lecteur, qui doit pouvoir **reconnaître le modèle** sans aucun doute pour que l'effet soit réussi.

– Le **registre** est donc généralement **comique** ou **satirique**, mais il peut aussi être **polémique**.

– On peut modifier le cadre spatio-temporel de l'action ou le statut des personnages, jouer sur des anachronismes ou des invraisemblances, remplacer un niveau de langue soutenu par des tournures familières — pour **faire sourire ou réfléchir**.

AMPLIFIER UN TEXTE

L'écriture d'invention peut aussi consister à **développer** un texte à partir de certains éléments du texte-support, par exemple :

– **poursuivre** un texte : continuer un récit en tenant compte de ses composantes (personnages, lieu et temps, type de narration, etc.) ;

– **achever** un texte dont la fin n'est pas donnée ;

– **insérer** un type de texte dans un autre (un dialogue dans un récit, etc.) ;

– **intégrer** un extrait imposé dans un texte qui l'assimile logiquement ;

– **développer** un texte à partir d'un résumé ;

– **détailler** un portrait ou une description à partir d'indications partielles ou d'un document iconographique.

Exercices

Étape 1

1 Étudiez l'apologue suivant, en vue de sa transposition dans le registre tragique.

1. Faites la liste des marques de ce registre auxquelles vous pourrez recourir.

2. Repérez les deux parties de la fable. Réécrivez dans le registre tragique, en prose, une phrase de chaque partie.

Le Chien qui lâche sa proie pour l'ombre

Chacun se trompe ici-bas :
On voit courir après l'ombre
Tant de fous, qu'on n'en sait pas
La plupart du temps le nombre.
Au Chien dont parle Ésope il faut les renvoyer.
Ce chien, voyant sa proie en l'eau représentée,
La quitta pour l'image, et pensa se noyer.
La rivière devint tout d'un coup agitée ;
À toute peine il regagna les bords,
Et n'eut ni l'ombre ni le corps.

La Fontaine, *Fables*, VI, 17, 1668.

2 Transposez le récit suivant en une page du journal intime du personnage principal, Max.

1. Quelles sont les caractéristiques du genre imposé (le journal intime) ?

2. Quels éléments du texte pourrez-vous conserver ? Lesquels devrez-vous modifier ?

Assez vite, la conversation a porté sur Rose dont Max, béant, a alors appris que c'était de lui-même, Max, qu'elle parlait perpétuellement au barbu, de lui sans cesse au point que ce barbu devait parfois lui suggérer de changer de disque. Il apparaît que Rose n'a pas plus osé aborder Max que Max Rose, celle-ci ne s'étant qu'une fois risquée à lui demander du feu. Et pire encore, selon cet informateur, si Rose fréquentait cette terrasse tous les jours, ce n'était que dans l'espoir d'y apercevoir Max, ayant remarqué qu'il y avait ses habitudes. Max, à cette nouvelle, est resté figé, en arrêt, en apnée, ne se rappelant qu'au bout d'une minute que l'homme a besoin de respirer, de reprendre son souffle, spécialement quand il est envahi par une immense envie de pleurer. Mais où est-elle à présent, comment la retrouver, existe-t-il une adresse où la joindre. Ma foi non, lui a répondu l'autre, elle est partie, maintenant, ses études achevées, pour toujours et va savoir où.

Jean Echenoz, *Au piano*, © Éd. de Minuit, 2003.

3 Préparez la transposition du texte de l'exercice 2 : Max écrit une lettre à Rose un peu plus tard, croyant avoir retrouvé sa trace.

1. Quel sera le cadre formel de cette lettre (mise en page, formules d'introduction et de conclusion) ?

2. Quels seront son type d'énonciation et ses principaux temps verbaux ?

3. Dans quel but le personnage écrit-il ?

Étape 2

4 Étudiez et imitez les deux textes suivants du même auteur.

1. Quels sont les procédés caractéristiques et les intentions du pastiche ?

2. Quels traits de style propres à chaque auteur imité pouvez-vous reconnaître ?

3. Rédigez pour chacun de ces passages les deux phrases qui pourraient lui faire immédiatement suite. Vous respecterez le style et le contenu de chaque extrait.

a. À la manière de Balzac

Dans un des derniers mois de l'année 1907, à un de ces « routs »[1] de la marquise d'Espard où se pressait alors l'élite de l'aristocratie parisienne (la plus élégante de l'Europe, au dire de M. de Talleyrand, ce Roger Bacon de la nature sociale, qui fut évêque et prince de Bénévent), de Marsay et Rastignac, le comte Félix de Vandenesse, les ducs de Rhétoré et de Granlieu, le comte Adam Laginski, Mme Octave de Camps, Lord Dudley, faisaient cercle autour de Mme la princesse de Cadignan, sans exciter pourtant la jalousie de la marquise.

1. **Rout**, ou raout : soirée mondaine.

b. À la manière de Flaubert

La chaleur devenait étouffante, une cloche tinta, des tourterelles s'envolèrent, et, les fenêtres ayant été fermées sur l'ordre du président, une odeur de poussière se répandit. Il était vieux, avec un visage de pitre, une robe trop étroite pour sa corpulence, des prétentions à l'esprit ; et ses favoris égaux, qu'un reste de tabac salissait, donnaient à toute sa personne quelque chose de décoratif et de vulgaire.

Proust, *Pastiches et Mélanges*, 1919.

5 Préparez la transposition du texte suivant dans le **registre fantastique**.

1. Quels **procédés** caractéristiques du fantastique allez-vous utiliser ?

2. Quels éléments du texte devrez-vous **conserver** (thème, structure, forme, figures…) ?

LE PORT

Un port est un séjour charmant pour une âme fatiguée des luttes de la vie. L'ampleur du ciel, l'architecture mobile des nuages, les colorations changeantes de la mer, le scintillement des phares, sont un prisme merveilleusement propre à amuser les yeux sans jamais les lasser. Les formes élancées des navires, au gréement compliqué, auxquels la houle imprime des oscillations harmonieuses, servent à entretenir dans l'âme le goût du rythme et de la beauté. Et puis, surtout, il y a une sorte de plaisir mystérieux et aristocratique pour celui qui n'a plus ni curiosité ni ambition, à contempler, couché dans le belvédère ou accoudé sur le môle, tous ces mouvements de ceux qui partent et de ceux qui reviennent, de ceux qui ont encore la force de vouloir, le désir de voyager ou de s'enrichir.

BAUDELAIRE, *Petits Poèmes en prose*, 1869.

ÉTAPE 3

6 Comparez les deux extraits suivants.

1. Le texte **b** est-il une **parodie** ou un **pastiche** du texte **a** ? Quelle est l'intention de l'imitation ?

2. **Décrivez** de façon détaillée, en pastichant ou en parodiant Flaubert, un vêtement ridicule observé dans une situation d'aujourd'hui.

a. C'était une de ces coiffures d'ordre composite, où l'on retrouve les éléments du bonnet à poil, du chapska, du chapeau rond, de la casquette de loutre et du bonnet de coton, une de ces pauvres choses, enfin, dont la laideur muette a des profondeurs d'expression comme le visage d'un imbécile. Ovoïde et renflée de baleines, elle commençait par trois boudins circulaires ; puis s'alternaient, séparés par une bande rouge, des losanges de velours et de poil de lapin ; venait ensuite une façon de sac qui se terminait par un polygone cartonné, couvert d'une broderie en soutache compliquée, et d'où pendait, au bout d'un long cordon trop mince, un petit croisillon de fils d'or, en manière de gland.

FLAUBERT, *Madame Bovary*, 1857.

b. Derrière le comptoir, le patron, inactif, écoute les commentaires sur les pronostics ; il porte une casquette carrée semi-ronde ovale en drap orné de pois blancs. Le fond est noir. Les pois sont de forme elliptique ; le grand axe de chacun d'eux a six millimètres de long et le petit axe quatre, soit une superficie légèrement inférieure à dix-neuf millimètres carrés. La visière est faite d'une étoffe analogue, mais les pois sont plus petits et de forme ovale. Leur superficie ne dépasse pas dix-huit millimètres carrés.

QUENEAU, *Les Fleurs bleues*, © Éd. Gallimard, 1965.

7 Les extraits suivants parodient des lieux communs, ou *topoï*, de deux genres littéraires. Composez à votre tour la **parodie burlesque** :

1. d'une scène d'**aveu** (autobiographie) ;

2. d'une scène de **dialogue délibératif** en vue d'une prise de décision (tragédie).

a. *Le narrateur est sur le point d'avouer qu'il a imité la signature de son père professeur quand il était collégien.*

Ici se place un acte de ma vie que je pourrais cacher. Mais non ! je livre aujourd'hui, aujourd'hui seulement, mon secret, comme un mourant fait appeler le procureur général et lui confie l'histoire d'un crime. Il m'est pénible de faire cette confession, mais je le dois à l'honneur de ma famille, au respect de la vérité, à la Banque de France, à moi-même.

VALLÈS, *L'Enfant*, 1879.

b. *D'abord allié d'Ubu, Bordure s'est retourné contre lui, avec l'appui des armées du czar.*

PÈRE UBU. — Ho ! ho ! J'ai peur ! J'ai peur ! Ha ! je pense mourir. Ô pauvre homme que je suis. Que devenir, grand Dieu ? Ce méchant homme va me tuer. Saint Antoine et tous les saints, protégez-moi, je vous donnerai de la phynance et je brûlerai des cierges pour vous. Seigneur, que devenir ?

Il pleure et sanglote.

MÈRE UBU. — Il n'y a qu'un parti à prendre, Père Ubu.

PÈRE UBU. — Lequel, mon amour ?

MÈRE UBU. — La guerre ! !

TOUS. — Vive Dieu ! Voilà qui est noble !

PÈRE UBU. — Oui, et je recevrai encore des coups.

JARRY, *Ubu Roi*, III, 7, 1896.

Corpus BAC

Objet d'étude ▶ **Le biographique**

A HUGO, *Le Dernier Jour d'un condamné*, 1829.
B GIDE, *Les Faux-Monnayeurs*, III, 12, 1926.
C GIDE, *Journal (1889-1939)*, « année 1891 », 1939.

TEXTE A

Pour dénoncer la peine de mort, Hugo imagine le journal intime d'un condamné qui consignerait ainsi ses derniers instants.

Je me suis dit :

— Puisque j'ai le moyen d'écrire, pourquoi ne le ferais-je pas ? Mais quoi écrire ? Pris entre quatre murailles de pierre nue et froide, sans liberté pour mes pas, sans horizon pour mes yeux, pour unique distraction machinalement occupé tout le jour à suivre la marche lente de ce carré blanchâtre que le judas de ma porte découpe vis-à-vis sur le mur sombre, et, comme je le disais tout à l'heure, seul à seul avec une idée, une idée de crime et de châtiment, de meurtre et de mort ! Est-ce que je puis avoir quelque chose à dire, moi qui n'ai plus rien à faire dans ce monde ? Et que trouverai-je dans ce cerveau flétri et vide qui vaille la peine d'être écrit ?

Pourquoi non ? Si tout, autour de moi, est monotone et décoloré, n'y a-t-il pas en moi une tempête, une lutte, une tragédie ? Cette idée fixe qui me possède ne se présente-t-elle pas à moi à chaque heure, à chaque instant, sous une nouvelle forme, toujours plus hideuse et plus ensanglantée à mesure que le terme approche ? Pourquoi n'essaierais-je pas de me dire à moi-même tout ce que j'éprouve de violent et d'inconnu dans la situation abandonnée où me voilà ? Certes, la matière est riche ; et, si abrégée que soit ma vie, il y aura bien encore dans les angoisses, dans les terreurs, dans les tortures qui la rempliront, de cette heure à la dernière, de quoi user cette plume et tarir cet encrier. — D'ailleurs, ces angoisses, le seul moyen d'en moins souffrir, c'est de les observer, et les peindre m'en distraira.

Victor HUGO, *Le Dernier Jour d'un condamné*, 1829.

TEXTE B

Dans ce roman, Gide crée un personnage de romancier : Édouard s'apprête à écrire un roman intitulé Les Faux-Monnayeurs, *qu'il évoque notamment dans les pages de son journal.*

JOURNAL D'ÉDOUARD

« Rapporté à Olivier ses affaires. Sitôt de retour de chez Passavant, travail. Exaltation calme et lucide. Joie inconnue jusqu'à ce jour. Écrit trente pages des *Faux-Monnayeurs*, sans hésitation, sans ratures. Comme un paysage nocturne à la lueur soudaine d'un éclair, tout le drame surgit de l'ombre, très différent de ce que je m'efforçais en vain d'inventer. Les livres que j'ai écrits jusqu'à présent me paraissent comparables à ces bassins des jardins publics, d'un contour précis, parfait peut-être, mais où l'eau captive est sans vie. À présent, je la veux laisser couler selon sa pente, tantôt rapide et tantôt lente, en des lacis que je me refuse à prévoir.

« X... soutient que le bon romancier doit, avant de commencer son livre, savoir comment ce livre finira. Pour moi, qui laisse aller le mien à l'aventure, je considère que la vie ne nous propose jamais rien qui, tout autant qu'un aboutissement, ne puisse être considéré comme un nouveau point de départ. « Pourrait être continué... » c'est sur ces mots que je voudrais terminer mes *Faux-Monnayeurs*.

« Visite de Douviers. C'est évidemment un très brave garçon.

« Comme j'exagérais ma sympathie j'ai dû essuyer des effusions assez gênantes. Tout en lui parlant, je me redisais ces mots de La Rochefoucauld : « Je suis peu sensible à la pitié ; et voudrais ne l'y être point du tout... Je tiens qu'il faut se contenter d'en témoigner et se garder soigneusement d'en avoir. » Pourtant ma sympathie était réelle, indéniable, et j'étais ému jusqu'aux larmes. [...] »

André GIDE, *Les Faux-Monnayeurs*, III, 12,

TEXTE C

Gide a longtemps tenu un journal, publié en 1939.

8 octobre.

Des blancs de plus d'un mois. Parler de moi m'ennuie ; un journal est utile dans les évolutions morales conscientes, voulues et difficiles. On veut savoir où l'on en est. Mais ce que je dirais maintenant, ce serait des ressassements sur moi-même. Un journal intime est intéressant surtout quand il note l'éveil des idées ; ou des sens, lors de la puberté ; ou bien enfin lorsqu'on se sent mourir.

Il n'y a plus en moi de drame ; il n'y a plus que des idées remuées. Je n'ai plus besoin de m'écrire.

Mes cousines sont parties. Je n'ose m'avouer ma joie de me retrouver seul. Au retour de Honfleur, ma pensée était délicieusement active et m'amusait plus que ce que je lisais. J'ai repris mon travail et mes livres. Je suis sérieux et presque triste ; un peu frileux, et comme engourdi de sommeil.

La pensée est active et ferme. J'ai commencé de lutter ; il faudrait lutter sans cesse. J'ai repris le *Narcisse*[1] ; je crois que j'en sortirai.

La présence des autres me sera bientôt insupportable ; je finirai en ours, je crois. Je m'excite et m'irrite ridiculement devant chacun. L'opinion d'autrui m'importe, je crois, plus que jamais. J'ai bien peu progressé par là. J'ai maintenant une dizaine d'amitiés qui me préoccupent sans cesse. Il faudrait être quelqu'un d'assez sûr pour n'avoir pas besoin de se prouver sans cesse.

Ceci me terrifie : de songer que le présent, qu'aujourd'hui nous vivons, sera le miroir où nous nous reconnaîtrons plus tard ; et que, dans ce que nous avons été, nous reconnaîtrons qui nous sommes.

André GIDE, *Journal (1889-1939)*, « année 1891 »,

1. ***Le Traité du Narcisse*** **:** premier ouvrage de Gide (1891).

QUESTION SUR LES TEXTES

Quelles caractéristiques du journal intime les textes du corpus révèlent-ils ?

SUJETS D'ÉCRITURE

1. Commentaire

Vous commenterez le texte de Victor Hugo (texte A).

2. Dissertation

Pour Gide, « un journal intime est intéressant surtout quand il note l'éveil des idées » ou « des sens ». Quel est selon vous l'intérêt du journal intime ?

Vous vous appuierez sur l'ensemble des textes du corpus, sans vous y limiter. Et vous ne bornerez pas votre réflexion au point de vue de l'auteur du journal intime : vous y inclurez celui du lecteur et celui des écrivains qui ont imaginé, comme Hugo ou Gide, des journaux intimes fictifs dans leurs romans.

3. Invention

Gide imagine le journal intime d'un romancier en train d'écrire un roman. Imaginez à votre tour quelques pages du journal intime d'un romancier qui a eu beaucoup de succès, et qui est pressé par son éditeur d'écrire ses mémoires. Vous montrerez ses interrogations sur l'intérêt de ces mémoires, ainsi que ses difficultés à les écrire.

Chapitre **40**

L'oral : la préparation de l'explication

L'épreuve orale comporte deux temps : d'abord l'analyse d'un texte, puis l'entretien. La première partie porte sur un **texte choisi par l'examinateur** dans la liste présentée par le candidat. Le texte peut ne pas avoir été étudié de près pendant l'année. Il faut donc acquérir une certaine **autonomie** pour maîtriser l'exercice.
L'étude du texte est orientée par une **question**, à laquelle il faudra répondre en expliquant le texte. Pour ordonner l'explication, plusieurs **plans** sont possibles.

TEXTE À EXPLIQUER A

Voltaire entend ici réparer une erreur judiciaire et réhabiliter Jean Calas, un protestant accusé d'avoir tué son fils parce qu'il voulait se convertir au catholicisme, et qui fut roué vif à Toulouse en 1762.

Il paraissait impossible que Jean Calas, vieillard de soixante-huit ans, qui avait depuis longtemps les jambes enflées et faibles, eût seul étranglé et pendu un fils âgé de vingt-huit ans, qui était d'une force au-dessus de l'ordinaire ; il fallait absolument qu'il eût été assisté dans cette exécution par sa femme, par son fils Pierre Calas, par Lavaisse, et par la servante. Ils ne s'étaient pas quittés un seul moment le soir de cette fatale aventure. Mais cette supposition était encore aussi absurde que l'autre : car comment une servante zélée catholique aurait-elle pu souffrir que des huguenots assassinassent un jeune homme élevé par elle pour le punir d'aimer la religion de cette servante ? Comment Lavaisse serait-il venu exprès de Bordeaux pour étrangler son ami dont il ignorait la conversion prétendue ? Comment une mère tendre aurait-elle mis les mains sur son fils ? Comment tous ensemble auraient-ils pu étrangler un jeune homme aussi robuste qu'eux tous, sans un combat long et violent, sans des cris affreux qui auraient appelé tout le voisinage, sans des coups réitérés, sans des meurtrissures, sans des habits déchirés ?

Il était évident que, si le parricide avait pu être commis, tous les accusés étaient également coupables, parce qu'ils ne s'étaient pas quittés d'un moment ; il était évident qu'ils ne l'étaient pas ; il était évident que le père seul ne pouvait l'être ; et cependant l'arrêt condamna ce père seul à expirer sur la roue.

Le motif de l'arrêt était aussi inconcevable que tout le reste. Les juges qui étaient décidés pour le supplice de Jean Calas persuadèrent aux autres que ce vieillard faible ne pourrait résister aux tourments, et qu'il avouerait sous les coups des bourreaux son

Expliquer un texte argumentatif

1. Le texte se rattache à l'objet d'étude « Convaincre, persuader, délibérer ». De quoi veut-il convaincre ou persuader ?

crime et celui de ses complices. Ils furent confondus, quand ce vieillard, en mourant sur la roue, prit Dieu à témoin de son innocence, et le conjura de pardonner à ses juges.

VOLTAIRE, *Traité sur la tolérance*, 1763.

Question sur le texte :
Comment Voltaire parvient-il dans ce texte à se montrer persuasif et à emporter l'adhésion du lecteur ?

2. Relevez trois exemples de procédés ou de choix d'écriture permettant de répondre à la question « Comment ? » qui oriente l'explication.

PLAN 1 **B**

L'EXPLICATION LINÉAIRE

L'explication épouse le mouvement et la progression du texte.

I - La contre-enquête : une instruction minutieuse
1. L'impossibilité des faits : un vieillard affaibli contre un robuste jeune homme
2. L'absence de mobiles
3. L'absence de preuves

II - La mise en évidence de l'absurdité de la condamnation
1. Une condamnation illogique, niant l'évidence
2. Une torture absurde
3. Les juges confondus par la victime : ironie tragique

Suivre l'ordre du texte

Complétez ce plan en indiquant, pour chaque partie (I, II) et chaque sous-partie (1, 2, 3), à quels passages du texte elles correspondent (numéros de lignes).

PLAN 2 **C**

LA LECTURE ANALYTIQUE

L'explication est composée en fonction de deux ou trois grands axes de lecture.

I - La rigueur de l'évidence : les armes de la raison
1. L'évidence des faits : une rigoureuse contre-enquête de Voltaire
2. L'évidence du jugement : l'innocence
3. La condamnation des juges

II - L'efficacité de l'émotion : les armes de la persuasion
1. L'indignation : la disqualification de l'appareil judiciaire
2. La compassion pour la victime : un texte chargé d'émotion
3. L'implication du lecteur, seul juge…

Développer la lecture analytique

Sur quels procédés du texte de Voltaire vous appuierez-vous pour développer le point : « La compassion pour la victime » (II, 2) ?

CHOISIR LE PLAN DE L'EXPLICATION

Lequel de ces deux plans permet le mieux, selon vous, de répondre à la question posée sur le texte ? Pourquoi ?

40. L'oral : la préparation de l'explication

Le texte présenté à l'oral est extrait d'un groupement de textes ou d'une œuvre intégrale, et rattaché à un **objet d'étude**. Il convient de le **situer** avant de l'expliquer. La **limitation du temps** de préparation (30 mn) et de passage (20 mn, dont 10 mn pour l'explication) impose de faire des **choix**. Il faut donc dégager une **problématique** à partir de la question posée et en déduire un **plan**.

1 SITUER LE TEXTE

• **Par rapport à l'objet d'étude :** rechercher quel aspect de l'objet d'étude le texte illustre, quelles caractéristiques de cet objet d'étude apparaissent dans le passage à expliquer.

• **Dans le groupement de textes ou l'œuvre intégrale :** le texte est-il exemplaire (de ce groupement ou de cette œuvre) ou profondément original ? Où se situe-t-il ? Est-ce un début, une fin, un passage décisif ?

• **Dans le contexte :** dégager la portée du texte d'après son contexte historique ou culturel ; observer la date de publication, les allusions éventuelles à l'époque : l'inscription dans un mouvement littéraire (ou bien la distance prise avec celui-ci) peut informer sur les valeurs, les idées du texte.

• **Dans un genre littéraire :** définir le genre et la forme littéraire du texte pour bien l'identifier (un texte de théâtre ne s'explique pas de la même manière qu'un texte argumentatif).

2 CERNER LES ENJEUX

Il s'agit d'identifier :

- le **registre** du texte, pour cerner l'effet recherché par l'auteur ;
- le **sujet** abordé et la manière dont il est traité ;
- le **système d'énonciation**, ainsi que le **moment** et le **lieu** de l'énonciation en cas d'énoncé ancré ;
- les **lieux communs** éventuels (les *topoï* littéraires).

3 PRENDRE APPUI SUR LA QUESTION POSÉE

• Le texte à expliquer est accompagné d'une question qui oriente son étude. Il est indispensable d'analyser les termes de la question pour repérer l'**aspect du texte** qu'elle met en lumière. On définit ainsi la **problématique** de l'explication, l'idée directrice.

• Cette problématique guide le repérage des **procédés d'écriture** : rechercher en priorité les procédés attendus pour chaque type de texte (pour une scène d'exposition par exemple, les éléments d'information et les formes d'annonce) ; penser aussi à une analyse du lexique, de la syntaxe, du rythme, etc.

4 PRÉPARER L'EXPLICATION

• **Rédiger l'introduction :** commencer par situer le texte (dans l'objet d'étude, dans le groupement de textes ou l'œuvre intégrale, dans son contexte), puis le présenter en mentionnant son auteur, son titre et sa date de publication, son genre et sa forme, son thème ; enfin, annoncer la question abordée et les axes d'étude retenus.

• **Prendre des notes :** le temps de préparation limité ne permet pas de rédiger entièrement l'analyse. Le développement s'appuie donc sur un plan détaillé ; seules les phrases clés sont rédigées : phrases d'introduction, idées directrices, phrases de transition et de conclusion. Le reste se présente sous forme de notes, aussi lisibles que possible, indiquant les procédés d'écriture et les exemples choisis. Les numéros des lignes sont également notés, afin de faciliter les repérages dans le texte au moment de l'exposé. Ces notes sont organisées selon les parties et sous-parties du plan.

• **Ordonner l'analyse :** deux types de plan sont possibles, l'explication linéaire et la lecture analytique.

- **L'explication linéaire** s'appuie sur la progression du texte. Le plan du texte détermine le plan de l'explication. La démarche consiste à sélectionner, suivant l'ordre du texte, les procédés stylistiques et les exemples précis qui permettent de répondre à la question posée.
- **La lecture analytique** regroupe les éléments d'analyse en fonction de deux ou trois axes d'étude. C'est une lecture composée, comme le commentaire à l'écrit. L'analyse est progressive : elle part de ce qui fait la singularité du texte pour déterminer finalement ses enjeux essentiels. Sa progression logique est soulignée par des mots de liaison et des transitions.

• **Rédiger la conclusion :** finir en répondant à la question posée, en rappelant brièvement les étapes de la démonstration, et en élargissant les perspectives. Il est alors possible de comparer le texte aux autres textes du groupement, ou à d'autres passages de l'œuvre dont il est extrait, pour mettre en évidence son originalité. On peut aussi faire appel à des textes complémentaires.

LA CLARTÉ DE LA PRÉPARATION

• N'utiliser qu'un côté des feuilles mises à disposition ; numéroter les feuilles ;
• numéroter les parties (I, II...) et les sous-parties (1, 2...), et souligner leur titre ;
• mettre en relief les procédés d'écriture importants (en couleur ou soulignés) ;
• indiquer le numéro des lignes des exemples dans le texte ;
• rédiger l'introduction et la conclusion sur des feuilles à part.

Les quatre temps de la préparation

1. Situer le texte	2. Cerner les enjeux	3. Prendre appui sur la question posée	4. Préparer l'explication
– par rapport à l'objet d'étude ; – dans le groupement de textes ou l'œuvre intégrale ; – dans le contexte historique et littéraire ; – dans un genre, une forme littéraire.	– quel registre dominant ? – quel sujet est abordé, et de quelle façon ? – qui parle et à qui ? – quand ? – où ? – pourquoi ?	– repérer l'aspect du texte éclairé par la question ; – repérer les procédés d'écriture à exploiter ; – définir la direction à donner à l'étude.	– rédiger l'introduction ; – faire le plan détaillé de l'explication, avec des exemples tirés du texte et des procédés commentés ; – rédiger la conclusion.
• Identifier le texte	• Définir la spécificité du texte	• Définir la problématique	• Organiser les éléments de réponse

← 10 minutes → (colonnes 1 à 3) ← 20 minutes → (colonne 4)

Exercices

Étape 1

1 Dans quel(s) **objet(s) d'étude** le texte suivant s'inscrit-il ? Quels aspects de cet objet d'étude (ou de ces objets d'étude) illustre-t-il ?

[...] Que les ruines ne t'effraient point,
Ni la puanteur des décharges :
Nous en déblayâmes plus d'une à mains nues,
Alors que nous avions ton âge.
Relève le défi autant que tu le peux.
Nous avons peigné la chevelure des comètes,
Déchiffré les secrets de la genèse,
Foulé les sables de la lune,
Construit Auschwitz, détruit Hiroshima.
Tu vois : nous ne sommes point demeurés inactifs.
Donc, tout perplexe que tu sois, assume ;
Et abstiens-toi de nous appeler maîtres.

Primo Levi, extrait de « Procuration », in *À une heure incertaine*, trad. Louis Bonalumi, © Éd. Gallimard, 1997.

2 Caractérisez le **genre** du texte suivant, et précisez les particularités de sa **forme**. À quel **objet d'étude** se rattache-t-il ?

Claire, *elle met sa petite robe noire.* — Oh ! quand je dis que je suis lasse, c'est une façon de parler. N'en profite pas pour me plaindre. Ne cherche pas à me dominer.

Elle enfile les bas de fil noirs et chausse les souliers noirs à talons plats.

Solange. — Je voudrais que tu te reposes. C'est surtout quand tu te reposes que tu m'aides[1].

1. Les metteurs en scène doivent s'appliquer à mettre au point une déambulation qui ne sera pas laissée au hasard : les Bonnes et Madame se rendent d'un point à un autre de la scène, en dessinant une géométrie qui ait un sens. Je ne peux dire lequel, mais cette géométrie ne doit pas être voulue par de simples allées et venues. Elle s'inscrira comme, dit-on, dans le vol des oiseaux, s'inscrivent les présages, dans le vol des abeilles une activité de vie, dans la démarche de certains poètes une activité de mort.

Jean Genet, *Les Bonnes*, © Éd. Gallimard, 1947.

3 Replacez les textes des exercices 1 et 2 dans leur **contexte historique** : quels éléments pourriez-vous en tirer pour une explication ?

4 Situez le texte suivant :

1. par rapport à l'**objet d'étude** dans lequel il s'inscrit ;

2. dans son **contexte** culturel ;

3. en identifiant son **genre**.

Où êtes-vous, charmante cousine ? Où êtes-vous, aimable confidente de ce faible cœur que vous partagez à tant de titres, et que vous avez consolé tant de fois ? Venez, qu'il verse aujourd'hui dans le vôtre l'aveu de sa dernière erreur. N'est-ce pas à vous qu'il appartient toujours de le purifier, et sait-il se reprocher encore les torts qu'il vous a confessés ? Non, je ne suis plus le même, et ce changement vous est dû : c'est un nouveau cœur que vous m'avez fait, et qui vous offre ses prémices ; mais je ne me croirai délivré de celui que je quitte qu'après l'avoir déposé dans vos mains. Ô vous qui l'avez vu naître, recevez ses derniers soupirs.

Rousseau, *Julie ou la Nouvelle Héloïse*, V, Lettre IX (de Saint-Preux à Mme d'Orbe), 1761.

Étape 2

5 Pour chacune des **questions** (A), trouvez un ou plusieurs **procédés** (B) qui pourraient être exploités dans une explication.

A. Questions

1. Dans quelle mesure ce texte illustre-t-il la fonction d'un apologue ?
2. Quelle est selon vous l'originalité de cette scène d'exposition ?
3. Quel est, d'après ce texte, la fonction de la poésie ?
4. En quoi ce texte représente-t-il un moment fondateur de la personnalité du narrateur ?
5. Comment ce texte illustre-t-il les pouvoirs de la lettre ?
6. Dans quelle mesure peut-on dire de ce texte que c'est un texte humaniste ?
7. En quoi consiste l'efficacité argumentative de ce dialogue ?
8. Quel est l'enjeu de cette réécriture romanesque de la figure d'Ulysse ?

B. Procédés

a. le type de raisonnement employé
b. la parodie
c. le registre didactique
d. le lexique explicatif
e. les figures de la persuasion
f. les effets d'annonce
g. les jeux de mots
h. l'implication du destinataire
i. le champ lexical de la connaissance
j. les phrases interrogatives

6 Faites un plan détaillé pour la **lecture analytique** du texte suivant (en fonction de la question : « Quelle stratégie persuasive ce texte déploie-t-il ? »). Vous repérerez les **exemples** importants et les procédés les plus significatifs.

« Messieurs les jurés,

L'horreur du mépris, que je croyais pouvoir braver au moment de la mort, me fait prendre la parole. Messieurs, je n'ai point l'honneur d'appartenir à votre classe, vous voyez en moi un paysan qui s'est révolté contre la bassesse de sa fortune.

Je ne vous demande aucune grâce, continua Julien en affermissant sa voix. Je ne me fais point illusion, la mort m'attend : elle sera juste. J'ai pu attenter aux jours de la femme la plus digne de tous les respects, de tous les hommages. Mme de Rênal avait été pour moi comme une mère. Mon crime est atroce, et il fut *prémédité*. J'ai donc mérité la mort, messieurs les jurés. Mais quand je serais moins coupable, je vois des hommes qui, sans s'arrêter à ce que ma jeunesse peut mériter de pitié, voudront punir en moi et décourager à jamais cette classe de jeunes gens qui, nés dans une classe inférieure et en quelque sorte opprimés par la pauvreté, ont le bonheur de se procurer une bonne éducation et l'audace de se mêler à ce que l'orgueil des gens riches appelle la société. »

STENDHAL, *Le Rouge et le Noir*, II, 41, 1830.

7 D'après le plan proposé, rédigez les **transitions**, l'**introduction** et la **conclusion** de la lecture analytique du texte de Stendhal (exercice 6).

ÉTAPE 3

8 Préparez l'**explication linéaire** du texte suivant en répondant à la question posée : « Comment Baudelaire réécrit-il ici le *topos* du "Memento mori" ("Souviens-toi que tu dois mourir") ? » Vous limiterez votre temps de préparation à 30 minutes.

REMORDS POSTHUME

Lorsque tu dormiras, ma belle ténébreuse,
Au fond d'un monument construit en marbre noir,
Et lorsque tu n'auras pour alcôve et manoir
Qu'un caveau pluvieux et qu'une fosse creuse ;

Quand la pierre, opprimant ta poitrine peureuse
Et tes flancs qu'assouplit un charmant nonchaloir,
Empêchera ton cœur de battre et de vouloir,
Et tes pieds de courir leur course aventureuse,

Le tombeau, confident de mon rêve infini
(Car le tombeau toujours comprendra le poète),
Durant ces grandes nuits d'où le somme est banni,

Te dira : « Que vous sert, courtisane imparfaite,
De n'avoir pas connu ce que pleurent les morts ? »
– Et le ver rongera ta peau comme un remords.

BAUDELAIRE, *Les Fleurs du mal*, XXXIII, 1857.

9 Préparez l'explication du texte de Baudelaire (exercice 8) sous la forme d'une **lecture analytique**, en 30 minutes.

10 Faites la lecture analytique du texte suivant.

1. Développez un **plan détaillé** en notant les procédés significatifs.

2. Rédigez les **transitions**, l'**introduction** et la **conclusion**.

3. Présentez oralement votre **explication** en une dizaine de minutes.

Je n'ai pas de souvenirs d'enfance. Jusqu'à ma douzième année à peu près, mon histoire tient en quelques lignes : j'ai perdu mon père à quatre ans, ma mère à six ; j'ai passé la guerre dans diverses pensions de Villard-de-Lans. En 1945, la sœur de mon père et son mari m'adoptèrent.

Cette absence d'histoire m'a longtemps rassuré : sa sécheresse objective, son évidence apparente, son innocence, me protégeaient, mais de quoi me protégeaient-elles, sinon précisément de mon histoire, de mon histoire vécue, de mon histoire réelle, de mon histoire à moi qui, on peut le supposer, n'était ni sèche, ni objective, ni apparemment évidente, ni évidemment innocente ?

« Je n'ai pas de souvenirs d'enfance » : je posais cette affirmation avec assurance, avec presque une sorte de défi. L'on n'avait pas à m'interroger sur cette question. Elle n'était pas inscrite à mon programme. J'en étais dispensé : une autre histoire, la Grande, l'Histoire avec sa grande hache, avait déjà répondu à ma place : la guerre, les camps.

Georges PEREC, *W ou le Souvenir d'enfance*,
© Éd. Denoël, 1975.

Chapitre 41

L'oral : l'exposé et l'entretien

L'épreuve se déroule en deux temps : le premier est consacré à une **lecture expressive** du texte présenté et à son **explication** (10 minutes).
Cet exposé est suivi d'un **entretien** d'une dizaine de minutes également, qui prend la forme d'un **dialogue** et vise à approfondir et à élargir la réflexion en liaison avec l'objet d'étude retenu.

TEXTE **A**

PERDICAN. — [...] Ô insensés ! Nous nous aimons. (*Il la prend dans ses bras.*)

CAMILLE. — Oui, nous nous aimons, Perdican ; laisse-moi le sentir sur ton cœur. Ce Dieu qui nous regarde ne s'en offensera pas ; il veut bien que je t'aime ; il y a quinze ans qu'il le sait.

PERDICAN. — Chère créature, tu es à moi ! (*Il l'embrasse ; on entend un grand cri derrière l'autel.*)

CAMILLE. — C'est la voix de ma sœur de lait[1].

PERDICAN. — Comment est-elle ici ? Je l'avais laissée dans l'escalier, lorsque tu m'as fait rappeler. Il faut donc qu'elle m'ait suivi, sans que je m'en sois aperçu.

CAMILLE. — Entrons dans cette galerie, c'est là qu'on a crié.

PERDICAN. — Je ne sais ce que j'éprouve ; il me semble que mes mains sont couvertes de sang.

CAMILLE. — La pauvre enfant nous a sans doute épiés ; elle s'est encore évanouie ; viens, portons-lui secours ; hélas ! tout cela est cruel.

PERDICAN. — Non, en vérité, je n'entrerai pas ; je sens un froid mortel qui me paralyse. Vas-y, Camille, et tâche de la ramener. (*Camille sort.*) Je vous en supplie, mon Dieu ! ne faites pas de moi un meurtrier ! Vous voyez ce qui se passe ; nous sommes deux enfants insensés, et nous avons joué avec la vie et la mort ; mais notre cœur est pur ; ne tuez pas Rosette, Dieu juste ! Je lui trouverai un mari, je réparerai ma faute ; elle est jeune, elle sera riche, elle sera heureuse ; ne faites pas cela, ô Dieu ! vous pouvez bénir encore quatre de vos enfants. Eh bien ! Camille, qu'y a-t-il ? (*Camille rentre.*)

CAMILLE. — Elle est morte. Adieu, Perdican !

Alfred de MUSSET, *On ne badine pas avec l'amour* (III, 8), 1834.

1. Rosette, que Perdican avait promis d'épouser.

Objet d'étude : « Le théâtre, texte et représentation ».
Question sur le texte :
Quelles sont les particularités de ce dénouement ?

La lecture expressive

1. Lisez à haute voix ce texte en adoptant le ton qui convient, sans répéter à chaque fois le nom des protagonistes. Faut-il lire les didascalies ?
2. Quels mots ou expressions allez-vous mettre en valeur ? Pourquoi ?
3. Comment pouvez-vous tirer parti de la ponctuation ?

EXPLICATION **B**

I - Un dénouement dramatique

1. La dramaturgie du coup de théâtre : un duo interrompu
   - de la déclaration à la rupture : le changement de registre
   - la réécriture d'un *topos* théâtral : le témoin caché
2. Le renversement tragique
   - de l'aveu à l'adieu : tout est joué, tout est dit
   - l'ironie tragique : une vérité fatale

II - Un dénouement symbolique

1. Un théâtre de la cruauté
   - la dramatisation : une scène que les protagonistes croient avoir déjà vue ou vécue
   - le théâtre du sacrifice (un cri poussé derrière un autel)
2. La défaite de l'amour
   - des figures du désespoir qui ont profané l'amour
   - l'échec du marivaudage imaginé par Perdican

La conduite de l'exposé

1. Préparez une introduction qui annonce ce plan (une minute d'exposé oral environ).
2. Après avoir cherché dans le texte les éléments correspondant à la question du « témoin caché » (I, 1), développez oralement cette analyse (deux minutes environ).

ENTRETIEN **C**

• **Questions sur l'œuvre étudiée**
– Dans quelle mesure pourrait-on rapprocher ce dénouement de l'exposition ?
– Comment les rôles et la parole sont-ils distribués ?

• **Questions de connaissances**
– Dans quelles circonstances Musset a-t-il écrit cette pièce ?
– Dans quelle mesure peut-on ici parler de comédie romantique ?
– Connaissez-vous d'autres comédies qui se finissent par un adieu ?
– Comment définissez-vous le genre de la comédie ? Comment a-t-il évolué dans l'histoire ?
– Connaissez-vous d'autres scènes célèbres de témoins cachés ?

• **Questions de réflexion personnelle**
– Quelle mise en scène pourriez-vous imaginer pour cette scène ? Quel éclairage, quelle musique, quel décor, quels costumes utiliseriez-vous ? Pourquoi ?
– Quelles indications donneriez-vous aux acteurs ?

La participation à l'entretien

1. Pourquoi ces questions peuvent-elles se poser ? Justifiez l'intérêt de chacune de ces trois rubriques.
2. Imaginez pour chaque rubrique une question supplémentaire.

DE LA LECTURE AU DIALOGUE

1. **Si l'on vous interroge sur le genre et le registre du texte, comment pouvez-vous tirer parti de la lecture expressive par laquelle vous avez commencé ?**
2. **Si l'on vous demande de justifier le choix d'une lecture analytique (plan B ci-dessus) de préférence à une explication linéaire, que répondez-vous ?**

41. L'oral : l'exposé et l'entretien

L'exposé est conduit avec méthode : il commence par situer et présenter le texte, puis il annonce la **question** posée à son sujet ; on lit ensuite le texte de façon expressive, avant d'entreprendre son explication.
L'entretien qui suit ouvre le dialogue : il s'agit en effet de répondre avec précision aux questions posées, en développant ses arguments. Il importe surtout de ne pas négliger le caractère oral de l'épreuve et de ne jamais oublier son interlocuteur.

1 LA LECTURE ORALE DU TEXTE

Bien lire le texte, c'est montrer qu'on l'a compris, qu'on a identifié son registre et qu'on peut en faire partager l'intérêt. La lecture orale doit donc être à la fois correcte et expressive.

- **Une lecture correcte :** elle consiste...
  - à **articuler** les mots et bien **prononcer** les sons, y compris ceux que la langue parlée tend à faire disparaître (à moins d'un niveau de langue familier voulu par l'auteur) : *Quelle belle famille*, et non *Quell' bell' famille* ; ci**me**tière et non *cim'tière* ;
  - à marquer les **liaisons** entre les mots en veillant aux accords (*ces bagne<u>s</u> <u>in</u>fâmes* ; *cinq cent<u>s ans</u>* ; *ils doiven<u>t</u> <u>ê</u>tre*...) ;
  - à tenir compte de la **ponctuation** pour bien délimiter les unités du texte et traduire oralement le sens des phrases ;
  - à respecter, le cas échéant, la **versification** : nombre de syllabes correspondant au mètre utilisé dans le texte ; diérèses éventuelles (*Tu sais qu'à toi toujours je me suis con**fi-ée***) ; e muet prononcé comme une syllabe à part entière devant une consonne mais non devant une voyelle ni en fin de vers, comme dans ces deux alexandrins de Molière :

    Non, il faut qu'une fill[e] obéiss[e] à son pèr[e] = 12 syllabes
    Voulût-il lui donner un sing<u>e</u> pour époux. = 12 syllabes

- **Une lecture expressive :** elle consiste...
  - à **mettre le ton** pour se conformer au registre du texte : ampleur d'une tirade pathétique, élan d'une exclamation lyrique, etc. ; pour un texte de théâtre, on tiendra compte des didascalies qui peuvent préciser le ton à employer ;
  - à **souligner les mots** ou passages décisifs, en ralentissant le débit ou en accentuant plus particulièrement certaines expressions du texte ;
  - à **reproduire le rythme** des phrases (pauses, intonations ascendantes ou descendantes, cadences régulières ou non, etc.).

UNE ÉPREUVE ORALE

- Tenir compte de l'**interlocuteur** à qui on s'adresse : le regarder souvent pour chercher à le persuader.
- Ne pas se contenter de lire ses **notes :** expliquer, démontrer avec conviction.
- Prendre un **ton** convaincu.
- Adopter un **débit** ni trop rapide, ni trop lent, pour susciter et maintenir l'intérêt de l'auditeur.
- Travailler sa façon de se tenir et d'accompagner son propos par des **gestes**.
- Veiller à « tenir son **temps** » pour ne pas risquer d'être interrompu : une montre ou un réveil sont de précieux alliés.

2 LA CONDUITE DE L'EXPOSÉ

- **L'introduction :** c'est elle qui donne le ton à l'ensemble et qui détermine en partie l'intérêt que l'auditeur pourra porter à l'exposé. Une bonne introduction pose les bonnes questions et éveille la curiosité. Elle situe le texte (l'extrait dans l'œuvre intégrale, le texte dans son contexte...) et définit sa singularité. Elle indique l'intérêt de la question qui l'accompagne.

- **Les axes d'étude** doivent être précisés pour cadrer l'explication et fournir des repères à l'auditeur : on énonce clairement la démarche choisie (lecture analytique ou explication linéaire), avant d'annoncer soit les grandes parties de l'explication, soit, dans le cas d'une explication linéaire, les mouvements successifs du texte.

- **L'analyse détaillée et ordonnée** permet alors de construire une interprétation cohérente, pertinente et progressive. Elle prend constamment appui sur le texte (où il faut pouvoir se repérer avec certitude) et sur les caractéristiques de son écriture, de manière à apporter des éléments de réponse suffisants à la question posée.

- **La conclusion**, enfin, doit se détacher par une formule conclusive explicite (*enfin, au terme de cette étude, pour conclure...*). Elle dresse un bilan de l'explication avant d'élargir la réflexion (sur d'autres œuvres du même auteur ou de la période, sur l'objet d'étude, etc.). Elle ouvre ainsi sur l'entretien.

3 L'ENTRETIEN

C'est un dialogue d'une dizaine de minutes, qui doit être **dynamique** : l'interlocuteur pose des questions destinées à ouvrir la réflexion ; il faut y répondre sans trop hésiter afin de maintenir un certain rythme, comme celui d'une conversation. Il n'en faut pas moins **réfléchir**, pour répondre avec pertinence.

- **Les questions**

Elles prennent appui sur le « descriptif » qui témoigne du travail effectué pendant l'année. Elles portent essentiellement sur :

- **la compréhension du texte**, pour vérification (sens d'un mot, interprétation d'une scène...) ;
- **l'explication** qui vient d'être faite, pour correction ou approfondissement ;
- **le groupement de textes** ou l'**œuvre intégrale**, pour évaluer les connaissances et mesurer le travail personnel ;
- **une lecture cursive** proposée en relation avec le texte étudié, pour élargir la réflexion ;
- **les lectures et activités personnelles**, pour apprécier la qualité de la réflexion et de l'analyse ;
- **l'objet d'étude**, pour évaluer les connaissances acquises à son sujet ;
- **l'intérêt du candidat** pour le texte ou le sujet abordé, pour un personnage, un genre littéraire...

- **Les réponses**

L'examinateur attend des réponses précises, argumentées et réfléchies.

- Elles ne sont **pas des récitations** de « questions de cours », ni des jugements de valeur non argumentés.
- Elles témoignent d'un **sens de la nuance** et de l'autocritique, quand il s'agit de corriger une erreur commise pendant l'explication.
- Elles doivent illustrer des **connaissances** et des **compétences**. Elles attestent notamment l'aptitude à **mettre en relation** des textes, des savoirs, des moments de l'histoire littéraire, etc.
- Elles montrent aussi la **culture personnelle** de chacun (goûts, lectures, références artistiques, etc.).

Exercices

ÉTAPE 1

1 Appréciez les différences qui séparent les deux textes suivants pour mieux préparer leur **lecture expressive**.

1. Quelles **liaisons** faut-il faire entendre ? Quels passages faut-il **mettre en valeur** à la lecture ?

2. À quel **genre** chaque texte appartient-il ? Quelles difficultés de lecture particulières cela soulève-t-il ?

3. Comment allez-vous traduire oralement la **ponctuation** et, le cas échéant, la **versification** ?

Ces textes pourraient appartenir à un groupement sur le thème : « Raconter la fin » (objet d'étude : « Le biographique »).

a. C'ÉTAIT UN BON COPAIN

Il avait le cœur sur la main
Et la cervelle dans la lune
C'était un bon copain
Il avait l'estomac dans les talons
Et les yeux dans nos yeux
C'était un triste copain
Il avait la tête à l'envers
Et le feu là où vous pensez
Mais non quoi il avait le feu au derrière
C'était un drôle de copain
Quand il prenait ses jambes à son cou
Il mettait son nez partout
C'était un charmant copain
Il avait une dent contre Étienne
À la tienne Étienne à la tienne mon vieux
C'était un amour de copain
Il n'avait pas sa langue dans la poche
Ni la main dans la poche du voisin
Il ne pleurait jamais dans mon gilet
C'était un copain
C'était un bon copain.

Robert DESNOS, *Langage cuit*,
recueilli dans *Corps et biens*, 1930,
© Éd. Gallimard, 1953.

b. Marie haletait encore, soixante ans plus tard, en me racontant ce mystère.

— Oh ! mais, il ne faut pas croire… Après ma maladie, dit-elle, j'ai clamé son nom à tous les échos. On croyait que je devenais folle. Où aller me le chercher ? Quand il m'a passé la bague et qu'il est parti, un doigt sur les lèvres, j'ai pensé qu'il allait revenir… Qu'est-ce que vous auriez pensé, à ma place ? La Tricanote me courait après, me secouait comme un prunier : « Oublie-le, grande Chabraque ! elle me criait. Il a un corps de cendres ! » Et un jour, je lui ai répondu : « Je le sais mieux que vous ! Et alors ? Vous croyez que ça m'empêche de pleurer ? »

… m'a dit Marie, entre bien d'autres choses… Alors, afin que nul autre que moi n'ait vent de la vérité, il ne me restait plus qu'à la tuer, ce que je fis. Elle mourut paisiblement la même nuit, dans son beau lit douillet, entourée de personne.

Ses enfants pressés de retourner à leurs Amériques bradèrent le beau mobilier sur la place des Mées. Un antiquaire qui tient boutique à Forcalquier, place Saint-Michel, s'adjugea l'horloge et le berceau de Séraphin. La boutique existe toujours. La vitrine est toujours aussi évocatrice. Quant à l'horloge et au berceau, je crois bien qu'ils y sont encore.

Pierre MAGNAN, *La Maison assassinée*,
épilogue, © Éd. Denoël, 1984.

ÉTAPE 2

2 Les **questions** suivantes pourraient être posées au cours de l'**entretien** après l'explication du texte de Desnos (exercice 1, a) :

1. Pour chaque question (A), repérez l'**attitude** que l'on vous demande d'adopter (B).

2. Classez ces questions par **rubriques** en fonction de leur objet : portent-elles sur…
– le texte ?
– le groupement de textes ou l'œuvre intégrale ?
– l'objet d'étude ?
– les connaissances acquises ?
– la culture personnelle ?

3. **Répondez** à ces questions sur le texte de Desnos.

A. Questions

1. Vous avez peu parlé de la versification : celle-ci n'a-t-elle aucune importance ?
2. Dans quelle tradition ce poème s'inscrit-il ?
3. À quel mouvement littéraire Desnos a-t-il appartenu ? Pourquoi et quand en a-t-il été exclu ?
4. Ces informations (question 3) peuvent-elles éclairer le texte ?
5. Connaissez-vous d'autres auteurs représentatifs de ce mouvement ?
6. Qui est finalement ce « bon copain » ?
7. Comment Desnos a-t-il disparu ?
8. Ce poème pourrait-il, d'après vous, lui servir d'épitaphe ?
9. Quelles sont les caractéristiques du biographique que l'on peut retrouver dans ce texte ?
10. Ce texte ne pouvait-il pas appartenir à un autre objet d'étude ? Lequel ?

B. Attitudes à adopter

a. Développer.
b. Se corriger.
c. Émettre un jugement critique argumenté.
d. Faire appel à ses connaissances en histoire littéraire.
e. Élargir sa réflexion sur le texte.
f. Mobiliser sa culture générale.
g. Apporter des précisions.
h. Rassembler ses savoirs sur l'objet d'étude.
i. Être capable de parler d'un autre objet d'étude.
j. Émettre une hypothèse pertinente.

3 **Répondez à cette question** sur le texte suivant en adoptant la démarche qui vous est proposée : « Mme de Merteuil a-t-elle, selon vous, la fin qu'elle mérite ? »

MME DE VOLANGES À MME DE ROSEMONDE

Le sort de Mme de Merteuil paraît enfin rempli, ma chère et digne amie, et il est tel que ses plus grands ennemis sont partagés entre l'indignation qu'elle mérite, et la pitié qu'elle inspire. J'avais bien raison de dire que ce serait peut-être un bonheur pour elle de mourir de sa petite vérole. Elle en est revenue, il est vrai, mais affreusement défigurée ; et elle y a particulièrement perdu un œil. Vous jugez bien que je ne l'ai pas revue ; mais on m'a dit qu'elle était vraiment hideuse.

Le Marquis de***, qui ne perd pas l'occasion de dire une méchanceté, disait hier, en parlant d'elle, que la maladie l'avait retournée, et qu'à présent son âme était sur sa figure. Malheureusement tout le monde trouva que l'expression était juste.

LACLOS, *Les Liaisons dangereuses*, lettre 175 (dernière lettre), 1782.

Démarche proposée :

1. Interrogez-vous d'abord sur le ou les sens du mot « mérite » et sur la portée de la question : est-ce seulement une question morale ? Ne peut-elle pas aussi avoir un sens littéraire ?

2. Ordonnez votre réponse en adoptant d'abord une démarche concessive pour mieux faire ressortir ensuite le renversement argumentatif :

a. *Certes...* (point de vue des détracteurs du personnage).
b. *Mais...* (réfutation des arguments moraux).
c. *En outre, ne pourrait-on pas...* (nouveaux arguments pour la défense du personnage).
d. *Enfin, Mme de Merteuil n'est pas la seule à être immolée sur l'autel des conventions sociales et morales...* (autres exemples).

ÉTAPE 3

4 Faites l'**explication orale** du texte de Laclos (exercice 3).

1. Préparez l'explication en 30 mn.

2. Présentez celle-ci devant la classe en 10 mn, en intégrant la lecture orale à l'**exposé**.

5 Après avoir lu ce texte, répondez en 10 mn aux **questions d'entretien** qui suivent, en construisant vos réponses et en les appuyant sur des arguments et des exemples précis.

(Devant la statue du Commandeur.)

DOM JUAN. — [...] Demande-lui s'il veut venir souper avec moi.
SGANARELLE. — C'est une chose dont il n'a pas besoin, je crois.
DOM JUAN. — Demande-lui, te dis-je.
SGANARELLE. — Vous moquez-vous ? Ce serait être fou que d'aller parler à une statue.
DOM JUAN. — Fais ce que je te dis.
SGANARELLE. — Quelle bizarrerie ! Seigneur Commandeur... je ris de ma sottise, mais c'est mon maître qui me la fait faire. Seigneur Commandeur, mon maître Dom Juan vous demande si vous voulez lui faire l'honneur de venir souper avec lui. (*La Statue baisse la tête.*) Ha !
DOM JUAN. — Qu'est-ce ? qu'as-tu ? Dis donc, veux-tu parler ?
SGANARELLE *fait le même signe que lui a fait la Statue et baisse la tête.* — La Statue...
DOM JUAN. — Eh bien ! que veux-tu dire, traître ?
SGANARELLE. — Je vous dis que la Statue...
DOM JUAN. — Eh bien ! La Statue ? je t'assomme, si tu ne parles.
SGANARELLE. — La Statue m'a fait signe.
DOM JUAN. — La peste le coquin !

MOLIÈRE, *Dom Juan*, III, 5, 1665.

1. Les didascalies sont-elles nécessaires dans cet extrait ?

2. Quels choix de mise en scène peut-on imaginer pour cet extrait ?

3. Comment jugez-vous le personnage de Dom Juan, d'après l'ensemble de la pièce ?

4. L'invraisemblance de cette scène vous paraît-elle justifiée ?

5. Connaissez-vous des pièces de théâtre qui représentent le couple maître-valet dans le théâtre du XXe siècle ?

Savoir rédiger

1. CLARTÉ

– Veiller à la clarté de la **mise en page** : faire des paragraphes cohérents et équilibrés, aérer la copie en sautant des lignes entre les grandes parties.
– S'assurer de la correction de la **syntaxe** et de l'**orthographe**.
– Éviter les **phrases** trop longues. Les phrases qui multiplient les subordonnées sont source d'erreur.
– Trouver le **bon équilibre** : une copie trop courte risque fort de rester superficielle ; une copie trop longue évite rarement l'écueil du bavardage...
– **Soigner l'écriture** et la présentation.
– **Respecter les conventions d'usage** concernant la ponctuation ou le discours rapporté (placer les citations entre guillemets, ➔ fiche-méthode p. 313), et tout rédiger (s'interdire les abréviations).

2. PERTINENCE

– **Choisir les mots justes :** utiliser le vocabulaire de l'analyse littéraire (➔ fiche-méthode p. 270).
– **Éviter les envolées**, le style trop personnel, excepté pour un sujet d'invention qui demanderait d'employer un registre lyrique.

3. LOGIQUE

– **Relier** les phrases entre elles pour assurer la cohérence du propos.
– Utiliser des **mots de liaison** (connecteurs logiques, ➔ fiche-méthode p. 45).
– **Éviter les répétitions :** avoir recours aux synonymes, aux pronoms et autres substituts.
– **Mettre en relief** les éléments importants au moyen de procédés d'insistance.

TOURNURES ET EXPRESSIONS

Voici quelques exemples pour un travail d'écriture rédigé (exemple du commentaire)...

Dans une introduction *– Pour présenter le texte*	– Le passage à étudier / qui nous est proposé... est extrait du chapitre... – Cet extrait développe l'idée que / traite du thème de ... – Dans cet extrait, l'auteur expose sa théorie, son opinion sur, sa vision de...
– Pour dégager les enjeux du texte	– L'enjeu principal de ce texte réside dans... – Ce texte présente un double (triple) intérêt... – L'intérêt du texte tient avant tout à... / d'autre part, il est... / enfin, il révèle...
– Pour annoncer le plan d'un commentaire	– L'examen du texte portera d'abord sur..., puis sur..., enfin sur... – Nous analyserons en premier lieu..., puis dans un deuxième temps nous étudierons..., enfin nous examinerons...
Au cours du développement *Pour introduire des exemples ou des citations* (➝ fiche-méthode p. 313)	– Ce fait est illustré par... / l'exemple de X montre bien que... – Comme on le voit à la ligne... (au vers...) : « ... » – Comme l'indique / le montre / le suggère l'expression... « ... » – L'utilisation de... / le recours à... / en est un bon exemple...
Pour faire une transition entre deux idées ou deux parties	– Si... en revanche... – Il ne s'agit pas seulement de... mais aussi de... – L'utilisation de... a aussi pour conséquence de...
Dans une conclusion *Bilan*	– Ainsi / pour finir / en définitive... – L'examen du texte a donc permis de... – Au terme de cette étude / analyse, il apparaît clairement que...
Élargissement	– On pourra rapprocher ce texte de... comparer ce texte avec... – Ce texte fait également songer à... / semble annoncer... – Au siècle suivant, d'autres auteurs comme... iront encore plus loin dans... / se souviendront de... en...

LEXIQUE

On trouvera des précisions ou exemples complémentaires aux pages indiquées entre parenthèses.

A

abyme (mise en) : représentation, au second degré, d'une œuvre à l'intérieur d'elle-même.

accent : dans la prononciation, intensité plus forte d'une syllabe.

actant : force (personnage, idée, institution...) qui prend part à l'action, dans un récit ou au théâtre → **chap. 24**.

actantiel (schéma) : système des relations entre les actants dans un récit ou une action dramatique → **chap. 24**.

acte : au théâtre, partie d'une pièce regroupant plusieurs scènes ; une pièce de théâtre classique comprend en général cinq actes → **chap. 27, 28**.

action : ensemble des événements représentés (dans un récit, une pièce de théâtre).

ad hominem (argument) : argument dirigé contre la personne de l'adversaire → **chap. 9**.

adjuvant : dans un récit ou au théâtre, actant dont la fonction est d'aider celui qui accomplit l'action (ou sujet) → **chap. 24**.

alexandrin : vers de douze syllabes → **chap. 29**.

allégorie : évocation d'une réalité abstraite sous une forme concrète → **chap. 7**.

alliance de mots : association de termes contradictoires (voir *oxymore*).

allitération : répétition expressive de consonnes → **chap. 29**.

analepse : retour en arrière dans un récit.

analogie : rapport de ressemblance établi entre des mots, des choses ou des personnes, permettant diverses figures de rhétorique ; le raisonnement par analogie prend une comparaison comme argument.

anaphore : répétition d'un mot ou groupe de mots en tête de vers ou de phrase → **chap. 7**.

ancré (dans l'énonciation) : texte relié à la situation d'énonciation par des marques de présence du locuteur ou de son interlocuteur (indices de la première ou deuxième personne, modalisateurs, etc.) → **chap. 14**.

angle de prise de vue : position de l'appareil photo ou de la caméra par rapport à l'objet visé (plongée, contre-plongée...) → **chap. 11**.

antiphrase : figure consistant à employer un mot ou une expression pour signifier le contraire de son sens véritable → **chap. 7**.

antithèse : figure consistant à rapprocher par la construction syntaxique deux termes opposés par le sens → **chap. 17**.

antonyme : mot de sens contraire → **chap. 1**.

aparté : au théâtre, ce que dit un personnage en présence d'autres personnages censés ne pas entendre → **chap. 28**.

apologie : discours présentant l'éloge ou la justification d'une personne ou d'une thèse.

apologue : court récit à visée morale ; par extension, tout récit à portée argumentative → **chap. 32**.

apostrophe : figure qui consiste à s'adresser à un interlocuteur, réel ou fictif → **chap. 7**.

archaïsme : mot (ou expression) qui appartient à une époque antérieure à celle où il est employé → **chap. 1**.

argument : proposition qui sert à soutenir ou à réfuter une thèse → **chap. 9**.

argumentatif (discours) : forme de discours visant à convaincre ou à persuader → **chap. 8, 9**.

argumentation : ensemble d'arguments orientés vers une même conclusion → **chap. 9**.

aspect : manière dont l'action exprimée par le verbe est envisagée (dans sa durée, son développement ou son achèvement) → **chap. 3**.

assonance : répétition expressive de voyelles → **chap. 29**.

auteur : personne qui produit une œuvre et en assume la responsabilité en la signant ; sauf cas particuliers (autobiographie), on ne confondra pas l'auteur avec le narrateur.

autobiographie : récit qu'une personne réelle fait de sa propre existence ; l'auteur se confond alors avec le narrateur et avec le personnage principal → **chap. 25**.

autofiction : récit qui combine éléments autobiographiques (le nom de l'auteur est aussi celui du personnage principal) et éléments fictifs → **chap. 25**.

autorité (argument d') : argument citant une personne faisant autorité (par sa célébrité, sa compétence reconnue) → **chap. 9**.

B

ballade : forme fixe de poème composé de trois strophes suivies d'un envoi → **chap. 29**.

baroque : - 1. courant artistique et littéraire de la fin du XVIe siècle et du début du XVIIe siècle → **chap. 23**. - 2. plus généralement, tout style qui rappelle l'inspiration de cette période (goût de l'excès, de l'ornementation, du contraste, de l'illusion).

bienséances : règles et interdits que s'imposaient les auteurs classiques pour ne pas choquer la morale et les conventions de leur public : par exemple, un personnage ne devait pas mourir sur scène → **chap. 27**.

biographie : récit consacré à l'histoire d'une vie réelle, visant généralement l'exactitude historique → **chap. 25**.

biographique : se dit de tout récit écrit d'une vie individuelle ; au sens le plus large, le biographique inclut l'autobiographique → **chap. 25**.

blâme : énoncé d'un jugement défavorable sur quelqu'un ou quelque chose (antonyme : *éloge*) → **chap. 30**.

bucolique : depuis Virgile (auteur latin), poème qui évoque la vie pastorale.

burlesque : - 1. au sens étroit : forme de parodie qui consiste à traiter un sujet noble dans un registre familier ou vulgaire. - 2. aujourd'hui, le mot désigne plus généralement tout comique outré, extravagant → **chap. 16**.

C

cadrage : délimitation de l'espace visible dans le champ de l'objectif (au cinéma ou en photographie) → **chap. 10, 11**.

calembour : jeu de mots fondé sur la différence de sens entre des mots qui se ressemblent par le son.

calligramme : poème dont les mots sont disposés de façon à former un dessin représentant l'objet évoqué → **chap. 29**.

calligraphie : art de bien former les caractères d'écriture.

caricature : dessin ou description qui, par le trait et le choix de détails, révèle ou accentue certains aspects ridicules ou déplaisants du sujet représenté.

catharsis : en grec « purification » ; d'après Aristote (IVe siècle av. J.-C.), effet produit par le spectacle d'une tragédie, qui apaise les passions du spectateur en lui faisant ressentir des émotions contrôlées → **chap. 27**.

césure : dans un vers, pause principale → **chap. 29**.

champ : portion d'espace photographiée ou filmée, visible dans les limites du cadre ➔ **chap. 11**.

champ lexical : ensemble de mots relevant d'un même domaine de signification. ➔ **chap. 1**.

champ sémantique : ensemble des différents sens d'un mot ➔ **chap. 1**.

chiasme : figure consistant à croiser des termes selon le schéma AB/BA ➔ **chap. 7**.

classique : - 1. âge classique, classicisme : période littéraire de la seconde moitié du XVIIe siècle ➔ **chap. 23**. - 2. plus généralement, tout style qui rappelle les tendances dominantes de cette période (sens de la mesure, de l'harmonie, de la simplicité, du « naturel »).

cliché : expression toute faite, métaphore stéréotypée.

comédie : pièce de théâtre ayant pour but de divertir en représentant les travers et les ridicules des caractères et des mœurs d'une société ➔ **chap. 27**.

comique : registre qui vise à provoquer le rire. Il ne se limite pas aux comédies et peut prendre diverses formes : l'ironie, l'humour, le burlesque. - Dans une scène de comédie, on distingue le comique de situations, le comique de caractères, le comique de gestes, le comique de mots ➔ **chap. 16, 27**.

communication (situation de) : mise en relation d'un locuteur et d'un destinataire, dans un lieu et à un moment donnés.

comparaison : figure consistant à rapprocher deux termes par un outil grammatical de comparaison (*comme, pareil à*...) ➔ **chap. 7**.

complication : dans un récit, force perturbatrice qui déclenche l'action ➔ **chap. 24**.

concession : stratégie d'argumentation consistant à accorder à un adversaire un point de discussion (mouvement concessif) pour mieux attaquer sa thèse (renversement argumentatif) ➔ **chap. 9**.

connecteur : terme exprimant un lien logique ➔ **chap. 6**.

connotation : signification secondaire associée au sens principal d'un mot ➔ **chap. 1**.

conte : récit bref d'événements imaginaires. S'est développé dans les traditions orales (contes populaires) avant d'être reconnu comme un genre littéraire (*Contes* de Perrault, à la fin du XVIIe siècle). Le conte s'éloigne le plus souvent de la réalité et comporte une visée morale qui le rapproche de l'apologue ➔ **chap. 24, 32**.

contexte : ensemble des circonstances (historiques, politiques, sociales...) dans lesquelles s'inscrivent la rédaction et la réception des textes ; *contextualiser* un texte, c'est le situer dans son contexte pour mieux saisir son enjeu.

contrechamp : au cinéma portion d'espace opposée au champ ➔ **chap. 11**.

contre-rejet : mot ou bref élément de phrase placé à la fin d'un vers mais rattaché au vers suivant par la construction ➔ **chap. 29**.

correspondances : en poésie, et notamment chez Baudelaire, relations d'analogie d'une part entre les sens (« Les parfums, les couleurs et les sons se répondent »), d'autre part entre le monde sensible et un au-delà que seule la poésie permet d'« entrevoir ».

coup de théâtre : événement imprévu, changement brutal de situation destiné à relancer l'intérêt de l'action ; voir *péripétie*.

coupe : dans le rythme d'un vers, pause secondaire ➔ **chap. 29**.

coupé (de l'énonciation) : texte sans lien avec sa situation d'énonciation, dans lequel on ne trouve aucun indice d'énonciation ➔ **chap. 4**.

courtois : (au Moyen Âge) qui concerne la vie et les mœurs des cours seigneuriales : poésie courtoise des troubadours ; amour courtois, qui soumet à un rituel subtil la conquête de la dame.

croisées (rimes) : qui se succèdent en alternant, selon le schéma ABAB ➔ **chap. 29**.

cubisme : mouvement artistique du début du XXe siècle, qui représente les objets selon des formes géométriques simples, et non selon une perspective réaliste.

D

Dada : nom donné en 1916 à un mouvement artistique animé par un esprit de révolte, de provocation et de dérision contre l'art bourgeois et l'ordre établi. Lancé par Tristan Tzara, « Dada » est à l'origine du surréalisme ➔ **chap. 22**.

décasyllabe : vers de dix syllabes ➔ **chap. 29**.

déduction : type de raisonnement consistant à conclure une proposition particulière d'une ou de plusieurs propositions générales ➔ **chap. 9**.

délibératif : au théâtre, monologue ou dialogue qui expose différents arguments avant une prise de décision ➔ **chap. 28**. - Plus généralement, registre correspondant à la confrontation d'arguments en vue de parvenir à l'énoncé d'un jugement ➔ **chap. 17**.

délibérer : peser le pour et le contre, réfléchir avant de prononcer un jugement ou de prendre une décision.

dénotation : signification stable, littérale, d'un mot dans le dictionnaire, par opposition à la **connotation** ➔ **chap. 1**.

dénouement : résolution des conflits qui font le **nœud** de l'action, au théâtre ou dans un récit ➔ **chap. 27**.

descriptif (discours) : forme de discours visant à représenter un objet, un personnage, un lieu ➔ **chap. 8**.

destinataire : - 1. dans la communication en général : l'auditeur (ou le lecteur) à qui est adressé le message du locuteur. - 2. dans l'action d'un récit ou d'une pièce de théâtre : actant qui a pour fonction de recevoir l'objet et de sanctionner le résultat de l'action ➔ **chap. 24**.

destinateur : actant (personnage ou idée) qui incite le personnage sujet à agir ➔ **chap. 24**.

dialectique : mouvement de l'argumentation consistant à opposer une antithèse à une thèse avant de proposer une synthèse ➔ **chap. 17, 37**.

dialogue : échange de paroles entre interlocuteurs, transposé à l'écrit selon des codes qui dépendent des genres : dialogue théâtral, romanesque, dialogue philosophique ou dialogue d'idées ➔ **chap. 31**.

didactique : genre de poésie qui a pour objectif d'enseigner ; plus généralement, registre d'un texte qui vise à instruire ➔ **chap. 17**.

didascalie : au théâtre, indication de l'auteur sur la répartition des rôles et les modalités de la mise en scène ➔ **chap. 28**.

diérèse : prononciation dissociant en deux syllabes un groupe de voyelles (le contraire de la *synérèse*) ➔ **chap. 29**.

digression : propos qui s'écarte du sujet.

dilemme : obligation de choisir entre deux attitudes, deux thèses opposées mais également négatives.

discours : - 1. au sens courant : développement oratoire (*prononcer un discours*) ; - 2. genre littéraire (J.-J. Rousseau : *Discours sur l'origine de l'inégalité parmi les hommes*) ; - 3. mise en pratique du langage selon différentes formes (narrative, argumentative, etc.) ➔ **chap. 8** ; - 4. discours rapporté : propos rapportés au discours direct, indirect, indirect libre, narrativisé ➔ **chap. 4**.

distique : groupe de deux vers.

dramatique (du grec « drama » = action) : qui concerne l'action (intérêt dramatique d'un texte), et en particulier l'action théâtrale (spectacle dramatique, action dramatique, espace dramatique, temps dramatique) → **chap. 28**.

dramaturge : auteur de pièces de théâtre.

drame : genre théâtral → **chap. 28**.

dynamique : mouvement, jeu de forces qui produit l'action, dans un récit ou au théâtre.

E

élégie : poème lyrique de ton mélancolique, sur un sujet tendre et triste.

élider : supprimer une voyelle.

élision : action d'élider.

ellipse : - 1. figure qui consiste à ne pas exprimer un ou plusieurs mots pour donner plus de force à une idée ; - 2. dans un récit ou au théâtre, portion du temps de l'histoire que le texte passe sous silence → **chap. 24**.

éloge : discours de registre *épidictique*, qui célèbre quelqu'un ou quelque chose → **chap. 30**.

embrassées (rimes) : qui se combinent suivant le schéma ABBA → **chap. 29**.

emphatique : tournure de phrase produisant un effet de mise en relief.

Encyclopédistes : philosophes et savants qui collaborèrent à la rédaction de l'*Encyclopédie*, au XVIIIe siècle, sous la direction de Diderot et d'Alembert.

enjambement : procédé rythmique par lequel l'unité syntaxique déborde le cadre du vers → **chap. 29**.

énonciation : acte par lequel est produit l'énoncé → **chap. 4** ; - **double énonciation** : au théâtre, double niveau de communication, d'une part entre les personnages sur scène, d'autre part entre le dramaturge et le public → **chap. 28**.

épidictique : en rhétorique, genre de discours qui vise à émouvoir le destinataire en célébrant (*éloge*) ou en dénigrant (*blâme*) une personne ou une action ; plus généralement, registre correspondant à cette double visée → **chap. 17,30**.

épigramme : poème court, à visée satirique, se terminant par une pointe.

épigraphe : courte citation placée en tête d'un livre ou d'un chapitre pour en indiquer l'esprit.

épique : registre qui consiste à doter les faits et les personnages présentés d'une grandeur hors du commun, notamment par le recours à des procédés d'amplification → **chap. 13**.

épistolaire : qui concerne les lettres (échangées dans une correspondance) ; un *roman épistolaire* présente l'action à travers les lettres que s'adressent les personnages → **chap. 26**.

épître : lettre contenant un enseignement (les *Épîtres* de saint Paul) ; lettre en vers (les *Épîtres* de Clément Marot) → **chap. 26**.

épopée : récit en vers d'événements héroïques qui mêle le réel au surnaturel → **chap. 13**.

esthétique : - 1. adjectif : qui a rapport au beau (*valeur esthétique* d'un texte). - 2. nom : conception de l'art (l'*esthétique baroque*).

euphémisme : figure consistant à atténuer l'expression → **chap. 7**.

euphonie : harmonie sonore, par opposition à *cacophonie*.

exemple : illustration d'une idée ; peut avoir la valeur d'un argument → **chap. 9**.

exposition : présentation de la situation qui détermine l'action dramatique, au début d'une pièce de théâtre → **chap. 27**.

expressive : fonction remplie par un texte où le locuteur manifeste ses émotions, ses sentiments (on dit aussi *fonction émotive*) → **chap. 8**.

externe : type de *point de vue* (ou *focalisation*) adopté par un narrateur qui reste extérieur aux personnages et aux événements → **chap. 24**.

F

fable : genre poétique qui combine une part narrative (le récit) et une part argumentative (la morale), variété d'*apologue*.

fantastique : registre qui consiste à introduire le surnaturel dans la vie réelle, entraînant l'hésitation entre une explication rationnelle et une explication surnaturelle des faits racontés → **chap. 12**.

farce : forme de comédie qui repose sur un comique élémentaire, assez grossier → **chap. 27**.

fiction : faits inventés, imaginaires, par opposition à la réalité (historique, biographique, etc.) ; histoire racontée, par opposition à *narration* → **chap. 24**.

figuratif : se dit de l'art qui s'attache à la représentation fidèle de l'objet, par opposition à l'art non figuratif, ou abstrait → **chap. 10**.

figuré (sens) : sens indirect, métaphorique d'un mot, opposé au sens propre → **chap. 1**.

figure de style, ou de rhétorique : expression qui anime le discours et met en valeur l'idée, notamment pour persuader ou pour convaincre le destinataire (*métaphore*, *oxymore*, etc.) → **chap. 7**.

flash-back : retour en arrière dans un film ; voir *analepse*.

focalisation : point de vue adopté par le narrateur pour rapporter son récit → **chap. 24**.

fonction : - 1. objectif dominant d'un texte ou d'une image (fonction *poétique*, *expressive*, *référentielle*...), → **chap. 8**. - 2. rôle des personnages dans l'action d'un récit ou d'une pièce de théâtre (*sujet*, *objet*, *adjuvant*...) → **chap. 24**.

forme fixe : forme poétique définie par la tradition → **chap. 29**.

G

genèse (du texte) : origine et devenir de l'œuvre littéraire pendant sa période d'élaboration, de sa conception à sa publication en passant par tous les états intermédiaires (plans, ébauches, brouillons, épreuves...) → **chap. 19**.

gravure : - 1. œuvre reproduite à partir d'une plaque gravée ; - 2. toute reproduction d'un dessin, illustration d'un livre.

gros plan : choix de cadrage centré sur le visage d'un personnage ou le détail d'un décor → **chap. 11**.

grotesque : - 1. adjectif : risible par son apparence caricaturale ; - 2. nom : comique de caricature poussé jusqu'au fantastique, à l'irréel → **chap. 16**.

H

hémistiche : partie de vers délimitée par la césure : un alexandrin est constitué de deux hémistiches de six syllabes → **chap. 29**.

hiatus : succession de deux voyelles (fin d'un mot et début du mot suivant) ; proscrit par la poésie classique.

histoire : dans un récit, les événements racontés, que l'on distingue de la *narration*, ou manière de raconter → **chap. 24**.

homonyme : mot de sens différent mais semblable par l'orthographe ou la prononciation → **chap. 1**.

humanisme : mouvement littéraire et intellectuel de la Renaissance → **chap. 23** ; plus généralement, toute pensée qui met au premier plan la dignité de l'homme.

humour : manière de susciter le rire ou le sourire en présentant avec un air sérieux une situation comique ou absurde. L'*humour noir* va jusqu'à faire rire des réalités les plus cruelles (le désespoir, la mort) pour atténuer ou dominer la souffrance → **chap. 16**.

hyperbole : figure consistant à employer, par exagération, une expression qui dépasse la réalité ➔ **chap. 7**.

I

image : - 1. dessin, peinture, photographie, par opposition au message linguistique ➔ **chap. 10** ; - 2. figure de style qui permet de rendre une idée plus sensible : *comparaison*, *métaphore*, *allégorie*... ➔ **chap. 7**.

implicite (sens) : sens qui n'est pas formellement exprimé mais qui est *présupposé* ou *sous-entendu*.

incipit : première phrase ou première page d'un livre, début d'un récit ➔ **chap. 24**.

indices d'énonciation : marques de personne (mots de 1re et 2e personnes), repères de temps (présent de l'indicatif, adverbes de temps) et d'espace (adverbes de lieu, démonstratifs) qui renvoient à la situation dans laquelle l'énoncé est produit ➔ **chap. 4**.

induction : type de raisonnement qui consiste à remonter de cas concrets, ou singuliers, à une proposition plus générale ➔ **chap. 9**.

informatif (discours) : forme de discours donnant des informations, des renseignements ➔ **chap. 8**.

injonctive : l'une des *fonctions* du texte, qui consiste à impliquer ou à mettre en cause le destinataire, par exemple en lui donnant un ordre ou un conseil (on dit aussi *fonction conative*) ➔ **chap. 8**.

interne : type de *point de vue* (ou *focalisation*) adopté par un narrateur qui se place à l'intérieur de la conscience d'un personnage ➔ **chap. 24**.

intertextualité : toute relation d'un texte avec d'autres textes qu'il cite, parodie, transforme, réécrit, etc. ➔ **chap. 21**.

ironie : figure consistant à faire entendre le contraire de ce qu'on dit ➔ **chap. 7** ; variété de comique qui use du rire pour critiquer ou attaquer ➔ **chap. 16, 18**.

L

légende : - 1. texte court qui accompagne une illustration ; - 2. récit traditionnel où le réel est déformé et embelli.

lettre ouverte : écrit épistolaire visant un large public au-delà du destinataire nommé, comme le *J'accuse* de Zola, lettre au président de la République publiée dans la presse ➔ **chap. 26**.

lexique : ensemble des mots utilisés dans une langue ou dans un texte ➔ **chap. 1**.

liaison (mots de) : conjonctions ou adverbes qui assurent les articulations et la progression d'un texte ➔ **chap. 6**.

lithographie : reproduction par impression d'un dessin ou d'un texte tracé sur une pierre.

litote : figure consistant à dire le moins pour faire entendre le plus ➔ **chap. 7**.

locuteur : celui qui parle (ou écrit) et qui dit *je* ; il peut manifester sa présence dans l'énoncé par des *indices d'énonciation* ➔ **chap. 4**.

Lumières (siècle des) : siècle des philosophes (XVIIIe siècle), marqué par l'essor des valeurs de tolérance, de justice et de vérité ➔ **chap. 23**.

lyrique : registre d'un énoncé qui manifeste des émotions, des sentiments intimes ; la *poésie lyrique* met l'accent sur l'expression du moi ➔ **chap. 14, 29**.

M

manifeste : texte argumentatif par lequel un groupe ou un mouvement expose publiquement ses idées et justifie sa position ➔ **chap. 31**.

maxime : formule brève qui énonce un principe moral ou une règle de conduite.

mélodrame : pièce de théâtre populaire qui connaît un grand succès au XIXe siècle grâce à un pathétique appuyé et à une action pleine de péripéties.

merveilleux : registre des textes qui font intervenir des êtres et des événements surnaturels.

métalinguistique (fonction) : qui vise à expliciter le code utilisé ➔ **chap. 8**.

métaphore : figure de rhétorique opérant l'identification de deux réalités liées par une analogie, sans outil de comparaison ; *métaphore filée* : développement d'une même métaphore au moyen de plusieurs expressions ➔ **chap. 7**.

métonymie : figure qui consiste en une substitution fondée sur une relation logique (le contenant pour le contenu, le lieu d'origine pour l'objet, etc) ➔ **chap. 7**.

mètre : en poésie, structure régulière du vers ➔ **chap. 29**.

métrique : étude du décompte des syllabes et des unités rythmiques qui composent le vers ➔ **chap. 29**.

modalisation : marque de jugement du locuteur : possibilité, nécessité, opinion favorable/défavorable ➔ **chap. 4**.

monologue : au théâtre, propos d'un personnage seul sur scène ➔ **chap. 28**.

montage (d'images) : assemblage des images ou des plans destiné à donner un sens (narratif, argumentatif) au message visuel ➔ **chap. 11**.

mythe : récit légendaire destiné à expliquer l'origine du monde ou les grands problèmes de l'humanité.

N

narrateur : dans un récit, celui qui raconte l'histoire ➔ **chap. 24**.

narratif (discours) : forme de discours qui consiste à raconter une action ➔ **chap. 8**.

narration : action ou manière de raconter une histoire ➔ **chap. 24**.

narrativisé (discours) : forme de discours rapporté qui résume les propos tenus et les intègre à la narration ➔ **chap. 4**.

naturalisme : mouvement littéraire de la fin du XIXe siècle, qui connaît son apogée vers 1880 avec les grands romans de Zola ; il s'attache à représenter la réalité en appliquant à l'observation des phénomènes sociaux les principes des sciences expérimentales ➔ **chap. 22**.

néologisme : mot de création récente, ou mot emprunté depuis peu de temps à une langue étrangère ➔ **chap. 1**.

niveau de langue : usage de la langue qui varie selon les diverses pratiques sociales ➔ **chap. 5**.

nouvelle : forme narrative brève qui se distingue du roman par sa recherche d'une « unité d'impression » (Baudelaire), et du conte par un souci de vraisemblance plus marqué ➔ **chap. 24**.

O

objet : dans un récit ou une pièce de théâtre, but de l'action ➔ **chap. 24**.

octosyllabe : vers de huit syllabes ➔ **chap. 29**.

ode : poème lyrique composé de strophes régulières.

omniscient (narrateur) : type de *point de vue* qui ne connaît aucune restriction ; le narrateur peut tout dire des événements et des pensées des personnages ➔ **chap. 24**.

opposant : actant hostile à l'action du héros dans un récit ou au théâtre ➔ **chap. 24**.

oxymore (ou *alliance de mots*) : figure consistant à réunir dans une même proposition des termes de sens opposés ➔ **chap. 7**.

P

pamphlet : écrit violemment polémique ➔ **chap. 18, 31**.

panégyrique : discours qui fait l'éloge d'une personne illustre, d'une nation, d'une cité.

panoramique : au cinéma, mouvement de la caméra effectuant une rotation autour d'un axe ➔ **chap. 11**.

parabole : court récit allégorique qui illustre une thèse à visée morale ou religieuse, variété d'*apologue*.

paradoxe : idée qui va à l'encontre de l'opinion commune.

paraphrase : explication ou commentaire qui répète le contenu d'un texte sans l'éclairer.

paratexte : éléments d'information qui encadrent le texte (texte de couverture, titre, préface, notes).

parnassiens : poètes de le seconde moitié du XIXe siècle qui ont mis l'accent sur le travail de la forme, par réaction aux excès lyriques des poètes romantiques ➔ **chap. 22**.

parodie : imitation plaisante ou moqueuse d'un texte, d'un genre, d'un mouvement ➔ **chap. 21**.

paronomase : figure consistant à rapprocher des mots de sens différents mais de sonorités voisines.

paronymes : mots presque homonymes ➔ **chap. 1**.

pastiche : texte qui imite le style d'un écrivain ➔ **chap. 21**.

pathétique : registre d'un énoncé qui exprime et suscite de vives émotions (souffrance, pitié...) ➔ **chap. 15**.

pause : - 1. dans un récit, suspension du temps de l'histoire qui permet une description ou un commentaire ➔ **chap. 24** ; - 2. dans un vers, point de séparation entre deux mesures (voir *césure* et *coupe*) ➔ **chap. 29**.

période : phrase longue composée de plusieurs propositions, au rythme équilibré et harmonieux ➔ **chap. 2**.

péripétie : retournement, changement subit de situation, au théâtre ou dans un récit ➔ **chap. 24, 27**.

périphrase : figure qui consiste à désigner en plusieurs mots ce qu'un seul mot pourrait dire ➔ **chap. 7**.

personnification : variété de métaphore consistant à appliquer les traits d'une personne à une chose inanimée ou à une notion abstraite ➔ **chap. 7**.

phatique : fonction d'un énoncé qui vise à établir ou maintenir le contact avec le destinataire (« allô ») ➔ **chap. 8**.

phonème : unité sonore de la langue.

plagiat : imitation d'un texte, copie qui cherche à se faire passer pour un original ➔ **chap. 21**.

plan : - 1. au cinéma, cadrage de l'objet défini par la distance entre la caméra et l'objet filmé (plan d'ensemble, plan moyen, gros plan, etc.) ➔ **chap. 11** ; - 2. unité d'une prise de vue effectuée sans interruption (plusieurs plans successifs forment une *séquence*), ➔ **chap. 11** ; - 3. dans une perspective, degré d'éloignement d'un objet par rapport aux autres (premier plan, arrière-plan...) ➔ **chap. 10**.

plates (rimes) : qui se suivent selon le schéma AABB ➔ **chap. 29**.

Pléiade (la) : groupe de sept poètes de la Renaissance (dont Ronsard et Du Bellay sont les plus connus), marqués par la littérature antique, qui ont développé une poésie érudite et raffinée ➔ **chap. 23**.

pléonasme : mot ou expression qui répète, volontairement ou non, un sens déjà émis.

poétique : fonction d'un texte qui consiste à jouer sur le plaisir esthétique provenant du travail sur la forme et le sens des mots ➔ **chap. 8**.

point de vue (dans le récit) : voir *focalisation* ➔ **chap. 24**.

polémique (du grec *polémos*, « la guerre ») : registre d'un énoncé qui contient une critique agressive ➔ **chap. 18**.

polysémie : propriété d'un mot qui a plusieurs sens ➔ **chap. 1**.

poncif : forme d'expression d'une grande banalité, souvent entendue.

position (du narrateur) : place qu'il occupe par rapport à l'histoire (hors de l'histoire, ou comme personnage de l'histoire) ➔ **chap. 24**.

préciosité : tendance à l'expression raffinée et imagée des sentiments, qui s'est notamment manifestée dans les salons au XVIIe siècle ➔ **chap. 23**.

présentatif : mot ou expression qui met en relief un propos (*c'est... qui*, *voilà... que*).

présupposé (sens) : voir *présupposition*.

présupposition : sens implicite que l'on peut déduire logiquement de ce qui est dit explicitement.

problématique (littéraire) : manière de poser et de formuler un problème concernant un genre, un mouvement, un registre, etc.

profondeur de champ (au cinéma) : effet de perspective que produisent les plans échelonnés à des distances variées de l'objectif ➔ **chap. 11**.

prolepse : dans un récit, anticipation vers l'avenir.

prosopopée : figure consistant à donner la parole à un absent, un mort, un objet inanimé ou une abstraction.

protagoniste : personnage principal d'une action, dans un récit ou au théâtre.

psychanalyse : méthode d'analyse psychologique, fondée par Freud (1856-1939), qui permet d'expliquer des conduites et des œuvres à partir de la connaissance de l'inconscient.

Q

quatrain : strophe de quatre vers.

quintil : strophe de cinq vers.

quiproquo : au théâtre, et surtout dans les comédies, erreur qui consiste à prendre une chose ou une personne pour une autre.

R

ralenti : dans le récit, narration qui développe longuement ce qui ne prend que très peu de temps dans le temps de l'histoire ➔ **chap. 24**.

réalisme : - 1. en un sens étroit, école littéraire qui, vers 1850, prône la vérité dans la représentation de la vie en s'opposant aux illusions romantiques ; - 2. en un sens plus large, esthétique romanesque visant à la représentation du monde réel qui domine dans les romans du XIXe siècle, de Balzac à Flaubert ➔ **chap. 22**.

réaliste (registre) : registre d'un énoncé visant à la représentation du monde réel ➔ **chap. 13**.

réception : accueil d'une œuvre par le public et la critique ➔ **chap. 20**.

récit : texte à dominante *narrative* ➔ **chap. 8, 24**.

redondance : répétition d'une même information.

référent : ce à quoi renvoie le mot, le texte, dans la réalité ou dans la fiction.

référentielle : fonction d'un texte qui met l'accent sur le contenu du message et dont l'objectif principal est d'informer ➔ **chap. 8**.

réfutation : dans une argumentation, action de démonter les arguments de la thèse adverse ➔ **chap. 9**.

registre : mode d'expression qui correspond à une manière de voir et de faire voir le réel, selon la sensibilité du locuteur et l'émotion qu'il cherche à produire chez le destinataire (lyrique, tragique, comique...).

rejet : dans la poésie versifiée, élément bref d'une phrase rejeté au début du vers suivant ➔ **chap. 29**.

renversement argumentatif : dans une argumentation, deuxième temps du schéma de la concession ➔ **chap. 9**.

réplique : partie du texte de théâtre prononcée par un acteur lors de la représentation.

résolution : force équilibrante qui, dans un récit, met fin à l'épreuve ou au conflit (la dynamique) et permet l'achèvement d'une action transformatrice → **chap. 24**.

rhétorique : ensemble des figures et des procédés constituant l'art de plaire et de convaincre.

rime : répétition de plusieurs sons à la fin de deux ou de plusieurs vers → **chap. 29**.

romantisme : mouvement littéraire et artistique de la première moitié du XIXe siècle qui, en réaction contre l'esthétique classique, prône le mélange des genres et des **registres**, ainsi que l'expression libre de la sensibilité individuelle → **chap. 22**.

rondeau : forme fixe de poème, composée de trois strophes comportant deux rimes, avec un refrain à la fin des strophes → **chap. 29**.

S

satire : écrit littéraire en vers ou en prose dénonçant les vices ou les ridicules d'une personne, d'un groupe, d'une société → **chap. 18**.

satirique : registre d'un énoncé qui recourt à la raillerie pour s'attaquer à des vices ou à des ridicules → **chap. 18**.

scénario : texte qui développe le sujet d'un film, sous forme de dialogues et d'indications techniques → **chap. 11**.

scène : - 1. dans le récit, séquence qui correspond à une relative équivalence entre le temps de la narration et le temps de l'histoire → **chap. 24** ; - 2. au théâtre, division d'une pièce (un acte est composé de plusieurs scènes) → **chap. 27, 28**.

scénique (espace) : au théâtre, lieu où se déroule l'action, par opposition à l'*espace dramatique* qui est un espace fictif auquel renvoient les répliques des personnages → **chap. 28**.

sémantique : qui concerne le sens d'un mot, d'un texte.

séquence : - 1. dans un récit : partie du texte qui comporte une action évoluant d'une situation initiale jusqu'à une situation finale ; - 2. au cinéma : suite de plans qui forment une unité d'action, de temps ou de lieu → **chap. 11**.

signe (linguistique) : unité de sens de la langue (mot, expression...), alliance d'un *signifiant* et d'un *signifié* → **chap. 1**.

signifiant : élément sonore ou graphique d'un signe linguistique.

signifié : contenu de sens d'un signe linguistique.

sizain : strophe de six vers.

slogan : formule brève destinée à frapper les esprits (publicité, politique).

sonnet : forme fixe de poème, composée de deux quatrains et de deux tercets → **chap. 29**.

sous-entendu : information implicite qui peut être déduite de ce qui est dit.

stichomythie : au théâtre, échange rapide de répliques se répondant vers à vers → **chap. 28**.

stratégie (argumentative) : démarche que l'on adopte pour convaincre ou persuader → **chap. 9**.

strophe : dans un poème, ensemble de vers, réunis le plus souvent selon la disposition des rimes.

sujet : dans un récit ou au théâtre, agent principal de l'action → **chap. 24**.

surréalisme : mouvement artistique et littéraire du XXe siècle qui a cherché à libérer la création de toute entrave morale ou sociale en laissant s'exprimer le langage du rêve et de l'inconscient → **chap. 22**.

syllogisme : raisonnement par déduction partant de deux propositions (prémisses) pour en tirer une conclusion → **chap. 9**.

symbolisme : mouvement artistique et littéraire de la fin du XIXe siècle qui s'est opposé au naturalisme en développant une conception exigeante de l'Art, chargé d'atteindre, grâce aux symboles, des vérités cachées → **chap. 22**.

synérèse : prononciation groupée en une syllabe de deux voyelles (le contraire de la diérèse) → **chap. 29**.

synesthésie : correspondance qui s'établit entre des perceptions relevant de sens différents (vue, toucher, odorat...).

synonyme : mot de même sens → **chap. 1**.

synopsis : au cinéma, résumé qui présente le schéma de l'histoire → **chap. 11**.

T

tautologie : raisonnement en cercle vicieux qui prétend démontrer ce qui est en fait admis au départ.

tercet : groupe de trois vers.

thème : contenu, sujet abordé dans un texte, dans une œuvre, dans un ensemble de textes.

tirade : longue suite de phrases, de vers, prononcée par un personnage de théâtre → **chap. 28**.

topos : lieu commun, procédé ou motif habituel dans une tradition littéraire ou rhétorique donnée (pluriel : des *topoï*).

tragi-comédie : forme théâtrale du XVIIe siècle, qui mêle éléments de comédie et éléments de tragédie → **chap. 27**.

tragédie : genre théâtral qui met en scène des personnages de rang élevé confrontés à des forces supérieures → **chap. 27**.

tragique : registre qui exprime le sentiment de forces inéluctables (le destin, la mort) et inspire la terreur et la pitié → **chap. 15**.

travelling : au cinéma, procédé qui consiste à filmer un plan avec une caméra qui se déplace → **chap. 11**.

U

utopie : représentation d'un pays imaginaire qui incarne un idéal politique ou social → **chap. 32**

V

vers libre : dans la poésie moderne, vers libéré de la rime et du décompte des syllabes ; il prend parfois la dimension d'un *verset* → **chap. 29**.

vitesse (narrative) : rythme du récit déterminé par le rapport entre la durée de la narration et la durée de l'histoire → **chap. 24**.

vraisemblance : apparence de vérité d'une histoire racontée ou représentée ; principe esthétique souvent respecté au théâtre et dans le roman, mais selon des codes variables selon les époques.

Z

zoom : au cinéma, effet d'éloignement ou de rapprochement obtenu par une variation de l'objectif de la caméra → **chap. 11**.

INDEX DES AUTEURS

INDEX DES ŒUVRES

INDEX DES ŒUVRES

CRÉDITS PHOTOGRAPHIQUES

p. 40 Ph. © Editions Casterman, 2001
p. 53 ht Ph. H. Josse © Archives Labor
p. 53 bas Ph. Coll. Archives Larbor
p. 62 Ph. © G. Morand-Grahame/Hoa-Qui
p. 69 Ph. © Nouvelles Frontières
p. 74 Ph. Coll Archives Larbor © Succession Picasso, 2004
p. 75 ht Ph. © Estate Brassaï/RMN
p. 75 bas Ph. © Editions Gallimard
p. 77 ht © Archives Larbor
p. 77 bas Ph. Luc Joubert © Archives Larbor © Adagp, Paris 2004
p. 78 ht g Ph. © Denis Pessin
p. 78 ht d Ph. Jean-Louis Courtinat/Rapho
p. 78 bas Ph. © Editions Dargaud, 2004
p. 79 ht Ph. Cronoz © Archives Larbor © Succession Picasso 2003
p. 79 m Ph. The Bridgeman Art Library © Succession Picasso, 2003
p. 79 bas g Ph. © Rijksmuseum Amsterdam
p. 79 bas d Ph. Coll. Archives Larbor © Succession Miro- Adagp, Paris 2004
p. 80 ht g Ph. Eileen Tweedy © Archives Larbor
p. 80 ht d Ph.© Georges Mérillon/Gamma
p. 80 bas g Ph. © Stuart Franklin/Magnum
p. 80 bas d Ph. © Musée de la publicité, Paris
p. 81 Ph. © Giraudon/Bridgeman Art Library
p. 83 Ph. © Prod DB-DR
p. 84 ht Ph. © Prod DB-DR
p. 84 bas Ph. © DR
p. 85 ht Ph. © Prod DB/Films Marceau/DR
p. 85 bas Ph. © Prod DB/Burrill-Renn/DR
p. 87 ht g Ph. © Prod DB/Ladd Co./DR
p. 87 ht d Ph. © Prod DB/Neue Constantin/DR
p. 87 m g Ph. © Prod DB/Tokuma-Dentsu/DR
p. 87 m d Ph. Coll. Archives Larbor
p. 87 bas g Ph. © Prod DB/The Malpaso Co/DR
p. 87 bas d Ph. © Prod DB/LucasFilm Ltd/DR
p. 88 ht g Ph. © Prod DB/Stanley Productions/DR
p. 88 ht d Ph. © Prod DB/Stanley Productions/DR
p. 88 bas g Ph. © Prod DB/Twentieth Century Fox/DR
p. 88 bas d Ph. © Photos12-Coll Cinéma/Graphistes : Paname, avec l'aimable autorisation des films Alain Sarde et du Studio Canal +
p. 89 ht Ph. © Prod DB/Essamay/DR
p. 89 m Ph. © Prod DB-DR
p. 89 bas Ph. © Prod DB-DR
p. 93 Ph. © Mary Evans Picture Library
p. 99 Ph. © Prod DB/New Line-DR
p. 105 Ph. © The Bridgeman Art Library
p. 113 Ph. © F. Ziola/Magnum
p. 119 © Lucky Comics 2004
p. 126 Ph. © O. Ploton/Archives Larbor-DR
p. 132 Ph. Jeanbor © Archives Larbor
p. 138 Ph. O. Ploton © Archives Larbor
p. 140 Ph. Coll. Archives Larbor
p. 142 Ph. © O.Ploton/Archives Larbor-Avec l'aimable autorisation du Comité Cocteau, Paris
p. 143 ht Ph. O. Ploton © Archives Larbor
p. 143 m Ph. © Bibliothèque Nationale de France
p. 145 Ph. © IMEC
p. 149 Ph. © Ian Hanning/Réa
p. 150 Ph. © Olivier Ploton/Archives Larbor
p. 151 ht Ph. © Jacques Graf/Editing
p. 151 m Ph. © Olivier Ploton/Archives Larbor
p. 151 bas Ph. © Olivier Ploton/Archives Larbor
p. 152 © 1984 by Sempé et Editions Denoël © 1999, nouvelle édition
p. 157 Ph. © R. Lalance/Archives Larbor © Succession Picasso, 2004
p. 159 Ph. © La Pac
p. 160 Ph. © The Bridgeman Art Library
p. 161 Ph. © Lauros-Giraudon/Bridgeman Art Library © The estate of Francis Bacon, ADAGP, Paris 2004
p. 162 Ph. © G. Dagli Orti, Paris
p. 166 Ph. © AKG
p. 167 Ph. José F. Martin © Archives Larbor © Salvador Dali, Fondation Gala-Salvador Dali/ADAGP, Paris 2004
p. 169 Ph. © Editions Gallimard
p. 174 ht Ph. © RMN
p. 174 bas Ph. © H. Lewandowski/RMN
p. 177 © Archives Nathan
p. 195 et reprise page 4 : Ph. © Archives Larbor
p. 204 Ph. © AKG
p. 208 ht Ph. © Olivier Ploton/Archives Larbor
p. 208 bas Ph. © M. Bellot/RMN
p. 215 Ph. © P. Gely/Bernand
p. 223 Ph. © Museo civico di Torino, Turin/DR
p. 225 Ph. © P. Gely/Bernand
p. 237 Ph. Jeanbor / Archives Larbor © Succession Miro-ADAGP, Paris 2004. Lieu de conservation : Galerie Adrien Maeght, Paris.
p. 243 Ph. H. Josse © Archives Larbor
p. 247 ht Ph. © Canal +
p. 247 bas Ph. © Damien Glez
p. 248 Ph. © Archives Larbor
p. 249 Ph. AKG
p. 256 Ph. © Pascal Maine
p. 265 Ph. © Marsu by Franquin 2004-www.gastonlagaffe.com
p. 266 Ph. Coll. Archives Larbor
p. 267 ht Ph. © Bridgeman Art Library
p. 267 bas Ph. Jeanbor © Archives Larbor

N° de projet : 10109765. Dépôt légal : avril 2004.
Imprimé par NIIAG (Italie)